Katharina Klees
Beratung für Kinder in Not

Reihe »Forschung psychosozial«

Katharina Klees

Beratung für Kinder in Not

Kindzentrierte Hilfeplanung der Kinderschutzdienste

Psychosozial-Verlag

Die Autorin:

Dr. Katharina Klees ist Diplom-Pädagogin und Psychotherapeutin; Studium der Psychologie, Sozialpädagogik und Diplom-Pädagogik mit dem Schwerpunkt Erwachsenenbildung und außerschulische Jugendbildung; Promotion in Familienpädagogik, Habilitation in Pädagogischer Beratung/Sozialpädagogik, Weiterbildung zur tiefenpsychologisch fundierten Körpertherapeutin. Sie arbeitet als Fachbereichsleiterin für Kinder, Jugend und Familie der Stadt Ludwigshafen.

Dieses Buch ist gewidmet
Frau Irmtraud Christmann, Regierungsdirektorin i.R.
Referentin für Kinder- und Jugendschutz beim Ministerium für
Kultur, Jugend, Familie und Frauen in Rheinland-Pfalz
**Der kindzentrierte Ansatz wird für immer meine Arbeit
und mein Denken bestimmen**

Danken möchte ich außerdem den Fachkräften der Kinderschutzdienste
von Rheinland-Pfalz, ohne deren Unterstützung diese Arbeit
nicht zustande gekommen wäre
**Gedruckt mit Unterstützung des Förderungs-
und Beihilfefonds Wissenschaft der VG Wort**

Bibliografische Information der Deutschen Nationalbibliothek
Die Deutsche Nationalbibliothek verzeichnet diese Publikation in der
Deutschen Nationalbibliografie; detaillierte bibliografische Daten sind
im Internet über <http://dnb.d-nb.de> abrufbar.

© 2001 Psychosozial-Verlag
E-Mail: info@psychosozial-verlag.de
www.psychosozial-verlag.de
Alle Rechte, insbesondere das des auszugsweisen Abdrucks
und das der fotomechanischen Wiedergabe, vorbehalten.
Umschlagabbildung: S.B.
ISBN 978-3-89806-073-8

Einleitung 9

5. Hilfeplanung im Spannungsfeld zwischen Recht und Pädagogik

Teil 2   Die kindzentrierte Hilfeplanung der Kinderschutzdienste von Rheinland-Pfalz   268

6. Methodische Vorgehensweise zur Erfassung der Hilfeplanung der Kinderschutzdienste   268

7. Die kindzentrierte, kinderschutzspezifische Hilfeplanentwicklung der Kinderschutzdienste - Darstellung der Ergebnisse   288

Einleitung

1. Die Problematik im Überblick

Für viele, allzu viele Kinder gibt es keine glückliche, unbeschwerte, behütete und unschuldige Kindheit, der sie schmerzlos und auf vernünftige Weise entwachsen und die sie problemlos hinter sich lassen können[1]. Speziell die sexuelle Gewalt gegen Kinder alarmiert internationale Organisationen wie die Vereinten Nationen, die UNESCO und „terre des hommes". Auf dem Stockholmer Weltkongreß gegen sexuelle Ausbeutung von Kindern wurde 1997 bekanntgegeben, daß weltweit jährlich mehr als eine Million Kinder in die Prostitution gezwungen werden und Deutschland als der wichtigste Produzent von Kinderpornographie gilt[2]. Erst am 2. September 1998 wurde wieder ein Kinderpornographie-Ring ausgehoben, der nach ersten Erkenntnissen 200 Personen aus zwölf Staaten umfaßte. Die Polizei mußte „erschreckendes Material" auswerten: Bilddateien mit Aufnahmen von z.t. kaum vorstellbaren sexuellen Gewaltakten an Kindern und Kleinkindern. „Nach Angaben des Landeskriminalamtes Düsseldorf konnte sich an dem Tauschring nur beteiligen, wer mindestens 10.000 Bilder zur Verfügung stellen konnte oder aber eigene Kinder anbot."[3] Auch die Zahlen des Bundeskriminalamtes von 1997 belegen ein Anwachsen der angezeigten Straftaten nach § 176 StGB von 15.936 im Jahre 1990 auf 19.526 im Jahre 1996.

Zur Einschätzung der Lebensbedingungen von Kindern und der Abwendung von Verletzung, Ausbeutung und Mißbrauch wurde 1989 von der UN-Vollversammlung nach „10-jährigen Vorbereitungen"[4] ein Übereinkommen über die Rechte des Kindes verabschiedet und bisher von 187 Staaten ratifiziert. Die Bundesrepublik Deutschland hat die Kinderrechtskonvention (KRK) 1992 unterzeichnet, doch die seitherigen Regierungsmehrheiten werden von „terre des hommes" (1996) und von den Autor/inn/en des 10. Jugendberichts (1998) dahingehend kritisiert, daß „der emanzipative Charakter der Konvention nicht realisiert werden soll"[5] und deren Umsetzung wegen einer beigefügten Interpretationserklärung, an welche Rechte des Kindes die BRD sich nicht gebunden fühlt, geschwächt wird. In der KRK wird kodifiziert der Schutz vor ausbeuterischer Kinderarbeit, Kinderhandel und sexuellem Mißbrauch; das Recht auf Gesundheit, Bildung und Spiel; das Recht auf Beteiligung, Information und Gehör und das Verhältnis des Kindes zu Familie, Gesellschaft und Staat.

Nach DARLEDER (1996) erhalten die Rechte des Kindes durch die im Grundgesetz Artikel 6 Abs. 2 festgehaltene Erziehungsverantwortung der Eltern Verfassungsrang. Wenn das Kindeswohl durch die Personensorgeberechtig-

---

[1] vgl. V.Oaklander 1994, S.256
[2] terre des hommes 5/ 1996
[3] Frankfurter Allgemeine Zeitung, Nr. 204, 3. September 1998, S.13
[4] terre des hommes 1996, S.18
[5] terre des hommes 1996, S.20

ten gefährdet wird, haben Kinder ein Recht auf Schutz aufgrund des staatlichen Wächteramtes. Das neue Kinder- und Jugendhilferecht (KJHG) enthält die wichtigsten Regelungen zur Umsetzung der Rechte des Kindes auf Förderung und Erziehung, Schutz und Beteiligung, Bildung und gesundes Aufwachsen. Zum Schutz des Kindes vor Gewalt, sexuellem Mißbrauch, Ausbeutung und Vernachlässigung – in den Artikeln 19 und 32 - 37 der KRK festgeschrieben – bedarf es eines spezialisierten außerfamilialen Angebotes, da diese Verletzungen erwiesenermaßen vermehrt in der eigenen Familie des Kindes auftreten und oftmals von den Vätern ausgeübt werden, wie im 10. Jugendbericht (1998) betont wird:

> „Sehr viel häufiger als von der Mutter werden Kinder von Vätern mißhandelt und mißbraucht, wobei schwer einzuschätzen ist, ob die Gewalt gegen Kinder zugenommen oder nur gesteigerte Aufmerksamkeit gefunden hat. Daß Väter ihre Kinder auch vernachlässigen, fällt weniger auf, weil das mindere Engagement der Väter in der Kindererziehung und im Haushalt weithin toleriert wird."[6]

Da aber Mütter wegen der Hauptlast der Familienaufgaben - selbst bei eigener Erwerbstätigkeit - in der Regel ökonomisch vom Ehemann abhängig sind, kann mit ihrer bedingungslosen Unterstützung für die Abwendung der Not des Kindes nicht zwangsläufig gerechnet werden. Ein Beratungsangebot für sexuell mißbrauchte Kinder und ihre Bezugspersonen muß diese Gegebenheiten berücksichtigen.

Die Vertragsstaaten der KRK haben sich in Artikel 19 verpflichtet, geeignete Schutzdienste für sexuell mißbrauchte Kinder einzurichten, die die Aufdeckung der Taten sowie die Untersuchung und Behandlung der betroffenen Kinder gewährleisten sollen. Außerdem sichern sie in Artikel 12 dem Kind, „das fähig ist, seine eigene Meinung zu bilden, das Recht zu, diese Meinung in allen das Kind berührenden Angelegenheiten frei zu äußern, und berücksichtigen die Meinung des Kindes angemessen und entsprechend seinem Alter und seiner Reife"[7].

Die Kinderschutzdienste in Rheinland-Pfalz berufen sich auf die Rechte des Kindes im Grundgesetz Artikel 6 Abs. 2, die UN-Kinderrechtskonvention und das Kinder- und Jugendhilfegesetz, das in § 8 Abs. 3 das Recht des Kindes auf Beratung ohne Zustimmung der Eltern und in § 36 das Recht des Kindes auf Beteiligung bei der Planung und Durchführung von Hilfen vorsieht. Somit verfolgen die Kinderschutzdienste die Umsetzung der Schutz- und Partizipationsrechte des Kindes.

Die Analyse der Hilfeplanung in den Kinderschutzdiensten kann die Anwendung dieser Rechte verdeutlichen, für die es bislang keine Untersuchungen oder Veröffentlichungen gibt, wie im 10. Jugendbericht (1998) moniert wird:

---

[6] Bundesministerium für Familie, Senioren, Frauen und Jugend 1998, S.32
[7] UN-Kinderrechtskonvention 1989, Artikel 12

„Die Umsetzung der Regelungen (...) durch die die Beteiligung- und Interessenvertretungschancen von Kindern befördert werden sollen, sind nach Ansicht der Sachverständigenkommission noch zu wenig erforscht. Es sollten Zugangsmöglichkeiten und –barrieren der aktiven Teilhabe von Kindern etwa an Beratungsprozessen auch ohne Kenntnis der Personensorgeberechtigten untersucht, die Verfahren zur Entscheidungsfindung in Prozessen der Hilfe zur Erziehung oder die Mitbestimmungsmöglichkeiten in den Einrichtungen selbst stärker in den Blick genommen werden."[8]

Eine Untersuchung der Kinderschutzdienste, die die erwähnten Bereiche der Beteiligung von Kindern zum Gegenstand macht, bietet einen ebenso wichtigen Beitrag für ein pädagogisches Konzept der Mitsprache von Kindern in allen sie betreffenden Angelegenheiten, das nach BRÜNDEL/ HURRELMANN (1996) in ihrem Kommentar zur UN-Kinderrechtskonvention noch zu erarbeiten wäre:

„Es fehlt ein angemessenes Konzept vom Anspruch des Kindes auf Eigenständigkeit der persönlichen Entfaltung und dem Recht, unabhängig von Erwachsenen eigene Erfahrungen und Erlebnisse zu machen. Ein modernes Verständnis von Kindererziehung und Kinderschutz muß hierauf Rücksicht nehmen.
Kinder dürfen nicht Vorstellungen von Erwachsenen aufgedrängt bekommen, sondern müssen eigene Bilder von ihrem Selbst und ihrer Person entwickeln und realisieren können."[9]

Eine intensive Begleitung, Unterstützung und Beratung des Kindes durch Erwachsene außerhalb der Familie ist insbesondere im Falle des Kindesschutzes vonnöten. Diesen Auftrag verfolgen die Kinderschutzdienste in Unterscheidung zu anderen Kinderschutzeinrichtungen durch ein kindorientiertes Vorgehen, indem sie die Interessen und Entscheidungen des Kindes in den Mittelpunkt der Hilfeplanung stellen.
Ausgehend vom eklatanten Mangel an pädagogischen Beratungstheorien im Hinblick auf Aufgaben und Probleme der Erziehung und des Kindesschutzes bietet eine Erkundung des Praxisfeldes der Kinderschutzdienste die Möglichkeit, das noch umfassendere Defizit hinsichtlich der Theorie, der Methoden und der Ziele der Beratung von Kindern anzugehen und die Grundlagen eines Beratungskonzeptes für Kinder in Notsituationen herauszuarbeiten.
Da die Kinderschutzarbeit wegen des Straftatbestandes des sexuellen Mißbrauchs im Spannungsfeld zwischen Recht und Pädagogik steht, werden außer der subjektorientierten Pädagogik - die pädagogische Beziehung zwischen Kind und beratendem Erwachsenen betreffend – auch psychologische, sozialpädagogische und rechtliche Fragestellungen berührt. Die Untersuchung der Begleitung sexuell mißbrauchter Kinder in den Kinderschutzdiensten gibt deswegen auch Aufschlüsse über den Umgang mit traumatisierten

---

[8] Bundesministerium für Familie, Frauen und Jugend 1998, S.180
[9] H.Bründel/ K.Hurrelmann 1996, S.7

Kindern, über das Vorgehen bei der Verdachtsabklärung und Aufdeckung sexuellen Mißbrauchs und die Beteiligung des Kindes bei der Hilfeplanung im Zusammenwirken öffentlicher und freier Träger der Jugendhilfe. Ziel der vorliegenden Arbeit ist daher, die Grundlagen eines pädagogischen Beratungskonzeptes für Kinder in Notsituationen aus der Kindzentriertheit, der Diagnostik bei sexuellem Mißbrauch und der sozial-/ pädagogischen Hilfeplanung herzuleiten und auf die Praxis der Kinderschutzdienste zu beziehen, um hiervon ausgehend ein Weiterbildungskonzept zur Beratung sexuell mißbrauchter Kinder und ihrer Bezugspersonen zu entwickeln.

2. Fragestellung

Zur Erfassung der Grundlagen eines pädagogischen Beratungskonzeptes für Kinder in Notsituationen müssen drei Komponenten, die eine Differenzierung der Bezugsebenen des Beratungshandelns darstellen, voneinander unterschieden werden. Zum einen geht es um die Erfassung der Schwierigkeiten eines sexuell mißbrauchten[10] Kindes, seines sozialen Umfeldes, der Entscheidungsfindung und der Umsetzung der Handlungsplanung. Zum anderen prägt die Beratungsperson mit ihrer Ausbildung, ihren Hintergründen, Einstellungen und Qualifikationen den Beratungsprozeß. Außerdem bestimmt die Beziehung zwischen hilfesuchendem Kind und begleitender Fachkraft die Art der Interaktion. Hieraus leiten sich drei Fragestellungen ab, die im Laufe der Arbeit zu beantworten sein werden:

1. Unter welchen Bedingungen ist ein Kind in der Lage, Entscheidungen über seinen Bedarf an Hilfe zu treffen?
2. Wie kann die pädagogische Fachkraft die Entscheidungsfindung fördern, unterstützen, verstehen und umsetzen?
3. Welches sind die relevaten Kriterien einer pädagogischen Beratungsbeziehung?

---

[10] Für diese Arbeit wird der Ausdruck „sexueller Mißbrauch" verwendet, da er in der allgemeinen Diskusion über die Problematik am häufigsten benutzt wird. Daß Kinder grundsätzlich nicht zum „Gebrauch" erwachsener Interessen herhalten dürfen, ist der Autorin eine Selbstverständlichkeit. Z.T. werden die Begriffe „sexuelle Gewalt", „sexuelle Ausbeutung" und „sexuelle Übergriffe" synonym verwendet. Lediglich der Ausdruck „sexuelle Mißhandlung" wird wegen der irreführenden Nähe zur körperlichen Mißhandlung, deren Ursachen, Auswirkungen und Ausprägungen anderen Ursprungs sind, nicht verwendet.

Die entscheidenden Kennzeichen des zu untersuchenden Handlungsfeldes der Kinderschutzdienste, die in der Hauptsache sexuell mißbrauchte Kinder begleiten und beraten, sind:

- die Kindzentriertheit,
- der Schutz des Kindes vor sexuellem Mißbrauch und
- die Hilfeplanung.

Diese Begriffe müssen hergeleitet, definiert und eine Verankerung in pädagogischen, psychologischen und sozialpädagogischen Theorien gefunden werden.

Ein geeigneter Weg der Darstellung der kindzentrierten, kinderschutzspezifischen Hilfeplanung der Kinderschutzdienste muß aus gängigen Beratungstheorien, kindzentrierten Beratungskonzepten, professionellem Vorgehen bei sexuellem Mißbrauch und sozialpädagogischer Hilfeplanung entwickelt werden.

Des weiteren sollten die genannten Kriterien - hergeleitet aus der Theorie, dargestellt in der Praxis - einem Vergleich und den Anforderungen einer wechselseitigen Weiterentwicklung und einer Weitervermittlung standhalten.

3. Materialverwendung und Aufbau der Arbeit

Zur Bestimmung des Begriffs der Kindzentriertheit und einer daraus abzuleitenden kindzentrierten Beratung wurde auf das personzentrierte Verfahren der Kinderspieltherapie zurückgegriffen, das zentrale Grundprinzipien zur Einschätzung von Personzentriertheit formuliert und dessen Ansatz breiten Eingang in den allgemeinen Erziehungs- und Beratungsbereich gefunden hat. Die korrekte Anwendung der personzentrierten Grundhaltungen gilt nach zahlreichen wissenschaftlichen Untersuchungen als eine wirksame Methode der Verbesserung von Problemlösefähigkeiten, der Meisterung von Bedrohungserlebnissen und der Erlangung von Autonomie.

Ausgehend von der Auswahl des personzentrierten Beratungsansatzes nach ROGERS (1972) für die theoretische Verankerung eines kindzentrierten, pädagogischen Beratungskonzeptes für Kinder in Notsituationen wurde die vorliegende Arbeit in zwei Hauptteile untergliedert:

1. Bereitstellung eines theoretischen Hintergrundes zur Konzeptualisierung personzentrierter, pädagogischer Beratung
2. Darstellung der Ergebnisse aus der Befragung der Fachkräfte zur kindzentrierten Hilfeplanung in den Kinderschutzdiensten.

Im *ersten Kapitel* geht es um die erziehungswissenschaftliche Grundlegung der pädagogischen Beratung für Kinder. Dabei wird ausgehend von der Fragestellung, unter welchen Bedingungen Kinder in der Lage sind, Entscheidungen zu treffen und wie Erwachsene die kindlichen Willensäußerungen

13

verstehen und umsetzen können, zur Begriffsbestimmung der Entscheidung auf die pädagogische Anthropologie und zur Einordnung pädagogischer Beratung auf die geisteswissenschaftliche Pädagogik Bezug genommen.

Von der Berücksichtigung der Absichten, Bedürfnisse und Interessen des Kindes geht auch die kindzentrierte oder subjektorientierte Pädagogik aus, die das Kind zum Ausgangspunkt aller pädagogischen Maßnahmen macht. Hier wird die entwicklungfördernde Beziehung bedeutsam, die auch im Mittelpunkt der Beratung steht und als Grundvoraussetzung der Handlungsplanung angesehen werden kann. Deshalb wird der wissenschaftliche Diskurs über den „pädagogischen Bezug" hinsichtlich seiner Parallelen zur Beratungsbeziehung aufgegriffen. Da die Entscheidungsfindung zur Bewältigung krisenhafter Lebensumstände Ziel und Aufgabe von Beratung ist, werden sodann allgemeine Beratungstheorien sowie spezialisierte Beratungskonzepte für Kinder und Methoden des Zugangs zum Kind vorgestellt und auch die Besonderheiten der Beratung traumatisierter Kinder hervorgehoben.

Hierzu muß vorerst auf die Beratungsliteratur zur Begleitung Erwachsener zurückgegriffen werden, da nach einer umfassenden computergestützten Literaturrecherche kaum Veröffentlichungen zur Beratung von Kindern aufzufinden waren. Die Durchsicht der Ausführungen zur Schulberatung, Erziehungsberatung und Jugendhilfeberatung ergab, daß diese sich in der Hauptsache an die Bezugspersonen und nicht an die Kinder wendet. Die Einbeziehung englischsprachiger Publikationen zur Beratung von Kindern ist deswegen eine Voraussetzung, um das Defizit deutscher Beratungsansätze auszugleichen.

Die entwicklungspädagogischen Bedingungen der Beratungsfähigkeit, die Kindern z.T. abgesprochen wird, werden aus den kindgemäßen Ausdrucksmöglichkeiten in der Interaktion mit sich selbst und anderen erschlossen und aus der Objektbeziehungstheorie hergeleitet.

Zahlreiche Beratungsansätze gehen auf ROGERS (1972), den Begründer der personzentrierten Gesprächspsychotherapie, zurück. Seinem Verständnis von menschlicher Entwicklung und kongruenter Persönlichkeit, seinen Ansichten über die Beziehung im Beratungsprozeß und die Ausrichtung der Interaktion auf die Spiegelung der Gefühle, wird eine „ausgesprochene Affinität zum erzieherischen Denken und zum pädagogischen Verständnis"[11] attestiert. Auch wegen seiner langjährigen Erfahrungen in der Beratung mit Kindern in einem Erziehungsberatungs-Zentrum eignen sich ROGERS' Erkenntnisse, um ein personzentriertes, pädagogisches Beratungskonzept für Kinder zu begründen. ROGERS' niemals ins Deutsche übersetztes Erstwerk (1939) befaßt sich mit der Behandlung von Kindern und enthält wichtige Hinweise darauf, daß sein Ansatz der nicht-direktiven Beratung und klientzentrierten Psychotherapie für Erwachsene aus seiner Beratungsarbeit mit Kindern entsprang. In *Kapitel 2* wird anhand entsprechender Passagen seines Handbuchs belegt, daß die Ursprünge der kindzentrierten, pädagogischen Beratung für Kinder,

---

[11] K.Aurin, 1984, S.23

14

die verschiedenartigen Grausamkeiten ausgesetzt waren, in ROGERS' Frühwerk liegen. Des weiteren werden die Aussagen zur Beratung Erwachsener für die Begleitung von Kindern umgewandelt und auch die Thesen zur Persönlichkeitsentwicklung auf das Erfassen der inneren Vorgänge im Kind umformuliert. Theoretische Grundbegriffe des personzentrierten Ansatzes werden erklärt sowie die Merkmale des Beziehungsprozesses, ROGERS' Auffassung von kongruenter Kommunikation und die drei Elemente des personzentrierten Verstehens beschrieben. Letztere geben zur Beantwortung der Frage, wie eine Beratungsperson die Willensbekundungen des Kindes verstehen kann, wichtige Aufschlüsse.

AXLINE (1972) griff die Arbeit ROGERS' auf, führte sie weiter und veröffentlichte 1947 ihr klassisches Kindertherapiekonzept mit den heute noch geltenden (aber präzisierten) Grundprinzipien der nicht-direktiven Vorgehensweise. Ihr Werk und die Ausführungen des Ehepaars TAUSCH (1956) zum „Ursprungsbuch" des personzentrierten Vorgehens bei der Begleitung von Kindern führte zu einer weitreichenden Weiterentwicklung des non-direktiven Beratungskonzeptes ROGERS' für die Behandlung von Kindern. Obwohl dieser Ansatz einen Schwerpunkt auf die Psychotherapie verhaltensgestörter Kinder legt, eignen sich die personzentrierten Grundhaltungen zur Einschätzung des Begriffs Kindzentriertheit.
Die historische Entwicklung der personzentrierten Spieltherapie in Deutschland zeigt, daß die Thematisierung des sexuellen Mißbrauchs an Kindern bis auf einige wenige Artikel aus dem Jahre 1998 weitgehend ausgeklammert wurde. Die erkannte Bedeutung des Kommunikationsmediums Spiel für den Zugang zum inneren Erleben des Kindes, als Diagnosemittel und zur Verarbeitung traumatischer Erlebnisse – zentrale Bestandteile der Beratung sexuell mißbrauchter Kinder – belegt die Parallelen zum Handlungsfeld der Kinderschutzdienste. Um das Phänomen des Spiels als Ausdruck des inneren Erlebens des Kindes nachzuvollziehen, werden Spieltheorien zum besseren Verständnis der Selbstdarstellung des Kindes und des Ausdrucks überwältigender Erlebnisse herangezogen. Die Grundprinzipien des nicht-direktiven Vorgehens werden für die Einschätzung und als Kriterium der Beurteilung der kindzentrierten Hilfeplanung in den Kinderschutzdiensten aufgeführt. Die Darstellung der Qualifikation zur personzentrierten pädagogischen Beratung von Kindern – den Ausbildungsrichtlinien der Gesellschaft für wissenschaftlich Gesprächspsychotherapie (GwG) entnommen - weist auf ein Weiterbildungskonzept für die Begleitung sexuell mißbrauchter Kinder hin. Die von der GwG angeführten Literaturangaben (Stand 1998) wurden in diesem *Kapitel 3* verwendet, um die Methode zu erklären, sie für die Beratung sexuell mißbrauchter Kinder nutzbar zu machen und die Übereinstimmungen mit der kindzentrierten Hilfeplanung in den Kinderschutzdiensten herauszufiltern. Die breite wissenschaftliche Evaluation und die bevorstehende kassenärztliche Anerkennung im Rahmen des 1999 in Kraft tretenden neuen Psychotherapeutengesetzes verdeutlicht die Relevanz dieses Ansatzes für die Kinderschutzarbeit.

Bei etwa zwei Dritteln aller in den Kinderschutzdiensten vorgestellten Kinder handelt es sich um Fälle sexuellen Mißbrauchs. Zur Einschätzung professionellen Vorgehens bei der Verdachtsabklärung und der Aufdeckung sexuellen Mißbrauchs werden deshalb in *Kapitel 4* diagnostische Verfahren vorgestellt, die üblicherweise in der Kinderschutzarbeit eingesetzt werden.

Zuvor soll jedoch die kindzentrierte Hilfeplanung von anderen Kinderschutzeinrichtungen abgegrenzt werden, die aus den unterschiedlichen Erklärungsansätzen zu den Ursachen sexueller Ausbeutung von Kindern entstanden sind. Ausgehend von den divergierenden Sichtweisen zur Thematik des sexuellen Mißbrauchs werden Definitionen angeführt und Dunkelfelduntersuchungen vorgestellt, um das Ausmaß der Problematik zu erfassen. Dabei werden Prävalenz- und Inzidenzstudien aus anderen Ländern herangezogen und mit den bekannten deutschen Untersuchungen verglichen. Zahlen und Statistiken zu den Opfern, den Tätern, der Dauer des Mißbrauchs und der Schwere der Taten geben einen ersten Eindruck. Zur Erfassung der Schädigungen, Folgen und Signale nach sexuellem Mißbrauch werden amerikanische Forschungen ausgewertet, bei denen betroffene Kinder oder deren Bezugspersonen befragt wurden. Vergleichbare Ergebnisse liegen für Deutschland nicht vor. Eine tabellarische Einteilung ermöglicht eine Übersicht über die ausgewählten Studien. Die Auswirkungen werden gegliedert in medizinisch nachweisbare Befunde, körperliche Symptome, Verhaltensauffälligkeiten sowie Traumatisierungsanzeichen und zur Bestimmung sexuellen Mißbrauchs in einer Liste zusammengestellt.

Auch zur Diagnostik bei einem Verdacht auf sexuellen Mißbrauch mußten in der Hauptsache amerikanische Veröffentlichungen ausgewertet werden, da in Deutschland wenig Forschungsaktivitäten und -gelder in diesen Bereich investiert wurden. Die von der Volkswagen-Stiftung geförderte Studie von FEGERT/ LEHMKUHL wird erst im Jahre 1999 abgeschlossen sein, stand für eine Verwertung also noch nicht zur Verfügung.

Die Glaubwürdigkeit und die Entstehungsbedingungen der Aussagen von Kindern werden vielerorts kontrovers diskutiert und starke Bedenken gegen die Kinderschutzarbeit vorgebracht. Ein Einblick in diese Debatte verdeutlicht die Wichtigkeit einer exakten Dokumentation der Kontakte mit dem Kind. Die Rahmenbedingungen eines aufdeckenden Gesprächs mit dem Kind und die verschiedenen Interviewtechniken werden deswegen ausführlich behandelt. Der Einsatz anatomisch korrekter Puppen als Diagnosemittel ist ebenfalls heftig umstritten und soll durch einen Vergleich mit amerikanischen Studien reflektiert werden. Die Deutung posttraumatischen Spiels, ein in Deutschland nahezu unbekanntes Diagnosekriterium, gibt wichtige Hinweise auf die Traumatisierungsfolgen bei sexuell mißbrauchten Kindern. Eine Auflistung der Kriterien zur Einschätzung professionellen Vorgehens bei der Aufdeckung sexuellen Mißbrauchs erscheint am Schluß des Kapitels, um die Kinderschutzdienste im weiteren Verlauf der vorliegenden Arbeit hieran messen zu können.

Nach der theoretischen Bestimmung der Kindzentriertheit und des professionellen Vorgehens bei sexuellem Mißbrauch wird in *Kapitel 5* die Hilfeplanung in ihren sozialpädagogischen Bezügen erörtert und als Diagnose von Lebenslagen einem hermeneutischen Verfahren des Fallverstehens zugeordnet. Historische Wurzeln ergeben sich aus dem amerikanischen Casework-Konzept, das als fallspezifisches Handeln Sozialer Einzelhilfe in die Methoden der sozialen Arbeit Eingang fand und später in den Terminus sozialpädagogische Beratung überging.

Wesentlich für das Verständnis des Konzeptes der Kinderschutzdienste ist die Unterscheidung der jugendhilfespezifischen von der kinderschutzspezifischen Hilfeplanung. Kommentare zum § 36 KJHG spezifizieren die Hilfeplanung der öffentlichen Träger der Jugendhilfe als rechtliche Umsetzung der Hilfen zur Erziehung nach § 27 KJHG. Die Gütekriterien beziehen sich auf die Beteiligung des Kindes und der Personensorgeberechtigten, die Beratung und Entscheidung im Team, die ständige Reflexion mit den Fallbetroffenen und das partnerschafliche Zusammenwirken öffentlicher und freier Träger der Jugendhilfe.

In einer akuten Krisen- und Konfliktsituation wie dem Vorliegen sexuellen Mißbrauchs wird ein anderes pädagogisches Setting als bei der Planung der Hilfen zur Erziehung notwendig. Ist das Wohl des Kindes gefährdet, treten andere Bestimmungen in Kraft und andere Maßnahmen müssen ergriffen werden. Die Darstellung der kinderschutzspezifischen Hilfeplanung berührt unmittelbar das Handlungsfeld der Kinderschutzdienste. Als freie Träger der Jugendhilfe haben die Kinderschutzdienste einen neuen Ansatz der Hilfeplanung entwickelt, der die Entscheidungen des Kindes über seinen Bedarf an Hilfe in den Mittelpunkt der Beratung stellt. Dies zeigt der Vergleich mit feministischen und familienorientierten Interventionsansätzen. Die Kennzeichen der kindzentrierten, kinderschutzspezifischen Hilfeplanentwicklung der Kinderschutzdienste sowie die Förderrichtlinien und Handlungsanweisungen für die Fachkräfte entstammen der vom Ministerium für Kultur, Jugend, Familie und Frauen des Landes Rheinland-Pfalz (1998) veröffentlichten Dokumentation und werden als Hintergrund für die spätere Darlegung der Ergebnisse aus der Befragung der Fachkräfte genommen.

Zur Einordnung der Untersuchung der ausgewählten Fälle sexuellen Mißbrauchs, für die Erkundung des Handlungsfeldes der Kinderschutzdienste und der dort tätigen Mitarbeiter/innen werden insgesamt 16 Jahresberichte aus drei exemplarischen Kinderschutzdiensten ausgewertet und in Diagrammen zusammengefaßt. Die Inhalte der kinderschutzdienstinternen Fortbildung ergeben nach der Darstellung der Richtlinien zur personzentrierten, pädagogischen Beratung der GwG (Kapitel 3) den zweiten Baustein für das zu erstellende Weiterbildungscurriculum im Anschluß an die Darstellung der Ergebnisse.

Der *zweite Teil* der Arbeit wird mit dem *Kapitel 6*, der methodischen Vorgehensweise zur Erfassung der Hilfeplanung in den Kinderschutzdiensten, eingeleitet. Eine theoretische Fundierung des Beratungshandelns der Fachkräfte in den Kinderschutzdiensten soll aus Einzelfallanalysen und den dort erlangten Erkenntnissen gewonnen werden; ein für die Beratungsforschung üblicher methodischer Ansatz (vgl. Pavel 1983).

Zum Verständnis pädagogischer Praxis und erziehungswissenschaftlicher Handlungsfelder empfehlen sich qualitative Erhebungsmethoden, die nach TERHART (1997) für die Auswertung zwischenmenschlicher Interaktion besonders geeignet sind. Da das Verstehen der Situation, Entscheidungen und Äußerungen des Kindes Ausgangspunkt der Hilfeplanung in den Kinderschutzdiensten ist, wird ein methodisches Vorgehen gewählt, das sich am hermeneutischen „Sinn-Verstehen" der geisteswissenschaftlichen Pädagogik orientiert. Ausgehend vom neuen Paradigma erziehungwissenschaftlicher Forschung (vgl. Friebertshäuser/ Prengel 1997) werden hermeneutische Traditionen durch die Akzentuierung der „pädagogischen Beziehung" als Kennzeichen von Beratung wiederbelebt.

Die Fragestellung wird in diesem Kapitel präzisiert und konkretisiert, die zu erforschende Praxis der Kinderschutzdienste den drei Komponenten des Beratungshandelns (Kind, Beratungsperson, Beziehung) zugeordnet und der Einsatz des fokussierten Interviews sowie der Expertiseforschung (Brommen 1992) begründet. Hier wird auch der Aufbau des Interviewleitfadens zur fallbezogenen Befragung von 20 Fachkräften aus 10 Kinderschutzdiensten vorgestellt und die Auswertungsmethode pädagogischer Fallbearbeitung erklärt. Eine abschließende Übersicht veranschaulicht die Aufbereitung und Interpretation der gewonnenen Daten bezogen auf die 50 erfaßten Fälle.

Kapitel 7 enthält die Ergebnisse aus der Untersuchung der Kinderschutzdienste von Rheinland-Pfalz. Die Sichtweise der Kontaktpersonen, die Klärung des Problems aus der Perspektive der betroffenen Kinder, die verschiedenen Arten der Hilfeplanung und die Reflexion der Handlungsschritte werden zusammenfassend erläutert. Die Aufbereitung und Interpretation der 50 erhobenen Fälle orientiert sich an der Methode der pädagogischen Fallanalyse und des hermeneutischen Fallverstehens. Hierzu werden die Phasen pädagogischer Handlungsplanung (H.Roth 1966), pädagogischer Beratung (Schwarzer/ Posse 1993) und sozialpädagogischer Hilfeplanung (Müller 1994) auf die Vorbereitungs-, Aufdeckungs- und Realisierungsphase der Hilfeplanung in den Kinderschutzdiensten bezogen und mit den Methoden der Beratung von Kindern (dargestellt in Kapitel 1) ergänzt.

Entsprechend der drei Phasen der Hilfeplanentwicklung in den Kinderschutzdiensten untergliedert sich diese Auswertung in drei große Abschnitte. Im ersten Unterkapitel (7.1) werden die Erstkontakte mit den Bezugspersonen der Kinder, ihre Einschätzung der Problematik, eine Beschreibung der Kinder und ihrer Lebenshintergründe sowie erste Informationen zum Mißbrauch geschildert. Im zweiten Unterkapitel (7.2) wird die Aufdeckung und Verdachtsabklärung des sexuellen Mißbrauchs mit den Kindern angelehnt an die theoretischen Ausführungen zum posttraumatischen Spiel, zur Arbeit mit anatomisch korrekten Puppen und zum diagnostischen Gespräch verdeutlicht. Im dritten Unterkapitel (7.3) werden vier verschiedene Konstellationen der Hilfeplanung voneinander unterschieden, die sich aus der Zusammenarbeit mit den Jugendämtern, dem Vormundschafts- oder Familiengericht und den Bezugspersonen der Kinder ergeben.

Die Daten, das Material und die zitierten Auszüge für die Fallbeschreibungen stammen aus den Interviews mit den Fachkräften, den zur Verfügung gestellten Akten, den unzähligen Stundenprotokollen aus den Kontakten mit den Kindern und den 50 erstellten Fallrastern. Die Namen der erwähnten Kinder wurden geändert und eine alle 50 Fälle umfassende Darstellung gewählt, damit die Anonymität der einbezogenen Personen gewahrt bleibt. Zur Veranschaulichung der Fallverläufe wurde der umfangreiche Stoff komprimiert und in gerafften Schilderungen nachvollziehbar gemacht; die einzelnen Fallstudien wurden grau unterlegt; Originalzitate aus den Akten oder Interviews wurden kursiv wiedergegeben.

Sofern sich die Inhalte mit theoretischen Begriffen aus dem ersten Teil deckten, wurden Erklärungen zur Hilfeplanung aus den bereits erarbeiteten Kapiteln hinzugezogen. Die Hilfeplanung ohne Unterstützung der Bezugspersonen des Kindes berührte hingegen einen Bereich, der situationsbezogen mit entsprechenden Literaturkommentaren besser erklärbar war.

Zur Reflexion der kinderschutzspezifischen, kindzentrierten Hilfeplanung in den Kinderschutzdiensten reichte die fallbezogene Evaluation der befragten Fachkräfte nicht aus. Aus diesem Grunde entstammen die Ausführungen zum Unterkapitel 7.4 den Erkenntnissen aus Expert/inn/en-Interviews mit sieben Personen, die wesentlich zum Konzept der Kinderschutzdienste beitrugen.

Da die Komplexität der Hilfeplanung in den Kinderschutzdiensten, die Belastung für die Fachkräfte und die Verwicklung der Ereignisse in der nach einzelnen Kategorien aufgeschlüsselten Darstellung kaum erfahrbar wird, wurden drei Fälle, welche die drei Hauptausprägungen der Hilfeplanung exemplifizieren, in sich geschlossen beschrieben. Die im Unterkapitel 7.5 vorgestellten Fallanalysen enthalten besonders bizarre Verläufe, krasse Umstände oder in einem Beispiel sogar die Stellungnahme des betroffenen Kindes.

Die Interpretation der Ergebnisse im *Schlußkapitel* (Kapitel 8) bestimmt die Grundlagen für ein personzentriertes, pädagogisches Beratungskonzept für Kinder in Notsituationen. Zu diesem Zweck werden die im theoretischen Teil entwickelten Kriterien zur Kindzentriertheit, zum professionellen Vorgehen bei sexuellem Mißbrauch und zur sozial-/ pädagogischen Hilfeplanung den Kennzeichen der kinderschutzspezifischen, kindzentrierten Hilfeplanung in den Kinderschutzdiensten gegenübergestellt. Die Erkenntnisse aus diesem Vergleich fließen dann in ein Weiterbildungskonzept ein, das in Kapitel 8.3 ausgehend von den Förderrichtlinien der GWG erstellt wurde.

4. Nichtbehandelte Themenbereiche

Bei der Untersuchung der Kinderschutzdienste geht es weniger um eine Bewertung des Konzeptes, als vielmehr um eine Einschätzung der Defizite und Unvollkommenheiten, die den Ansatz schwächen und die Professionalität der Fachkräfte begrenzen. Eine umfassende Evaluation war aber auch aus anderen Einschränkungen heraus nicht möglich. Eine Befragung der von der Hilfeplanung betroffenen Kinder und ihrer Bezugspersonen wäre hierzu erforderlich gewesen, ebenso fallbezogene Interviews mit den Fachkräften der kooperierenden Institutionen. Auch nach umfassenden Bemühungen konnten Befragungen mit betroffenen Kindern – von zwei Ausnahmen abgesehen – nicht durchgeführt werden. Die um Unterstützung gebetenen Fachkräfte aus den Kinderschutzdiensten hielten eine Vermittlung für unvertretbar, die jeweiligen Kinder für schonungsbedürftig oder den Datenschutz für unüberwindbar. Diese Entscheidung mußte akzeptiert werden. Aus dem gleichen Grund sollten auch die Bezugspersonen keiner erneuten Erschütterung durch eine wissenschaftliche Erhebung ausgesetzt werden. Eine Befragung - z.B. der Fachkräfte aus den Jugendämtern - erwies sich vor diesem Hintergrund als nicht sehr aussagekräftig.

Die Fallverläufe, die Handlungsplanung und die Kontakte mit den Kindern konnten also nur den mündlichen Schilderungen bzw. den schriftlichen Aufzeichnungen der Fachkräfte entnommen werden. Eine teilnehmende Beobachtung der Arbeit mit den Kindern wäre nur hinter einer Einwegscheibe sinnvoll gewesen, über die die Kinderschutzdienste jedoch nicht verfügen Die Auswertung von Cassettenaufzeichnungen verstieß gegen den kindzentrierten Ansatz.

Weitere Themen, die eine genauere Erfassung des Konzeptes der Kinderschutzdienste ermöglicht hätten, wurden in Erwägung gezogen, nach reiflicher Überlegung jedoch wieder verworfen: Der Vergleich mit anderen Kinderschutzeinrichtungen wäre sicherlich interessant, wegen der mangelnden Beteiligung betroffener Kinder - etwa bei der familienorientierten Intervention – jedoch für die Analyse von Fällen wenig ergiebig. Ebenso hätte die Einbeziehung der Kinderschutzdienste in Thüringen den Ansatz besser erfahrbar gemacht. Dieses Vorhaben wurde wegen mangelnder finanzieller und personaler Kompetenzen für wenig realisierbar, aber bei geeigneteren Möglichkeiten für nachholbar gehalten.

Ausgeklammert wurde auch die Begleitung betroffener Kinder bei der strafrechtlichen Verfolgung des Täters - ein wichtiger Tätigkeitsbereich der Fachkräfte in den Kinderschutzdiensten. Da die Darstellung des Zugangs zum Kind, seiner Beteiligung bei der Hilfeplanung und Umsetzung der Intervention zur Bestimmung der Grundlagen personzentrierter, pädagogischer Beratung für Kinder in Notsituationen ausreicht, wurde nicht nur dieser Aspekt sondern auch die lebenspraktische Begleitung der Kinder nach der Aufdeckung des sexuellen Mißbrauchs zugunsten einer bewältigbaren Auswahl von Themenstellungen geopfert. Auch eine Ausweitung der Fallzahlen wäre denkbar gewesen. In der Hauptsache erhellen abgeschlossene Intensivbetreuungen das Beratungshandeln der Fachkräfte, so daß nachvollziehbar wird, warum von diesen zeitaufwendigen Beispielen nach siebenjährigem Bestehen der Kinderschutzdienste nur eine begrenzte Zahl zur Verfügung stand.

So bleibt zu hoffen, daß die ausgewählten 50 Fälle - aus der Perspektive der Fachkräfte beschrieben - ausreichen, um einen Einblick in die Hilfeplanung der Kinderschutzdienste zu vermitteln, die aus der Praxis gewonnenen Einsichten für die Pädagogik und die pädagogische Beratung nutzbar zu machen sowie einen Transfer zwischen Wissenschaft und pädagogischem Handlungsfeld zu ermöglichen.

Teil 1
Theoretischer Hintergrund zur personzentrierten pädagogischen Beratung

1. Erziehungswissenschaftliche Herleitung der Pädagogischen Beratung

In diesem Kapitel wird es um eine pädagogische Grundlegung der Beratung für Kinder in Krisensituationen gehen. Dabei wird ausgehend von der Hauptfragestellung, unter welchen Bedingungen Kinder in der Lage sind, Entscheidungen zu treffen und wie begleitende Erwachsene diese Entscheidungen verstehen und mittragen können, der Begriff der *Entscheidung* aus der pädagogischen Anthropologie und der der *Pädagogischen Beziehung* aus der geisteswissenschaftlichen Pädagogik hergeleitet. Die pädagogische Beziehung steht ebenfalls im Mittelpunkt der Beratung; sie unterstützt die Entscheidungsfindung, bei Konflikten Bewältigungsmuster und Handlungsstrategien zu entwickeln. Angemessene Methoden, Ansätze und Zugangsweisen stellt der Abschnitt zur „pädagogischen Beratung als Entscheidungshilfe" vor, die dann für die Entwicklung eines Beratungsansatzes für Kinder in pädagogische Praxisfelder übertragen und durch kindgemäße Zugangsweisen ergänzt werden.

1.1 Die „Entscheidung" als zentrale Kategorie pädagogischen Handelns

Verfügen Kinder überhaupt über Fähigkeiten, bei Entscheidungen über ihr Leben, ihre Wünsche und ihren Bedarf an Hilfe mitzuwirken? Wie muß die Beziehung zwischen förderndem Erwachsenen und abhängigem Kind gestaltet werden, um es zu unterstützen und bei der Umsetzung seiner Wahl zu begleiten? Die pädagogische Anthropologie geht von der grundsätzlichen Entscheidungsfreiheit des Menschen aus, zu der Kinder jedoch erst mit Hilfe der Erziehung befähigt werden müssen. Die geisteswissenschaftliche Pädagogik gibt Hinweise für die Gestaltung einer Beziehung zwischen Erwachsenem und Kind, als Ausgangspunkt und Bedingung zur Umsetzung zentraler pädagogischer Ziele, zu denen auch die Entscheidungskompetenz gehört. Nachfolgend werden deswegen die anthropologischen und pädagogischen Anschauungen zur pädagogischen Begleitung von Kindern in Entscheidungssituationen behandelt.

1.1.1 Der Entscheidungsbegriff in der Pädagogischen Anthropologie

Da Beratung im wesentlichen als Entscheidungshilfe in einer „existentiellen Ernstsituation"[12] bezeichnet werden kann, soll der anthropologische Terminus der grundsätzlichen „Entscheidungsfreiheit" des Menschen Erklärung bieten, ob, wann und mit welcher Hilfe ein Kind fähig ist, „Eigenentscheidungen" zu treffen und welche Aufgabe in diesem Zusammenhang der Erziehung zukommt.

In der Geschichte der Pädagogik wird der Mensch („homo educandus") als ein erziehungsbedürftiges (Kant 1981, Loch 1967, Bednarik 1966, Rössner 1971, Dienelt 1977) und zugleich lernfähiges Wesen („homo discens") betrachtet (H. Roth 1966, Weber 1996, Nacke/ Dohmen 1996), das wegen seiner Unentwickeltheit als „Mängelwesen" (Gehlen 1961) Handlungsfähigkeiten in Beziehung zu anderen Menschen und im Aufbau des sozialen sowie kulturellen Lebens erst herausbilden muß (Portman 1951). Die Pädagogische Anthropologie versteht sich daher als „der systematische Versuch, Erziehung von pädagogisch relevanten Einzelbefunden über den Menschen zu fundieren und zu deuten oder aber von der anthropologisch bedeutsamen Tatsache der Erziehung selbst ausgehend zu Aussagen über den Menschen überhaupt zu gelangen".[13] Die Erziehungs*fähigkeit* des Menschen wird mit seiner biologischen Sonderstellung begründet (Brezinka 1990, H. Roth 1966, W. Flitner 1980, Giesecke 1990, Weber 1995), „in der der 'unfertige' Geburtszustand und die lange Kindheit und Jugendzeit des Menschen ihren guten Sinn haben"[14]. Die Weltoffenheit[15] und Entscheidungsfreiheit grenzt den Menschen grundsätzlich von der Instinktgebundenheit und Umwelteingebundenheit des Tieres ab, da Ausstattung und Instinkte „für das Tier eine vollständige Abhängigkeit und Festlegung" bedeuten, während der Mensch „infolge seiner Instinktreduktion eigentlich erst in die Lage versetzt wird, Akte der *Wahl- und Entscheidungsfreiheit* zu vollziehen"[16]. Die Anthropologie sieht den Menschen als ein „*sittliches* Wesen, das Entscheidungen zu treffen hat, in denen wiederum Freiheit und Bindung koinzidieren und in denen der Mensch sich in seiner Größe und zugleich in seiner Gefährdung erlebt"[17]. Diese Entscheidungsfreiheit und - notwendigkeit zu einer *Entscheidungskompetenz* heranreifen zu lassen, ist ein zentrales Ziel der Erziehung, die den Menschen auf der Suche nach seinen Selbst durch die bewußte Wahl erst zur kulturschaffenden Person macht[18]. TRÖGERs (1974) anthropologische Überlegungen gehen davon aus, „daß Entscheidungen, also Möglichkeit wie Notwendigkeit der Wahlhandlung, zu den Grund-erfahrungen jedes Menschen gehören, so sehr, daß die gesamte

---

[12] M.J.Langeveld 1964, S.57
[13] D.Höltershinken 1976, S.1
[14] F.März 1978, S.39
[15] M.Scheler 1962
[16] F.März 1978, S.42
[17] F.März 1878, S.98
[18] vgl. S.Kierkegaard 1957, S.188; W.Tröger 1974, S.48 und F.März 1978, S.72

Gesellschaftsordnung auf diese Erfahrung aufgebaut ist"[19]. In keinem anderen Punkt gibt es eine so übereinstimmende Auffassung in der modernen Pädagogik wie bei der Befähigung des Menschen zur „Selbststeuerung und Selbstbestimmung, auch wenn dieses Vermögen langer und systematischer Bemühungen der Erziehung bedarf"[20]. Die grundsätzliche Bedeutung des Herausbildens von Entscheidungskompetenzen in der Erziehung wird von TRÖGER (1974) hervorgehoben, indem er meint: „Wenn das Entscheiden-können zu den Grundlagen menschlichen Lebens gehört, muß die Erziehung dafür sorgen, daß es die Kinder möglichst früh lernen."[21]

Die Frage nach der Entwicklung der Entscheidungsfähigkeit beim Kind entspringt demnach unmittelbar aus anthropologischen Überlegungen. Entscheidungen haben an sich einen existentiellen Charakter, da die einmal getroffene Auswahl von Handlungsalternativen Konsequenzen für das weitere Leben nach sich zieht. TRÖGER (1974) liefert eine Definition des Begriffs der Entscheidung:

> „Als Entscheidung bezeichnet der allgemeine Sprachgebrauch das Erkunden von Handlungsmöglichkeiten in einer zunächst unübersichtlichen Situation, auch ihren kritischen Vergleich, vor allem das Abwägen der sich jeweils ergebenden Konsequenzen und schließlich das auswählende Herausgreifen einer dieser Handlungsmöglichkeiten, um sie in die Tat, d.h. in die Wirklichkeit umzu-setzen."[22]

Ausgehend von FEGER (1988)

> „soll unter einer Entscheidungssituation der Abschnitt auf dem biographischen Kontinuum eines Individuums verstanden werden, der in dem Augenblick beginnt, in dem sich für ein Individuum mindestens zwei Möglichkeiten des sich Verhaltens eröffnen und der in dem Augenblick einen (durchaus nicht end-gültigen und vollständigen) Abschluß findet, in dem das Individuum sich entschließt, einer der sich bietenden Möglichkeiten den Vorzug zu geben"[23].

THOMAE (1960) grenzt vier Formen der Entscheidung voneinander ab, die wie folgt charakterisiert werden können:

1. Die „dezentralisierte" Entscheidung, die am Rande des seelischen Geschehens liegt.[24]
2. Die „überformte" Entscheidung; die Unterordnung der augenblicklichen Wünsche unter langfristige Interessen.[25]

---

[19] W.Tröger 1974, S.26
[20] W.Tröger 1974, S.27; vgl. auch F.März 1974, S.73 und A.Gehlen 1950, S.400
[21] W.Tröger 1974, S.68
[22] W.Tröger 1974, S.27
[23] B.Feger 1988, S.70
[24] H.Thomae 1960, S.81
[25] H.Thomae 1960, S.82

24

3. Die „es-zentrierte Regulation" einer Entscheidung, bei der langfristige Perspektiven der Bedrängnis oder Versuchung der Gegenwart erliegen.[26]
4. Die „kernzentrierte" existentielle, schwerwiegende und undurchschaubare Entscheidung.[27]

Diese letzte Form der Entscheidung bezeichnet TRÖGER (1974) als die eigentliche Entscheidung im „existentiellen Sinn" als das Ergebnis einer bewußten Aktivität[28]: „In einem langwierigen Prozess wird die Unorientiertheit durchstanden, manchmal geradezu durchlitten, bis dann gleichsam die Person als Ganzes zu einer vielleicht grundsätzlichen Neuorientierung kommt. Das abschließende Handeln ist dann ein Wagnis ins Ungewisse."[29] In diesen Prozess der Wahlhandlung sollte ein Außenstehender nicht beeinflussend eingreifen, solange nicht geklärt ist, welche subjektive Bedeutung die entsprechende Situation für den Betroffenen hat.

„Es sind Fälle, in denen es niemanden gibt, der die Verantwortung der Entscheidung oder auch nur eines bestimmten Ratschlags für einen anderen übernehmen könnte und dürfte, weil niemand Einblick in die privaten Verhältnisse oder in die subjektive Innerlichkeit hat, in welche die fällige Entscheidung eingreifen wird."[30]

Nach H. ROTH (1966) folgt die bewußt herbeigeführte Entscheidung einem stets ähnlichen Verlauf, der idealtypisch sechs Phasen durchläuft, die aufeinander aufbauen, sich abwechseln, parallel oder gleichzeitig verlaufen können. In der *Entstehungsphase* einer bewußt durchzuführenden Handlungsplanung steht die erlebte Not oder eine Störung des inneren oder äußeren Gleichgewichts. Durch bewußtes Erkennen und Benennen der näheren Umstände und durch eine gefühlsmäßige Bewertung wird die Situation in der *Klärungsphase* eingeschätzt, überdacht und beurteilt. In der *Planungsphase* wird eine Bewältigung der kritischen Situation durch Vorentwürfe und Lösungsüberlegungen in Form des Abwägens zwischen Realität und Realisierbarkeit möglicher Mittel und Wege angestrebt. Das in der spezifischen Lebenssituation stehende Individuum trifft während der *Entscheidungsphase* eine auf abwägendem Nachempfinden und dem geäußerten Willen basierende Wahl für einen der denkbaren Lösungswege, das Risiko der Unübersehbarkeit und der Fehlentscheidung einkalkulierend. Nach Bereitstellung der für die Ausführung des gewählten Planes notwendigen Voraussetzungen wird die ins Auge gefaßte Bewältigung der Situation angegangen, und die für die *Durchführungsphase* notwendigen Schritte werden unternommen. Durch eine regelmäßige Reflexion und Überprüfung

---

[26] H.Thomae 1960, S.75
[27] H.Thomae 1960, S.83
[28] W.Tröger 1974, S.29
[29] W.Tröger 1974, S.29
[30] H.Lübbe 1971, S.18

können Korrekturen vorgenommen und Fehler behoben sowie im Laufe einer *Rückwirkungsphase* andere Ideen angegangen werden.[31] Zu fragen ist, ob die Kompetenz eines Kindes zu einer solchen Fähigkeit ausreicht und wie die pädagogische Beziehung zur Handlungplanung Beistand leisten kann. Die beschriebene Handlungsfähigkeit müsse das Kind „erst auf einem langen Entwicklungsweg erlernen", meint ROTH (1971)[32], während er an anderer Stelle dazu aufruft, mehr Vertrauen in die Fähigkeit des Kindes zu setzen:

> „Das Kind wünscht zunehmend, sich selbst bestimmen zu können, aber wir honorieren diesen Drang zur Selbstbestimmung zu wenig. Wir betonen viel zu sehr die möglichen destruktiven Folgen einer solchen Selbstbestimmung als die ebenfalls möglichen und zudem wichtigeren konstruktiven."[33]

RATHS (1976) appelliert an das Verantwortungsgefühl der Erwachsenen, das Kind bei der Umsetzung seiner Wünsche und seines Willens zu unter-stützen, anstatt ihm seine Vorhaben abzunehmen, ohne sein Wissen oder gar gegen seine Interessen zu handeln. Er empfiehlt:

1. Kinder zu ermutigen, eine Auswahl zu treffen, und zwar freiwillig.
2. Ihnen zu helfen, andere Möglichkeiten zu entdecken und zu prüfen, wenn sich ihnen eine Auswahl bietet.
3. Kindern zu helfen, die Alternativen sorgfältig abzuwägen und dabei über die Konsequenzen einer jeden nachzudenken.
4. Kinder zu ermutigen, darüber nachzudenken, was sie schätzen und woran sie hängen.
5. Ihnen Gelegenheit zu geben, das von ihnen Gewählte öffentlich bestätigen zu können.
6. Sie darin zu bestärken, in Übereinstimmung mit dem Gewählten zu handeln und danach zu leben.
7. Ihnen zu helfen, wiederholte Verhaltensweisen oder Verhaltensstrukturen in ihrem Leben zu untersuchen. [34]

Die Frage nach dem Recht des Erziehers, stellvertretend für das Kind zu entscheiden oder die Entscheidung dem Kinde zu überlassen, kann als alte Streitfrage innerhalb der Pädagogik bezeichnet werden[35]. TRÖGER (1974) benennt zwei Formen der „Pädagogischen Entscheidung", einmal die Entscheidung vom Erzieher aus und zum anderen die Entscheidung „vom Kinde aus". In der Entscheidung „vom Kinde aus" verbleibt die Verantwortung bei der erwachsenen Begleitperson und löst das Dilemma zwischen stellver-

---

[31] vgl. H.Roth 1966, S.375 f
[32] H.Roth 1971, S.225
[33] H.Roth 1971, S.455
[34] L.E.Raths 1976, S.55
[35] vgl. W.Tröger 1974, S.54

tretender Fremdentscheidung der Erziehungsperson und überfordernder Eigenentscheidung des Kindes. Um die Wünsche und den Willen des Kindes zu entdecken, bedarf es einer ausführlichen Auseinandersetzung mit seiner Persönlichkeit, seiner Entwicklung und seiner Erziehungsbedürftigkeit[36], Bereiche auch der pädagogischen Anthropologie, die sich außerdem mit dem Zugang zum Kind und seinen Möglichkeiten des Selbstausdrucks (Sprache, Spiel, Bewegung, Zeichnung[37]) sowie der Erforschung der vielfältigen Formen kindlichen Erlebens in kindzentrierten Kategorien befassen[38]. LANGEVELD (1964) meint in seiner „Pädagogischen Anthropologie des Kindes", die Ansichten des Kindes seien zu ergründen, wenn man „ohne Umwege"[39] zu ihm gehe. Diese anthropologische Überzeugung wird von SÜSSMUTH (1968) aufgegriffen, und sie empfiehlt, „dem Kind in konkreten Lebenssituationen zu begegnen und diese beschreibend-analysierend in den Situationsphänomenen zu verstehen suchen"[40]. Pädagogisches Handeln muß demnach einer gesicherten und fundierten Kenntnis über die Lebenssituation des Kindes folgen, vom exemplarischen Prinzip und von Einzelbeispielen ausgehen.[41]

Vom Wesen des Kindes, seinen Fähigkeiten und seinem Hilfebedarf lernt die Pädagogik auch und vor allem in Krisensituationen. LANGEVELD (1964) setzt die Ernstsituation im Erleben des Kindes vom Spiel ab und bezeichnet mit der „existentiellen Ernstsituation" eine Angsterfahrung. „So ist die Frage, ob das Kind auf den Erwachsenen rechnen kann, eine grundsätzliche Ernstsituation. Wir werden sie eine ′existentielle′ Ernstsituation nennen, weil die Existenz des Kindes (...) davon abhängt."[42] Die Erlebnisqualität von Kindern in diesen Extremsituationen, zu denen LANGEVELD (1964) „den Einbruch eines gewaltigen Ereignisses"[43] – er benennt explizit „eine Vergewaltigung"[44] – zählt, vermittelt neue Erkenntnisse über die Natur des Kindes und damit weiterführende Erfahrungen für den pädagogischen Umgang mit Kindern allgemein. Durch die Betrachtung der kindlichen Ausdrucksformen wird das Kind in seiner Eigenart begriffen, „jedes Phänomen führt also zu einem anderen ′Ganzen′, richtiger wohl: zu einem anderen Aspekt des Ganzen"[45]. Die pädagogische Überzeugung OELKERS (1990) wird mittlerweile als anthropologische Invariante anerkannt, nach der ein Kind durchaus in der

---

[36] „So sehen wir das Kind als ein Wesen, das zugleich auf Erziehung angewiesen und für Erziehung zugänglich ist: ′animal educandum′ und ′animal educabile′". M.J.Langeveld 1964, S.135/136
[37] vgl. M.J.Langeveld 1956
[38] M.J.Langeveld 1964, S.171
[39] „Wer das Kind verstehen will, wird zum Kinde gehen müssen. Dort wird er Aufgabe und Versagen unfehlbar antreffen. Zum *Kinde* wird er gehen müssen." M.J.Langeveld 1964, S.135
[40] R.Süssmuth 1968, S.31
[41] vgl. R.Süssmuth 1968, S.12
[42] M.J.Langeveld 1964, S.57
[43] M.J.Langeveld 1964, S.38 und 1956, S.57
[44] M.J.Langeveld 1964, S.81
[45] O.F.Bollnow 1965, S.38

Lage ist, Selbstentscheidungen zu treffen, wenn es dazu auch auf die Hilfe und Unterstützung begleitender Erwachsener angewiesen ist.

> „Das Kind wird nicht länger in einem minderwertigen Status definiert, also es erscheint nicht als 'Mängelwesen', sondern als Wesen, das voll ausgestattet, reich in seinen Fähigkeiten und in vielem dem Erwachsenen überlegen ist."[46]

Im Anschluß an diese Darlegung anthropologischer Auffassungen zur Entscheidungskompetenz des Kindes – abgeleitet aus Überlegungen der Pädagogischen Anthropologie und angewandt auf „existentielle Ernstsituationen" – geht es im nachfolgenden Abschnitt um die „pädagogische" Entscheidung, die ganz im Sinne kindzentrierter Pädagogik als eine Entscheidung „vom Kinde aus" interpretiert werden kann.

1.1.2 Die Pädagogische Entscheidung

Bei den Vorstellungen über den Einfluß des Erziehers gegenüber der Eigenentscheidung des Kindes gehen die Meinungen auseinander. Die vorherrschenden pädagogischen Grundpositionen befassen sich dennoch mit der gleichen Fragestellung: Wer entscheidet über das Ziel der Erziehung, der Erwachsene oder das Kind? Ist das Kind Objekt oder Subjekt der Erziehung?[47] Die zugrundeliegende Fragestellung der Diskussion über die Bedeutung der Pädagogik für die Entwicklung des Kindes ist demnach – ohne die Erziehungswissenschaft als hierauf begrenzt verstehen zu wollen[48] – die Frage nach der Fähigkeit des Kindes, eigene Entscheidungen treffen zu können und der Aufgabe der Erziehung, es bei diesen Entscheidungen zu unterstützen. Außerdem setzt die Pädagogik sich mit der Stellung des Erwachsenen in seiner Beziehung zum hilfebedürftigen Kind auseinander, um diese Interaktion entwicklungsfördernd zu gestalten. Aus diesem Grunde wird im folgenden die Position des Kindes innerhalb der Pädagogik näher beleuchtet, um die unterschiedlichen Ansichten über die Kompetenzen eines Kindes zu erfassen und auf seine Fähigkeit bzw. Unfähigkeit zur Eigenentscheidung zu beziehen. Der Diskurs um den „Pädagogischen Bezug" nach NOHL (1988) wird als Grundlage der Überlegung herangezogen, wie die Beziehung zwischen Erwachsenem und Kind gestaltet werden muß, damit das Kind in die Lage versetzt wird, zu eigenen Entscheidungen zu gelangen.

---

[46] J.Oelkers 1990, S.8
[47] vgl. H.Wölfel-Schramm 1992, S.37f
[48] W.Tröger 1974, S.48: „Eine ausschließliche Betrachtung der Erziehung unter dem Aspekt der Entscheidung wäre einseitig."

28

1.1.2.1 Pädagogische Vorstellungen vom Wesen des Kindes

Erst mit dem Entstehen der Pädagogik und der Pädagogischen Anthropologie wurden Kinder und Kindheiten entdeckt, erforscht und analysiert (Van den Berg 1960, Ariés 1975, DeMause 1980, Gillis 1980, Langeveld 1964), während zuvor die Kindheit als ein zu überwindendes Stadium der menschlichen Entwicklung betrachtet wurde[49]. LANGEVELD (1964) datiert den Beginn der öffentlichen, pädagogischen Auseinandersetzung mit dem Kind auf

> „das späte 19. Jahrhundert in der jüngsten Form der Kinderpsychologie, in der Beschützung der Jugend gegen Ausnützung und Grausamkeit, im beginnenden Kinderrecht, in immer bewußterer didaktischer und pädagogischer Besinnung und Beseelung, (in der) das Kind als menschliches Wesen in die Ganzheit der gesellschaftlichen Formen (...) als eine eigene Welt (gestellt wurde).“

Der Wandel im Bild des Kindes, wonach „Kindheit als eine in sich ruhende Lebensphase von eigenem Gewicht und mit eigenen Ansprüchen"[50] gesehen wurde, erreichte eine breite gesellschaftliche Öffentlichkeit im Rahmen der „pädagogischen Bewegung vom Kinde aus", die zu Beginn dieses Jahrhunderts von der Schwedin KEY (1902) angeführt wurde. Die kindorientierte Denkweise KEYs zeigt sich in ihrer Definition von Erziehung: „Ruhig und langsam die Natur sich selbst helfen lassen und nur sehen, daß die umgebenden Verhältnisse die Arbeit der Natur unterstützen, das ist Erziehung."[51] Die reformpädagogische Bewegung „vom Kinde aus"[52] (Key, Montessori, Otto, Gurlitt, Korczak, u.a.) hob das Recht des Kindes auf die Entwicklung seiner Persönlichkeit und Individualität heraus, wollte das Kind zum Ausgangspunkt aller pädagogischer Maßnahmen machen[53], indem die „natürliche Erziehung" von den „Bedürfnissen des Kindes ausgehen" solle[54]. GIESECKE (1985) weist darauf hin, daß der Wandel des Bildes vom Kind auf die reformpädagogischen Denkweisen zurückgeht:

> „Eine besondere Hochschätzung und Zuspitzung erfuhr die ,pädagogische Bewegung' mit ihrer immanenten Leitvorstellung des Kindes als einem freien und selbsttätigen, sinnstiftenden ,Subjekt' zu Beginn des 20. Jahrhunderts in der

---

[49] „Die Kindheit ist nicht ein möglichst rasch zu durchlaufendes - eigentlich überflüssiges Durchgangsstadium, sondern nur über das voll ausgelebte und sinnvoll ausgestaltete Kindheitsstadium gelangt der Mensch zur Menschlichkeit." F.März 1978, S.35
[50] H.Bründel/ K.Hurrelmann 1996, S.40
[51] E.Key 1902, S.120
[52] vgl. J.Gläser 1920, S.78
[53] W.Scheibe 1969, S.51: „Den Anfang der Pädagogischen Reformbewegung bildete eine in ihrer Art und in ihrer Intensität einzigartige Hinwendung zum Kind." Vgl. auch Th.Litt 1982, S.158
[54] L.Gurlitt 1909, S.54

‚reformpädagogischen Bewegung', vor allem durch ihre als ‚Pädagogik vom Kinde' aus bezeichneten Strömungen."[55]

In dieser Zeit wurde „erstmalig die Individualität des Kindes in den *Mittelpunkt* der Erziehungstheorie"[56] gestellt. Damit bildete die „Pädagogik vom Kinde aus" das Fundament und die Grundlage einer kindzentrierten Pädagogik. GLÄSER (1920) wollte das Kind zwar nicht zum Maß aller Dinge nehmen, es aber als „Maß seiner Selbst ansehen"; ihm sollten nicht die Absichten, Ziele und Zwecke der Erwachsenen gewaltsam in den Weg gelegt werden[57]. Nach dieser Auffassung müsse derjenige, der ein Kind wirklich verstehen will, „ohne Umschweife zu ihm gehen"[58], es als „Autorität, Experte und Anwalt in eigener Sache"[59] anerkennen. Das Kind dürfe nicht beeinflußt werden, damit ein Blick auf seine Kinderseele zu erlangen sei. STEFFENS (1984) vertritt als Resultat dieser Denkrichtung die Auffassung, daß Kinder einen wichtigen Beitrag zu erziehungswissenschaftlichen Entscheidungsprozessen leisten können und daß die pädagogischen Interventionen und Wirkungen von der „Adressatenseite" her zu überprüfen seien[60]. Dennoch: *Erwachsene* redeten, schrieben und bildeten sich eine Meinung *über* Kinder[61]. „Zum Kinde um des Kindes willen ging man nur selten."[62] Es entstanden „Kindheitskonstruktionen", „jene Vorstellungen über Kinder, die man in den Theorien von Erwachsenen finden kann und die Vorbilder und Leitbilder bereitstellen, nach denen Kinder erzogen und belehrt wurden"[63].

Diese historischen Perspektiven des Bildes vom Kind bestimmen auch die Ziele der pädagogischen Einwirkung auf die Entwicklung im Kindes- und Jugendalter. Ob ein Kind als kleiner Erwachsener, als von Natur aus gut oder böse angesehen, als Arbeitskraft ausgebeutet oder als ein erziehungs- und besonders schutzbedürftiges Wesen betrachtet wird, hat Einfluß auf die Vorstellungen über die rechte Erziehung[64]. BREZINKA (1990) z.B. nimmt bei seiner Definition der Erziehung Defizite in der Psyche des Kindes als vorhanden an. „Unter Erziehung werden Handlungen verstanden, durch die Menschen versuchen, das Gefüge der psychischen Dispositionen anderer Menschen in irgendeiner Hinsicht dauerhaft zu verbessern oder seine als wertvoll beurteilten Komponenten zu erhalten."[65] Die Gegenposition hierzu – hier vertreten von KOSSAKOWSKI (1991) – widerspricht dieser Auffassung von Erziehung:

---

[55] H.Giesecke 1985, S.189
[56] J.Oelkers 1989, S.13
[57] J.Gläser 1961, S.80
[58] M.J.Langeveld 1964, S.38
[59] J.Zinnecker 1961, S.23
[60] U.Steffens 1984, S.140
[61] vgl. D.Lenzen 1985, S.11
[62] M.J.Langeveld 1964, S.6
[63] G.Scholz 1994, S.9
[64] vgl. H.D.Schmitt 1991, S.3/4
[65] W.Brezinka 1990, S.95

„Die Heranwachsenden dürfen (auch in ihren frühesten Entwicklungsetappen) nicht als Erziehungs- oder Einwirkungs*objekte* betrachtet werden, deren Lebensweise primär von den erzieherischen Absichten der Erwachsenen, von deren Normen und Forderungen bestimmt werden."[66]

Durch die Einwirkungen der Umwelt werde das Kind nicht wie ein leeres Blatt beschrieben, wie von damaligen Entwicklungspsychologen (vgl. auch Locke, Kant[67]) angenommen, sondern der Auffassung BOSHOWITSCH (1970) folgend sei die Entwicklung des Kindes ein aktiver Aneignungs- und Selektierungsprozess:

„Die innere Position des Kindes bedingt eine bestimmte Struktur seiner Beziehungen zur Wirklichkeit, zu den Menschen seiner Umgebung und zu sich selbst. Durch diese innere Position werden alle Einwirkungen der Umwelt gebrochen (...). Welchen Umweltwirkungen ein Kind auch immer ausgesetzt sein mag, welche Forderungen an es auch gestellt werden mögen, solange diese Forderungen nicht in die Bedürfnisstruktur des Kindes eingehen, treten sie nicht als wirksame Faktoren seiner Entwicklung in Erscheinung."[68]

Im pädagogischen Grundverständnis prägten im wesentlichen die erziehungswissenschaftlichen Traditionen, die zurückgingen auf die geisteswissenschaftliche Pädagogik (Dilthey, Nohl, Litt, Spranger, W. Flitner, Weniger[69]) und die empirische Pädagogik (Lay, Meumann, Petersen, Fischer, Roth), die Vorstellungen von der Lernfähigkeit und Erziehbarkeit des Menschen. Während in einem eher technologischen[70] Ansatz „der Pädagoge als Bildhauer" gesehen wird, der das Kind formt und gestaltet, wird in der letztendlich auf ROUSSEAU (1712-1778) zurückgehenden Metapher des „Pädagogen als Gärtner" das Gedeihen des Kindes als ein autonomer Entwicklungsprozess betrachtet. Im ersten Bild ist das Kind „Objekt eines Erziehungsprozesses, der planmäßig ein gewünschtes und zunächst nur antizipiertes Ergebnis – das Erziehungsziel – mit Hilfe bestimmter Erziehungsmethoden und -inhalte herstellt"[71]. Als Vertreter dieser Richtung sind die Behavioristen und Lerntheoretiker wie WATSON (1968) und SKINNER (1971) zu nennen.

„Als Modell für diese Erziehungskonzeption dient das handliche Tun des Bildhauers (...), der das rohe ,Material' nach einem ihm vorschwebenden

---

[66] A.Kossakowski 1991, S.37
[67] I.Kant 1960: „Der Mensch kann nur Mensch werden durch Erziehung. Er ist nichts, als was die Erziehung aus ihm macht." S.9
[68] L.I.Boshowitsch 1970, S.128
[69] vgl. Ch.Wulf 1977, S.15
[70] vgl. P.Xochellis 1974, S. 57 und W.Brezinka 1971, S.32: „Im Hinblick auf die in der Erziehungspraxis zu lösenden Probleme ist die Erziehungswissenschaft in erster Linie eine technologische Wissenschaft."
[71] A.K.Treml 1987, S.347

Leitbild, einer Formidee, gestaltet, wobei eine unbegrenzte Formbarkeit der menschlichen Natur angenommen wird."[72]

Im zweiten Bild bedeutet Erziehung ein „begleitendes Wachsenlassen".[73] „Dem Erzieher wird die ‚hegende' und ‚pflegende' Funktion des Gärtners zugedacht, der zu Erziehende in Analogie zur wachsenden Pflanze betrachtet."[74] Diese Position geht ein in die existenzphilosophisch orientierte Pädagogik BOLLNOWs (1955, 1956), die von der Überzeugung ausgeht, daß der Mensch „über sein ‚Eigentliches' entscheidet"[75] und infolgedessen Subjekt seiner selbst sei.

MÄRZ (1980) benennt eine weitere Grundauffassung – die des „Pädagogischen Realismus".[76] Dieser Begriff sei zu unterscheiden vom „Erziehungs-Optimismus", für den „erziehen so viel bedeutet wie: machen, formen, bilden, verändern, führen, disziplinieren, dressieren" und vom „Selbstformungs-Pessimismus", in dem „erziehen gleichzusetzen ist mit: sich entwickeln lassen, wachsen lassen, nichts tun als behüten und nur zusehen, daß der Selbstentfaltungsprozeß sich ungestört entfalten kann".[77] Gemäß dieser dritten Position betont ROTH (1966) die „Bildsamkeit des Menschen zur Selbstentscheidung". Auch das Kind sei als ein „selbstmächtiges handelndes Wesen"[78] anzusehen, das selbst zu entscheiden vermag, „wenn es die dafür erforderlichen und ihm aufgrund seiner Personenwürde zustehenden Voraussetzungen erhält"[79]. Die Pädagogik und die Pädagogische Anthropologie der Gegenwart gehen neben der Annahme einer Wechselwirkung von Anlage und Umwelt bei der Entwicklung des Kindes von den erwähnten Selbstbildungs- und -gestaltungskräften aus.

Eine Sonderstellung innerhalb der benannten Erziehungsverständnisse nimmt das „entwicklungszentrierte Modell" (Schmitt 1991) ein, das ein Zusammenwirken von genetischen, sozialen und innerpsychischen Ein-flüssen annimmt und „angesichts der Gefährdungen kindlicher Existenzen und Entwicklungspotentiale (...) außerdem das Recht des Kindes auf Selbstbestimmung und Selbstverwirklichung zur Geltung" bringt[80]. Dieser Ansatz sieht eine eigenaktive Entwicklungsdynamik im Kinde als gegeben an und betont deswegen die Notwendigkeit der „Bewährung des Kindes in der Zone seiner nächsten Entwicklung" im Gegensatz zu abstrakten Erziehungszielen,

---

[72] P.Xochellis 1974, S.57
[73] vgl. auch O.F.Bollnow 1959, S.17: „Erziehen heißt hier begleitendes Wachsenlassen, ‚Aufforderung zur freien Selbsttätigkeit' (Fichte) (...); sie versteht sich in dieser Tradition als die ‚Kunst des Pflegens und des Wachsenlassens', als des ‚Nicht-störens' dieses Naturvorgangs."
[74] P.Xochellis 1974, S.57
[75] E.Weber 1996, S.250
[76] vgl. auch E.Weber 1996, S.252
[77] F.März 1980, S.116
[78] H.Roth 1966, S.153
[79] F.März 1980, S.171
[80] H.D.Schmitt 1991, S.4

die in einer fernen Zukunft liegen[81]. Hierbei könne es laut SCHMITT (1991) nicht allein um die Aneignung soziokultureller Techniken gehen, das Kind müsse auch seine Individualität, seine Wünsche und Be-dürfnisse zum Ausdruck bringen dürfen, zusätzlich seien seine „Würde und sein Eigenwert" anzuerkennen[82]. „Kindliche Entwicklung ist *Selbst*entwicklung, in der das Kind als eigenaktives Subjekt, gleichsam als Schöpfer seiner selbst tätig wird." KOSSAWOSKI (1991) definiert die *Subjekt*position des Kindes in der Pädagogik, indem er ausführt:

> „Wenn wir von der Subjektposition eines Individuums sprechen, dann meinen wir einmal seine reale (objektive) Stellung als aktives, selbständiges und eigenverantwortliches Subjekt der Arbeit, der Kommunikation und der Erkenntnis im System der gesellschaftlichen Beziehungen, als auch als Subjekt des Erziehungsgeschehens, zum anderen das subjektive Erleben dieser seiner Stellung, das Bewußtsein des einzelnen Individuums, daß es seine Interessen verwirklichen kann, daß es Möglichkeiten hat, seine Gedanken frei zu äußern, eigene Urteile zu bilden, ernst genommen zu werden, eigene Entscheidungen zu fällen, sein Handeln und die Handlungsbedingungen selbst (bzw. mit-) zu gestalten und auf diese Weise seine Entwicklung selbst zu befördern."[83]

Erziehung kann demnach nur Angebote an das Kind richten, die der „inneren Bereitschaft und Zustimmung, mindestens seines Nachgebens gegenüber einer Forderung bedürfen", um Veränderungen seines Verhaltens oder die Anpassung an seine Umwelt zu bewirken[84].
Diese Ausführungen entsprechen den Werten der „Humanistischen Pädagogik" (Kamann 1987, Buddrus 1994, Dauner 1997), die eine „Selbstaktualisierungstendenz" im Kinde (Rogers 1972) oder ein „Selbstverwirklichungsstreben" des Menschen (Maslow 1994) zugrunde legt. Mit SCHMITT (1991) ausgedrückt, kann die „wahre Persönlichkeitswerdung" nur durch die „freie, ichkontrollierte Autonomie" entstehen, folglich müsse die „Fremdbewertung und Kontrolle durch den Erwachsenen abgelöst werden durch die Selbsteinschätzung und -führung des Kindes, weil nur so das kritische Selbst mit Gewissen, Scham und Stolz entsteht und wirksam wird"[85]. Ebenso bezeichnet KOVAC (1990) Menschen, die in ihrer Entwicklung viel Raum zur Selbstgestaltung hatten, als kultivierte Persönlichkeiten.[86]
Zu bewahren ist das Kind jedoch vor Überforderung, die infolge komplexer Lebensbezüge und gesellschaftlicher Veränderungen entstehen kann, sowie vor Eingriffen in die Integrität seiner Persönlichkeit. So kommt laut SCHMITT (1991) die Erziehung einem Beratungs- oder Begleitungsprozess gleich, der

---

[81] ebenda , S.6
[82] ebenda, S.9
[83] A.Kossakowski 1991, S.35
[84] ebenda, S.6
[85] ebenda, S.9
[86] vgl. D.Kovac 1990

eine partnerschaftliche Ebene zwischen Kind und Erwachsenem anstrebt und das traditionelle Autoritätsgefälle zwischen Belehrendem und Belehrtem ablehnt.

„Schutz vor Unbill und Traumatisierung, Schaffung von Feldern entspannten Tätigseins, Hilfe bei der Überwindung von Schwierigkeiten – und alles das, ohne dem Kind das Gefühl zu geben, es sei abhängig, unterlegen und schwach! Das Kind muß erleben, daß es ein *ernstgenommener, gleichberechtigter* Partner im gemeinsamen Lösen von Entwicklungsaufgaben ist."[87]

Dem Erzieher/ der Erzieherin fällt in der entwicklungszentrierten Pädagogik die Position zu, zwischen den Bedürfnissen des Kindes und den Anforderungen der Gesellschaft zu vermitteln, um ein Gleichgewicht herzustellen. GUDJONS (1995) beschreibt den schwierigen Balanceakt, der jeden Erziehungsprozess gleichsam als Aufgabe und Herausforderung begleitet:

„Der Erzieher hat (...) die Realität des jungen Menschen ebenso im Blick wie die (antizipierte) 'Idealität', wobei aber das Kind auch eine Eigenaktivität und Eigenverantwortung für seinen Erziehungs- und Bildungsprozess hat, – insofern handelt es sich um ein Wechselverhältnis. Der Erzieher ist dabei immer zugleich 'Anwalt' des Kindes und 'Anwalt' der Kultur. Er hat die schwierige Aufgabe der Vermittlung zwischen beiden Ansprüchen."[88]

Ungeachtet dieser hohen Anforderung dringt KOSSAKOWSKI (1991) dennoch auf die Einbehaltung der Subjektposition des Kindes im Erziehungsprozess, in dem Erzieher folgende Einstellungen vervollkommnen sollten:

- Akzeptanz des Kindes als Handlungssubjekt und Subjekt seiner Selbstentwicklung
- Bereitschaft, das Kind als Partner anzusehen
- Beachtung der Pluralität von Entwicklungsformen und Toleranz gegenüber Andersartigkeit
- Kenntnisse zur Entwicklungspsychologie und Psychologie des Kindes[89]

Die dargestellten Sichtweisen vom Kind als Subjekt, dessen Wille, Bedürfnisse und Entwicklungsbestrebungen Ausgangspunkt der Erziehung sein sollen, begründeten die kindzentrierte Pädagogik. Ein personzentriertes Beratungskonzept für Kinder findet hier und im nächsten Abschnitt zur Gestaltung der pädagogischen Interaktion seine erziehungswissenschaftlichen Wurzeln.

---

[87] ebenda, S.7
[88] H.Gudjons 1995, S.193
[89] vgl. A.Kossakowski 1991, S.45

1.1.2.2 Die „Pädagogische Beziehung" als Ausgangspunkt der Entscheidungsfindung

Die Basis sowohl des erzieherischen Verhältnisses als auch der pädagogischen Beratung ist die „Beziehung", die in dem einem Fall der Entwicklung und Förderung des Kindes, in dem anderen Fall seiner Unterstützung und seinem Schutz dient. Die hauptsächliche Kritik an der „Verabsolutierung des bipersonalen Charakters"[90] des „Pädagogischen Bezuges" mag auf die Lehrer/in-Schüler/innen-Interaktion zutreffen, doch bezogen auf die Beratung steht eben diese Ausschließlichkeit im Blickfeld des Interesses. KLAFKIs (1977) Einwand, die pädagogische Beziehung müsse vor dem Hintergrund eines historischen Wandels betrachtet werden, trifft dann wieder auf beide Handlungsfelder zu[91]. Die Ausführungen zur Erziehungssituation lassen sich in vielerlei Hinsicht auf die pädagogische Beratung übertragen. Zur Verdeutlichung der Gemeinsamkeiten werden nachstehend primär die übereinstimmenden Aspekte hervorgehoben, um letztendlich zu einer pädagogischen Herleitung der Entscheidungsentwicklung des Kindes beizutragen.

Die Erörterung der entwicklungsfördernden Beziehung wurde von DILTHEY (1960), dem Begründer der geisteswissenschaftlichen Pädagogik, als zentraler Aspekt der Erziehungswisssenschaft behandelt, nach dessen Auffassung „Erwachsene das Seelenleben des Heranwachsenden zu bilden suchen"[92]. Durch NOHL wurde der erziehungswissenschaftliche Begriff des „Pädagogischen Bezuges" definiert, als „das leidenschaftliche Verhältnis eines reifen Menschen zu einem werdenden Menschen, und zwar um seiner selbst willen, daß er zu seinem Leben und seiner Form komme"[93]. Eine weitere Definition dieses „Grundmodells der Erziehung"[94] liefert JOPPIEN (1981:)

> „Das erzieherische Verhältnis wird als personale Beziehung zwischen Erwachsenem und Heranwachsendem verstanden, in der gemeinsam und zielbezogen agiert wird. Das generelle Handlungsziel ist, ausgehend von der Bildsamkeit des Educandus und unter Beachtung allgemeiner Prinzipien der Aufklärung, die Selbständigkeit und Mündigkeit des Zu-Erziehenden."[95]

Damit ist das „für alle Erziehung konstitutive, personale Verhältnis"[96] gemeint, welches als „grundlegende Kategorie der Pädagogischen Wissen-

---

[90] N.Kluge 1973, S.XXI
[91] vgl. Klafki 1977, S.58f
[92] W.Dilthey 1961, S.2
[93] H.Nohl 1988 (erste Aufl. 1935) S.169
[94] N.Kluge 1973, S.9
[95] H.J.Joppien 1981, S.111
[96] J.Speck/ G.Wehle 1970, S.268

schaft"[97] bezeichnet wurde. KLUGE (1973) führt dazu aus, daß hiermit in der Pädagogik „die systematische Erhellung des pädagogischen Verhältnisses einsetzte"[98], welches „zum Ausgangspunkt erzieherischen Denkens" wurde und nach KRON (1996) „maßgeblich die Theoriebildung der geisteswissenschaftlichen Richtung mitbegründet und fundiert".[99] Dies wird von XOCHELLIS (1974) bestätigt, der anmerkt: „Die Konzeption des 'pädagogischen Bezuges', die wir gegenwärtig kennen und welche die deutsche Pädagogik des 20. Jahrhunderts bis Ende der 50er Jahre weithin getragen hat, gehört zu den zentralen Themenkreisen der 'geisteswissenschaftlichen Pädagogik'."[100] Das Ziel der geisteswissenschaftlichen Richtung der Pädagogik wird von MERKENS (1991) als eine Vorgehensweise betrachtet, die erziehererische Interaktion zu analysieren, zu verbessern und effektiver zu gestalten:

> „Geisteswissenschaftliche Pädagogik verfolgt den Anspruch, das Besondere im einzelnen erzieherischen Verhältnis mittels Nacherleben sowohl des historischen Rahmens als auch der Handlungsvollzüge zu verstehen und dadurch das Bewußtsein für die Formen sowie Bedingungen des praktischen pädagogischen Handelns zu schärfen, damit auf diese Weise auch die gegenwärtige Praxis eine *bewußtere* wird und der theoretischen Reflexion zugeführt werden kann."[101]

Hierdurch wurde die pädagogische Beziehung zu einem elementaren Forschungsgegenstand erhoben, die mal Pädagogischer Bezug[102], mal Erziehungsgemeinschaft[103], Erzieherisches Verhältnis[104], Erziehungsverhältnis[105], Pädagogischer Kontakt[106], Pädagogisches Verhältnis[107] oder Pädagogische Beziehung[108] genannt wurde. Im Zentrum steht jeweils der Kontakt zwischen Erwachsenem und Kind. WULF (1977) meint sogar, daß dieser Auffassung folgend „die Beziehung 'an sich' das Ziel der Erziehung"[109] sei.

Die Bedeutung des verbindenden Kontaktes wird von OELKERS (1976) als bezeichnend für die „auf gegenseitigem Vertrauen und gegenseitiger Anerkennung beruhende(n) hierarchische(n) aber lernintensive(n) Ich-Du-Be-

---

[97] P.Xochellis 1974, S.91
[98] N.Kluge 1973, S.X
[99] F.W.Kron 1996, S.229
[100] P.Xochellis 1974, S.92
[101] H.Merkens 1991, S.21/22
[102] Nohl 1933
[103] Flitner 1950, Faber 1962
[104] Buber, Röhrs 1973
[105] Dilthey 1890, Langeveld 1964
[106] Winnefeld 1971
[107] Kluge 1973, Nenniger 1988, Kron 1996
[108] Brozio 1995
[109] Ch.Wulf 1977, S.46

ziehung zwischen 'Erzieher' und 'Zögling"[110] erachtet. Nach KLUGE (1973) steht – ausgehend von der Deutung DILTHEYs und dessen Schüler NOHL – die „gefühlsmäßige Beziehung im Vordergrund"[111], während für KRON (1996) „im pädagogischen Verhältnis lediglich die kognitive Seite der Persönlichkeit angesprochen wird"[112]. Diese Divergenz mag auf die unterschiedlich betrachteten Orte von Erziehung zurückgehen. Der pädagogische Kontakt, der zwischen Mutter oder Vater und Kind in der Familie stattfindet, oder zwischen einer Lehrperson und den Schüler/innen in der Schule, oder in einer Beratungseinrichtung zwischen einer sozialpsycho-logisch geschulten Fachkraft und einem in Not geratenen Mädchen oder Jungen muß von jeweils anderen Prämissen ausgehen und entsprechend diskutiert werden. Auf die familiale, schulische oder außerschulische Erziehung wird jeweilig in Zusammenhang mit dem pädagogischen Ver-hältnis eingegangen, ohne explizit die unterschiedlichen Hintergründe einzubeziehen.

Für den Bereich der Beratung soll der dialogische Charakter[113] des pädagogischen Kontaktes, die „personale persönliche Beziehung"[114] und die eher „gefühlsmäßige Verfassung der dabei beteiligten Personen" im Vordergrund stehen; Aspekte, die nach der Überzeugung BOLLNOWs (1983) „als grundsätzlich unerläßliche Bedingungen erfüllt sein müssen, wenn Erziehung zum Ziel kommen soll"[115]. Die vor allem verstandesmäßig ausgerichteten Bildungstheorien im Bereich der Pädagogik sind für eine kind- bzw. personzentrierte Beratung weniger anwendbar, da vielmehr das Erleben des Kindes im Mittelpunkt stehen sollte. Eine Kritik an der einseitigen Ausrichtung erzieherischer Einwirkung auf den Intellekt des Kindes kommt von NENNIGER (1988):

> „In dieser Sicht, in der besonders auf die soziale Situation, in der sich Erziehung vollzieht, abgehoben wird, entspricht die zunehmende und zielgerichtete Entwicklung nicht nur einem kognitiven Differenzierungsprozeß, sie steht auch in Zusammenhang mit einer differenzierter werdenden Ausprägung des Fühlens und Wollens."[116]

Auch BOLLNOW (1988) bedauert, daß der „Einfluß dieser gefühlsmäßigen Faktoren in der bisherigen Pädagogik viel zu wenig beachtet (...) worden" sei und befindet sich damit in Einklang mit WEBER (1995), der sehr heftige Argumente gegen eine einseitige Erziehung aus ontologischer Perspektive vorbringt:

---

[110] J.Oelkers 1979, S.97
[111] N.Kluge 1973, S.XXIII
[112] F.W.Kron 1996, S.231
[113] vgl. M.Buber 1962
[114] N.Kluge 1973, S.VII
[115] O.F.Bollnow 1983, S.45
[116] P.Nenniger 1988, S.12

„In der spätmodernen hochindustrialisierten Gesellschaft und ihrem Bildungs-
wesen kam es zu einer immer stärkeren Vorherrschaft der (...) intellektualistisch
verflachten und funktionalistisch verengten Rationalität, damit aber auch zur
Vernachlässigung der Emotionalität und der emotionalen Erziehung und
Bildung."[117]

Für die Entfaltung des kindlichen „Fühlens und Wollens"[118] mag ein
Lebensraum, der von BOLLNOW (1983) als „Pädagogische Atmosphäre"
bezeichnet wurde, gedeihlicher sein, in dem ein „ganz bestimmtes seelisches
Klima in der Lebensumgebung und eine ganz bestimmte Gefühlsein-
stellung"[119] vorherrscht, da Kinder sich leichter in einer angstfreien Situation
öffnen, in der sie sich nicht gehemmt, verunsichert oder entmutigt, sondern
geborgen und selbstbewußt fühlen[120].

Die Merkmale des erzieherischen Verhältnisses lassen sich – wenn auch nur
eingeschränkt – an aktuellen Beziehungstheorien (Klein 1952, Mahler
u.a.1975, Kernberg 1976, Kohut 1971 u. 1977, Cashdan 1990[121]) und der
interdisziplinär etablierten Relationship-Forschung (Burges/Huston 1979,
Berscheid/Gradzano 1979, Scanzoni 1979, u.a.) messen[122] bzw. überprüfen
und im Kontext pädagogischer Beratung auf das Konzept ROGERS beziehen,
welches in einem späteren Kapitel ausführlicher vorgestellt wird. Empathie,
Wertschätzung und Authentizität gelten nach DILTHEY (1884), NOHL (1961),
BUBER (1962), BOLLNOW (1983) FABER (1962) und KLUGE (1973) als
wesentliche Phänomene der pädagogischen Beziehung.
Der Erzieher könne das Kind nur verstehen, wenn er mit ihm fühle und seine
Bedingungen nacherlebe, empfiehlt DILTHEY (1961) [123]. Ebenso verlangt
NOHL (1991) die „Einfühlung in das Kind"[124], worunter FABER (1962)
– ausgehend von BUBER (1962) – das anteilnehmende Zuhören ganz im
Sinne ROGERS (1972) versteht: „das Ohr für den Anspruch des Zöglings
geöffnet zu halten"[125]. Dementsprechend schlägt BOLLNOW (1983) vor, das
Kind „bereitwillig und geduldig anzuhören"[126]
Die Akzeptanz des Kindes, die „Bejahung seiner Persönlichkeit"[127] und das
Vertrauen[128] in seine Fähigkeiten, ohne als Projektionsfläche für die Wünsche
und Ziele des Erziehers zu dienen, wird von den Vertretern des „Pädago-

---

[117] E.Weber 1995, S.236
[118] P.Nenniger 1988, S.12
[119] O.F.Bollnow 1983, S.45
[120] vgl. auch B.Hassenstein 1968, S.69f
[121] vgl. Sh.Cashdan 1990, S.15 f
[122] vgl. P.Brozio 1995, S.572f
[123] vgl. W.Dilthey 1961, S.15
[124] H.Nohl 1991, S.41
[125] W.Faber 1962, S.152
[126] O.F.Bollnow 1983, S.116
[127] P.Brozio 1995, S.45
[128] vgl. O.F.Bollnow 1983, S.50

gischen Bezuges" besonders akzentuiert und als Bedingung einer Erziehung zur Selbstbestimmung und Mündigkeit angesehen, wie von SCHUBE (1969) stellvertretend beschrieben:

> „Eine der Hilfen, die das Kind und der Jugendliche (...) erfahren kann und muß, ist die Bejahung und Anerkennung, die es im Vertrauen des Erziehers auf den guten Kern seines Wesens und den Fortgang seiner Entwicklung empfängt. (...) Hierdurch wird auch jene Kraft in ihm angesprochen und gefördert, ohne die seine innere Entwicklung nicht gedeihen kann: Das Selbstvertrauen." [129]

Darunter sei auch das „taktvolle Verhalten des Erziehers"[130] – der „pädagogische Takt"[131] – zu verstehen, wonach dem Kind nicht zu nahe zu treten sei, als „fundamentale(r) Respekt vor der Eigenspähre des jungen Menschen (...), die erzieherisch entscheidende Beachtung der Selbstmächtigkeit des Heranwachsenden, dem man nur helfen darf, (...) denn das Eigentliche geschieht und hat zu geschehen in der Entscheidung, in der persönlichen Verantwortung des Zöglings"[132]. Nur durch Vertrauen, Anerkennung und Respekt sei ein Zugang zum Kind – „seine Erschließung"[133] – möglich.

> „Aus dem Erlebnis des Geliebtwerdens und dem Gefühl natürlicher Abhängigkeit erwächst dem jungen Menschen der Grundakt des Vertrauens. Wo das Vertrauen fehlt, entsteht keine Bindung, wo es an Bindung mangelt, kommt es zu keinem pädagogischen Verhältnis."[134]

Die Echtheit des Erwachsenen gegenüber dem Kind wird als Grundbedingung für das Gelingen einer solch vertrauensvollen Beziehung, sogar als „Nährstoff für die Seele des Kindes" ansehen, „das nicht an einem 'Phantom' wachsen kann"[135]; „so steht und fällt das erzieherische Verhältnis mit der Echtheit und Natürlichkeit der jeweiligen Zuwendung"[136]. WINNEFELD (1971) beschreibt die geforderte Authentizität des Erziehers, die einer Deutung der Selbstkongruenz nach ROGERS (1979) recht nahe kommt: „Das Herausbilden eines 'personalen Wertkerns' sowie die Übereinstimmung von Kern und Oberfläche beim reifenden Menschen sind im pädagogischen Kontakt nur erreichbar, wenn der Erzieher selbst kernhafte Tiefe und 'echte' Haltung zeigt."[137]
Diese innere Einstellung verlangt vom erziehenden Erwachsenen eine besondere Befähigung, gerade im Hinblick auf die pädagogische Begleitung

---

[129] W.Schube 1969, S.195
[130] W.Patschke 1946, S.47
[131] H.Nohl 1961, S.42
[132] W.Faber 1962, S.146
[133] M.Buber 1962, S.273
[134] N.Kluge 1973, S.15/16
[135] W.Faber 1962, S.130
[136] N.Kluge 1973, S.38
[137] F.Winnefeld 1971, S.150

eines hilfesuchenden Kindes, damit der Erzieher/ die Erzieherin nicht, wie RÖHRS (1973) befürchtet, „von letztlich ungeklärten Beispielen der eigenen Kindheit geleitet wird"[138]. Zur ständigen Überprüfung und Reflexion des pädagogischen Handelns wird mit BROZIO (1995) erwartet, daß der erziehende Mensch „ein besonderes Maß an Sensibilität entwickelt hat und weiterentwickelt, das ihn dazu befähigt, ganz konkret z.b. im Antlitz oder im Blick (...) des Kindes zu sehen und zu verstehen, wie es auf ihn reagiert"[139].

Von einer erwachsenen Person begleitet, gesehen und angesprochen zu werden, wird als Vorraussetzung einer gesunden Entwicklung des Kindes verstanden und die anthropologische Konstante seiner Bindungsfähigkeit im Laufe der frühen Kindheit – belegt durch die Säuglingsforschung (Spitz, Bowlby, Winnicott, Stern, u.a.) - als Grundlage seiner Erziehungsfähigkeit angesehen[140]. In Beziehung zu bedeutsamen Erwachsenen bildet sich das Selbst des Kindes[141], findet es den „Schlüssel zu sich selbst"[142]. In diesem Kontakt steht das Kind als ein „Subjekt (...) in seiner Eigengesetzlichkeit"[143]. Als ein „zu vollem Personsein bestimmtes Geschöpf bietet der Zögling dem Erzieher das Bild ebenbürtigen Seins"[144]. Die Gleichwertigkeit des Kindes gegenüber dem Erwachsenen wird von NOHL (1963) im pädagogischen Bezug unterstrichen,

> „der also ein Gegenseitigkeitsverhältnis (ist), in dem der junge Mensch ganz ernst genommen wird in seiner Fähigkeit und seinem guten Willen zur Lebensbewältigung. Im pädagogischen Verhältnis stehen Erzieher und Zögling in ihrer Menschlichkeit nebeneinander, gleichwertig, wenn auch nicht gleichstark."[145]

Diese kongeniale Beziehung „gipfelt" nach NOHL (1961) in der „sittlichen Selbstentscheidung"[146] des Kindes. Die grundsätzliche Befähigung des „Zöglings", Entscheidungen über sein Leben und seine weitere Entwicklung treffen zu können, wird von namhaften Pädagogen angenommen: „Er ist es selbst, der in der Situation aufgerufen ist, sich zu entscheiden und zu bewähren."[147] Schon DILTHEY (1961) stellte die Frage nach dem „Recht des Erziehers (...) dem Kind die Richtung zu geben, zu welcher er sich entschlossen hat, für die aber nicht das Kind sich entschieden hat?"[148]

---

[138] H.Röhrs 1973, S.198
[139] P.Brozio 1995, S.672
[140] vgl. P.Brozio 1995, S.104
[141] vgl. Sh.Cashdan 1990, S.26
[142] W.Faber 1962, S.116
[143] G.Nelthaus 1962, S.280
[144] W.Faber 1962, S.116
[145] H.Nohl 1963, S.46
[146] H.Nohl 1961, S.138
[147] N.Kluge 1973, S.XXVIII
[148] W.Dilthey 1961, S.6

Die Darstellung des „pädagogischen Bezuges" oder „pädagogischen Verhältnisses" entspricht laut TRÖGER (1974) dem „Typ der pädagogischen
Entscheidung vom Kind aus"[149], bei der es um die „Berücksichtigung des
Kindes und seiner Interessen" und „Belange" geht[150]. Der Erziehungsprozess
und die Vertrauensbeziehung sind demnach die Grundlage der Entscheidungsfindung im Sinne des Kindes, welches erst in die Lage versetzt werden
müsse, die Folgen seiner Wünsche und seines Willens einschätzen zu lernen,
wie TRÖGER zu bedenken gibt:

> „Wenn das Kind selbst dazu in der Lage wäre, d.h. also, wenn es die Mög-
> lichkeiten des Lebens kennen und ihre Konsequenzen überblicken könnte, so
> bräuchte es nicht mehr erzogen zu werden. Erziehung ist ja gerade der Weg zur
> Entscheidungskompetenz, logischerweise kann dann dieser Weg von dem, der
> ihn geht, noch nicht kompetent entschieden werden."[151]

Die Delegation der Entscheidung an den Erwachsenen ist die gängige
Lösung aus diesem Dilemma. Dieser muß unter Zeitdruck wegen der fort-
schreitenden Entwicklung des Kindes, in der alltäglichen Lebensbewältigung
und auf die Gefahr hin, falsche Konsequenzen zu ziehen, immer wieder neue
Maßnahmen ergreifen. Die pädagogische Entscheidung vom Kinde aus betrifft demgegenüber jene „existentielle Kernentscheidung"[152], die die Belange
des Kindes, sein Lebensumfeld und sein Selbstempfinden unmittelbar berühren und infolgedessen nicht ohne sein Mitwirken getroffen werden sollte.
Der Einwand, erwachsenenzentrierte Entscheidungen gingen an den wahren
Interessen des Kindes vorbei, betrifft insbesondere die Beratungssituation.

> „Werden sie (die Erwachsenen, K.K.) nicht doch letzten Endes immer wieder von
> ihren eigenen Maßstäben ausgehen, oder noch schlimmer, von ihren eigenen
> Zwängen, den inneren, womöglich neurotischen und den äußeren, gesellschaft-
> lichen? Woher wollen sie denn wissen, was objektiv, unabhängig von ihrer
> eigenen Meinung, gut ist für das Kind, für dieses eine, konkrete Kind?"[153]

Dennoch gibt TRÖGER weiterhin zu bedenken, daß ein „Hineinversetzen in
die Lage" des Kindes möglich sein müsse, daß Empathie „Aufschlüsse über
dessen tatsächliche Nöte und Bedürfnisse erbringen" könne, sonst wäre jedes
Bemühen umsonst und sinnvolles pädagogischen Handeln unrealisierbar, „so
gäbe es in der Tat keine sinnvolle Entscheidung vom Kind aus"[154].

---

[149] „Der Typ der pädagogischen Entscheidung vom Kind aus (...) entspricht dem, was in der
Pädagogik der 20er Jahre als 'pädagogischer Bezug' beschrieben wurde, insbesondere bei H.Nohl."
(W.Tröger 1974, S.51)
[150] W.Tröger 1974, S. 52 und 53/54
[151] W.Tröger 1974, S.54/55
[152] siehe weiter oben
[153] W.Tröger 1974, S.52
[154] W.Tröger 1974, S.52

Die moderne Kindheitsforschung (Bründel/Hurrelmann 1996, Markefka/Nauk 1993) stellt mittlerweile die Vorstellung in Frage, „Kinder seien im Vergleich zu Erwachsenen nicht in der Lage, eigene Pläne zu haben und Wahlen zu treffen"[155], woraus die These abzuleiten wäre, Kinder seien grundsätzlich fähig, an Entscheidungen über ihr Leben und ihren Bedarf an Hilfe und Unterstützung mitzuwirken. Die bisher unterstellte Minderwertigkeit der Kinder (im Gegensatz zur unhinterfragten Kompetenz der Erwachsenen) wird abgelöst von der Vorstellung ihres autonomen Handelns, ihrer Eigenständigkeit bei Entscheidungen und dem Wunsch nach Selbstbestimmung[156]. Auch GUDJONS (1995) will die Interessen der Kinder in den Mittelpunkt der erzieherischen Interaktion rücken:

> „Vor allem aber ist eine Erziehung zur Mündigkeit nicht denkbar ohne die schrittweise zunehmende Beteiligung der 'Adressaten' an diesem Prozess und die Auseinandersetzung der Erzieher mit den Zielvorstellungen und Werten der Kinder und Jugendlichen selbst!"[157]

Mit diesem Standpunkt ist sogar das „Ende der Erziehung" prognostiziert worden (Giesecke 1985), allerdings nach GUDJONS (1995) im „Sinne des Endes der traditionellen Bevormundung des Kindes"[158]. Von den Antipädagogen (von Braunmühl 1975, Schoenebeck 1985, Miller 1980, Rochefort 1977, Illich 1971) werde die „Entscheidungsfunktion des Erziehers" gar „zurückgegeben an die Kinder"[159]. Gleichwohl wird das Angewiesensein der Kinder auf die Hilfe und Unterstützung der Erwachsenen nicht geleugnet, da Kinder „zwar handlungsaktiv, aber nicht handlungsautonom"[160] sind. DIETRICH (1984) fordert die Öffnung der Pädagogik, indem er meint, die Erziehung dürfe nicht „regulieren, prägen und formen wollen".

> „Erziehung muß vielmehr als 'Entwicklungshilfe' verstanden werden, die das Kind und den jungen Menschen zur Mit- und Selbstbestimmung anleitet, und zwar unter Beachtung und Anerkennung der im Kinde vorhandenen Kräfte und Fähigkeiten; sie muß dort 'Führung' sein, wo das Kind den Weg nicht selbst findet."[161]

In diesem Zusammenhang will DIETRICH auch den „pädagogischen Takt" verstanden wissen, der bestimmt ist von der Liebe zum jeweiligen Kind, dem Einfühlen in seine Bedürfnisse und Wünsche sowie dem gerechten und

---

[155] J.Quortrub 1993, S.122
[156] vgl. M.Wartofsky 1981, S.199, J.Qvortrup 1993, S.116/117 und B.Thorne 1994, S.695f
[157] H.Gudjons 1995, S.191
[158] H.Gudjons 1995, S.190
[159] W.Tröger 1974, S.63/64
[160] H.Bründel/ K.Hurrelmann 1996, S.11
[161] Th.Dietrich 1985, S.36

respektvollen Umgang mit ihm[162]. Diese notwendigen Grundqualifikationen des Erwachsenen gestalten die pädagogische Beziehung. Die dargestellten z.T. kontroversen Meinungen und Perspektiven zum „pädagogischen Bezug" und seiner Bedeutung für die Unterstützung des Kindes bei der Entscheidungsfindung und der Annahme von Hilfe in einer „existentiellen Ernstsituation" wurden ihm Rahmen der erziehungswissenschaftlichen Diskussion verfolgt, die nicht ohne weiteres auf die Beratung übertragen werden kann. MOLLENHAUER (1965) sieht das pädagogische Phänomen der Beratung außerhalb „des Kontinuums nachdrücklicher erzieherischer Einwirkung" und demzufolge auch abgegrenzt vom „pädagogischen Bezug": Das hilfesuchende Kind sei „zur selbständigen Entscheidung fähig und deshalb nur in sehr begrenztem Maße einem Erziehungsanspruch zu unterwerfen"[163].

1.2 Pädagogische Beratung als Entscheidungshilfe

Als gemeinsame Absicht von Erziehung und Beratung kann die Unterstützung der Entscheidungskompetenz des Kindes genannt werden, die ihren Niederschlag in einer Theorie pädagogischer Begleitung in Krisensituationen finden könnte. Konkrete Handlungsanleitungen für den unmittelbaren Zugang zum hilfebedürftigen Kind fehlen jedoch weitgehend in den Publikationen zur Beratung in pädagogischen Praxisfeldern. Definitionen, Ansätze, Voraussetzungen und Methoden zur unterstützenden Begleitung von Kindern müssen sich deswegen zuerst an der Beratung Erwachsener orientieren, bevor aus den Erfahrungen der Spieltherapie (siehe Kapitel 3) weitere Erkenntnisse für die Beratung mit Kindern gewonnen werden können.

1.2.1 Pädagogische Auffassungen von Beratung

Beratungstheorien im Rahmen der Pädagogik stellen, abhängig vom unterschiedlichen Verständnis von Erziehung, einmal eine Verbindung zwischen Beratung und Pädagogik, ein anderes mal die Verschiedenheit heraus. Die Definition des „Pädagogischen Verhältnisses", nach der die Beziehung zwischen Erzieher und Kind im Zentrum des Erziehungsprozesses steht, wobei das Kind als „Subjekt" gesehen und sein Wille als Ausgangspunkt der zu treffenden Entscheidungen genommen wird, legt eine Verwandtschaft zwischen Erziehung und Beratung zwar nahe, die Qualität der Beziehung liegt bei der Beratung dagegen eher in einer partnerschaftlichen Interaktion, wie von HORNSTEIN et. al. (1977) deutlich gemacht wird:

---

[162] Th.Dietrich 1985, S.62
[163] K.Mollenhauer 1995, S.27

43

„Erziehung vollzieht sich immer noch im ´pädagogischen Bezug´, als Ein-wirkung reifer, mündiger Lehrender auf unreife, unmündige Lernende, während Beratung als gemeinsame Problemlösung, Situationsgestaltung im Sinne von Gegenwartsbewältigung geschieht."[164]

Die für die Beratung „notwendige Gleichrangigkeit der Partner"[165] sei demnach im Erziehungsprozess nicht gegeben. Beratung hat als ein „Aspekt der Wiederherstellung einer problem- und konfliktbelasteten seelischen Verfassung" außerdem eine andere Zielrichtung gegenüber der Erziehung, die mehr in der „pädagogischen Förderung und Entwicklungshilfe für die ´normale´ seelische Verfassung" ihre Aufgabe findet[166]. ARIMOND (1966) weist zudem auf die Fallbezogenheit und Personzentriertheit der Beratung im Unterschied zu den eher allumfassenden Zielen der Pädagogik hin, die „alle Betroffenen gemeinsam zu den Werten und Lösungen führen. Hieraus erhellt sich die originäre Bedeutung der Beratung: Sie ist Hinführung des Einzelnen zum jeweils für ihn Besonderen. Die Pädagogik enthält die Verpflichtung, ihren Inhalten zu folgen."[167]

Wiederum sieht HORNSTEIN et. al. (1977) in den der Erziehung zugrunde-liegenden Zielen, „die das eigene Denken und kritische Nachfragen, die eigene Entscheidungsfähigkeit und -bereitschaft voraussetzen und fördern", das „zentrale Element von Beratung", nämlich die „Erzeugung von Selbständigkeit und Kritikfähigkeit"[168], indem er meint:

„Alle Erziehung sollte auf kritische Aufklärung, auf Mündigkeit und Selbstverwirklichung im individuellen und gesellschaftlichen Bereich zielen. Beratung wird als ein Mittel zur Förderung dieser Zielsetzung verstanden."[169]

Gemeinsamkeiten werden trotz des Gewahrseins der Differenz zwischen Beratung und Erziehung von verschiedenen Autoren verdeutlicht. MOLLENHAUER (1965) beschreibt Beratung als eine „wesentliche Funktion jedes sozialpädagogischen Erziehungsvorgangs" sowie als „fruchtbaren Moment im Erziehungsprozess"[170]. DÖRSCHEL (1975) bezeichnet Beratung als einen „pädagogischen Akt"[171], SPREY (1973) als „eine spezifische Form erzieherischen Handelns"[172], HAUKE (1971) als eine „vielschichtige pädago-gische Handlungsform", JUNKER (1973) sieht in der Beratung ein „immanent

---

[164] G.Rückriem 1978, S.45 in: G.Dietrich
[165] W.Hornstein 1977, S.41
[166] G.Dietrich 1983, S.13
[167] H.Arimond 1966, S.186 in: Brem-Gräser
[168] W.Hornstein u.a. 1977, S.34
[169] W.Hornstein u.a. 1977, S.49
[170] K.Mollenhauer/C.W.Müller: „Führung und „Beratung" in pädagogischer Sicht. Heidelberg 1965, S.110
[171] A.Dörschel: Einführung in die Wirtschaftspädagogik. 4.Aufl. 1975
[172] Th.Sprey 1973, S.27

pädagogisches Handeln"[173], KÜCHENHOFF (1970) eine „für Erziehung bedeutsame Sonderform von Hilfe"[174] und BENZ/CAROLI (1977) „eine erziehungswissenschaftliche Kategorie"[175]. Auch AURIN (1984) begreift „Beratung als pädagogische Aufgabe":

> „Erziehung ist aufgrund ihrer Ziele und Aufgaben schon immer ein Bereich gewesen, in dem Beratung ihren Ort hatte, wenngleich in früheren Zeiten das Bewußtsein nur begrenzt vorhanden gewesen sein dürfte, Beratung als Form erzieherischen Handelns zu verstehen und konsequent wahrzunehmen.[176]

Eine Abgrenzung des Begriffs der Beratung ist nicht nur relevant in Verbindung mit Erziehung, sondern auch in Bezug auf die Therapie. Kriterien zur Unterscheidung der verschiedenen Bereiche werden mit Hilfe der Ausführungen DIETRICHs (1983)[177] vorgenommen und zur besseren Überschaubarkeit in einer Tabelle zusammengefaßt:

	Erziehung	**Beratung**	**Therapie**[178]
Anlaß	Entwicklung und Förderung des Kindes	Bewältigung von akuten Problemen und Konfliktsituationen	Verhaltensauffälligkeiten durch fehlgeschlagene Konfliktlösung
Personen	Kinder und Jugendliche von „normaler" Entwicklungsfähigkeit	durch Krisen und Entscheidungschwierigkeiten beeinträchtigte Kinder	Kinder mit Verhaltensstörungen und Fehlentwicklungen
Ziel	Aufbau und Ausbau der individuellen Fähigkeiten und Funktionen sowie der Eigenständigkeit	Wiederherstellung der normalen, autonomen und entwicklungsgerechten Kompetenzen	Neuaufbau und Heilung der Person bei massiver Fehlanpassung
Dauer	Gesamte Kindheit, Jugend und Entwicklungszeit	diskontinuierlich und kurzzeitig	Längerfristige, intensive Begleitung
Mittel	Konkrete Aufbauhilfen für die Persönlichkeitsentwicklung	anregende und stützende Hilfen zur Problembewältigung und Entscheidungsfindung in einer Krise	Aufbauhilfen, Bewältigung innerpsychischer Konflikte
Beziehung	„Pädagogischer Bezug"	partnerschaftlich, gleichberechtigte Beziehung	Machtgefälle zwischen Thera-peut/in und Klient/in

---

[173] H.Junker: Das Beratungsgespräch. Zur Theorie und Praxis kritischer Sozialarbeit. München 1973
[174] G.Küchenhoff 1970, S.144
[175] E.Benz/ W.Caroli 1977, S.97
[176] K.Aurin 1984, S.18
[177] vgl. G.Dietrich 1983, S.13f
[178] nach G.Dietrich 1983, S.12f

Wenn es auch im folgenden schwerpunktmäßig um die Pädagogische Beratung gehen soll, haben die Psychotherapieschulen dennoch einen entscheidenden Einfluß auf die Theorie der Beratung, wie von DIETRICH (1983) erklärt wird:

> „Einerseits hat die pädagogische Psychologie ein System von beraterisch relevanten Befunden zur Frage der durch Erziehungs- und Sozialisationsbedingungen verursachten Desorientierungen, Probleme und Konflikte anzubieten. Zum anderen vermag sie der Beratungspsychologie theoretisch begründete und praktisch erprobte Modelle der erzieherischen Einflußnahme und Führung zur Verfügung stellen."[179]

Letztendlich können auch die Kindertherapieansätze für die Beratung mit Kindern wertvolle Hinweise liefern, wie weiter unten zu zeigen sein wird. Die Aufgabe der Beratung liegt im Vergleich zur Therapie dabei eher in der konkreten Handlungsplanung und dem Aufspüren von Alternativen in einer konkreten Konfliktsituation als in einer längerfristigen Begleitung zur Veränderung der Persönlichkeit. Beratung will in erster Linie die schädigenden Lebensumstände und nicht die Identität der Ratsuchenden verändern helfen.

Die Entscheidungskompetenz des Kindes – die im Mittelpunkt der nachstehenden Ausführungen steht – sowie die Förderung derselben ist unumstritten ein übereinstimmendes Ziel von Erziehung und Beratung. Einerseits müßten in eine pädagogische Beratungstheorie die Erkenntnisse der Erziehungswissenschaft einfließen, wie von AURIN (1984) vorgeschlagen.

> „Beratung als pädagogische Aufgabe und konkrete Form erzieherischen Handelns hat ihren theoretischen Ort innerhalb der Theorie der Erziehung beziehungsweise innerhalb einer speziellen Theorie erzieherischen Handelns oder erziehungswirksamer Interaktionen."[180]

Eine umfassende Theorie der Beratung im pädagogischen Bereich – wie von vielen Autoren nachdrücklich gefordert – liegt andererseits nicht vor. MOLLENHAUER (1965) vermißt die „pädagogische Reflexionen über die pädagogische Struktur und Relevanz des Beratungvorganges"[181]. HORNSTEIN et. al. (1977) schreiben, „daß von einer eigentlichen 'Beratungstheorie' im Hinblick auf Aufgaben und Probleme der Erziehung bisher nicht gesprochen werden kann"[182]. Weitere sieben Jahre später gibt AURIN (1984) zu bedenken, daß es im „Sinne einer differentiellen Pädagogik" noch keine „präzise Deskription und Analyse pädagogischer Beratung" gibt[183]. Dies kann auch

---

[179] G.Dietrich: Allgemeine Beratungspsychologie. Göttingen 1983, S.52
[180] K.Aurin: Beratung als pädagogische Aufgabe. Bad Heilbrunn 1984, S.8
[181] K.Mollenhauer 1965, S.27
[182] W.Hornstein u.a. 1977, S.16
[183] K.Aurin 1984, S.19

SCHÖNIG (1993) bestätigen, der schreibt: „Eine pädagogische Beratungstheorie steht immer noch aus".[184] Die aktuellste Stellungnahme zu diesem Defizit stammt aus dem Jahre 1996 von MUTZEK: „An Theorien, die sich speziell der Beratung widmen, fehlt es weitgehend."[185] Dies trifft insbesondere auf das Fehlen einer Beratungstheorie „für gefährdete Kinder" zu, die AURIN unmißverständlich zum Aufgabenfeld der Beratung zählt[186].

Das dreibändige „Handbuch der Beratung für helfende Berufe" von BREM-GRÄSER (1993) widmete sich der Aufgabe, psychologische Beratungstheorien zusammenzufassen und für die pädagogische Beratung fruchtbar zu machen. Mit dieser Veröffentlichung verfolgte die Erziehungs- und Schulberaterin die Absicht, ihre eigenen „Erfahrungen auf dem Gebiet der Beratung, der Kinder- und Jugendlichentherapie und der Fortbildung von Lehrern und Erziehern mit Studenten und Kollegen zu reflektieren, zu vertiefen und zu erweitern"[187]. Beratungsansätze, die sich direkt an Kinder wenden, fehlen allerdings auch in diesem Werk.

Eine Darstellung zentraler Prinzipen der allgemeinen Beratung für Kinder wird deswegen zunächst aus den gängigen Beratungstheorien für Erwachsene abgeleitet, bevor Publikationen aus dem englischsprachigen Raum herangezogen werden, um den Bereich „Counseling Children" spezifischer zu erfassen.

1.2.2 Konstituierende Merkmale von Beratung

Die zu behandelnden Bereiche des Beratungsanlasses sowie Beratungszieles, der Bedingungen, des Prozesses und der Methoden von Beratung richten sich nach den Definitionen von Beratung, die in den maßgeblichen Publikationen zu finden sind. Um den Begriff der Beratung näher zu erfassen, werden deswegen verschiedene Sichtweisen aufgeführt:

„Beratung als vertrauensvolle, zielgerichtete, nach Rat suchende Interaktion hat sich in der Pädagogik unterschiedlich etabliert. Einerseits ist Beratung als eine Form erzieherischen Handelns zu sehen, bei der Bevormundung und Druck vermieden werden und die dem Ziel der Lern- und Lebensgestaltung und einer sozialen Selbstverwirklichung der zu Erziehenden dient. Andererseits ist Beratung ein pädagogisch-psychologischer Prozess der Hilfe unter sachkundiger Anwendung von (wissenschaftlichen) Theorien und Methoden. Hier geht es um die systematische und verbindliche Hilfe zur Bewältigung von Problemen."[188]

---

[184] W.Schönig 1992, S.113
[185] W.Mutzek 1996, S.24
[186] vgl. K.Aurin 1984, S.13
[187] L.Brem-Gräser 1993, S.4
[188] W.Mutzek: Kooperative Beratung. Grundlagen und Methoden der Beratung und Supervision im Berufsalltag. Weinheim 1996

„Counseling denotes a professional relationship between a trained counselor and a client. This relationship is usually person-to-person. (...) It is designed to help clients to understand and clarify their views of their lifespace, and to learn to reach their self-determined goals through meaningful, well-informed choices and through resolution of problems of an emotional or interpersonal nature."[189]

„Beratung ist im Kern jene Form einer interventiven und präventiven helfenden Beziehung, in der ein Berater mittels sprachlicher Kommunikation und auf der Grundlage anregender und stützender Methoden innerhalb eines vergleichsweise kurzen Zeitraumes versucht, bei einem desorientierten, inadäquat belasteten oder entlasteten Klienten ein auf kognitiv-emotionale Einsicht fundierten aktiven Lernprozess in Gang zu bringen, in dessen Verlauf seine Selbst-hilfebereitschaft, seine Selbsterneuerungsfähigkeit und seine Handlungskompetenz verbessert werden können."[190]

„Eine professionell, wissenschaftlich fundierte Hilfe, welche rat- und hilfesuchenden Einzelnen und Gruppen auf der Basis des kommunikativen Miteinander vorbeugend, in Krisensituationen sowie sonstigen Konfliktlagen aktuell und nachbeugend dient."[191]

„Demnach erweist sich Beratung grundsätzlich als freiwillig, vielfach sporadisch, situativ und oft kurzfristig in Anspruch genommene, auf die jeweilige Problemsituation des individuellen Einzelfalles abgestimmte und hinsichtlich der Problemstruktur vom Ratsuchenden selbst-bestimmte Maßnahme der Hilfe zur Bewältigung seiner aktuellen Probleme."[192]

„Eine freiwillige, kurzfristige, oft nur situative, soziale Interaktion zwischen Ratsuchendem (Klienten) und Berater mit dem Ziel, im Beratungsprozess eine Entscheidungshilfe zur Be-wältigung eines vom Klienten vorgegebenen aktuellen Problems durch Vermittlung von Informationen und/oder Einüben von Fertigkeiten gemeinsam zu erarbeiten."[193]

Werden diese Definitionen zusammengefaßt, ergeben sich konstituierende Merkmale für die pädagogische Beratung, die nachfolgend im einzelnen beschrieben werden:

Anlaß:	Konfliktlage, Krisensituation, aktuelles Problem
Voraussetzung:	Freiwilligkeit, Gleichwertigkeit, Einzelfallorientierung
Mittelpunkt:	Beratungsprozess zwischen Klient/in und Berater/in
Ziel:	Entscheidungshilfe, Bewältigung bzw. Lösung des Problems
Methoden:	wissenschaftlich fundierte Beratungs- und Kommunikationstheorien, Gesprächsführung

---

[189] H.M.Burks/B.Stefflre (Eds.): Theories of Counseling. New York 1979, S.14
[190] G.Dietrich: Allgemeine Beratungspsychologie. Göttingen 1983, S.2
[191] L.Brem-Gräser 1993: Handbuch der Beratung für helfende Berufe. Bd.2, S.15
[192] R.Manstetten: Pädagogische Beratung. Darmstadt 1980, S.15
[193] Ch.Schwarzer/M.Posse: Beratung. In: B.Weidenmann/A.Knapp/M.Hofer u.a. (Hrsg.): Pädagogische Psychologie. München 1986, S.634

Für die pädagogische Beratung, die sich unmittelbar an das Kind richtet, wird abgeleitet von den oben angeführten Begriffsbestimmungen eine Definition zugrundegelegt, die im folgenden maßgeblich sein wird, um das zu untersuchende pädagogische und sozialpädagogische Handlungsfeld der Kinderschutzdienste theoretisch zu erfassen und darzustellen:

> *Definition der pädagogischen, personzentrierten Beratung für Kinder:*
> Der pädagogische Beratungsprozess dient der Entscheidungshilfe in einer akuten Krisensituation mithilfe einer personzentrierten Beziehungsgestaltung zur Abklärung der Bedeutungszuschreibung einer Konfliktlage aus der Sicht des Kindes. Ziel der Begleitung ist die Handlungsplanung unter Berücksichtigung des Willens und der Wünsche des Kindes, die Stärkung seiner Autonomie und die Einübung von Fertigkeiten. Das Kind wird ermutigt, seine selbstgesteckten Ziele zu erreichen durch das Bereitstellen von Informationen, durch Probehandeln und ständige Überprüfung der angestrebten Konfliktlösung.

Als Anlaß der Beratung für sexuell mißbrauchte Kinder – Forschungsschwerpunkt der vorliegenden Arbeit – wird die konkrete Krisensituation angenommen. Bedingung einer kindzentrierten, bzw. personzentrierten Beratung ist die Ebenbürtigkeit des Kindes gegenüber der erwachsenen Fachkraft sowie das einzelfallorientierte Vorgehen, in dessen Mittelpunkt die Beziehung zwischen Klient/in und Berater/in steht. Zur Bewältigung des Konfliktes soll mit Beteiligung des Kindes eine Entscheidung herbeigeführt und umgesetzt werden unter Zuhilfename *pädagogischer* Beratungsmethoden, abgeleitet aus dem personzentrierten Konzept ROGERS' (1972), übertragen auf die Begleitung von Kindern (Axline, Schmidtchen, Goetze/Jaede, u.a.).

Eine unvorhergesehene Bedrohung durch eine die Entwicklung beeinträchtigende äußere Gefährdung führt zu einer Krisensituation, die häufig zum Anlaß wird, eine Beratung aufzusuchen (Fillip 1979, Bollnow 1983, Dietrich 1983, Marmon 1984, Aurin 1984, Ulich 1987, Brem-Gräser 1993, Weber 1996). Die Unfähigkeit, mit den als schmerzlich und unbewältigbar erlebten Einbrüchen zurechtzukommen, sieht DIETRICH (1983) als Hauptfaktor der Motivation, professionelle Hilfe zu suchen.

„Krisen sind akute Zustände eines erheblich reduzierten oder verloren gegangenen psychischen Gleichgewichts, in denen der Klient nicht mehr in der Lage ist, Ereignisse subjektiv sinnvoll zu bewältigen."[194]

Eine umfassende Beschreibung der Krise aus der Sicht FILLIPs (1979) verdeutlicht die Hauptfaktoren, die in der Beratungssituation aufgegriffen

---

[194] G.Dietrich 1983, S.39

und beleuchtet werden müssen:

> „'Kritische Lebensereignisse' sollen verstanden werden als solche im Leben einer Person eintretenden Ereignisse, die eine mehr oder minder abrupte Veränderung in der Lebenssituation der Person mit sich bringen und die durch die im folgenden dargestellten Aspekte zu charakterisieren sind. Kritische Lebensereignisse stellen zum ersten die raumzeitlich punktuelle Verdichtung eines Geschehensablaufs dar, der sich sowohl innerhalb der Person selbst (z.B. Erkrankungen) wie auch in der dinglich-sozialen Umwelt (z.B. Erdbeben, Tod des Ehepartners) vollzogen hat. (...) Kritische Lebensereignisse sind weiterhin charakterisierbar als Strategien relativen Ungleichgewichts in dem bis dato aufgebauten Passungsgefüge zwischen Person und Umwelt. (...) Indem Lebensereignisse in dieses Passungsgefüge eingreifen, wird die innere Kongruenz reduziert oder gar aufgehoben und eine Neuorganisation in dem Person-Umwelt-System erforderlich."

Gegenüber normalen, zu erwartenden kindgemäßen Entwicklungskrisen, z.B. dem Übergang von der Familie in den Kindergarten, vom Kindergarten in die Schule, usf., greift eine untypische, nicht einkalkulierbare existentielle Ernstsituation zerstörerisch in das Leben ein. Eine eigenständige Bewältigung der Krisensituation überfordert die Kräfte des Kindes, das soziale Bezugssystem versagt oder boykottiert eine Hilfeleistung vor allem bei Involviertheit in die Konfliktlage oder als Auslöser der Krise. Die traumatisierenden Auswirkungen einer sich stetig verschärfenden Gefahr behindern die gesunde Entfaltung und können zu zahlreichen Verhaltensauffälligkeiten und Entwicklungsstörungen führen, wie von WEBER (1996) herausstellt wird:

> Krisen „sind mit Erlebnissen wie Orientierungsverlust, Unsicherheit und Bedrohung verbunden, die sich zuspitzen. Das damit konfrontierte Subjekt muß sich mit den neuartigen und schwierigen Verhältnissen auseinandersetzen, wobei offen ist, ob die Krise in einer Katastrophe endet, ob sich Fehlentwicklungen bzw. Entwicklungsstagnationen einstellen oder ob infolge der Krisenbewältigung eine Weiterentwicklung möglich wird."[195]

Gerade Kinder sind ohne die Unterstützung ihres Umfeldes nicht in der Lage, eine existentielle Gefährdung ihrer Entwicklung abzuwenden. Besonders traumatisierend wirkt eine nicht benennbare und unter allen Umständen zu verbergende Krise, wenn das Kind nicht nur nicht auf die Eltern zählen kann, sondern sie sogar als Verursacher der Situation erlebt. Diese Art der Bedrohung unterscheidet sich von anderen Krisensituationen, etwa der schweren Erkrankung, darin, daß das betroffene Kind häufig völlig isoliert von seinen „Bezugspersonen" und seinem inneren Erleben weiterleben muß, ohne daß irgendjemand wegen des Geheimhaltungsdrucks von seiner Belastung erfahren darf. Traumatisierungssymptome, als Äußerung des immen-

---

[195] E.Weber 1996, S.148

sen Drucks, können als häufige Erscheinungsformen der Krise genannt werden, da „der Widerstand der Realität permanent übermächtig wird". „Es kommt zu einer dauerhaften Überforderung und Überlastung der Person mit der Folge mehr oder weniger ausgeprägter Traumatisierung"[196], da eine Krise „jeden Augenblick zur Katastrophe"[197] führen kann, wie BOLLNOW (1983) warnt.

Im weiteren Verlauf der unerträglichen Belastung steigt der Problemdruck, signalisieren Kinder durch Verhaltensauffälligkeiten oder psychosomatische Symptome ihren Hilfebedarf. Der kritische Zustand verlangt nach einer Veränderung der entwicklungsgefährdenden Umstände. Die jeder Krise innewohnend anstehende Entscheidung birgt ebenso die Chance zu einem Neubeginn, zur Veränderung und Weiterentwicklung[198]. Die schicksalsschweren Erfahrungen, unterbrechen den bisherigen Gang des Lebens „in plötzlicher und meist schmerzlicher Weise und (lenken) in eine neue Richtung"[199]. Mit Hilfe der Beratung wird die anstehende Richtungsänderung ermittelt; konkrete Handlungsschritte werden geplant. „In der Krise soll dem Betroffenen deutlich werden, daß er sich in einer Entscheidungssituation befindet, in der sich die Frage zuspitzt, ob alles beim alten bleiben kann oder verändert werden muß."[200]

Ein Erwachsener kann auf regulierende Faktoren, z.B. die realistische Wahrnehmung des gefährlichen Ereignisses, innere Ressourcen und äußere Unterstützungssysteme zurückgreifen, um die belastende Situation zu bewältigen. Ein bedrohtes Kind, welches sich kaum auf Bewältigungsstrategien oder die Hilfe anderer beziehen kann, wird das Ereignis verzerrt wahrnehmen und damit in ein inneres Ungleichgewicht geraten, aus dem es allein nicht herausfindet[201]. Das Aufmerksamwerden auf seine Lage infolge der geäußerten Signale und Symptome veranlaßt präsente Erwachsene in der Art eines Initialkontaktes, den Eltern oder dem Kind eine pädagogische Beratung zu empfehlen. Die genannte Freiwilligkeit als conditio sine qua non jeder Beratung, da eine „Zwangsberatung"[202] ein Widerspruch in sich ist, kann bei Kindern demzufolge nicht als Ausgangsbasis der Hilfeleistung angesehen werden. TROSCH (1984) hat gleichwohl die Erfahrung gemacht, „daß sich nach ein oder zwei Gesprächen der (...) Widerstand auflöst und ein eigenes Interesse an der Fortsetzung des Beratungskontaktes besteht"[203].
Die Gleichrangigkeit der Beratungsbeziehung, hergestellt durch eine „horizontale, wenig bzw. nicht-direktive"[204] Vorgehensweise, wird von MUTZECK

---

[196] G.Dietrich 1983, S.43
[197] O.F.Bollnow 1983, S.65
[198] vgl. E.Weber 1996, S.148
[199] O.F.Bollnow 1983, S.61
[200] E.Weber 1996, S.158
[201] vgl. D.C.Aguielera/ J.M.Messick 1977 zum Krisenverlauf, S.104
[202] E.von Haar 1992, S.158
[203] A.Trosch 1984, S.137
[204] W.Mutzeck 1996, S.23

(1996) und MOLLENHAUER (1965) auch für Kinder als Grundbedingung angesehen, weil der „Ratsuchende nicht in der Rolle des 'Zöglings', 'Schülers' oder in weniger definierter Weise Erziehungsbedürftigen auftritt"[205].
Zur Schaffung dieser partnerschaflichen Ebene legen DIETRICH (1983) und HOFER (1996) jedem Beratungsprozess vier Komponenten zugrunde, die eine Differenzierung der pädagogisch-psychologischen Bezugsebenen des Bera-tungshandelns darstellen:

- Die Persönlichkeitsentwicklung des ratsuchenden Kindes, Jugendlichen oder Erwachsenen steht im Mittelpunkt der Beratung.
- Die Beratungsperson mit ihrer Ausbildung, ihren Hintergründen, Einstellungen und Qualifikationen bildet eine weitere wichtige Komponente des Beratungskontaktes.
- Die Interaktion zwischen Ratsuchendem und Beratungsperson, die wechselseitige Beeinflussung bestimmen die Art des Umgangs miteinander.
- Das weitere Umfeld, der gesellschaftliche Kontext, die jeweiligen Lebensbedingungen und die organisatorischen Gegebenheiten wirken ebenfalls auf die Beratungssituation ein.[206]

Während der Erfassung der Schwierigkeiten des Kindes, seines sozialen Umfeldes, der Entscheidungssuche und Umsetzung der Handlungsplanung, kommen zu den oben genannten Faktoren weitere hinzu, die den Verlauf der Beratung entscheidend beeinflussen und stets begleiten. Diese seien stichwortartig zusammengefaßt:

Die Kompetenzen und die Bereitschaft des Ratsuchenden:
- sein Leidensdruck
- seine emotionale Empfänglichkeit und kognitive Verarbeitungsmöglichkeit
- seine Entwicklungs- und Lernfähigkeit
- die Reflektion seiner Lebenslage
- seine Entscheidungsfähigkeit

Die Kompetenzen und die Qualifikation der Fachkraft:
- ihre individuelle Persönlichkeit und die Grenzen ihrer Belastbarkeit
- ihre Aus- und Weiterbildung
- die Möglichkeit zur Supervision und Selbstreflexion
- ihre Einstellung und Erwartungen in bezug auf das Kind und sein Problem
- ihre Empathie und Beratungskompetenz

---

[205] K.Mollenhauer 1965, S.27
[206] vgl. G.Dietrich 1983, S.17f und Hofer 1996, S.9f

52

Die Beziehung zwischen der Fachkraft und dem Ratsuchenden:
- die verbale und nonverbale Ebene des Kontaktes (Gespräch, Spiel, kreatives Gestalten)
- das gemeinsame Suchen nach der Lösung des Problems
- das Erfassen der Problematik
- die Entscheidungshilfe und -findung
- der Respekt vor der Autonomie und Eigenverantwortung des Kindes

Die institutionellen und organisatorischen Rahmenbedingungen der Beratungseinrichtung:
- die Räume, Lage, Ausstattung und finanzielle Situation
- der Bezug zu rechtlichen, politischen und gesellschaftlichen Bedingungen
- das zugrundeliegende Konzept und die Richtlinien der Einrichtung
- das Angebot an Fortbildung und Supervision
- die Kooperation mit anderen Institutionen[207]

Im Mittelpunkt der pädagogischen Beratung steht demnach abhängig von den äußeren Rahmenbedingungen die Interaktion zwischen Ratsuchendem und professioneller Beratungsperson, deren spezifisch pädagogische Qualität bereits durch die Verbindung zum pädagogischen Bezug präzisiert wurde. Die erziehungswissenschaftliche Definition des Begriffs der Interaktion von ULICH (1974) betrifft folglich ebenso das Erziehungsverhältnis wie die Beratungssituation, womit der Zusammenhang dieser beiden Handlungsfelder erneut verdeutlicht wird:

„Entsprechend bezeichnen wir mit dem Begriff ´Pädagogische Interaktion´ die Gesamtheit der in pädagogischen Situationen stattfindenden Prozesse wechselseitigen Wahrnehmens und Beurteilens, Kommunizierens und Beeinflussens symmetrischer wie asymmetrischer und verbaler wie nichtverbaler Art."[208]

Wenn TYLER (1969) und GILMORE (1980) auch drei Beratungsanlässe – die Entscheidung (choice), die Verhaltensänderung (change) und die Wahrung sowie Stärkung der Ich-Identität (coherence) – unterscheiden, so kann doch davon ausgegangen werden, daß der Entscheidung eine zentrale Stellung im Beratungsprozeß eingeräumt werden muß. MANSTETTEN (1980) meint sogar, das die Entscheidung „als ureigene Funktion der Beratung Bindeglied zwischen der Phase der Lösungsprüfung und -auswahl und der Phase der Lösungsbereitstellung und -anwendung" sei[209]. Im Verlauf der Beratung wird ähnlich der Handlungsplanung nach ROTH (1966)[210] ein Entscheidungsprozeß initiiert, der ausgehend von SCHWARZER und POSSE (1993) in sechs Phasen untergliedert werden kann:

---

[207] vgl. G.Dietrich 1983, S.17f
[208] D.Ulich 1974, S.101
[209] R.Manstetten 1980, S.71
[210] vgl. die Darstellung der Handlungsplanung nach H.Roth 1966, in Kapitel 1.1.1

1. *Allgemeine Orientierung:* Erfassung des Problems und seiner Bedeutung aus der Sicht des Ratsuchenden

2. *Problemanalyse:* Analyse der Situation des Ratsuchenden und des Zieles der Beratung unter Einbeziehung der vom Ratsuchenden bereits angewandten Problemlösungsversuche

3. *Erzeugung und Bewertung von Alternativen:* Sammlung von möglichen Lösungen und den damit verbundenen Zielen mit dem Ratsuchenden sowie eine Bewertung der Lösungsalternativen.

4. *Entscheidung, Planung und Durchführung:* Vergleich der möglichen Lösungen hinsichtlich der zu erwartenden Konsequenzen. Der Ratsuchende trifft eine Entscheidung über die Auswahl der durchzuführenden Lösungsalternativen; erste Überlegungen zur Realisierung der Lösung werden geplant.

5. *Durchführung der konkreten Lösungsstrategie:* Umsetzung der ausgewählten Problemlösung nach vorheriger Überprüfung und Einübung in einer Als-Ob-Realität. Begleitung und Unterstützung des Ratsuchenden bei der Realisierung der ausgewählten Problemlösung.

6. *Evaluierung:* Reflexion des Problemlöseprozesses, erneute Überprüfung und eventuelles Ansteuern neuer Richtungen möglicher Alternativen[211]

Die Wahl für eine mögliche Problemlösung wird selbstverständlich von der ratsuchenden Person eigenverantwortlich getroffen, wie von vielen Beratungstheoretikern ausdrücklich betont wird (Manstetten 1980, Dietrich 1983, Aurin 1984, Roth 1991, Hofer 1996); die Beratung dient lediglich der Entscheidungshilfe, der Informationsvermittlung, der Verdeutlichung von Widersprüchen und der Unterstützung des Ratsuchenden[212]:

> „Die Entscheidung für eine bestimmte Lösung liegt (...) zunächst ausschließlich beim Ratsuchenden selbst. Sie ist das Ergebnis der vom Berater unterstützten Lösungsfindung, -prüfung und -auswahl und die Voraussetzung für die selbständige und einsichtige *Lösungsbereitstellung* und Lösungsanwendung in der real geforderten Handlungssituation des Betroffenen.“[213]

Die Stärkung der Entscheidungskompetenz und die Bereitschaft zur Annahme von Hilfe steht neben der Festigung der Selbsthilfefähigkeit und der Steigerung der Autonomie. Die Beratungsperson darf niemals einen bestimmten Weg oder eine Lösung vorschreiben[214], sondern soll die hilfebedürftige Person „in die Lage versetzen, durch eigene Kraft eine Lösung des Problems zu finden, die für die Persönlichkeitsentwicklung (...) förderlich ist“[215].

---

[211] Ch.Schwarzer/ N.Posse 1993, S.636 f
[212] vgl. auch G.Dietrich 1983, S.9
[213] R.Manstetten 1980, S.71
[214] vgl. auch L.Roth 1991, S.39
[215] H.Hofer 1996, S.11

Zweifel an der Fähigkeit von Kindern, in der beschriebenen Weise Probleme lösen, Entscheidungen treffen und verantwortlich handeln zu können – zentrale Ziele der Beratung -, werden von DIETRICH (1983)[216] und nachfolgend von MANSTETTEN (1980) sogar gegenüber Jugendlichen direkt geäußert.

> „Er (der Beratungsprozess) geht von einem Maß an Selbständigkeit und Entscheidungskompetenz aus, das insbesondere bei jugendlichen Ratsuchenden den realen Gegebenheiten nicht zu entsprechen scheint. (...) Inwieweit gerade beim jugendlichen Ratsuchenden jene Entscheidungsbereitschaft und Entscheidungskompetenz bereits ausgeprägt ist, deren es bedarf, um die Entscheidungshilfe des Beraters in eine fundierte und selbständige Entscheidung umsetzen zu können, ist fraglich."[217]

Als maßgeblicher Hinweis für diese wohl weitverbreitete Überzeugung ist das fast lückenlose Fehlen von Beratungskonzepten, die sich direkt mit der Begleitung von Kindern befassen, zu nennen. Die Publikation von TYMISTER (1996) „Pädagogische Beratung mit Kindern und Jugendlichen" kann als bestätigende Ausnahme dieser Regel angesehen werden.
Eine Erklärung für den Mangel an Beratungsmodellen für Kinder findet sich nach Durchsicht Pädagogischer Beratungstheorien (Dietrich 1983 u. 1987, Brem-Gräser 1993, Schwarzer/ Posse 1993, Manstetten 1980, Kleber 1983, Huber 1990, Hornstein u.a. 1977, Mollenhauer 1965), wonach die Konfliktlösung als ein hauptsächlich vernunftgeleiteter Planungsprozess anzusehen ist. MUTZEK (1996) kann als Vertreter dieser Auffassung angeführt werden, deren Menschenbild von einem autonom handelnden Subjekt ausgeht:

> „Der Mensch als reflexives Subjekt ist in seiner Entscheidung für bzw. gegen eine zielgerichtete Planung und eine produktiv realisierende Tätigkeit (aktive Konstruktivität) potentiell autonom. Er kann von seinen prinzipiellen Möglichkeiten her seine Entscheidungen selbständig, ohne andere Personen, aus eigener Vernunft und Kraft treffen. Bevormundung und die Einschränkung seiner Entscheidungsfreiheit stellen eine Leugnung bzw. Reduzierung seiner möglichen Fähigkeiten dar und rufen Mißtrauen und Täuschungen auf der Seite der Betroffenen hervor."[218]

Aus den verschiedenen Ansätzen der wesentlichen beratungspsychologischen Theorien empfiehlt sich daher für die Beratung, die sich direkt an Kinder wendet, eine eher auf die Emotionalität gerichtete Vorgehensweise. Theorien, die ihr Schwergewicht auf die Kognition oder die Veränderung des Verhaltens legen, sind wegen der kindlichen Gefühls- und Erlebnisbezogenheit weniger geeignet, zumal das Auftreten eines Konfliktes, einer

---

[216] Vgl. G.Dietrich 1983, S.7
[217] R.Manstetten 1980, S.73
[218] W.Mutzek 1996, S.43

55

inadäquaten Belastungs- oder Entlastungslage, einer Krise oder Neuorientierung nicht zwangsläufig zu Verhaltensstörungen führen muß. Innerhalb der beratungsrelevanten psychotherapeutischen Schulen, die häufig in drei Hauptrichtungen untergliedert werden – Psychoanalyse, Behaviorismus, Gesprächsführung – eignet sich für die pädagogische Beratung besonders der Ansatz von ROGERS (1972), da das mit der „Verbalisierung angestrebte Reflektieren von Gefühlen in jedem Fall dazu dienen (kann), vage, unstrukturierte und vielfach unbewußte Erlebnisse und Vorstellungen zu verdeutlichen und klarer zu machen"[219]. Die pädagogische Beratung, die sich an gefährdete Kinder im Bereich der Jugendhilfeberatung[220] – wie im neuen Kinder- und Jugendhilfegesetz (KJHG) unter § 28 geregelt[221] – richtet, sollte sich an erziehungswissenschaftlichen Theorien messen lassen. AURIN (1984) sieht diese Bedingung im Beratungskonzept von ROGERS als gegeben an:

„Es gibt (...) Theoriekonzepte, die aufgrund ihres Verständnisses von Persönlichkeiten und deren Entwicklung (z.B. im Sinn der Arbeit an sich selbst, vgl. Pestalozzi: 'der Mensch als Werk seiner selbst') eine ausgesprochene Affinität zum erzieherischen Denken und zum pädagogischen Verständnis des einzelnen und seiner Entwicklung besitzen. Das gilt z.B. für das Therapiekonzept von Rogers (1972)."[222]

Diese Auffassung vertritt auch JUNKER (1973), der für die Beratung im Bereich der Erziehung das personzentrierte Verfahren als passend ansieht, da die „Rogersche Theorie als umfassende und eigenständige Theorie geeignet erscheint, dem Beratungswesen einschneidende Impulse zu geben"[223]. Auch BREM-GRÄSER (1993) favorisiert den Ansatz von ROGERS für die psychosoziale, pädagogische Erziehungsberatung mit einer detaillierten Begründung:

„Vorwiegend orientiert an der Humanistischen oder Seins-Psychologie, scheint die Rogers-Methode der 'Person- bzw. Klientzentrierten' Beratung/Therapie aus folgenden Gründen die geeignete Basis für Beratung auf psycho-sozialem, pädagogischen Felde zu sein:

-   Die Relevanz im Hinblick auf schlichtes, alltägliches Kommunizieren und auf Schwierigkeiten des einzelnen mit sich selbst und anderen sowie auf Gruppenkonflikte.
-   Die Offenheit für Kombinationen mit aus verwandten Konzepten stammenden Elementen.

---

[219] R.Manstetten 1980, S.51
[220] vgl. auch K.Aurin 1984
[221] vgl. U.Lasse 1994, S.97
[222] K.Aurin 1984, S.23
[223] H.Junker 1973, S.295

- Die Herkunft der meisten qualifizierten Veröffentlichungen zum Thema 'Beratung' aus der 'Schule' *Rogers*. Zweifellos entscheidenden Einfluß auf die Entwicklung seines Ansatzes hatte die zwölfjährige Mitarbeit von *Rogers* in einer Erziehungsberatung, bevor er sich der akademischen Tätigkeit widmete.
- Das Menschenbild des veränderungsorientieren Individuums, das weder ausschließlich die religiöse, noch die metaphysische, sondern vor allem die 'soziale' Sinnfindung im Hier und Jetzt, im Kommunizieren und im selbstverantwortlichen Handeln anstrebt."[224]

Ein Ansatz personzentrierter pädagogischer Beratung für Kinder kann also wertvolle Hinweise aus der nichtdirektiven Beratung nach ROGERS (1972) gewinnen. Zudem wurde die personzentrierte Vorgehensweise von zahlreichen Autor/inn/en und Therapeut/inn/en für die Arbeit mit Kindern durch das Konzept der nicht-direktiven Spieltherapie nutzbar gemacht (Dorfman 1972, Axline 1972, Tausch/ Tausch 1956, Goetze/ Jaede 1974, Schmidtchen 1974/ 1976, Benecken 1982, Boeck-Singelmann 1996/ 1997). ROGERS' ursprünglich pädagogischer Beratungsansatz für Kinder – entwickelt aus 12jähriger Erfahrung in einem Erziehungsberatungszentrum „gegen Grausamkeiten an Kindern" – wurde zu einer Therapiemethode für Erwachsene, später auch für verhaltensgestörte Kinder. Eine Beratungstheorie für gefährdete Kinder findet demnach geeignete Wurzeln in ROGERS' Veröffentlichung zur Behandlung schwieriger Kinder[225]. Zunächst sollen jedoch Publikationen aus Amerika und Australien herangezogen werden, um die pädagogische Beratung für Kinder näher zu bestimmen.

1.3   Konsequenzen für die Beratung mit Kindern

Die „pädagogische Beziehung" – Grundlage erzieherischer Einwirkung zur Förderung der kindlichen Entwicklung – ist gleichfalls Ausgangspunkt der Beratung mit Kindern. Um Mädchen und Jungen in einer Notlage professionell zu begleiten, bedarf es zudem eines Verständigungsweges zwischen beratendem Erwachsenen und hilfebedürftigem Kind, der das Empfinden, die Sichtweise und die Bedeutung der Konfliktsituation aus kindgemäßer Perspektive berücksichtigt. Da die Entscheidungsfindung zur Bewältigung krisenhafter Lebensumstände Ziel und Aufgabe von Beratung ist, wird in der anschließenden Darstellung auf die Methoden des Zugangs zum Kind, auf entwicklungsangepaßte Möglichkeiten zur Inszenierung seiner introjezierten Objektwelt und auf Aspekte der Arbeit mit traumatisierten Kindern eingegangen.

---

[224] L.Brem-Gräser (Bd.1) 1993, S.6
[225] C.R. Rogers 1939: „The Treatment of the Problem Child". Diese Veröffentlichung wurde in Deutschland kaum bekannt.

1.3.1 Das Kind „im Mittelpunkt" pädagogischer Beratung

Die Handlungsfelder pädagogischer Beratung beziehen sich nach MUTZEK (1990) auf die Allgemeine Pädagogik, die Sozialpädagogik, die Schul- und Sonderpädagogik[226]. Im Zentrum der in diesen Bereichen angesiedelten Erziehungsberatung, der Jugendhilfeberatung (geregelt im KJHG) sowie der Schul- und Berufsberatung steht das Kind bzw. der Jugendliche. In den einschlägigen Publikationen zur pädagogischen Beratung wird dagegen kaum auf spezifische Methoden und Vorgehensweisen im unmittelbaren Kontakt mit Kindern eingegangen. Eine umfassende Literaturrecherche (1995, 1996, 1997) in den bekannten Großdatenbanken ergab zudem ein deutliches Defizit bezogen auf Veröffentlichungen zur Beratung, die sich direkt an Kinder richtet[227].

GAUDE (1973) kann diesen Mangel durch eine Untersuchung der Klientel pädagogischer Beratung bestätigen, indem er feststellte, daß die Begleitung „in erster Linie den Lehrern" galt, die Erziehungsberatung „von den Eltern in Anspruch genommen wurde" und „die kleinste Gruppe von Ratsuchenden aus Schülern der 8. – 13. Jahrgangsstufe" bestand[228]. PERREZ, BÜCHEL u.a. (1985) setzten z.B. eher Eltern als Hilfstherapeuten ein, als einen unmittelbaren Kontakt zu deren Kindern zu suchen – eine gängige Vorgehensweise pädagogischer Beratung, die auch in jüngsten Jahren von PIKOWSKY und WILD (1996) praktiziert wird, indem „Lehrer und Eltern im Extremfall zu Partnern" des Beraters werden und sie „gemeinsam die Zielperson therapieren"[229]. Ebenso wird im Bereich der Schulberatung unter pädagogischer Einzelfallhilfe weniger die Arbeit *mit* dem Kind als vielmehr die *über* das Kind verstanden, nämlich als „Erörterung von Einzelfällen, zwischen Berater und dem Lehrer, zwischen ihm, dem Lehrer, dem Schulleiter, Schulrat und anderen Funktionsträgern der Schule und der Schulverwaltung"[230]. Auch THOMSEN (1970) richtete sich mit ihrem Beratungskonzept zur Entwicklung und Verbesserung des Selbstkonzeptes der Schüler/innen im Primarstufenbereich an Berater sowie Lehrer und nicht an Kinder. Ihre Vorschläge zu Spielen und Handlungsweisen bezogen sich außerdem weniger auf die Einzelfallbetreuung als auf die Einbeziehung der gesamten Schulklasse. Desgleichen bemerken WEHRLY und MARTIN (1984), daß der Schulberater „stärker als Konsultant von Lehrern, Schulleitung und Eltern" und weniger von den Schüler/innen direkt gefordert wird[231]. In ähnlichem Sinne definieren

---

[226] vgl. W.Mutzek 1990, S.14

[227] Als Resultat der Gesis-Anfrage der Datenbanken „Foris, Psyndex und FisBildung" wurde festgestellt: „Leider gibt es im Zusammenhang mit dem von Ihnen gesuchten Thema keinen Nachweis von Literatur oder Forschungsprojekten (...). In diesem Bereich liegt offensichtlich eine Forschungslücke vor." 7.11.1995

[228] P.Gaude 1973, S.61

[229] B.Pikowsky/ E.Wild 1996, S.102

[230] E.Benz/ W.Caroli 1977, S.98

[231] B.Wehrly/ L.D.Martin 1984, S.38

58

LUKESCH/ NÖLDER (1989) die Schullaufbahnberatung als „Aufgaben des Beratungslehrers den Eltern gegenüber"[232].
Die beiden Autoren BENZ und CAROLI (1977) sehen als Hauptadressat der Beratung das „normale" Kind, „von dem erwartet wird, daß es Ziele auswählen, Entscheidungen treffen und Verantwortung übernehmen kann"; dennoch wird diese Auffassung nicht durch Praxisanleitungen im beratenden Umgang mit Kindern konkretisiert. In der Anleitung zur Beratung, die „direkt beim Kinde" ansetzt, „besonders in Fällen von Krisen und Konflikten im Entwicklungsprozess"[233] wird auf Empfehlung von FURCH-KRAFFT (1984) nicht das Kind, sondern die Mutter gefördert[234], da die „aktuellen persönlichen Probleme der Eltern im Vordergrund" stehen[235]. Diese Ausführungen zur Beratung *über* Kinder ließen sich beliebig fortsetzen und vor allem auch für die Jugendhilfeberatung ergänzen; ein Bereich, der für die Untersuchung der Kinderschutzdienste von Rheinland-Pfalz besonders aussagekräftig ist und deswegen in einem späteren Kapitel (vgl. Kapitel 5) ausführlich behandelt wird.
Methodische Konzepte zur beratenden Tätigkeit mit Kindern und Jugendlichen sind demnach den Ausführungen über die Erziehungsberatung, die Schulberatung und auch die Jugendhilfeberatung, – wie weiter unten belegt wird – nicht zu entnehmen. Angebote, die sich unmittelbar an das Kind richten – wenn auch immer unter Einbezug der Eltern -, kommen eher aus dem Gebiet der Kindertherapie und grenzen sich durch oben genannte Unterschiede von der Beratung ab. Ableitungen aus der Kindertherapie für die Beratung mit Kindern wurden von Counselern im englischsprachigen Raum vorgenommen, die sehr viel genauer auf die besonderen Umstände der Begleitung von Kindern im Vergleich mit der Beratung Erwachsener eingehen. Die Erkenntnisse zu den Bedingungen der Beratung mit Kindern werden deswegen im nächsten Abschnitt eingehend erläutert.

1.3.2 Kinder als Klienten: Entwicklungspädagogische Voraussetzungen

Um Kinder beraten zu können, muß ein kindgemäßer Weg der Kommunikation im Beratungsprozess gefunden werden, damit das spezifische Erleben von Kindern zur eigenen Person, zu seinem Lebensumfeld, seinen Schwierigkeiten und seinen Beziehungen zu wichtigen Erwachsenen ermittelt werden kann. Die Ausdrucksmöglichkeit eines Kindes, seine Erfassung der Bedeutung von sich selbst, seiner Probleme und entscheidenden Bindungen hängt eng zusammen mit seiner Entwicklung. Zentrale Voraussetzung sind deswegen Informationen zum Entstehen eines Selbstempfindens im Kind, seiner

---

[232] H.Lukesch/ W.Nölder 1989, S.22
[233] E.Furch-Krafft 1984, S.185
[234] vgl. E.Furch-Krafft 1984, S.189
[235] E.Furch-Krafft 1984, S.191

Bindungsfähigkeit und seiner Perspektivenübernahme bezogen auf das Erleben anderer Menschen. Nachfolgend soll es weniger um die bekannten Theorien der Entwicklungspsychologie gehen (z.B. motorische, kognitive oder moralische Entwicklung), als vielmehr um den Aspekt der psychosozialen Interaktion, da dieser unentbehrlich ist für ein Verständnis kindlicher Beratungsfähigkeit. Die anderen Bereiche ontogenetischer Bedingungen der Reifung und Entwicklung im Kindesalter mögen weitere Erklärungen anbieten, sind jedoch für die Betrachtung eines personzentrierten pädagogischen Beratungsansatzes eher von untergeordneter Bedeutung.

Ausgehend von der Verschiedenheit der Beratung mit Kindern und der Beratung mit Erwachsenen, wie von THOMPSON und RUDOLPH (1995) verdeutlicht wird, sind Methoden aus der Beratung Erwachsener nicht ohne Angleichung an das kindliche Wahrnehmungssystem kompatibel. Grundlegende Differenzen bestehen bezüglich der Ausdrucks- und Erlebensweise von Kindern:

1. Children, lacking elaborate adult defenses, regress very quickly and easily into spontaneous and revealing play activities.
2. Children have rich fantasy lives that reveal their thoughts, feelings, and expectations.
3. Lacking adult formal thinking skills, insight, and verbal skills, children communicate through acting out their fantasies."[236]

Die kindgemäße Art mit Problemen umzugehen, sie zu äußern und zu bewältigen, liegt vor allem bei kleineren Kindern folglich nicht im Gespräch, sondern im Spiel. Die kindliche Ausdrucksmöglichkeit über das Kommunikationsmedium Spiel ist deswegen zentraler Ansatzpunkt für die Beratung mit Kindern und nicht die Übertragung der Regeln aus der Beratung Erwachsener, wie von SWEENY (1997) recht ungeduldig moniert wird:

„If the natural medium of communication for children is play, then it must follow that counseling should focus on children's communiation medium and be at their level instead of forcing them to rise to an adult level. Could it be that using adult counseling techniques with children was one of those square-peg-in-a-round-hole things?"[237]

Diese Meinung wird von dem australischen Berater-Ehepaar GELDARD/ GELDARD (1997) geteilt, welches Methoden zur Beratung Erwachsener als nicht übertragbar für die Beratung mit Kindern und das Spiel gegenüber dem Gespräch als geeigneter ansieht:

---

[236] Ch.L.Thompson/ L.B.Rudolph 1995, S.36
[237] S.S.Sweeny 1997, S.XVI

„We counsel adults by sitting down with them, and inviting them to talk with us. If we were to use the same strategy with children, it is unlikely that they would tell us anything of importance. They would probably become bored with the conversation after a short while, or would withdraw into silence. However, even if they did talk to us, they would probably deflect away from important issues. If, as counsellors, we are to engage children so that they will talk freely about painful issues, then we need to use verbal counseling skills in conjunction with other strategies. For example, we might involve the child in play, or in the use of media such as miniatur animals, clay or various forms of arts."[238]

Die Entwicklung von Problemlösekompetenzen als Ziel jeder Beratung vollzieht sich beim Kind auch nach Auffassung der Autoren WESTON/WESTON (1993) eher im ausagierenden, freien Spiel als in verbalen Auseinandersetzungen:

„The instinctive method children use for solving problems and mastering conflicts is *play*. Play is the all-encompassing business of childhood – in it, children take charge of their world, sort out misconceptions, and re-create life experiences."[239]

Als Auswirkungen des Spiels auf die Fähigkeit des Kindes, Probleme zu bewältigen, Konflikte anzugehen und Entscheidungen zu treffen, entwickeln sich nach LANDRETH (1996) folgende Kompetenzen:

* Entwicklung eines positiven Selbstkonzeptes
* Herausbildung stärkerer Selbstverantwortung
* Entstehung innerer Aufmerksamkeit, Eigenakzeptanz und Selbständigkeit
* Ermutigung zu selbstregulierten Entscheidungen
* Erfahrung von Kontrollfähigkeiten
* Entwicklung eines inneren Bewertungssystems
* besserer Umgang mit Konfliktstrategien
* mehr Selbstvertrauen

Die vom Erwachsenen verschiedene Wahrnehmung und Wiedergabe von Ereignissen und innerem Erleben muß demnach die andere Weise der kindgerechten Kommunikation berücksichtigen und auf kreative Ausdrucksmöglichkeiten zurückgreifen. Von Diagnostikern, Gutachtern und Entwicklungspsychlogen, wie z.B. HERZKA (1986), wurde diesem Umstand für die Untersuchung von Kindern durch den Einsatz von projektiven Testverfahren bereits Rechnung getragen:

„In der Diagnostik und Therapie erlaubt die Bildsprache, Äußerungen umfassender zu interpretieren als dies dem naheliegenden Wortsinn gemäß der Fall wäre.

---

[238] K.Geldard/ D.Geldard 1997, S.2
[239] D.C.Weston/ M.S.Weston 1993, S.8

Kinder scheinen die Sprache in der Regel umfassender und bildhafter zu verstehen und haben die Möglichkeit, im Spiel, in Zeichnungen und Malereien, Bilder unmittelbarer darzustellen."[240]

Daß abgesehen vom Spiel mit kleinen Kindern ein beratendes Gespräch trotzdem möglich sein kann, – was z.b. HORNSTEIN u.a. (1977), MANSTETTEN (1980) und DIETRICH (1983) bestreiten – wird von HERZKA (1986) bestätigt. Sogar ein verbaler Austausch über schwerwiegende Probleme des Kindes kann bereits im Vorschulalter zu wichtigen Erkenntnissen über seine Lebenssituation führen.

> „Es ist oft erstaunlich, wie wichtige und ernsthafte Gespräche bereits mit kleinen Kindern im 3. oder 4. Lebensjahr geführt werden können. Diese Gespräche sind oft sehr kurz, enthalten aber dafür oft das Wesentliche in sehr klarer Form. Dennoch ist es für den Erwachsenen und das junge Kind in der Regel leichter, in einer Spielsituation miteinander in Kontakt zu kommen."[241]

Während der Beobachtung des spielenden Kindes erschließt sich der Beratungsperson die Welt des jeweiligen Kindes, seine Sichtweise der Schwierigkeiten, derentwegen es Hilfe benötigt und sein Empfinden hierzu. Sind Kinder auch nach erwiesenen Erkenntnissen der Entwicklungspsychologie (Piaget, Kohlberg, Erikson und weitere) nicht fähig, Phänomene mit den gleichen Vokabeln in exakten Begriffflichkeiten wie Erwachsene zu erklären, sind sie dennoch in der Lage, eine annähernd korrekte Einschätzung ihrer Probleme vorzunehmen. Das Spiel ermöglicht dem Kind, komplexe Sachverhalte und schwierig zu artikulierende Erlebnisse auszudrücken, ohne sie in die kognitive und symbolhafte Verstehensweise der Erwachsenen übersetzen zu müssen, wodurch dem Kind zwangsläufig Grenzen in der Mitteilungsmöglichkeit auferlegt werden, wie SWEENNY (1997) anmerkt:

> „In cognitive verbalization, children must translate thoughts into the accepted medium (talk). The inherent limitation is that children must fit their world into this existing medium. Play and fantasy, however, do not carry this limitation. Children can create without the restriction of making their creation understandable. Play, therefore, does not lend itself to operationalism. It is preoperational."[242]

Als entscheidendes Defizit eines Kindes zum Verständnis seiner Lebenssituation, seines Erlebens wichtiger Beziehungen oder der Deutung von Konflikten wird seine erst allmählich herauszubildende Kompetenz, sich in die Position anderer hineinzuversetzen, angesehen. Entgegen der Auffassung wichtiger Entwicklungspsychologen (Piaget 1954, Flavell 1968/ 1975,

---

[240] H.S.Herzka 1986, S.1
[241] H.S.Herzka 1986, S.33
[242] S.S.Sweeny 1997, S.33

62

Selman/ Byrne 1974), nach denen ein Kind erst ab dem 4. – 6. Lebensjahr die Perspektive einer anderen Person einnehmen kann, konnte ELDER (1989) nachweisen, daß Kinder bereits ab drei Jahren typische Verhaltensweisen und innere Zustände bei sich und anderen Personen entdecken können. „Kinder lernen ab diesem Zeitpunkt zunehmend, die Gedanken, Erwartungen, Motive und Absichten von anderen zu erschließen. Sie können daher auch eigene Aktivitäten aus der Sicht der anderen interpretieren und in der Folgezeit eigene Maßstäbe zur Selbstbewertung entwickeln (z.B. ideales Selbstbild)."[243]

Das Entstehen einer solchen Selbstbewertung in Beziehung zu anderen Menschen konnte von der Säuglingsforschung in sinnreichen Untersuchungsanordnungen zur Beobachtung von Kindern in den ersten Lebenswochen bis zum zweiten Lebensjahr erhellt und damit die Perspektive von der Beziehungsfähigkeit eines Kindes – wesentliche Bedingung seiner Beratungskompetenz – ganz entscheidend erweitert werden. STERN (1996), Entwicklungspsychologe und Psychoanalytiker, befaßte sich schwerpunktmäßig mit der wissenschaftlichen Erforschung des frühkindlichen Selbstempfindens als Grundvoraussetzung sozialer Interaktion des Menschen, da er die Auffassung vertritt: „Die Art und Weise, wie wir uns selbst in Beziehung zu anderen erleben, wird grundlegend für die Perspektive, unter der wir alle interpersonale Vorgänge organisieren."[244]

STERN (1996) unterscheidet vier Phasen der Entwicklung des Selbst bis zum 2. Lebensjahr, die zwar nacheinander auftreten, dann jedoch parallel weiter verlaufen und den Menschen bis ins hohe Erwachsenenalter begleiten:

- Das Empfinden vom *auftauchenden Selbst* konstituiert sich aus der Erfahrung, Urheber eigener Handlungen zu sein.
- Das Empfinden eines *Kern-Selbst* bildet sich aus der Wahrnehmung körperlichen Zusammenhaltes.
- Das Empfinden eines *subjektiven Selbst* basiert auf der Perzeption der eigenen Affektivität und schließlich
- das Empfinden eines *verbalen Selbst* entsteht aus der Bedeutungsvermittlung mit Hilfe der Sprache.[245]

Schon ein 18 Monate junges Menschenkind kann seine Lebenssituation nicht nur erkennen, sondern auch darstellen und darauf bezogen Wünsche ausdrücken. Dies zeigte eine Falldarstellung von HERZOG (1980). Ein 1 ½ jähriger Junge verdeutlichte mit Puppen seine häusliche Lebenssituation. Die Mutter nahm ihn nach der Trennung von seinem Vater immer mit in ihr Bett. Der Junge legte im Beobachtungsraum die Babypuppe in ein Bettchen im

---

[243] G.H..Elder 1989, S.309
[244] D.Stern 1996, S.18
[245] vgl. D.Stern, S.20 f

Kinderzimmer und den vermißten Vater in das Ehebett neben die Mutter und äußerte sich hochzufrieden über diese Lösung[246].

Die herkömmliche Überzeugung, ein Kind sei nicht in der Lage, derart komplexe Zusammenhänge zu erkennen, sein Erleben oder das wichtiger Bezugspersonen zu erfühlen und darauf aufbauend Wünsche zu äußern, einen eigenen Willen auszudrücken und selbstdefinierte Ziele zu entwickeln, kann nach den Erkenntnissen der Säuglingsforschung (Sokolov 1960, Berlyne 1966, Friedlander 1970, Ricoeur 1977, Bruner 1977, u.a.) nicht bestätigt werden. Die Kompetenzen eines Kindes schon zu Ende des zweiten Lebensjahres beschreibt STERN (1996):

> „Mit dieser neuen Fähigkeit, das Selbst zu objektivieren und verschiedene geistige und handlungsbezogene Schemata zu koordinieren, sind die Kinder über das unmittelbare Erleben hinausgelangt. Sie beherrschen nun die psychischen Mechanismen und Operationen, die nötig sind, um ihre interpersonale Weltkenntnis und -erfahrung mit anderen Menschen zu teilen und in ihrer Vorstellung oder in der Realität zu bearbeiten."[247]

Ab dem zweiten Lebensjahr können Kinder demnach den psychischen und emotionalen Zustand einer anderen Person erschließen und sich ihrer eigenen Erfahrungen bewußt sein[248]. Das Selbstempfinden des Kindes und dementsprechend seine Beziehung zu anderen wird in der Beratung, in der die Ziele und Deutungen des Ratsuchenden im Mittelpunkt stehen, als Ausgangspunkt einer Entscheidung für die Hilfeplanung genommen. Aus diesem Grund können die Erkenntnisse der Objektbeziehungstheorie (Klein 1952; Kernberg 1967, 1984; Fairbain 1946; Guntrip 1966; Winnicott 1960; Bowlby 1966; Kohut 1978) wichtige Aufschlüsse über das kindliche Erleben und seine Bezogenheit bzw. Bindung an andere Menschen geben.

Wegen des existentiellen Angewiesenseins und des noch nicht etablierten Selbstgefühls empfindet das Kind sich als Teil der betreuenden Bezugsperson. Die anwesende und immer wieder auch abwesende Mutter wird im Inneren des Kindes etwa ab dem 5. Lebensmonat als geistiges Bild repräsentiert. PIAGET nennt diesen frühen Vorgang der kognitiven Erkenntnisentwicklung „Objektkonstanz". Die Sprachentwicklung des Kindes gibt seinen Beziehungen zu den nächsten Mitmenschen eine neue Dimension. Die Angst vor Verlassenheit und die tatsächliche Abwesenheit der Mutter oder des Vaters kann das Kind nun auch dadurch beherrschen, indem es mit diesen in einen „inneren Dialog" tritt. „Auf dieser Entwicklungsstufe wird die innere Mutterrepräsentanz von dem Kind mehr als innere Stimme denn als visuelle Präsenz erlebt."[249] Beziehung und Gespräche auch mit anderen Menschen nehmen mit dem Heranwachsen des Kindes zu. In der Innenwelt werden

---

[246] J.Herzog 1980, S.224
[247] D.Stern 1996, S.237/238
[248] vgl. hierzu P.H.Mussen/ J.J.Conger/ J.Kagan/ A.C.Huston 1993, S.229f
[249] Sh.Cashdan 1990, S.67

diese Interaktionen repräsentiert und gespeichert. Innere Dialoge verdichten sich zur Symbolisierung. Wichtige Entscheidungen und Geschehnisse unterliegen immer mehr einem automatisierten Ablauf oder einer routinemäßigen Handhabung unterschiedlicher Situationen (z.B. dem Verhalten in der Schule, in einem Geschäft, beim Überqueren einer Straße). Aus den verschiedenen Verinnerlichungen von Beziehungen und Erlebnissen konstituiert sich schließlich das „Selbst" des Kindes, als Kern des eigenen Seins. CASHDAN (1990) bringt diese Auffassung der Objektbeziehungstheorie auf einen Nenner: „Wir werden unsere Anderen, indem wir uns wichtige andere einverleiben und psychisch in ein Selbst umwandeln."[250] Die Einstellungen des Ichs zu diesem Selbst verdeutlicht die Symbolisierung seiner wichtigsten Beziehungen, die die Person angenommen oder abgelehnt haben.

Mit der Fähigkeit zur inneren Repräsentanz wichtiger Beziehungen zu Menschen, Dingen oder Gegebenheiten ausgestattet, erlangt ein Mensch die Fähigkeit, Kontakt herzustellen, Situationen zu meistern und Konflikte zu bewältigen. Im weiteren Verlauf der Identitätsentwicklung trifft der heranwachsende auf vielgestaltige Beziehungsgefüge, soziale und gesellschaftliche Interaktionsgebilde. Diese Erfahrungen werden ebenfalls als symbolische Interaktionen verinnerlicht sowie in die Psyche aufgenommen[251] und lenken so das Verhalten des Individuums. Der Mensch tritt nun in einen inneren Dialog mit den vermuteten oder unterstellten Reaktionen der anderen oder ganzer Systeme, um seine Impulse, seine Wünsche, seinen Willen und seine Entscheidungen zu steuern, bzw. in Handlungen umzusetzen. Die unmittelbare Nähe der „Objektbeziehungstheorie" zum „Symbolischen Interaktionismus" unterscheidet sich im Rückbezug der einen auf die Einflüsse der Kindheit als Beziehungsgestaltung des Erwachsenen, der anderen auf die Kulturaneignung. „Beide Perspektiven sind zwei Seiten derselben beziehungsorientieren Medaille, wobei der Objektbeziehungsansatz die Verinnerlichung der Kindheit und der symbolische Interaktionismus die des Erwachsenenlebens ins Auge faßt."[252]

Diese introjizierte Objektwelt des Kindes zu verstehen, seine Sichtweise nachzuvollziehen, den inneren – durch das Spiel nach außen getragenen – Dialog mitzuverfolgen und davon ausgehend eine Entscheidung über eine Änderung der problematischen Lebenssituation zu finden, dies ist die Aufgabe und das Ziel pädagogischer Beratung. Auf die besondere Bedeutung des Spiels als Kommunikationsmedium, für den emotionalen Ausdruck und die Selbstdarstellung des Kindes sowie zur Verarbeitung überwältigender Ereignisse geht vertiefend das Kapitel 3.2 ein. Entscheidender Wegweiser personzentrierter pädagogischer Beratung zur Hilfeplanung mit dem Kind ist seine Bewertung der Konfliktsituation und sein dazugehöriges Erleben. Im Verlauf der Beratung – dargestellt im nächsten Absatz – wird mit dem Kind

---

[250] Sh.Cashdan 1990, S.69
[251] vgl. hierzu die Ausführungen von G.H.Mead 1934 zum „Symbolischen Interaktionismus"
[252] Sh.Cashdan 1990, S.72

ermittelt, wie es sein Problem beurteilt, welche Hilfe es annehmen mag und wie diese Unterstützung umgesetzt werden kann.

1.3.3 Methoden der Entscheidungsfindung im Beratungsprozess mit Kindern

Im Mittelpunkt der Beratung steht das Kind, seine Sichtweise der Problemsituation und sein Wille zur Veränderung, bzw. Weiterentwicklung. Ausgehend von der Vorstellung WARTOFSKYs (1981), Kinder als „Agenten ihrer eigenen Lebenswelten" mit eigenen „Handlungswahlen und –motiven"[253] anzusehen und der Überzeugung von BRÜNDEL/ HURRELMANN (1996), wonach „Kinder als Akteure wahrgenommen" werden, „die selbständig handeln und sich ihre Welt aneignen und erobern"[254], gilt auch für die beratende Begleitung des Kindes in einer Notsituation, daß dieses bei Entscheidungen, die sein weiteres Leben betreffen, beteiligt wird: „Denn Ziel und allgemeines Handlungsprinzip ist, daß das Kind wieder Selbstachtung gewinnt, indem es häufiger selbst entscheidet, selbst handelt und Erfolge wie Mißerfolge seines Handelns selbst verarbeitet."[255] Wie die Beratungsperson dem Kind bei diesem Entscheidungsprozess Beistand leisten, ihm Unterstützung sowie konkrete Hilfe und Informationen anbieten kann, sollen die nächsten Ausführungen klären helfen.

Ein idealtypischer Hergang der Beratung mit einem Kind kann veranschaulichen, welche Stadien durchschritten werden müssen, damit eine Begleitung erfolgreich verlaufen kann. Der Beratungsprozess wurde von GELDARD/ GELDARD (1997) mit einer Spirale verglichen, da die einzelnen Phasen parallel, abwechselnd oder in unterschiedlicher Reihenfolge auftreten können[256]. Zur besseren Übersichtlichkeit wird indes eine aufbauende Abfolge des Beratungsverlaufes vorgestellt, die für diese Arbeit und zum besseren Verständnis der Hilfeplanentwicklung der Kinderschutzdienste aus den Beratungsanleitungen von THOMPSON/ RUDOLPH (1996)[257], GELDARD/ GELDARD (1997)[258], SWEENY (1997)[259] und SCHWARZER/POSSE (1993)[260] entwickelt wurde. Die einzelnen Stationen werden stichpunktartig einer ausführlichen Darstellung vorangestellt:

---

253 H.Wartofsky 1981, S.199
254 H.Bründel/ K.Hurrelmann 1996, S.10
255 H.Tymister 1996, S.107
256 vgl. K.Geldard/ D.Geldard 1997, S.45
257 vgl. Ch.L.Thompson/ L.B.Rudolph 1996, S.37 f
258 vgl. K.Geldard/ D.Geldard 1997, S.47 f
259 vgl. D.S.Sweeny 1997, S.33 f
260 vgl. Ch.Scharzer/ N.Posse 1993, S.636 f

Kontaktherstellung:

Die emotionale Verstörung des Kindes fällt einer wichtigen Vertrauensperson des Kindes auf, die wegen beobachteter Verhaltensauffälligkeiten und Signalen des Kindes eine Beratungsstelle aufsucht und aus ihrer Sicht eine erste Beschreibung des Kindes liefert.

Zugang zum Kind:

Das Kind wird im freien Spiel beobachtet, um seine Fähigkeiten und Schwächen auszumachen sowie sein Wesen einzuschätzen: Erscheinungsbild, Verhalten, Ausdrucksvermögen, Gefühle, Stimmungen, Einstellungen, kognitive und motorische Entwicklung, Körperausdruck, Spiel, Kontaktherstellung.

Problemerfassung aus der Sicht des Kindes:

Das Problem soll ergründet werden durch anteilnehmendes Zuhören, dem Erspüren der Gefühle und der Erwartungen des Kindes. Das Verstandene wird dem Kind rückgemeldet.

Auftretende Gefühle während des Beratungsprozesses:

Im Laufe der Darstellung seiner problematischen Situation äußert das Kind meist intensive Gefühle oder vermeidet aus Angst vor emotional belastenden Erkenntnissen eine weitere Beschäftigung mit seiner Situation. Durch Empathie, wertschätzende Akzeptanz, behutsames Bewußtmachen des Konfliktes oder einen Wechsel der Zugangsweisen (z.B. durch den Einsatz kreativer Medien), erfährt das Kind Interesse an seiner Person. Dadurch wächst sein Vertrauen und die Sensibilität für sein Erleben.

Lösungswege des Kindes:

Destruktive Glaubenssätze, Deutungsmuster und Annahmen des Kindes über sein Problem sind herauszufinden und entwicklungsfördernde Einsichten aufzubauen. Das Kind findet neue Wege, erkennt neue Sichtweisen und Möglichkeiten. Die Beratungsperson überlegt mit dem Kind, welche Lösungen umsetzbar sind und welche unrealistische Erwartungen beinhalten.

Die Entscheidung – Auswahl unter den Lösungsalternativen:

Das Kind wählt eine der sich abzeichnenden Alternativen aus und wird darin unterstützt, sich realistische Ziele zu setzen, um nicht demotiviert zu werden. Es wird ein Handlungsplan – malend, schreibend oder im Spiel – zur Umsetzung der Entscheidung erarbeitet.

Durchführung der konkretisierten Bewältigungsstrategie:

Nach vorheriger Überprüfung, dem Experimentieren mit den neuen Ideen und im Spiel umgesetztem Probehandeln, ggf. der Korrektur der Entscheidung, wird die ausgewählte Problemlösung Schritt für Schritt realisiert. Das Kind wird begleitet und unterstützt. Es erhält evtl. konkrete Hilfestellung und wird bei Fehlschlägen gestärkt.

Reflexion der jeweiligen Stunde und Evaluation des Beratungsverlaufs:

Das Kind wird angehalten, jeweils am Ende der Stunde und zum Abschluß der Beratung den Verlauf zusammenzufassen. Was wurde bearbeitet, was besprochen, was vereinbart? Dies ermöglicht eine Überprüfung des Erarbeiteten und gibt der Beratungsperson einen Einblick in die Empfindungs- und Gedankenwelt des Kindes. Was hat es behalten, was war ihm wichtig, was hat es verstanden? Der Problemlösungsprozess wird einer erneuten Überprüfung unterzogen, ggf. wird eine andere Richtung eingeschlagen.

Als zentrale Voraussetzung für das gemeinsame Durchschreiten des skizzierten Beratungsverlaufes, wird von TYMISTER (1996) für die Beratung mit (hier: verhaltensauffälligen) Kindern in Einklang mit den Überzeugungen der geisteswissenschaftlichen Pädagogen – dargestellt in Kapitel 1.2.1.2 – eine positive Beziehung zwischen Beratungsperson und Kind genannt:

> „Wer im Gespräch mit Kindern und Jugendlichen ihre vergessenen also ihnen verborgenen Motive und Intentionen unerwünschten Handelns selbst sehen und ihnen sichtbar machen möchte, ohne daß ein die Offenheit verschließender Widerstand zu erwarten ist, muß (...) zu den Klienten als erstes eine tragfähige Beziehung aufbauen."[261]

Was BOLLNOW (1983) „pädagogische Atmosphäre"[262] nannte, gilt daher nicht nur für die Erziehung, sondern vor allem auch für die Beratung, wie die Aussage des Kinderberaters SWEENY (1997) belegt: „Children grow and develop where they feel safe. This is why a major goal for the child counselor should be to provide a healing environment marked by safety and stability."[263]

Die Interaktion zwischen der Beratungsperson und dem Kind sollte nach LANDRETH (1991) durch nachstehende Gesichtspunkte gekennzeichnet sein:

person	rather than	problem
present	rather than	past
feelings	rather than	thoughts or acts
understanding	rather than	explaining
accepting	rather than	correcting
child's direction	rather than	therapist's instruction
child's wisdom	rather than	therapist's knowledge[264]

Schon zu Beginn der Konsultation sind, um diesen Überzeugungen zu folgen, einige Maßnamen sinnvoll, um das notwendige Vertrauen aufzubauen. Da das Kind mit vielen Fragen im Vorfeld des ersten persönlichen Kontaktes beschäftigt ist (z.B. warum es kommt, ob es etwas falsch gemacht hat, was Beratung überhaupt bedeutet, ob es mitarbeiten will, was es über seine Familie verraten darf, ob es mit der Verschwiegenheit der Beratungsperson rechnen kann), wird es zu Anfang der ersten Begegnung gefragt, ob es den Grund seines Kommens kennt. In seinem Beisein kann die begleitende Bezugsperson gebeten werden, dem Kind den Anlaß der Kontaktierung zu

---

[261] H.J.Tymister 1996; S.33
[262] O.F.Bollnow 1983, S.45
[263] S.S.Sweeny 1997, S.8
[264] G.Landreth 1991, S.79

benennen und ihm zu erlauben, über alles reden zu dürfen. HERZKA (1986) meint zu dieser Art der Beziehungsherstellung, daß „beim Kind das Gefühl vermieden" werden soll, „daß man sich über seinen Kopf hinweg über sein Leben unterhält, als ginge dies das Kind nichts an"[265]. Ihm wird dann der Sinn der Beratung und die Aufgabe sowie Tätigkeit der Beratungsperson erläutert. HERZKA (1986) schlägt für den Anfang folgendes Vorgehen vor: „In der Regel ist es gut, das Problem, aufgrund dessen das Kind angemeldet wurde, in einfachen Worten und ohne verletzend zu sein, anzusprechen und auszusprechen, (...) so wird damit oft ein Tabu gebrochen und die Situation entspannt."[266] Als weitere Fragen empfiehlt er:

> „Wie wurde das Kind über den Untersuchungsgegenstand informiert, und wurde zu Hause ein- oder mehrmals darüber gesprochen?
> Wie steht das Kind selbst zu seinen Schwierigkeiten und wie empfindet es diese?
> Was bedeutet diese Untersuchung für das Kind, welche Erwartungen hat es oder welche Befürchtungen?"[267]

Die Kontaktherstellung und der Aufbau einer Vertrauensbasis geschieht idealerweise über das gemeinsame Spiel in einem eigens dafür eingerichteten Raum in Abwesenheit der Bezugspersonen. Die Beratungsperson beobachtet den Körperausdruck, die Mimik und Gestik des Kindes und spiegelt seine Ausdrucksmöglichkeiten auf ähnlicher Ebene. Während des Anteilnehmens und Zuhörens erfolgen nur kurze Erwiderungen und Ermutigungen zur Fortsetzung der Mitteilung, während Wertungen, Verbesserungen oder Verstärkungen wegen der Suggestionsmöglichkeit möglichst vermieden werden. Fragen an das Kind sollten im Vorfeld reflektiert werden, ob sie wirklich dem Beratungsprozess dienen oder vielmehr der Neugier der Beratungsperson; vielleicht führen sie sogar vom Weg des Kindes ab und verfolgen eher die Hypothesen des Erwachsenen. Es besteht die Gefahr, daß das Kind sich auf die Erwartungen des Fragenden einstellt und nicht mehr auf sein Erleben und seine Gefühle achtet, wie auch SWEENY (1997) zu bedenken gibt:

> „Many counselors consider questions to be the best and most efficient way to glean information from the client. There may be some truth to this. But here again, we should ask ourselves: Am I looking to meet my need or the client's? What hurting children need from the counselor is not to get peppered with questions but to have their feelings affirmed."[268]

Sinnvoller ist die Paraphrasierung der Aussagen des Kindes, die es dann korrigieren kann. Das Mitteilen der wahrgenommenen Gefühle des Kindes lenkt seine Aufmerksamkeit auf innere Vorgänge, Einstellungen und Über-

---

[265] H.S.Herzka 1986, S.41
[266] H.S.Herzka 1986, S.33
[267] H.S.Herzka 1986, S.34
[268] S.S.Sweeny 1997, S.89

zeugungen und führt somit zu einem Verständnis seines Zustandes. Wenn seine Äußerungen und Anmerkungen immer wieder zusammengefaßt werden, kommt es außerdem zu einer Strukturierung des Beratungsvorganges, wie für die Arbeit mit Kindern von GELDARD/ GELDARD (1997) besonders empfohlen:

> „The summary draws together the main points in the content, and also takes into account the feelings which the child has described. The summary is not a complete re-run of the ground covered; but it picks out the most salient points, or the most important things that the child has been talking about.
> Frequently children can become confused by the detail of their own stories. Summarizing clarifies what the child has been saying and puts the information into organized format, so that the child has a clear picture and can be more focused."[269]

Die Beratung und Problemerfassung mit sehr kleinen Klient/inn/en verlangt eine entwicklungsgerechte Anpassung der Beratungsperson an die Möglichkeit und Fähigkeiten des jeweiligen Kindes. GARBARINO und STOTT (1989) faßten einige wichtige Anhaltspunkte für die Begleitung kleinerer Kinder zusammen:

- Die Sätze der Beratungsperson sollten nicht sehr viel mehr Wörter enthalten als die des Kindes und im Satzaufbau leicht verständlich sein. Es sollte jeweils nur eine Frage gestellt werden.
- Die Ausdrücke und Worte des Kindes sollten aufgegriffen werden.
- Das Kind kann gebeten werden, die Aussage der Beratungsperson zu wiederholen, um zu überprüfen, ob es alles verstanden hat.
- Wenn das Kind eine Frage nicht begreift, sollten andere Worte mit gleichem Inhalt gewählt werden.
- Die Antwort des Kindes sollte von der Beratungsperson wiederholt werden, um sicherzugehen, daß sie das Kind richtig verstanden hat. Das Kind wird gebeten, die Beratungsperson zu korrigieren.
- Es ist wichtiger, das Gesagte des Kindes zusammenzufassen und Anteilnahme oder Anerkennung auszudrücken, als Fragen zu stellen.[270]

Die Einstellung der Beratungsperson gegenüber Kindern egal welchen Alters wird von einer Grundhaltung der Wärme, Akzeptanz und Authentizität getragen, durch die Befolgung der von TYMISTER (1990) zusammengestellten Regeln, nach denen der Erwachsene

1. Achtung vor dem Kind
2. Respekt vor seinen Rechten
3. Toleranz für seine Gefühle

---

[269] K.Geldard/ D.Geldard 1997, S.63
[270] vgl. J.Garbarino/ F.Stott (1989)

4. Bereitschaft, aus seinem Verhalten zu lernen
   a) über das Wesen des einzelnen Kindes
   b) über das eigene Kindsein (...)
   c) über die Gesetzmäßigkeit des Gefühlslebens

aufbringen sollte[271]. Ebenso fanden RYAN und WALKER (1997) zehn Kommunikationsregeln, die als Leitfaden jeden Umgangs einer pädagogischen Fachkraft mit einem Kind gelten können:

1. Vermeidung von Phrasen
2. Verborgene Anliegen des Kindes mitbedenken
3. Verletzungen des Kindes annehmen
4. Selbstauseinandersetzungen und Selbstdeutungen des Kindes verstehen lernen und sie ggf. anderen übersetzen können
5. Kreative Methoden einsetzen
6. Verläßlichkeit, Erreichbarkeit und Verantwortungsgefühl zeigen
7. Jedes Kind in seiner Individualität annehmen und zu verstehen suchen
8. Mit dem Kind eine Sprache zur Erklärung gegenüber Dritten entwickeln
9. Das Kind aus seinen, aus den eigenen und den Augen anderer betrachten
10. Die wahre Geschichte des Kindes auch nach außen hin vertreten.[272]

Diese Haltung verabschiedet sich von früheren „typischen Charakterisierungen von Kindern als unreif, unfähig, unverantwortlich" sowie zu eigenen Entscheidungen[273] inkompetent und gesteht ihnen nunmehr zu, „in allen es persönlich betreffenden Angelegenheiten rechtsverbindlich angehört zu werden"[274]. Diese Überzeugungen tragen ebenfalls den Kontakt zum Kind in der begleitenden Beratung: „Children should be viewed as unique und responsible individuals, capable of making wise choices. (...) The counselor does not tell children they are wrong; the counselor's job is to help children explore the consequences, advantages, and disadvantages of their choices and, perhaps, discover better methods of resolving the conflict."[275] THOMPSON und RUDOLPH (1996) vertreten demzufolge die Ansicht, das Kind sei durchaus in der Lage, eine korrekte Wahl für die Lösung seiner Probleme zu treffen. Wenn ein Kind nicht gewohnt ist, ernst genommen zu werden, indem seine Gefühle oder Wünsche Berücksichtigung finden, wird die Beratungsperson das Kind unterstützen:

„It is a new experience for many children to be involved in solving their own problems. When pressed to give advice, a counselor could reflect the feeling that the child is not sure what to do and would like to have an answer and then

---

[271] H.J.Tymister 1990, S.12

[272] nach T.Ryan/ R.Walker 1997, S.24 f

[273] Qurtrup 1993, S.116/117

[274] H.Bründel/ K.Hurrelmann 1993, S.40

[275] Ch.T.Thompson/ L.B.Rudolph 1996, S.47

suggest again that they explore possibilities together. If the child is persistent and demands an answer, the counselor may wish to explore the reasons for this demand."[276]

Viele Kinder sind nicht gewohnt, ihren Willen und ihre Bedürfnisse berücksichtigt zu finden. Sie sind deshalb in kaum entwirrbare Ambivalenzen und Ergebenheitskonfusionen verwickelt, die der Verbesserung ihrer Lebenslage im Wege stehen können. Diese Schwierigkeiten, die eine zugewandte Beziehung untergraben können, muß die Beratungsperson im Auge behalten, indem sie folgende Aspekte mitbedenkt:

- Widerstände der Eltern oder anderer Bezugspersonen
- Unzureichende Alternativen zur jetzigen Lebenssituation
- Loyalitätskonflikte des Kindes
- Unzureichende gesetzliche oder finanzielle Bedingungen
- Interessenskollision zwischen betroffenen Personen oder Institutionen
- Gegensatz zwischen Kindeswille und Kindeswohl
- Widerstände im Kind aus Angst vor Veränderung

Vor allem, wenn die Erlebnisse des Kindes zu belastend waren, wird es die Thematisierung seines Konfliktes vermeiden wollen. Die auftauchende Angst, Traurigkeit oder Wut mag das Kind so sehr ängstigen, daß es sich zurückzieht. Seine Abwehr angstvoller Emotionen sollte akzeptiert, ihm durch vorsichtiges Verbalisieren deutlich gemacht und auf keinen Fall Druck ausgeübt werden, da es vermutlich von Erwachsenen in seinem Erleben sehr verunsichert wurde. ULICH (1993) beschreibt diesen Irrweg der emotionalen Entwicklung im Kindesalter:

„Werden kindliche Signale ignoriert, werden bestimmte positive Gefühlsäußerungen unterdrückt oder durch Nichtbeachtung 'gelöscht', werden emotionale Zuständigkeiten von Kindern falsch benannt oder durch unangemessene Etikettierung nicht ernst genommen, so kommt es beim Kind zu Verzerrungen der Selbstwahrnehmung, zum Verschwinden von bestimmten Gefühlszuständen oder dazu, daß diese durch andere ersetzt werden."[277]

Aus diesem Grund ist das Aufspüren und Bewußtmachen selbstdestruktiver Überzeugungen im Kind notwendig, um ihm eine Entscheidung zur Bewältigung seiner Probleme überhaupt erst zu ermöglichen. Dazu wird es ermutigt, seine Deutungen zu hinterfragen, alternative Sichtweisen zu finden und zu betrachten sowie seine und die Verantwortung anderer voneinander zu unterscheiden. Ein gemeinsames Betrachten der schlimmsten Aspekte seiner Befürchtungen kann den Beratungsprozeß wieder in Gang bringen. Der Einsatz von projektiven Spielmaterialien (Miniaturtiere, Stofftiere, Puppen, Puppen-

---

[276] Ch.L.Thompson/L.B.Rudolph 1996, S.45
[277] D.Ulich 1993, S.268

häuser, etc.), kreativen Medien (Ton, Farben, Kreiden, Sand, etc.) und Phantasiegeschichten, Bilder- oder Märchenbüchern, hilft besonders verstörten Kindern, ihre Geschichte zu erzählen. Der Beratungsperson fällt die Aufgabe zu, diese Darstellung zu verstehen, ihr zu folgen, sich darauf einzulassen und schließlich einen Bezug zur Lebenssituation des Kindes herzustellen sowie sich bei ihm nach dem Realitätsbezug zu erkundigen.

In der angenehmen Atmosphäre ungeteilter Aufmerksamkeit, die das Kind womöglich aus seinem normalen Lebensumfeld nicht kennt, mag das Kind den Grund seines Kommens aus dem Auge verlieren und sich mit angenehmen Beschäftigungen von seinen Problemen ablenken. Eine schriftliche Fixierung des zu behandelnden Problems mit einer zeitlichen Einteilung des Kontaktes in eine Phase zur konkreten Beschäftigung mit den Schwierigkeiten, die das Kind in die Beratungsstelle führen, und eine Phase zur freien Auswahl der Tätigkeiten, kann dem Abschweifen in Belanglosigkeit vorbeugen.

Dem Kind wird außerdem unbedingte Verschwiegenheit zugesichert. Sollen aber im Zuge eines Gerichtsverfahrens oder einer Gefährdung des Kindes bzw. anderer Personen Auskünfte aus dem Beratungsprozess nach außen getragen werden müssen, wird dieser Umstand mit dem Kind problematisiert und wenn möglich seine Zustimmung zur Weitergabe der vertraulichen Informationen angestrebt. Das Ende der Beratung wird in gemeinsamer Übereinkunft zwischen Kind und Fachkraft einige Termine im voraus festgelegt, die Verabschiedung genau geplant und die Art der Kontaktaufnahme nach Beendigung der intensiven Beratungsphase besprochen.

Diese detaillierten Betrachtungen zur Kontaktherstellung, zur Art der Beziehungsgestaltung, zu geeigneten Kommunikationsregeln, der Einstellung zum Kind und den Hindernissen im Begleitungsverlauf, bilden die Grundlage zur Unterstützung eines kindgemäßen Entscheidungsprozesses, als dessen maßgebliches Kriterium nach BRÜNDEL/ HURRELMANN (1993) die Innenwelt des Kindes gelten soll[278]. Diese Auffassung zur pädagogischen Begleitung hilfebedürftiger Kinder nahm offensichtlich ihren Ursprung im Konzept von ROGERS (1972), worauf letztendlich auch die hier vorgestellten Vorgehensweisen Bezug nehmen. Dennoch finden sich hier gegenüber dem personzentrierten Ansatz auch Empfehlungen im Umgang mit Traumatisierung, die für die Beratung sexuell mißbrauchter Kinder unentbehrlich sind. Einige Vorinformationen zur Begleitung ausgebeuteter Kinder, die im Kapitel 4 aufgegriffen und eingehend ausgeführt werden, schließen die methodischen Überlegungen zur pädagogischen Beratung ab, um im weiteren Verlauf die personzentrierte Sichtweise des Beratungskonzeptes von ROGERS (1972) für die Beratung traumatisierter Kinder fruchtbar zu machen.

---

[278] vgl. H.Bründel/ K.Hurrelmann 1993, S.42

1.3.4 Beratung traumatisierter Kinder

Den gängigen Beratungskonzepten liegen die Theorien zur Entstehung von Verhaltensstörungen und daraus resultierenden Auffälligkeiten zugrunde. Das hierzu entwickelte Vorgehen kann nur bedingt auf den Umgang mit Kindern, die Schreckliches erlebt haben, übertragen werden. Was zur Behandlungen von Störungen aufgrund „fehlerhafter Verarbeitung seelischer Belastung, unangemessen bewältigter Konflikte"[279] gilt, trifft nicht in gleicher Weise auf psychisches Leiden infolge gewaltsamer Ereignisse und existentieller, objektiv schädigender Beeinträchtigungen zu. Dies betrifft insbesondere das Sprechen über das furchtbare Erlebnis:

> „Kinder, die real unvorstellbare, schwere Erfahrungen hinter sich haben, wie Folterungen, Mißhandlungen, Konzentrationslager oder Kriegserlebnisse, sollen in keiner Weise dazu forciert werden, ihre Erlebnisse eingehend darzustellen. Man darf solche realen Erfahrungen nicht mit Komplexen verwechseln, wie sie der Neurosenlehre zugrunde gelegt werden. Hat bei diesen das Erzählen oft eine rasche Katarrhische Wirkung, so ist dies für real traumatische Erfahrungen nicht in der gleichen Weise möglich. Zwar kann das Aussprechen für den Patienten sehr wichtig sein, aber erst dann, wenn er innerlich dazu bereit ist."[280]

Traumatisierte Kinder sind selten imstande, das Ungeheure, was ihnen angetan wurde, in Worte zu kleiden, da es außerhalb ihrer normalen Erfahrung liegt. Wegen der extremen Bedrohlichkeit wird das Furchtbare oft aus dem Bewußtsein verdrängt oder die anhaltende Überforderung setzt die erlernten Bewältigungsstrategien außer Kraft. Die einzige Möglichkeit, herauszufinden, was dem Kind angetan wurde, besteht deswegen häufig in der Beobachtung seines Spiels. Dies trifft insbesondere auf jüngere Klienten/innen in der Beratung zu.

> „Young children should not be expected to verbally discribe such experiences because they do not have the verbal facility required to do so, and such experiences are usually too threatening for the child to consciously describe. The natural reaction of children is to reenact or play out the traumatic experience in an unconscious effort to comprehend, overcome, develop a sense of control, or assimilate the experience is the child's natural self-healing process."[281]

Eine zu direkte Befragung oder das unmittelbare Thematisieren des Traumas kann gerade bei sexuell mißbrauchten Kindern zu Sekundärschädigungen führen, da das „nachfassende Aushorchen (..), weil es wie der Mißbrauch die Qualität einer unterdrückten Fremdbestimmung hat, zumeist als Vertiefung

---

[279] W.Hornstein, u.a. 1977, S.160
[280] H.S.Herzka 1986, S.88
[281] G.Landreth et.al. 1996, S.15

der Kränkung oder Demütigung erlebt"[282] wird. Eine Beratungsperson, die mit sexuell ausgebeuteten Kindern konfrontiert wird, muß deshalb mit emphatischer Behutsamkeit und außergewöhnlichem Geschick vorgehen. Das konsequente Nichtbenennen kann einerseits das Geheimhaltungsgebot verstärken, andererseits soll dem betroffenen Kind ermöglicht werden, die Ereignisse auszudrücken. Besonderes Fingerspitzengefühl ist dann notwendig, wenn der Mißbrauch dem bewußten Erleben des Kindes nicht mehr zugänglich ist. Gelangen die schmerzhaften Empfindungen, z.B. während des Spiels, an die Oberfläche der kindlichen Wahrnehmung, dann kann die Begleitperson schonend zu einer Entdeckung des Traumas im Kind beitragen. „This must be done with skill and care, so that the child is allowed to confront painful issues at a pace which is acceptable to her, and which does not produce further trauma."[283] Die Aufdeckung mit dem Kind *im* Kind nimmt eine herausragende Position bei der Beratung im Falle von sexuellem Mißbrauch ein. Konkrete Handlungsschritte zur Veränderung der belastenden Lebenssituation können erst dann unternommen werden, wenn die näheren Umstände der Ereignisse ausgemacht wurden. Unvollständige Erkenntnisse können zu schwer aufzuhebenden Fehlentscheidungen führen. Wenn die Beratungsperson am Wahrheitsgehalt der Schilderung des Kindes zweifelt, kann sie weitere Details zur Einschätzung seiner Glaubwürdigkeit erbitten und ihre Bedenken einfühlsam mitteilen, ohne jedoch das Kind abzuwerten oder als Phantast abzustempeln. Die übermittelten authentischen Empfindungen können dem Kind helfen, das Geschehene möglichst genau zu beschreiben, welches z.B. bei sexuellem Mißbrauch sehr bizarre Formen annehmen kann.

TYMISTER (1996) weist eindrücklich darauf hin, daß „erst recht für die Arbeit mit Kindern, die durch sexuelle und andere Gewalt unterdrückt worden sind", gilt, ihnen das „selbstständige Handeln" und die „selbstermutigende Einsicht in Erfolge dieses Handelns"[284] zu ermöglichen, um Voreiligkeiten durch ein falschverstandenes Verantwortungsgefühl des Erwachsenen zu vermeiden.

Diese kurzen Einführungen zur Problematik der pädagogischen Begleitung sexuell mißbrauchter Kinder, abgeleitet aus der verfügbaren Beratungsliteratur, geben einen ersten Ausblick auf die schwierige Aufgabe, einen Verdacht abzuklären, eine Aufdeckung einzuleiten und mit dem Kind einen Hilfeplan zu entwickeln. Um das Handlungsfeld der später vorgestellten Kinderschutzdienste exakter einschätzen zu können, mag ein Grundstock durch die pädagogische Herleitung der Beratung gelegt worden sein. Eine detaillierte Betrachtung des Vorgehens bei sexuellem Mißbrauch soll aber erst in Kapitel 4 nach der Erarbeitung eines personzentrierten Beratungsansatzes für Kinder vorgenommen werden.

---

[282] H.J.Tymister 1996, S.110
[283] K.Geldard/ D.Geldard 1997, S.64

[284] H.J.Tymister 1996, S.110

Die wesentlichen Bezugsebenen der Handlungsplanung im Beratungprozess bezogen auf eine kritische Entscheidungssituation wurden auf erziehungswissenschaftliche Prämissen zurückgeführt. Im Mittelpunkt steht die kindorientierte Pädagogik, die das Kind als Subjekt seiner selbst ansieht und seine Entscheidungskompetenz und Autonomie zu fördern sucht. Voraussetzung ist hierzu die entwicklungsfördernde Beziehung, die durch einfühlendes Verstehen und Akzeptanz eine pädagogische Atmosphäre schafft, die dem Kind ein angstfreies Selbstempfinden ermöglicht. Die erwachsene Begleitperson sollte durch Anteilnahme und Wertschätzung eine Vertrauensbasis entstehen lassen, Förderung, Unterstützung und Schutz anbieten, ohne das Kind in eine bestimmte Richtung zu drängen. Als Grundkomponenten der pädagogischen Beratung können demnach die Qualität der Beziehung, die Kompetenzen der Beratungsperson und die Entwicklungsfähigkeit des hilfebedürftigen Kindes vor dem Hintergrund seiner Lebenssituation und der organisatorischen und institutionellen Bedingungen des pädagogischen Handlungsfeldes genannt werden.

2. Rogers' Beratungskonzept – Erkenntnisse aus der Arbeit gegen Grausamkeiten an Kindern

Bei der Beschäftigung mit den gängigen Methoden pädagogischer Beratung wurde die besondere Eignung des personzentrierten Ansatzes – angelehnt an die Ausführungen JUNKERs (1973), AURINs (1984) und BREM-GRÄSERs (1993) – wegen des Stellenwertes der Gefühle, des Verständnisses von Persönlichkeit und Entwicklung, des Rückbezugs zahlreicher Beratungsansätze auf ROGERS, der Ursprünge von Rogers' Wirken in der Erziehungsberatung[285] und nicht zuletzt wegen der Weiterentwicklung der personzentrierten Beratung für die Begleitung von Kindern[286] zu einem personzentrierten pädagogischen Beratungskonzept für Kinder in Krisensituationen bereits begründet. Nun sollen die personzentrierten Vorstellungen zur Beratung und Therapie, als deren Begründer ROGERS weltweit Einfluß gewann, zu den Wurzeln zurückverfolgt werden, um die Parallelen zwischen den frühen Erkenntnissen ROGERS' aus seiner Arbeit in einem Erziehungsberatungs-Zentrum gegen Grausamkeiten an Kindern und seinem daraus entwickelten personzentrierten Verständnis und der pädagogischen Beratung sowie der kindzentrierten Hilfeplanentwicklung zu veranschaulichen.

2.1 Von der Behandlung problematischer Kinder zur nichtdirektiven Beratung

ROGERS wurde berühmt als Begründer der klientzentrierten Gesprächspsychotherapie für erwachsene, mit neurotischen Symptomen belastete Menschen. Kaum bekannt ist, daß sein personzentriertes Therapiekonzept unmittelbar zurückgeht auf seine beruflichen Anfänge und langjährigen Erfahrungen in der Beratung mit Kindern, die aufgrund schwieriger Lebensumstände[287] in einem Erziehungsberatungs-Zentrum getrennt von ihren Familien begleitet wurden. Für die Entwicklung eines personzentrierten Beratungsansatzes für Kinder in Notsituationen, der sich mit der kindzentrierten, kinderschutzspezifischen Hilfeplanentwicklung der Kinderschutzdienste vergleichen läßt, sind diese frühen Arbeiten ROGERS besonders relevant, zumal er die Entscheidungshilfe in die gleichen Phasen untergliedert, wie dies sowohl in der Pädagogischen Beratung (vgl. Kapitel 1.3) als auch für die Hilfeplanung (vgl. Kapitel 5.1) üblich ist.

---

[285] vgl. Kapitel 1.2.2
[286] vgl. Kapitel 3

2.1.1 Rogers´ pädagogischer Hintergrund

Aus den Lebensdaten von ROGERS wird ersichtlich, daß die Ursprünge seines Wirkens in die Pädagogik und die Beratung zurückreichen. Seine anfänglichen Bemühungen in der Erziehungsberatung verdeutlichen die Sinnhaftigkeit einer Verbindung pädagogischer Beratung für Kinder mit dem personzentrierten Konzept.

In einigen Aufsätzen über die Entstehung seiner Einstellung zur zwischenmenschlichen Beziehung beschreibt ROGERS (1976/ 1980) auch seinen Werdegang. Seine Kindheit verbrachte er in Isolation von außerfamilialen Kontakten. Er hatte keine Freunde als Spielgefährten, höchstens seinen fünf Jahre älteren Bruder. Mit diesen Umständen erklärt ROGERS seinen späteren „Hunger nach Kommunikation"[288], der ihn zum Begründer der klientzentrierten Beratung und Therapie werden ließ. Nach seinem Theologiestudium wechselte er an das Teachers´ College der Columbia University. Er widmete sich dort vor allem der Erziehungsberatung (child guidance) und engagierte sich in der Sozialarbeit [289]. Während seiner Promotion wurde er als Psychologe an der entwicklungspsychologischen Abteilung der Gesellschaft zur Verhinderung von Grausamkeiten an Kindern („Child Study Department of the Society for the Prevention of Cruelty to Children") angestellt [290]. Dort arbeitete er zwölf Jahre mit straffälligen und unterprivilegierten Kindern, die getrennt von ihren durchweg schwierigen Elternhäusern in einem Erziehungsheim untergebracht waren. Die Arbeit mit diesen Kindern und z.T. auch deren Eltern prägte ihn sehr, da er dort vieles von dem revidieren mußte, was er voller Überzeugung gelernt hatte. Nachdem er zum Direktor des „Child Guidance Center" in Rochester ernannt worden war, veröffentlichte er 1939 seine neu gewonnenen Erkenntnisse in seinem ersten Buch „Clinical Treatment of the Problem Child".

Aufgrund seiner Beschäftigung mit der Behandlung von Problemkindern wurde ihm 1940 eine Professur an der Ohio State University angeboten. Aber erst als Professor an der University of Chicago gründete er ein Beratungszentrum und entwickelte dort seine „nicht-direktive Technik"[291] während seiner Arbeit in der Mitarbeitergruppe, mit den Studierenden und seinen Klienten. Hieraus entstand dann die klientzentrierte Therapie, mit der ROGERS weltweit bekannt wurde.

Während BOMMERT (1977) in ROGERS´ (1939) erstem Werk „noch keinen eigenen theoretischen Ansatz"[292] entdecken wollte, fand QUITMANN (1996) in „The Clinical Treatment of the Problem Child" bereits „das Konzept einer Beziehungstherapie, die den wesentlichen Gedanken der Hilfe zur Selbsthilfe bereits enthält[293]. Der Kindertherapeut und Ausbilder in personzentrierter

---

[288] C.R.Rogers/ R.L.Rosenberg: Die Person als Mittelpunkt der Wirklichkeit. Stuttgart 1980, S.189
[289] C.R.Rogers: Entwicklung der Persönlichkeit.Stuttgart 1976, S.24 u. 28
[290] C.R.Rogers: Entwicklung der Persönlichkeit. Stuttgart 1976, S.24
[291] C.R.Rogers/ R.L.Rosenberg: Die Person im Mittelpunkt der Wirklichkeit. Stuttgart 1980. S.192
[292] H.Bommert 1977, S.14
[293] H.Quitmann 1996, S.23

Spieltherapie KEMPER (1995) weist darauf hin, daß der Ansatz der person-zentrierten Vorgehensweise von ROGERS auf diese ersten Erfahrungen mit der Behandlung von Kindern zurückgeht. „Getragen von einer über 10jährigen Arbeit als Klinischer Kinderpsychologe in einem Community Child Study and Guidance Center veröffentlichte er sein erstes Buch. Es ist ein Buch über Kindertherapie."[294] Die Bedeutung von ROGERS als Begründer einer Beratung für Kinder wird in diesem Zitat gewürdigt. Seine Erfahrungen und Aufzeichnungen aus den Jahren der Beratung in einem pädagogischen Handlungsfeld im direkten Kontakt mit Kindern können wichtige Hinweise geben für einen Ansatz der personzentrierten, pädagogischen Beratung für Kinder in Notsituationen.

2.1.2 Empfehlungen zur Beratung des Kindes

Die Anerkennung ROGERS' Leistungen beziehen sich nur in Ausnahmefällen auf seine ersten im Jahre 1939 veröffentlichten Erfahrungen in dem Er-ziehungsberatungs-Zentrum in Rochester. Die folgenden Ausführungen entstammen dem amerikanischen Original, das bis heute nicht ins Deutsche übersetzt wurde. Zur Dokumentation der Ähnlichkeit seiner damaligen Erkenntnisse mit der nicht-direktiven Beratung und später der person-zentrierten Spieltherapie für Kinder vermitteln ROGERS' frühe Darstellungen zur Beratung von Kindern wichtige Aufschlüsse.

ROGERS' Erstwerk – sein Handbuch zur Behandlung problematischer Kinder – gliedert sich in drei Hauptteile:

- die *Diagnose bei Verhaltensauffälligkeiten im Kindesalter* zum besseren Verständnis kindlicher Konflikte,
- die *Veränderung des problematischen Lebensumfeldes* des geschädigten Kindes und den für die Beratung mit Kindern besonders relevanten Abschnitt zu den
- *Methoden der Behandlung von Kindern.*

Mit seiner Veröffentlichung wollte ROGERS auf das Elend aufmerksam machen, dem Kinder ausgesetzt sind, und um Verständnis für das daraus folgende Fehlverhalten werben. Ihm ging es nicht um die Probleme, Symptome oder das Verhalten des Kindes, sondern um dessen individuelles Gewordensein und seine Person:

„There are children – boys and girls – with very different backgrounds and personalities, and some of these children steal, and some of them run away from school, and others find satisfaction in sucking their thumbs, or in saying obscene

---

[294] F.Kemper: Kindertherapie in der GwG. In: GwG Zeitschrift. 26.Jahrgang, Dez.1995, S.22-25, S.22

words, or in defying their parents; but in each instance it is the child with whom we must deal, not the generalization which we make about his behavior."[295]

Schon damals war ROGERS der Meinung, der Erfolg und die Qualität einer Beratung hänge von der emotionalen Beziehung zwischen beratendem Erwachsenen und hilfesuchendem Kind ab, indem er schrieb: „personal relationship itself is of outstanding importance"[296]. Hier findet sich die unmittelbare Verbindung zur geisteswissenschaftlichen Pädagogik, die BEHR (1987) als bezeichnend für den personzentrierten Ansatz ansieht:

> „Rogers eigentliche Leistung für die Pädagogik findet sich somit eher im Verborgenen, nicht in jenen Arbeiten, die sich explizit mit Lernen und Erziehung befassen, nicht in jenen Strömungen in der Erziehungswissenschaft, die als kompatibel mit seinen Ideen erscheinen, sondern dort, wo sich seine Auffassung von zwischenmenschlicher Beziehung in Hinblick auf pädagogischen Bezug denken läßt."[297]

So stellte ROGERS die Frage nach den Bedingungen einer hilfreichen und entwicklungsfördernden Beziehung. „We shall then be in a position to know why some individuals, in their relationships to problem children, are more helpful and more able to induce independent growth in the child."[298] Er benannte die Qualifikation und die Einstellung des beratenden Erwachsenen als elementare Voraussetzung, dem Kind bei der Bewältigung seiner Probleme beizustehen und ging daher auf nachstehende Punkte ein:

- Respekt vor dem Individuum
- Selbstreflexion
- Verbalisierung der Gefühle des Kindes
- Unterstützung des Kindes bei der Entscheidungsfindung
- Die Bedeutung der freien Gefühlsäußerung
- Das Spiel als Kommunikationsmedium

Eine kontrollierte Identifikation und konstruktive Gemütsruhe erschienen ihm ebenso wichtig wie eine authentische, empfängliche und interessierte Einstellung zum Kind. Die *respektvolle Haltung* – „a deep-seated respect for the child's integrity"[299] – beinhalte die Achtung vor der Fähigkeit des Kindes, eigene Entscheidungen zur Bewältigung seiner Schwierigkeiten zu treffen. „There must be a willingness to accept the child as he is, on his own level of adjustment, and to give him some freedom to work out his own solutions to his problems."[300]. Erst eine akzeptierende Grundhaltung und

---

[295] C.R.Rogers 1939, S.4
[296] ebenda, S.280
[297] M.Behr 1987, S.149
[298] C.R.Rogers 1939, S.280 und 281
[299] ebenda, S.282
[300] ebenda, S.282

gewährende Atmosphäre ermögliche dem Kind, seinem selbstgewählten Weg zu folgen, als Ziel der Beratung; „the aim is to leave the major responsibilities in the hands of the child as an individual growing towards independence"[301]. Zu dieser Einstellung gelangt die Beratungsperson am ehesten durch die *Erkenntnis der eigenen Person,* ihrer Gefühle, Grenzen und Unzulänglichkeiten. „Certainly the individual whose own life is reasonably well adjusted, and whose own emotional needs are in large measure satisfied, is capable of becoming a helpful counselor."[302] Die Beratung sei ein Prozeß der Erlösung und Befreiung von Hindernissen, Konflikten und emotionalen Blockierungen, die eine normale Reifeentwicklung des in Not geratenen Kindes hemmen. Den gleichen Weg müsse die Beratungsperson gegangen sein.

Da Kinder nicht gewohnt sind, begleitende Unterstützung bei ihren Konflikten zu erhalten, indem der Berater hilft, zuhört und emotional präsent ist, ohne zu kritisieren oder zu beurteilen, empfiehlt ROGERS als Methode des Beistandes *das Benennen der wahrgenommenen Gefühle des Kindes,* „to recognize frankly and verbally the child′s skeptical reactions to the situation"[303]. Dieses Vorgehen wird Jahre später als „Verbalisieren emotionaler Erlebnisinhalte" und somit als zentrales Prinzip des personzentrierten Ansatzes in der Kindertherapie bezeichnet.

Verständnis für das Erleben des Kindes und adäquate Informationen zu verschiedenen Lösungsalternativen sind nach ROGERS *Grundbedingungen für die Entscheidungsfindung* des Kindes, die eher zu seinem Wachstum betragen, als Ratschläge oder die Beschneidung seiner Autonomie. „It goes wihtout saying that the result makes much more for growth and development than in those instances where the child is persuaded or agrued out of an unfortunate course of action."[304]

ROGERS empfiehlt, dem Kind bei einer Entscheidung zu helfen, die sowohl sein Gefühl berücksichtigt als auch einen konstruktiven Weg verfolgt, um ihm bei komplexen Konflikten beizustehen, die es durcheinanderbringen und eine Wahl erschweren. Hierzu könne der Berater auch Hilfen anbieten, wie z.B. Erklärungen über sexuelle Zusammenhänge, wenn seine Probleme in diesem Bereich liegen. Dieses Vorgehen bezeichnet er als „educational therapy"[305]. Diese Weise der Beratung „involves not the giving of new information but the exlanation and clarification of conflicting demands with the child is facing"[306]. Hiermit solle das Kind nicht zu einer bestimmten Lösung gedrängt werden. Vielmehr gehe es um eine unterstützende Strukturierung der verwirrenden Zusammenhänge: „Here the interviewer′s purpose is not to persuade the child or weight the factors toward a certain conclusion, but to help bring some organization out of the confusion which

---

[301] ebenda, S.283
[302] ebenda, S.283
[303] ebenda, S.287
[304] ebenda, S.289
[305] ebenda, S.293
[306] ebenda, S.293

exists, so that the child is more able to make a valid decision."[307] Dies habe eine ausgleichende Funktion, vor allem bei intensiver Gefühlsbeteiligung des Kindes.

Um *die Bedeutung der freien Gefühlsäußerung* als wichtigen Entlastungsaspekt in der Beratung hervorzuheben, wählte ROGERS das Beispiel eines sexuell mißbrauchten Mädchens. Dorothy wurde wegen des inzestuösen Verhaltens ihres Vaters mit neun Jahren aus der Familie genommen. Da ihre Aussagen, Wünsche und Bedürfnisse in der Beratung nicht gelenkt wurden, wagte sie schließlich, ihre abgöttische Liebe für den Vater und ihr Unverständnis für die Herausnahme aus der Familie auszudrücken. ROGERS verallgemeinert sein Resümee aus dieser Fallvignette für die Beratungsarbeit:

> „Where permission can be gained to talk freely with the child on such topics, they can almost invariably be cleared up. Usually the reaction of the child is relief at such an airing of his perplexies. (...) Often nothing need to be done about these conflicts exept to bring them to light."[308]

Für die Begleitung kleinerer Kindern und ihres Gefühlsausdrucks empfiehlt ROGERS – durch viele Fallbeispiele veranschaulicht – das freie Spiel durch die Bereitstellung von Spielmaterial, Ton und Farben. „Free play with such material may be just as valuable in permitting the child's expression of emotion."[309] Er geht auf weitere projektive Methoden der Spieldiagnostik ein: Geschichten-Erzählen, Malen, Spiel mit Wasser, Puppenspiel, Kasperle-Theater, darstellendes Spiel[310], Spielzeugwaffen, Ausagieren von Aggressionen. Die Erkenntnis, *das Spiel als Kommunikationmedium* in der Beratung mit Kindern zu nutzen, bezieht ROGERS aus den Veröffentlichungen der schon damals praktizierenden Spieltherapeuten:

> „It is significant that the authors feel that the child will make use of any reasonably appropriate channel to express his feelings, particulary his aggressions, and thus to find some release from tension. It is also of interest that in many cases they definitely use the child's drawings, stories, or other products of play, to interpret his behavior to him."[311]

Und er betont die Wichtigkeit, ausgehend von der Beobachtung des Spiels, die wahrgenommenen Emotionen mitzuteilen, die von kleineren Kindern nicht so leicht verbalisiert werden können. Zudem enthielten die geäußerten Empfindungen im Behandlungszimmer wichtige Hinweise auf die Lebenssituation des Kindes und somit Informationen für die weitere Hilfeplanung:

---

[307] ebenda, S.293
[308] ebenda, S.305
[309] ebenda, S.310
[310] Rogers bezieht sich hier auf das Psychodrama nach Moreno
[311] ebenda, S.316

„Whether the child is savagely smashing a celluloid doll, or loudly vocalizing his hatred of the old witch of the puppet show, or merely talking frankly of his fears, anxieties, and guilt feelings, he is gaining a free and definite and concrete expression of his deeper attitudes which is largely denied to him in ordinary life situations."[312]

Die Befreiung unterdrückter Gefühle, wie Haß, Traurigkeit, Mutlosigkeit, Angst, Eifersucht oder Verwirrung, ermögliche dem Kind, seine Realität objektiver einzuschätzen und angemessenerer darauf zu reagieren. Dies sei ein zentrales Ziel der beratenden Begleitung von Kindern: „This frank release of fundamental wishes, desires, and attitudes in the treatment situation is doubtless one of the major goals (...)."[313] Der Ausdruck dieser Regungen verdeutliche dem Kind die Normalität starker Empfindungen.

Das Spiel eignet sich nach ROGERS auch für „working out symbolically (...) a socially constructive solution of the child´s problem"[314]. Dazu müßten jedoch die Ideen des Kindes berücksichtigt werden, soll die Lösung von Dauer sein. Eine kindorientiere Entscheidung sei demnach einer beraterorientierten vorzuziehen, da letztere „something entirely suggested" sei, und „then its long-time value is presumably very small"[315].

Die dargestellten Betrachtungen lassen darauf schließen, daß wesentliche Begriffe der nicht-direktiven Beratung aus ROGERS' Erfahrungen in einem Erziehungsberatungs-Zentrum und seiner Arbeit mit Kindern entstammen, wie der Autor selbst bestätigt:

> „Im Verlauf mehrjähriger Arbeit als Erziehungsberater, als Leiter einer Klinik für Kindertherapie und als Studenten- und Familienberater entwickelte er eine Betrachtungsweise dieser Behandlungsprozesse. (...) Zwölf Jahre der Zusammenarbeit mit einer ständig wachsenden und sich verändernden Schar von Mitarbeitern auf dem Gebiet der klinischen Psychologie und Erziehungsberatung trugen beträchtlich zur Formulierung eines therapeutischen Konzeptes bei."[316]

BEHR (1987) zieht in Zweifel, ob ROGERS jemals direkt mit Kindern gearbeitet hat. Aus folgendem Zitat geht indes nicht hervor, wie der Autor zu dieser Auffassung gelangte:

> „Rogers hat nie selbst professionell mit Kindern gearbeitet. Die Fallstudien in seinen Schriften zeigen ihn als Lehrer von jungen Erwachsenen und stammen, soweit sie Kinder betreffen, nicht von ihm. Er begann seine Psychologielaufbahn zwar als Erziehungsberater, doch führte ihn diese Aufgabe, nach anfänglichen

---

[312] ebenda, S.319
[313] ebenda, S.320
[314] ebenda, S.320
[315] ebenda, S.321
[316] C.R.Rogers 1972, S.13/14

analytischen Versuchen, zu seinem Therapiekonzept und seinem Menschenbild, nicht etwa zu pädagogischen Reflexionen."[317]

ROGERS hingegen bedankt sich im Vorwort seiner 1942 in Ohio erschienenen Veröffentlichung zur nicht-direktiven Beratung u.a. bei „den Kindern mit Schwierigkeiten", denen er „versuchen durfte zu helfen"[318]. Die Publikationen zur geschichtlichen Entwicklung der personzentrierten Spielherapie beziehen sich, mit Ausnahme der weiter oben angeführten Bemerkung KEMPERs, grundsätzlich nicht auf das Erstlingswerk von ROGERS (vgl. Kapitel 3.1). Als Erfinderin der nicht-direktiven Spieltherapie wird nach wie vor AXLINE (1942) betrachtet, eine wissenschaftliche Mitarbeiterin von ROGERS, obwohl bereits DORFMAN (1972) in dem Buch zur klientzentrierten Psychotherapie diese Vorgehensweise auf die therapeutische Arbeit mit Kindern bezog. Als Begründer der *pädagogischen Beratung mit* straffälligen und unterpriviligierten *Kindern*, die Grausamkeiten ausgesetzt waren, u.a. auch sexuellem Mißbrauch, muß nach den in diesem Kapitel vorgestellten Ausführungen ROGERS gelten.

2.1.3 Zum Ansatz der nicht-direktiven Beratung

Die Abgrenzung der Beratung – bezeichnet als „Behandlungs-Interview"[319] – zur Psychotherapie sieht ROGERS (1972) in der Dauer und Intensität der Behandlung. Dabei bezieht er sich auch auf die „Kinderberatung"[320], die in Kinderkliniken überwiegt und im „pädagogischen Bereich"[321] angesiedelt ist. „Die Behandlungs-Interviews mit dieser ausgewählten Gruppe stellen jedoch den größten Teil der Arbeit in der Klinik dar. Das trifft für die meisten Kliniken des Landes zu, die mit verhaltensgestörten Kindern arbeiten."[322] Im weiteren Verlauf seiner Ausführungen zu Beratungstechniken, dem Prozeß der Beratung sowie der Beziehung zwischen Beratungsperson und Ratsuchendem zieht ROGERS ständig über weite Passagen Parallelen zur Begleitung von „Problemkindern"[323] und greift auf seine Erfahrungen im Guidance-Center zurück. Daraus wird für die vorliegende Arbeit die Berechtigung abgeleitet, den nicht-direktiven Ansatz der Beratung auf die Arbeit mit Kindern zu beziehen.

Die Grundhypothesen ROGERS (1972) zun Bedingungen erfolgreicher Beratung, ausgehend von den Arbeiten RANKs (1945), TAFTs (1933) und

---

[317] M.Behr 1987, S.144
[318] C.R.Rogers 1972, S.14
[319] ebenda, S.17
[320] ebenda, S.19
[321] ebenda, S.17
[322] ebenda, S.19
[323] ebenda, S.23

84

ALLENs (1946) zur Beziehungstherapie, gelten demnach auch für die Kinderberatung:

> „Wirksame Beratung besteht aus einer eindeutig strukturierten, gewährenden Beziehung, die es dem Klienten ermöglicht, zu einem Verständnis seiner selbst in einem Ausmaß zu gelangen, das ihn befähigt, aufgrund dieser neuen Orientierung positive Schritte zu unternehmen."[324]

Als Kennzeichen seines Ansatzes nennt ROGERS (1972) folgende Merkmale[325]:

- Im Mittelpunkt der Betrachtung steht das Individuum und nicht sein Problem.
- Die emotionalen Elemente und Gefühlsaspekte werden gegenüber dem Verstandesaspekt stärker betont.
- Ein größerer Nachdruck wird auf gegenwärtige und nicht auf vergangene Situationen gelegt.
- Die Beziehung zwischen Beratungsperson und Ratsuchendem wird als Entwicklungserfahrung angesehen.

ROGERS (1972) untergliedert den Verlauf der Beratung in einzelne Schritte:

1. Herstellung einer akzeptierenden Atmosphäre durch die gewährende Beziehung
2. Ermutigung zur freien Gefühlsäußerung
3. Förderung von Einsicht und Selbstverstehen
4. Klärung möglicher Entscheidungen
5. Durchführung der Handlungsalternativen
6. Reflexion des Beratungskontaktes.

Hieran wird deutlich, daß die Einteilung des Beratungsprozesses in sechs Phasen dem aktuellen Standard gängiger Beratungstheorien entspricht. Dies zeigen die Ausführungen ROTHs (1966) zur Handlungsplanung, die Untergliederung zur Entscheidungsfindung nach SCHWARZER/ POSSE (1993) sowie die neueren Erkenntnisse aus der Beratung mit Kindern (Thompson/ Rudolph 1996, Geldard/ Geldard 1997, Sweeny 1997).

Das Ziel jeder Beratung liegt nach ROGERS (1972) darin, daß der Klient „mit Hilfe des Beraters eigene Lösungen für seine Probleme erarbeitet"[326]. Bei der Behandlung von Kindern müßten zusätzliche Kontakte mit den Eltern hinzukommen, wenn sie als Verursacher der Not des Kindes seine Entscheidungen zur Annahme von Hilfe beeinflussen könnten[327]. Die Entscheidungsfindung lasse sich bei kleineren Kindern zudem besser im Spiel als im

---

[324] ebenda, S.28
[325] vgl. ebenda, S.36f
[326] ebenda, S.40
[327] vgl. ebenda, S.73

Gespräch ermitteln. „Zwischen vier und zehn oder zwölf Jahren sind Spiel-techniken allem Anschein nach eher angeraten, da die Verbalisierung wich-tiger Gefühle dem Kind in diesem Alter noch schwerfällt."[328] Ausgehend von diesen Modifizierungen seines Ansatzes für die Beratung mit Kindern gelten nach ROGERS (19972) die gleichen Prinzipien. Wenn auch der Umgang mit jungen Klienten

> „eine ganz andere Art von Erfahrung zu sein (scheint) als die Beratung von Studenten oder die Therapie mit Eltern und Erwachsenen, der Struktur nach sind sie sich aber sehr ähnlich, und alles, was wir über die Definition der therapeu-tischen Beziehung gesagt haben, trifft gleichermaßen auf die Spielsituation zu"[329].

Der Verlauf der Beratung der Arbeit mit Erwachsenen wird nachfolgend auf die Kinderberatung sowie die unterstützende Begleitung von Mädchen und Jungen in Notsituationen bezogen.

Die Herstellung einer akzeptierenden Atmosphäre durch die gewährende Beziehung
Als Grundlage der Problembewältigung und als Ziel der Beratung sieht ROGERS (1972) die entwicklungsfördernde Beziehung an, die er wie folgt definiert:

> Es ist eine „Beziehung, in der warme Zugewandtheit und das Fehlen jedweden Zwangs oder persönlichen Drucks durch den Berater dem Klienten den maxi-malen Ausdruck von Gefühlen, Einstellungen und Problemen ermöglicht. Die Beziehung ist eine wohlstrukturierte Beziehung mit Begrenzungen der Zeit, der Abhängigkeit und der aggressiven Handlung, die besonders für den Klienten gelten, und Begrenzungen der Verantwortlichkeit und der Zuneigung, die der Berater sich selbst auferlegt."[330]

Um einen solchen Kontakt herzustellen, müsse der Berater dem Klient bestimmte Einstellungen entgegenbringen[331], die in ständiger Selbsteva-luation zu überprüfen seien:

- Wärme und Empfänglichkeit
- echtes Interesse und Akzeptanz
- Verständnis
- Offenheit für die Bedürfnisse des Klienten
- begrenzte emotionale Zuneigung
- Erlaubnis zum freien Ausdruck von Gefühlen

---

[328] ebenda, S.74
[329] ebenda, S.91
[330] ebenda, S.107
[331] vgl. ebenda, S.84f

- jedwedes Fehlen von Moralisieren oder Beurteilen
- Abgrenzungsfähigkeiten
- Vermeidung von Druck oder Zwang
- Zurückstellung eigener Wünsche, Bedürfnisse und Ratschläge.

Bei der Begleitung eines Kindes sei insbesondere auf ein ausreichendes Maß an innerer Reflexion und die Grenzen der Verantwortlichkeit zu achten, um Überforderung zu vermeiden und nicht den Eindruck zu vermitteln, „wieder einmal habe (...) (es) jemand betrogen, wieder einmal habe jemand, der behauptet hat, ihm helfen zu wollen, in Wirklichkeit im entscheidenden Augenblick versagt"[332].

Die Ermutigung zur freien Gefühlsäußerung
Zur Klärung und Lösung der Probleme des Kindes, muß seine Konfliktsituation eingeschätzt und deren Bedeutung erkannt werden. Dies geschieht ausgehend von der vertrauensvollen Beziehung, die den freien Ausdruck der Gefühle zuläßt und auf emotionale Äußerungen eingeht. Die Erfahrung der nicht-direktiven Vorgehensweise zeigt, daß der zentrale Konflikt deutlich wird, wenn das Kind die Möglichkeit erhält, ohne Bewertung, Zustimmung oder Ablehnung seine Sichtweise darzustellen.

> „Der sicherste Weg zu den Problemen, die von Wichtigkeit sind, zu den Konflikten, die quälen und zu den Gebieten, mit denen sich die Beratung konstruktiv befassen kann, ist es, der Struktur der Gefühle zu folgen, wie sie der Klient frei ausdrückt."[333]

Dabei werden positive Gefühle gleichermaßen angenommen wie negative oder ambivalente Empfindungen, denn erst durch die wertschätzende Anerkennung der inneren Bewertung werden „die wirklichen Probleme immer offenkundiger"[334]. Die wahrgenommenen Regungen werden dem Kind behutsam mitgeteilt, ohne jedoch seine unbewußten Einstellungen zu benennen oder es mit tiefsitzenden Ängsten zu konfrontieren. Durch den freien Ausdruck der Gedanken, Annahmen, Gefühle und belastenden Impulse gelangt das Kind, aber auch die Beratungsperson, zu einem umfassenden Verständnis der Konfliktsituation, als erstem Schritt der Problembewältigung.

> „Wenn der Berater für die emotionellen Aspekte des Ausdrucks des Klienten empfänglich sein und auf seine Einstellungen, wenn sie ausgedrückt wurden, eingehen kann, ohne allzuweit vorzudringen, dann ist mit ziemlicher Sicherheit

---

[332] ebenda, S.92
[333] ebenda, S.123
[334] ebenda, S.123

eine umfassendere und konstruktivere Enthüllung der grundlegenden Probleme zu erwarten."[335]

Wichtige Gesichtspunkte, die zur Erfassung des Problems relevant sind, werden deutlich, außerdem fühlt sich das Kind verstanden und darin bestärkt, seine Sichtweise der Schwierigkeiten darzulegen.

Die Förderung von Einsicht und Selbstverstehen
Wird das Kind zum freien Ausdruck seiner inneren Einstellungen ermutigt, werden ihm andere Perspektiven seiner Situation und Probleme deutlich. Hierdurch gelangt das Kind zu Einsichten, die neues Licht auf seine bisherigen Empfindungen und Einschätzungen werfen; Wege und Lösungsmöglichkeiten öffnen sich. Um diesen Prozeß zu unterstützen, wird vom Berater „das Äußerste an Zurückhaltung verlangt"[336], da die Erkenntnis im Kind entstehen soll und nicht vorgegeben werden darf.

> „Wenn der Berater die Einstellungen des Klienten angemessen erkennt, ihm bei der Klärung von Gefühlen hilft und den freien Ausdruck von Gefühlen fördert, dann stellt sich die neue Einsicht von selbst ein und kann vom Berater als solche anerkannt werden."[337]

Unter dem Begriff „Einsicht" versteht ROGERS (1972) die Reorganisation des Wahrnehmungsfeldes, das Erkennen neuer Verknüpfungen, die Integration gesammelter Erfahrung und die Reorientierung des Selbst[338]. Hierbei handelt es sich um das Erkennen neuer Zusammenhänge zwischen Ursache und Wirkung sowie tiefer emotionaler Bedeutungen und letztlich der Zunahme des Selbstverstehens. Nur einige wenige sehr vorsichtig angewandte Techniken der Interpretation helfen dem Kind, seine Aufmerksamkeit auf neue Wahrnehmungen zu lenken. Bereits ausgedrückte Erkenntnisse können vom Berater aufgegriffen und frühere Einsichten erneut verbalisiert werden. Die erweiternden Sichtweisen sollten sich dabei auf die Äußerungen des Kindes beziehen. In jedem Fall seien „Interpretationen zu vermeiden, deren Elemente nicht auf vom Klienten ausgedrückten Gefühlen, sondern auf Einsichten des Beraters von der Situation beruhen"[339]. Die gewonnenen Einsichten ermöglichen dem Kind, Entscheidungen zu finden und mögliche Handlungsplanungen vorzunehmen[340].

Die Klärung möglicher Entscheidungen und Durchführung der Handlungsalternativen

---

[335] ebenda, S.146
[336] ebenda, S.177
[337] ebenda, S.178
[338] vgl. ebenda, S.187
[339] ebenda, S.186
[340] vgl. ebenda, S.186

Die einmal erlangte Einsicht – durch das Erkennen unterdrückter Impulse, die Akzeptanz aller Aspekte des Selbst und die Offenheit für neue Wahrnehmungen – mündet nach ROGERS (1972) wie von selbst in eine Entscheidung zur Änderung der problematischen Lebenssituation mittels der Umsetzung der neuen Erkenntnisse in zielgerichtetes Handeln. Die Entscheidung soll dabei vom Klienten selbst gefunden werden, um Suggestionen zu vermeiden.

> „Einsicht beinhaltet Entscheidungen, die nur der Klient allein treffen kann. Wenn der Berater diese Einschränkung voll erkennt und imstande ist, die Probleme klären zu helfen, ohne die Entscheidungen zu beeinflussen, dann vergrößert sich dadurch die Wahrscheinlichkeit, daß die Entscheidung konstruktiv ist und positive Handlungen zur Durchführung dieser konstruktiven Entscheidung unternommen werden.
> Wenn sich Einsicht entwickelt und Entscheidungen getroffen werden, die den Klienten zu neuen Zielen führen, dann folgen diesen Entscheidungen Handlungen, die den Klienten in die Richtung der neuen Ziele gehen lassen."[341]

Eine weitere Begleitung bei der Durchführung der angestrebten Verbesserung der Lebenssituation zu mehr Wachstums- und Entwicklungsmöglichkeiten wird im weiteren Verlauf der Beratung gewährleistet, da mit der Möglichkeit „eines zeitweiligen Rückfalls" oder einem eher „unregelmäßigen Voranschreiten"[342] gerechnet werden muß. Auf die eventuelle Notwendigkeit einer intensiveren Unterstützung des Kindes durch sozialpädagogische Interventionen geht ROGERS indes nicht ein.

Die Reflexion des Beratungskontaktes
Zur erfolgreichen Beendigung der Beratung empfiehlt ROGERS (1972) die Durchsicht der angefertigten Protokolle, um Erfolg oder Versagen abschließend zu beurteilen. Zum Ende der Kontakte befaßt sich der Klient häufig mit dem Ergebnis der Begleitung, den neu erworbenen Fähigkeiten und den noch ausstehenden Klärungen. Wenn der Berater die Stärke hat, eigene Unzulänglichkeiten zuzugeben, auf Abhängigkeiten zu verzichten und Kritik seitens des Klienten offen entgegenzunehmen, kann die Beratung zu einem guten Abschluß gebracht werden. Konnten nicht alle Probleme angegangen oder alle Schwierigkeiten ausgeräumt werden, besteht nach einem solchen Auseinandergehen für den Klienten die Möglichkeit, weitere oder andere Hilfe in Anspruch zu nehmen.

Diese Ausführungen zum Prozeß der Beratung verdeutlichen ROGERS´ Versuch, sich von direktiven Behandlungsverfahren abzugrenzen und ein eigenes Konzept zu entwickeln, mit dem er „eine Wende in der Politik der

---

[341] ebenda, S.190/191
[342] ebenda, S.187

Therapie herbeiführen wollte"[343]. Seine Absicht bestand darin, dem Individuum zu größerer Unabhängigkeit und Integration zu verhelfen, „statt zu hoffen, daß sich diese Resultate ergeben, wenn der Berater bei der Lösung des Problems hilft"[344]. BREM-GRÄSER (1993) faßt die Grundgedanken der nicht-direktiven Beratung so zusammen:

> „... Daß nur eine eindeutig strukturierte, permissive therapeutische Beziehung, die jede dirigistisch-beraterische Intervention bewußt vermeidet, dem Klienten dazu verhilft, in einem solchen Ausmaß zu dem Verständnis seiner selbst zu gelangen, daß er fähig wird, selbständig konstruktiv die Lösung seiner Probleme in Angriff zu nehmen."[345]

In der ersten Phase seines schöpferischen Werkes, dem Abschnitt des „nondirective counseling", bezog ROGERS (1939, 1942) sich vor allem auf die Beratung und seine Erfahrungen aus der Begleitung problematischer Kinder. Erst später etablierte sich die klientzentrierte Gesprächspsychotherapie mit Erwachsenen, die jede Verbindung zur Kinderberatung vermissen läßt und geradezu die ersten hier dargestellten Erfahrungen von ROGERS in der pädagogischen Beratung verschüttete. Demnach sind die weiteren Darlegungen zur therapeutischen Arbeit mit Erwachsenen nur noch bedingt anwendbar für die Beratung mit Kindern in Notsituationen. Dennoch soll eine Betrachtung der Grundprinzipien zur personzentrierten Vorgehensweise vorgenommen werden, da die Kinderspieltherapie, die im nächsten Kapitel behandelt wird, sich hieraus ableitet.

2.2 Theoretische Grundbegriffe des personzentrierten Ansatzes

Drei Komponenten bestimmen die Beratungssituation: Hintergründe, Entwicklung und innere Einstellungen der hilfesuchenden Person; die Erfahrungen, Ansichten und Überzeugungen der Beratungsperson; und die Beziehung, die zwischen diesen beiden Menschen entsteht, um dem Ratsuchenden bei der Suche nach Entscheidungen zur Verbesserung eines als problematisch erlebten Zustandes behilflich zu sein. Die Persönlichkeits- und Störungslehre von ROGERS befaßt sich mit dem ersten Aspekt, die personzentrierten Kernvariablen beinhalten die notwendigen und hinreichenden Grundhaltungen der Beratungsperson, und die Betrachtungen zur gestörten bzw. kongruenten Kommunikation behandeln den zentralen Stellenwert der Beziehung im Beratungskontakt. Letztendlich liegt dem personzentrierten Konzept der Ansatz der „Relationship-Therapy" zugrunde, wonach die interpersonelle Beziehung als Ausgangspunkt und Grundlage aller förderlichen Entwicklung betrachtet wird. Die folgenden Ausführungen können

---

[343] C.R.Rogers 1975, S.16
[344] ebenda, S.16
[345] L.Brem-Gräser 1993, Bd. III, S.6

demnach drei Bereiche erhellen: die „Pädagogische Beziehung", die „Pädagogische Beratung" und die kindzentrierte Hilfeplanung.

2.2.1 Die personzentrierte Entwicklungstheorie

Zentrale Begriffe der Persönlichkeitstheorie von ROGERS prägen auch seine Vorstellung von beratender Begleitung und enthalten zugleich seine Auffassung von der Entwicklung des Menschen und der Störung der gesunden Entfaltung. Die wesentlichsten Aussagen

- zur Aktualisierungstendenz,
- zum organismischen Bewertungsprozeß,
- zum Selbstkonzept,
- zur Inkongruenz,
- zur symbolischen Repräsentation,
- zur Gewahrwerdung und
- zum inneren Bezugsrahmen

werden daher aufgegriffen und beschrieben, da die Klärung dieser Kategorien und die daraus entstandenen Thesen

- der Auseinandersetzung zwischen Individuum und Welt,
- der Selbstwahrnehmung,
- des Verhaltens und seiner Ursachen,
- und der Änderung des Erlebens und der Handlungen[346]

zum Verständnis des personzentrierten Konzeptes beitragen. Im Mittelpunkt einer personzentrierten Entwicklungstheorie steht allerdings die Selbstkonzeptentwicklung in der Kindheit, die durch die Selbstaktualisierungstendenz gesteuert wird[347].

Der Begriff der „Aktualisierungstendenz" wird als Kernaussage der ROGERSschen Persönlichkeitstheorie und als anthropologische Basis seines humanistischen Menschen- und Leitbildes angesehen[348]. ROGERS (1987b) definiert dieses „Axiom"[349] seiner personzentrierten Auffassung von der Entwicklung des Individuums als „Abbild der eigentlichen menschlichen Natur"[350]:

---

[346] vgl. W.-R.Minsel 1975, S.17 f
[347] vgl. E.-M.Biermann-Ratjen 1989, S.115
[348] vgl. D.Höger 1993, S.17
[349] C.R.Rogers 1987b, S.22. Oder: E.-M.Biermann-Ratjen 1997, S.13: „Die Aktualisierungstendenz, der Drang nach Verwirklichung all seiner Möglichkeiten wird als Entwicklungsprinzip im Menschen einem Axiom gleichgesetzt."
[350] R.Eisenga 1989, S.30

„Hypostasiert wird, daß der Mensch wie jeder andere Organismus – sei es Pflanze oder Tier – eine ihm innewohnende Tendenz besitzt, alle seine Fähigkeiten so zu entwickeln, daß sie den Organismus erhalten oder vervollkommnen. Es dreht sich hier um eine verläßliche Tendenz, die, wenn sie sich gestalten kann, den Menschen in Richtung auf das bewegt, was als Wachsen, Reife, Lebensbereicherung bezeichnet wird."[351]

Diese Sichtweise und „tiefste Überzeugung"[352] vom Lebenstrieb jedes Menschen konnte immerhin durch wissenschaftliche Forschungen in der Psychologie, den modernen Naturwissenschaften sowie der Biologie bestätigt werden (Goldstein 1940, Maslow 1983, Szent-Gyorgyi 1974) und wurde hier „mit Nobelpreisen gewürdigt"[353]. Zugleich beinhaltet das Konstrukt der Aktualisierung ein Motivationskonzept, welches außerdem die Bedürfnis-, Spannungs- und Triebregulierung – Modelle des Behaviorismus und der Psychoanalyse – umfaßt[354] und dennoch darüber hinausweist. Die Vorstellung von einer treibenden Kraft, als jedem Menschen innewohnendem Willen zur weiterführenden Entwicklung, gibt dem Berater gerade in dramatischen, nahezu ausweglosen Situationen eine gewisse Sicherheit, daß die vorwärtsbewegende Tendenz der Erhöhung den Hilfebedürftigen auch schwere Entscheidungen aushalten läßt. Der Sorge, ein Kind könne z.B. einen Weg einschlagen, der in keiner Weise sinnvoll erscheint, kann das folgende Argument von ROGERS (1981) entgegengehalten werden:

> „Bei der überwältigenden Mehrzahl aller Individuen ist die Vorwärtsrichtung des Wachsens mächtiger als die Zufriedenheit, die es mit sich bringt, infantil zu bleiben. Das Kind will sich aktualisieren, trotz der schmerzlichen Erfahrung, die es dabei macht. Auf die gleiche Weise wird es einmal unabhängig werden, verantwortlich, selbstbeherrschend und sozialisiert."[355]

Es ist also anzunehmen, daß ein Kind, wenn es die Wahl zwischen einer vertrauten, aber die Entwicklung schädigenden, und einer wachstumsfördernden Lösung seiner Probleme hat, eher eine konstruktive Richtung einschlagen wird[356]. Ergänzt durch die Erkenntnisse der Entwicklungspsychologie wird die Wachstums-, Reifungs- und Selbstverwirklichungstendenz demnach auch für Konflikte im Kindesalter zugrundegelegt, wie SCHMIDTCHEN (1993) ausgeführt hat:

> „Wo anders als bei Kindern hätte er (Rogers) die Bedingungen dieser Entwicklung untersuchen können. (...) Da der Erwachsene jedoch immer auch ein Kind gewesen ist und da viele psychische Störungen von Erwachsenen ihre

---

[351] C.R.Rogers 1987, S.491
[352] J.Howe 1989, S.16
[353] D.Höger 1993, S.20
[354] vgl. C.R.Rogers 1987b, S.22
[355] C.R.Rogers 1981, S.424
[356] vgl. die These von C.R.Rogers 1981, S.189

Grundlagen in der Kindheit haben, empfiehlt es sich, die Störungskonzeption in der Kindheit beginnen zu lassen."[357]

Die personzentrierte Theorie zur Entstehung des Selbst, des Selbstbildes sowie der Selbstentfaltung als Ziel der Selbstverwirklichungstendenz und zu den Beeinträchtigungen dieses Strebens bezieht sich deshalb auf „retrospektive Aussagen über die Bedeutung der Kindheit"[358]. Die wichtigsten Termini zur Beschreibung und Struktur des Selbst, das sich aus der Aktualisierungstendenz entwickelt[359], finden sich in ROGERS' (1987b) Ausführungen zum Selbstkonzept:

„Dieses beinhaltet die Wahrnehmungscharakteristiken des Ich, die Wahrnehmungen der Beziehungen zwischen dem Ich und anderen und verschiedenen Lebensaspekten, einschließlich der mit diesen Erfahrungen verbundenen Werte."[360]

„Man kann es sich als eine organisierte, konsistente Gestalt vorstellen, die sich aus Wahrnehmungen des 'Mich' oder 'Ich' und Wahrnehmungen der Beziehungen dieses 'Ich' zur Außenwelt und zu anderen Menschen zusammensetzt. Dazu gehören Werte, die mit diesen Wahrnehmungen verknüpft werden. (...) Das Selbstkonzept ist dem Bewußtsein zugänglich, aber nicht notwendig im Selbstbewußtsein präsent. Dem Menschen, der ihm gemäß handelt, ist es ein ständiger Bezugspunkt."[361]

Zum besseren Verständnis des Ich-Erlebens, welches dem Selbstkonzept ROGERS sehr nahekommt, soll die gedankliche Konstruktion zur Ich-Problematik von KAINZ (1972) angeführt werden:

„Was man als Ich bezeichnet, ist nichts anderes als das alle unsere Erlebnisse begleitende Gefühl, daß ich das Zentrum für eine Fülle von Empfindungen, Wahrnehmungen, Vorstellungen, Denkakten, emotionellen Regungen und Wallungen bin. Das sogenannte Ich ist somit nur die erlebte Einheit unseres Gedächtnisses oder Bewußtseins. (...) Jeder Mensch ist ein empirisches Ich, das Ichgefühl oder -bewußtsein vermittelt ihm die Stetigkeit der Erinnerung an seine eigene Erfahrung."[362]

Häufig enthalten die in das Selbstkonzept oder das Selbstbild integrierten Erfahrungen Erlebnisse aus den Bindungen, Beziehungen und Interaktionen mit wichtigen Menschen[363]. Kinder entwickeln aus den Erlebnissen mit Be-

---

[357] St.Schmidtchen 1993, S.190

[358] St.Schmidtchen 1993, S.190

[359] vgl. St.Schmidtchen 1993, S.197

[360] C.R.Rogers 1987b, S.26

[361] C.R.Rogers 1987, S.492

[362] F.Kainz 1972, S.241

[363] vgl. E.-M.Biermann-Ratjen 1989, S.105

zugspersonen eine „innere Repräsentation dieser Bindungserfahrungen"[364]. In ihrem Inneren entsteht ein Selbstbild, ein Bild von der Bezugsperson und der wechselseitigen Beziehung. Dieses verinnerlichte Modell der Bindungserfahrungen ist nach HÖGER (1993), SPANGLER (1991) und GROSSMANN (1990) entscheidend für die Gefühle in interpersonellen Beziehungen, die das Individuum gleich einer inneren Landkarte einsetzen kann[365]. FRÖHLICH-GILDHOFF und HUFNAGEL (1997) fassen die zentralen Charakteristika des Selbstkonzeptes zusammen:

- Es entsteht aus Beziehungs- und Objekterfahrungen;
- es beinhaltet hieraus resultierende Wertvorstellungen;
- seine Inhalte sind bewußtseinsfähig, nicht unbedingt bewußt;
- als eine Teilstruktur bildet sich das Selbstideal heraus;
- auch im Selbst wirkt die Aktualisierungstendenz; (...)[366].

Die möglichst exakte Übereinstimmung des im Selbstbild verinnerlichten Repräsentationssystems mit der Realität bestimmt über die Orientierungs-fähigkeit einer Person in zwischenmenschlichen Interaktionen. Die Ein-schätzung einer Beziehung, einer Begegnung oder eines Ereignisses im Inneren des Individuums nennt ROGERS (1987b) den „organismischen Bewertungsprozeß"[367]. Dies bedeutet, daß der Organismus „Befriedigung durch Stimuli oder Verhaltensweisen, die den Organismus und das Selbst erhalten und fördern"[368] empfindet. Diese Bewertungen sind „ganzheitlich, leibnah, quasi unbestechlich durch Bewußtseinsvorgänge"[369]. Den Widerspruch zwischen „aktuell erlebten, organismisch bewerteten Bedürfnissen"[370] und dem im Bewußtsein repräsentierten Selbstbild bezeichnet ROGERS (1987b) als Inkongruenz. Diese zeigt sich in der nicht exakten Symbolisierung einer Wahrnehmung. „Inkongruenz ist die Dis-krepanz, die sich zwischen dem Erleben des Organismus und dem Selbst-konzept auftun kann."[371] Wenn ein Kind z.B. auf die Mutter wütend ist und die Mutter Kritik grundsätzlich nicht akzeptiert, sondern abwertet oder sogar bestraft, kann das Kind seine Wut nicht in sein inneres Bild von sich selbst übernehmen. Vielleicht sieht es sich im Laufe seines Heranwachsens als Wesen ohne aggressive Gefühle. Die genaue und vollständige Symbolisie-rung oder symbolische Repräsentation dieser Erfahrung beinhaltet neben dem Erleben der Wut auch die Enttäuschung über das Verhalten der Mutter. BIERMANN-RATJEN (1989) verdeutlicht die Bedingungen einer positiven

[364] D.Höger 1993, Bd.1, S.34
[365] vgl. zur Selbstenwicklung des Kindes auch die Forschungen von Spitz (1965), Erikson (1966), Winnicott (1994), Mahler/ Pine/ Bergmann (1978), Waters/Sroufe (1983, Keller (1989)
[366] K.Fröhlich-Gildhoff/ G.Hufnagel 1997, S.38
[367] C.R.Rogers 1987b, S.37
[368] C.R.Rogers 1987b, S.37
[369] K.Fröhlich-Gildhoff/ G.Hufnagel 1997, S.38
[370] ebenda, S.38
[371] C.R.Rogers 1987, S.493

Entwicklung des Kindes, welches seine Gefühle nicht verdrängen oder abgespalten muß:

> „Kindliche Erfahrungen (können) nur dann zu Selbsterleben werden, wenn sie empathisch verstanden und mit bedingungsloser Wertschätzung wahrgenommen werden und wenn dieses Verständnis und diese Wertschätzung dem Kind in einer Form kenntlich gemacht werden, daß deutlich wird, daß hier sein Erleben verstanden worden ist und es nicht bis zur Unkenntlichkeit mit dem Erleben des anderen vermengt worden oder gar darin unsichtbar geworden ist."[372]

So entsteht ein Selbstkonzept, das neue Erfahrungen beurteilt, sie annimmt oder ablehnt und jeden Angriff gegen die Selbstwertschätzung oder das Bedürfnis nach Anerkennung filtert[373]. Auch introjizierte Wertvorstellungen wichtiger Bezugspersonen werden Teil des Selbstkonzeptes. Eine von den Eltern nicht akzeptierte Äußerung des Kindes hingegen bedroht seine Selbstachtung; spätere, gleichwertige Ereignisse werden ebenfalls nicht integriert. Die zu der abgespaltenen Erfahrung gehörenden Gefühle werden „wie Objekte außerhalb des erlebenden Individuums behandelt"[374], Probleme nicht als eigene angesehen, Kontakte zu Menschen, die den verborgenen Teil des Selbst ansprechen könnten, gemieden. Bei extremen Übergriffen auf das Selbstwertempfinden oder die Integrität des Kindes – wie z.B. im Falle sexuellen Mißbrauchs – kann es zu einer Verdrängung der gesamten Erfahrung aus dem Bewußtsein kommen. Die das Selbstkonzept „bedrohenden Erfahrungen (Selbst- und Umwelterfahrungen inkl. deren auch affektive Bewertung)" werden „vollständig abgewehrt, d.h. dem Bewußtsein ferngehalten"[375] und dementsprechend nicht symbolisiert oder verzerrt symbolisiert. Die wahrgenommenen, integrierten und dem bewußten Erleben zugänglichen Erfahrungen formen das Selbstbild des Menschen. Die der „Gewahrwerdung"[376] unzugänglichen Erfahrungen, die im Selbst nicht repräsentiert sind, aber dennoch existieren und wirken sowie das Verhalten beeinflussen, führen zu Inkongruenz zwischen Erleben und Selbstkonzept. Die Reaktionen des Menschen erklären sich – ausgehend von dieser Vorstellung – aus seinen Wahrnehmung von sich selbst, anderen Menschen, Beziehungen und Situationen. Ein Verständnis für seine Verhaltensweisen, Gefühle und Motive kann also nur über die Erfassung des *inneren Bezugsrahmens* des Individuums gelingen. ROGERS (1987b) erklärt, was er unter dieser Bezeichnung versteht:

> „Dieser Begriff umfaßt die gesamte Breite von Empfindungen, Wahrnehmungen, Bedeutungen und Erinnerungen, die der Gewahrwerdung zugänglich sind. Der

---

[372] E.-M.Biermann-Ratjen 1989, S.106
[373] vgl. E.-M.Biermann-Ratjen 1996, S.17
[374] E.-M.Biermann-Ratjen 1996, S.24
[375] E.-M.Biermann-Ratjen 1996, S.25
[376] C.R.Rogers 1987b, S.24

innere Bezugsrahmen ist die subjektive Welt des Individuums. Nur das Individuum allein kennt sie völlig."[377]

Diese Grundgedanken einer Theorie der Persönlichkeitswerdung hat ROGERS (1981) in 19 Thesen zusammengefaßt[378]. Zur Entwicklung eines Beratungsansatzes für die Begleitung von Kindern werden die Thesen zusammengefaßt und für die vorliegende Arbeit so formuliert, daß sie sich auf Kinder beziehen. ROGERS (1981) selbst regt zur Weiterentwicklung seiner Gedanken an:

> „Es ist durchaus möglich, daß aus der Vielzahl von Konzepten, bei der jeder Forschende die Formulierung anbietet, die nach seiner Erfahrung am besten geeignet ist, die Tatsachen zu umfassen, neue Wege für die Forschung und das Verstehen erwachsen."[379]

Dergestalt ermutigt, werden im folgenden die Aussagen des Gründers der personzentrierten Beziehungsgestaltung zur psychischen Entwicklung des Menschen auf das Verstehen der inneren Vorgänge im Kind übertragen:

1.   Nur das Kind selbst kann wissen, wie es seine Erfahrungen wahrnimmt. Auch wenn nur ein gewisser Teil seinem Erleben zugänglich ist, kann nur das Kind selbst seine Wahrnehmungen in ihrer ganzen Vollständigkeit erfassen.

2.   Die inneren Wahrnehmungen des Kindes sind seine Realität, die in Beziehung stehen zu seinen Bedürfnissen und Gefühlen, die durch Erfahrungen bestätigt wurden und ihm gleich einer inneren Landkarte Orientierung bieten.

3.   Der kindliche Organismus und seine physischen Reaktionen sind als Teil einer Gesamtheit zu betrachten. Störungen müssen als Lösungsversuche gewertet werden, das angestrebte Ziel dennoch zu erreichen.

4.   Die treibende Kraft zur Reifung, zum Wachstum und zur Entwicklung veranlaßt ein Kind, trotz schmerzhafter Erfahrungen den Weg zu wählen, der ihm letztendlich Autonomie und Selbstverantwortlichkeit verspricht, wenn es die Möglichkeit erhält, Alternativen wahrzunehmen.

5.   Das innere Bezugssystem des Kindes ist Ausgangspunkt zum Verständnis seiner Erfahrungen, die nur durch seine Augen gesehen und

---

[377] C.R.Rogers 1987b, S.37
[378] vgl. C.R.Rogers 1981, S.418 f
[379] C.R.Rogers 1981

96

mit seinen Sinneswahrnehmungen nachvollzogen werden können. Zugang hierzu bietet der möglichst freie Ausdruck seiner Wahrnehmungen und gefühlsmäßigen Einstellungen in Sprache, Spiel und kreativem Gestalten.

6. Das Kind braucht die Bindung an andere Personen zur Entwicklung eines Bewußtseins von sich selbst.

7. Die innere Bewertung einer Erfahrung wird vom Kind geleugnet, wenn diese Einstellung durch die Abwertung einer Bezugsperson als Bedrohung für diese Beziehung wahrgenommen wurde.

8. Ein Kind hat die Fähigkeit, auf eine Bedrohung zu reagieren, z.B. durch Leugnung der Erfahrung, auch wenn es nicht in der Lage ist, die Gefahr bewußt zu erkennen.

9. Die Verhaltensweisen des Kindes und der gewählte Weg der Bedürfnisbefriedigung lassen Rückschlüsse auf sein Selbstkonzept zu, das aus der inneren und äußeren Bewertung seiner Erfahrung entstanden ist.

10. Wenn sich die Reaktionen des Kindes auf eine große Bedrohung seiner Kontrolle entziehen, wird diese Erfahrung nicht in das Selbstkonzept übernommen.

11. Die Diskrepanzen zwischen inneren und äußeren Bewertungen können das Selbstkonzept des Kindes bedrohen und zu starker psychischer Anspannung führen.

12. Das Ziel der Begleitung des Kindes ist, ihm wichtige Sinneserfahrungen wieder zugänglich zu machen, damit seine eigenen Wahrnehmungen Ausgangspunkt weiterer Entwicklung werden.

13. In einer gewährenden, nicht wertenden Atmosphäre kann das Kind seine inneren Wahrnehmungen entdecken und von äußeren Bedrohungen sondieren.

14. Auf der Grundlage der wiedererlangten Sinnesempfindungen ist das Kind in der Lage, innere Einstellungen wahrzunehmen, die in Richtung Wachstum, Reifung und Entwicklung weisen.

15. Die bessere Einschätzung der eigenen Person aufgrund der Selbstakzeptierung führt zu einer realistischeren Beurteilung interpersoneller Beziehungen und zu mehr Verständnis für das Empfinden anderer.

Diese 15 Thesen verdeutlichen außerdem den Prozeß, der in der Beratung durchlaufen wird und erfahrungsgemäß zur Selbstkongruenz beiträgt. JAEDE (1996) konnte für die Begleitung von Kindern bestätigen, daß eine personzentrierte Vorgehensweise, die diesen Kernaussagen folgt, im Kind ein kongruentes Selbstbild, eine Zunahme der Ausdruckstiefe, eine realistischere Wahrnehmung, eine verbesserte Problemlösefähigkeit, einen Abbau von Verhaltensstörungen, eine Abnahme von Verletzlichkeit durch Bedrohungserlebnisse, eine größere soziale Ehrlichkeit, einen Abbau von Angst und innerer Anspannung, eine Zunahme der Selbstwertschätzung, Eigenverantwortung und Kompetenz im Umgang mit Gefühlen bewirkt. Das Kind wird insgesamt kontakt- und entscheidungsfreudiger sowie zielgerichtet in seinen Absichten und Wünschen[380].

Die Darstellungen zur personzentrierten Entwicklungslehre müßten nach der Auffassung von FRÖHLICH-GILDHOFF/ HUFNAGEL (1997), BIERMANN-RATJEN/ SWILDEN (1993) und SCHMIDTCHEN (1991) durch die Erkenntnisse der Entwicklungspsychologie zur Entstehung des Selbst konkretisiert werden. Die Erkenntnisse der neueren Säuglingsforschung (Stern 1992, Dornes 1995, Heisterkamp 1991) belegen, „daß Säuglinge von Geburt an zwischen sich und anderen differenzieren können"[381], die Entwicklung des Selbst demnach schon in dieser frühen Zeit des Menschseins beginnt. Die Theorie STERNs (1992, 1995) zur Entwicklung des Selbstempfindens im Kindesalter, welche bereits für die entwicklungspädagogischen Voraussetzungen der Beratung mit Kindern im Kapitel 1.3.2 herangezogen wurde, verwenden auch FRÖHLICH-GILDHOFF/ HUFNAGEL (1997) „wegen der hohen Kompatibilität zum personzentrierten Ansatz und der empirischen Absicherung"[382] zur Erklärung einer personzentrierten Sichtweise von der Selbstentwicklung des Menschen. Die Definition des Selbstempfindens nach STERN (1992) ähnelt ROGERS' Ausführungen zum Selbstkonzept:

> „Wir empfinden ein Selbst als einzelnen, abgegrenzten integrierten Körper; wir empfinden ein Selbst als Handlungsinstanz, ein Selbst, das unsere Gefühle empfindet, unsere Absichten erfaßt, unsere Pläne schmiedet, unsere Erfahrungen in Sprache umsetzt und unser persönliches Wissen mitteilt. (...) Instinktiv verarbeiten wir unsere Erfahrungen so, daß sie zu einer Art einzigartiger subjektiver Organisation zu gehören scheinen, die wir gewöhnlich als das Selbstempfinden bezeichnen."[383]

Der Ort der Bewertung einer Erfahrung ist zugleich der Ort der Entscheidung und deshalb im Selbstempfinden des Kindes zu lokalisieren. ROGERS' zunächst eher unsystematische Aussagen zur Entstehung des Selbstkonzeptes konnten von modernen Entwicklungstheorien auf breiter empirischer Basis

---

[380] vgl. W.Jaede 1996, S.109f
[381] K.Fröhlich-Gildhoff/ G.Hufnagel 1997, S.41
[382] ebenda, S.41
[383] D.Stern 1992, S.18

abgesichert und konkretisiert werden. Die zentralen Begriffe des personzentrierten Ansatzes, die aus den 15 Thesen zur kindlichen Selbstentwicklung gewonnen wurden, können vor diesem Hintergrund zur Entscheidungsfindung mit dem Kind herangezogen werden und somit als Voraussetzung
der kindzentrierten Hilfeplanung gelten.
Um jedoch die mit dem personzentrierten Vorgehen angestebten Ziele zu
erreichen, dem Kind eine wie oben skizzierte Entwicklung zu ermöglichen
und eine kindzentrierte Beziehung zu gestalten, muß die Beratungsperson
entsprechende innere Einstellungen verkörpern.

Die Annahme von ROGERS, eine Beziehung werde von einer Person dann als
entwicklungs- und persönlichkeitsfördernd erlebt, wenn der Berater bestimmte Überzeugungen und Aktivitäten übernimmt, konnte nach TAUSCH/
TAUSCH (1990) „in zahlreichen empirischen Untersuchungen als zutreffend
bestätigt, bzw. (...) nicht widerlegt werden"[384]. Seither gelten die nachstehenden drei „notwendigen"[385] und für die Beratungsaktivität „hinreichenden"
Einstellungen[386] als Grundhaltungen oder Kernvariablen und somit als Basis
für das Beziehungskonzept des personzentrierten Ansatzes[387]:

1. *Echtheit* oder *Kongruenz*
2. uneingeschränktes Akzeptieren oder nicht an Bedingungen gebundene
   positive Wertschätzung des Klienten durch den Therapeuten
3. ein genau *einfühlendes Verstehen* der Gefühle und persönlichen
   Deutungen des Klienten durch den Therapeuten.[388]

Soll ein Kontakt zwischen Menschen wachstumsfördernd gestaltet werden,
sind diese Fähigkeiten zentrale Voraussetzungen in jeder Beziehung, wie
ROGERS (1981) betont:

> „Diese Bedingungen gelten sowohl für die Beziehung zwischen Therapeut und
> Klient wie auch für das Verhältnis zwischen Eltern und Kind, Leiter und Gruppe,
> Lehrer und Schüler oder Führungskraft und Mitarbeiter. Diese Bedingungen sind
> faktisch auf jede Situation anzuwenden, in der eines der gesetzten Ziele die
> persönliche Entwicklung ist."[389]

Diese drei Grundhaltungen werden stets mit dem Konzept von ROGERS
identifiziert und zugleich als Kernstück der personzentrierten Beziehung als

---

[384] R.Tausch/ A.Tausch 1990, S.29
[385] „um konstruktive Persönlichkeitsveränderungen in Gang zu setzen", C.R.Rogers 1957, S.39
[386] „diesen Prozeß einzuleiten (...), keine anderen Bedingungen sind notwendig", C.R.Rogers 1957,
S.39
[387] Untersuchungen wurden durchgeführt von: Minsel u.a. 1972 u. 1973, Bommert u.a. 1972, Sander
u.a. 1973, Schwarz u.a. 1978, Wienand-Kranz 1977, Raskin 1974, Fiedler 1950, Barrett-Lennhard
1962
[388] C.R.Rogers 1975, S.476
[389] C.R.Rogers 1981, S.67

zwischenmenschliche Begegnung verstanden. Da die Gedanken und Weiter-
entwicklungen dieser inneren Einstellung des Beraters in zahlreichen Publikationen zur personzentrierten Vorgehensweise beschrieben werden, wird
auf die Ausführungen von CARKHUFF (1969), BOMMERT (1977), FRANKE
(1983), KRIZ (1985), ROGERS (1987), TAUSCH/TAUSCH (1990) und BREM-
GRÄSER (1993) verwiesen.

Die Kernvariablen des Therapeutenverhaltens bzw. der inneren Einstellung
zum Klienten, erfordern eine umfassende Ausbildung und hohe Qualifikation.
MINSEL (1975) konnte anhand von empirischen Untersuchungen nachweisen,
daß derjenige Berater am effektivsten ist, der die Bedingungen einer voll
handlungsfähigen Person[390] erfüllt, sich also um Selbstverwirklichung,
Konfliktfähigkeit und Realitätsreflexion bemüht. Zahlreiche Forschungsergebnisse belegen den Wert der Grundhaltungen im Beratungskontakt, wie
MINSEL (1975) feststellt:

> „All diese Befunde geben ein beredtes Zeugnis über die Wichtigkeit der von
> *Rogers* formulierten psychotherapeutischen Kernbedingungen. Allerdings kann
> aus den (...) Ergebnissen nicht eindeutig abgeleitet werden, daß die Kernbe-
> dingungen die Veränderungen bedingen. Doch das Ausmaß an Bestätigung und
> die Deutlichkeit der Beziehungen machen ihre Bedeutsamkeit zumindest als
> Grundlage, auf der sich mögliche Veränderungen ansiedeln können, sehr
> wahrscheinlich."[391]

Die Auswirkung der drei Beziehungshaltungen auf den Klienten besteht nach
TAUSCH/ TAUSCH (1978) darin, daß dieser sich mehr mit seiner Persönlichkeit sowie seinem individuellen Selbst auseinandersetzt und bedeutsame
Vorgänge in seiner Psyche und seinem Lebensumfeld erfaßt, ohne in eine
bestimmte Richtung gelenkt oder in seinen Entscheidungen beeinflußt zu
werden.

Diese Art der Beziehungsgestaltung gibt wichtige Hinweise für die Begleitung von Kindern in Krisensituationen, da diese in besonderer Weise auf
Empathie, Wertschätzung und Echtheit der Beratungsperson angewiesen
sind. Auch die möglichst nichtgelenkte Entscheidung zur Planung weiterer
Hilfeangebote ist gerade in Hinblick auf die öffentliche Diskussion um die
suggestive Wirkung unprofessioneller Befragung von Kindern bei einem
Verdacht auf sexuellen Mißbrauch von zentraler Bedeutung.

2.2.2 Die Merkmale des Beziehungsprozesses

In der Pädagogischen Beratung wie im „Pädagischen Bezug" gilt die Beziehung zwischen den Interaktionspartnern als ausschlaggebend für die
weitere Förderung und das Wachstum der Person. Die Ausgestaltung dieser

---

[390] vergleiche Kapitel 2.1
[391] W.-R.Minsel 1975, S.63

Beziehung wird in Rogers´ Abhandlungen zu seinem Konzept der person-zentrierten Beratung und Therapie beschrieben. Seine Auffassungen von gestörter oder kongruenter Kommunikation verdeutlichen den Prozeß der Entscheidungsfindung im begleitenden Kontakt.
Die zwischenmenschliche Beziehung, die von den beschriebenen Grund-haltungen geprägt sein sollte, wird in den theoretischen Vorstellungen des personzentrierten Ansatzes als *die* Bedingung für eine konstruktive und entwicklungsfördernde Veränderung erachtet[392]. ROGERS´ Auffassung von Beziehung als zentralem Wirkfaktor in der Beratungs- oder Therapiesituation wurde durch die Begegnung und Auseinandersetzung mit Martin BUBER (1977) geprägt. Das Potential des Menschen entfaltet sich erst „durch eine dem personalen Sein adäquate(n) Form der Beziehung"[393], und wie PFEIFFER (1995) weiter ausführt:

> „Unsere Sehnsucht, unser Verlangen ist auf den anderen Menschen gerichtet, wir bedürfen des Anderen nicht nur zur eigenen Bestätigung ('positive regard'), sondern auch um der Gemeinsamkeit des Erkennens, Wertens und Handelns willen; wir bedürfen seiner, um anteilnehmend und sorgend für ihn präsent zu sein und um seine Sorge zu empfangen. Nur durch die Beziehung zum Anderen/ zur Welt können wir uns verwirklichen und damit *Person* werden."[394]

Die Beziehungsgestaltung und das Herstellen einer angenehmen Atmosphäre in der Beratungssituation ist gerade auch für die Begleitung von Kindern bedeutsam, da der Austausch im Gespräch hinter die Spielhandlungen zurücktritt. Die Beziehung zwischen Beratungsperson und Kind sollte demnach besonders beachtet werden, wie ROGERS (1981) hervorhob:

> „Was sollen wir für die Psychotherapie als wichtig erachten, wenn sich Erfolg bei der Behandlung eines Kindes einstellt, obwohl keine verbalisierten Einsichten vorliegen, die Einstellungen zum Selbst nur geringfügig ausgedrückt werden, geleugnete Erfahrungen nicht ausgedrückt werden und nur ein frisches leben-diges Erfahren des Selbst vorliegt? Es ist selbstverständlich, daß wir der Art der Beziehung, in der solche Veränderungen stattfinden, größere Aufmerksamkeit schenken sollten."[395]

Grundlage der Fähigkeit, in eine intensive Interaktion mit einem anderen Menschen einzutreten, ist nach ROGERS (1981) das Verhältnis, das ein Individuum zu sich selbst entwickelt hat. Die grundlegenden Bedürfnisse einer hilfesuchenden Person können nur dann erfüllt werden, wenn die Beratungsperson eigene Wünsche wahrnehmen und ausdrücken kann. Gefühle, die dem Selbst bedrohlich erscheinen, werden in der Begegnung mit

---

[392] vgl. D.Höger 1993, S.32
[393] W.M.Pfeiffer 1995, S.28
[394] W.M.Pfeiffer 1995, S.28
[395] C.R.Rogers 1981, S.153

dem Gegenüber abgewehrt, geleugnet, verzerrt und im Selbstkonzept nicht exakt symbolisiert. Den Prozeß der Beratungs-Qualifizierung bezeichnet ROGERS (1981) deswegen als den schweren Kampf, die „grundlegenden Motivierungen in mir selbst ausfindig zu machen", denn erst hierdurch wird ein tiefer Kontakt ermöglicht. Die Störung einer Beziehung in einer Beratungssituation kann mit einem Beispiel beschrieben werden, welches die Wichtigkeit der kongruenten, exakt symbolisch repräsentierten, inneren Überzeugungen verdeutlicht und ROGERS´ Überlegungen leichter verständlich macht.

Geht eine Beratungsperson beispielsweise davon aus, daß ein Kind viel zu sehr in Loyalitätskonflikte verstrickt ist, um eine Entscheidung über seinen Hilfebedarf treffen zu können, und widerspricht diese Auffassung dem Auftrag der Beratungseinrichtung, die von der grundsätzlichen Entscheidungsfähigkeit eines Kindes ausgeht, dann gerät die Beratungsperson in Konflikt mit dem inneren Empfinden. Wird die Wahrnehmung der eigenen Einstellung nur verzerrt zugelassen, unterbreitet die Beratungsperson einen gutgemeinten Vorschlag, um dem Kind die Entscheidung zu erleichtern. Das Kind nimmt, ohne sich dessen bewußt zu sein, auch die dahinter liegende Botschaft wahr, daß ihm keine eigene Entscheidung zugetraut wird. Auf diese mehrdeutige Kommunikation wird es vermutlich mit Verwirrung reagieren. Vielleicht weist es das Angebot zurück und fühlt sich dabei schuldig. Seine Verweigerung mag die Auffassung der Beratungsperson bestätigen, daß das Kind keine Entscheidung finden kann. Zugleich darf ihr diese Überzeugung nicht ins Bewußtsein gelangen, da sie den Auftrag hat, mit dem Kind gemeinsam ein Hilfeangebot zu planen. Ein wirklicher Kontakt ist nun nicht mehr möglich.

Eine Beratungsperson, die ihre eigenen inneren Einstellungen nicht kennt, ablehnt oder verdrängt, kann auch die Empfindungen des Kindes nicht richtig wahrnehmen. ROGERS (1987b) hat den Verlauf einer gestörten Beziehung konkretisiert, der hier in zehn Schritten auf die Beratung eines Kindes bezogen wird[396].

Beratungsperson (BP)	Kind
1. Die Kommunikation der BP bezieht sich auf die Äußerungen des Kindes, die exakt symbolisch repräsentiert wurden.	2. Das Kind richtet seine Aufmerksamkeit auf die Mitteilungen der BP, die exakt symbolisch repräsentiert wurden.
3. Die Kommunikation der BP bezieht sich auf die Äußerungen des Kindes, die jedoch nicht exakt symbolisch repräsentiert wurden.	4. Das Kind erfährt die symbolische Repräsentation seiner Äußerungen als unvollständig, ohne dies genau erfassen zu können. Es reagiert mit Abwehr, Rückzug und widersprüchlichem Verhalten.
5. Die BP versteht die Reaktion des Kindes nicht und nimmt sie verzerrt	6. Das Kind erfährt nur teilweise positive Beachtung und einen Mangel an

---

[396] vgl. C.R.Rogers 1987, S.61 f

	Verständnis:
entsprechend des eigenen Selbstkonzeptes wahr (Meine Einschätzung wird nicht akzeptiert.)	– es wird seine Gefühle nicht mehr frei ausdrücken – es verbirgt sein Empfinden über die Beratung – es erlebt Inkongruenz zwischen der Mitteilung der BP „Du entscheidest über deinen Bedarf an Hilfe" und der Erfahrung, nicht verstanden zu werden.
7. Wegen der Abwehr oder dem Rückzug des Kindes kann die BP den inneren Bezugsrahmen des Kindes kaum noch erfassen. Entsprechend sind die Reaktionen auf das Kind nicht mehr empathisch.	8. Das Abwehrverhalten des Kindes verstärkt sich und es teilt immer weniger von sich mit.
9. Die BP fühlt sich vom Rückzug des Kindes bedroht, da sein Verhalten nicht mit ihrem Selbstbild einer zugewandten Person vereinbar ist.	10. Das Kind fühlt sich abgelehnt.

Die Kongruenz zwischen Erleben und Selbstkonzept benennt ROGERS (1987b) deswegen als Voraussetzung der verbesserten Beziehung. Im Beratungskontakt muß die Beratungsperson in drei Elementen Kongruenz aufweisen, um dem Kind die freie Ausführung seiner Einstellungen zu ermöglichen.

- Erfahrung: das Nachempfinden, Zuhören und Auffassen der Mitteilungen des Kindes
- Gewahrsein: die exakte symbolische Repräsentation der Einstellungen des Kindes
- Kommunikation: die bewußte Mitteilung dieser Erfahrung.

Wird die Beratungsperson vom Kind kongruent in den drei Elementen der Erfahrung, des Gewahrseins und der Kommunikation erlebt, bewirkt dies eine Steigerung des Gewahrseins seiner eigenen Erfahrung. Da die Beratungsperson eine Übereinstimmung zwischen ihren Überzeugungen und ihren Gefühlen erlebt, wird sie sich nicht von den Äußerungen und Empfindungen des Kindes bedroht fühlen und kann mit Empathie seinen inneren Bezugsrahmen erfassen. Das Kind fühlt sich als Folge dieser Offenheit gesehen, verstanden und geachtet, es kann abgewehrte Gefühle zulassen und Wahrnehmungsverzerrungen klären.
Funktionale Beziehung unterliegen nach ROGERS (1987b) ähnlichen Bedingungen, was ihn dazu veranlaßte, „Ansätze eines Gesetzes der zwischenmenschlichen Beziehungen" zu bestimmen:

„Vorausgesetzt es besteht ein minimaler gegenseitiger Wunsch nach *Kontakt* und Kommunikation, dann können wir sagen: Je größer die kommunizierte *Kongruenz* von *Erfahrung*, *Gewahrsein* und Verhalten bei einem der Individuen, umso mehr wird die sich entwickelnde Beziehung die Tendenz gegenseitiger Kommunikation mit den gleichen Qualitäten beinhalten, nämlich des gegenseitigen korrekten Verstehens der Kommunikation, der verbesserten *psychischen Ausgeglichenheit* und der Handlungsfähigkeit auf beiden Seiten und der wechselseitigen Befriedigung durch diese Beziehung."[397]

Den Prozeß der helfenden Begleitung beschreibt ROGERS (1987b) als „die Übernahme der Haltungen des Therapeuten" – der Empathie, Akzeptanz und Kongruenz – durch die hilfesuchende Person. Er untergliedert den Beratungsverlauf in ein „Phasenkontinuum" mit sieben Abschnitten auf einer Skala, dessen Endpunkt von seelischer Gesundheit bei voller Handlungsfähigkeit[398] gekennzeichnet ist[399].

Phase 1:- 	starre Ordnung in den Konstrukten über sich selbst und die Welt
- 	kaum Gewahrwerden des inneren Erlebens, der Gefühle oder Bewußtheit von Problemen
- 	Kommunikation nur über externe Inhalte

Phase 2: - 	Wahrnehmung von externen Problemen
- 	gelegentliche Beschreibung von Gefühlen
- 	persönliche Konstrukte haben Realitätsgehalt

Phase 3: - 	freierer Ausdruck von Gefühlen und Bedeutungen
- 	Reaktionen werden abgewertet
- 	Distanz zum eigenen Erleben
- 	erstes Erkennen von Konstrukten und kritische Distanz dazu

Phase 4: - 	erster direkter Ausdruck von Gefühlen
- 	Auflockerung in der Erfahrungsbildung
- 	Hinterfragen der Gültigkeit von Strukturen
- 	Gefühl der Eigenverantwortung für Probleme

Phase 5: - 	spontane und freie Äußerung von Gefühlen
- 	Erfassen der Bedeutung der Gefühle
- 	erste Anerkennung des unmittelbaren Erlebens
- 	Diskrepanz zwischen dem Erleben und dem Selbst wird erkannt
-

---

[397] C.R.Rogers 1987b, S.64
[398] vgl. auch Kapitel 2.1
[399] C.R.Rogers 1987, S.486

Phase 6: -	Akzeptanz und Erleben der Gefühle in ihrer oft dramatischen Stärke
-	Einheit zwischen Selbst und Erleben
-	Auflösung der Konstrukte und daraus folgende Verunsicherung
-	offene Kommunikation mit sich selbst

Phase 7: -	Gefühle werden ohne Angst in ihrer ganzen Detailfülle auch außerhalb der Therapie erlebt Vertrauen und Akzeptanz gegenüber dem Erleben und seiner Bedeutung
-	Selbst und Erleben sind identisch und dem Bewußtsein zugänglich
-	korrekte Symbolisierung des Erlebens und entsprechende Vermittlung in der Kommunikation

Die Bedingungen, die zu einem solchen Verlauf der helfenden Begleitung führen, liegen in der geklärten Einstellung der Beratungsperson zu sich selbst und in der Reflexion ihrer vergangenen und gegenwärtigen Beziehungen sowie den daraus hervorgegangenen inneren Überzeugungen. Das Ziel einer erfolgreichen Beratung zeigt sich in der Verbesserung der Selbstwahrnehmung des Hilfesuchenden, die ROGERS (1981) in drei generelle Veränderungen des Indivuduums einteilt:

„Es nimmt sich als adäquatere Person mit Wert und mehr Möglichkeit, dem Leben zu begegnen, wahr. Es läßt mehr Erfahrungsbestände in das Bewußtsein dringen und gelangt so zu einer realistischeren Bewertung seiner selbst, seiner Beziehungen und seiner Umgebung. Es neigt dazu, die Grundlage für seine Maßstäbe in sich selbst zu legen, und erkennt, daß 'Gutsein' oder 'Schlechtsein' einer Erfahrung oder eines wahrgenommenen Objekts nichts ist, was dem Objekt innewohnt, sondern ein Wert ist, den es, das Individuum selbst, ihm beimißt."[400]

Erst die Freiheit vom Urteil oder der Anerkennung anderer kann ein Individuum dazu befähigen, in der geborgenen Atmosphäre einer haltgebenden Interaktion Entscheidungen über das Ausmaß und die Art der Hilfe, die es annehmen will, zu treffen. Inkongruenz zwischen Selbstkonzept und Erfahrung – entstanden durch bedrohliche Bedingungen in einer elementaren Beziehung – erschwert vor allem Kindern die realistische Wahrnehmung der komplexen Zusammenhänge des zwischenmenschlichen Miteinander. Deswegen profitieren insbesondere Kinder in Notsituationen von einer personzentrierten Begleitung, die sich durch die dargestellten Komponenten auszeichnet.

Da der personzentrierte Ansatz ROGERS' auf seine Erfahrungen mit der Beratung von Kindern, die verschiedenartigen Grausamkeiten ausgesetzt waren, zurückgeht, können Parallelen zur Vorgehensweise der Kinderschutzdienste gezogen werden.

---

[400] C.R.Rogers 1981, S.137/138

So sind z.B. die Ziele der personzentrierten Beratung und der kindzentrierten Hilfeplanung – das Problem aus den Augen des Kindes zu sehen, sein inneres Bezugssystem zu ergründen und ihm bei Entscheidungen behilflich zu sein – identisch (vgl. Kapitel 5.2.2).

ROGERS benennt drei Elemente des Verstehens, die empathisch, wertschätzend und authentisch angewandt, das Erfassen der grundlegenden Probleme des Kindes erleichtert und ihm Entscheidungen überhaupt erst ermöglicht. Ausgangspunkt ist der freie Ausdrucks des kindlichen Erlebens und das genaue Einfühlen in seine Empfindungen sowie seiner diesem Erleben zugemessenen Bedeutung. Die zweite Komponente ist das Verbalisieren der nachempfundenen Erlebnisinhalte. Doch erst, wenn das Rückgemeldete mit dem Kind auf seine Korrektheit hin überprüft wurde, kann es sich wirklich verstanden fühlen. Infolgedessen steigert sich die symbolische Repräsentation einer womöglich geleugneten Erfahrung oder einer verdrängten Empfindung, und das Selbstkonzept des Kindes erweitert sich. Dies führt zu neuen Einsichten und weist auf die Lösung des Problems hin.

Die personzentrierten Grundhaltungen der Beratungsperson (Empathie, Akzeptanz, Authentizität), das Verständnis von der Entwicklung und Störung des Selbstkonzeptes im Kind und die Gestaltung einer kongruenten Beziehung geben wichtige Aufschlüsse zur Erklärung des Entscheidungsprozesses in der Beratung.

3.   Die personzentrierte Begleitung von Kindern

ROGERS' (1972) nicht-direktives Beratungskonzept, das u.a. aus seiner 12jährigen Arbeit mit problematischen Kindern entstand, ist ebenfalls einsetzbar für die Behandlung von Entwicklungsstörungen im Kindesalter. Mittlerweile liegen zahlreiche Erfahrungen und entsprechende Veröffentlichungen vor, wie BOEK-SINGELMANN (1996) kommentiert: „Die personzentrierte Psychotherapie mit Kindern und Jugendlichen stellt ein seit über 50 Jahren bewährtes, wissenschaftlich überprüftes, psychotherapeutisches Verfahren dar, das bei einer Vielzahl von Praktikern breite Anwendung findet."[401]
In dem nachfolgenden Kapitel wird die Methode des „kindzentrierten"[402] Verfahrens näher vorgestellt, weil dieser Ansatz eine „größtmögliche Autonomie für das Kind"[403] bereitstellt und damit dem „kindzentrierten" Interventionshandeln der Kinderschutzdienste am nächsten kommt. Ausgehend von den theoretischen Ausführungen zur personzentrierten Kindertherapie sollen Einschätzungskriterien für den Begriff „Kindzentiertheit" und zugleich Handlungsanweisungen für die beratende Begleitung sexuell mißbrauchter Kinder abgeleitet werden.

3.1   Zur   historischen   Entwicklung   der   personzentrierten Spieltherapie

Um die Entwicklung eines kindzentrierten Begleitkonzeptes für sexuell mißbrauchte Kinder ausgehend von der nicht-direktiven Spieltherapie nachzuvollziehen, wird in diesem Abschnitt der historische Werdegang des personzentrierten Ansatzes in der Kinder- und Jugendpsychotherapie in Deutschland aufgezeigt. Die deutsche Diskussion der klientzentrierten Behandlung von Kindern hat sich ganz auf die Beseitigung von Verhaltensstörungen im Kindesalter konzentriert. Die Thematisierung der Gewalt gegen Kinder ist in keiner dieser Veröffentlichungen zu finden, wenn auch hier und da auf Traumatisierungen im Kindesalter eingegangen wird, jedoch nicht auf Mißhandlungen durch die Eltern. BECKMANN-HERFURTH (1996) gibt immerhin zu bedenken, daß „psychisches Leiden nicht nur durch Symptome in Folge eines Inkongruenzkonfliktes verursacht" wird, es entstehe „auch durch die äußere Realität der Welt, ganz besonders bei Kindern"[404].
In Folge auftauchender Schwierigkeiten, Probleme und Konflikte, die sich aus dem Aufwachsen und Zusammenleben in der Familie oder anderen Sozialisationsinstanzen ergeben können, sendet ein in Not geratenes Kind Signale aus, weist durch sein Verhalten darauf hin, daß es mit seinem Leben

---

[401] Ch.Boeck-Singelmann, u.a. 1996, S.1
[402] dieser Begriff wurde von H.Goetze und W.Jaede 1975 eingeführt
[403] F.Kemper 1985, S.140
[404] E.Beckmann-Herfurth 1996, S.199, vgl. auch Kapitel 2.3.1

nicht mehr zurechtkommt und Hilfe braucht. „Es gibt viele Möglichkeiten, mit denen ein Kind auf seine Nöte aufmerksam machen, bzw. seine Angst in Schach halten kann."[405] Erwachsene Bezugspersonen etikettieren diesen Hilferuf häufig als Verhaltensstörung[406]. Ursprünglich wurde das nicht-direktive Verfahren zur Beseitigung von Auffälligkeiten im Kindesalter entwickelt, dessen Wurzeln bis zur Behandlung des „kleinen Hans" durch S. FREUD zurückverfolgt wurden.

Einige Jahre, bevor S. FREUD in seiner Analyse eines gestörten Jungen Spielzeug zur Behandlung einsetzte, hatte eine Psychologin im Jahre 1913[407] die Möglichkeiten des Spiels entdeckt, um Zugang zum Seelenleben des Kindes zu bekommen.

> „Hermine von Hug-Hellmuth dürfte die erste gewesen sein, die 1913 in ihrem Buch 'Aus dem Seelenleben des Kindes' die Spieltherapie näher beschrieben hat. Sie regte ihre kleinen Patienten mit Spiel- und Puppenmaterial zum freien Spiel an und zog aus ihrem Spielverhalten und ihren Äußerungen Schlußfolgerungen für die Beratung der Eltern. Im Mittelpunkt ihrer Bemühungen stand das verständnisvolle Einfühlen in die Kinderseele und die Analyse des kindlichen Charakters."[408]

Der Behandlung von Kindern widmete sich auch A. FREUD (1926), indem sie die psychoanalytischen Theorien ihres Vaters auf die Arbeit mit Kindern übertrug. Sie „setzte das Spiel als Methode ein, um eine positive Beziehung zum Kind herzustellen und um das Kind auf die eigentliche therapeutische Arbeit vorzubereiten"[409]. Parallel zu diesen Bemühungen konzipierte M. KLEIN (1955), ebenfalls angelehnt an die Psychoanalyse, einen Ansatz der Kinderpsychotherapie, in dem sie das Spiel mit dem freien Assoziieren aus der Therapie mit Erwachsenen gleichsetzte. „Sie sah die Hauptaufgabe des Analytikers darin, sich direkt in das Spiel einzuschalten, Spielsymbole zu deuten, die Reaktionen des Kindes auf die Deutungen zu reflektieren und so das Unbewußte des Kindes bewußt zu machen."[410]

Die von TAFT (1933) und ALLEN (1942) begründete „Beziehungstherapie", die davon ausging, daß die Beziehung zwischen Therapeut und Kind ganz wesentlich zu seinem Wachstum und zu seiner Entwicklung und Entfaltung beitrage, kommt der klientzentrierten Methode von ROGERS (1972) nach Meinung von DORFMAN (1972) am nächsten. „Die Anwendung der Rankschen Theorien auf die Spieltherapie durch Taft führte zu bestimmten bedeutsamen Veränderungen der Ziele und Methoden der psychotherapeutischen Arbeit mit Kindern. Sie wurde von Allen weiter ausgearbeitet und

---

[405] A.Schmitz-Hambrecht 1984, S.210

[406] vgl. H.Goetze 1984, S. 116

[407] vgl. H.Hug-Hellmuth 1920

[408] St.Schmidtchen 1984, S.40

[409] J.Benecken 1982, S.10

[410] H.Goetze/ W. Jaede 1974, S.31

exemplifiziert."[411]. Die Ideen gingen auf RANK (1945) zurück, der wohl als erster hervorhob, die Spielstunde müsse ganz allein dem Kind gehören. TAFT und ALLEN ging es ebenso wie ROGERS nicht primär um die Aufarbeitung vergangener Erfahrungen und Ereignisse im Leben des Kindes, sondern um die Bewältigung der Gegenwart und der aktuellen Situation. Das Kind solle seine eigenen Ziele herausfinden und seine Fähigkeiten entfalten.

Als die wahre Begründerin der nicht-direktiven Begleitung von Kindern gilt jedoch AXLINE – Doktorandin und Mitarbeiterin von ROGERS -, die 1947 ihr Buch „Play therapy – The inner dynamics of childhood" herausgab. Ihr „kommt das Verdienst zu, als erste ein in sich geschlossenes Handlungskonzept zur non-direktiven Spieltherapie entwickelt zu haben"[412]. Noch heute gilt ihr Werk als Grundlegung der Spieltherapie, steht auf der Liste der Ausbildungsliteratur für angehende KindertherapeutInnen und wird in neuesten Veröffentlichungen gewürdigt, wenn ihr Konzept auch als erweiterungsbedürftig angesehen wird.

> „Das klassische klientzentrierte Kindertherapiekonzept von Virginia Axline kann bis auf den heutigen Tag nicht ausdrücklich genug gewürdigt werden. Trotz seines Alters findet sich in diesem Buch nichts, was nicht auch heute für das Verständnis des Kindes, für seinen Entfaltungsspielraum und für das Beziehungsangebot des Erwachsenen zutreffen würde. Axlines Grundprinzipien, ihr Respekt vor dem Kind und vor dessen nicht manipuliertem Wachstum, gelten bis heute, sowohl vom Konzept als auch von der Ethik und den Haltungen der erwachsenen Person her."[413]

AXLINES Veröffentlichung gilt als „Ursprungsbuch" der nicht-direktiven Spieltherapie, wenn es auch erst 1972 ins Deutsche übersetzt wurde. Die Ideen von ihr wurden schon im Jahre 1956 von dem Ehepaar TAUSCH vorgestellt. Diese Ausführungen zur „Kindertherapie in nicht-directivem Verfahren" lehnten sich im wesentlichen an die Grundprinzipen AXLINES an, wenn TAUSCHs auch eine andere Gewichtung wählten und ROGERS´ Konzept der „Selbstkongruenz" aufgriffen. TAUSCH und TAUSCH (1956) zählen ebenso zu den Begründern der klientzentrierten Methode bei der Behandlung von Kindern, da sie selbst jahrelang Kinder therapeutisch begleiteten und ihr nicht-direktives Vorgehen mit vielen Praxisbeispielen belegten.

Weitere Impulse gingen dann erst wieder in den 70er Jahren von SCHMIDTCHEN, GOETZE und JAEDE aus. Das Konzept der „klientzentrierten Kinderpsychotherapie ist als Weiterentwicklung des non-direktiven Beratungskonzeptes von Rogers (1942) über Axline (1947), Tausch und Tausch (1956), Goetze und Jaede (1974) bis zu Schmidtchen (1974, 1976) zu sehen"[414].

---

[411] vgl. E.Dorfman 1972, S.220

[412] J.Benecken 1982, S. 10

[413] M.Behr 1996, S.44

[414] St.Schmidtchen/ T.Baumgärtel 1980, S.189

SCHMIDTCHEN (1974, 1978, 1981, 1984) bemühte sich vor allem um die Systematisierung, die Effektivitätsüberprüfung und die Weiterentwicklung des nicht-direktiven Ansatzes; dies unterstreicht BEHR (1996):

> „Nachdem das Ehepaar Tausch einen ersten, an Axline orientierten Impuls für die deutsche Entwicklung der klientzentrierten Kindertherapie gaben, gingen in der Folgezeit die Verbreitung und konzeptionelle Weiterentwicklung in hohem Maße von Stefan Schmidtchen (...) aus. Sein Verdienst besteht u. a. in einer extensiven empirischen Forschungstätigkeit, mit der er in bester klientzentrierter Tradition auch die Kindertherapie in den sehr kleinen Kreis jener Psychothera-piemethoden verankerte, die auf seriöser Psychotherapieforschung gründen."[415]

Ebenso wie TAUSCHs befaßt auch SCHMIDTCHEN sich u. a. ausführlich mit den Grundprinzipien AXLINES, fügt vor allem das Prinzip der Erlangung von Problemlösefertigkeiten bei Kindern hinzu[416], wobei er durchaus auch traumatische Ereignisse im Leben von Kindern berücksichtigt, wie „massiv belastende familiäre Transaktionen, z. B. Kindesvernachlässigungen, Kindesmißhandlungen, Gewalttätigkeiten"[417], ohne jedoch näher hierauf einzugehen.

SCHMIDTCHEN wollte auch andere Methoden der Kinderpsychotherapie mit der klientzentrierten Vorgehensweise verbinden und sprach sich insbesondere dafür aus, die „Verhaltensbeeinflussung" in das Konzept zu übernehmen[418], was ihm Kritik aus den eigenen Reihen einbrachte. „Innerhalb des klient-zentrierten Konzeptes tendieren die Ausbilder eindeutig zu einem huma-nistisch-beziehungsorientierten Verständnis und kaum zu einem eher be-havioral geprägten, wie es etwa Schmidtchen vertritt."[419] Auch die Kinder-therapeutin DAUNERT (1995) teilt diese Ansicht, indem sie meint, daß „Schmidtchen eine theoretische Entwicklung vollzogen (hat), die u. E. teilweise von personzentrierten Positionen wegführt"[420].

Auch GOETZE und JAEDE (1974) wollten das nicht-direktive Vorgehen von ROGERS und AXLINE um die Anwendung der Lernprinzipien aus dem Bereich der Verhaltensbeeinflussung erweitern und müssen sich demnach der gleichen Kritik stellen. In ihrem Band beschreiben sie zahlreiche Befunde zur Effek-tivitätsüberprüfung der Kinderspieltherapie, gehen auf Probleme in der Praxis „kindzentrierter" Spieltherapie ein und geben Anregungen zur Protokollie-rung von Stundenabläufen. GOETZE entwarf im Jahre 1981 ein Prozeßmodell der personzentrierten Spieltherapie in vier Phasen, das von der nicht-lenken-den Begleitung zur gezielt eingesetzten Hilfe für die selbstgesteckten Ziele des Kindes voranschreitet.

---

[415] M.Behr 1996, S. 44
[416] vgl. St.Schmidtchen 1989, S. 196
[417] St.Schmidtchen 1991, S. 104
[418] vgl. St.Schmidtchen/ F.Baumgärtel 1980, S.190
[419] M.Behr/ Ch.Kudling/ J.Reiter 1995, S.25
[420] Ch.Daumert/ K.Fröhlich-Gildhoff 1995, S.41

1982 veröffentlichte BENECKEN zahlreiche Fallbeispiele aus der Praxis der Kinderpsychotherapie zu ausgewählten Problembereichen typischer Störungsbilder, die durch ein nicht-direktives Vorgehen behandelbar sind. Doch erst 1996 und 1997 erschienen in Deutschland, neben einigen Aufsätzen in der GwG Zeitschrift – dem Organ der Gesellschaft für wissenschaftliche Gesprächspsychotherapie -, zwei neue Bände zur „Personzentrierten Psychotherapie mit Kindern und Jugendlichen"[421]. Hier wird eine Störungslehre – angelehnt an ROGERS' Persönlichkeitstheorie – vorgestellt, auf die Interaktion von Therapeut und Kind eingegangen, Vergleiche mit anderen Theorierichtungen vorgenommen und eine Wirksamkeitsüberprüfung des personzentrierten Ansatzes vorgenommen. Mit seiner „Interaktionsresonanz" gibt BEHR (1996) – ein Autor, der sich stets um die Anwendbarkeit der Personzentriertheit auf die Pädagogik bemühte[422]- neue Impulse. Er stellt eine Möglichkeit zur non-verbalen Rückmeldung der Gefühle des Kindes vor, die durch eine Affektabstimmung der erwachsenen Begleitperson in der Interaktion mit dem Kind entsteht (ausführlich beschrieben in Kapitel 3.3.3).

Die klientzentrierte Kinderspieltherapie gilt nach einer Erhebung der „Bundeskonferenz für Erziehungsberatung" (1978)[423] in Erziehungsberatungsstellen als die am häufigsten angewandte, direkt auf das Kind bezogene Kindertherapiemethode; „ihre Konzepte und Methoden haben darüber hinaus breiten Eingang in den allgemeinen Erziehungs- und Beratungsbereich gefunden."[424]. Im Jahre 1984 wurde eine Kindertherapie-Kommission bei der Gesellschaft für wissenschaftliche Gesprächspsychotherapie zur Erarbeitung von Ausbildungsrichtlinien eingerichtet[425]. 1995 konnte der Kindertherapeut und Ausbilder KEMPER auf „7 Jahre 'Personzentrierte Psychotherapie' mit Kindern und Jugendlichen in der GwG zurückblicken"[426].

Demnach steckt die deutsche personzentrierte Spieltherapie noch in den Kinderschuhen: Ein Konzept, das vor allem zur Beseitigung von Verhaltensstörungen im Kindesalter gedacht war und bislang keine Erfahrungen im Umgang mit traumatisierten Kindern vorweist. Die Grundprinzipien, die Bedeutung des Kommunikationsmediums Spiel und die Ziele sowie Indikation für die Kindertherapie geben dennoch wichtige Aufschlüsse auch für die Arbeit mit traumatisierten Kindern, wie sie in Kapitel 4 anhand der Begleitung sexuell mißbrauchter Kinder aus der englischen und amerikanischen Literatur vorgestellt werden soll.

---

[421] C.Boeck-Singelmann u.a. 1996
[422] vgl. M.Behr 1987 und 1989
[423] Bundeskonferenz für Erziehungsberatung e.V 1978
[424] J.Benecken: Kinderspieltherapie. 1982, S.9
[425] F.Kemper 1995, S.23
[426] F.Kemper 1995, S.23

3.2 Kommunikationsmedium Spiel – Zugang zum inneren Erleben des Kindes

Die durchschnittliche Gesamtdauer der Spielzeit in der Kindertherapie beträgt nach SCHMIDTCHEN/ ERB (1976) etwa 93%, die Gesprächs- und Redezeit dagegen nur ca. 7%. Dies gilt insbesondere für jüngere Kinder bis zu ungefähr 10 Jahren. Anlaß genug, das Phänomen des Spiels, seine Bedeutung für das Kind und seine Nutzung in der Behandlung von Kindern genauer zu betrachten. Professionelle, die pädagogisch oder psychologisch in sozialen Handlungsfeldern mit Kindern arbeiten, sollten die verschiedenen Spieltheorien kennen. Im Zusammenhang der pädagogischen Begleitung von Kindern interessiert insbesondere das Spiel als Ausdruck des inneren Erlebens des Kindes, noch spezieller, das Erfassen seiner emotionalen Erfahrungen, die im Spiel szenisch und symbolhaft dargestellt werden. Nach einigen Definitionsbemühungen mittels überblickartig theoretischer Ausführungen zum Kinderspiel, wird ein Schwerpunkt dieses Abschnittes gelegt auf *das Spiel*

- als natürliches Ausdrucksmittel zur Selbstdarstellung des Kindes und
- als Möglichkeit zur Verarbeitung überwältigender Erlebnisse in der „ausspielenden" Interaktion.

3.2.1 Definition des Kinderspiels

Einigkeit besteht unter den Spieltheoretikern dahingehend, daß das Spiel „eine wichtige Verhaltenssdimension von Kindern zu sein scheint und zugleich ein Medium, auf das jedes Kind ansprechbar ist"[427]. Bei der Definition des Spiels gehen die Meinungen dagegen sehr auseinander. Für ERIKSON (1971) stellt das Spiel „ein Grenzphänomen zu einer Anzahl menschlicher Betätigungen dar, und es versucht sich auf seine eigene verspielte Weise der Definition zu entziehen"[428].
Einen weitreichenden Erklärungsansatz liefert SCHEUERL (1965), der das Spiel einordnete als das „Urphänomen einer Bewegung, die durch die Ganzheit jener sechs Hauptmomente gekennzeichnet ist: durch Freiheit, innere Unendlichkeit, Scheinhaftigkeit, Ambivalenz, Geschlossenheit und Gegenwärtigkeit"[429]. Die Spieldiagnostikerin FEND-ENGELMANN (1984) erweitert diese Anschauungen durch eine stichwortartige Auflistung, die Einsichten in das Wesen des Kinderspieles bietet[430]:

---

[427] H.Goeteze/ W.Jaede 1974, S. 17
[428] E.H.Erikson 1971, S.207
[429] H.Scheuerl 1965, S. 115
[430] E.Fend-Engelmann 1984, S. 21

- Spiel wird vornehmlich als kindliche Aktionsweise angesehen, als freies, spontanes Handeln, das zwar zweckfrei ist, aber dennoch gewissen Intentionen dienen kann (Selbstexploration, Fremdexploration, Neugierverhalten).
- Die Art des Spiels und seine Objekte ändern sich im Verlauf der kindlichen Entwicklung.
- Bestimmte Techniken des Spiels sind bei bestimmten Individuen verschieden.
- Meist lassen sich bestimmte Emotionen im Spiel feststellen.
- Man findet bei bestimmten Spielen einen gewissen Übungsfortschritt durch Wiederholung und Inhalte aus dem Alltag.
- Spiele beinhalten häufig Neuschöpfungen aus bekannten Erlebnisinhalten oder deren Weiterführung, was z.T. der „Phantasie" zugeschrieben wird.

Wieder andere Sichtweisen finden sich in den fünf Merkmalen des Spiels nach HECKHAUSEN (1964). Spiel sei zweckunbewußt; unterliege einem „Aktivierungszirkel", also eines Wechsels zwischen Spannung und deren Lösung; es suche die Auseinandersetzung mit der realen Welt; es befolge keine festlegbaren Zeitstrukturen und es stelle die „Quasi-Realität" – wie sie das Kind erlebt – dar[431].

Schon im 19. Jahrhundert beschäftigte die Erfassung der kindlichen Spiels die Gemüter der Pädagog/inn/en. Es wurden die unterschiedlichsten Aspekte benannt. SPENCER (1897) ging von der Abfuhr überschüssiger Energie im Spiel aus; PEREZ (1986) betonte das Vergnügen an der Erfüllung nützlicher Betätigungen; GROOS (1899) sah im Spiel des Kindes die Einübung lebenswichtiger Funktionen; für FREUD (1924) äußerten sich im Spiel unbewußte Triebe und sexuelle Themen; K. BÜHLER (1924, 1949) erblickte im Kinderspiel vor allem die „Funktionslust" und PIAGET (1969) betrachtete das Spiel hauptsächlich unter dem Aspekt der kognitiven Entwicklung des Kindes. Weitere Theorien von HUTT (1966), LIEBERMANN (1965) und HELANKO (1958) fügten noch die Spannungssuche, den Umgang mit vertrauten Dingen, die Förderung der Kreativität und die soziale Interaktion hinzu.

Die Dimensionen des Spiels wurden von CH. BÜHLER (1928) und anderen Autoren unterteilt in Funktionsspiele, Spiele mit Objekten, Herstellung von Werken, Konstruktionsspiele, Illusions- oder Fiktionsspiele, Rollenspiele und Regelspiele.

Die Ziele, die ein Kind unbewußt mit dem Spiel verbindet und die in seiner spielenden Auseinandersetzung mit der Umwelt zum Ausdruck kommen, hat BUCK (1989) sehr umfassend aufgelistet:

„1. Suche nach sozialer Bindung; 2. sich selbst als Verursacher erleben; 3. Auseinandersetzung mit der sozialen Umwelt; 4. seine Kreativität ausdrücken; 5. Suche nach sensorischer und motorischer Erfahrung; 6. Suche nach oraler Befriedigung; 7. Vergleiche mit anderen Personen; 8. Versuch, die Sachwelt geistig zu erfassen; 9. Streben nach Wertschätzung; 10. Vertreten eigener Interessen; 11.

---

431 H.Heckhausen 1972, S. 135

Auseinandersetzung mit dem eigenen Selbstbild; 12. Exploration der Umwelt; 13. Streben nach Ruhe und Entspannung; 14. Erleben und Begreifen der eigenen Sexualität."[432]

Diese Spielziele wurden durch die Beobachtung von Kindern im Rahmen einer Spieltherapie ermittelt. Dies zeigt, wie außerordentlich wichtig das Spiel zur Erweiterung des Selbstkonzeptes des Kindes ist und wie das Spiel ganz entscheidend die Entwicklung, das Wachstum und den Selbstausdruck begünstigt.

Diese einzelnen – keineswegs vollständigen – Ausführungen zu verschiedenen Spieltheorien, zeigen eine gewisse Uneinheitlichkeit, so daß eine Definition des Kinderspiels immer nur eine Annäherung an diese Erscheinung des kindlichen Erlebens und diese Ausdrucksform des Menschen sein kann. Diese Auffassung vertreten zumindest VAN DER KOLG (1984) und SCHEUERL (1975):

> „Es ist deutlich geworden, daß die erwähnten Betrachtungsweisen des Spiels oft nur ein Aspekt des Spiels erklären und wichtige andere vernachlässigen. Keine dieser Theorien kann einen Anspruch auf Allgemeingültigkeit erheben. Scheuerl (1975) hat treffend angemerkt, daß der Gang durch die Geschichte der Spieltheorien an Fragmenten vorbeiführt, die selten zueinander passen, oft in Widerspruch zueinander stehen und jegliche Verbindung vermissen lassen. All diese Kausalitätsreihen sind möglich, aber keine einzige ist imstande, das vielschichtige Phänomen Spiel aus sich heraus hinreichend zu erklären. Was völlig fehlt, ist ein adäquater Begriffsapperat."[433]

Eindeutigkeit und Übereinstimmung herrscht in jedem Fall bezüglich der Bedeutung des Spiels für die kindliche Entwicklung. Das Spiel kann als ein fundamentales und zentrales Lebenssystem des Kindes verstanden werden, das seiner Selbstgestaltung, seiner Selbstverwirklichung und der aktiven Aneignung der Wirklichkeit dient.

3.2.2 Das Spiel als diagnostisches Medium

Das Spiel ist anerkanntermaßen eine zentrale Form des kindlichen Handelns, ein Mittel der Kontaktaufnahme und Selbstdarstellung sowie Selbstverwirklichung des Kindes. Im Spiel haben Kinder nach JAEDE (1980) die Möglichkeit, „Risiken einzugehen, Verhalten auszuprobieren und sanktionierte Bedürfnisse zu äußern"[434]. Diese und die oben genannten Qualitäten des Kinderspiels lassen sich in der beratenden Begleitung von Kindern nutzen, um wichtige und vielleicht schlimme Erlebnisse des Kindes zu

---

[432] H.Buck, u.a. 1989, S. 353
[433] R.van der Kolg 1984, S. 302
[434] W.Jaede 1980, S. 28

ergründen und den Ausdruck von Gefühlen zu fördern. Die erwachsene Person, die das Kind bei seinen Aktivitäten beobachtet, beim Spielen mitwirkt und die Situation des Kindes einfühlend nachempfindet, kann durch das Spiel einen Weg zum inneren Bezugssystem des Kindes finden und es dabei unterstützen, Entscheidungen zu weiterem Handeln zu finden.

Nach Durchsicht der wichtigsten Spieltheorien stellte SCHEUERL 1965 fest, daß jedes wirklich „echte" Spiel eine „psychische Funktion" erfülle[435]. Das freie Spiel des Kindes käme diesem natürlichen und ursprünglichen Ausdruck am nächsten, da hierbei die angestauten Affekte des Kindes einen Weg nach außen finden. Somit sei das „freie Spiel" am ehesten geeignet, ängstliche, gehemmte und verstörte Kinder zu verstehen und ihnen zu helfen[436]. SCHEUERL (1965) gibt eine pädagogische Interpretation dieser – für die Behandlung von psychisch belasteten Kindern – so wichtigen Erscheinungsform des Spiels:

> „Das 'freie Spielen' ist zunächst vom Erzieher aus gesehen ein Spielen-Lassen: Man gewährt den Kindern einen Spielraum und überläßt sie darin sich selbst. Der Erzieher beschränkt sich auf das reine Beobachten. Er verzichtet auf jeden direkten Eingriff und enthält sich nach Möglichkeit auch aller indirekten Einwirkungen (vorgeformte Spielsachen, absichtsvoll gestaltete Spielumwelt). Er überläßt die Kinder völlig ihrer Spontaneität und schreitet allenfalls ein, wenn die Grenzen des Spielraums verletzt werden. Nur so verstanden wären die kindlich-spontanen Spieltätigkeiten wirklich 'frei'."[437]

Dieses frei erfundene Spiel offenbart das eigentliche Empfinden des Kindes, seine Einstellungen sowie Überzeugungen und ist somit höchst relevant für das „Verständnis der Vorgänge im psychischen Bezugssystem des Kindes"[438]. Da das Kind sich mit Worten niemals so differenziert und umfassend ausdrücken könnte, wie im freien Spiel, hat die Analyse der kindlichen Spielhandlungen eine herausragende Bedeutung in der Spieltherapie, neben den verbalen, häufig unbeholfenen und knappen Aussagen des Kindes. Das Spiel des Kindes wurde von FREUD (1927) sogar als der Königsweg zum emotionalen Erleben und zum Unbewußten des Kindes (analog zum Traum des Erwachsenen) bezeichnet.

Das Spiel wurde wiederholt als „Sprache des Kindes" und als die ihm eigene Ausdrucksform betitelt. Diese Auffassung findet sich in vielen Spieltheorien wieder. Gerade im klinischen Bereich ist die Nutzung des Spiels als Äußerung des Kindes zum Verständnis seiner Intentionen bedeutsam, wie die Kinderpsychologin SCHMITZ-HAMBRECHT (1984) nachdrücklich betont:

---

[435] vgl. H.Scheuerl 1965, S. 106
[436] vgl. H.Scheuerl 1965, S. 195
[437] H.Scheuerl 1965, S.195
[438] H.Mogel 1996, S. 179

„Darüber hinaus dient das Spiel dem Kind als eine symbolische Sprache ohne Worte. Das Kind erlebt vieles im Spiel, was es nicht verbalisieren kann. Daher benutzt es das Spiel, um das Erlebte zu formulieren und zu assimilieren. Das betrifft nicht nur vergangene Erlebnisse, auch neue Formen der Lebensbewältigung können in einer symbolischen Vorwegnahme der realen Lebenssituation ausprobiert und angeeignet werden."[439]

Selbst PIAGET (1969), der immer wieder den Stellenwert des Spiels für die intellektuelle Entwicklung hervorhebt, ehrt die Kraft der Phantasie und die Interpretationseignung des Spiels, indem er meint, daß der „Symbolismus dem Kind eine lebendige und dynamische persönliche Sprache" bietet, „die unentbehrlich ist, um seine subjektiven Erfahrungen auszudrücken, die nicht in die kollektive Sprache übersetzt werden können"[440].

Die Kommunikation mit dem Kind wird durch gemeinsames Spielen erleichtert, ein Kontakt hierdurch vielleicht erst ermöglicht. Wichtigste Funktion für die Spieldiagnostik ist gleichwohl das Verstehen der kindlichen Beweggründe, die es in spielenden Handlungen offenlegt, wodurch es dem Erwachsenen ein „Fenster bietet, durch das er die Welt des Kindes beobachten kann"[441]. Der Einsatz des Spiels zu diagnostischen Zwecken leitet sich von der Überzeugung ab, daß der Umgang mit Spielmaterialien im freien Spiel die wesensmäßige Ausdrucksform des Kindes ist, durch die seine Persönlichkeit sich am treffendsten offenbart[442]. Aus der Spielbeobachtung und Spielanalyse können wichtige Aufschlüsse über die Entwicklung des Kindes, sein Erleben und sein Selbstkonzept gewonnen werden, „wenn es darum geht, spezifische Störungen in ihrer Ursache-Wirkung-Relation abzuklären"[443].

Das Kind verarbeitet im Spiel wichtige Lebensereignisse, aber auch unbewältigte Konflikte, die im Hinblick auf die pädagogische Begleitung von leidenden Kindern wesentliche Anknüpfungspunkte für die Beratung zur Verfügung stellen. Der personzentrierte Kindertherapeut MOGEL (1996) streicht gerade für das Spiel des Kindes diese Zusammenhänge hervor:

„Das kindliche Spiel ist vorzüglich geeignet, dominante, d.h. selbstnah bzw. zentral erlebte Ereignisse hinsichtlich ihrer Qualität/ Intensität für die Erfahrungsbildung und -verarbeitung zu diagnostizieren, denn in der spielerischen Selbstdarstellung wird transparent, wie die erfahrene Wirklichkeit (Gegenstands-, Umweltbezüge) angeeignet wurde."[444]

---

[439] A.Schmitz-Hambrecht 1984, S. 209
[440] J.Piaget 1969, S. 214/215
[441] E.Gil 1993, S. 36
[442] vgl. D.W.Winnicott 1979, S. 99
[443] K.J. Kreuzer 1984, S. 7
[444] H.Mogel 1996, S. 190

Der Wegweiser zur Innenwelt und zum inneren Bezugssystem des Kindes sind seine Empfindungen. Daher gilt ein Großteil der Aufmerksamkeit in der Spieltherapie der Äußerung der Gefühle des Kindes, dessen verstandene Inhalte ihm rückgemeldet werden[445].

3.2.3 Das Spiel zur Verarbeitung überwältigender Erlebnisse

Das emotionale Geschehen des Kindes ist nach ERIKSON[446] (1959) ein wesentlicher Auslöser der Spieltätigkeit überhaupt. Im Spiel reflektiere das Kind schwierige Erlebnisse und baue dadurch sein Selbstbewußtsein wieder auf, indem das infantile „Ich" des Kindes nach „Synthese" strebe[447]. Diese Sichtweise, eine psychoanalytische Deutung des Kinderspiels, befaßt sich mit der Bewältigung traumatischer Ereignisse im kindlichen Spiel, die in Zusammenhang des Schwerpunktes dieser Arbeit – der Hilfe für sexuell mißbrauchte Kinder – von besonderer Relevanz ist.

Die psychoanalytische Deutung des Spiels geht auf S. FREUD (1920) zurück. Er stellte fest, daß Kinder in der spielerischen Handlung ausdrücken, was sie sehr bewegt, intensiv beschäftigt oder was sie hinnehmend erleiden mußten, ohne Einfluß auf das Geschehen zu haben. Sie wiederholen im Spiel eindrückliche Erfahrungen, reagieren überstimulierende Einprägungen ab, um die erlittene Passivität in Aktivität zu verwandeln und Autonomie zu gewinnen[448]. Ein übermäßiger Reiz oder Schmerz, der bedrohlich wahrgenommen wurde und keinen Ausweg bereithielt, wird spielerisch verarbeitet und somit nachträglich vom Ich des Kindes integriert. S. FREUD (1926) weist auf die in dieser Weise heilende Wirkung des Kinderspiels hin:

> „Das Ich, welches das Trauma passiv erlebt hat, wiederholt nun aktiv eine abgeschwächte Reproduktion desselben, in der Hoffnung, deren Ablauf selbsttätig leiten zu können. Wir wissen, das Kind benimmt sich genauso gegen alle ihm peinlichen Eindrücke, indem es sie im Spiel reproduziert; durch diese Art, von der Passivität zur Aktivität überzugehen, sucht es seine Lebenseindrücke psychisch zu bewältigen."[449]

Das Kind reinszeniert in einem „Wiederholungszwang" die belastenden Erlebnisse so oft, bis die Schwere der erfahrenen Situation integriert wurde. Wenn die Belastung größer und intensiver war, als das Kind es augenblicklich verkraften konnte, drängt der entstandene Druck zu immer weiteren Entladungen und Entlastungen durch das Spiel, als würde „das Unerledigte

---

[445] vgl. H.Goetze/ W.Jaede 1974, S.17
[446] E.H.Erikson 1971, S.204
[447] vgl. E.H.Erikson 1971, S.204
[448] vgl. S.Freud 1920, S.202
[449] S.Freud 1926, S.110

gleichsam nachträglich in kleine Portionen zerlegt"[450], die leichter und besser verdaulich sind.

Die „dramatischen Darstellungen traumatisierter Kinder" im Spiel, ihre gewählten Symbole und spielerischen Szenen zeigen, was ihnen „in Wirklichkeit angetan worden ist" [451]. Die zum Ausdruck gebrachten Inhalte und die Auftretenshäufigkeit eines Hauptthemas im Spiel stimmen nach der Erfahrung ERIKSONS (1971), der viele Kinder in seiner Praxis betreut hat, mit der „Intensität der dargestellten Lebenserfahrung überein". Im Spiel und in der Phantasie bemüht sich das Kind, das Trauma durch die Beherrschung des Spielzeugs in den Griff zu bekommen[452]. Es sucht aus eigenem Antrieb die Konfrontation mit dem unüberwindbaren Leiden, das es wegen seines „peinlichen Inhalts zu vermeiden Anlaß hätte"[453]. Das „Ausspielen" des Schreckens, der Angst, der Frustration und der Aggression führt zur Verarbeitung, Bewältigung und schließlich zur Integration bedrohlicher Erfahrungen, wodurch das „von Furcht überschwemmte Ich durch spielerisches Engagement und Ablösung seine synthetisierende Kraft wiedergewinnen kann"[454]. Von der Annahme, daß das Kind hauptsächlich Spielthemen wählt, die es wirklich beschäftigen[455], gehen auch die personzentrierten Spieltherapeut/inn/en aus. MOGEL (1996) ist der Meinung, daß z.B. das freie Rollenspiel des Kindes „eine Menge über die Zentralität bestimmter Erlebnisse, über die Bewertungsprozesse gegenüber den Erlebnis-/Erfahrungsinhalten und über die individuellen Bewältigungsstrategien bezüglich erfahrener Ereignisse"[456] verrate. Das Erlebnis der „Neubewältigung und Entschärfung" „zunächst völlig überwältigender Erlebnisse", die „Integration spezifisch bedrohlicher Erfahrungen" im Spiel, sind – wie JAEDE (1974) feststellte – wichtige Ziele auch in der personzentrierten Spieltherapie[457]. Im Spiel würden „problematische (bzw. traumatische) soziale Erfahrungen (...) reproduziert". Durch die Kontrollmöglichkeit des Spieles, begreife „sich das Kind nicht mehr als 'Opfer' oder passives, wehrloses Wesen seiner Umwelt, sondern als ein aktiv gestaltender, die Geschehnisse im 'Griff habender' Mensch"[458]. Da das Spiel als *das* zentrale Medium der Kommunikation in der personzentrierten Kindertherapie gilt[459], als das natürlichste Ausdrucksmittel des Kindes bezeichnet werden kann und sich zur Bewältigung bedrohlicher Ereignisse hervorragend eignet, wurden vor allem die psychologischen Spieltheorien herangezogen, um den Stellenwert des Spiels für die pädagogische Begleitung von Kindern zu verdeutlichen. Auf die Behandlung trau-

---

[450] R.Waelder 1973, S. 56/57
[451] E.H.Erikson 1971, S.212 u. 213
[452] vgl. E.H.Erikson 1971, S. 212 u. 217
[453] R.Waelder 1973, S.56
[454] E.H.Erikson 1971, S.219
[455] vgl. St.Schmidtchen 1991, S.12
[456] H.Mogel 1996, S. 183
[457] W.Jaede 1974, S.32
[458] W.Jaede 1996, S.135
[459] vgl. St.Schmidtchen 1991, S.6

matisierter Kinder – durch die Beschäftigung mit den psychoanalytischen Spieltheorien bereits angedeutet – wird in Kapitel 4 ausführlicher eingangen. Zunächst wird jedoch die spezielle Methode des nicht-direktiven Verfahrens in der personzentrierten Spieltherapie umfassender beschrieben, die – so lautet die Annahme dieser Arbeit – für die Beratung sexuell mißbrauchter Kinder besonders geeignet erscheint.

3.3 Die Grundprinzipien des nicht-direktiven Verfahrens

Im folgenden Abschnitt geht es um die Besonderheit der klientzentrierten Begleitung von Kindern. Das personzentrierte Verfahren ist – wie später noch dargelegt wird – für das Konzept der „kindzentrierten" Hilfegewährung der Kinderschutzdienste eine theoretische Grundlage von entscheidender Bedeutung. Diese Fachdienste gehen von der Prämisse aus, daß das Kind als Experte seiner eigenen Situation anzusehen ist und deswegen seine Entscheidungen in das Interventionshandeln einzubeziehen sind.

3.3.1 Das innere Bezugssystem des Kindes

Die personzentrierte therapeutische Begleitung von Kindern im Sinne einer „kindzentrierten" Haltung dient der Erforschung der Welt des Kindes, seiner Sichtweise von entscheidenden Erlebnissen und Erfahrungen sowie dem Zugang zu seinem Seelenleben. Ein Ansatz, der laut GOETZE (1984) zusätzlich ein Konzept nicht-direktiver Pädagogik bereithält, durch die das Kind befähigt werden soll, sich zunehmend von Außenkontrollen freizumachen, selbstdirektiv zu lernen und möglichst von innen heraus gesteuerte Handlungen anzustreben[460]. Schon das Ehepaar TAUSCH (1956) wendete seine Erkenntnisse auf pädagogische Bereiche an, ausgehend von dem Standpunkt, der nicht-direktive Ansatz sei „praktische Pädagogik in konzentrierter Form".[461] Diese Therapieart, die sich ganz um das Kind und seine Persönlichkeit zentriert, anstatt in erster Linie seine Probleme und Konflikte in den Mittelpunkt der Behandlung zu stellen, will dem Kind ermöglichen, seine eigenen Ziele herauszufinden und diese mit Hilfe der erwachsenen Begleitperson umzusetzen[462].

In der klientzentrierten Spieltherapie wird ausdrücklich Wert auf eine gleichberechtigte Beziehung zwischen Kind und Therapeut/in gelegt. Hierzu die Ansicht SCHMIDTCHENs (1978):

„Die Gestaltung der Kommunikation in Richtung auf ein partnerschaftliches, wechselseitiges Kommunikationsverhältnis, in dem sich der Klient (das Kind,

---

[460] vgl. H.Goetze 1984, S.115
[461] R.Tausch/ A.M.Tausch 1956, S.38
[462] vgl. St.Schmidtchen 1984, S. 49

K.K.) als menschlich gleichwertiger Partner erlebt, zieht sich durch den ganzen Therapieverlauf hin."[463]

Für sein inneres Erleben, die Bedeutung, die es seinen Erfahrungen beimißt, und die durchzuführenden Absichten wird das Kind sogar als Experte angesehen, als Experte seiner eigenen Situation. Mit diesem Standpunkt unterscheidet sich die personzentrierte Kindertherapie deutlich von behavioristischen Einstellungen, nach denen sich der Therapeut/ die Therapeutin als *die* kompetente Fachperson ansieht. Auch die psychoanalytische Spieltherapie stellt sich über das Kind, indem sie Deutungen und Interpretationen über die Empfindungen des Kindes in die Therapie einbringt und diese Beziehung eher im Lichte der Übertragung oder Gegenübertragung sieht, als im Sinne einer realen Begegnung[464].

Die zentrale Überzeugung der nicht-direktiven Sichtweise geht auf ROGERS (1989) zurück, der hervorhob, die Bewertung einer Situation, einer Erfahrung oder eines einschneidenden Ereignisses könne nur vom Hilfesuchenden selbst vorgenommen werden[465]. Demzufolge kann der Entschluß zu einer Veränderung nur von der in Bedrängnis geratenen Person ausgehen, soll sie das jedem Menschen innewohnende Entwicklungsstreben auf Heilung und Wachstum ausrichten, so „daß er letztendlich der einzige ist, der entscheidet, was gut für ihn ist"[466]. Diese Vorstellung von der Autonomie des Menschen gilt nicht nur für Erwachsene, sondern wird auch in der Arbeit mit Kindern zugrunde gelegt.

Das „kindzentrierte Verfahren" befaßt sich demnach weniger mit der Beschreibung oder Erklärung von problematischem oder auffälligem Verhalten von Kindern, als vielmehr mit der Frage: „Wie kann ich dem Klienten helfen, seine Handlungsziele so einzusetzen, daß er zu optimaleren Zielverhaltensweisen kommt?"[467] Die personzentrierten Kindertherapeut/inn/en gehen davon aus, daß auch Kinder grundsätzlich die Befähigung besitzen, ihre Absichten selbst definieren zu können und daher ihre Entscheidungen zu akzeptieren sind. Durch die „Akzentuierung der kindlichen Zielsetzung" sei es der Therapeutin/ dem Therapeuten erst möglich, „im Sinne dieser Zielsetzung mitzuhelfen, das angestrebte Ziel zu erreichen"[468].

Schon DORFMAN (1972) – eine Mitarbeiterin ROGERS´ – war zu der Ansicht gelangt, daß „das Vertrauen in die Fähigkeit des Kindes, sich selbst zu helfen" keine Sache des Glaubens sei, „dieses Vertrauen ist vielmehr aus der Erfahrung bei der Arbeit mit Kindern erwachsen"[469]. Die Kindertherapeutin stellte sich trotzdem die Frage, ob man vielleicht doch zu viel von einem Kind verlange, „wenn man erwartet, daß es diesen unnachgiebigen und

---

[463] St.Schmidtchen 1978, S.104
[464] vgl. M.Behr 1996, S.43
[465] vgl. C.R.Rogers 1989 S.45
[466] St.Schmidtchen 1978, S.104
[467] St.Schmidtchen 1987, S.216
[468] St.Schmidtchen 1987, S.238
[469] E.Dorfman 1972, S.221

traumatisierenden elterlichen Beziehungen von sich aus gewachsen ist"[470]. Da viele Eltern sich jedoch nicht zur Mitarbeit bereit zeigten, war die alleinige Arbeit mit den Kindern häufig die einzige Alternative.

Die Wahl für die Abfolge der einzelnen Handlungsschritte bleibe ebenfalls dem Kind vorbehalten, damit es „ihre Sinnhaftigkeit und Brauchbarkeit spürt". Der Therapeut solle „unterstützende Hilfe, jedoch keine Anweisungen geben. Die Hilfe kann aus Empfehlungen, verbalen Markierungen, Reflexionen, Informationen, etc. bestehen."[471] Auch TAUSCH/ TAUSCH (1956) handelten in ihren Begegnungen mit den Kindern aus der Gewißheit heraus, daß nicht der Erwachsene die Richtung bestimmt, „sondern das Kind (...) den Weg der Lösung seiner Schwierigkeiten selbst finden (muß), soll es sich um eine dauerhafte Lösung handeln"[472].

Häufig wurde die Ansicht, Kinder seien grundsätzlich imstande, wichtige Beschlüsse für ihr weiteres Leben zu treffen, sogar von klientzentrierter Seite in Zweifel gezogen. BIERMANN-RATJEN (1985) gibt zu bedenken, das Kind beschäftige sich in der Therapie mit erlernten und erwarteten Auffassungen und vermeide sein wesentliches und eigentliches Erleben, aus Angst vor Ablehnung, aus Loyalitätskonflikten gegenüber den Eltern oder Anpassung an die Werte nahestehender Erwachsener. Gerade die Entwirrung dieser Interessenskonflikte ist indes ein wesentliches Anliegen der personzentrierten Spieltherapie.

Mittlerweile wurde durch SCHMIDTCHEN (1989) in zahlreichen empirischen Befunden belegt, daß folgende „Interventionsziele" mit der personzentrierten Kindertherapie erreichbar sind:

- Das Kind wird zu einem „freieren und differenzierteren Ausdruck von Gefühlen (...) der Angst, Bedrohung und Verteidigungshaltung" befähigt.
- Es ist nach einer kindzentrierten Begleitung zu einer „exakteren Wahrnehmung von Ereignissen" und zu einer „geringeren Verzerrung und Verleugnung von Informationen" in der Lage.
- Es ist offener für „neue Interpretationen des Wahrgenommenen" und bereiter, „Bedrohungs- und Angsterlebnisse" sowie „Wahrnehmungsverleugnungen" zuzulassen.
- Außerdem lernt es, die inneren Bewertungen einer Situation von den Fremdmaßstäben wichtiger Bezugspersonen zu unterscheiden, da es weniger abhängig von deren oft falscher Anerkennung wird.[473]

Die Entscheidungsfindung mit dem Kind bezieht sich vor allem auf die Wahrnehmung seiner Situation, seiner Gefühle hierzu und seiner Einstellung zu den Eltern und anderen nahestehenden Menschen. Die Maßnahmen, die auf Grundlage dieser Bedeutungen getroffen werden, sind dagegen von den

---

[470] E.Dorfman 1972, S.222

[471] St.Schmidtchen 1991, S.66

[472] R.Tausch/ A.M.Tausch 1956, S.34

[473] St.Schmidtchen 1989, S.195

zuständigen Erwachsenen einzuleiten, da das Kind nicht in der Lage ist, Verantwortung für die Umsetzung der Hilfe zu übernehmen und die verschiedenen Konsequenzen abzusehen. Hierzu bedarf es der Unterstützung begleitender Vertrauenspersonen, die dem Kind Informationen zur Verfügung stellen, die „dann konkreter und führender werden, wenn sich das Kind in einer Notsituation befindet oder Gefahr läuft, die Kontrolle über sein Handeln zu verlieren."[474] KEMPER (1984) meint dazu: „Trotzdem und ohne grundsätzlichen Widerspruch verbleiben beim Therapeuten Sorgfaltspflicht und ein großes Stück Zuständigkeit."[475]

Wichtig ist demnach, daß nicht irgendwelche Ratschläge der erwachsenen Begleitperson den Ausschlag für die Entwicklung der Hilfen geben, sondern die Sichtweise des Kindes und die Berücksichtigung dessen, was es an Hilfe annehmen kann. Dieses Kriterium geht auf AXLINE (1972) – Begründerin der nicht-direktiven Spieltherapie – zurück, die davon ausging, daß ein Kind „in dem festen Glauben an seine Fähigkeit zur Selbstentscheidung" angenommen werden solle. Dies bedeute die „Achtung vor der Fähigkeit des Kindes, ein denkendes, unabhängiges, konstruktives, menschliches Wesen zu sein"[476].

Dem immer wieder vorgebrachten Einwand[477], Kinder würden falsche oder unsoziale Wege wählen, sobald sie sich ermuntert fühlen, zu tun, was immer sie mögen, können folgende Argumente entgegengehalten werden: Das Kind richtet sich laut ROGERS (1989) mehr nach der Anerkennung anderer, als nach den Erkenntnissen, die für seinen Selbstentfaltungsdrang von Wert sind. Der Wunsch nach positiver Beachtung durch Bezugspersonen sei dem Kind bedeutsamer als das innere Streben nach Wachstum und Entwicklung. Schließlich ist es existentiell auf diese Zuwendung angewiesen[478]. Diese Grundprämisse der personzentrierten Anschauung konnte von der Bindungstheorie BOWLBYs (1975) und der Säuglingsforschung STERNs (1992) bestätigt werden und gibt damit dem Ansatz eine breitere Basis. Die Annahme, daß eine gewährende Grundhaltung gegenüber Kindern diese nicht über die Stränge schlagen oder unsinnige Forderungen stellen läßt, wird auch von den Erfahrungen der Spieltherapeutin AXLINE (1972) belegt.

„Diese Art der Spieltherapie fußt auf der Annahme, daß jeder Mensch in sich selber nicht nur die Fähigkeit besitzt, seine Probleme auf eine zufriedenstellende

---

[474] St.Schmidtchen 1996, S.124

[475] F.Kemper 1984, S.35

[476] V.Axline 1972, S.24/25

[477] vgl. z.B. H.Groth-Amberg 1987, S.187 (Nach der behavioristischen Methode sei es nicht unbedingt ratsam oder möglich, Kinder an der Planung der Therapie zu beteiligen, da sie nicht über die kognitive Reife verfügen, ihre Situation richtig einschätzen zu können.) oder vgl. auch Kapitel 6 zu den Argumenten gegen die „kindzentrierte" Vorgehensweise der Kinderschutzdienste, die grundsätzlich von der gleichen Überzeugung wie die personzentrierten Kindertherapeut/inn/en ausgehen.

[478] vgl. C.R.Rogers 1989, S.49

Weise zu lösen, sondern daß er auch einem Reifungsimpuls unterworfen ist, der ihm reifes Verhalten befriedigender erscheinen läßt als unreifes."[479]

Die Ziele des Kindes, seine Entscheidungen und selbstgesteuerten Handlungen fügen sich demnach nicht einem ausschließlichen Bedürfnis nach unmäßiger Selbstverwirklichung, als vielmehr dem dringenden Verlangen nach Wertschätzung, sozial anerkanntem Verhalten und positiven Entwicklungschancen.
Nicht nur in der personzentrierten Sichtweise wird das Kind als ein Wesen von Wert gesehen, das Verantwortung für sich selbst übernehmen kann. Die Vorstellung, eine erwachsene Begleitperson müsse einen Zugang zum inneren Bezugssystem des Kindes suchen, um seinen Willen und seine Ansichten zu berücksichtigen, findet sich in der pädagogischen Diskussion wieder. Das Wertesystem des Kindes gehorche hingegen anderen Gesetzmäßigkeiten als das Erwachsener, wie WILK/ BACHER (1992) ausführen:

> „Kinder können ihre Lebenswelt nur so wahrnehmen, wie dies ihr Entwicklungsstand erlaubt. Ihre jeweiligen kognitiven Fähigkeiten lassen sie die Zusammenhänge anders sehen als Erwachsene, ihr jeweiliger moralischer Entwicklungsstand und ihre jeweils im Vordergrund stehenden Bedürfnisse lassen sie das Wahrgenommene spezifisch interpretieren und bewerten."[480]

So weist auch PIAGET (1981) darauf hin, daß eine ungewöhnliche Antwort oder Lösung eines Kindes bestimmte implizite Postulate aufweise, die sich von denen der Erwachsenen unterscheiden, die es aber aufzuspüren gelte, damit das konkrete Kind durch unterstellte Annahmen nicht mißverstanden werden kann[481]. Ebenso ermutigen BEEKMANN/ BLEEKER/ MULDERIJ (1985) zu dem Versuch, „die Erlebniswelt der Kinder zu verstehen und ihre Perspektiven zu teilen"[482], und SCHOLZ (1994) rät, „aus der Sicht des Kindes zu denken"[483], um seine Wertmaßstäbe und Einstellungen zu ergründen, auch wenn er meint, daß das errungene Verständnis immer nur eine Annäherung sein kann.
Wie wird nun aber dieses genaue und sensible Verstehen der inneren Welt des Kindes realisiert, damit eine Landkarte seines subjektiven Bezugsrahmens entworfen werden kann, um seine verborgenen Konflikte und unbewältigten Probleme einzuordnen? Hierzu sei die differenzierte verbale und nonverbale Symbolisierung, also die möglichst exakte Benennung oder spiegelnde Interaktion, der inneren Prozesse des Kindes notwendig, wodurch es auch sich selbst besser kennen und akzeptieren lerne[484]. Der innere Ort der

---

[479] V.Axline 1972, S.20
[480] L.Wilk/ J.Bacher 1992, S.19
[481] J.Piaget 1991, S.107
[482] T.Beekmann/ H.Bleeker/ K.Mulderij 1985, S.79
[483] G.Scholz 1994, S.48
[484] vgl. Th.Hensel 1996, S.217

Wertung – von dem Therapeuten/ der Therapeutin korrekt wahrgenommen und in verständlichen, kurzen Ausdrücken mitgeteilt – sei ein verläßlicher Wegweiser, der einen Zugang zum inneren Bezugssystem des Kindes eröffne[485].

Nach ROGERS (1989) ist mit dem Begriff des „inneren Bezugssystems" die subjektive Welt des Kindes gemeint; wie es seine Erfahrungen, Erinnerungen, Gefühle und die Bedeutung dieser Wahrnehmung erlebt. Nur durch Empathie kann es einer anderen Person gelingen, sich ansatzweise in diese innere Welt einzufühlen[486]. Das Kind allein kennt seine wirklichen Empfindungen und entscheidet, ob es einem anderen Einblick in sein verborgenes Reich gewähren möchte. Der Ausbilder in personzentrierter Kindertherapie KEMPER (1985) wählte für die Einfühlung in die Persönlichkeit des Kindes die Metapher des Hauses. Wie der Therapeut/ die Therapeutin Einlaß in dieses Haus begehre, wie weit das Kind (oder ob überhaupt) die Tür öffne, ob es Vertrauen oder Mißtrauen ausdrücke, entscheide über den Verlauf des gegenseitigen Kontaktes. Sehr vorsichtig müsse man sich im Haus des Kindes bewegen, sich von ihm führen und die Räume zeigen lassen, die Art der Abgrenzung und der Verabschiedung respektieren[487].

Dieses einfühlende Verstehen sei, wie HENSEL (1996) ausdrückt, die eigentliche Arbeit der Therapeutin/ des Therapeuten, denn erst im Laufe dieses Prozesses können die Kinder „zum vollen Erleben und zur Erkenntnis und Klärung ihres Verhaltens und mancher Persönlichkeitsbezüge"[488] gelangen, welches wiederum die Voraussetzung für eine Entscheidungsfindung ist. Die von SCHMIDTCHEN (1989) herausgearbeiteten „Interventionsziele" sind als das Ergebnis dieser Bemühungen anzusehen, die mit Hilfe der nicht-direktiven Grundprinzipien nach AXLINE (1972) und TAUSCH/ TAUSCH (1956) zu erreichen sind.

Bevor diese Strategien ausführlicher dargestellt werden, wird vorab das Setting und die Diagnostik der personzentrierten Spieltherapie beschrieben.

3.3.2 Indikation, Organisation und Ablauf der Spieltherapie

Während EHLERS (1996) meint, alle Kinder, die sich in einer „emotionalen Belastungssituation" befinden, würden von einer personzentrierten Unterstützung profitieren, benennt SCHMIDTCHEN (1989) *spezifische Kriterien und Störungsursachen als Indikation* für diese Art der Therapie. Sie sei angebracht für Kinder mit emotional gestörtem Verhalten, eigne sich bei Spaltungserlebnissen, psychosomatischen Störungen, depressiven Verstimmungen oder schizophrenen Neurosen. Sie helfe aber auch Kindern mit Lern- und Leistungsstörungen, Kommunikations- und Disziplinproblemen.

---

[485] vgl. C.R.Rogers 1987, S.37
[486] vgl. C.R.Rogers 1989, S. 37
[487] vgl. F.Kemper 1985, S. 138
[488] Th.Hensel 1996, S.103

Minderwertigkeitsgefühle und Selbstwertprobleme sowie selbstzerstörerisches oder aggressives Verhalten könnten ebenso ausgeglichen werden wie Angst- und Bedrohungserlebnisse[489]. Angesichts dieser umfassenden Anwendungsgebiete resümiert er:

> „Als Fazit läßt sich aus den theoretisch abgeleiteten Indikationsaussagen feststellen, daß die personzentrierte Spieltherapie als ein *Breitbandverfahren* zur Behandlung der unterschiedlichsten Störungen von Kindern angesehen werden kann. Aus der Theorie liegen bisher keine einschränkenden Indikationsaussagen vor."[490]

Die umfassenden Forschungen von SCHMIDTCHEN, ACKE und HENNIES (1995) konnten belegen, daß die Spieltherapie auch bei Grenzverletzungen, „in denen *kindliche Bedürfnisse nach körperlicher Nähe* mißachtet oder mißbraucht worden sind oder in denen die Bedürfnisse nach *Achtung (bzw. Wertschätzung)* und *hilfreicher Unterstützung* in *Hilflosigkeits-, Angst- oder Minderwertigkeitssituationen* frustriert wurden", wirksamen Rückhalt geben kann[491]. Hieran zeigt sich: Dieses Verfahren – eigentlich zur Behebung von Verhaltensstörungen im Kindesalter konzipiert – kann auch Kindern in Krisensituationen wertvolle Unterstützung anbieten. Von einer solchen Indikation gehen GOETZE und JAEDE (1975) aus.

> „Konkret könnte man durch eine kindzentrierte Spieltherapie solchen Kindern vorsorglich helfen, die kurz vor oder nach einer erheblichen Belastungsprobe stehen, z.B. Ehescheidung, Umzug, Tod, Schulversagen. In vielen Beratungsgutachten wird gerade die weichenstellende Funktion der Krisensituation und der das Kind existentiell betreffenden Ereignisse hervorgehoben."[492]

Schon damals waren TAUSCH/TAUSCH (1956) der Ansicht, daß dieser Behandlungsansatz auch Kindern helfe, die keine gravierenden Auffälligkeiten zeigen, die „jedoch infolge Unterdrückung, Lieblosigkeit oder Ungunst des Schicksals (...) ein Leben fristen, das gekennzeichnet ist von mangelndem Glück, mangelnder Zufriedenheit und geringem Selbstvertrauen und das gestört ist durch Konflikt und emotionale Verwirrung"[493].
Die Auseinandersetzung des Kindes mit „kritischen Lebensereignissen", Ängsten, „Krisen und traumatischen Erfahrungen", die durch Konflikte in der Familie entstanden sein können, bezeichnet JAEDE (1996) als bedeutsamen Faktor innerhalb personzentrierter Spieltherapie[494]. Im Rahmen der therapeutischen Begleitung ginge es deswegen auch um die „Erkundung der Fami-

---

[489] vgl. St.Schmidtchen 1989, S.191
[490] St.Schmidtchen 1989, S.191 (Hervorhebung im Original)
[491] St.Schmidtchen/ H.Acke/ St.Hennies 1995, S.23 (Hervorhebungen im Original)
[492] H.Goetze/ W.Jaede 1975, S.142
[493] R.Tausch/ A.M.Tausch 1956, S.25
[494] W.Jaede 1996, S.69 u. S.72

liengeheimnisse" und die Einschätzung der subjektiven Bedeutung dieser Belastung für das Kind[495]. Die Möglichkeit einer Traumatisierung durch die Eltern oder andere Bezugspersonen sei von daher nach GOETZE/ JAEDE (1975)[496], SCHMIDTCHEN (1991)[497], JAEDE (1996)[498] und BECKMANN-HERFURTH (1996)[499] in die diagnostischen Überlegungen einzubeziehen. Gegebenenfalls müßten sogar bei unzumutbarer Vernachlässigung oder Schädigung des Kindes gegen den Willen der Eltern Interventionen eingeleitet werden[500].

Eine Befragung der Eltern über die Ursachen der Störung ihres Kindes mag bei solchen Grenzfällen erschwert sein. Ansonsten wird ihre Einbeziehung von kindzentrierten Spieltherapeut/inn/en sehr begrüßt. SCHMIDTCHEN (1991) meint sogar: „Nach den revolutionären Sichtweisen der Familientherapie und Familiensystemtheorie müsse eine Behandlung des Kindes mit einer Familientherapie einhergehen."[501] Die Eltern können wichtige Auskünfte über die bisherige Entwicklung des Kindes geben, und aus der Analyse der Eltern-Kind-Interaktion können Rückschlüsse über „mögliche Auswirkungen auf das gestörte seelische Verhalten des Kindes" gezogen werden[502]. Die durchschnittliche *Begleitung der Eltern* umfaßt ca. 11-15 Kontakte, während derer sie über einen optimaleren Umgang mit ihren verstörten Kindern angeregt und dazu ermutigt werden, ihre eigenen Konflikte anzugehen[503]. Der enge Kontakt zu den Eltern sei ein Garant, daß die Therapie nicht durch ungünstige Reaktionen gestört oder gar abgebrochen werde. Der Grundsatz der Verschwiegenheit, die dem Kind in der Spieltherapie zugesichert wird, muß jedoch auch oder gerade gegenüber den Eltern aufrechterhalten bleiben[504].

Auf eine gute Zusammenarbeit mit den Eltern wird nahezu von allen klientzentrierten Kindertherapeut/inn/en Wert gelegt und Mißtrauen bezüglich schwerwiegender Mißhandlung oder Ausbeutung des Kindes kaum gehegt. Dennoch verstehen kindzentrierte Spieltherapeut/inn/en sich als „Anwalt des Kindes"[505] und würden es niemals „im Stich" oder „im Regen stehen" lassen[506]. Notwendige Hilfsangebote, die über die Spielstunden hinausgehen (wie z.B. Veränderungen der Lebensverhältnisse des Kindes), sollten „stets auf dem Boden eines klientzentrierten Beziehungsangebotes"[507] eingesetzt

---

[495] W.Jaede 1996, S.77

[496] H.Goetze/ W.Jaede 1975, S.142

[497] St.Schmidtchen 1991, S.104

[498] W.Jaede 1996, S.72

[499] E.Beckmann-Herfurth 1996, S.199

[500] vgl. E.Beckmann-Herfurth 1996, S.199

[501] St.Schmidtchen 1991, S.1

[502] St.Schmidtchen 1996, S.184

[503] St.Schmidtchen 1989, S.184/185

[504] vgl. L.Haselbacher 1982, S.95

[505] E.Beckmann-Herfurth 1996, S.199

[506] F.Kemper 1985, S.136

[507] F.Kemper 1985, S.136

werden. Diese Aussage steht auch für den Umgang mit der Diagnostik zur Bestimmung der Störungsursache.
Ursprünglich wurde von AXLINE (1972) und auch von TAUSCH/TAUSCH (1956) die *Diagnostik* zu Beginn der Therapie abgelehnt, weil die Untersuchungsergebnisse die Behandlung auf eine bestimmte Richtung fixieren könne. Das Kind solle, wenn überhaupt, besser von einer anderen Person und in einem anderen Raum getestet werden.

> „So führt also der nicht-direktive Therapeut keine unmittelbare diagnostische Untersuchung durch. Dennoch bekommt er im Laufe der Therapiestunden ein sehr umfassendes, tiefgehendes Bild von der Persönlichkeit des Kindes. Dies ist vor allem dadurch bedingt, daß das Kind allein, ohne fremde Beeinflussung sein Verhalten in der Therapiestunde gestaltet und der Therapeut es zu verstehen sucht."[508]

Für KEMPER (1984) steht im Mittelpunkt der therapeutischen Bemühungen das Kind und nicht in erster Linie seine Schwierigkeiten. Deswegen würde nicht, infolge einer diagnostizierten Störung, eine ganz bestimmte Richtung der Behandlung eingeschlagen. „Konsequent werden dann auch Erfassung und Beschreibung psychischer Störungen des Kindes nicht unbedingt forciert."[509] In der Hauptsache gilt für HARDING (1972) in Einvernehmen mit personzentrierten Kindertherapeut/inn/en das Spiel als *das* Diagnoseinstrument. „In Wirklichkeit kann man keine Spieltherapie treiben, ohne gleichzeitig diagnostische Beobachtungen zu machen, und jede diagnostische Spielbeobachtung kann auf das Kind therapeutische Wirkung haben."[510] Obwohl die Grundprinzipien des Nicht-Lenkens, Nicht-Vorantreibens und Gewährenlassens eine umfassende Befragung und Testung des Kindes ausschließen, werden projektive Tests (z.B. Sceno-Test, Familie in Tieren, Baum-Test, Sandspieldiagnostik, Satzergänzungstests, etc.) eingesetzt, die sich funktional auf den Therapieablauf beziehen"[511].
Zur *Ausstattung des Spielzimmers* gehören deswegen Materialien und eine technische Ausrüstung (Kassetten- und Videogerät oder Einwegscheibe), die eine diagnostische Beobachtung des Kindes ermöglichen und ihm genügend Anreize zum freien Ausdruck und kreativen Gestalten geben.
AXLINE (1972) beschreibt detailliert die Einrichtung eines Spieltherapieraumes. In diesem Zimmer solle das Kind ungehindert agieren ohne Schaden anrichten zu können. Das Spielzeug solle kindliche Attacken aushalten können oder eigens zum Ausleben von heftigen Emotionen gedacht sein. Folgende oder ähnliche Materialien befinden sich üblicherweise in jedem Therapiezimmer[512]:

---

[508] R.Tausch/ A.M.Tausch 1956, S.34
[509] F.Kemper 1984, S.34
[510] G.Harding 1972, S.41
[511] vgl. H.Goetze/W.Jaede 1975, S.28
[512] vgl. auch St.Schmidtchen 1991, S.110f

„Babyflaschen, eine Puppenfamilie; ein möbiliertes Puppenhaus; Spielsoldaten und derlei Ausrüstungsgegenstände; Spieltiere; Spielhausmaterial mit Tisch, Stühlen, Feldbett, Puppenbett, Ofen, Zinnteller, Pfannen, Puppenkleider, Wäscheleine, Wäscheklammern und Waschkorb; eine Puppe, die weinen und nassmachen kann; Handpuppen mit Puppenbühne; Bleistifte; Ton; Farben zum Fingermalen; Sand; Wasser; Spielkanonen; eine Garnitur Holznägel; ein Holzhammer; Papierpuppen; kleine Wagen; Flugzeuge; ein Tisch; eine Staffelei; ein Tisch mit emaillierter Platte zum Fingermalen und für Tonarbeiten; Spieltelefon; Borte; eine Schüssel mit Wasser; ein Besen; ein Mop; Lumpen; Zeichenpapier; Papier zum Fingermalen; altes Zeitungspapier; billiges Ausschneidepapier; Bilder von Menschen, Häusern, Tieren und anderen Gegenständen; ein leerer Spankorb zum Entzweimachen."[513]

Alle Spielsachen oder Spielmöglichkeiten darf das Kind frei wählen, um seine Konflikte, Schwierigkeiten und Probleme auszuspielen. Die Wahl des Spieles gibt der Therapeutin/ dem Therapeuten entscheidende Hinweise auf die Situation und die Lebensbedingungen des Kindes. Der Ablauf des Geschehens wird allein vom Kind gesteuert, und so gleicht keine Spieltherapie der anderen und jede trägt individuelle Züge.

Um einen Überblick über *das Setting, die Dauer und den Verlauf* der personzentrierten Spieltherapie zu geben, werteten WUCHNER und ECKERT (1995) 46 Einzeltherapien mit Kindern und Jugendlichen aus, nachdem ihnen 379 Fragebögen von Gesprächstherapeut/inn/en vorlagen. In diesem Durchgang zur Darstellung der klientzentrierten Behandlung von Kindern kamen sie zu folgenden Ergebnissen:

Das durchschnittliche Therapiekind ist ein 11jähriges Mädchen (39% sind Jungen), das an emotionalen Störungen leidet und von einer etwa 45jährigen Therapeutin (43% der Therapien wurden von Männern durchgeführt) behandelt wird. Die Sitzungen finden üblicherweise einmal in der Woche statt und umfassen ca. 61 Kontakte. In gegenseitigem Einvernehmen wird die Therapie also nach einem 1 ¾ Jahr beendet[514].

Die Diagnosen bei den begleiteten Kindern bezogen sich bei 11% auf Identitätsprobleme, bei 8% auf schwieriges Sozialverhalten, bei 7% auf Eßstörungen (nur Mädchen), bei 5% auf allgemeine Neurosen, bei 4% auf psychosomatische Störungen, bei 3% auf posttraumatische Belastungsreaktionen (nur Mädchen), bei 2% auf akute Belastungen und bei weiteren 6% auf Erkrankungen, Entwicklungsrückstände oder körperliche Schädigungen[515].

Bei dieser Studie variiert die Dauer der Behandlung zwischen 10 und 210 Sitzungen, während SCHMIDTCHEN (1989) eher von etwa 25-30 Kontakten ausgeht[516]. Die längste Therapiedauer entfällt auf die Beseitigung von Entwicklungsrückständen (144 Stunden), auf akute Belastungsreaktionen

---

[513] V.Axline 1972, S.56
[514] vgl. M.Wuchner/ J.Eckert 1995, S.17
[515] vgl. M.Wuchner/ J.Eckert 1995, S.18
[516] St.Schmidtchen 1989, S.184

(115,5 Stunden) und auf Eßstörungen (77,9 Stunden). Die Begleitung der drei traumatisierten Mädchen betrug im Mittelwert 59,3 Stunden. Die umfassende Aufarbeitung und Bewältigung eines Traumas, ohne daß dieses näher definiert wurde oder die Frequenz als repräsentativ angesehen werden kann, beträgt nach dieser Untersuchung demnach bei einwöchigen Sitzungen im klientzentrierten Verfahren etwa ein Jahr[517].

Im Umgang mit Traumatisierung infolge sexueller Grenzverletzung oder Ausbeutung von Kindern haben deutsche personzentrierte Kindertherapeut/ inn/en – darauf lassen diese Ausführungen schließen – wenig Erfahrung. Die konsequente Befolgung der nicht-direktiven Grundprinzipien, die im nächsten Abschnitt vorgestellt werden, gilt in besonderem Maße auch für die Verdachtsabklärung und Aufdeckung bei sexuellem Mißbrauch an Kindern, sollen die wissenschaftlich abgesicherten Ziele (vgl. auch Kapitel 3.3.1) des klientzentrierten Ansatzes erreicht werden. Die Befähigung des Kindes zur exakten Wahrnehmung von Ereignissen, zur geringeren Verzerrung von Erfahrungen oder Informationen, zur inneren Bewertung einer Situation unabhängig von Fremdmaßstäben[518] und der daraus resultierenden Verringerung seiner Suggestibilität sollte ein entscheidender Faktor bei der pädagogischen Begleitung sein.

3.3.3 Die kindzentrierten Grundhaltungen

Zur Einhaltung der nicht-direktiven Vorgehensweise, um das Kind mit seinen Fähigkeiten, seiner Individualität und seinen Konflikten in das Zentrum aller Bemühungen zu stellen, entwickelte AXLINE (1972) acht Grundprinzipien. Diese Strategien geben den personzentrierten Spieltherapeut/inn/en bis heute Orientierung und Anleitung im Umgang mit den Therapiekindern. TAUSCH/ TAUSCH (1956) führten diese Prinzipien weiter aus, verknüpften die Beschreibungen mit Beispielen aus ihrer mehrjährigen Erfahrung mit der Behandlung von Kindern, wählten eine andere Gewichtung und fügten neue Ideen hinzu. Ausgangspunkt für SCHMIDTCHENs (1974) Dissertation zur „klientzentrierten Spieltherapie" waren ebenfalls AXLINES Prinzipien, die er später (1991) zu Globalstrategien des Therapeutenverhaltens weiterentwickelte. Auch GOETZE/ JAEDE (1975) griffen auf die nicht-direktiven Prinzipien zurück, auf die GOETZE (1981) sein Prozeßmodell der vier Phasen im personzentrierten Umgang mit Kindern aufbaute. Auch in den jüngsten Veröffentlichungen haben die nicht-direktiven Grundprinzipien Verbindlichkeitscharakter, wenn sie auch als erweiterungs- und ergänzungsbedürftig angesehen werden[519].

Diese nicht-direktiven Prinzipien sollen später auch in Zusammenhang mit der Untersuchung der Kinderschutzdienste als Kategorien zur Erfassung

---

[517] vgl. M.Wuchner/ J.Eckert 1995, S.18
[518] vgl. St.Schmidtchen 1989, S.195 (hier S.25)
[519] vgl. C.Boeck-Singelmann, B.Ehlers, Th.Hensel, F.Kemper, Ch.Monden-Engelhardt 1996

einer „kindzentrierten" Grundhaltung herangezogen werden. Aus diesem Grunde wurde eine Vereinheitlichung der Darstellung gewählt, die die verschiedenen Ausführungen der oben erwähnten personzentrierten Autor/inn/en zu einem übersichtlichen Strategiensystem zusammenfügt. Die in dieser Weise systematisierten Grundprinzipien werden somit zu einem Einschätzungskriterium „kindzentrierter" Vorgehensweise in der pädagogischen Begleitung von Kindern.

Folgende sieben Kriterien einer nicht-direktiven Strategie zur Beratung von Kindern in „Krisensituationen" lassen sich auf die Theorie der personzentrierten Spieltherapie (Axline 1972, Tausch/ Tausch 1956, Schmidtchen 1974, Goetze/ Jaede 1975, Goetze 1981) zurückführen:

- Das Prinzip der positiven Beziehungsgestaltung
- Das Prinzip des Nicht-Lenkens
- Das Prinzip des Gewährens und Akzeptierens
- Das Prinzip des Erkennes und Reflektierens der Gefühle
- Das Prinzip der Förderung von Problemlösekompetenzen
- Das Prinzip des Begrenzens
- Das Prinzip der Selbstkongruenz

Zum Prinzip der positiven Beziehungsgestaltung

Die zentrale Annahme des personzentrierten Konzeptes lautet: Die positive Persönlichkeitsentwicklung des Kindes vollzieht sich innerhalb konstruktiver Beziehungen[520]. Ausgehend von der Theorie ROGERS' (1989), daß eine helfende Person Echtheit, Wertschätzung und Empathie in diese Beziehung einbringen müsse[521], formulierte AXLINE (1972) ihr erstes Grundprinzip: „Der Therapeut sollte eine warme freundliche Beziehung zum Kind aufnehmen, die sobald wie möglich zu einem guten Kontakt führt."[522]

Dieser Auffassung entspreche die erwachsene Begleitperson nach TAUSCH/TAUSCH (1956) dann, wenn sie sich entgegenkommend, interessiert und zugewandt, aber trotzdem in Grenzen distanziert verhalte. Eine zu intensiv emotionale Beziehung zum Kind vermindere die objektive Urteilsfähigkeit und führe zu gefühlsmäßigen Verstrickungen, die ein Kind eher belasten. Diese warmherzige Einstellung sei die Voraussetzung dafür, Kinder in die Lage zu versetzen, auch „Erlebnisse, die sie beschämen, oder ihnen peinlich sind" mitzuteilen[523].

Diese Ansicht hat auch für SCHMIDTCHEN (1991) Gültigkeit und wurde von ihm in seiner ersten Globalstrategie des heilungsfördernden Verhaltens festgelegt. Demnach sei die Beziehung der erwachsenen Begleitperson zum Kind von ihrer Hilfsbereitschaft, gefühlsmäßigen Offenheit, bedingungslosen Wert-

[520] vgl. H.Goetze 1981, S.173; F.Kemper 1988, S.128; E.M.Biermann-Ratjen 1996, S.11
[521] vgl. C.R.Rogers 1989, S.40
[522] V.Axline 1972, S.75
[523] R.Tausch/ A.M.Tausch 1956, S.69

schätzung und ihrem Bemühen um Authentizität geprägt und der daraus entstehenden Bereitschaft des Kindes, seine Schwierigkeiten offenzulegen[524]. Die Erfahrung bei der therapeutischen Begleitung zeigt, daß selbst verschlossene, zurückhaltende oder sogar autistische Kinder auf dieses Angebot eingehen, dies stellte nicht nur AXLINE (1972) fest.

> „Selbst Kinder, die das Leben um vieles betrogen hat, reagieren schnell auf Erfahrungen, durch die sie sich angenommen fühlen, die ihre Gefühle erleichtern und die die Tür zu besserem Selbstverständnis öffnen, so daß der Weg zur Selbstverwirklichung frei wird."[525]

Durch die weitere Gestaltung wird die Beziehung tragfähig, eine Vertrauensbasis entsteht, das Kind beginnt zu begreifen, daß es anerkannt, verstanden und wertgeschätzt wird. Dies ist die Bedingung, auch schmerzvolle, schreckliche und unangenehme Erlebnisse anzuschauen. Es wird Schritt für Schritt fähig, sich bis in die letzte Konsequenz seinen Problemen zu stellen.

> „Der Klient (das Kind, K.K.) muß die erlebte Sicherheit haben, daß ihn der Therapeut in allen seelischen Belastungssituationen 'körperlich annehmen', 'halten', 'tragen', 'ertragen' kann. Auf dem Hintergrund dieser, mit den Sinnen erlebten, persönlich sicheren Beziehung kann der Klient dann Ressourcen zum Umgang mit der Streßsituation freisetzen."[526]

Zum Aufbau einer positiven Beziehung kann gerade die erste Begegnung entscheidende Weichen stellen. Mit folgenden Worten etwa heißen TAUSCH/TAUSCH (1956) die Kinder im Therapiezimmer willkommen: „Du kannst dich mit mir über alles unterhalten, worüber du möchtest, was dir Freude macht oder was du an Sorgen auf dem Herzen hast. Du kannst sicher sein, daß alles, was du hier sagst, unter uns bleibt, kein anderer erfährt davon."[527]
Die weitere Kontaktaufnahme wird danach dem Kind überlassen. Es wird zu keiner Aktivität gedrängt, ihm werden keine Fragen gestellt, es kriegt weder Vorwürfe noch Lob oder Tadel zu hören. Mit eigenen Einstellungen hat die Therapeutin/ der Therapeut sich zurückzuhalten[528]. Sachliche Fragen des Kindes werden sachlich beantwortet, aber ansonsten werden die Fragen mit den Worten – „Was meinst du denn dazu?" – zurückgegeben.
Die Kontinuität der Beziehung wird dadurch gewährleistet, daß die erwachsene Begleitperson auf ihre eigenen Grenzen achtet, darauf, was sie geben kann und wann es ihr zuviel wird. Bei Überlastung wird sie dem Kind nicht gerecht. „Das Resultat ist, daß es das Gefühl hat, wieder einmal habe

---

[524] vgl. St.Schmidtchen 1991, S.84
[525] V.Axline 1972, S.62
[526] St.Schmidtchen 1987, S.215
[527] R.Tausch/ A.M.Tausch 1956, S.40
[528] vgl. V.Axline 1972, S.75f

jemand, der behauptet hat, ihm helfen zu wollen, in Wirklichkeit im entscheidenden Augenblick versagt."[529] Da die Therapeutin/ der Therapeut keine Verantwortung für das Kind oder die Lösung seiner Probleme übernehmen kann, wird an den positiven Kräften des Kindes angesetzt, damit ein gemeinsamer Weg der Konfliktbewältigung gefunden werden kann. Hierauf bezieht sich auch das nächste Grundprinzip.

Zum Prinzip des Nicht-Lenkens

In diesem Prinzip liegt der Hauptansatzpunkt des nicht-direktiven Vorgehens. Hierbei wird davon ausgegangen, daß die Stunde, die dem Kind mit der Therapeutin/ dem Therapeuten zur Verfügung steht, ganz allein ihm gehört. AXLINE (1972) wollte mit diesem Prinzip den „Weg des Kindes" als Ausgangspunkt der Hilfegewährung benennen: „Der Therapeut versucht nicht, die Handlungen oder Gespräche des Kindes zu beeinflussen. Das Kind weist den Weg, der Therapeut folgt ihm."[530] Die erwachsene Person versucht nicht, das Kind „in irgendeine Richtung zu lenken"[531]. Anregungen, Eingriffe, Korrekturen oder Urteile werden zurückgehalten, um das Kind in keiner Weise zu beeinflussen, da jede Lenkung unzulässig in die Wachstums- und Entwicklungsprozesse des Kindes eingreife und sein Voranschreiten behindere[532]. Auch positive Verstärkungen haben richtungweisenden Charakter und legen dem Kind einen Weg nahe, „den der Therapeut, nicht aber das Kind zu gehen bereit ist"[533].

Der Wunsch, das Kind möge bestimmte Dinge mitteilen oder von speziellen Sachverhalten berichten, wird aufgegeben zugunsten der Überzeugung, daß das Kind wichtige Erlebnisinhalte einbringen wird, wenn es dies von sich heraus möchte. „Kinder werden ihre Probleme dann lösen, wenn die Bedingungen es zulassen und sie dazu bereit sind und sie dazu bereit sind und sie dazu auf ihre Weise."[534] Intensives Nachfragen oder selbst nichtausgesprochene Erwartungen der erwachsenen Person können das Kind bedrängen, und es wird sich wieder verschließen oder zurückziehen. AXLINE (1972) empfiehlt deswegen, dem Kind soviel Zeit zu lassen, wie es braucht[535]. Auch SCHMIDTCHEN (1984) betont die Bedeutung der „inneren Situation des Kindes", die der Therapeut stets zu berücksichtigen habe, indem er sich „an der Entwicklung und dem Tempo des Kindes" orientiere[536]. Der Versuchung, die Dinge voranzutreiben, könne die Begleitperson entgehen, wenn sie ihre eigenen Wünsche erkennt, reflektiert und dann verabschiedet. Es müsse darum gehen, „dem Kind zu helfen, seine eigenen Probleme selber zu

[529] C.R.Rogers 1972, S.91

[530] V.Axline 1972, S:115

[531] R.Tausch/ A.M.Tausch 1956, S.39

[532] R.Tausch/ A.M.Tausch 1956, S.47

[533] H.Goetze/ H.Jaede 1975, S.54

[534] Ch.Daunert/ K.Fröhlich-Gildhoff 1995, S.38; vgl. auch V.Axline 1972, S.122 u. R.Tausch/ A.M. Tausch 156, S.39

[535] V.Axline 1972, S:121

[536] St.Schmidtchen 1984, S.49 u. 50

lösen"[537]. Der Bezugspunkt liegt im Kind und nicht in der erwachsenen Begleitperson; nicht ihre Vorstellungen sind ausschlaggebend, sondern die des Kindes[538]. Jeder noch so gut durchdachte Eingriff berge die Gefahr, dem „Kind im Wege zu stehen", und deswegen warnt KEMPER (1985) außerdem eindrücklich vor der „Einbeziehung therapeutischer Hilfsmittel (z.B. Darstellung dramatischer Situationen mit Hilfe von Spielmaterialien)"[539].

Alle Entscheidungen über das Geschehen in der Stunde werden vom Kind getroffen. Im Gegensatz zu AXLINE (1972) gehen allerdings die neueren personzentrierten Vorstellungen in der Spieltherapie dahin, daß sich der „Therapeut nicht zurückhaltend, primär beobachtend, sondern als aktiver Interaktionspartner" beteiligt, „der mitspielt und sich als Person mit seinen Gefühlen, Gedanken und Wertvorstellungen einbringt"[540]. Seine Handlungen und die Mitwirkung beim Spiel richten sich jedoch nach den Anweisungen des Kindes. BEHR (1996) rät, die erwachsene Begleitperson könne z.B. die Spielhandlungen des Kindes verbal kommentieren und vorsichtige Erkundigungen zum Verständnis seiner Inszenierung einholen. Erst nach der Aufforderung zum Mitspielen, sollten Handlungsweisungen erbeten und diese entsprechend ausgeführt werden[541]. Dies sei nach JAEDE (1996) ausschlaggebend für die Nicht-Lenkung der Spieltätigkeit des Kindes.

> „Dadurch, daß dem Kind die freie Spielwahl und Spielgestaltung überlassen wird, kann es die verschiedenen Aspekte der Spielhandlungen nach seinen Bedürfnissen und Begrenzungen so bestimmen, daß es als Spielleiter immer die Kontrolle über die Geschehnisse behält."[542]

Das Geschehen während des Kontaktes gänzlich der Kontrolle des Kindes zu überlassen, gab dieser „nicht-direktiven" Behandlungsart ihren Namen, während die nächste Grundhaltung der bedingungslosen Wertschätzung und positiven Beachtung eher der „klientzentrierten" Phase nach ROGERS (1972) zuzurechnen ist.

Zum Prinzip des Gewährens und Akzeptierens

In dieser Empfehlung sind mehrere Ansichten personzentrierter Spieltherapeut/inn/en zusammengefaßt, die sich in den Publikationen zum Teil überschneiden oder gegenseitig ergänzen. Es geht hierbei um die Achtung vor dem Kinde, seine Probleme allein zu bewältigen, wenn man es gewähren läßt, damit es all seine Gefühle, Erlebnisse und Einstellungen zum Ausdruck bringen kann. AXLINES (1972) drittes und fünftes Grundprinzip finden sich darin wieder:

---

[537] R.Tausch/ A.M.Tausch 1956, S.60
[538] vgl. auch W.Jaede 1996, S.134
[539] F.Kemper 1985, S.133
[540] W.Jaede 1996, S.134
[541] vgl. M.Behr 1996, S.60
[542] W.Jaede 1996, S.133

„Der Therapeut gründet seine Beziehung zum Kind auf eine Atmosphäre des Gewährenlassens, so daß das Kind all seine Gefühle frei und ungehemmt ausdrücken kann. (...) Er achtet die Fähigkeiten des Kindes, mit seinen Schwierigkeiten selbst fertig zu werden, wenn man ihm Gelegenheit dazu gibt, eine Wahl in Hinblick auf sein Verhalten zu treffen. Der Entschluß zu einer Wandlung und das In-Gang-Setzen einer Veränderung sind Angelegenheiten des Kindes."[543]

Auch TAUSCH und TAUSCH (1956) gingen davon aus, daß das Kind in einem Klima der Erlaubnis, in dem „es nicht kritisiert, ermahnt, getadelt oder abgewertet" wird, sehr schnell sein Mißtrauen verliere, und es „fühlt sich frei, offen seine innere Problematik" einzubringen, „ohne ein Gefühl der Schuld und Scham"[544]. Dabei sei es wichtig, jedes Verhalten des Kindes, auch sein Schweigen, seinen Rückzug, sein Zögern, seinen Widerstand oder seine Aggressionen gegen den Therapeuten/ die Therapeutin anzunehmen. Außerdem solle auch die Vorstellung, etwas Entscheidendes müsse möglichst bald passieren, aufgegeben werden. Geduld, Ruhe und Abwarten-können findet DORFMAN (1972) wesentlich für einen positiven Verlauf der Behandlung:

„Wenn das Kind keine andere Person in seine private Welt einlassen will, kann es vielleicht schon therapeutisch sein, daß der Therapeut das akzeptiert und nicht versucht, sich aufzudrängen. Vielleicht reicht schon die Erfahrung aus, daß der Therapeut bereit ist, diese private Welt im echten Sinne zu respektieren."[545]

Das Kind wird bedingungslos akzeptiert und seine Handlungen werden als ein legitimer Weg angesehen, seine Ziele auch gegen Widrigkeiten durchzusetzen. Mit dieser Haltung verhelfe die erwachsene Begleitperson dem Kind, sich nach eigenen Vorstellungen zu entwickeln.

„Für ein Kind ist es eine völlig neue Erfahrung, wenn plötzlich Vorschläge, Regelungen, Verbote, Zurechtweisungen der Erwachsenen, aber auch Einmischung und Unterstützung fortfallen. All das wird durch die Gewährungshaltung ersetzt, in der man dem Kinde erlaubt, so zu sein, wie es ist. (...) Hierin liegt eine Herausforderung, und tief in der kindlichen Seele antwortet etwas auf die Herausforderung, seiner Lebenskraft Ausdruck und Richtung zu geben, zielbewußter, entscheidungsfähiger und unabhängiger zu werden."[546]

Doch bevor es zu einer Entscheidung kommen kann, muß das Kind uneingeschränkt seine Empfindungen ausspielen dürfen, „seine Kränkungen und sein Gefühlslabyrinth müssen in Erscheinung gebracht werden"[547], bevor es zu sich selbst in Beziehung treten kann, sich seiner bisher verdrängten Emo-

---

[543] V.Axline 1972, S.73
[544] R.Tausch/ A.M.Tausch 1956, S.87
[545] E.Dorfman 1972, S.228
[546] V.Axline 1972, S.19 u. 21/22
[547] F.Kemper 1988, S.223

tionen gewahr werden kann. Die Haltung des Gewährens und Akzeptierens unterstütze nach DORFMAN (1972) gerade auch das Ausleben abgespaltener Gefühle: „Sie scheint ihm (dem Kind, K.K.) zu helfen, zurückgewiesene wie akzeptierte Aspekte seiner Persönlichkeit nach außen zu bringen und eine Art von Integration zwischen ihnen herzustellen."[548]

Die Begegnung des Kindes mit sich selbst, seinen Gedanken, abgespaltenen Empfindungen, Einstellungen und Annahmen ist die unbedingte Voraussetzung für die Bewältigung seiner Konflikte und oberstes Ziel der klientzentrierten Begleitung. Nur ein Mensch, der mit sich selbst in Kontakt steht, wird zu einer voll handlungsfähigen Person im Sinne ROGERS (1959). Er ist offen für seine Erfahrungen, die seinem Bewußtsein zugänglich sind und die er in ihrer ganzen Bedeutung erfaßt. Er bewertet seine Situation aus inneren Maßstäben und nicht aufgrund persönlichkeitsfremder Einschätzungen, und er reflektiert angemessen und ohne Verleugnung oder Verzerrung seine Entscheidungen[549]. In diesem Prinzip liegt also der Schlüssel zur Entfaltung der Problemlösekompetenz des Kindes, wie dies von GOETZE (1984) ausgedrückt wird: „Eine wesentliche Grundlage des personzentrierten Ansatzes ist die Annahme, daß jeder Mensch prinzipiell zur Selbststeuerung und Selbstverwirklichung fähig ist, wenn er in der Lage ist, alle wichtigen Erfahrungen angstfrei für sich zuzulassen."[550]

SCHMIDTCHEN (1991) geht ebenfalls davon aus, daß das intensive bewußte Erleben wichtiger emotionaler Affekte ein Hinweis auf Wachstums- und Entwicklungsprozesse sei, die als Grundlage der Entscheidungsfindung anzusehen sind[551]. Wie dem Kind zur Wahrnehmung seiner Empfindungen Beistand gewährt werden kann, dazu gibt das nächste Prinzip praktische Hinweise.

Zum Prinzip des Erkennens und Reflektierens der Gefühle
Das einfühlende Verstehen ist die eigentliche Aufgabe der Therapeutin/ des Therapeuten und eine zugleich aktive Eingriffsmöglichkeit gegenüber der ansonst nicht-lenkenden und gewährenden Grundhaltung. Die nachempfundenen Gefühle werden dem Kind sprachlich widergespiegelt, damit es sich selbst besser kennen und verstehen lernt. ROGERS (1967) bezeichnete diese Symbolisierung der wahrgenommenen Affekte als den „zentralen Gehalt des Mitteilungsaspektes vom genauen einfühlenden Verstehen"[552] und HENSEL (1996) erklärte „das Verbalisieren emotionaler Erlebnisinhalte zum Kennzeichen des klientzentrierten Ansatzes" auch in der Spieltherapie[553]. Das Prinzip des Reflektierens der Gefühle wurde von AXLINE (1972) eingeführt: „Der Therapeut ist wachsam, um die Gefühle, die das Kind ausdrücken

---

[548] E.Dorfman 1972, S.253
[549] vgl. C.R.Rogers 1959, S.234f
[550] H.Goetze 1984, S.116
[551] vgl. St.Schmidtchen 1991, S.87
[552] C.R.Rogers 1967, S.104
[553] Th.Hensel 1996, S.217

möchte, zu erkennen und reflektiert sie auf eine Weise auf das Kind zurück, daß es Einsicht in sein eigenes Verhalten gewinnt."[554]

Die erwachsene Begleitperson versucht nach TAUSCH/ TAUSCH (1956) „die vom Kind in Wort und Spiel ausgedrückten Gefühle, emotionalen Haltungen, Wünsche und Strebungen zu erkennen"[555]. Dies könne nur dann gelingen, wenn die Begleitperson „die Welt mit den Augen des Kindes zu sehen und zu erleben versucht" und die wahrgenommenen Empfindungen dem Kind rückmeldet, sie ihm gleichsam „wie in einem Spiegel entgegenhält"[556]. Das „Erschließen der kindlichen Welt" – Ausgangspunkt der Entscheidungsfindung bei der Lösung seiner Probleme – gelingt dieser Auffassung nach über die möglichst genaue Erfassung der Wahrnehmung des Kindes. Weniger der Inhalt seines Spieles oder seiner Worte als vielmehr die Gefühle führen zu seiner inneren Persönlichkeit. Die Bereitschaft des Kindes, sich mit den verborgenen Ängsten, Konflikten oder unangenehmen Erlebnissen zu beschäftigen, wächst mit der Rückspiegelung der wahrgenommenen Empfindungen.

Die Beachtung jeder noch so feinen oder zarten Andeutung einer Gemütsbewegung bestärke das Kind, weitere Regungen zuzulassen, um schließlich zum unzensierten Ausdruck all seiner Emotionen zu gelangen.

> „In keiner Minute darf er (der Therapeut) ein Gefühl oder eine Haltung des Kindes, die therapeutisch verwendet werden können, ungenutzt verstreichen lassen. Dies ist besonders dann zu beachten, wenn sich das Kind eben erst auf dem Weg befindet, seine Gefühle auszudrücken. Hier kann schon das therapeutische Aufgreifen etwa eines Seufzers, eines Stöhnens oder einer ersten leisen Äußerung der Freude vermehrte Hervorbringung von Gefühlsäußerungen beim Kind bewirken."[557]

Das sensible Aufgreifen der emotionalen Erlebnisinhalte erfordert viel Erfahrung von der erwachsenen Begleitperson. Was sie vom Fühlen des Kindes verstanden hat, soll sie in zartfühlender Weise ansprechen, damit das Kind den Inhalt des Mitgeteilten als zu sich gehörend aufnehmen kann[558].

Da die Verbalisierung der Gefühle recht häufig auch bei äußerster Behutsamkeit auf den Widerstand des Kindes stößt, empfiehlt BEHR (1996) eine nichtsprachliche Reaktion auf die im Spiel agierten Impressionen. Er prägte den neuen Begriff der „Interaktionsresonanz", wonach die erwachsene Person mit dem Kind auf der Ebene des von ihm gewählten Spielmittels interagiert.

> „Sie gibt Resonanz in der Interaktion, Resonanz durch ihr Handeln im Medium. Dabei ist sie auf verbaler Ebene empathisch, ist feinfühlig, stimmt sich auf Affekte ein, spiegelt zuweilen, allerdings nicht ´wörtlich´, das kindliche Handeln

---

[554] V.Axline 1972, S.73

[555] R.Tausch/ A.M.Tausch 1956, S. 93

[556] R.Tausch/ A.M.Tausch 1956, S.93

[557] R.Tausch/ A.M.Tausch 1956, S.62

[558] vgl. E.M.Biermann-Ratjen 1996, S.12

– die Therapieperson tut mehr als das; sie gibt durch ihre Interaktion Resonanz auf das Handeln des Kindes."[559]

In der konkreten Spielsituation bedeutet das, daß die Begleitperson aufnimmt, was das Kind spielt, indem sie es ihm nachahmt, „die emotionale Dynamik in die eigene Spielhandlung leicht verändert einbaut", dem Kind aber sonst nichts vorgibt und darauf achtet, „nicht vor das Kind zu geraten". Sie befaßt sich demnach „gleichfalls handelnd" mit dem Spiel des Kindes. Dabei seien „Verbalisierungen von Emotionen und Kognitionen sowohl bezüglich des Kindes als auch der eigenen inneren Prozesse begleitend zur Interaktionsresonanz sinnvoll"[560]. BEHR (1996) schlägt weiter vor, daß die therapierende Person die Handlungen des Kindes kommentieren und Fragen zu seinen Inszenierungen stellen könne. Dabei solle sie stets wertschätzend und anerkennend auf der gleichen Stufe des vom Kind bevorzugten Spielmediums bleiben, egal wie „grausam oder befremdend" die dargestellten Szenen auch sein mögen[561].
Ohne das Kind aus dem Spielfluß zu bringen, kann es gefragt werden, wie die Spielfigur sich wohl fühlen mag, was sie wohl denkt. Durch den Kontakt zum eigenen Erleben versucht die Therapeutin/ der Therapeut zusätzlich die Bedeutung, die das Kind seinem Spiel gibt, zu erahnen. Dabei sei eine Balance herzustellen zwischen den Zuschreibungen aus der eigenen Phantasie und dem realen Erleben des Kindes. Angemessen vorsichtiges Nachfragen kann eine sinnvolle Überprüfung der gehegten Vermutung sein, ohne jedoch in das Geschehen einzugreifen, etwas zu verändern oder voreilige Schlüsse zu ziehen[562].
Das empathische Verbalisieren hilft dem Kind, „seine bedrängenden Erlebnisse" mitzuteilen und bietet ihm einen Ausweg aus seiner Isolation, weswegen dieses Prinzip in der personzentrierten Spieltherapie als der wirksamste Zugang zum Kind angesehen wird[563]. Ist dieser einmal erschlossen, wird ein realer Bezug zur Phantasieebene des Spieles hergestellt und nun gerät die Lebenssituation des Kindes und dessen Konflikte in den Brennpunkt. Zur Bewältigung dieser Phase hat SCHMIDTCHEN (1991) eine weitere Strategie entwickelt.

Zum Prinzip der Förderung von Problemlösekompetenzen
Das Kind erhält jede verfügbare Unterstützung zur Lösung seiner Schwierigkeiten in einer Weise, die es ihm ermöglicht, seine Probleme möglichst selbst anzugehen. Auch dazu bietet das Spiel geeignete Möglichkeiten. Die Überprüfung der Entscheidungen und die Reflexion der Absichten in der nichtbedrohlichen Atmosphäre des Spielzimmers hob SCHMIDTCHEN (1991) als

---

[559] M.Behr 1996, S.53
[560] M.Behr 1996, S.56f
[561] M.Behr 1996, S.60
[562] vgl. M.Behr 1996, S.61
[563] F.Kemper 1988, S.224 und vgl. auch 1985, S:138

besondere Chance hervor. Die schrittweise Suche nach geeigneter Hilfe in der bedrängenden Situation könne dem Kind dadurch entscheidend erleichtert werden.

> „Eine wichtige Strategie besteht darin, dem Klienten zu empfehlen, die miteinander konkurrierenden Handlungsimpulse in einer Quasi-Realitätssituation (also im Spiel, in der Phantasie, im Traum oder Gespräch, etc.) handlungsmäßig auszuprobieren; d.h. jeden Impuls, auch den belastenden, in Handlungen umzusetzen. Dann kann der Klient selbst erkennen, welche Zielsetzungen zu welchen Ergebnissen führen und selbst entscheiden, welchen Handlungsimpulsen er in der Realität folgen will."[564]

Der eher unspezifischen Suche zur Bewältigung der Krisensituation folgt ein systematischeres Forschen. In dieser Phase wird das Kind durch Informationen über Handlungsmöglichkeiten unterstützt[565]. Unrealistische Lösungsmöglichkeiten werden dem Kind rückgemeldet und ihm ermöglicht, andere Wege zur Umsetzung seiner Ziele zu finden. Dabei werden seine Widerstände gegen die Bewußtmachung schmerzhafter Umstände aufgedeckt[566].
Da die Probleme des Kindes nicht immer mit seinem gestörten Verhalten zu erklären seien, wenn es z.B. in einer sicheren Umgebung nicht die gleichen Symptome zeige, wie in seinem gewohnten Umfeld, dann sollten „Modifikationsformen" gewählt werden, „die an der Umwelt des Individuums ansetzen"[567].

Diese Ansicht vertritt auch JAEDE (1996), indem er meint:

> „Vielmehr stellen die Verbesserung der konkreten, sozialen und materiellen Lebensbedingungen im weiteren Lebensfeld des Kindes, oder Maßnahmen wie die Durchführung von 'Helferkonferenzen' zur Verbesserung der Vernetzung, die multidisziplinäre Zusammenarbeit oder die Berücksichtigung prognostisch relevanter Merkmale bestimmter Risikogruppen ebenfalls bedeutsame Interventionsansätze dar, die in ihrer Gesamtheit einen potentiell erheblich verbesserten Einfluß auf die kindliche Entwicklung gewinnen können."[568]

Die aktive Veränderung der Lebensverhältnisse des Kindes – stets mit ihm abgestimmt und wiederholt reflektiert – stellt ein Novum innerhalb der personzentrierten Spieltherapie dar. DORFMAN (1972) ging noch davon aus, daß das Kind nicht nur die inneren Konflikte bewältigen könne, sondern auch mit der Situation seiner Umgebung, „die ursprünglich traumatisierend war" allein

---

[564] St.Schmidtchen 1991, S.66
[565] vgl. St.Schmidtchen 1991, S.88
[566] vgl. St.Schmidtchen 1991, S.90
[567] St.Schmidtchen 1978, S.109
[568] W.Jaede 1996, S.76

fertig werde. Das Kind verändere seine Umwelt, wenn es sich selbst verändert, indem es einen „Veränderungszyklus" initiiere[569].

Auch die ständige Reflexion mit dem Kind über die von ihm getroffenen Entscheidungen zeigt eine neue Entwicklung des kindzentrierten Vorgehens auf, ebenso wie die Ansicht, die Begleitung des Kindes verlaufe in verschiedenen Phasen. GOETZE (1981) konzipierte ein Prozeßmodell der personzentrierten Spieltherapie in vier Stufen. Die erste Phase sei durch den Beziehungsaufbau zwischen dem Kind und der Therapieperson gekennzeichnet. In der zweiten nicht-direktiven, nicht-lenkenden Phase werden nur die Gefühle des Kindes gespiegelt, ansonsten solle es frei agieren. Auf der Basis der entstandenen Beziehung folgt die dritte kindzentrierte Phase: die Gewährung von Hilfen zur Bewältigung der Probleme des Kindes. Hier könne die erwachsene Begleitperson über das vom Kind Ausgedrückte hinausgehen, „um Erlebnisvorgänge zu intensivieren"[570]. In der vierten Phase könne sich die Therapeutin/ der Therapeut „selbst in das Geschehen einbringen"[571]. Wenn das Kind sich angenommen und in seiner ganzen Art akzeptiert fühlt, könnten sogar Vorschläge gemacht und Fragen gestellt werden, gewiß stets unter Berücksichtigung der Wünsche des Kindes.

Den Vorstellungen und Sehnsüchten des Kindes sind gewisse Grenzen gesetzt, die von der erwachsenen Begleitperson stets im Auge behalten werden. Sie dem Kind bewußt zu machen und Überschreitungen oder Grenzverletzungen aufzuzeigen, ist eine weitere wichtige Aufgabe in der Spieltherapie.

Zum Prinzip der Begrenzens

Die zeitliche Begrenzung des Aufenthaltes, das Verbot der absichtlichen Zerstörung von Spielmaterial, der Mitnahme von Gegenständen aus dem Raum, des ernstgemeinten Angriffs gegen die begleitende Person oder die Sorge um die Sicherheit des Kindes vor Gefährdungen oder Schädigungen setzen dem Entfaltungsdrang des Kindes im Spielzimmer natürliche Grenzen[572]. Auch dieses Prinzip wurde ursprünglich von AXLINE (1972) eingeführt, besitzt aber weiterhin Verbindlichkeit für personzentrierte Kindertherapeut/inn/en:

> „Der Therapeut setzt nur dort Grenzen, wo diese notwendig sind, um die Therapie in der Welt der Wirklichkeit zu verankern und um dem Kind seine Mitverantwortung an der Beziehung zwischen sich und dem Kind klarzumachen."[573]

Die Regeln, die in dem Spielzimmer gelten, sollen dem Kind ruhig, sachlich und freundlich mitgeteilt werden. Ein Überschreiten der Grenzen wird

---

[569] E.Dorfman 1972, S.222
[570] H.Goetze 19981, S.43
[571] H.Goetze 1981, S.43
[572] vgl. R.Tausch/ A.M.Tausch 1956, S.109f
[573] V.Axline 19972, S.73

verbalisiert, die Empfindungen hierzu angenommen und das Verbot noch einmal geduldig wiederholt. Die Entscheidung, wie ein Verstoß gegen die Regeln zu bewerten ist, wird allein dem Kind überlassen, da es zu einem eigenen Urteil kommen soll[574].

Der Angriff gegen die Therapeutin/ den Therapeuten oder die Zerstörung von Gegenständen kann auf geeignete Spielmaterialien umgeleitet werden und bietet somit eine legitime Befreiung von belastenden Emotionen. Deswegen wird die Nichteinhaltung von Begrenzungen auch nicht sanktioniert oder mit Strafen belegt. KEMPER (1988) definiert Regelverstöße sogar in erster Linie positiv:

> „Ich betrachte Grenzüberschreitungen über weite Strecken als ein Wachstumsgeschehen, um sich und andere kennenzulernen und zu prüfen etc. Grenzüberschreitungen sind weniger eine Behinderung für die Therapie, sondern stellen mehr eine Chance zum Reifen und Wachsen dar. Insofern bin ich auch nicht sehr bereit, sie zu dramatisieren."[575]

Um zu verhindern, daß die Therapeut/inn/en sich hinter Regeln verstecken, empfiehlt er, sich ganz auf die Kinder einzulassen, unangepaßtes Verhalten nicht so ernst zu nehmen oder es den Kindern sogar gleichzutun. KEMPER (1988) kämpft durchaus mit aggressiven Kindern oder trommelt voller Wut mit ihnen gegen die Wände, um ihre Handlungen reflektierend aufzugreifen oder um eine Person darzustellen, an der man sich messen kann[576].

Durch das Ausagieren sozial unerwünschter oder unangemessener Verhaltensweisen kann mit dem Kind gemeinsam die Tragweite und Bedeutung seiner Verletzung erfaßt werden, und erst durch die Offenlegung seiner Beweggründe kann das Kind zu neuen Einsichten kommen und „gesunde Transaktionen" wählen[577].

Wann das Maß des Erträglichen für die Therapeutin/ den Therapeuten überschritten ist, was sie/ er tolerieren kann und die Einschätzung der inneren Hindernisse setzen der Therapie weitere Grenzen, die in der Persönlichkeit der Therapieperson liegen. Um durch unbearbeitete Blockaden die Entwicklung des Kindes nicht zu hemmen, ist eine Grundvoraussetzung zur effektiven Begleitung von Kindern die Beschäftigung mit der eigenen Geschichte, die zur Einhaltung des nächsten Prinzips von wesentlicher Bedeutung ist.

Zum Prinzip der Selbstkongruenz

Die Einführung einer solchen Strategie für Kindertherapeut/inn/en im nichtdirektiven Verfahren geht ursprünglich auf TAUSCH/ TAUSCH (1956) zurück. Zu ihrem Prinzip „der inneren Sicherheit" machte das Ehepaar nur wage Andeutungen. Sie meinten im wesentlichen die innere Haltung der Therapie-

---

[574] vgl. R.Tausch/ A.M.Tausch 1956, S.109f
[575] F.Kemper 1988, S.144
[576] vgl. F.Kemper 1988, S.145f
[577] St.Schmidtchen 1991, S.90

person, die von „dem festen Glauben an die Fähigkeit des Kindes"[578] getragen werden soll, seine Probleme zu benennen und eine Lösung seiner Schwierigkeiten zu finden. Grundsätzlich sprachen sie damit das Konzept der „Selbstkongruenz" von ROGERS (1989) an und bezogen sich auf die Qualifikation der Spieltherapeut/inn/en.

Von zahlreichen Autor/inn/en der personzentrierten Kindertherapie wird für die Therapeutin/ den Therapeuten eine Grundhaltung der Echtheit oder Authentizität, bzw. Kongruenz gefordert. KEMPER (1988a) definiert diesen Begriff:

> „Kongruentes Verhalten ist zugleich bewußtes Verhalten und bedeutet, identisch mit sich selbst zu sein, die eigenen Bedürfnisse wahrzunehmen und befriedigen zu können, sich nicht eingeschränkt zu fühlen, sein Dasein als Wachstumsprozeß zu begreifen und die 'Kraft' des 'Selbstwachstums' zu spüren, für Erfahrungen offen zu sein."[579]

Diese Auffassung zum Leben beinhalte auch das Eingehen kreativer Beziehungen, Selbstverwirklichung in der Begegnung mit anderen und sich selbst sowie die weitgehende Befreiung von Fremdbestimmung und Außenkontrolle und die Beschäftigung mit der Vergangenheit. „Der Zugang zur eigenen Kindheit ist unerläßlich und muß aufgearbeitet werden."[580] Dieser Meinung schließt sich BECKMANN-HERFURTH (1996) an, indem sie ausführt: „Gerade für einen Kindertherapeuten ist es wichtig, die hinter seinem Abwehrkonzept versteckte ursprüngliche Verletzung, das verletzte innere Kind, zu spüren, anzunehmen, und mit den erwachsenen Anteilen zu verbinden."[581] Dies ist deswegen von zentraler Bedeutung, weil die Einstellung, die die Therapeutin/ der Therapeut zu sich selbst hat, auf die gleiche Weise in die Beziehung zum Kind gegeben wird. Diesen gegenseitigen Kontakt nimmt das Kind dann zum Vorbild für seine Entwicklung[582]. Vor der Begegnung mit dem Kind, steht demzufolge erst die mit dem eigenen Selbst, um Überidentifikationen, Verstrickungen oder Vermeidungshaltungen frühzeitig zu erkennen und zu entwirren. Denn:

> „Die Arbeit mit Kindern löst Erinnerungen an unsere eigene Kindheit aus, an unsere damals von anderen oder von uns selbst ungeliebten Seiten, an unsere eigene Freude, Schmerz oder Angst. Indem wir uns in das kindliche Erleben unserer Klient/inn/en hineinversetzen, begegnen wir unserer Kindheit wieder."[583]

---

[578] R.Tausch/ A.M.Tausch 1956, S.125
[579] F.Kemper 1988a, S.215
[580] F.Kemper 1985, S.144
[581] E.Beckmann-Herfurth 1996, S.205
[582] vgl. E.Biermann-Ratjen 1996, S.13
[583] E.Beckmann-Herfurth 1996, S.200

Die Gefühle, die in der erwachsenen Person im Verlauf der Treffen ausgelöst werden, seien zudem häufig Resonanz auf die Empfindungen des agierenden Kindes und deswegen konstruktiv zu nutzen. Allein die bedingungslose Öffnung für alle Erlebnisqualitäten ermögliche eine wirkliche Begegnung, „in der der Therapeut das Wesen des Kindes, dessen innere Welt sowie sein aktuelles Erleben urplötzlich ganzheitlich und mit einem sicheren Gespür von Gewißheit erfahren kann"[584].

Zur Gewährleistung der erfolgreichen Begleitung eines in Not geratenen Kindes und des In- gangsetzens eines heilungsfördernden Prozesses durch emphatische Einfühlen in das Kind, aber auch in eigene Gefühlsanteile, ist nach ROGERS (1989) die „Selbstkongruenz" der erwachsenen Person notwendige Voraussetzung:

> „Der entscheidende Aspekt (...) bezieht sich auf die Kongruenz oder Echtheit des Therapeuten in der Beziehung. Dies bedeutet, daß die Symbolisierungen der Erfahrungen des Therapeuten in der Beziehung exakt sein müssen, wenn die Therapie erfolgreich sein soll. Wenn der Therapeut Bedrohung oder Unbehagen empfindet, sich jedoch nur der Akzeptanz und des Verstehens bewußt ist, ist er in der Beziehung nicht kongruent, worunter die Therapie leidet. Allein entscheidend ist, daß er exakt ′er selbst′ in der Beziehung ist."[585]

Um diesen hohen Anforderungen gerecht zu werden, fordern die personzentrierten Kindertherapeut/inn/en eine umfangreiche und gut fundierte Ausbildung, die in Deutschland im Jahre 1984 angegangen wurde[586]. Die Ausbildungsrichtlinien der Kindertherapie-Kommission werden im nächsten Kapitel umfassender ausgeführt. Da die sieben aus der Theorie der personzentrierten Kinderspieltherapie abgeleiteten Prinzipien zur Entwicklung eines Konzeptes zur kindzentrierten Begleitung und Hilfegewährung bei sexuellem Mißbrauch an Mädchen und Jungen herangezogen werden sollen, folgt vorerst eine zusammenfassende Übersicht der ausgewählten Kriterien zur Einschätzung von Kindzentriertheit.

Prinzip der positiven Beziehungsgestaltung
- freundliche, entgegenkommende und reflektierte Zugewandtheit
- gefühlsmäßige Offenheit, bedingungslose Wertschätzung, Authentizität
- Zusicherung von Verschwiegenheit
- keine Fragen, kein Lob, kein Tadel, keine Wertung, kein Drängen
- auf eigene Grenzen achten, Überforderung vermeiden
- dem Kind die Verantwortung für sein Leben und seine Probleme überlassen
- an den positiven Kräften des Kindes ansetzen

Prinzip des Nicht-Lenkens

---

[584] E.Beckmann-Herfurth 1996, S.210
[585] C.R.Rogers 1989, S.41
[586] vgl. F.Kemper 1995, S.23

- die Stunde gehört allein dem Kind
- dem Weg des Kindes folgen
- Verstärkungen, Eingriffe und Interpretationen möglichst zurückhalten
- das Tempo des Voranschreitens dem Kind überlassen
- eigene Wünsche zurückstellen
- beim Mitspielen sich an die Handlungsanweisungen des Kindes halten

Prinzip des Gewährens und Akzeptierens
- Achtung vor der Fähigkeit des Kindes, mit seinen Schwierigkeiten selbst fertig zu werden
- das Kind annehmen, wie es ist
- sein Schweigen, seinen Rückzug, sein Zögern, seinen Widerstand akzeptieren
- das Kind und all seine zum Ausdruck gebrachten Gefühle bedingungslos annehmen
- keine Vorschläge oder Unterstützung geben
- Einmischung vermeiden

Prinzip des Erkennens und Reflektierens der Gefühle
- Gefühle des Kindes nachempfinden
- emphatisches Verbalisieren der erkannten Gefühle und der Bedeutungen für das Kind
- Situation mit den Augen des Kindes sehen
- mitspielen, ohne etwas vorzugeben, das Kind nachahmen, ohne einzugreifen
- eigene, auf das Geschehen bezogene Gefühle vorsichtig einbringen
- auf der vom Kind gewählten Spielebene bleiben
- nicht *vor* das Kind geraten
- Bedeutung des Spiels erahnen oder behutsam nachfragen

Prinzip der Förderung von Problemlösekompetenzen
- ständige Reflexion der vom Kind getroffenen Entscheidungen mit ihm
- Ambivalenzen und Widerstände benennen und respektieren
- Handlungsimpulse in einer „Quasi-Realtität" durchprobieren
- Veränderungen der Lebensbedingungen nach Absprache mit dem Kind
- multidisziplinäre Zusammenarbeit, Helferkonferenzen zum Wohle des Kindes
- Informationen geben, Vorschläge unterbreiten, Hindernisse aufzeigen
- die Wünsche des Kindes sind vorrangig

Prinzip des Begrenzens
- Regeln und Grenzen ruhig, sachlich und freundlich ausdrücken
- Empfindungen des Kindes zu den Verboten verbalisieren und annehmen
- bei Grenzverletzungen, Regeln geduldig wiederholen
- das Kind auch bei sehr grenzverletzendem Verhalten positiv wertschätzen
- evtl. an das Kind angepaßte Modifizierung der Grenzen
- Angriffe auf geeignete Spielmaterialien umlenken (z.B. Puppe schlagen oder Kissen)

Prinzip der Selbstkongruenz
- eigene Bedürfnisse wahrnehmen und befriedigen können
- weitgehende Befreiung von Fremdbestimmung und Außenkontrolle
- Eingehen von konstruktiven Beziehungen

- Auseinandersetzung mit der eigenen Kindheit
- Reflexion der eigenen Gefühle im Kontakt mit dem Kind

3.3.4 Ausbildungsmöglichkeiten zur personzentrierten Begleitung von Kindern

Lange bevor zertifikatsrelevante Weiterbildungsrichtlinien für die person-zentrierte Kindertherapie verabschiedet wurden, übten Spieltherapeut/inn/en ihre Tätigkeit aus und unterbreiteten Vorschläge einer grundlegenden Quali-fikation für ihr Berufsfeld. KEMPER (1984) verschriftlichte seine Erfahrungen bei der Anleitung in klientzentrierter Kinderpsychotherapie und war Mit-begründer einer Kindertherapie-Kommission, deren Beschlüsse 1987 Ver-pflichtungscharakter annahmen[587]. So finden sich in den „Richtlinien und Durchführungsbestimmungen zur Weiterbildung in Personzentrierter Psycho-therapie mit Kindern und Jugendlichen" der Gesellschaft für wissenschaft-liche Geprächspsychotherapie (GwG)[588] auch KEMPERS (1984) Ideen wieder. Neu ist eine mehr pädagogisch ausgerichtete Grundausbildung für Vertreter/ innen aus Berufssparten der Pädagogik, Sozialarbeit/ -pädagogik oder Heil-pädagogik, die „der Förderung und Integration verschiedener Berufsgruppen in der psychosozialen Arbeit im Teamverbund"[589] dienen soll.
Dieser zweite Weiterbildungstyp umfaßt gegenüber dem ersten, der maximal fünf Jahre dauert, nur etwa zweieinhalb Jahre und eignet sich für die pädago-gische Begleitung von Kindern in Beratungsstellen, Fachdiensten oder Kinderschutzeinrichtungen in besonderem Maße.

> „Sie kommt den Wünschen und Erfahrungen der Teilnehmer und den berufs-praktischen Erfordernissen weitgehend entgegen; sie berücksichtigt den indi-viduellen Entwicklungsprozeß, ist flexibel handhabbar und läßt Raum für Spontaneität, Abweichungen, Stockungen und Unerwartetes und Aktuelles."[590]

Berufsbegleitend absolvieren die ungefähr acht Teilnehmer/inn/en einer Aus-bildungsgruppe gemeinsam die Theorieelemente, die Paxisteile, die Super-visionseinheiten und ihre Selbsterfahrung in der Gruppe. Während KEMPER (1984) lediglich eine eigene Therapie empfahl, wird nun die Einzeltherapie von mindestens 25 Stunden gefordert. Als Lernziele legen die Richtlinien der Ausbildungskommission folgende Punkte fest:

---

[587] vgl. F.Kemper 1995, S.23
[588] vgl. Ausbildungsrichtlinien der GwG Köln, März 1996
[589] vgl. Richtlinien und Durchführungsbestimmungen für die „Weiterbildung in Personzentrierter Pädagogischer und Psychotherapeutischer Arbeit mit Kindern und Jugendlichen", GwG Köln, März 1996, S.IV
[590] F.Kemper 1984, S.55

144

„Die Grundstufe umfaßt die theoretischen und praktischen Grundlagen personzentrierter pädagogischer und psychotherapeutischer Arbeit mit Kindern und
Jugendlichen unter Berücksichtigung ihres sozialen Umfeldes. Sie soll die
Befähigung vermitteln, natürliche Entwicklungs- und Integrationsprozesse der
Kinder und Jugendlichen zu ermöglichen und zu fördern. Sie soll die Kompetenz
schulen, Grundhaltungen, Methoden und Beziehungsformen des personzentrierten Ansatzes in der Arbeit mit Kindern und Jugendlichen zu realisieren,
sowohl bzgl. gesunder Entwicklung als auch bei Graden von Fehlent-
wicklung."[591]

Im weiteren Verlauf der Aufbaustufe wird die Praxis mit den Kindern und
deren Bezugspersonen begleitet. Einen Projektbericht mit transkribierten
Protokollen und analytischen Auswertungen über mindestens 50 Einzelkontakte muß jede Person nachweisen, wenn sie zur Abschlußprüfung
zugelassen werden will. Die „Arbeit am Kind" wird ständig supervidiert und
auch nach der Zertifizierung noch vorausgesetzt.
Zahlreiche Themen, auch aus angrenzenden Therapierichtungen, vermitteln
Grundwissen und vertiefende Kenntnisse, vor allem aus psychologischen,
aber auch pädagogischen und sozialwissenschaftlichen Bereichen. Die
psychologische Diagnostik sowie Indikationsstellung, die Analyse des
sozialen Umfeldes des Kindes, die Zusammenarbeit mit seinen Bezugspersonen, das Spiel als Medium der Therapie und das Wissen über Störungs-
theorien werden als Inhalte in den Richtlinien angegeben.
Die personzentrierte Methode wird nicht nur als *therapeutische* Begleitung
von Kindern eingesetzt, dies zeigt die rege Teilnahme von Personen aus Beratungsstellen, Schulen, Heimen, Kindergärten, sozialpädagogischen
Einrichtungen und Kinderkliniken[592]. Eine Evaluation der Kindertherapieausbildung von BEHR/KUDLING/REITER (1995) ergab: „Der Qualifikations-
standard der Kurse ist sehr hoch. Beim Berufsfeld und auch den
Berufsabschlüssen der Teilnehmer überwiegt der heilpädagogisch-
pädagogische den klinisch-psychologischen."[593] Aufgrund der weiterin
ansteigenden Nachfrage aus den erziehungswissenschaflichen und sozialpädagogischen Tätigkeitsfeldern wurde denn auch eigens ein pädagogischer
personzentrierter Zweig der Weiterbildung entwickelt, der besonders für
Fachdienste interessant sein dürfte, die eine kindzentrierte Hilfegewährung
anbieten, wie die Kinderschutzdienste. Skeptischen Äußerungen über die
Grenzen des personzentrierten Verfahrens in der pädagogischen Begleitung
von Kindern sollen in einem letzten Abschnitt Forschungsergebnisse zur
Wirksamkeit dieser Kinderspieltherapierichtung als Argumente der Abwägung entgegengehalten werden.

---

[591] Richtlinien der GWG, Köln 1996, S.III
[592] vgl. F.Kemper 1984, S.45
[593] M.Behr/ Ch.Kudling/ J.Reiter 1995, S.24

3.3.5 Zur Effektivität der personzentrierten Methode

Eine Zusammenfassung der Ergebnisse zahlreicher Einzeluntersuchungen zur Evaluation spieltherapeutischer Maßnahmen ergab, daß „ein klientzentriertes/ nichtdirektives Verfahren" bei Kindern und Erwachsenen vergleichbare Resultate erzielt, gegenüber eher „einsichtsorientiertem/psychodynamischem Vorgehen", das bei Kindern wenig Behandlungseffekte zeigt[594]. Nach einer weiteren umfassenden Literaturrecherche kam HEERKERENZ (1996) zu dem Schluß, daß die „personzentrierte Kinder- und Jugendlichenpsychotherapie als ein Verfahren anzusehen ist, das in 20 voneinander unabhängigen Studien ein Maß an Wirksamkeit erwiesen hat"[595]. Die nicht-direktive Spieltherapie hat demnach neben anderen Therapieverfahren, etwa der Psychoanalyse oder der Verhaltenstherapie, eine wissenschaftlich belegte Existenzberechtigung.
Der Erforschung zur Erfolgskontrolle des nichtdirektiven Ansatzes widmeten sich zahlreiche Autor/inn/en (Axline 1948; Cox 1953; Dorfman 1958; Kraak 1961; Schmidtchen 1972, 1974, 1978, 1995, 1996; Finke 1947, Landisberg u. Snyder 1946, Lebo 1952, 1956, Moustakas u. Schalock 1955, Moustakas 1955, Heekerenz 1996). Dabei wurde entweder die phasenweise Messung einer Gruppe von Kindern vor, während und nach einer Therapie ausgewertet und miteinander verglichen oder die Klärung von Prozessen, die während der einzelnen Kontakte ablaufen, beobachtet oder eine Kontrollgruppe mit einer Threrapiegruppe verglichen. SCHMIDTCHEN (1976) faßt die Ergebnisse der Forschungen von DORFMANN (1958), KRAAK (1961), BILLS (1950), FLEMING und SNYDER (1947) und COX (1953) zusammen, indem er feststellt, daß die behandelten Kinder eine Zunahme an emotionaler Ruhe, eine Verminderung seelischer Spannungen, ein vermehrtes Selbstvertrauen, eine größere Unabhängigkeit von anderen Personen, einen verbesserten Sozialstatus und einen Abbau von dissozialen Verhaltensweisen vorweisen konnten[596]. 1996 gibt er einen weiteren Überblick über 28 empirische Veröffentlichungen zum Nachweis der Effektivität der Spieltherapie und der Art der Interaktion zwischen dem Kind und der Therapeutin/ dem Therapeuten, an deren Erstellung er selbst beteiligt war[597].
Hier wertete er die Begleitung von 114 Kindern aus, die in Erziehungsberatungsstellen oder Kinderheimen in personzentrierten Einzelkontakten betreut wurden und unter Selbstwertstörungen, Eßstörungen, Belastungsreaktionen oder Schulschwierigkeiten litten. Die 5 – 13jährigen wurden 4 – 14,4 Monate behandelt was einer durchschnittlichen Frequenz von 14 – 30 Kontakten entspricht. Diese niedrigere Behandlungshäufigkeit im Vergleich zu WUCHNER/ ECKERT (1995), die von etwa 61 Sitzungen ausgingen, könnte auf die eher pädagogischen Einrichtungen zurückgeführt werden, da anzu-

---

[594] vgl. H.-P.Heekerenz 1989, S.155
[595] H.-P.Heerkerenz 1996, S.141
[596] St.Schmidtchen 1976, S.37
[597] vgl. St.Schmidtchen 1996, S.102

nehmen ist, daß eine Kinderpsychotherapie in einer freien Praxis intensiver und zeitaufwendiger ist als in einer Beratungsstelle.
SCHMIDTCHEN (1996) faßte die Ergebnisse zur Effektforschung zusammen, indem er feststellte, daß die Interventionsziele der personzentrierten Kinderspieltherapie erreichbar sind. Die untersuchten Kinder wurden offener für Erfahrungen, bewiesen eine realistischere Wahrnehmung, verbesserten ihre Problemlösefähigkeiten, gingen adäquater mit ihren Schwierigkeiten um, meisterten Bedrohungserlebnisse und Ängste, übernahmen Verantwortung für sich selbst und lebten ungehemmter ihre Gefühle aus[598]. Damit bestätigte sich eine Erkenntnis SCHMIDTCHENS (1995), wonach eine unmittelbare Verbindung vom intensiven Ausleben der Emotionen und dem Erfolg der Begleitung des Kindes bestehen solle. Die ermittelten Befunde belegten

> „ ... die Bedeutsamkeit der Spieltiefevariablen und von kathartischen Effekten, die durch die Freisetzung von Gefühlen der Angst, des Ärgers und der Trauer auftreten. Diese Gefühle scheinen im Zusammenhang mit der Reproduktion von unangenehmen Erfahrungsepisoden beim Klienten häufig aggressive und zerstörerische Reaktionen auszulösen."[599]

Ein für die Arbeit mit sexuell mißbrauchten Kindern wichtiges Resultat der personzentrierten Begleitung dürfte im Kontext der Vorwürfe, den in Kinderschutzeinrichtungen begleiteten Kindern würde ein Mißbrauch häufig aus Diensteifer unterstellt werden[600], ganz besonders bedeutsam sein. Nach den Untersuchungen von SCHMIDTCHEN (1996) verbessern sich die Mitteilungen der Kinder und die Bestimmungen ihrer Absichten und Ziele, wodurch sie unabhängiger von der „absichtsvollen Beeinflussung anderer"[601] würden. Die korrekte Anwendung der personzentrierten Grundhaltungen, Prinzipien und Handlungsanweisungen legt diesen Ausführungen folgend ein wissenschaflich abgesichertes Vorgehen zur Begleitung von Kindern vor. Würde dieses Verfahren zur Hilfegewährung bei Verdacht auf sexuellen Mißbrauch konsequent angewandt, könnte damit der Schutz der Kinder auch gegenüber gerichtlichen Anfechtungen und Gegengutachten der Strafverteidiger optimaler gesichert werden.

Die Grundprinzipien und Überzeugungen der personzentrierten Kinderpsychotherapie wurden herangezogen, um Einschätzungskriterien zur „Kindzentriertheit" für die pädagogische Begleitung von Kindern in einer Krisensituation – wie die des sexuellen Mißbrauchs – zu entwickeln. Das nichtdirektive Verfahren wurde wegen seiner Nähe zum „kindzentrierten" Hilfeplankonzept der Kinderschutzdienste ausgewählt, da das Kind ins Zentrum der Aufmerksamkeit gerückt wird. Ausgehend vom inneren Bezugs-

---

[598] vgl. St.Schmidtchen 1996, S. 109/110
[599] St.Schmidtchen 1995, S.23
[600] vgl. K.Rutschky 1992
[601] St.Schmidtchen 1996, S.110

system des Kindes, das seinen Ausdruck im freien Spiel findet, werden seine Ziele und Entscheidungen ergründet, die dann gemeinsam mit der erwachsenen Begleitperson umgesetzt werden.

Die personzentrierten Spieltherapeut/inn/en betrachten sich als Anwält/inn/en des Kindes, räumen dem Wohl des Kindes einen höheren Rang ein als dem Erziehungsrecht der Eltern und betrachten das Kind – und nicht sich selbst – als Experte seiner Situation.

Ob die personzentrierte Methode auch bei der Behandlung traumatisierter, bzw. sexuell mißbrauchter Kinder, erfolgversprechend ist und welche Relevanz dieses Konzept für die Praxis der Kinderschutzdienste hat, zeigen die nächsten Kapitel.

4. Vorgehensweisen bei vermutetem sexuellen Mißbrauch an Kindern

Unterschiedliche Vorstellungen über die gesellschaftlichen Ursachen sexueller Ausbeutung von Kindern führten während der Entwicklung der Kinderschutzbewegung zu verschiedenen Interventionsansätzen, gegen die sich das „kindzentrierte" Vorgehen der Kinderschutzdienste (KSD) abgrenzen oder behaupten muß. Zur Einschätzung der z.T. gegeneinander konkurrierenden Einstellungen können Zahlen und Fakten dienen, die Vermutungen, Mythen oder irrtümlichen Überzeugungen Tatsachen entgegenstellen. Besonders relevant sind im Zusammenhang der „Kindzentriertheit" – als maßgeblichem Handlungskriterium der KSD – Untersuchungen, die Kinder in den Mittelpunkt der Befragung stellen. Aus diesen Forschungen entspringen Erkenntnisse, die für die Arbeit mit sexuell mißbrauchten Kindern hilfreich sind und weitere Aufklärung zum Phänomen des sexuellen Mißbrauchs bringen.
Angepaßt an die kinderschutzdienstspezifischen Methoden des Zugangs zum Kind wird im Abschnitt zur Verdachtsabklärung und Aufdeckung bei vermutetem sexuellen Mißbrauch eingegangen auf die Evaluation des Kindes, auf den Einsatz anatomisch korrekter Puppen und die Deutung des Spiels[602].
Ausgehend von den Standards professionellen Vorgehens soll außerdem die Glaubwürdigkeitsbeurteilung der Schilderungen des Kindes mittels projektiver Testverfahren und Aussageanalysen beschrieben werden.

4.1 Intervention bedingende prädisponierende Faktoren

Zur Einordnung der kindzentrierten Hilfeplanentwicklung in die bestehende Landschaft der Kinderschutzarbeit werden vorab Erklärungsansätze über mögliche Ursachen sexuellen Mißbrauchs an Kinder herangezogen, die ausschlaggebend für die entsprechenden Interventionskonzepte verschiedener Träger sind.
Erstmals im Jahre 1896 wurde durch die Hysterieforschung FREUDS öffentlich auf die schädigenden Folgen sexuellen Mißbrauchs für Kinder hingewiesen: als Ursache der Erkrankung seiner Hysteriepatientinnen diagnostizierte er sexuellen Mißbrauch. Später hat er aufgrund des Drucks seiner psychoanalytischen Vereinigung und persönlicher Betroffenheit diese Erkenntnisse – veröffentlicht in seinem Vortrag zur "Ätiologie der Hysterie" (1896) – widerrufen, den erlebten Mißbrauch als Phantasie abgetan und statt auf dessen seine Vorstellungen vom Ödipuskomplex entwickelt. Zahlreiche Veröffentlichungen befassen sich mit den Hintergründen von FREUDs Unterdrückung der "Verführungstheorie" (Krüll 1979; Masson 1986; Rijnaarts 1988; Miller 1981; Hirsch 1990; Bange 1992; Fegert 1993; Kiper

---

[602] Auf die Bedeutung des Spiels wird kürzer eingegangen, weil dieses Thema ausführlich unter Punkt 3.2 abgehandelt wurde und zudem zur Thematik des Spiels im Falle sexuellen Mißbrauchs nur wenig Literatur zu finden war.

1994; Bange/Deegener 1996), die dazu führte, daß die Problematik weitere Jahrzehnte ignoriert wurde.

Anfang der 70er Jahre, mit dem Entstehen der Frauenbewegung, wurden bundesweit autonome Notrufzentren für vergewaltigte Frauen gegründet. Dort meldeten sich immer mehr Frauen und Mädchen, die in ihrer Kindheit Opfer sexueller Ausbeutung geworden waren. Die Frauenzeitschrift „Brigitte" nahm das neue Thema mit einem Artikel von MILLER ("Die Töchter schweigen nicht mehr")[603] auf, wodurch die Problematik der sexuellen Ausbeutung von Kindern erstmals in ein breites öffentliches Bewußtsein gelangte. Auszüge aus den unzähligen Leserinnenzuschriften wurden 1983 von GARDINER-SIRTL (1983) in einem Buch herausgegeben. Parallel zu diesen Ereignissen gründeten betroffene Frauen in Berlin das erste Selbsthilfeprojekt "Wildwasser" (vgl. Nitschke 1985), und die Übersetzung des Buches von RUSH (1982) "Das bestgehütete Geheimnis – sexueller Mißbrauch" erschien auf dem Markt (1991 in der 6. Auflage). Vor allem jedoch die Selbsterfahrungsberichte betroffener Frauen brachten die Thematik der sexuellen Gewalt in die öffentliche Diskussion (Armstrong 1985; 1988: Fraser; Galey; Jäckel; Merz; Moris; Spring).

Nach und nach wurden die Erscheinungsformen der sexuellen Gewalt gegen Kinder ausgemacht, Mythen entschlüsselt, Vorurteile benannt und neue Informationen ermittelt. Die bisherige Vorstellung vom Fremdtäter, der Kinder mit Bonbons vom Spielplatz lockt, in den Richtlinien des Landes Rheinland-Pfalz als "falscher Kinderfreund" benannt, wich der realistischeren Erkenntnis, daß Mädchen und Jungen vor allem in der Familie und im familialen Nahbereich mißbraucht werden. Man erkannte die besonderen Probleme des Inzests (vgl. Hirsch 1987) als eine spezielle, schwerwiegende Form des Mißbrauchs, der oft jahrelang andauert, vom Täter systematisch geplant wird, in der Gewaltanwendung potenzierend ist und einhergeht mit Ablehnung, Lieblosigkeit und Mißhandlung des Opfers (vgl. Braun 1992). Die neuen Erkenntnisse besagten, daß besonders die sexuelle Gewalt innerhalb der Familie durch Väter oder vaterähnliche Bezugspersonen häufig zu kaum entwirrbaren emotionalen Vestrickungen zwischen betroffenem Kind und grenzverletzendem Erwachsenen führt.

Verschiedene Faktoren werden in den Publikationen zur Ätiologie des sexuellen Mißbrauchs herangezogen, die in vier Erklärungsmodelle aufgegliedert werden können und zwar die

- feministisch orientierten,
- psychoanalytisch orientierten
- familienorientierten und die
- individuumsorientierten Ansätze.

Die *feministischen Autorinnen* (Kavemann/ Lohstöter 1984, Steinhage 1989, Brockhaus/ Kolshorn 1993, Weber/ Rohleder 1995) sehen im sexuellen

---

[603] Brigitte Heft 4, 1982

150

Mißbrauch *eine* „der Formen struktureller 'männlicher' Gewalt in der patriarchalischen Gesellschaft"[604].

> „In feministischen Analysen wird sexueller Mißbrauch als (sexuell) vermittelter Ausdruck von geschlechtsspezifisch bestimmter Arbeitsteilung, von Macht, Aggression und Gewalt und als Form der kulturellen Abwertung und Unterdrückung der Frauen und Mädchen begriffen. Dabei werden die ungleichen Machtverhältnisse zwischen den Geschlechtern in Verbindung mit einer ideologisch verzerrten Idealisierung des Familienlebens herausgestellt."[605]

Die geschlechtsspezifische Arbeitsteilung hat dieser Vorstellung zufolge im Hinblick auf den sexuellen Mißbrauch innerhalb der Familie weitreichende Konsequenzen:

- Da die Machtpositionen in der Politik, Wirtschaft, Wissenschaft, Rechtsprechung, etc. hauptsächlich von Männern eingenommen werden, bestimmt die männliche Sichtweise der Wirklichkeit, welche gesellschaftlichen Erscheinungen zu sozialen Problemen werden.

- Die ökonomische Abhängigkeit der Ehefrau von ihrem Partner führt häufig dazu, daß der sexuelle Mißbrauch von ihr nicht wahrgenommen wird, bzw. nicht wahrgenommen werden kann.

- Die Machtposition innerhalb der Familie fällt – durch die gesellschaftlich gestützte Höherbewertung des Mannes – zuungunsten der Frau aus. Seit der Ehe- und Familienrechtsreform von 1977 gibt es zwar keine eheliche Verpflichtung mehr zum Geschlechtsverkehr, „doch der Ausschluß ehelicher Vergewaltigung und ehelicher sexueller Nötigung aus den §§ 177/ 178 StGB impliziert, daß ein Ehemann auch heute noch berechtigt ist, von 'seiner' Frau sexuelle Dienste zu verlangen"[606].

- Männer übernehmen nur selten eine aktive, eigenverantwortliche Vaterschaft im Sinne der Versorung, Erziehung und Beaufsichtigung der Kinder (vgl. Herman 1981, Metz-Göckel 1983, Klees 1992). SANDAYS (1981) und PARKER/ PARKER (1986) konnten belegen, daß Inzesttäter sich signifikant seltener an der Betreuung der Kinder beteiligten als die jeweiligen Kontrollgruppen der untersuchten nicht-mißbrauchenden Väter. Die mangelnde Beteiligung der Männer am Erziehungsprozeß kann in diesem Zusammenhang als eine wesentliche Ursache sexuellen Mißbrauchs angesehen werden (vgl. auch Herman 1981).

Die gesellschaftlichen Bedingungen, im besonderen auch die geschlechtsspezifische Sozialisation[607] der Jungen, vor allem aber die gängigen

---

[604] K.-J.Bruder/ S.Richter-Unger 1993, S.9
[605] H.Kiper 1994, S.10/11
[606] Ch.Schiffer, K.Przybilla 1993, S.31
[607] vgl. auch K.Klees 1992

Vorstellungen von männlicher Sexualität, lassen die emotional abhängigen, schwächeren und deswegen ohnmächtigen Kinder zu idealen Objekten der Ausbeutung werden. Wenn Mißbrauchstäter Kinder sexuell präferieren, so können die unten angeführten geschlechtsstereotypen Auffassungen von männlich-sexueller Macht- und Kontrollausübung hierfür mitverantwortlich gemacht werden:

- Männer übernehmen die Initiative, sind aktiver, emotional unbeteiligter, haben ein stärkeres sexuelles Bedürfnis im Vergleich zu Frauen (vgl. Pross 1978).

- Gegen den Willen oder die Einwilligung der Partnerin Sexualität auszuüben, schließt sich für viele Männer nicht aus (vgl. Burt 1980, Malmuth 1980).

- Frauen werden häufig als sexueller Besitz des Mannes betrachtet, dies zeigt sich an den Massenvergewaltigungen der Partnerinnen der Kriegsgegner (vgl. Spiegel 1992, 53, S.114 ff).

- Das Eingehen sexueller Kontakte sehen zahlreiche Männer als einzige Möglichkeit, um Intimität, Nähe und Zärtlichkeit zu bekommen (vgl. Hite 1982).

- Sexuelle Betätigung dient vielen Männern zur Festigung ihres männlichen Selbstverständnisses (vgl. Metz-Göckel 1986, Klees 1992).

- Einmal entfesselte sexuelle Erregung könne nicht mehr kontrolliert werden, so die Meinung zahlreicher von HITE (1982) befragter Männer (N = 5000).

Nach der *psychoanalytischen Auffassung* (Hirsch 1990, Groth et al. 1982, Becker/ Schorsch 1980) entsteht eine Disposition zu sexueller Devianz in der Ursprungsfamilie des späteren Mißbrauchers. Durch ein erlittenes Trauma in der frühen Kindheit bleibt der Täter auf ein kindliches Entwicklungsniveau fixiert und versucht, seine emotionale Bedürftigkeit im Kontakt mit dem leicht ausbeutbaren Kind zu befriedigen. Ungelöste ödipale Triebkonflikte führen zusätzlich zu einer Störung der männlichen Identität und lösen Angst- und Unterlegenheitsgefühle aus. Dies besonders dann, wenn eine männliche Bezugsperson nicht verfügbar ist. Es wird angenommen, daß der Täter als Kind Opfer von sexuellem Mißbrauch, von Vernachlässigung oder Mißhandlung war. MEYER WILIAMS und FINKELHOR (1990) gingen diesen Vorannahmen nach und ermittelten in einem Vergleich von 6 Studien, daß nur etwa ¼ der befragten Täter in ihrer Kindheit sexuell mißbraucht worden waren. Während FINKELHOR (1992) bei einer zeitlich jüngeren Untersuchung unter 116 Inzesttätern zu 70 % sexuelle Gewalterfahrungen im Kindesalter fand, die jedoch sehr weit definiert waren. Es kann trotz dieser Differenz in den Ergebnisse davon ausgegangen werden, daß der Prozentsatz der sexuell mißbrauchten Mißbrauchstäter höher liegt als der allgemeine Bevölkerungsanteil. Auch Mißhandlungserfahrungen kamen bei Tätern häufiger vor im Vergleich zu nicht-mißbrauchenden Erwachsenen. Vernachlässigung,

Trennung von der Bezugsperson oder Ablehnungserfahrungen wurden ebenfalls signifikant häufiger gefunden (vgl. Baker 1985, Parker 1984, Finkelhor 1992). Ebenso werden Alkoholmißbrauch und gestörte Elternbeziehungen als typische Phänomene in den Ursprungsfamilien angesehen.

Die *familienorientierte Sichtweise* (Alexander 1985, Kennedy/ Cormier 1969, Magal/ Winnik 1968, Machotka, Pitman/ Flomenhaft 1967, Bruder/ Richter-Unger 1993, Bentovim 1995) macht das Auftreten sexueller Übergriffe innerhalb der Familie abhängig von dem Vorliegen eines gestörten Systems.

> „In diesem Modell wird Inzest als *Produkt* und nicht als Ursache eines problematischen Familiensystems angesehen und alle Familienmitglieder tragen dieser Interpretation nach zur Ursache und Fortdauer des Inzests bei. Hierbei sind alle Familienmitglieder sowohl Übeltäter als auch Opfer des Inzests."[608]

Die familienorientierte Intervention geht nach BRUDER und RICHTER-UNGER (1993) von folgenden Überzeugungen aus[609]:

- Sexueller Mißbrauch findet häufiger innerhalb der Familie statt als außerhalb.
- Ursache des sexuellen Mißbrauchs ist ein tiefenpsychologisches Problem der gesamten Familie.
- Der sexuelle Mißbrauch soll die Bedürfnisse des Vaters, manchmal auch der Mutter, nach Zärtlichkeit, psychischer und körperlicher Nähe, nach Selbstbestätigung, Anerkennung und Macht erfüllen.
- Der Schutz des Kindes ist nur durch die therapeutische Hilfe für alle Familienmitglieder zu gewährleisten.
- Der Täter leidet häufig unter einem erlebten Defizit an Männlichkeit.
- Die Realität des sexuellen Mißbrauchs wird geleugnet, rationalisiert und umgedeutet.
- Der Täter muß die Verantwortung für seine Taten übernehmen.
- Das Kind will den Kontakt zum Täter nicht verlieren.
- Die nichtmißbrauchende Mutter muß sich ihre Schuldgefühle gegenüber dem Kind bewußt machen, ihm glauben und darf ihm keine Vorwürfe machen.
- Ziel einer therapeutischen Behandlung ist die Autonomie der einzelnen Familienmitglieder, wobei auch eine Trennung des Ehepaares nicht auszuschließen ist.

Dem familienorientierten Erklägungsmodell ist entgegenzuhalten, daß die Ursache des sexuellen Mißbrauchs nicht allein auf ein dysfunktionales Familiensystem zurückgeführt werden kann. FINKELHOR (1992) ermittelte

---

[608] T.S.Trepper/ M.J.Barrett 1995, S. 41
[609] vgl. K.J.Bruder/ S.Richter-Unger 1993, S.8-18

unter den vom ihm befragten Inzesttätern 34 %, die schon vor dem 18. Lebensjahr Kinder sexuell mißbraucht hatten und GILGUN / CONNOR (1990) 50 %, die bereits vor dem 16. Lebensjahr mit den Übergriffen begannen. Das immer wieder angeführte Argument der gestörten Ehebeziehung in Mißbrauchsfamilien mag ein wichtiger Risikofaktor in bezug auf die Vorkommenshäufigkeit von sexueller Ausbeutung der Kinder sein, es wurden dagegen in der Forschung nicht genügend Zusammenhänge gefunden, um die Partnerschaften von Tätern schlechter einzustufen als andere Ehen[610]. Alkohol- und Drogenmißbrauch, der Konsum von Kinderpornographie oder Streßfaktoren können ebenfalls nicht als mißbrauchsverursachend angesehen werden, dies zeigten die Forschungen von HERMAN (1991), MANDEL (1986), PARKER/ PARKER 1986, DANE/ SCHMIDT (1990) und FINKELHOR (1984).

Der *individuumszentrierte oder psychodynamischen Ansatz* zur Bestimmung der typischen Charakteristika von Mißbrauchstätern wird von GODENZI (1989) vorgestellt: „In dieser Forschungstradition wird die Person und ihr Handeln meist als sexuell abweichend charakterisiert (...). Die Annahme lautet, daß sich ein solcher Mann meßbar vom normalen Mann unterscheidet und daß es demzufolge darum geht, die Differenzen darzulegen."[611]
In zahlreichen amerikanischen Forschungen zu den Persönlichkeitsvariablen von Inzesttätern konnten im Vergleich zu den entsprechenden Kontrollgruppen Übereinstimmungen hinsichtlich des Verhaltens, der Wesensart und der Handlungsmuster nachgewiesen werden. Väter, die ihre Kinder sexuell mißbrauchen haben demnach häufiger

- mangelnde Sozialkompetenz (vgl. Strand 1986, Scott/ Stone 1986)
- eine geringe Bindungsfähigkeit (vgl. Parker/ Parker1986)
- eine erhöhte Bereitschaft, andere Menschen auszubeuten und soziale Normen zu brechen (vgl. Langevin 1985)
- ein niedriges Selbstwertgefühl (vgl. Langevin 1985, Berkowitz 1983)
- mißhandeln häufiger ihre Ehefrauen (vgl. Paveza 1988, Truesdell et al. 1986)
- paranoide Denkstrukturen als Folge der Angst vor Aufdeckung der Tat (vgl. Bennett 1985)
- mangelnde Problem- und Konfliktlösekompetenz (vgl. Langevin 1985, Bennett 1985)
- niedrige Intelligenz-Quotient-Werte (vgl. Lee 1982, Langevin 1985)
- Sexualstörungen in der Partnerschaft (vgl. Saunders et al. 1986)
- Probleme mit der männlichen Geschlechtsidentität (vgl. Brandon 1985, Strand 1986)

---

[610] vgl. Araji/ Finkelhor 1986, S.110f
[611] Godenzi 1989, S.25

- sind häufig unsicher, ängstlich, depressiv, isoliert und haben Angst zu versagen (vgl. Marquit 1986, Hirsch 1990, Finkelhor 1992).[612]

Trotz der vorgefundenen und für diese Arbeit zusammengestellten Charakter- oder Persönlichkeitsstörungen kann davon ausgegangen werden, daß schwere Neurosen oder Psychosen auszuschließen sind[613] und die Annahme unbegründet ist, „daß das Inzestagieren Resultat eines psychotischen Kontrollverlustes gewesen sein könnte"[614]. MAISCH (1968) stellt sogar fest: Mißbrauchstäter sind „sozial und psychopathologisch weitgehend unauffällige Familienväter"[615].

Da die vorgestellten feministisch-, psychoanalytisch-, familien- oder indiviuumsorientierten Ansätze allein jeweils zur Ursachenklärung des sexuellen Mißbrauchs an Kindern nicht ausreichen, kann das Mehr-Faktoren-Modell von FINKELHOR (1984), das auch lerntheoretische Bedingungen und situationsbezogene Variablen berücksichtigt, eine sinnvolle Zusammenführung der verschiedenen Sichtweisen sein. Das männliche Bedürfnis nach Macht und Dominanz in Sexualbeziehungen erklärt der Soziologe und Leiter des Family Research Laboratory der University of New Hampshire mit

- einer gehemmten emotionalen Entwicklung des Täters,
- seinem Bedürfnis, sich mächtig und kontrollierend zu empfinden,
- dem Ungeschehen machen bzw. der Bewältigung eines Traumas in der eigenen Kindheit durch Neuinszenierung und
- der narzistischen Identifikation mit sich selbst als kleinem Kind.

Die sexuelle Erregbarkeit gegenüber Kindern, die männliche Tendenz, emotionale Bedürfnisse zu sexualieren und der Gebrauch von Pornographie (auch Kinderpornographie) führt FINKELHOR zurück auf

- sexuelle Erfahrungen in der Kindheit, die traumatisch oder stark konditionierend waren,
- das Lernen am Modell, der Wahrnehmung sexueller Übergriffe auf andere Kinder,
- die Fehl-Attribuierung von Erregungsanzeichen.

Die Unfähigkeit, in reifen Beziehungen sexuelle Befriedigung zu erlangen, hat FINKELHOR zufolge mit

- unverarbeiteten ödipalen Konflikten,
- Kastrationsängsten,
- Angst vor Frauen,

---

[612] vgl. auch Ch.Schiffer, K.Przybilla 1993, S.80f
[613] vgl. M.Hirsch 1990, S.109
[614] M.Hirsch 1990, S.109
[615] H.Maisch 1968, S.99

- traumatischen Gewalterfahrungen in der Kindheit,
- inadäquaten sozialen Fähigkeiten und
- Eheproblemen zu tun,

die von repressiven sexuellen Normen unterstützt werden. Die soziale Toleranz sexueller Interessen an Kindern, die geringe rechtliche Sanktionierung gegenüber Mißbrauchstätern, die Ideologie der patriarchalen Vorherrschaft und die Unfähigkeit vieler Männer, sich in die Bedürfnisse von Kindern einzufühlen, führt durch inzestbegünstigende Bedingungen in der Familie zu einer Überwindung interner Hemmungen. Fallen außerdem externe Hemmungen weg, wie eine gute Mutter-Kind-Beziehung, eine intakte Partnerschaft, ein tragfähiges soziales Netzwerk oder eine sichere Existenzgrundlage, wird ein sexueller Übergriff wahrscheinlicher. Die mangelnde Sexualaufklärung der Kinder, ihre Macht- und Rechtlosigkeit in dieser Gesellschaft tun ein Übriges. Gefährdet sind demnach Kinder, die emotional unsicher oder vernachlässigt sind, die wenig Wissen über Sexualvorgänge haben oder durch den Täter mit ungewöhnlichem Druck, Zwang oder Gewalt gefügig gemacht werden.[616] Da der Erklärungsansatz FINKELHORs beschränkt auf eine eher beschreibende Zusammenstellung verschiedener Faktoren ist, nehmen BROCKHAUS/ KOLSHORN (1993) sein Verständnis als Grundlage, erweitern ihre Ausführungen demgegenüber zu einem Drei-Perspektiven-Modell. Mit der Ausdifferenzierung und Weiterentwicklung des Mehr-Faktoren-Ansatzes wird ein feministisches Ursachenverständnis geschaffen, das gesellschaftliche Zusammenhänge und die geschlechtsspezifischen Machtsstrukturen zugrunde legt. Die Wechselwirkungen zwischen sozialem System und Individuum – umfassend in den differenzierten Ausführungen zum *Symbolischen Interaktionismus* erläutert -, wurden hierbei als Bezugsrahmen gewählt. Angelehnt an BROCKHAUS/ KOLSHORN (1993) können die zentralen Aussagen einer feministischen Analyse zur sexuellen Ausbeutung von Kindern sowie zur Prävention und Intervention wie folgt dargestellt werden:

---

[616] vgl. D.Finkelhor 1984, S.52f

156

Das Drei-Perspektiven-Modell[617]

Täterperspektive: Initiierung sexueller Ausbeutung	Opferperspektive: Effektiver Widerstand	Umweltperspektive: Adäquate Intervention
• Motivation zu sexuellen Kontakten mit Kindern • Erfüllung nicht-sexueller Wünsche (Macht, Kontrolle, Überlegenheit, Selbstbestätigung, Disziplinierung) • Orientierung an traditionellen Geschlechtsrollenstereotypen • Akzeptanz ausbeutender Sexualität und interpersoneller Gewalt • Akzeptanz der Mythen über sexuelle Gewalt	• Stärkung der Möglichkeiten zur Gegenwehr • Sicherung des soziales Umfeldes des Kindes • Rechte auf sexuelle Selbstgestimmung und Selbstbehauptung • humanistische Werte im Umgang mit Kindern (Empathie, Wertschätzung) • parteiliche und fachkompetente Unterstützung für das Kind und seine Familie	• Vermeidung von Sekundärschädigungen durch die Aufdeckung der Mißbrauchssituation • Schutz des Kindes vor wieteren sexuellen Übergriffen • Informationen zur Thematik der sexuellen Gewalt gegen Kinder • Handlungsprinzipien zur Verdachtsabklärung und Aufdeckung sexuellen Mißbrauchs • Diagnostik sexuellen Mißbrauchs • Soziale Unterstützung für intervenierende Personen

Diese Zusammenstellung der verschiedenen Auffassungen zur Entstehung sexuellen Mißbrauchs an Kindern legt den Grundstein zum Verständnis der verschiedenartigen Interventionsansätze der Kinderschutzbewegung, in die sich auch die Kinderschutzdienste einreihen lassen.

4.2   Zum Ausmaß des sexuellen Mißbrauchs an Kindern

Vor dem Hintergrund der divergierenden Erklärungsansätze über die Ursachen sexuellen Mißbrauchs an Kindern müssen die unterschiedlichen Definitionen des sexuellen Mißbrauchs gesehen werden, denn diese bilden die Grundlage für die Erforschung der Vorkommenshäufigkeit der Problematik. Die Frage, ob die Zahlen zum Ausmaß sexueller Gewalt womöglich überzogen sind und demzufolge die Schätzungen der Kinderschützer/innen von einer fiktiven Bedrohung ausgehen, soll mit einer Darstellung der Hauptströmungen im Diskurs um die Ursachen, der gängigen Begriffsbestimmungen und der Forschungen zu Zahlen, Fakten und Daten sexuellen Mißbrauchs an Kindern angegangen werden.

---

[617] vgl. U.Brockhaus/ M.Kolshorn 1993, S. 216f

4.2.1 Definitionsversuche

Je nach politischem Selbstverständnis der verschiedenen Kinderschutz-
institutionen sowie den Hypothesen über die Ursachen und Hintergründe
werden unterschiedliche Sichtweisen zur Problematik des sexuellen Mißbrauchs eingenommen, die sich auf die Definitionsbemühungen auswirken.
Die wohl älteste und damals aufsehenerregende Definition sexueller Ausbeutung von Kindern geht – wie oben schon erwähnt – auf FREUD (1966)
zurück:

> „Der Erwachsene, der sich in seinem Anteil an der gegenwärtigen Abhängigkeit
> nicht entziehen kann, wie sie aus einer sexuellen Beziehung notwendigerweise
> hervorgeht, der dabei doch mit aller Autorität und dem Rechte der Züchtigung
> ausgerüstet ist und zur ungehemmten Befriedigung seiner Launen die eine Rolle
> mit der anderen vertauscht; das Kind, dieser Willkür in seiner Hilflosigkeit
> preisgegeben, vorzeitig zu allen Empfindlichkeiten erweckt und allen Ent-
> täuschungen ausgesetzt, häufig in der Ausübung der ihm zugewiesenen sexuellen
> Leistungen durch seine vollkommene Beherrschung der natürlichen Bedürfnisse
> unterbrochen – alle diese grotesken und doch tragischen Mißverständnisse prägen
> sich in der fernen Entwicklung des Individuums und seiner Neurose in einer Un-
> zahl von Dauereffekten aus, die der eingehendsten Verfolgung würdig wären."[618]

In zahlreichen neueren Veröffentlichungen werden verschiedene Kriterien bei
einer Definition sexuellen Mißbrauchs an Kindern herangezogen (Kempe/
Kempe 1978; Hirsch 1990; Fegert 1992; Kolshorn/Brockhaus 1993; Born
1994; Enders 1995; Bange/Deegener 1996). Wichtig erscheinen Art und
Intensität der sexuellen Handlungen, die Absicht des Täters, die Einwilligung
oder der Widerstand des Kindes, der Altersabstand und die Beziehung
zwischen Opfer und Täter[619].
Nahezu alle Autor/inn/en beziehen sich in irgendeiner Weise auf die Definition von SGROI (1982), die zugleich als die umfassendste anzusehen ist:

> „Child sexual abuse is a sexual act imposed on a child who lacks emotional,
> maturational, and cognitive development. The ability to lure a child into a sexual
> relationship is based upon the allpowerful and dominant position of the adult or
> older adolescent perpetrator, which is in sharp contrast to the child's age,
> dependency, and subordinate position. Authority and power enable the
> perpetrator, implicitly or directly, to coerce the child into sexual compliance."[620]

---

[618] S.Freud 1966, S.452
[619] vgl. D.Bange/ G.Deegener 1996, und U.Brockhaus/ M.Kolshorn 1993
[620] S.M.Sgroi 1982, S.33

WIRTZ (1989) ging im wesentlichen auf diese Ausführungen ein, fügte jedoch das Element des Schweigegebotes hinzu:

> „Sexuelle Ausbeutung von Kinder durch Erwachsene (oder ältere Jugendliche) ist eine sexuelle Handlung eines Erwachsenen mit einem Kind, das aufgrund seiner emotionalen und intellektuellen Entwicklung nicht in der Lage ist, dieser Handlung informiert und frei zuzustimmen. Dabei nutzt der Erwachsene die ungleichen Machtverhältnisse zwischen Erwachsenen und Kindern aus, um das Kind zur Kooperation zu überreden oder zu zwingen. Zentral ist hierbei die Verpflichtung zur Geheimhaltung, die das Kind zur Sprachlosigkeit, Wehrlosigkeit und Hilflosigkeit verurteilt."[621]

HERMAN (1981) sieht deswegen den Übergang von normalen Zärtlichkeiten zu sexuellem Mißbrauch dort, „wo der Kontakt zwischen dem Erwachsenen und dem Kind ein Geheimnis bleiben muß"[622]. Betroffene Kinder werden mit Drohungen, Bestechung und Erpressung zum Schweigen gezwungen, oder die vertrauensvolle Beziehung wird ausgenutzt, um sexuelle oder aggressive Impulse am Kind zu befriedigen. Nicht selten wird auch die naive, natürliche Neugier des Kindes oder sein Verlangen nach Zuneigung, Zärtlichkeit und Liebe zum Anlaß genommen, ihm eine Mitbeteiligung zu unterstellen. SUMMIT (1993) weist jedoch darauf hin, daß die Verantwortung stets beim Erwachsenen liegt. Auch HIRSCH (1990) betont ausdrücklich, sexuelle Wünsche des Kindes an seine Bezugsperson seien nicht als normales Motiv seiner Beziehungsaufnahme anzusehen (wie z.B. von Borneman 1988 oder Lautmann 1994 behauptet): „Sexuelle Erregung ist nicht das primäre Ziel eines Kindes, das Körperkontakt zu einem vertrauten Erwachsenen sucht, und wenn es das tut, hat m.E. bereits ein Erwachsener einmal eine Form sexuellen Kontakts zu dem Kind aufgenommen."[623]
Bei einer Befragung von sexuell mißbrauchten Kindern fand ANDERSON (1979) zudem heraus, daß diese (häufig im Gegensatz zu den Erwachsenen, an die sie sich mit der Bitte um Hilfe wandten) durchaus in der Lage waren, Angriffe gegen das Recht auf sexuelle Selbstbestimmung als solche zu erkennen und auch zu benennen. Selbst wenn Kinder sich einreden lassen, sie hätten die sexuellen Handlungen gewollt oder sogar genossen, ist dies als wichtiger Schutzmechanismus oder Realitätverleugnung zu werten, um die eigene Machtlosigkeit nicht zu spüren[624].
GRAUPNER (1996) hingegen vertritt die Überzeugung, daß ein Kind durchaus in der Lage ist, sexuellen Kontakten mit einem Erwachsenen zuzustimmen und auch intensivere Praktiken wie z.B. orale, vaginale oder anale Penetration zu genießen:

---

[621] U.Wirtz 1989, S.17
[622] J.L.Herman 1981, S.205
[623] M.Hirsch 1990, S.11
[624] vgl. D.Bange/ G.Deegener 1996, S.100

„Auch wenn der Kontakt für den Erwachsenen (...) in seine Objektbeziehung zum Kind eingebettet ist und insofern eine über die sexuelle Lust hinausgehende ganzheitliche Bedeutung hat, während die Handlung für das Kind rein hedonistisches Sexualspiel oder angenehme körperliche Zärtlichkeit bedeutet, so kann die Beziehung dennoch für beide Beteiligten lustvoll, befriedigend und angenehm sein, solange die Handlung in ihrer Intensität und in ihrem Rahmengeschehen das Kind nicht überfordert."[625]

Dieser auch von Pädophilen vorgebrachten Ansicht, gewaltfreie sexuelle Kontakte von Erwachsenen mit Kindern hätten keine negative Auswirkungen, widersprechen BRUDER und RICHTER-UNGER (1993), indem sie feststellen, daß das Kind „den Manipulationen des Erwachsenen" unterliege, „dem vielschichtige psychische Druckmittel zur Verfügung stehen, wie z.B. Verführung, Bestechung, Täuschung, Erpressung, Angstmachen, Ausbeuten emotionaler Bedürftigkeit, anschließende Drohung von Liebesentzug und Verlust von Zuwendung und Aufmerksamkeit"[626].

ENDERS (1995) nennt vielerlei „Spiel"arten sexueller Ausbeutung von Kindern und umreißt damit oberflächlich erscheinend „harmlose" Variationen, aber auch extreme Formen satanischer Sektenkulte oder organisierter Kinderpornographieringe[627]. Demnach bedeutet sexuelle Gewalt gegen Mädchen und Jungen die Benutzung des Körpers eines Kindes, Mißbrauch seines Vertrauens sowie Verletzung seiner Gefühle und beginnt mit der Absicht eines Erwachsenen, sich durch anzügliche Blicke, unverschämte Redensarten, Berührungen oder Beobachtungen eines Kindes sexuell zu erregen. Masturbation in Gegenwart des Kindes, das Zeigen oder Aufnehmen von pornographischen Fotos oder Filmen gehört ebenso dazu wie die orale, anale und vaginale Vergewaltigung[628]. BANGE und DEEGNER (1996) werten genauso eine sexuelle Ausbeutung ohne Körperkontakt oder Berührungen als schädigend. Sogar eine sexualisierte Atmosphäre in der Familie könne einem Kind zu verstehen geben, wie wenig es als Person geschätzt wird: „Vor allem, wenn Kinder zu Hause in einem Klima sexueller Gewalt aufwachsen, können gravierende Schäden entstehen. Die Kinder – vor allem Mädchen – verstehen, daß sie die Objekte der sexuellen Wünsche ihrer Väter, Brüder oder Großväter sind, selbst wenn diese darauf verzichten, sie körperlich zu benutzen."[629]
Der Altersabstand kann nicht als Maßstab für das Vorliegen eines sexuellen Mißbrauchs herangezogen werden. Vergewaltiger sind manchmal sogar jünger als ihre Opfer; Brüder, die Zeuge des Mißbrauchs ihrer Schwester wurden, können die Beobachtungen an Gleichaltrigen umsetzen. JÄCKEL

---

[625] H.Graupner 1996, S.252
[626] K.-J. Bruder, S.Richter-Unger 1993, S.28
[627] vgl. U.Enders 1995, S.21f
[628] vgl. auch U.Enders 1990, S.22
[629] D.Bange/ G.Deegener 1996, S.101

(1993) berichtet von einem Fall, wo der Bruder, der die sexuellen Miß-handlungen des Vaters fortsetzte, 2 Jahre jünger als seine Schwester war[630]. Die für Deutschland geltende strafrechtliche Auffassung von sexuellem Miß-brauch an Kindern – festgelegt im § 176 STGB – bezieht sich auf nicht näher definierte sexuelle Handlungen, die eine Person an einem Kind vornimmt oder an sich vornehmen läßt. Dies mag der Grund sein, daß die strafrecht-liche Verfolgung von sexuellem Mißbrauch nach der polizeilichen Kriminal-statistik von 1994 15.096 jährlich angezeigte Fälle selten übersteigt und die Dunkelziffer auf 1:10 geschätzt wird[631]. Das Strafrecht in den USA geht im Vergleich dazu in den „Comprehensive Sexual Abuse Codifications" auf die verschiedenen Arten sexueller Übergriffe gegen Kinder ein und bietet hier-durch eine umfassende Beschreibung der unterschiedlichen Umstände und Erscheinungsformen sexuellen Mißbrauchs. Ein Straftatbestand gegen die sexuelle Selbstbestimmung von Kindern, der mit einer Freiheitsstrafe von einem Jahr bis zu 10 Jahren geahndet werden kann, liegt dann vor, wenn das Opfer aufgrund einer entwicklungsbedingten oder körperlichen Unfähigkeit oder seelischen Störung nicht in der Lage ist, den sexuellen Handlungen zuzustimmen, wenn es Furcht vor Verletzungen hat, genötigt oder ge-zwungen wird, wenn es durch Drohungen oder Betäubung gefügig gemacht und sein Widerstand gelähmt wurde, außerdem, wenn es das Wesen der Tat nicht erfassen kann[632]. Die strafbaren Handlungen beziehen sich auf den Geschlechtsakt unter Blutsverwandten, auf die Penetration genitaler und analer Körperöffnungen, auf die Kopulation des Mundes mit den Sexual-organen oder dem Anus, auf die Penetration der genitalen oder analen Körperöffnungen mittels fremder Objekte, Instrumente oder Geräte und die Herbeiführung von Berührungen auf Anordnung des Täters zum Zweck der sexuellen Erregung, Reizung oder Lustbefriedigung sowie auf die sexuelle Belästigung durch unnatürliches oder abnormes sexuelles Interesse an Kindern, die das Opfer irritiert, beunruhigt oder beleidigt, auch ohne das Vorliegen von körperlichen Berührungen[633]. Diese Bestimmungen sehen zusätzlich eine Anzeigepflicht gegenüber der Polizei und speziellen Kinder-schutzbehörden (DCS) vor, sofern Vertrauenspersonen des Kindes von sexuellen Handlungen gegen dieses Kenntnis erhalten. Hierdurch wird allerdings vorerst ein Zivilverfahren zum Schutz des Kindes eingeleitet und nur dann, wenn zivilrechtliche Schritte nicht ausreichen ein Strafverfahren gegen den Täter angestrengt. In Deutschland dagegen sind allein Polizei und Staatsanwaltschaft, nicht jedoch das Jugendamt oder pädagogische Fach-kräfte (Kindergarten, Schule, Beratungsstelle) zur Einleitung eines Straf-verfahrens verpflichtet[634].

---

[630] vgl. K.Jäckel 1993
[631] vgl. V.Harbeck/ G.Schade 1994, S.56
[632] vgl. Penal Code Section 261 „Rape", in: B.Rennefeld 1993, S.31
[633] Penal Code Section 264,1; 285; 286; 288a; 289; 676,6; in: B.Rennefeld 1993, S. 30 f
[634] vgl. V.Harbeck/ G.Schade 1994, S.51f

In den angeführten Veröffentlichungen wird sexueller Mißbrauch an Kindern unterschiedlich definiert und beschrieben. Engeren Zuordnungen werden weitgefaßte verallgemeinernde Erklärungen gegenübergestellt, so daß keine einheitliche Definition sexueller Gewalt gegen Kinder gegeben werden kann. Die unterschiedlichen Bestimmung sexuellen Mißbrauchs nehmen auch Einfluß auf die empirischen Studien, die Fakten und Zahlen zum Ausmaß sexueller Ausbeutung von Kindern zusammentragen und zu ganz unterschiedlichen Ergebnissen kommen. Dabei lassen sich wiederum retrospektive Untersuchungen mit Erwachsenen, die sich vielleicht nicht mehr richtig an sexuelle Gewalterfahrungen in der Kindheit erinnern, unterscheiden von Studien mit höchstwahrscheinlich sexuell mißbrauchten Kindern aus Kinderschutzeinrichtungen, Kinderschutzambulanzen und Beratungsstellen. Letztere bilden eher eine Grundlage für das Interventionshandeln und werden im Zusammenhang mit den Folgen sexuellen Mißbrauchs für Mädchen und Jungen im Kapitel 4.2 vorgestellt. Zunächst folgt jedoch eine Übersicht der Prävalenz- und Inzidienzstudien zum Ausmaß des sexuellen Mißbrauchs und den jährlich neu auftretenden Fällen.

4.2.2 Dunkelfelduntersuchungen

Die Aussagen, daß jedes dritte bis vierte Mädchen von sexuellem Mißbrauch betroffen sei, daß die Täter zu 98% Männer und in allen Schichten anzutreffen seien, daß Kinder am häufigsten im Kleinkindalter vor allem im familialen Umfeld oder sogar von den eigenen Vätern mißbraucht würden, daß die Folgen des Mißbrauchs häufig ein ganzes Leben anhielten, schockierten die Öffentlichkeit und veranlaßten in jüngster Zeit manche Autoren, die Richtigkeit dieser Angaben anzuzweifeln (Rutscky 1990; Wolff/Bernecker-Wolff 1990; Rutschky/Wolff 1994). BANGE (1992) meint dazu, "im Eifer dieser Jahre wurden einige Aspekte überbetont, andere übersehen"[635], z.B. die Betroffenheit von Jungen (thematisiert in: Gloer/ Schmiedeskamp-Böhler 1990; v.d.Broeck 1993; Lew 1993; v.Outsem 1993; Julius/ Boehme 1997) und die Täter- bzw. Mittäterschaft von Frauen (thematisiert in: Heyne 1993; Elliot 1995).
Kritisiert wird vor allem die überschlägige Berechnung des Ausmaßes sexueller Gewalt gegen Kinder. Berechnungen ergeben sich aus den angezeigten Straftaten wegen des Verstoßes gegen §176 StGB entnommen aus der "Polizeilichen Kriminalstatistik". Die jährlich etwa 15.000 (im Zeitraum von 1980 – 1990) strafrechtlich verfolgten Fälle[636] wurden in einer Dunkelfeldschätzung mit 20 nicht angezeigten Taten multipliziert (Kavemann/Lohstöter 1984; Baurmann 1978, jedoch 1989 widerrufen).
Betrachtet man retrospektive Untersuchungen aus anderen Ländern, schwankt der Anteil der sexuell mißbrauchten Frauen zwischen 8% (Fritz

---

[635] D.Bange 1992, S.26
[636] vgl. PKS Bericht 1994, S.137 (15.096 Fälle)

1981) und 62% (Wyatt 1985) und der der Männer zwischen 4% (Benedixen 1994) und 16% (Finkelhor 1990), was an den unterschiedlich zugrundeliegenden Definitionen liegt, an der häufig mangelnden Differenzierung nach Schweregrad des sexuellen Mißbrauchs und dem methodisch unterschiedlichen Vorgehen bei den Befragungen. Somit lassen sich die vorliegenden Ergebnisse kaum vergleichen[637].

FINKELHOR (1984) fand bei einer repräsentativen Auswahl von psychosozialen Einrichtungen 1.235 Fälle von sexuellem Mißbrauch an Kindern und Jugendlichen; dies waren zu 83% Mädchen und zu 16% Jungen. RUSSEL ermittelte im Jahre 1983 im Rahmen einer retrospektiven Befragung von 930 Frauen in San Francisco, daß 38% der Interviewten vor dem 18. Lebensjahr sexuell mißbraucht worden waren. Von diesen Betroffenen erfuhren 16% intrafamilialen und 31% extrafamilialen Mißbrauch. Diese Erhebung bezog nur körperliche Übergriffe ein. Definiert man jedoch Exhibitionismus, Voyeurismus, Masturbation vor dem Kind und das Zeigen oder Aufnehmen von pornographischen Fotos ebenfalls als sexuelle Gewalt, erhöht sich der Prozentsatz der betroffenen Frauen auf insgesamt 54%[638].

Diese Zahlen konnten in der zeitlich neueren Untersuchung von DRAIJER (1990) im wesentlichen bestätigt werden. 1.054 befragte Frauen berichteten zu 15,6% davon, vom eigenen Vater sexuell mißbraucht worden zu sein. WYATT (1985) befragte 248 Männer und Frauen, die zu 45% bzw. 62% als Kinder sexuell mißbraucht wurden. KERCHER/MCSHANE (1984) ermittelten unter 593 Frauen und 461 Männern zu 11% bzw. 3% sexuelle Mißbrauchserfahrungen.

Über schweren (sexuelle Berührungen) bis sehr schweren sexuellen Mißbrauch (orale, anale und vaginale Penetration) geben die verschiedenen Forscher/innen unterschiedliche Auskünfte: RUSSEL (1986) 36%/23%; DJAYER (1990) 43%/44%; FINKELHOR (1979) 38%/4%; BAKER/DUNCAN (1985) 40%/5%; MRAZEK (1983) 69%/16%.

Über den Beginn sexuellen Mißbrauchs an Kindern stellte der Kinderpsychiater FÜRNISS (1989) bei betroffenen Mädchen und Jungen fest, daß Säuglinge und Kleinkinder zu 27% und Kinder im Alter zwischen 6 und 8 Jahren zu 42% sexuell ausgebeutet wurden. Die Dauer des Mißbrauches lag bei den von ihm behandelten Kindern zu 43% bei 2 bis 4 Jahren und zu 20% bei 5 bis 14 Jahren[639].

Aus der Übersicht der Untersuchungen ergibt sich ferner, daß Mädchen zu 94% und Jungen zu 83% von Männern mißbraucht wurden. Zur Täter-Opfer-Beziehung ist zu sagen, daß Väter, Stiefväter oder väterliche Bezugspersonen (Onkel, Großvater) die größte Gruppe der Täter darstellen. Bei RUSSEL (1986) sind Väter zu 24%, Onkel zu 25%, Cousins zu 16%, Brüder zu 12%, Großväter zu 6% und andere Verwandte zu 12% die Täter. FINKELHOR (1990) fand 48% Väter unter den Tätern.

---

[637] vgl. E.Burger/ C.Reiter 1993, S.31

[638] vgl. G.Braun 1992, S.23

[639] vgl. T.Fürniss 1989, S.69

Diese Untersuchungen stammen aus anderen Ländern und sind nur bedingt übertragbar. Für Deutschland liegen bisher keine größeren Untersuchungen über die Häufigkeit, die Umstände und Hintergründe sexueller Gewalt gegen Kinder vor[640].

Die Veröffentlichung der ersten bundesweiten Erhebung "zur Gewalt in Familien", durchgeführt vom Kriminologischen Forschungsinstitut Niedersachsen (1993), wird hinausgeschoben; womöglich – wie z.B. von dem Nachrichtenmagazin FOCUS vermutet – wegen der Brisanz der Ergebnisse[641]. Vier deutsche Untersuchungen von BANGE (1992), TEEGEN et.al (1992), DEEGENER (1996) und BURGER/REITER (1993) und die neuesten Zahlen des Bundeskriminalamtes erhellen ein wenig die Situation:

Die Studie von BURGER/REITER (1993) bezieht sich auf eine Befragung aus dem Jahre 1989 – "in dem in Deutschland das Problem des Mißbrauchs noch in großem Ausmaß tabuisiert war"[642] – von insgesamt 326 psychosozialen Beratungsstellen und hierbei auf die innerhalb eines Jahres erfaßten Fälle von sexuellem Mißbrauch. Die einbezogenen Einrichtungen hatten jährlich jeweils mit etwa 20 aufgedeckten, vermuteten oder gemeldeten Mißbrauchsfällen zu tun, wobei die beiden Forscherinnen den Schluß für berechtigt hielten, "daß nur ein kleiner Teil der mißbrauchten Kinder und Jugendlichen professionelle Hilfe erhalten"[643]. Die Betroffenen wurden zu 95% von Männern mißbraucht, zu 30% von Vätern, zu 25% von vaterähnlichen Bezugspersonen und zu 10% im familialen Nachbereich.

BANGE (1992) befragte 518 Studentinnen und 343 Studenten. Von diesen Befragten gaben 25% der Frauen und 8% der Männer an, mindestens einmal gegen ihren Willen mit unangenehmen sexuellen Erfahrungen vor ihrem 16. Lebensjahr konfrontiert worden zu sein[644]. Mit dem gleichen Fragebogen erfaßte DEEGENER (1996) 431 Frauen und 437 Männer aus Hochschulen, Krankenpflegeschulen und Schulungseinrichtungen für Beamte. In dieser Studie fanden sich 22% weibliche und 5% männliche Opfer sexueller Übergriffe. Beide Untersuchungen legten eine Definition von sexuellem Mißbrauch zugrunde, die aus zahlreichen Veröffentlichungen hergeleitet wurde:

> „Sexueller Mißbrauch an Kindern ist jede sexuelle Handlung, die an oder vor einem Kind entweder gegen den Willen des Kindes vorgenommen wird oder der das Kind aufgrund körperlicher, psychischer, kognitiver oder sprachlicher Unterlegenheit nicht wissentlich zustimmen kann. Der Täter nutzt seine Macht- und Autoritätsposition aus, um seine eigenen Bedürfnisse auf Kosten des Kindes zu befriedigen."[645]

---

[640] vgl. D.Bange 1992, S.28
[641] vgl. Focus 11/94, S.248f
[642] E.Burger/ C.Reiter 1993, S.51
[643] E.Burger/ C.Reiter 1993, S.102
[644] Die berechtigte Kritik von B.SCHWARZ (1997) an der unzureichenden Definition zum sexuellen Mißbrauch von Bange/ Deegener 1996 wird in die nachfolgenden Ausführungen einbezogen.
[645] D.Bange/ G.Deegener 1996, S.105

Bei BANGE (1992) waren 66% der Frauen und 73% der Männer, bei DEEGENER (1996) 59% der Frauen und 70% der Männer dieser Gruppe von einem einmaligen Erlebnis betroffen. Als sehr intensiv mißbraucht (versuchte oder vollendete vaginale, anale oder orale Vergewaltigung) wurden von BANGE (1992) 19% der Frauen und 18% der Männer, von DEEGENER (1996) 14% der Frauen und 17% der Männer eingeschätzt. Als intensiv mißbraucht galten diejenigen, bei denen Masturbation oder Körperberührungen an den Genitalien erzwungen wurden; BANGE (1992) zählte 19% der Frauen und 18% der Männer und DEEGENER (1996) 14% der Frauen und 17% der Männer zu dieser Kategorie. Demnach waren ungefähr die Hälfte der ermittelten weiblichen und männlichen Mißbrauchsopfer von sehr schwerem bis schwerem sexuellen Mißbrauch betroffen. Einer Vereinheitlichung der Ergebnisse, nach denen 25 % bzw. 29 % der von BANGE/ DEEGENER Befragten von sexuellem Mißbrauch betroffen seien, muß also mit SCHWARZ (1997) zurückhaltend begegnet werden[646].

Inwieweit eine sexuelle Belästigung durch anzügliche Bemerkungen oder ohne Körperkontakt (z.B. auch das Zeigen von Pornographie) zu den weniger schädigenden Übergriffen gehört, wurde von BANGE (1992) und DEEGENER (1996) nicht näher besprochen, wie von SCHWARZ (1997) zu Recht kritisiert wird. KRÜCK (1989) hingegen geht davon aus, daß die „psychische Betroffenheit und Beeinträchtigung des jungen Schulkindes selbst bei wenig intensiven sexuellen Handlungen u. U. recht intensiv sein kann"[647]. Auch ein einmaliger Mißbrauch kann zu gravierenden Folgen führen und tief in die Psyche des Kindes eingreifen. Diese Auffassung vertritt zumindest JONES (1996):

> „So ähneln die psychischen Nachwirkungen eines einmaligen Übergriffs denen einer Vergewaltigung bei Erwachsenen. (...) Das Kind zeigt Symptome akuter Angst und Agiertheit mit Alpträumen, nächtlichen Angstzuständen, spezifischen Ängsten oder Phobien und der Angst vor einem Überfall. Gewöhnlich hat es Schuldgefühle, ist depressiv und oft von einem Gefühl der Hilflosigkeit beherrscht."[648]

Das Ausmaß der Schädigung richtet sich nicht nur nach der Dauer oder der Intensität der sexuellen Übergriffe, sondern auch nach der Art der Beziehung zwischen dem Kind und dem mißbrauchenden Erwachsenen. 50% aller von BANGE (1992) und 33% aller von DEEGENER (1996) definierten sexuell mißbrauchten Frauen und Männer wurden durch Täter im familialen Nahbereich und 22%, bzw. 23% innerhalb der Familie mißbraucht. Etwa ein Drittel der Opfer wurden von Fremden mißbraucht. Die Personen innerhalb der Familie sind zu 28%/14% (Bange 1992/ Deegener 1996) Väter, zu 3%/6% Stiefväter, zu 33%/34% Onkel, zu 8%/11% Großväter, zu 14%/

---

[646] B.Schwarz 1997, S.538
[647] U.Krück 1989, S.318
[648] D.Jones 1996, S.7

16% Brüder und zu 11%/18% Cousins. Die Vermutung von Steinhage (1989), Väter oder Stiefväter seien mit ca. 75% die Haupttäter sexuellen Mißbrauchs an Kindern ist diesen Untersuchungen zufolge nicht haltbar[649]. Innerfamilialer Mißbrauch wird als der traumatisierendste Übergriff gewertet, da die emotionale Bedürftigkeit des Kindes ausgenutzt wird und die sexuellen Handlungen häufig lange Jahre andauern und sehr intensiv sind. Zur Häufigkeitsverteilung sexueller Gewalt an Kindern führen Bange/Deegener (1996) ihre Ergebnisse wie folgt aus:

> „Differenziert nach Bekanntschaftsgrad zwischen Täter und Opfer zeigt sich erwartungsgemäß, daß Fremde ihre Opfer in der Regel nur einmal mißbrauchen. Kommt der Täter aus dem Bekannten- oder Freundeskreis der Familie, handelt es sich nur noch zu etwa zwei Drittel der Fälle um einmaligen sexuellen Mißbrauch. Innerhalb der Familie werden dagegen drei Viertel der Opfer wiederholt sexuell mißbraucht. (...) In sechzehn der neunzehn Fälle von Vater-Tochter-Mißbrauch wurden die Teilnehmerinnen von ihren Vätern wiederholt und meist über Jahre hinweg sexuell ausgebeutet."[650]

In den Studien von Bange (1992) und Deegner (1996) waren die Täter vor allem Männer (zur Hälfte aus der Ober- und Mittelschicht, zu 1/10 aus der Unterschicht). Auch in der Statistik des Bundeskriminalamtes wurden „bei Straftaten gegen die sexuelle Selbstbestimmung weit überwiegend männliche Erwachsene ab 21 Jahren als Tatverdächtige ermittelt"[651]; 96,9% bei sexuellem Mißbrauch an Kindern nach dem §176 StGB waren männlichen Geschlechts[652].
Heyne (1992) stellte sich unabhängig hiervon die Frage, „ob sexueller Mißbrauch an Kindern nicht in weit höherem Maße als bisher angenommen auch von Frauen begangen wird"[653]. Der Jahresbericht des Kinderschutzbundes Frankfurt (1992) z.B. zeigte, daß 10,7% der betroffenen Kinder von Frauen mißbraucht wurden. Dabei waren Mütter zu 6,8%, Pflegemütter zu 1,5% und Stiefmütter zu 0,8% Täterinnen. Weitere Studien ergaben, daß an betroffenen Kinder zu 20% (Vennix 1984), zu 35% (Amendt 1994), zu 25% (Groth 1983) und zu 33% (MacFarlane 1982) von Frauen sexuelle Handlungen verübt wurden. Diese Forschungsergebnisse belegen, daß Frauen viel häufiger als vermutet zu Täterinnen werden und Kinder sexuell ausbeuten[654].
Während die Studien von Bange (1992) und Deegener (1996) nicht in erster Linie auf in der Kindheit mißbrauchte Erwachsene ausgerichtet waren, befragten Teegen et.al. (1992) 541 sexuell mißbrauchte Frauen und 35 sexuell mißbrauchte Männer, an die auf Anfrage ein Fragebogen zur Er-

---

[649] R.Steinhage 1989, S.13f
[650] D.Bange/ G.Deegener 1996, S.133/ 134
[651] PKS Berichtsjahr 1994, S.138
[652] PKS Berichtsjahr 1994, S.138
[653] C.Heyne 1993, S.265
[654] zitiert in C.Heyne 1993, S. 243 f. Vgl. auch M.Elliot (Hrsg.) 1993

fassung der Mißbrauchserfahrungen, der Krisen, der Erkrankungen, der Wahrnehmung von psychologischer Beratung oder Therapie erging. 7% der Befragten erlebten einen einmaligen sexuellen Übergriff und 93% wurden mehrfach – z.T. regelmäßig über viele Jahre – sexuell mißbraucht. 28% waren etwa 5 Jahre, 25% 10 Jahre und 11% über 10 Jahre überwiegend schwerem sexuellem Mißbrauch ausgesetzt. Zwei Drittel der Untersuchten berichteten von digitaler, oraler, analer oder vaginaler Penetration. 46% benannten den eigenen Väter, 5% die eigene Mutter, 16% den Onkel, Bruder oder Nachbarn als Tatperson. Dieser Befragung zufolge waren Väter in weit höherem Maße Täter bei sexuellen Übergriffen als z.B. bei BANGE/ DEEGENER (1996). TEEGEN et.al. (1992) stellten fest, daß die Täter „meist Familienmitglieder, d.h. dem Kind vertraute und bekannte Personen sind"[655]. Angesichts der Foschungssituation läßt sich zusammenfassend feststellen, daß einige Aussagen zum Ausmaß des sexuellen Mißbrauchs an Kindern, zu den Tätern und zur Art oder Intensität der sexuellen Handlungen zumindest differenzierter zu betrachten sind. Doch selbst wenn in der Bundesrepublik nicht 300.000 Kinder jährlich schwer bis sehr schwer mißbraucht werden (Kavemann 1984), sondern nur die Hälfte – nach BANGE (1992) und DEEGENER (1996) also etwa 13-16% aller Kinder -, so ist der sexuelle Mißbrauch verglichen mit anderen Notlagen von Kindern (z.B. Behinderung, Krankheit, Scheidung, Unfälle, etc.) ein ernstzunehmendes Problem, das in seiner Dringlichkeit immer deutlicher wird. Das Bundeskriminalamt konnte eine Steigerung der angezeigten Fälle sexuellen Mißbrauchs verzeichnen. Während im Jahre 1990 15.936 wurden 1996 19.526 Anzeigen gegen den § 176 StGB registriert. Die Auswirkungen der sexuellen Übergriffe auf die psychosoziale Entwicklung der betroffenen Kinder und die feststellbaren Schädigungen (vgl. Kapitel 4.2) zeigen weitreichende Beeinträchtigungen, die Eltern, pädagogischen Fachkräfte und andere Bezugspersonen zunehmend beunruhigen.

4.3   Auswirkungen der sexuellen Übergriffe

Da die Zielklientel der später vorgestellten Kinderschutzdienste sich haupt-sächlich aus Mädchen und Jungen zusammensetzt, werden für die Bestim-mung der Schädigungen, Folgen und Signale nach sexuellem Mißbrauch diejenigen Untersuchungen herausgegriffen, in deren Mittelpunkt Kinder stehen. Wertvolle Hinweise ergeben sich aus den beobachteten Reaktionen betroffener Kinder, aber auch anhand der Forschungen zur posttraumatischen Belastungsstörung. Absicht der folgenden Darstellungen ist die Erstellung eines Kataloges zur Einschätzung eines eventuellen Mißbrauchs als Ausgangspunkt für die Diagnostik (Kapitel 4.3).

---

[655] F.Teegen/M.Beer/B.Parbst/S.Timm 1992, S.15

4.3.1 Forschungsergebnisse aus der Befragung sexuell mißbrauchter Kinder

Da Beratungsangebote für sexuell mißbrauchte *Kinder* im Mittelpunkt dieser Arbeit stehen, sind retrospektive Untersuchungen nicht sehr aufschlußreich, zumal die Sensibilität für die Problematik erst in den letzten Jahren zugenommen hat und betroffenen Mädchen und Jungen eher geholfen werden kann, als den über ihre Kindheit befragten *Erwachsenen*. In Deutschland gibt es kaum verwertbare Ergebnisse aus Befragungen sexuell mißbrauchter Kinder[656], so daß auf Studien aus Amerika – entnommen aus der Zeitschrift „Child Abuse and Neglect" – zurückgegriffen werden mußte. Nach Durchsicht der Jahrgänge 1986 – 1996 wurden vier Studien (Mian et. al. 1986; Conte, Schuerman 1987; Cupoli, Sewell 1988; Mian, Merton und LeBaron 1996) ausgewählt, die eine relativ hohe Anzahl von mißbrauchten Kindern umfassen. Informationen über das Alter der befragten Kinder, über die Täter, die Art des Mißbrauchs und die beobachtbaren Verhaltensauffälligkeiten geben wichtige Anhaltspunkte für das Ausmaß des Mißbrauchs an jüngeren Kindern, die familialen Hintergründe und die Situation des Mißbrauchs.

125 sexuell mißbrauchte Kinder, Patient/inn/en einer Kinderklinik, wurden von MIAN et. al. (1986) ausgewählt, um das Ausmaß des Mißbrauchs, die Täter und die Art der sexuellen Handlungen bei 6-jährigen und Jüngeren zu erforschen. 60% dieser Kinder (55 Mädchen und 20 Jungen) wurden innerhalb der Familie, 35% (36 Mädchen und 9 Jungen) außerhalb der Familie und 4% (5 Mädchen) von Fremden sexuell ausgebeutet, wobei 37% der Mißbrauchstäter Väter waren. Der Mißbrauch dauerte bei 16% der Kinder, die innerhalb der Familie mißbraucht wurden, länger als ein Jahr, während die Kinder, die von Tätern außerhalb der Familie mißbraucht wurden, weniger als ein Jahr den sexuellen Übergriffen ausgesetzt waren. Die innerhalb bzw. die außerhalb der Familie mißbrauchten Kinder erlebten zu 43% bzw. 42% sexuelle Berührungen, zu 13% bzw. 16% oral/genitale Kontakte und zu 17% bzw. 9% Schenkelverkehr. Das interessanteste Ergebnis dieser Studie bezieht sich auf den Zusammenhang des Alters der Kinder und der Tätergruppen. MIAN u. a. (1996) ermittelten bei ihrem Sample, daß Vorschulkinder weitaus häufiger innerhalb der Familie mißbraucht werden als Schulkinder.

> „This is particularly true of preschoolers where 72,5% of them were abused by intrafamilial offenders. Since preschoolers spend most of their time with family

---

[656] Ergebnisse aus der Untersuchung von Dr. med. J. FEGERT/ Prof. Dr. med U. LEHMKUHL – gefördert von der Volkswagenstiftung – waren zum Zeitpunkt dieser Arbeit noch nicht verfügbar. FEGERT und LEHMKUHL befragen in Berlin und Köln sexuell mißbrauchte Kinder und deren Bezugspersonen. Verhaltensauffälligkeiten, anamnestische Daten und familiale Hintergründe werden in Zusammenhang mit stattfindenden Gerichtsverfahren erhoben, um ein Vorgehen zu entwickeln, das Sekundärtraumatisierungen vermeiden hilft und trotzdem eine möglichst gültige Beweisführung sicherstellt. (Informationen entnommen aus dem Forschungsantrag, den J.Fegert der Verfasserin dieser Arbeit freundlicherweise zur Verfügung stellte.)

members, this finding is not surprising. In fact, most perpetrators were members of the child's nuclear family. At school age there was a trend to change to extrafamilial perpetrators with 73% of 6 year olds being abused by them. Still, the great majority of children was acquainted with their abusers."[657]

Den Unterschied dieser Daten zu den Ergebnissen retrospektiver Dunkelfelduntersuchungen (Finkelhor 1984; Russel 1983; Draijer 1990; Wyatt 1985), nach denen Väter etwa 16% der Täter ausmachen, erklären MIAN et. al. (1986) damit, daß ein früher Mißbrauch durch den Vater häufig verdrängt und vergessen werde[658].

CONTE/SCHUERMAN (1987) wählten 369 Kinder mit einem Altersdurchschnitt von 8,8 Jahren aus, die in einer Kinderschutzeinrichtung von sexuellem Mißbrauch berichtet hatten oder in einem Übergangsheim betreut wurden. Die Bezugspersonen (Eltern oder betreuende Sozialarbeiter/innen), die die Kinder zur Untersuchung begleiteten, erhielten einen Fragebogen (child behavior profile checklist) zur Einschätzung des Verhaltens ihrer Schützlinge. Die Studie zeigte, daß 25% der Kinder nur einmal mißbraucht wurden, 44% einen zeitlich begrenzten Abschnitt sexueller Übergriffe erlebt hatten und 25% über einen langen Zeitraum, der nicht näher zu bestimmen war, sexuellen Handlungen ausgesetzt waren. Geschlechtsverkehr wurde an 26% der Kinder verübt. 29% wurden von Eltern oder Stiefeltern (Geschlecht wird nicht benannt[659]), 0,5% vom Partner der Mutter, 30% von Freunden der Familie, 23% von entfernteren Bekannten, 7% von Babysittern, 4% von Fremden und 2% von nicht bekannten Tätern mißbraucht. Die erhobenen Verhaltensauffälligkeiten (u.a. geringe Selbstachtung, Aggressionen, irrationales Mißtrauen, zurückgezogenes Verhalten, Ängstlichkeit) ergaben bei 27% der mißbrauchten Kinder 4 oder mehr der 40 Items umfassenden Symptomliste, bei 13% 3, bei 14% 2, bei 17% ein Symptom und bei 21% keinerlei Auffälligkeiten.

CONTE/SCHUERMAN (1987) beschreiben das eindrücklichste Ergebniss ihrer Untersuchung, die auch das familiale und soziale Umfeld der betroffenen Kinder einbezog:

„The clear finding of this research is the powerful role the victim's support system plays in reducing the impact of sexual abuse. In families which are seen by social workers as having significant problems in living or having more indicators of a pathological family, victims do worse. Victims who have supportive relationships with nonoffending adults or siblings are less affected.[660]

---

[657] M.Mian/ W.Wehrspann/ J. Klajner-Diamond/ D.LeBaron/ C.Winder 1986, S.227

[658] vgl. M.Mian et al. 1986, S.227

[659] J.R.Conte/ J.R.Schuerman 1987, S.203

[660] J.R.Conte/ J.R.Schuerman 1987, S.209

Das Fehlen von Verhaltensauffälligkeiten oder psychosomatischem Symptomen hängt demnach eng mit dem Beistand zusammen, den sexuell mißbrauchte Kinder von erwachsenen Begleitpersonen oder Geschwistern erhalten. Ein unterstützendes Angebot für die Bezugspersonen der Kinder fördert folglich die Bewältigung der belastenden Ereignisse sowohl bei inner- als auch bei außerfamilialem sexuellen Mißbrauch.

Daß KEMPE (1978) unter den Opfern sexuellen Mißbrauchs 25% unter 5-jährige und WOLTERS (1985) 29% unter 6-jährige ausmachten, nahmen CUPOLI/ SEWELL (1988) zum Anlaß, eine Befragung unter Kindern vorzunehmen, die wegen sexuellen Mißbrauchs im Krankenhaus des University of South Florida College of Medicine medizinisch untersucht wurden. Für die Studie konnten während eines Zeitraums von 44 Monaten 1.059 Fälle (940 Mädchen und 119 Jungen bis 16 Jahre) ausgewertet werden (28,5% der Mädchen und 16% der Jungen waren älter als 12 Jahre).
Unter den Tätern fanden CUPOLI/ SEWELL (1988) 97,7% Männer und 2,3% Frauen. Nur 11,4% der Täter waren dem Kind fremd; 9,5% waren Stiefväter, 14,3% leibliche Väter, 4,7% Onkel, 2,6% Großväter und 1,5% Brüder. In 28,1% der Fälle fand der Mißbrauch innerhalb der Familie statt. Bei 71% der Kinder wurden vaginale oder anale Penetration nachgewiesen. Erschüttert wurden während der Untersuchung zur Kenntnis genommen, daß auch Kleinkinder orale, anale und vaginale Vergewaltigungen erlitten hatten. „Sexual abuse no longer means molestation (touching of sexual parts) or indecent exposure. For the vast majority of the study children, sexual abuse is experienced as oral, anal, or vaginal penetration."[661]

MIAN/ MERTON/ LEBARON (1996) untersuchten 70 3-jährige und 5-jährige, sexuell mißbrauchte Mädchen (42 innerfamilial und 28 extrafamilial mißbraucht). Während jedes Kind einzeln interviewt wurde, befragte eine andere Person die Mutter zum Verhalten der Tochter, ihren Fähigkeiten, Freundschaften und Schulproblemen. In einem Spielzimmer, eingerichtet mit den üblichen Materialien, unter anderem auch mit den anatomisch korrekten Puppen (vgl. Kapitel 4.3.4), wurden die Befragungen jedes Mädchens mit Video aufgezeichnet und zusätzlich von einem Beobachter protokolliert.
Die Kinder durften zuerst im freien Spiel den Raum erkunden, dann wurden ihnen Fragen zu ihrem familialen und sozialen Umfeld gestellt. Anhand der anatomisch korrekten Puppen ging es dann um ihr Wissen über sexuelle Fragen, die Bestimmung der Körperteile und ihrer Funktionen. In einem vierten Schritt wurden den Mädchen offene Fragen zur Mißbrauchssituation gestellt.
Zur Art des sexuellen Mißbrauchs stellte das Forscher/innen-Team fest, daß 22% der Mädchen den Täter masturbieren mußten, 75% der Täter die Mädchen an den Brüsten berührten, 28% oral-genitalen Kontakt vornahmen, 61% mit Fingern oder Gegenständen die Scheide oder den After des Kindes

---

[661] J.M.Cupoli/ P.M.Sewell 1988, S.160

penetrierten und 26% vaginalen oder analen Geschlechtsverkehr durchführten[662]. 71% des extrafamilialen Mißbrauchs dauerten weniger als 6 Monate und 53% des innerfamilialen Mißbrauchs mehr als 6 Monate. 74% der Täter innerhalb der Familie waren die eigenen Väter, 7% waren Stiefväter und 19% Lebenspartner der Mutter. Die Täter außerhalb der Familie waren zu 35% Babysitter, zu 11% Freundinnen der Mutter, zu 23% Bekannte, zu 4% entfernte Bekannte, zu 7% Fremde und zu 18% nicht zu ermittelnde Täter.

Da die Mütter in die Untersuchung einbezogen waren, konnte ihr Verhalten nach der Aufdeckung des Mißbrauchs ermittelt werden. Besonders unkooperativ zeigten sich diejenigen Mütter, deren Töchter vom eigenen Partner mißbraucht wurden.

> „In their reactions to the disclosure of abuse, the mothers of the two groups differed on a number of items. The mothers of the intrafamilial group were more likely to blame the child; they were protective of the offenders; (...) and they tended to deny the occurence of the abuse or minimized the significance of the event."[663]

Die durchweg negative Reaktion der Mütter auf innerfamilialen Mißbrauch führte dazu, daß die betroffenen Mädchen nicht in angebrachter Weise Schutz und Unterstützung erhielten.

Übersicht über die vier ausgewählten Studien:

MIAN et. al. (1986):

N =	125 Mädchen und Jungen
Alter:	6Jährige und bis zu 6 Jahren
Täter:	60% innerh. und 35% außerh. d. Familie (37% Väter)
Art des Mißbrauchs:	43%/ 42% sexuelle Berührungen; 13%/ 16% oral-genitale Kontakte 17%/ 9% Schenkelverkehr
Besonderheiten:	72,5% der unter 6jährigen wurden innerhalb der Familie mißbraucht

CONTE/SCHUERMAN (1987):

N =	369
Alter:	durchschnittlich 8,8 Jahre
Täter:	29% Eltern/ Stiefeltern, 30% Freunde der Familie, 23% Bekannnte, 4% Fremde
Art des Mißbrauchs:	26% Geschlechtsverkehr
Besonderheiten:	27% der Kinder zeigten 4 oder mehr, 13% drei, 17% eine und 21% keine Verhaltensauffälligkeit

CUPOLI/ SEWELL (1988):

---

[662] M.Mian/ P.Marton/ D.LeBaron 1996, S.736
[663] M.Mian/ P.Marton/ D.LeBaron 1996, S.737

$N =$	1.059 (940 M., 119 J.)
Alter:	0 – 16 Jahre (42% unter 7 Jahre)
Täter:	28% innerh. d. Familie (9,5% Stiefväter, 14,3% Väter), 11,4% Fremde
Art des Mißbrauchs:	71% anale oder vaginale Penetration
Besonderheiten:	auch jüngere Kinder erlitten Penetration

MIAN/ MERTON/ LEBARON (1996):

$N =$	79 Mädchen
Alter:	3- und 5Jährige
Täter:	42% innerh. (74% Väter)/ 28% außerh. d. Familie
Art des Mißbrauchs:	28% oral-genital, 61% Penetration mit Fingern oder Gegenständen, 26% analer/ vaginaler Geschlechtsverkehr
Besonderheiten:	Mütter, deren Töchter vom Partner mißbraucht wurden, gaben wenig Unterstützung

Diese vier Studien haben gezeigt, daß jüngere Kinder, die mit dem Verdacht auf sexuellen Mißbrauch in einer pädagogischen Beratungseinrichtung vorgestellt werden, vermutlich häufiger innerhalb der Familie mißbraucht wurden, als dies nach den retrospektiven Untersuchungen mit Erwachsenen zu vermuten ist. Die Kinder werden wahrscheinlich auch schwerer mißbraucht, als dies allgemein angenommen wird. Und eine Unterstützung der Mutter kann nicht generell vorausgesetzt werden, wenn das Kind vom Vater, vom Stiefvater oder dem Lebenspartner der Mutter mißbraucht wurde. Um diese Ergebnisse zu untermauern, müßten sicherlich umfangreichere Studien vorgenommen werden, die leider zum Zeitpunkt dieser Ausführungen, selbst nach umfassenden Literaturrecherchen, nicht aufzufinden waren. Deswegen weisen die Aussagen der vier Studien nur auf mögliche Ausprägungen hin.

4.3.2 Folgen und Symptome nach sexuellem Mißbrauch

In diesem Abschnitt soll auf die beobachtbaren Auswirkungen sexuellen Mißbrauchs bei Kindern eingegangen werden, die in die diagnostische Anamneseerhebung einfließen. Hierzu geben Untersuchungen, die an betroffenen Kindern durchgeführt wurden, Aufschluß[664].

Nicht alle Kinder, die sexuell mißbraucht wurden, weisen durch ihr Verhalten oder psychosomatische Reaktionen auf ihre Erfahrung hin, und nur wenige Fachleute – wie z.B. SUMMIT (1983) – gehen von einem „Child Sexual Abuse Accomodation Syndrome" aus[665]. Ein „Sexual Abuse Syndrom" gibt

---

[664] Retrospektive Studien aus der Betragung von Erwachsenen über Langzeitfolgen und Effekte auf die spätere Beziehungsgestaltung werden wegen der Schwerpunktsetzung auf die Diagnostik nicht einbezogen. (Vgl. hierzu: Fegert 1993, Teegen 1992)

[665] R.C.Summit 1993, S.177

es nach Meinung FEGERTs (1993), ENDRES´ (1997), FRIEDRICHs (1998) und den Ergebnissen einer 45 Veröffentlichungen umfassenden Studie von KENDALL-TACKET et.al. (1993) nicht[666]. Der Anteil derjenigen Kinder, die ohne eine Symptombildung sexuellem Mißbrauch ausgeliefert sind, ist nicht unwesentlich. MANNARINO/ COHEN (1986) fanden in ihrer Studie 31% unter den befragten mißbrauchten Kindern und CONTE/SCHUMAN (1987) 21%, die keinerlei Verhaltensauffälligkeiten oder psychosomatische Erkrankungen nach den sexuellen Übergriffen entwickelten; wobei nicht auszuschließen ist, daß sich später im Jugend- oder Erwachsenenalter psychische oder psychosomatische Folgewirkungen, z.B. im sexuellen Bereich, herausbilden können. Das Fehlen von offensichtlichen Schädigungen sagt demnach nichts über den tatsächlichen Leidensdruck des betroffenen Kindes aus[667].

Eine dramatisierte Darstellung der Folgen sexuellen Mißbrauchs stigmatisiert die betroffenen Kinder zu „Opfern" und vernächlässigt ihre Fähigkeiten, Stärken und Überlebensmechanismen[668]. Nicht jedes Kind zerbricht unter der Last der Übergriffe und ist hilflos seinem Schicksal ausgeliefert, wie ENDERS (1995) feststellt: „Die Arbeit mit betroffenen Mädchen, Jungen und Frauen zeigt, welche Überlebenskraft und Lebensenergie betroffene Kinder häufig mobilisieren, um sich aus der scheinbar hoffnungslosen Lage zu befreien."[669]

Verhaltensauffälligkeiten können vielerlei Ursachen haben, die nicht allein auf einen sexuellen Mißbrauch zurückgeführt werden können. Kinder sind z.T. vielfältigen Belastungen ausgesetzt: Scheidung der Eltern, andere familiale Belastungen (Alkoholismus, Krankheit, Arbeitslosigkeit, Geldsorgen), Gewalt in der Familie (Mißhandlung der Mutter, der Kinder), Vernachlässigung, etc. Reagiert ein Kind mit gestörtem Verhalten, kann dies auf überfordernde Lebensumstände hindeuten, wovon sexueller Mißbrauch *eine* der möglichen Erklärungen sein kann.

Vor diesem Hintergrund sind die beobachteten Symptome und Folgen nach sexuellem Mißbrauch zu werten, die in verschiedenen Untersuchungen ermittelt wurden. Zeigt ein Kind mehrere der folgend genannten Auffälligkeiten, wird dieser Umstand in die Diagnostik bei einem Verdacht auf sexuellen Mißbrauch (vgl. Kapitel 4.3.4) aufgenommen.

Als eindeutiger Hinweis auf das Vorliegen eines sexuellen Übergriffs gelten körperliche Anzeichen. „Sexuell übertragbare Infektionskrankheiten (auch des Rachens)[670], Entzündungen und Verletzungen der Genitalgegend, auch der Analgegend, vergrößerter Durchmesser von Anus und Introitus vaginae, bei Jugendlichen auch frühe Schwangerschaft, lassen sich mit großer Sicherheit auf sexuellen Mißbrauch zurückführen."[671]

---

[666] J.Fegert 1993, S.39

[667] vgl. D.Finkelhor/ L.Berliner 1995, S. 1417

[668] vgl. H.Kiper 1994, S.95

[669] U.Enders 1995, S.74

[670] z.B. Trichomonaden (Pilze), Herpes auch im Genitalbereich, Gonorhoe, AIDS; vgl. D.P.H.Jones 1996, S.103f

[671] M.Hirsch 1990, S.195, vgl. auch D.Bange/ G.Deegener 1996, S.78

Die medizinische Untersuchung erfordert viel Geschick im Umgang mit einem mißbrauchten und verletzten Kind, sie verlangt große Behutsamkeit und einige Erfahrung in der Deutung körperlicher Befunde. Der Kinderarzt VEITH (1997) beschreibt ausführlich sein Vorgehen, wenn ein Mädchen oder ein Junge mit dem Verdacht auf sexuellen Mißbrauch in seiner Praxis vorgestellt wird.

> „Normal bestelle ich die Kinder so ein, daß ich für jedes Kind eine halbe Stunde Zeit habe. Eine erfahrene Helferin ist dabei, die mithört, mitschreibt und mitdenkt. Ich habe Bücher, Bilder, Puppen und Spielsachen. Wenn ich denke, daß das Kind Angst hat und die Begleitperson das Kind nicht entsprechend vorbereitet hat, dann fange ich nicht mit der Untersuchung an, sondern mit dem Spielen. Dann frage ich das Kind, warum es kommt. Je mehr ein Kind Angst vorm Po ansehen hat, desto mehr Angst hat sein Doktor, daß es einen verdammt guten Grund dafür hat. Wenn ein Kind sich nicht untersuchen lassen will, dann weiß ich das nach zwanzig Minuten, und dann höre ich auf. Diese Entscheidung habe ich zu akzeptieren."[672]

Desweiteren befassen sich u.a. TRUBE-BECKER (1982), HERMAN (1981), FEGERT (1989,1992), PARADISE (1990), FALLER (1993), BAYS/CHADWICK (1993) und JONES (1996) mit der Bestimmung medizinisch nachweisbarer Beweise und kommen einhellig zu dem Ergebnis: ein Fehlen körperlicher Beeinträchtigungen bedeutet nicht, daß keine Übergriffe stattgefunden haben. „Körperliche Befunde bei sexuellen Belästigungen sind selten ausgeprägt und reichen kaum für eine Diagnosestellung aus. (...) Bei einem erheblichen Teil sexuell mißbrauchter Kinder sind keinerlei körperliche Befunde zu diagnostizieren."[673] MURAM (1989) untersuchte sexuell mißbrauchte Kindern, bei denen die Täter Genitalkontakte zugegeben hatten, und fand bei ca. 30% keinerlei medizinische Auffälligkeiten. Dies mag daran liegen, daß es „nur wenig gesicherte Erkenntnisse und Forschungen über die normale Anatomie und ihre Varitationsbreite im Kindesalter in diesem Bereich gibt", wie FEGERT (1992) moniert[674].

Psychosomatische Folgen konnten dagegen weitaus häufiger in Zusammenhang mit sexuellem Mißbrauch festgestellt werden. Kopf-, Magen- und Unterleibsschmerzen wurden bei zahlreichen Untersuchungen sexuell mißbrauchter Kinder und deren Bezugspersonen als Symptome benannt (Conte/Schwerman 1987; Mannarino/Cohen 1986; Dubowitz 1993). Der innere Druck, unter dem diese Kinder stehen, zeigt sich auch auf körperlicher Ebene, wie von der Kindertherapeutin LAMERS-WINKELMANN (1992) bemerkt wurde:

---

[672] St.Veith 1997, S.306
[673] D.P.H.Jones 1996, S.68
[674] J.Fegert 1992, S.37

„Das erste und sehr wichtige Signal betroffener Kinder (..) ist, daß sie sehr *ge-spannt durchs Leben gehen*, d. h., daß sie alle Muskeln zusammenhalten, versuchen, ′sich zusammenzuhalten′. Im Genitalbereich, zwischen Nabel und Knien ist die Muskelspannung sehr stark, oft so stark, daß es weh tut, Bauch-schmerzen, Rückenschmerzen oder Schmerzen in den Oberschenkeln verursacht."[675]

HIRSCH (1990) und ENDERS (1996) beobachteten weitere Folgewirkungen während ihrer langjährigen Beschäftigung mit Opfern von sexuellem Miß-brauch: Schlaf-, Konzentrations- und Sprachstörungen, Hauterkrankungen, Bettnässen, unerklärliche wiederholte Harnwegsinfektionen, vorzeitig einsetzende Pubertät, Asthma, Lähmungen, Schmerzen in den Beinen, Autismus und Eßstörungen (wie Bulimie oder Anorexie).[676] Diese Symptome wurden durch zahlreiche empirische Untersuchungen als häufigste Be-gleiterscheinungen nach sexuellem Mißbrauch bestätigt (Conte 1988; Gomes-Schwartz 1990; Tong 1987, Dubowitz 1993).
Die psychischen Beeinträchtigungen infolge der traumatisierenden sexuellen Übergriffe führen zu verschiedenen Auffälligkeiten, die ebenfalls deutliche Signale setzen. An erster Stelle wird stets sexualisiertes Verhalten und alters-unangemessenes Wissen des Kindes über sexuelle Vorgänge angeführt (Hirsch 1990; Faller 1993; Bange/Deegener 1996, Enders 1995; Jones 1996, Endres 1997). In einer Übersicht zu verschiedenen Untersuchungen über die Folgen sexuellen Mißbrauchs fanden BEICHTMAN u.a. (1992) sexualisiertes Verhalten als häufigst aufgelistetes Symptom. FRIEDRICH (1993) benennt Ausprägungen sexualisierten Verhaltens, die in zahlreichen Studien bestätigt wurden[677]:

„One of these factors is traumatic sexualisation, which articulates the stress inherent in a precocious introduction to sexual behavior. Psychological consequences of traumatic sexualization, such as confusion of sex with love, increased salience of sexual issues, and several behavioral manifestations, like sexual preoccupation, sexual aggression, and the inappropriate sexualization of parenting have been identified."[678]

Sexuelle Handlungen, die alters- oder entwicklungsunüblich sind, wie z.B. exzessive Onanie, aggressiv sexuelle Übergriffe, sexuelle Ängste, demon-stratives Zeigen der Genitalien in der Öffentlichkeit, zwanghafte Beschäfti-gung mit Sexualtität, gelten als deutliche Hinweise für das Vorliegen eines sexuellen Mißbrauchs[679].

---

[675] F.Lamers-Winkelmann, S.92
[676] vgl. U.Enders 1995, S.75f
[677] vgl. W.N.Friedrich 1993, S.60f
[678] W.N.Friedrich 1993, S.59
[679] vgl. D.Finkelhor/ A.Browne 1985, S.540

Sexuell mißbrauchte Kinder entwickeln darüberhinaus häufig Depressionen[680], Schlaf- und Konzentrationsstörungen, Wut, Schuld- und Schamgefühle; sie zeigen sich mißtrauisch oder distanzlos, ziehen sich ganz in sich selbst zurück, leiden an Selbstwertstörungen[681] und Entwicklungsverzögerungen[682]. Die sexuellen Übergriffe greifen tief in die Identitätsentwicklung des Kindes ein und führen zu mannigfaltigen psychischen Schädigungen, wie von HIRSCH (1990) dargestellt:

> „Um die Kontinuität des Denkens und Fühlens aufrechtzuerhalten, bedarf es massiver Abwehrreaktionen, denn das Gefühl der Identität, die Aufrechterhaltung der Selbstrepräsentanzen, ist bedroht. Das mißhandelte Kind muß mit extremen Schmerzen, Angst, Erniedrigung und besonders Wut fertig werden (...). Solche Einwirkungen im Sinne eines Seelenmordes können in jedem Alter zu schweren Persönlichkeitsschädigungen führen.“[683]

Art und Ausmaß der Störung hängen ganz wesentlich von den sonstigen Lebensbedingungen des Kindes, der speziellen Situation des Mißbrauchs, der Beziehung zwischen Kind und Täter, dem Alter des Kindes und der Dauer der Übergriffe ab[684]. Obwohl von vielen Autor/inn/en sexueller Mißbrauch in jedem Fall als ein traumatisierendes Ereignis verstanden wird (Fegert 1990; Hirsch 1990; Terr 1994; Enders 1995; Bange/Deegener 1996), besteht ein Zusammenhang zwischen der Schwere der Mißbrauchshandlungen und der Herausbildung einer traumaspezifischen Reaktion, die als Folge sexuellen Mißbrauchs auftreten kann. Diese Störung wurde nicht nur bei Mißbrauchsopfern sondern auch bei Überlebenden anderer traumatischer Erlebnisse beobachtet.

4.3.3 Die „Posttraumatische Belastungsstörung" (PTBS)

Die Forschungen zum Nachweis der Symptome nach traumatisierenden Erfahrungen befassen sich mit verschiedenartigen Traumata (Krieg, Entführung, Naturkatastrophen, Konzentrationslageraufenthalt, Vergewaltigung, Folter). Der Unterschied zwischen einem normalen Trauma und einem Trauma bei sexuellem Mißbrauch besteht nach FÜRNISS (1993) in dem Geheimhaltungsdruck, der auf dem Kind lastet. Während ein anderes Trauma als unbestrittene Tatsache von allen akzeptiert wird, muß bei sexuellem Mißbrauch nach außen der „Anschein von ungebrochener Kontinuität" demonstriert werden[685].

---

[680] vgl. S.A.Lipovsky/ B.E.Saunders/ S.M.Murphy 1989
[681] vgl. J.Waterman/ R.Lusk 1993, S.149f
[682] vgl. Auch D.P.H.Jones 1996, S. 6f
[683] M.Hirsch 1990, S:179
[684] vgl. K.A.Kendal-Tacket/L.M.Williams/D.Finkelhor 1993
[685] T.Fürniss 1993, S.265

„Dabei schließt die Erfahrung der Kindesmißhandlung die Erfahrung der Nicht-erfahrung ein. (...) Der Akt der Mißhandlung bleibt durch das Wahrnehmungs-verbot als anerkannte äußere Realität und Beziehungsrealität ungeschehen und unerfahrbar. Obwohl sexuelle Kindesmißhandlung stattfindet, leben das Kind und der Mißhandler so, als ob es keine Mißhandlung gäbe."[686]

Vor diesem Hintergrund müssen die Untersuchungen zur Traumatisierung betrachtet und ihre Anwendbarkeit zur Erklärung der Folgen nach sexuellem Mißbrauch kritisch bedacht werden. Sicherlich wird jedoch von einer hohen Wahrscheinlichkeit für das Vorliegen von sexuellem Mißbrauch auszugehen sein, wenn im Vorleben des Opfers keine anderen traumatischen Ereignisse belegbar sind.

Die posttraumatische Belastungsstörung wird von KOLB (1995) als ein „Symptomkomplex und die direkte Folgeerscheinung massiver psycholo-gischer und emotionaler Erregungszustände" bezeichnet, „wie sie durch das Erleben unerwarteter, extrem bedrohlicher Situationen ausgelöst werden"[687]. Dieses Krankheitsbild wurde schon 1899 von KRAEPELIN beobachtet, „welches sich in Folge von heftigen Gemütserschütterungen, plötzlichem Schreck, großer Angst ausbildet"[688]. Symptome von „Unruhe, Aggressionen, Depressionen, Gedächtnisstörungen, Alkoholismus, Alpträumen, Phobien und Mißtrauen" wurden z.B. an Opfern von Folter, bei Kriegsveteranen, Überlebenden aus Konzentrationslagern, Vergewaltigungsopfern und Be-troffenen von sexuellem Kindesmißbrauch beobachtet[689]. Auch Kinder, die Zeuge eines Unfalls wurden, die entführt, von Naturkatastrophen oder Kriegsgeschehen überwältigt wurden, zeigten die genannten Reaktionen auf die Belastungen.

1980 wurden in den USA diagnostische Kriterien zur Bestimmung einer posttraumatischen Belastungsstörung in den DSM-III-Katalog der „Reaktiven Störungen" aufgenommen[690]. 1987 wurde dann der modifizierte DSM-III-R herausgegeben, der davon ausging, daß die PTBS eine Reaktion auf „psychisch belastende Ereignisse" ist, die „außerhalb der üblichen menschlichen Erfahrung" liegen[691]:

---

[686] T.Fürniss 1993, S.265
[687] C.Kolb 1995, S.7
[688] E.Kraepelin 1899, S.520
[689] P.S.Saigh 1995, S.14
[690] P.S.Saigh 1995, S.18
[691] American Psychiatric Association (APA) 1987, S.247

Diagnostische Kriterien der Posttraumatischen Belastungsstörung nach DSM-III-R

A. Die Person hat ein Ereignis erlebt, das außerhalb der üblichen menschlichen Erfahrung liegt und für fast jeden stark belastend wäre, z.B. ernsthafte Bedrohung des eigenen Lebens oder der körperlichen Integrität. (...)

B. Das traumatische Erlebnis wird ständig auf mindestens eine der folgenden Arten wiederholt:

1. wiederholte und sich aufdrängende Erinnerungen an das Ereignis (bei kleinen Kindern Wiederholungsspiele, bei denen Themen oder Aspekte des Traumas ausgedrückt werden);

2. wiederholte, stark belastende Träume;

3. plötzliches Handeln oder Fühlen, als ob das traumatische Ereignis wiedergekehrt wäre (dazu gehören das Gefühl, das Ereignis wieder zu durchleben, Vorstellungen, Halluzinationen und dissoziative Episoden [*flashbacks*], auch im Wachzustand oder bei Intoxikation);

4. intensives psychisches Leid bei der Konfrontation mit Situationen, die das traumatische Ereignis symbolisieren oder ihm in irgendeiner Weise ähnlich sind, einschließlich Jahrestage des Traumas.

C. Anhaltende Vermeidung von Stimuli, die mit dem Trauma in Verbindung stehen, oder eine Einschränkung der allgemeinen Reagibilität (war vor dem Trauma nicht vorhanden), was sich in mindestens drei der folgenden Merkmale ausdrückt:

1. Versuche, Gedanken oder Gefühle, die mit dem Trauma in Verbindung stehen, zu vermeiden;

2. Versuche, Aktivitäten oder Situationen, die Erinnerungen an das Trauma wachrufen, zu vermeiden;

3. Unfähigkeit, sich an einen wichtigen Bestandteil des Traumas zu erinnern (psychogene Amnesie);

4. auffallend vermindertes Interesse an bedeutenden Aktivitäten (bei kleinen Kindern Verlust neu angeeigneter entwicklungsabhängiger Fähigkeiten, wie etwa Toilettenbenutzung oder Sprachfähigkeiten);

5. Gefühl der Isolierung bzw. Entfremdung von anderen;

6. eingeschränkter Affekt, z.B. keine zärtlichen Gefühle mehr zu empfinden;

7. Gefühl, keine Zukunft zu haben, z.B. nicht zu erwarten, Karriere zu machen, zu heiraten, Kinder zu haben oder noch lange zu leben.

D. Anhaltende Symptome eines erhöhten Erregungsniveaus (warem vor dem Trauma nicht vorhanden), durch mindestens zwei der folgenden Merkmale gekennzeichnet:

1. Ein- oder Durchschlafstörungen;

2. Reizbarkeit oder Wutausbrüche;

3. Konzentrationsschwierigkeiten;

4. Hypervigilianz;

5. übertriebene Schreckreaktionen;

6. physiologische Reaktionen bei Konfrontation mit Ereigniseen, die einem Bestandteil des traumatischen Ereignisses ähneln oder es symbolisieren (...).

7. Die Dauer der Störung (Symptome aus B,C und D) beträgt mindestens einen Monat. Ein verzögerter Beginn liegt vor, wenn die Symptomatik mindestens sechs Monate nach dem Trauma einsetzt.[692]

---

[692] Diagnostic and Statistical Manual Disorders, Third Edition, Revised. Washington, D C, American Psychiatric Association, 1987 (dt. Diagnostisches und statistisches Manual psychischer Störungen: DSM-III-R. Weinheim: Beltz 1989)

Die Psychiaterin TERR (1995), mit dem Spezialgebiet Kindheitstraumata, beschäftigt sich seit Jahren mit Kindern, die Schreckliches u.a. auch sexuellen Mißbrauch erlebt haben. Sie beschreibt die beobachteten Reaktionen schwersttraumatisierter Kinder:

> „Ein Kind, das ein schockierendes, schmerzliches oder extrem aufregendes Erlebnis hat, wird Symptome an den Tag legen. Das Kind reinszeniert Aspekte des schrecklichen Ereignisses und unter Umständen klagt es über körperliche Empfindungen, die denen ähnlich sind, die es dabei verspürte. Das Kind fürchtet sich vor einer Wiederholung des Ereignisses, und häufig läßt es eine generelle und unverhältnismäßige Zukunftsangst erkennen."[693]

Für Kinder wurde ein spezielles Diagnoseverfahren entwickelt, damit die aufgelisteten Störungen (wiederholte Inszenierung im posttraumatischen Spiel, intensives psychisches Leiden, Vermeidung der traumatischen Erinnerungen, Verzögerung der Entwicklung, Isolation, Rückzug, Schlafprobleme, Aggressionen, Schreckreaktionen) in ihrer Entstehung und Ausprägung eingeordnet werden können[694]. Um die Vorkommenshäufigkeit posttraumatischer Belastungssymptome bei Kindern zu ermitteln, befragten WOLFE/ SAS/ WERKELE (1994) 90 Kinder (69 Mädchen und 21 Jungen mit einem Durchschnittsalter von 12,4 Jahren) angelehnt an die Kriterien des DSM-III-R. 25,6% dieser Mädchen und Jungen waren vom Vater oder Stiefvater, 54,4% von Bekannten im Umfeld der Familie, 11,1% von Verwandten und 8,9% von Fremden mißbraucht worden. 44,7% erlebten einen einmaligen Mißbrauch, 32,9% waren 2 – 10 mal, 7,1% 10 – 20 mal und 15,3% mehr als 20 mal mißbraucht worden. 34,4% erlitten orale, anale oder vaginale Vergewaltigungen. 51,2% der Kinder wurden durch Gewalt, Drohungen oder Erpressung zum Schweigen gebracht. 44% der untersuchten Mädchen und Jungen erfüllten eindeutig die Kriterien einer PTBS. WOLFE/ SAS/ WERKLE (1994) kommentieren die Resultate ihrer Untersuchung, indem sie meinen, „that approximately half of a large sample of sexual abused children could be diagnosed as fulfilling the criteria for PTSD"[695]. Hiermit konnten im wesentlichen die Forschungsergebnisse von MCLEER (1988) bestätigt werden, der unter 31 betroffenen Kindern 48,4% fand, die unter den beschriebenen Symptomen litten[696].
Ob sexueller Mißbrauch zu einem posttraumatischen Belastungssyndrom führt, hängt von der Dauer und Schwere der Erfahrungen ab, vom Alter des Kindes, seiner Beziehung zum Täter und der Anwendung von Gewalt. Das soziale Umfeld trägt zusätzlich durch problematische Lebensumstände zur Ausbildung der PTBS bei. Dementsprechend kann die Unterstützung oder

---

[693] L.Terr 1995, S.218

[694] P.S.Saigh 1989: Children's Posttraumatic Stress Disorder Inventory

[695] D.A.Wolfe/ L.Sas/ Ch. Werkele 1994, S.46

[696] S.V.McLeer, et al. 1988, S.653

Anteilnahme verständnisvoller Menschen die Reaktionen eines Kindes auf die traumatischen Ereignisse mildern[697].

4.3.4 Merkmale zur Bestimmung vermuteten sexuellen Mißbrauchs

Detaillierte Kenntnisse von der psychischen Verfassung eines sexuell mißbrauchten Kindes und umfassendes Wissen über die möglichen Folgen und Symptome nach einem traumatisierenden sexuellen Übergriff geben Professionellen Kriterien an die Hand, nach denen sie die Evaluation eines Verdachts vornehmen könnnen. COULBORN-FALLER und CORWIN (1995) sind der Meinung, daß Hilfemaßnahmen häufig ohne konkrete Handlungsvorgaben vorgenommen werden, da Maßstäbe zur Einschätzung eines vermuteten sexuellen Mißbrauchs fehlen.

> „Child protection workers and others with responsibility for case decisionmaking had no generally accepted criteria on which to base a decision to confirm or disconfirm. It is likely that many investigators and evaluators use idiosyncratic and intuitive procedures for making these decisions.“[698]

Diese Erkenntnisse aus den USA treffen sicherlich auch auf hiesige Interventionsbemühungen zu, zumal in Deutschland die Entwicklung der Kinderschutzbewegung noch recht jung ist. Schon im Jahre 1986 trafen sich in Amerika 60-70 Professionelle zur „National Summit Conference", um CORWINS Definition einer „Sexually Abused Child Disorder"[699] zu diskutieren. Auf dieser Fachtagung wurden multidisziplinäre, professionelle Anhaltspunkte entwickelt, um sexuellen Mißbrauch junger Kinder zu ermitteln. COULBORN-FALLER und CORWIN (1995) haben diese Ausführungen zur Bestimmung eines vermuteten sexuellen Mißbrauchs aufgelistet, indem sie einen Literaturvergleich (Corwin 1988; Faller 1984; Jones/ McQuiston 1985; Sgroi/Porter/Blick 1982; Sink 1988) vornahmen und die auf dem Kongress anerkannten Richtlinien heranzogen. Da die Zusammenstellung möglicher Befunde bei der Aufdeckung und Verdachtsabklärung auch für die Arbeit der Kinderschutzdienste relevant ist, werden COURLBORN-FALLERS und CORWINS Ausführungen hier ins Deutsche übertragen und zu einer Liste zusammengestellt.

---

[697] vgl. D.W.Foy, et al. 1995, S.40/41
[698] K.Coulborn-Faller/ D.L.Corwin 1995, S.71
[699] veröffentlicht von D.L.Corwin 1988

Professionelle Merkmale zur Bestimmung eines vermuteten sexuellen Mißbrauchs bei jüngeren Kindern[700]

A. Aufdeckung:

detaillierte Schilderung der Mißbrauchsvorgänge; merkwürdige Einzeldetails; kindliche Sichtweise der Mißbrauchsereignisse; entsprechende emotionale Beteiligung; Versuch zu leugnen, zu bagatellisieren oder die Aufdeckung zu vermeiden; Tendenz zur Rücknahme der Behauptungen; (vgl. Kapitel 4.3.2)

B. Sexuelle Kenntnisse und sexualisiertes Verhalten:

frühreifes Verhalten; altersunüblich sexuelles Wissen; intensive Beschäftigung mit Genitalien oder sexuellen Inhalten in Sprache, Spiel oder Zeichnungen; ungewöhnliche Reaktionen auf sexuelle Darstellungen; sexuelle Reaktionen bei projektiven Tests; Störungen der Geschlechtsidentität

C. Stress- und Traumatisierungssymptome:

regressives Verhalten; Einnässen/Einkoten; Dissoziation; Schlafstörungen; Alpträume ausgelöst durch Personen, Orte oder Objekte; posttraumatisches Spiel (nichtsexualisiert), Themen: Todesangst, Ausweglosigkeit, Gefahr, Wiederholungen; psychosomatische Symptome; (vgl. Kapitel 4.2.3)

D. Angst und Furcht:

unerklärliche Angst vor Personen, Orten oder Objekten; allgemeine Ängstlichkeit

E. Stimmungsschwankungen:

emotionale Labilität; Depressionen; Suizidgedanken oder – versuche; Appetitmangel

F. Verhaltensstörungen:

aggressives Verhalten; destruktives Verhalten; lügen, stehlen, ausreißen; Suchtmittelmißbrauch

G. sonstige Auffälligkeiten:

Zorn; Verschlossenheit; Überanpassung; Pseudoreife; früher in der Schule sein als die anderen und später wieder gehen; Nichtbeteiligung an Schulaktivitäten; Unaufmerksamkeit im Unterricht; plötzlicher Leistungsabfall; wenig Freundschaften

H. Mißtrauen:

Vertrauensverlust; Trennungsängste

I. Mißbrauchssituation:

Art des Mißbrauchs; wiederholte Vorgänge; Steigerung der sexuellen Handlungen; Geheimhaltungsdruck; Erpressung; Zwang; Pornographie; Sadismus; Rituale

J. Medizinische Befunde:

(vgl. Kapitel 4.4.2)

---

[700] K.Coulborn-Faller/ D.L.Corwin 1995, S.73/74

K Hintergründe

Mißbrauchsgeschichte in der Familie; Vernachlässigung; Mißbrauch anderer Kinder; Täter: Mißbrauchsgeschichte, Mißbrauch der Ehefrau, Alkohol- oder Suchtprobleme

Diese Anhaltspunkte zur Einschätzung eines Verdachtes auf sexuellen Miß-brauch mögen Orientierungshilfen zur Entwicklung entsprechender Inter-ventionsmaßnahmen bieten; die Erhebung dieser Hinweise erfordert jedoch ein systematisches diagnostisches Vorgehen, das im nächsten Abschnitt beschrieben wird.

4.4 Diagnostik bei vermutetem sexuellen Mißbrauch

Nach zahlreichen Medienereignissen, den Vorwürfen falscher Beschuldi-gungen, der Diffamierung der Tätigkeit der Kinderschützer/innen als „Hexenjagd", „wobei die Rolle von Jäger und Gejagtem nicht immer eindeutig war", geraten stets die Vorgehensweisen und Grenzen sach-gerechter Diagnostik in den Fokus der öffentlichen Kritik[701]. Eine um-fassende Diagnostik steht unbestreitbar am Anfang jeder Kinderschutz-maßnahme (Keller/Chicchinelli 1989; Fegert 1990; Gonzalez et.al. 1993; Faller 1993; Landsberg 1992; Wood et.al. 1996) und sollte sich folgender Methoden bedienen:

> „Wichtig sind neben indizierter und adäquat durchgeführter körperlicher Diagnostik eine hinreichende Psychodynamik, die fast immer einige projektive Verfahren miteinschließen wird, mit denen die jeweilige UntersucherIn Er-fahrung hat, wie auch eine Intelligenz- und Leistungsdiagnostik. Hinzu kommen muß die gründliche Evaluation der emotionalen Befindlichkeit des Kindes sowie seiner Möglichkeiten, mit der erlebten Belastung umzugehen."[702]

FEGERT (1992) plädiert dafür, den genauen Untersuchungsplan zu dokumen-tieren, in dem die Kontakte mit dem Kind festgehalten werden. Darin wird das geplante Vorgehen umrissen und das Ziel der Evaluation festgelegt; es werden die Vorkenntnisse über das Kind festgehalten und später die Resul-tate der Befragung, die körperlichen Befunde und die Symptome des Kindes sowie die Einschätzung der Ergebnisse zusammengefaßt und analysiert[703]. LANDSBERG (1993) umreißt das Ziel einer solchen Untersuchung:

> „Im Verlauf der Diagnostik müssen wir das Kind, seine Sprache und seine Ge-schichte kennenlernen. Es gilt, das Kind als Persönlichkeit zu erfassen, wovon

---

[701] P.Wetzels 1993, S.88

[702] J.Fegert 1992, S.49

[703] J.Fegert 1990, S.107/108

die Gewalterfahrung nur ein Teil ist. Wir müssen aber auch wissen, wo ist wann, durch wen, was, wie oft passiert."[704]

Da eine Begutachtung des Kindes in unterschiedliche Kontexte eingebettet ist, richtet sich das diagnostische Vorgehen nach den jeweiligen Bedingungen der Kontaktaufnahme. Ob die Eltern, eine Lehrerin oder eine Erzieherin eine Beratungsstelle aufsuchen, ob das Kind den Mißbrauch aufgedeckt hat oder eine erwachsene Person aufgrund der Verhaltensauffälligkeiten Vermutungen anstellt – dies sind unterschiedliche Voraussetzungen, die ein den Umständen angepaßtes Vorgehen erfordern. Ein Kinderkrankenhaus, ein pädagogischer Fachdienst, ein Glaubwürdigkeitsgutachter oder eine Kinderpsychologin wählen jeweils andere Untersuchungsmethoden. Anläßlich eines Strafverfahrens werden andere Maßstäbe an die Befragung des Kindes gelegt als bei einer Fremdunterbringung im Rahmen einer Jugendhilfemaßnahme. Nicht zuletzt spielen die Art und die Hintergründe des Mißbrauchs sowie die Lebensverhältnisse des Kindes und seiner Familie eine entscheidende Rolle. Einheitliche Diagnosekriterien sind deswegen bisher kaum definiert worden, obwohl sie auch dem betroffenen Kind und seinem Schutz vor weiterem Mißbrauch sehr dienlich wären.

Die folgenden Ausführungen zur Diagnostik bei einem Verdacht auf sexuellen Mißbrauch orientieren sich schwerpunktmäßig am üblichen Vorgehen in den USA, da in Deutschland kaum Veröffentlichungen zur Intervention vorliegen[705]. In Amerika werden im Vorfeld der Untersuchung stets projektive Tests eingesetzt, um den Entwicklungs- und Intelligenzstand des Kindes zu messen; es wird ein aufdeckendes oder klärendes Gespräch mit dem Kind geführt, und zur Gesprächserleichterung werden sehr häufig die anatomisch korrekten Puppen benutzt. Da diese Puppen auch in den Kinderschutzdiensten zum Einsatz kommen, wird diese Diagnosemethode ausführlich und kritisch diskutiert. Die Aussagen des Kindes zu seinen Erlebnissen sind wichtigster Bestandteil der Evaluation des Mißbrauchsgeschehen; wenn ein Kind jedoch zum Schweigen verpflichtet wurde oder keine Worte für die Ereignisse findet, kommt dem Spiel eine besondere Bedeutung zu. Zur Einschätzung der Darstellungen und Schilderungen des Kindes wird angesichts der aktuellen Diskussion um den „Mißbrauch mit dem Mißbrauch"[706] eine kritische Reflexion zur Glaubwürdigkeit kindlicher Aussagen angeschlossen. Dadurch soll nachvollziehbar werden, wann eine Vermutung zu einer Gewißheit wird und wann professionelle Vorsicht geboten ist.

---

[704] W.Landsberg 1993, S.70
[705] außer J.Fegert 1993 und M.Gründer/ R.Kleiner/ H.Nagel 1994
[706] vgl. R.Wolf/ K.Ruschky 1995

4.4.1 Projektive Verfahren

Die testpsychologische Untersuchung des Kindes bei einem Verdacht auf sexuellen Mißbrauch umfaßt u.a. Intelligenztests und kognitive Testmethoden (HAWIK-R, AID, CFD, Raven, etc.[707]), auf die nicht näher eingegangen wird, da hier kaum Unterschiede im Vergleich zu nichtmißbrauchten Kinder festgestellt wurden[708]. Zur Erfassung „von Persönlichkeitsvariablen, Verhaltensauffälligkeiten und emotionalen Faktoren"[709], die nach COULBORN-FALLER/CORWIN (1995) entscheidende Kriterien zur Verdachtsabklärung sind, eignen sich dagegen projektive Verfahren, die – wenn auch vorsichtig zu bewerten – wertvolle Hinweise zu sexualisiertem Verhalten, Traumatisierungssymptomen, Ängstlichkeit, weiterer Auffälligkeiten oder Hintergründen der Mißbrauchssituation[710] hervorbringen können. FEGERT (1990) nennt im Zusammenhang der diagnostischen Einschätzung des Kindes bei vermutetem sexuellen Mißbrauch den Sceno-Test (Staabs 1938; umfassend umfassend weiterentwickelt, erforscht und überprüft z.B. von Knehr 1985; Salis 1975; Emert, Fuhrmann und Sander 1991; Kühnen 1973 und Sehringer 1983); Familie-in-Tieren (vgl. Brem-Gräser 1986); Family-relations-Test (Abegg 1973); Schweinchen-Schwarzfuß-Test (Corman 1992); TAT (Murray 1971); CAT (Bellak/ Bellak 1955); TGT (Revers/ Allesch 1985); Satzergänzungstest (Derichs 1977), um einen Verdacht zu überprüfen, ihn zur erhärten oder zurückzuweisen[711].
WATERMAN/ LUSK (1993) trugen Daten über die Bedeutsamkeit projektiver Testverfahren bei der Untersuchung sexuell mißbrauchter Kinder zusammen und stellten fest, daß betroffene Mädchen und Jungen bei Zeichentests sehr viel häufiger als nichtmißbrauchte Kinder furchterregende Szenen zeichneten. Bei den Satzergänzungsverfahren äußerten sich die mißbrauchten Kinder sehr viel häufiger negativ über Eltern, Erzieher/innen oder Lehrer/innen[712]. Die projektiven verbal-thematischen Verfahren (TAT, CAT, TGT) sollten dagegen für die Anwendbarkeit mit sexuell mißbrauchten Kindern überarbeitet und dem „Projektive Story-Telling Test" von CARUSO (1988) angeglichen werden, in dem auf verschiedenen Bilddarstellungen die Thematik des sexuellen Mißbrauchs aufgegriffen wird. Einen Test zur genauen Bestimmung sexuellen Mißbrauchs wird es vielleicht niemals geben[713]. Für einen vorsichtigen Umgang mit den Ergebnissen jeglicher Testverfahren sprechen sich deswegen WATERMAN/ LUSK (1993) aus:

---

[707] vgl. J.Fegert 1990, S.127
[708] vgl. J.Waterman/ R.Lusk 1993, S.146
[709] J.Fegert 1990, S.127
[710] vgl. auch Kapitel 4.2.3
[711] J.Fegert 1990, S.127
[712] vgl. J.Waterman/ R.Lusk 1993, S.153/154
[713] Dr. L. Homeyer entwickelte an der Southwest Texas State Universitity ein nicht-direktives Interview-Protokoll für sexuell mißbrauchte Kinder. Dieses konnte leider auch auf direkte Anfrage bei der Hochschulassistentin nicht beschafft werden.

„However, warnings of experts (…) that the search for a 'test' of sexual abuse may be dangerous due to the lack of scientific evidence for differentiation of sexually abused and nonabused children should be considered seriously. In the end, no one means of validation of child sexual abuse will be able to stand alone. The child's own statements about what has happened to him or her must form the basis for validation of sexual abuse, buttressed when appropriate with medical evidence, corroborating statements, and psychological test data."[714]

Das Gespräch mit dem Kind und die genaue Protokollierung seiner Aussagen, ist demzufolge wichtigster Anhaltspunkt für die Abklärung eines Verdachts auf sexuellen Mißbrauch und Herzstück jeder Untersuchung. Der Einsatz von Tests darf deshalb den unmittelbaren Kontakt zum Kind nicht beeinträchtigen. Die Ergebnisse können lediglich zur Untermauerung der kindlichen Schilderungen herangezogen werden.

4.4.2 Das Gespräch mit dem Kind

In diesem Abschnitt werden die Rahmenbedingungen eines Aufdeckungsgespräches, die Strukturierung des Interviews, mögliche Fragenkomplexe, Fragestile und Reaktionsmöglichkeiten eines Kindes während der Befragung behandelt. Die unmittelbaren Aussagen des Kindes zum Mißbrauchsgeschehen sind die Ausgangsbasis für die Planung der Hilfemaßnahmen, für rechtliche Intervention und therapeutische Behandlung. Von der Art der Evaluation, dem behutsamen Eingehen auf die Ängste des Kindes und einer möglichst nicht-direktiven Vorgehensweise hängt ganz entscheidend die Verläßlichkeit der kindlichen Schilderungen ab. Eine professionelle Befragung des Kindes, die exakte Dokumentation der Kontakte und eine kritische Reflexion der Ergebnisse sind wichtige Hinweise zur Verdachtsüberprüfung. Im folgenden wird daher ausführlich auf verschiedene Interviewtechniken unterschiedlicher Professionen eingegangen, um realisierbare Kriterien zur Befragung sexuell mißbrauchter Kinder zu dokumentieren.

Normalerweise wird das Kind ohne die Anwesenheit der Eltern – manchmal sogar ohne deren Einwilligung – befragt. Wenn die Eltern in das Mißbrauchsgeschehen involviert sind, ist ihr Einverständnis zu einer Untersuchung des Kindes nicht immer vorauszusetzen[715]. Bei einem Mißbrauch innerhalb der Familie kann selbst die Teilnahme der nichtmißbrauchenden Mutter die Befragung des Kindes erschweren, wie JONES (1996) feststellen mußte:

„Die Anwesenheit eines Elternteils kann zu unvorhergesehenen Problemen führen. Zu Beginn des Interviews weiß man in der Regel nicht, ob der fürsorgliche und 'nichtmißbrauchende' Eindruck des Elternteils nicht täuscht. Wir

---

[714] J.Waterman/ R.Lusk 1993, S.157
[715] vgl. auch M.Gründer/ R.Kleiner/ H.Nagel 1994, S.27

haben solche sogenannten 'nichtmißbrauchenden' Eltern erlebt, die ihr Kind sehr geschickt nonverbal am Reden hindern, während sie es gleichzeitig aufforderten, die Wahrheit zu sagen. Daher ist es bei ungeklärten Verhältnissen am besten, das Kind möglichst allein zu sprechen."[716]

Diese Erfahrung wird von MANN/MCDERMOTT (1982) geteilt, die die Erfahrung machten, daß viele Eltern Hilfemaßnahmen für ihre Kinder regelrecht boykottierten.

„Even if the key professionals working with the parents are concerned about the child´s associated emotional problems, they are often unable to help because of the parents´resistance. Parents may have a need to scapegoat the child in order to preserve a sense of self-esteem. It is not they who failed as parents but their 'monster child' who caused the misery."

An einem sicheren Ort, den das Kind als geschützten Raum empfinden kann, wird deswegen das Gespräch ohne eine Bezugsperson geführt. In den USA ist dieses Zimmer üblicherweise mit einer Videokamera und einer Einwegscheibe ausgestattet, da ein Mitschnitt der Aussage des Kindes oder die Beobachtung durch eine dritte Person eine Mehrfachvernehmung im Falle rechtlicher Interventionen verhindern hilft[717].
Eine feste Strukturierung des Interviews hat nach GRÜNDER/ KLEINER/ NAGEL (1994) den Vorteil, daß bei den wenigen Erfahrungswerten in der Intervention bei sexuellem Mißbrauch vorgefaßte Fragekriterien die schwere Aufgabe der Befragung eines sexuell mißbrauchten Kindes erleichtern. WOOD et.al. (1996) sprechen sich sogar für die Entwicklung standardisierter Methoden zur Befragung in Aufdeckungsgesprächen aus. Zu diesem Zweck sollten umfassende Forschungen vorgenommen werden, die den Kontakt zwischen Interviewer/in und Kind auswertbar machen[718].
Zur Erfassung des psychischen Befindens betroffener Mädchen und Jungen entwickelte FEGERT (1993) in Anlehnung an SHAPIRO (1991) einen Fragebogen[719]. Neben differenzierten Fragen zur affektiven Situation des Kindes wird ausführlich auf seine Befürchtungen im Zusammenhang mit der Aufdeckung eingegangen, und anschließend werden die bedrängenden Erinnerungen betrachtet. Bewältigungsstrategien und Abwehrmechanismen (Unterdrückung der Gefühle, Ablenkung, Abbau der Angst, Affektisolierung, Dissoziation) werden erfragt; auch wird eingegangen auf die Gefühle gegenüber dem Täter und auf das soziale Umfeld. Die Familienstruktur, die Rollenverteilung und die Einstellung der Familienmitglieder zueinander werden ebenso untersucht wie das Selbstbild der Kindes, seine Einschätzung der Vorfälle, seine Beziehungen innerhalb der Familie, seine Kenntnisse über

---

[716] D.P.H.Jones 1996, S.28
[717] vgl. K.Faller 1993, S.32
[718] vgl. B.Wood/ Ch.Orsak/ M.Murphy/ H.J.Cross 1996, S.82
[719] vgl. J.Fegert 1992, S.44f und J.Fegert 1993, S.119f

Sexualität und nicht zuletzt sein Wunsch nach Schutz vor weiteren sexuellen Übergriffen.
In einer Befragung von 519 Professionellen aus medizinischen, sozialpsychologischen und pädagogischen Berufssparten sammelten HIBBARD und HARTMAN (1993) Fragenkomplexe, die in Aufdeckungsgesprächen üblicherweise gestellt werden. Die häufigst genannten Themen waren:

> „Details of abuse, family relationships, school situation/ performance, child's development (toilet training, bed-wetting, language development, etc.), child's knowledge of body part names, child's knowledge of body part functions, child-rearing practices (bathing, sleeping), medical history (illness, surgery), behavior problems, psychological symptoms (nightmares, sadness), physical complaints (pain, discharge), parental teaching about sex, and child's access to sexually explicit television or magazines."[720]

Ein wichtiges Ergebnis dieser Studie war die Feststellung, daß mehrere Sitzungen mit dem Kind und seinen Bezugspersonen notwendig sind, um die aufgelisteten Bereiche zu erfragen. Ein solch umfangreiches Interview verläuft nach JONES (1996) idealtypisch in fünf Phasen (Beziehungsaufbau, Evaluation zum sexuellen Mißbrauch, Einsatz von diagnostischen Hilfsmitteln, Erhebung konkreter Details, Abschlußphase[721]), die sich über eine längeren Zeitraum erstrecken können. Das freie Erzählen und spontane Mitteilungsbedürfnis des Kindes kann schon durch wenige, vorsichtig gestellte, offene Fragen angeregt werden. Manchmal reicht es aus, dem Kind mitzuteilen, warum es gekommen ist und was die Fachkraft vom vermuteten Mißbrauch weiß.
JONES (1996) geht davon aus, daß nur detaillierte Antworten des Kindes zur Mißbrauchssituation eine angemessene Hilfeplanung gewährleisten können. Vorsichtig und dem Tempo des Kindes angepaßt seien möglichst deutliche Beschreibungen zu dem Hergang der Mißbrauchshandlungen, den Absichten des Täters, den verwendeten Drohungen, dem Ort des Geschehens und den näheren Umständen des Mißbrauchs zu erfragen. FALLER (1993) und GRÜNDER/ KLEINER/ NAGEL (1994) listen mögliche Fragebeispiele auf und empfehlen einen vorsichtigen Übergang zu konkreteren Beschreibungen zu wählen. Exakte Schilderungen zum Ablauf des Mißbrauchs versucht FALLER durch Erkundigungen nach den Kenntnissen des Kindes über Sexualität, die Funktion der Geschlechtsorgane und ob jemand die Scheide oder den Penis des Kindes angefaßt hat, zu erheben. Ob jemand dem Kind dort wehgetan habe oder ob es den Penis oder die Scheide einer erwachsenen Person berühren sollte, wird ebenso direkt gefragt, wie – der Mitteilsamkeit des Kindes angemessen und seiner Sprache angepaßt – nach dem Aussehen, dem Geruch oder Geschmack von Samen oder Scheidenflüssigkeit.

---

[720] R.A.Hibbard/ G.L.Hartman 1993, S.496
[721] vgl. D.P.H.Jones 1996, S.37

Wie verschlungen solche Kontakte mit sexuell mißbrauchten Kindern sein können, beschreiben GRÜNDER/ KLEINER/ NAGEL (1994) in fünf Gesprächsbeispielen. Ein sechsjähriges vom Vater mißbrauchtes Mädchen z.B. brauchte viel Zeit zum Spielen, Ermutigung und verschiedene Anläufe, um seine Angst vor der Aufdeckung zu bewältigen. Sie ließ ihre Puppe Kontakt aufnehmen, spielte mit dem Puppenhaus, malte ihre Familie in Tieren, dachte über den Zweck von schlechten Geheimnissen nach und erzählte langsam und stockend mit vielen Ablenkungen, was ihr Vater mit ihr gemacht hatte. Ein Auszug aus dem sechsten Gepräch mag verdeutlichen, wie schwer es für sexuell mißbrauchte Kinder ist, ihre Erlebnisse einer erwachsenen Person anzuvertrauen:

Th.: Da mußt du ganz große Angst gehabt haben, mir etwas zu erzählen.

K.: Hmhm.

Th.: Und wenn dein Papa gesagt hat: Ich steche dir ein Messer in den Bauch, was durftest du dann nicht verraten?

K.: Hab' ich doch schon gesagt.

Th.: Hmhm – ja – daß dein Papa in deinem Zimmer war und er dich an der Scheide angefaßt hat – ist das so richtig?

K.: Jaha. (...)

Th.: Aber da weiß ich nicht mehr, was da in deinem Bett war.

K.: Auch so.

Th.: Auch so – da hat dich dein Papa auch an der Scheide gestreichelt – mußtest du auch was machen? *Karin schweigt.*

Th.: Ist ganz schwer, das zu sagen. *Karin nickt und zieht den Anorak bis zu den Augen.*

Th.: Kann es sein, Karin, daß du deinen Papa auch anfassen mußtest? *Karin nickt und starrt mich an.*[722]

Um die Sprachlosigkeit des Mädchens zu überwinden, wurde es schließlich gebeten zu zeichnen. Es malte daraufhin den Vater mit seinem Penis, den es berühren mußte.

Die Art der Fragestellung – ob eher offene oder geschlossene Fragen zu stellen seien – ist nach FALLER (1993) abhängig von der Offenheit oder Ängstlichkeit des betreffenden Kindes. Sogar zielorientierte Fragemethoden sind unter bestimmten Umständen angebracht. Die Autorin demonstriert die Berechtigung verschiedener Fragestile in einem Interview durch ein Beispiel:

„The following series of questions is illustrative: The interviewer asks the child where mom was when the abuse occurred (a focused question), and the child does not reply. The interviewer then asks whether mom was there or not (a multiple-choise question). The child replies, that mom was there. The interviewer then asks, 'What was she doing?' (a focusd question). The child responds, 'She was helping my dad.' The interviewer then asks how the mom helped (another

[722] M.Gründer/ R.Kleiner/ H.Nagel 1994, S.87/88

focused question). The child says, 'It's hard to say'. The interviewer responds, 'Well, did she do any of the touching?' (a yes-no question). The child nods. The interviewer then asks where the mother touched (a focused question)."[723]

Stets sollte gerade in der Phase der Erhebung konkreter Details auf die Ängste des Kindes, sein Befinden und seine Wünsche eingegangen werden, um erneute Grenzverletzungen zu vermeiden. Dabei ist es wichtig, einfühlsam mit dem Kind umzugehen, nicht aufdringlich zu sein, es nicht allein auf den Mißbrauch und seine Opferrolle festzulegen, seine Scham anzunehmen und eine explizite Erlaubnis zur Aufdeckung zu geben[724]. FEGERT (1993) gibt zu bedenken, daß Kinder sehr genau spüren, ob sie verstanden werden: „Teilweise erscheint es mir angebracht, Kindern, auch wenn man detailliert nach den emotionalen Folgen und Ambivalenzkonflikten fragt, zu zeigen, daß man eine Ahnung von der psychischen Situation hat, in der sich das Kind befindet."[725]

Diese höchst widersprüchliche Lage des Kindes kann zu einer Art der Aufdeckung, führen, die von SUMMIT (1983) als „The Child Sexual Abuse Accomodation Syndrome" bezeichnet wurde. Die fünf Kategorien dieses Syndroms umfassen: Secrecy; Helplessness; Entrapment and Accommodation; Delayed, conflicted and unconvincing disclosure; Retraction.[726] In der deutschen Übersetzung von RENNEFELD (1989): Heimlichkeit; Hilflosigkeit; Verstrickung; abgestrittene, widersprüchliche und nicht überzeugende Offenlegung und Widerruf der Klage[727]. BRADLEY und WOOD (1996) befaßten sich ausführlich mit diesem Phänomen der zurückgezogenen Aufdeckung, da die kindliche Rücknahme bzw. Leugnung des Mißbrauchsvorwurfs Zweifel an der generellen Richtigkeit der Aussagen aufkommen läßt. „According to some reports, abused children commonly deny that abuse has occurred, or later recant their allegations (...). Such denials and recantations tend to compromise the child's credibility and complicate the legal response to sexual abuse allegations (...)."[728] Die Studie von SORENSON und SNOW (1991) konnte nachweisen, daß 22% von 117 sexuell mißbrauchten Kindern ihre Behauptung zurücknahmen, um diese Sekundärverleugnung später wieder zurückzunehmen.

In einer Untersuchung von 234 Mißbrauchsfällen (medizinisch, durch Tätergeständnisse oder gerichtliche Überführung erhärtete Beschuldigungen) definierten BRADLEY/ WOOD (1996) verschiedene Reaktionsmöglichkeiten der Mißbrauchsopfer während der Aufdeckungsgespräche: a) generelle Leugnung des Mißbrauchs, b) Widerwillen gegen die Aufdeckung an sich oder Details des Mißbrauchsgeschehens, c) spontane Aufdeckung gegenüber

---

[723] K.Faller 1993, S.45
[724] vgl. J.Fegert 1993, S,118 und M.Gründer/ R.Kleiner/ H.Nagel 1994, S.45f
[725] J.Fegert 1993, S.118
[726] R.C.Summit 1983, S.181
[727] vgl. B.Rennefelds Übersetzung des Textes von R.C.Summit 1989, S.12f
[728] A.R.Bradley/ J.M.Wood 1996, S.881

einer Vertrauensperson, d) Aufdeckung neuer Details, e) bestätigte Aufdeckung in weiteren Gesprächen, e) Widerruf der gesamten Aussage oder von Teilen der Aussage, f) Rücknahme des Widerrufs und erneute Mißbrauchsbeschuldigungen, g) keinerlei Aussagen[729]. Diese unterschiedlichen Verhaltensweisen während einer Evaluation vermuteten sexuellen Mißbrauchs können – von nur einem Kind abwechselnd geäußert – die Interviewer/innen in große Verwirrung stürzen.

Die Kinder der BRADLEY/WOOD-Studie (1996) waren im Durchschnitt 10 Jahre alt (82% Mädchen und 18% Jungen). In 59% der Fälle lebte der Täter mit dem Kind zusammen. „The number of abuse incidents was one in 19% of cases, two to five in 26%, six to nine in 16%, and 10 or more in 40%. (...) Forty-nine percent of cases involved penetration (anal, vaginal, oral, or unspecified)."[730] 35% der Kinder erzählten einem Familienmitglied, 16% Verwandten oder Freunden und 13% Lehrer/innen von den stattgefundenen sexuellen Übergriffen. 96% der Mädchen und Jungen berichteten schon beim ersten Kontakt mit der Kinderschutzeinrichtung (Department of Protective and Regulatory Services, DPRS) mehr oder weniger ausführlich von den Mißbrauchshandlungen. „In this subset, (...), initial denials occurred in 7% (9) of cases, reluctance in 12% (15), and recantions in 3% (4)."[731] Diesen Ergebnissen zufolge tritt ein „Child Sexual Abuse Accomodation Syndrome" sehr viel seltener auf, als von SUMMIT (1993) angenommen. Die Aufdeckung durchläuft demnach nicht zwangsläufig verschiedene Stadien der Offenlegung, der Widerufs und der Wiederholung der Behauptungen inklusive des Rückfalls in bereits bewältigte Phasen. Dies kann aber dann geschehen, wenn während mehrerer Kontakte mit der Kinderschutzeinrichtung das betreffende Kind weiterhin dem Einfluß des Mißbrauchstäters oder selbstsüchtigen Erwartungen seiner Bezugspersonen ausgesetzt bleibt.

Aber auch die Art des Interviews und die Einstellung der befragenden Person zu den Mißbrauchsvorwürfen kann erheblichen Einfluß auf den Prozeß der Aufdeckungsgespräche nehmen. Unsensibles Vorgehen, ungeprüfte Vorannahmen oder unprofessioneller Aufdeckungseifer können zu einer Sekundärtraumatisierung des Kindes führen. Unter welchen Bedingungen Evaluationen sexuellen Mißbrauchs bei Kindern weitere Schädigungen und zusätzliche Viktimisierung hervorrufen können, wollten TEDESCO und SCHNELL (1987) herausfinden. Sie verschickten zu diesem Zweck Fragebögen an 120 lokale Kinderschutzambulanzen, Kinderkrankenhäuser und Kindertherapieeinrichtungen. Letztendlich konnten sie die Antworten von 48 Opfern im Alter von durchschnittlich 13 Jahren auswerten. Die meisten der erfaßten sexuellen Handlungen wurden innerhalb der Familie begangen („the overwhelming majority of the perpetrators were male, adult, family, or household mebers"[732]), der Mißbrauch fand viele Male statt und war entsprechend

---

[729] vgl. A.R.Bradley/ J.M.Wood 1996, S.883

[730] A.R.Bradley/ J.M.Wood 1996, S.884

[731] A.R.Bradley/ J.M.Wood 1996, S.886

[732] J.F.Tedesco/ St.V.Schnell 1987, S.270

traumatisierend. 48% der Befragten erlebten das Aufdeckungsgespräch als hilfreich und 19% (9) meinten, es habe ihnen eher geschadet. 5% fanden es neutral und 10% hatten zu dieser Kategorie keine Angaben bemacht.[733] Besonders mehrfache Befragungen durch verschiedene Personen sowie Zeugenaussagen bei Strafprozessen wurden als negativ empfunden. JONES (1996) meint hierzu: Wenn ein aufdeckendes Gespräch behutsam und den Bedürfnissen des Kindes angepaßt durchführt wird, muß dies nicht belastend für das Kind sein; hierin liegt vielleicht sogar die Chance, dem Kind durch die Offenheit und das entgegengebrachte Verständnis bei der Verarbeitung des Traumas zu helfen. „Für viele Kinder bedeutet der erfolgreiche Einsatz dieser Fertigkeiten eine Erlösung aus dem furchtbaren, alptraumartigen Mißbrauch und kann den langsamen Prozeß der Heilung in Gang setzen und einen Neubeginn möglich machen."[734]

Wann die Erzählungen des Kindes und die Aufdeckung eines sexuellen Mißbrauchs durch das Kind als wahrheitsgetreu und mit großer Wahrscheinlichkeit den Tatsachen entsprechend beurteilt werden können, ist eine wichtige Frage, die als entscheidend für die weitere Hilfeplanung angesehen werden kann. Die Einschätzung der Glaubwürdigkeit kindlicher Aussagen oder der Einflüsse auf den Wahrheitsgehalt infolge suggestiver Fragetechniken beschäftigt Kinderschützer/innen immer dann, wenn ihre Arbeitsweise von Gegengutachtern vor Gericht kritisiert und z.T. diskriminiert wird. Deshalb kann die Information über Realitätskriterien kindlicher Aussagen im Falle sexuellen Mißbrauchs entscheidend sein für eine korrekte Gestaltung und Auswertung der Befragung eines Mädchen oder Jungen.

4.4.3 Zur Beurteilung der Glaubwürdigkeit kindlicher Aussagen

Von der professionellen Erstvernehmung eines Kindes bei einem Verdacht auf sexuellen Mißbrauch hängt laut UNDEUTSCH (1994) der gesamte weitere Verlauf der rechtlichen Interventionen ab[735]. Auch wenn es nicht zu einem Straf- oder Zivilprozeß kommt, zu dem häufig ein Glaubwürdigkeitsgutachten angefordert wird, sollte die Befragung des Kindes idealerweise auf eine gerichtliche Überprüfbarkeit ausgerichtet sein. Die Entstehungsbedingungen der Aussage des Kindes sollten deswegen unbedingt mit einem Kassettenrecorder, besser noch mit einem Videogerät aufgezeichnet werden. Die Aufbewahrung der authentischen Aufnahmen ist eine Grundvoraussetzung, die von zahlreichen Fachleuten als Standardmethode zur Befragung sexuell mißbrauchter Kinder hervorgehoben wird (Fegert 1993, Jones 1996, Faller 1993, Undeutsch 1994, Morgan 1995). Die in dieser Weise festgehaltenen Kontakte mit dem Kind ermöglichen die Analyse der

---

[733] vgl. J.F.Tedesco/ St.V.Schnell 1987, S.269
[734] D.P.H.Jones 1996, S.67
[735] vgl. U.Undeutsch 1994, S.181

Wechselwirkungen zwischen der Interviewperson und dem befragten Kind, um die Folgen der Befragung aus dem protokollierten Text herauszulösen. Früher wurde in Fachkreisen eher die bewußte Lüge des Kindes diskutiert, seit neuestem gerät nun nach der Überzeugung, „daß kindliche Aussagen über sexuellen Mißbrauch in den meisten Fällen glaubwürdig"[736] sind[737], die suggestive Beeinflussung des Kindes immer mehr in den Brennpunkt[738]. ENDRES (1998) bezieht sich u.a. auch auf die Arbeit der Kinderschutzdienste, wenn er vor unsachgemäßen Befragungen warnt:

> „In den spektakulären Massenanschuldigungsprozessen der letzten Jahre in den USA und in Deutschland („Montessori-Prozeß" in Münster und „Worms I bis III" in Mainz) ging es hauptsächlich darum, ob es möglich ist, nichtmißbrauchte Kinder durch wiederholte Befragungen so stark zu beeinflussen, daß sie zu – möglicherweise subjektiv durchaus ehrlichen – Falschanschuldigungen verleitet werden (vgl. Köhnken 1997). Besonders dann, wenn die Vorgeschichte einer Aussage unklar ist oder wenn es Hinweise auf ausgedehnte Versuche von unsachgemäßer 'Aufdeckungsarbeit' gibt, die einer Anschuldigung vorhergegangen ist, stellt sich die Frage, inwiefern Angaben eines Kindes auf der Erinnerung an tatsächliche Vorfälle beruhen oder in welchem Maße sie durch von außen kommende Informationen bestimmt sind."[739]

Die anfänglichen Angriffe gegen die „parteilich arbeitenden Feministinnen"[740] wurden hiermit auch auf „Mitarbeiterinnen" der sozialen Dienste und der Jugendämter, auf „berufsmäßige Helferinnen in den Beratungsstellen gegen den Mißbrauch", sowie auf „Erzieherinnen und Therapeutinnen" ausgedehnt; „ein wahrer Aufspürungseifer grassiert in den genannten Berufsgruppen"[741]. Ihnen wird ein „ehrliches Verantwortungsbewußtsein" und eine „Spezialausbildung" abgesprochen. Die genannten Mitarbeiter*innen* würden „hochsuggestive" Befragungen vornehmen und der zu Objektivität verpflichteten Polizei und Staatsanwaltschaft in die Arbeit pfuschen. Diese Behauptungen gehen von der Vorstellung aus, ein nichtmißbrauchtes Kind könne durch entsprechende Vorannahmen der Befragungsperson einen sexuellen Mißbrauch als tatsächlich erlebt annehmen. UNDEUTSCH (1994) meint, ein Kind werde dabei hilflos haltlosen Unterstellungen ausgeliefert:

> „Je mehr sich in den suggerierten Geist die Wiederholungen der einmal gemachten Aussage eingraben, um so tiefer fassen diese Pseudo-Erinnerungen

---

[736] J.Fegert 1993, S.60

[737] hierzu auch U.Undeutsch 1955, S.77: „Ich wage den Satz, daß bei Bekundungen, die zum Inhalt haben, daß der Zeuge Opfer sittlicher Verfehlungen geworden ist, die glaubhafte Aussage die Regel ist.". Nach Piaget (1954) und Köhnken (1990) sind erst Kinder ab 10 Jahren wirklich in der Lage, mit dem bewußten Motiv der Täuschung zu lügen.

[738] vgl. K.Rutschky/ R.Wolff 1994

[739] J.Endres 1998, S.2

[740] vgl. U.Undeutsch 1994, S.182/183

[741] U.Undeutsch 1994, S.182

Fuß und verschlingen sich schließlich zu einem Aussagegestrüpp, das den Angeklagten ersticken muß.

Nun steht das suggestible Kind im Wirbel der Suggestion der Umwelt, die alles das, was sie denkt, fühlt, erwartet, auf das Kind überströmen läßt, ohne daß dieses auch nur etwas von diesen Entwicklungen ahnt, denen es unablässig ausgesetzt bleibt."[742]

Diesen Ausführungen zufolge kann eine suggerierte Aussage, also eine falsch positive Aussage, nicht mehr von einer richtig positiven unterschieden werden. In diesem Zusammenhang stellt sich die Frage, wie mithilfe der Aussageanalyse und einer kritischen Durchleuchtung der Schilderungen des Kindes eine suggerierte Aussage von einer der Realität entsprechenden Aussage abgegrenzt werden kann, was nach Endres (1997) durchaus möglich ist:

„Die Basis der kriterienorientierten Aussageanalyse ist die mittlerweile durch empirische Untersuchungen sehr gut validierte Annahme, daß sich auf einem tatsächlichen Erlebnis basierende wahrheitsgemäße Aussagen von erfundenen Geschichten durch eine Reihe von inhaltlichen und formalen Merkmalen unterscheiden."[743]

Schon STELLER/ WELLERSHAUS/ WOLF (1992) gingen mit UNDEUTSCH (1967) von der grundlegenden Annahme der inhaltlichen Aussageanalyse aus, die „in der forensischen Praxis hauptsächlich bei Kinderaussagen über sexuellen Mißbrauch zur Anwendung kommt", die besagt, „daß Aussagen über selbst erlebte Ereignisse sich in ihrer Qualität von Aussagen unterscheiden, die nicht auf selbst erlebten Vergängen beruhen"[744].

Während der Gerichtspsychiater für Kinder und Jugendliche LEMPP (1983) meint, daß suggestive Reaktionen von Kindern nicht der Erforschung bedürfen,

(„Die Möglichkeit einer Fremdsuggestion durch Dritte ist im großen und ganzen sehr eingeschränkt. Eine Fremdsuggestion würde bedeuten, daß das Kind aufgrund der Suggestion Dritter ein tatsächlich nicht erlebtes Geschehen als erlebt übernimmt.

Für ältere Kinder und Jugendliche ist das praktisch nicht möglich. (...) Kleinere Kinder dagegen, die möglicherweise durch ganz bestimmte Personen in hohem Maße beeinflußt sein können, sind selten in der Lage, ein solches Erlebnis allein aufgrund fremder Suggestion in wiederholten Anhöhrungen stimmig wiederzugeben. Insofern ist die Erörterung einer Fremdsuggestion eher theoretischer Natur."[745])

---

[742] U.Undeutsch 1994, S.186
[743] J.Endres 1997, S.497
[744] M.Steller/ P.Wellershaus/ Th.Wolf 1992, S.151, vgl. auch U.Undeutsch 1967, S.125
[745] R.Lempp 1983, S.183

befaßte BENDER (1987) sich eingehend mit der Entwicklung von Realitätskriterien[746] zur Einschätzung einer Aussage. Im Anschluß an die Darstellung der Glaubwürdigkeitskriterien einer Aussage nach UNDEUTSCH (1967), TRANKELL (1971), ARNTZEN (1978) und BENDER/RÖDER/NACK (1981) formuliert BENDER Kriterien zur Einschätzung des Realitätsgehaltes einer Aussage, die auch zur Überprüfung der Schilderungen eines Kindes zu sexuellen Übergriffen herangezogen werden können.

Nach BENDER (1987) sollte eine Aussage folgenden Realitätskriterien standhalten:

- Detailreichtum
- Schilderung ausgefallener Einzelheiten
- Ausführungen zu Gefühlsinhalten
- Nachvollziehbarkeit
- Konstanz
- Stimmigkeit
- Selbstbelastendes

Wird der sexuelle Mißbrauch durch das Kind „in den Grundzügen und den charakteristischen Details"[747] bei wiederholter Befragung gleichbleibend dargestellt, kann mit UNDEUTSCH (1967) davon ausgegangen werden, daß das geschilderte Erlebnis keine Erfindung ist. Die Schilderung von Einzelheiten, die das Geschehen aus verschiedenen Blickwinkeln beschreibt, oder ein Bericht mit ausgefallenen, merkwürdigen Details, zu deren Bedeutungserfassung dem Kind die Kompetenz fehlt, sind nach STELLER et. al. (1992) Indizien für die Echtheit der Aussage. „Beispiele aus dem Bereich der Glaubwürdigkeitsbegutachtung kindlicher Zeugenaussagen in Fällen des sexuellen Mißbrauchs sind die Schilderung von Ejakulation oder Orgasmuszuständen durch junge Kinder."[748] Aber auch ein stimmiger Abriß der Rahmenbedingungen, der Situation, der stattgefundenen Handlungen, eventueller Störungen, des Ortes des Geschehens und der Person des Täters erhöhen die Wahrscheinlichkeit, daß es sich um eine wahre Aussage handelt. Die Schilderung von Komplikationen im Handlungsablauf oder nebensächlichen Begleitumständen ist nach FEGERT (1993) als besonders glaubwürdiges Kriterium anzusehen:

> „Da sexueller Mißbrauch häufig heimlich geschieht, d.h. wenn andere Personen nicht zuhause sind oder nachts, ist durchaus mit plötzlichen Komplikationen zu rechnen. Kinder beschreiben bisweilen detailliert Angst oder Ärger des Täters und sein Verhalten bei oder nach der Unterbrechung. Es handelt sich hierbei um ein wichtiges Glaubwürdigkeitsmerkmal, da davon auszugehen ist, daß bei be-

---

[746] im Englischen „Statement Validity Analysis" (SVA), vgl. R.Bredford 1993, S.98
[747] U.Undeutsch 1967, S.153
[748] M.Steller/ P.Wellershaus/ Th.Wolf 1992, S.154

wußten Falschaussagen der erfundene Handlungsablauf nicht künstlich durch Hindernisse kompliziert wird."[749]

Geht das Kind auf die wahrgenommenen Gefühle ein, auch auf Emotionen, die ihm selbst peinlich sind, wie Schuld, Scham oder Lustempfinden, können diese Reaktionen mit typischen Erlebnisinhalten von nachweislich sexuell mißbrauchten Kindern verglichen werden, um Parallelen zu ziehen. Offenbart das Kind weitere Hinweise auf ihm unangenehme Begleitumstände (von ihm angenomme Eigenverantwortung für die Taten, für das Wohlbefinden der Familie oder für das Annehmen von Geschenken), so kann vermutet werden, daß es diese nicht erfindet. Läßt sich die beschriebene Mißbrauchssituation mit nachvollziehbaren äußeren Bedingungen in Verbindung bringen, dann fügen sich Aussagenfragmente stimmig wie in einem Mosaik zusammen und passen auch spätere Ergänzungen oder Beobachtungen Anderer in das gezeichnete Bild, kann ebenfalls die Richtigkeit der Aussage unterstellt werden. Wenn das Kind auch periphere Umstände widersprüchlich deutet, die Erzählung aber im Kern gleich bleibt, wird eine Konstanz der Aussage auch dann angenommen, wenn die Schilderung ansonsten ungeordnet ist und der Sinn sich erst nach gewisser Zeit oder auf Nachfragen erschließt. Dies ist sogar ein typisches Anzeichen der realitätsnahen Aussage, da „völlig stereotype, gleichmäßige, sich nicht verändernde Berichte den Verdacht einer eingeübten Falschaussage oder einer verzweifelten Fixierung an eine zunächst nur leichtfertige falsche Beschuldigung"[750] nahelegen. Eine sprunghafte Darstellung des Kindes wird deswegen als besonderes Realitätskennzeichen angesehen. „Wenn man sich vor Augen hält, wie schwierig es ist, eine erfundene Geschichte nicht in chronologischer Weise zu erzählen, wird einem klar, warum dieses Kriterium bei Kinderaussagen ein sehr wichtiges Indiz für die Authentizität und Glaubwürdigkeit ist."[751].
Die innere Stimmigkeit der Aufdeckung sexuellen Mißbrauchs kann außerdem trotz unterschiedlicher Erzählweisen als schlüssig angesehen werden, wenn die Struktur einer sicher richtigen Aussage mit der einer sicher unrichtigen Aussage verglichen wird und die Mißbrauchsbeschuldigungen der sicher richtigen Erzählstruktur gleichen.
Auch WELLERSHAUS (1992) und STELLER/ KÖHNKEN (1989) beziehen sich zur Einschätzung der Glaubwürdigkeit von Kinderaussagen auf Kriterien von Realkennzeichen, die in fünf Kategorien erfaßt werden können:

---

[749] J.Fegert 1993, S.99
[750] R.Lempp 1983, S.183
[751] J.Fegert 1993, S.98

Allgemeine Merkmale:	Inhaltliche Besonderheiten	Motivationsbezogene Inhalte
1. Logische Konsistenz	8. Schilderung ausgefallener Einzelheiten	12. Spontane Verbesserung der eigenen Aussage
2. Ungeordnete sprunghafte Darstellung	9. Schilderung nebensächlicher Einzelheiten	13. Eingeständnis von Erinnerungslücken
3. Quantitativer Detailreichtum	10. Phänomengemäße Schilderung unverstandener Handlungselemente	14. Einwände gegen die Richtigkeit der eigenen Aussage
Spezielle Inhalte		
4. Raum-zeitliche Verknüpfungen	11. Indirekt handlungsbezogene Schilderungen, Schilderung eigener psychischer Vorgänge; Schilderung psychischer Vorgänge des Angeschuldigten	15. Selbstbelastungen
5. Interaktionsschilderungen		16. Entlastung des Angeschuldigten
6. Wiedergabe von Gesprächen		*Deliktspezifische Inhalte*
7. Schilderungen von Komplikationen im Handlungsverlauf		Deliktspezifische Aussageelemente[752]

Hiernach ist eine Aussage des Kindes stimmig und als glaubwürdig einzuschätzen, wenn die Schilderung zwar sprunghaft aber sehr detailliert ausfällt, vor allem Angaben zu Personen, Orten oder bestimmten Zeiten vorgebracht und Gepräche, Gefühle, ungewöhnliche Einzelheiten und für das Kind undurchschaubare Zusammenhänge eingebracht werden. Wenn das Kind an der Richtigkeit seiner Wahrnehmung zweifelt, die Schuld bei sich sucht und den Täter sogar entlasten will, kann von einer für den sexuellen Mißbrauch typischen Darstellung ausgegangen werden. Hierzu STELLER et. al. (1992):

> „Das Vorkommen von Inhalten der Art, wie sie durch die Kriterienbezeichnungen umschrieben werden, wird als Hinweis gewertet, daß es sich bei der Schilderung nicht um einen ausgedachten Sachverhalt handelt, sondern daß der Aussagende sich auf ein reales Erlebnis bezieht."[753]

Nimmt man die Realitätskriterien zur Einschätzung einer Aussage des Kindes, so müßte es möglich sein, die Qualität der Arbeit von professionellen Fachkräften in Kinderschutzeinrichtungen hinsichtlich suggestiver Interviewtechniken und Untersuchungsmethoden zu überprüfen, da als erwiesen gilt, daß die Art der Befragung entscheidend für die Verläßlichkeit der Aussage ist. Die Meinung BRADFORDS (1993) wird von vielen Glaubwürdigkeitsgutachtern geteilt: „The way in which the interview was conducted, and in

---

[752] vgl. P.Wellershaus 1992, S.21 und M.Steller/ G.Köhnken 1989 sowie M.Steller/ P.Wellershaus/ Th.Wolf 1992, S.153 und R.Bradford 19993, S.96
[753] M.Steller/ P.Wellershaus/ Th.Wolf 1992, S.153

particular the extent to which suggestive, leading or coercive questioning was used, is considered. Clearly, the validity and reliability of the child's account can be significantly influenced by the adequacy of the interview style."[754]

WOOD et. al. (1996) unternahmen den Versuch herzufinden, ob speziell geschulte Auswerter in der Lage sind, die Reliabilität kindlicher Aussagen übereinstimmend einzuschätzen. Es wurden 55 Interviews (auf Video festgehalten) mit erwiesen sexuell mißbrauchten Kindern (Durchschnittsalter 5,7 Jahre) ausgewertet, die von einer ausgebildeten Untersucherin anhand eines halbstandardisierten Fragebogens mit offenen Fragen durchgeführt wurden. Es ging darum, die Fähigkeit des Kindes zu testen, Phantasie von der Realität zu unterscheiden und Einzelheiten zur Mißbrauchssituation zu erfahren. Nach jeder Befragung fanden sich die Interviewerin und das Beobachtungsteam hinter der Einwegscheibe zusammen, um zu entscheiden, ob die Aussage des Kindes glaubwürdig erschien. Als Unglaubwürdigkeitskriterium für externe Beobachter wurde die Weigerung des Kindes eingeschätzt, irgendwelche Informationen zu geben, das Abstreiten eines Mißbrauchs oder eine nicht-glaubhafte Schilderung. Die Videotapes wurden im nächsten Schritt zur Codierung verschiedenen, besonders unterwiesenen Studierenden gezeigt, die nicht informiert waren, welches Interview als glaubwürdig gelten sollte. Das interessanteste Ergebnis war die übereinstimmende Zuordnung der Fragestile und die Bestimmung der Glaubwürdigkeit des Kindes, die von unabhängigen multidisziplinären Teams überprüft wurde. Demnach müßte realisierbar sein, die aufgezeichnete Aussage eines Kindes, das Interviewverhalten der erwachsenen Befragungsperson und die Beziehung zwischen Kind und Interviewperson zu analysieren und im Nachhinein korrekt einzuschätzen. Die Bestätigung dieser Vermutung ergab eine Untersuchung von YUILLE (1989), die von BRADFORD (1993) zusammenfassend kommentiert wurde: „High inter-rater reliability was achieved, with an overall agreement of 96% across the categories, suggesting that, following training, raters are able to evaluate reliably a child's statement."[755]

Wollen Professionelle, die mit sexuell mißbrauchten Kindern arbeiten, sich gegen den Vorwurf der inkorrekten Befragung schützen, empfiehlt sich demnach die technische Aufzeichnung (Kassettenrecorder, Video) der Kontakte. Letztendlich wird die Arbeit damit auch für die eigene Reflexion überprüfbar und dient somit der Weiterentwicklung des eigenen kinderschutzspezifischen Ansatzes. Nicht zuletzt dient dieses professionelle Vorgehen, welches in den USA zur Untersuchung sexuellen Mißbrauchs und in Deutschland für Kindertherapeut/innen zum Standard gehört, dem Schutz des Kindes vor unsachlichen Angriffen im Falle eines Gerichtsverfahrens.

Die unter 4.4.2 angeführten Vorgehensweisen bei der Befragung sexuell mißbrauchter Kinder sind trotz gelegentlich konkreter Nachfragen zu den sexuellen Übergriffen, den Hintergründen des Geschehens und den Lebens-

---

[754] R.Bradford 1993, S.98
[755] R.Bradford 1993, S.99

verhältnissen der Opfer möglichst kindzentriert, nicht-direktiv und somit wohl auch nicht suggestiv. Obwohl die direkte Befragung des Kindes und die Einschätzung seiner Glaubwürdigkeit gesondert beschrieben wurden, fließen in die Interviewsituation stets auch andere Erhebungsstrategien ein. Gerade kleinere Kinder reagieren eher auf Spielmaterialien oder drücken ihre Gefühle in szenischen Darstellungen oder Zeichnungen aus, wie unter 4.4.5 näher beschrieben. Der Einsatz anatomischer Puppen scheint gegenüber diesen anderen Praktiken nahezu eine Standardmethode zur Aufdeckung sexuellen Mißbrauchs zu sein und wird deswegen in vielen Veröffentlichungen berücksichtigt. Auch die Kinderschutzdienste bedienen sich dieses diagnostischen Hilfsmittels. Anlaß genug, eine umfassende Betrachtung der Anwendung dieser besonderen Puppen, ihrer Vor- und Nachteile für die Beratung sowie ihrer Bedeutung zur Abklärung eines Mißbrauchsverdachts vorzunehmen.

4.4.4 Der Einsatz anatomisch korrekter Puppen

In diesem Abschnitt wird die Diskussion um die Verwendung anatomisch korrekter Puppen in der Diagnostik vorgestellt. Ausgehend von den Methoden und der Funktion des Einsatzes in einem Aufdeckungsgespräch mit vermutet sexuell mißbrauchten Kindern, wird die Nutzung der Puppen als Demonstrationsobjekt oder diagnostisches Hilfsmittel in Beziehung gesetzt zu wissenschaftlichen Untersuchungen und der Erfahrungen von Professionellen.

Während FEGERT (1991) die Meinung vertritt, daß anatomisch korrekte Puppen aus der Arbeit mit sexuell mißbrauchten Kindern „heute nicht mehr wegzudenken sind"[756], findet TERR (1995) diese Puppen „viel zu suggestiv, um sie bei der Wahrheitssuche einzusetzen. Sie zwingen das Kind, sich mit den Genitalien der Puppen auseinanderzusetzen, die schließlich ein augenfälliges Merkmal sind." Dies gelte vor allem, wenn die Puppen den Kinder unbekleidet vorgelegt werden, mit der Aufforderung „Sex zu spielen". [757] JONES (1996) empfiehlt die Puppen deswegen nicht, weil er der Ansicht ist, auch mit anderen Hilfsmitteln seien genügend Informationen zu erhalten. Nach ELBERS/TERLAAK (1989) und DILLON (1987) kann nicht von einer erwiesenen Validität und Reliabilität ausgegangen werden, bevor keine standardisierten Beobachtungsprotokolle und Durchführungsrichtlinien zur Verwendung der anatomischen Puppen vorliegen. [758] Wegen des Ausstehens solcher Forschungen sei der Gebrauch der Puppen in der Diagnostik abzulehnen oder höchstens mit allergrößter Vorsicht vorzunehmen.

---

[756] J.Fegert 1991, S.21
[757] L.Terr 1995, S.212
[758] vgl. D.P.H.Jones 1996, S.53

198

Das Besondere an diesen 1976 von FRIEDMAN, WHITNEY und MORGAN[759] handgefertigten Stoffpuppen sind die eingearbeiteten Geschlechtsorgane (Penis und Hoden bei dem männlichen, Klitoris und Vagina bei dem weiblichen Exemplar). Die Puppen besitzen auch Po- und Mundöffnungen, die erwachsenen Puppen haben Schambehaarung und die Frauen Brüste. FEGERT (1991) erklärt die Bedeutung dieser speziell angefertigten Puppen: „Penis und Körperöffnungen müssen so gestaltet sein, daß Kinder verschiedene Formen des Geschlechtsverkehrs, die sie eventuell erlebt haben, das heißt, die sie erleiden mußten, auch darstellen können."[760]

EVERSEN/ BOAT (1994) beschreiben sieben mögliche Funktionen der Puppen in Aufdeckungsgesprächen: „1. Comforter, 2. Ice-breaker, 3. Anatomical Model, 4. Demonstration Aid, 5. Memory Stimulus, 6. Diagnostic Screen, 7. Diagnostic Test."[761] Hieran wird deutlich, daß die Puppen nicht als Testverfahren sondern als diagnostisches Hilfsmittel anzusehen sind, um die Ausdrucksmöglichkeiten des Kindes zu vergrößern[762]. „It makes sense that sexually abused children might find it easier to show rather than tell about experiences that are out of the ordinary, for which they might not have words and that are embarrassing or shameful."[763]

Idealerweise befinden sich diese Puppen unter all den anderen Spielsachen im Untersuchungszimmer. Das Kind wird womöglich während seiner Inspektion des Raumes u.a. auch die Puppen ansehen und mit ihnen spielen wollen. Ignoriert es ihre Anwesenheit, kann von der interviewenden Person der Vorschlag eingebracht werden, eine der Puppen auszusuchen. Die vom Kind ausgewählte Puppe wird ihm dann als ganz spezielle Puppe vorgestellt. Nach der Benennung der sichtbaren Körperteile und der Bestimmung ihrer Funktionen kann das Kind aufgefordert werden, die Puppe auszuziehen. Die Geschlechtsorgane und Körperöffnungen und deren Funktionen werden nun erfragt, um die Sprachgewohnheiten des Kindes zu erkunden, seine Kenntnisse über Sexualität zu erfassen und in ein ungezwungenes Gespräch über sexuelle Dinge einzusteigen. Dabei kann auch über angenehme und unangenehme Berührungen gesprochen werden. Durch diesen vorsichtigen Einstieg wird das Kind vielleicht ermutigt, seine Erlebnisse mitzuteilen, ohne sich zu einer vorschnellen Aufdeckung gedrängt zu fühlen. Da die Puppen bei einer späteren Überprüfung der Aussagen des Kindes oder zur Veranschaulichung der Mißbrauchshandlungen evtl. noch gebraucht werden, empfiehlt JONES (1996), den Umgang mit den Puppen der Steuerung des Kindes zu überlassen.

„Anatomisch korrekte Puppen können eingesetzt werden, um die kindlichen Erinnerungen zu fördern oder es zum Erzählen anzuregen, wenn man nicht

---

[759] vgl. M.Morgan 1995, S.4
[760] J.Fegert 1991, S.23
[761] M.D.Eversen/ B.W.Boat 1995, S.113
[762] vgl. J.Fegert 1991, S.25
[763] L.Berliner 1988, S.469

warten will, bis es von selbst berichtet. Das Kind muß die Puppe im Laufe der Sitzung verändern dürfen und man sollte es, ohne Druck auszuüben, anhalten, etwas über die Puppe zu erzählen. Dazu braucht es genügend Zeit zum freien Spielen. Das Kind faßt dann Vertrauen und fühlt sich mit den Puppen wohl."[764]

Während das Kind frei mit den Puppen spielt, wird es beobachtet. Die interviewende Person macht sich Notizen zu den wahrgenommenen Gefühlen des Kindes, zu seinem Verhalten und den dargestellten Inhalten. Diagnostische Fragen können sich anschließen, eine verbale Aufdeckung kann mit Hilfe der Puppen überprüft und besser verstanden werden.

Die Puppen eignen sich ebenfalls als Demonstrationsobjekte, an denen das Kind zeigt, was es nicht in Worte fassen kann oder darf. Daß die Puppen sehr viel bessere und detailliertere Ergebnisse zum Geschehen des Mißbrauchs hervorbringen, konnten LEVENTHAL et. al. (1989) nachweisen. Das Forscher/innen-Team untersuchte 60 Kinder unter 7 Jahren, die wegen eines vermuteten sexuellen Mißbrauchs befragt wurden. Die Kinder wurden erst ohne und dann mit den anatomischen Puppen interviewt. Die Identität der Täter in der Konstellation mit Puppen wurde doppelt so häufig benannt. Eine weitere Studie von GOODMAN (1991) ergab, daß die befragten 5- 7jährigen Mädchen, die während einer medizinischen Untersuchung im Genital- und Analbereich untersucht wurden, nur anhand der anatomischen Puppen auf diese Erlebnisse hinweisen konnten. Die Mädchen, die nicht anal oder genital untersucht worden waren, gaben auf suggestives Nachfragen falsch-positive Angaben, während dies bei der Verwendung der Puppen nicht geschah.

Der Einsatz anatomisch korrekter Puppen zur diagnostischen Testung geht von der Annahme aus, daß mißbrauchte Kinder anders auf die Puppen reagieren als nichtmißbrauchte Kinder. Um dies herauszufinden, wurde von JAMPOLE/ WEBER (1987) eine Versuchsreihe durchgeführt, in der 10 sexuell mißbrauchte Kinder mit einer Kontrollgruppe von 10 vermutlich nicht betroffenen Kindern (im Alter zwischen 3 und 8 Jahren) verglichen wurden. Jedes Kind erhielt vier Puppen (zwei Erwachsene: Mann und Frau; zwei Kinder: Mädchen und Junge), mit denen es sich etwa eine Stunde beschäftigen sollte. Eine Person hinter einer Einwegscheibe beobachtete das Kind, ohne zu wissen, ob es mißbraucht worden war oder nicht. Nach einer Phase des freien Spiels wurde das Kind aufgefordert, die Puppen auszuziehen und die Körperteile sowie ihre Funktionen zu benennen. Dann wurde das Kind eine Viertelstunde mit den Puppen allein gelassen. Als Ergebnis aus diesem Versuch hielten JAMPOLE und WEBER folgendes fest:

„Results showed that there is a significant difference between the two groups of children as evidenced by the presence or absence of sexual behaviors in their play with the dolls. Of the children who had been sexually abused, 9 (90%) demonstrated sexual behavior(s) with the dolls; 1 (10%) did not. (...) Of the

---

[764] D.P.H.Jones 1996, S.52

children who had not been sexually abused, 8 (80%) did not demonstrate sexual behavior(s) with the dolls."[765]

Zu den beiden Kindern der Nichtbetroffenengruppe, die sexualisiertes Verhalten zeigten, gibt das Forscher-Team zu bedenken, daß man nicht wissen könne, ob diese beiden nicht doch sexuell mißbraucht wurden.
Das Resultat dieser Studie – nichtmißbrauchte Kinder spielen eher keine Sexspiele mit den anatomischen Puppen – wird durch die Beobachtungen der Kinderpsychologin MCMAHON (1982) bestätigt, die in ihrer Praxis zahlreiche betroffene und nichtbetroffene Mädchen und Jungen behandelt. Sie stellte folgendes fest: Die nichtmißbrauchten Kinder gehen ganz anders mit den anatomischen Puppen um als die mißbrauchten. Die nichtbetroffenen Kinder lachen und sind scheu, wenn sie die Puppen zum ersten Mal ausziehen. Sie interessieren sich mehr für die Ausscheidungsfunktion der Organe als für die sexuelle Funktion der Genitalien. Sie spielen mit ihnen alltägliche Situationen, wie Mahlzeiteneinnehmen, Schlafengehen und Badeszenen. Sie hinterlassen die Puppen nach dem Spiel oft nackt, während die mißbrauchten Kinder sehr erleichtert sind, wenn die Puppen wieder bekleidet sind.[766] Mit FEGERT (1991) kann also davon ausgegangen werden, daß Kinder „nicht durch die Präsenz anatomischer Puppen wie hypnotisiert gezwungen (sind) sexuelle Inhalte darzustellen, sondern sich sehr häufig anderen Spielmaterialien zuwenden, die für sie interessanter sind"[767].
Diese Übersicht über vier Studien zeigt, daß mißbrauchte Kinder signifikant häufiger sexualisiertes Verhalten an den Puppen zeigen und Verhaltensweisen aus dem Bereich der Erwachsenensexualität demonstrieren.

---

[765] L.Jampole/ M.K.Weber 1987, S.190
[766] vgl. L.McMahon 1992, S.162f
[767] J.Fegert 1991, S.33

Vergleich mißbrauchter Kinder (m.K) mit nichtmißbrauchten Kindern (n.m.K) beim Umgang mit den anatomischen Puppen
(Annahme: Mißbrauchte Kinder zeigen ihre Erfahrungen im Spiel)

Studie	Anzahl	Alter	Methode	Ergebnisse
AUGUST/ FORMAN (1989)	16/16	5-8 Jahre	Beobachtung mit und ohne Interview zu den Körperteilen der Puppen	m.K.: signifikant mehr Aggressionen, sexualisiertes Verhalten n.m.K.: keine Demonstration von Erwachsensexualität
WHITE, et.al. (1986)	25/25	2-6 Jahre	Freispiel, Interview zu Körperteilen	m.K.: signifikant mehr sexualisiertes Verhalten nm.K.: keine Demonstration von Erwachsensexualität
JAMPOLE/ WEBER (1987)	10/10	3-8 Jahre	Beobachtung mit und ohne Anwesenheit der Interviewperson	2 n.m.K.: bei Abwesenheit Demonstration von Erwachsensexualität 5 n.m.K.: exploratives Verhalten 8 m.K.: exploratives Verhalten
HEKKEN/ BIERENS (1989)	10/10	2 ½-7 Jahre	Beobachtung, Freispiel	n.m.K. und m.K.: exploratives Verhalten 7 m.K.: Demonstration von Erwachsensexualität keines der n.m.K.: Demonstration von Erwachsensexualität

Die Ergebnisse dieser Untersuchungen werden von YATES (1988) bestätigt, der infolge seiner Nachforschungen zu dem Schluß kam, daß bei sexuell mißbrauchten Kindern signifikant häufiger sexualisiertes Spiel mit den anatomisch korrekten Puppen nachzuweisen war.

Weitere Forschungen hierzu ergaben: 144 nichtmißbrauchte Kinder (3 – 8 Jahre) vernachlässigten die anatomischen Puppen in Abwesenheit der Interviewperson zugunsten anderen Spielzeugs (Sivan 1988). Von 223 2-5 jährigen vermutlich nichtmißbrauchten Kindern untersuchten 85% die intimen Körperteile der Puppen, 20% ließen die Puppen küssen, 12% demonstierten gegenseitige Berührungen der Puppen an den Genitalien oder Brüsten, 6% zeigten mit den Puppen Geschlechtsverkehr (Boat und Everson 1994). In einem Vergleich von 25 mißbrauchten mit 25 nichtmißbrauchten Kindern zeigten die mißbrauchten Kinder signifikant häufiger sexualisiertes Verhalten an den Puppen (White et.al. 1986).

EVERSON/ BOAT (1994) fassen ihre Bilanz aus mehreren Untersuchungen über das unterschiedliche Spielverhalten von mißbrauchten und nichtmißbrauchten Kindern zusammen:

> „Taken as a whole, these studies offer substantial evidence that:
> a) among normal, presumably nonabused young children, touching and exploration of the genitals of the dolls is fairly common but enactments of sexual intercourse are relatively rare; and

b) sexually abused young children are more likely than their nonabused peers to play and interact with the dolls in sexual ways."[768]

Obwohl nach diesen Studien davon ausgegangen werden kann, daß die anatomischen Puppen nichtbetroffene Kinder nicht zu sexualisierten Spielen verleiten, sind die Puppen dennoch erst nach oder parallel zu einer verbalen Aufdeckung des Kindes heranzuziehen. Wie von LEVY et. al. (1995) bei einer Beobachtung von 104 sexuell mißbrauchten Kindern (2½ – 7 Jahre, 71% Mädchen, 29% Jungen) festgestellt wurde, nutzten von den 53% Kindern, die spontan von mißbrauchsspezifischen Erlebnissen berichteten, 71% die Puppen zur Illustrierung ihrer Aussagen.

Die genannte Vorgehensweise berücksichtigt gleichfalls die Kritik, anatomische Puppen suggerierten falsch-positive Mißbrauchsbehauptungen. Ein Experiment zur Überprüfung der Suggestibilität von vermutlich nichtmißbrauchten Kindern durch den Einsatz von anatomischen Puppen führten GODMAN/ AMAN (1990) durch. 80 Mädchen und Jungen im Alter von 3 – 5 Jahren wurden während einer Spielstunde im Zusammenhang eines Berührungsspiels an verschiedenen Körperteilen (Ohren, Zehen, Knien, etc.) angefaßt. Später wurden sie mit den anatomischen Puppen, mit normalen Puppen und ohne Puppen zu den körperlichen Kontakten befragt. Keines der Kinder fühlte sich durch die anatomischen Puppen animiert, die Genitalien oder andere intime Stellen des Körpers als Ort der Berührung zu benennen, auch dann nicht, als suggestive Fragen zu Küssen oder zum Kleiderausziehen gestellt wurden.

Ähnliche Erfahrungen machten SAYWITZ et. al. (1991), die zwei Gruppen von Kindern befragten, die von einer Ärztin mal mit und mal ohne genital/ anale Untersuchung behandelt wurden. Mit den anatomischen Puppen wurden doppelt so häufig korrekte Antworten zur Art der medizinischen Untersuchung gegeben als ohne die Puppen. Keines der Kinder erwähnte Berührungen der intimen Körperteile, wenn diese nicht stattgefunden hatten. Dies zeigt nach Meinung des Forscher/innen-Teams die Resistenz der Kinder gegen suggestive Beeinflussung.

Die Zusammenfassung von sieben Studien legt die Vermutung nahe, daß nichtmißbrauchte Kinder sich nicht allein durch die Beschäftigung mit den Puppen zur Demonstration sexueller Verhaltensweisen verleiten lassen.

---

[768] M.D.Everson/ B.W.Boat 1994, S.120

Der Umgang vermutlich nichtmißbrauchter Kinder mit den anatomischen Puppen
(Annahme:Die Puppen üben suggestive oder erinnerungsstützende Wirkung aus)

Studie	Anzahl	Alter	Methode	Ergebnisse
GABRIEL (1985)	16	2½ – 5 Jahre	Freispiel	15 exploratives Verhalten keine Demonstration von Erwachsenen-sexualität
GRAMS/ HERBERT (1987)	15	3 – 5 Jahre	Freispiel	exploratives Verhalten keine Demonstration von Erwachsenen-sexualität
SIVAN, et. al. ((1988)	144	3 – 8 Jahre	Freispiel	keine Demonstration von Erwachsenen-sexualität
GLASER/ COLLINS (1989)	86	2 – 6 Jahre	Freispiel, Nachfragen zu Körperteilen	74% spontanes Entkleiden der Puppen 19% Befremden, Aufregung 71% exploratives Verhalten 5 Kinder: Demonstration von Erwachsenensexualität (4 davon hatten Erlebnissen mit sex. Übergriffen)
EVERSEN/ BOAT (1990)	223	2 – 6 Jahre	Freispiel (mit und ohne Anwesenheit der Interviewperson) Nachfragen zu den Körperteilen	exploratives Verhalten 6% Demonstration von Erwachsenen-sexualität
GOODMAN/ AMAN (1990)	80	3 – 5 Jahre	Freispiel	exploratives Verhalten keine Demonstration von Erwachsenen-sexualität
SAYWITZ, et.al. (1991)	72	5 – 7 Jahre	Befragung nach med. Untersuchung mit und ohne anal/ genitale Berührungen	Befragung mit den Puppen ergab genauere Ergebnisse

Voraussetzung zur Nutzung der anatomisch korrekten Puppen ist eine intensive Schulung im Umgang mit diesem diagnostischen Hilfsmittel. Während zur Zeit der intensiven Kritik am Einsatz der Puppen in der forensischen Diagnostik Kinderschützer/innen kaum über Erfahrungen mit den Puppen verfügten und auch nur sehr wenige (47% nach Boat/ Eversen 1988) eine entsprechende Ausbildung absolviert hatten, fanden KENDALL-TACKET/ WATSON (1992) bei einer Überprüfung der Kenntnisse von 201 Professionellen, daß von den 73%, die die Puppen zur Aufdeckung sexuellen Mißbrauchs heranzogen, 96,6% spezielle Schulungen besucht hatten und 77,8% ein standardisiertes Protokoll zur Auswertung der Ergebnisse heranzogen. Die Puppen wurden den Kinder auch nicht nackt und ohne andere Spielsachen vorgelegt, wie von TERR (1998) vermutet. Die Art des Gebrauchs der Puppen wird von KENDALL-TACKET und WATSON zusammengefaßt:

„Of the professionals who use the dolls, 98.6% present the dolls with the dolls'
clothes on; 73.1% had the child undress the dolls; 74% match the dolls with the
race of the child; 65% present the dolls with other toys present; 44.1% present the
dolls for 2 – 3 sessions; and 33.6% always have the dolls present."[769]

Ausgehend von einer eher professionellen Handhabung der anatomisch
korrekten Puppen fehlt bis zum jetzigen Zeitpunkt eine einheitliche Bestimmung der Reaktion von Kindern, die Rückschlüsse auf das Vorliegen eines
sexuellen Mißbrauchs zulassen. Vermeidungsverhalten, Angst vor den
Puppen, aggressives Reagieren, das Zeigen von Erwachsenensexualität bei
gleichzeitig verbaler Aufdeckung von sexuellem Mißbrauch und paralleler
Demonstration des Geschilderten an den Puppen gelten unter Expert/inn/en
als gesicherte Anzeichen. WETZELS (1993) ermahnt dennoch zu einer vorsichtige Interpretation der Ergebnisse aus Puppeninterviews:

> „Eine Diagnose sexuellen Mißbrauchs sollte nicht hauptsächlich auf Ergebnissen
> von Befragungen und Spiel mit anatomischen Puppen basieren. Für die Einzel-
> fallbeurteilung ist sowohl das Risiko falsch positiver als auch falsch negativer
> Diagnosen zu hoch. (...) Anatomische Puppen können daher gegenwärtig in der
> forensischen Praxis vor allem bei der Unterstützung und Präzisierung verbaler
> Bekundungen eingesetzt werden, wenn bereits Angaben vorliegen, in einge-
> schränktem Maße auch zur Generierung verbaler Äußerungen. Dabei sollte auf
> Suggestiv- und Vorhaltefragen gänzlich verzichtet werden."[770]

Ein Interviewbeispiel von MORGAN (1995) – "Erfinderin" der anatomischen
Puppen bei der Befragung sexuell mißbrauchter Kinder – mag verdeutlichen,
wie eine verbale Aufdeckung durch eine parallele Demonstration an den
Puppen gestützt werden kann:

> „The child shows the adult male doll on top of the child doll.
>
> Interviewer: What is happening?
> Child: They are sleeping.
> Interviewer: Is anything else happening?
> Child: He is humping her.
> Interviewer: It is hard for me to see this. Can you show me what humping
> means?
> Child demonstrates with the dolls and says:
> This thing goes in that thing.
> Interviewer: It looks like you are putting the man's thing in the girl's thing.
> Is that correct?
> Child: Yes.
> Interviewer: Remind me what you call these parts. A man's thing, is ...

---

[769] K.A.Kendall-Tacket/ M.W.Watson 1992, S.426
[770] P.Wetzels 1993, S.105

Child:	Penis.
Interviewer:	Okay, and a girl's thing is ...
Child:	Private.
Interviewer:	Okay, so the man's penis went in the girl's private?
Child:	Yes.
Interviewer:	How do you know this happened?
Child:	Because that is what he did to me.
Interviewer:	The man's penis went in your private?
Child:	Yes.
Interviewer:	How do you know his penis went in your private?
Child:	I could feel it and it hurt!
Interviewer:	Who was the man?
Child:	My dad."[771]

Unbestreitbar vermehrt die Beschäftigung der Kindes mit den anatomischen Puppen seine Ausdrucksmöglichkeit und erleichtert die Thematisierung von Sexualität. Trotz dieser Vorteile sollten die Puppen nur als diagnostisches *Hilfs*mittel zusätzlich zu anderen Verfahren eingesetzt und verbalen Aussagen des Kinder stets Vorrang eingeräumt werden.

Die Einschätzung des Spielverhaltens eines vermutlich traumatisierten Kindes, der Umgang mit Zeichnungen oder Bilderbüchern wird zusätzlich zur unmittelbaren Befragung als Analysemöglichkeit der Situation des Kindes herangezogen und soll deshalb in einem erläuternden Abschnitt näher betrachtet werden.

4.4.5 Zur Deutung des Spiels und zum Umgang mit Spielmaterialien

Bei den Kontakten mit dem Kind steht nach JONES (1996) das freie Spiel des Kindes und ein nicht-direktives Vorgehen im Vordergrund, da ein positiver Beziehungsaufbau die Basis einer vertrauensvollen Gespächssituation bildet[772]. Wie FEGERT (1993) betont, sind die unmittelbaren Ausführungen des Kindes von besonderem Wert, da „ähnlich wie bei den sprachlichen Äußerungen spontane, frei im Spiel gezeigte, häufig wiederkehrende, teilweise nur Ausschnitte einer Mißbrauchssituation widerspiegelnde Spielsituationen eine sehr wichtige und genaue Information darstellen"[773]. Behutsame Fragen zum Inhalt des Spiels können zu einer direkteren, jedoch niemals direktiven, Befragung überleiten. MCMAHON (1992) schlägt eine Kombination von zuerst nicht-lenkendem und später gezielterem Vorgehen vor, zum langsamen Herantasten an das angstbesetzte Thema des sexuellen Mißbrauchs:

---

[771] M.Morgan 1995, S.49
[772] vgl. auch M.Gründer/ R.Kleiner/ H.Nagel 1994, S.39
[773] J.Fegert, 1993, S.123

„A combination of non-directive and focused play techniques may be most useful both in helping the child to feel comfortable and in exploring the specific question of sexual abuse. As with all communication with children the ability to use reflective listening or re-capping techniques is cruisal. Repeating what the child says or providing a commentary on what the child is doing shows that the interviewer is listening carefully, is not in a hurry, and is neither shocked nor frightened by what the child has to say."[774]

Wichtig findet diese Kindertherapeutin, das Kind erst einmal unbeeinflußt spielen zu lassen, ihm zu erlauben, sich umzusehen, die Spielmaterialien aus-zuprobieren, ohne daß die Interviewperson sich einmischt. Im freien Spiel könne das Kind seine inneren Konflikte ausdrücken, während die hervor-gebrachten Gefühle sensibel von der erwachsenen Begleitperson nachemp-funden und in ähnlicher Weise wie in der personzentrierten Kinderspiel-therapie gespiegelt werden (vgl. Kapitel 3.3.3).[775]

TERR (1983) unterstreicht die Bedeutung des Spiels als eigenständiges Analyseinstrument zur Einschätzung eines eventuell zurückliegendes Traumas, indem sie meint, ein ständig wiederholtes, monotones, untypisches, seltsames Spiel könne als Indiz für eine schreckliche Erfahrung im Leben eines Kindes gewertet werden[776]. Die Trauma-spezialistin definierte die Erscheinungsformen des posttraumatischen Spiels, die wesentliche Hinweise zur Erfassung des Spiels sexuell mißbrauchter Kinder enthalten. Wegen der Wichtigkeit dieser Kriterien werden nachfolgend angelehnt an TERRS Aus-führungen, 10 Erkennungsmerkmale des posttraumatischen Spiels aus dem Amerikanischen ins Deutsche übertragen:

1. Zwanghafte, monotone, ritualisierte Wiederholung des Traumas im Spiel
2. Nichtbewußter Zusammenhang zwischen Spiel und traumatischem Er-eignis
3. Realitätsnahes Spiel mit geringer Abwehrfähigkeit
4. Kein Angstabbau durch das Spiel
5. Unterschiedliche Entwickung des posttraumatischen Spiels
6. Einbezug anderer Kinder und Übertragung des Traumas
7. Schädigende Wirkung auf nachfolgende die Generation
8. Gefährliches Spiel
9. Ausdruck des Traumas in vielfältigen Wiederholungen (Kritzeln, Malen, Reden)
10. Rückbezug vom postraumatischen Spiel zum ursprunglichen Trauma ist möglich[777]

---

[774] L.McMahon, 1992, S.160
[775] vgl. McMahon 1992, S.165
[776] vgl. L.Terr 1983, S.310
[777] L.Terr 1983, S.308

Das posttraumatische Spiel unterscheidet sich dieser Definition zufolge durch den Charakter der Ernsthaftigkeit, der Angst und des zwanghaften Handelns vom normalen Spiel des Kindes (vgl. Kapitel 3.2). Wird die Ursache des Traumas nicht aufgedeckt, besteht sogar die Gefahr, daß das Kind das Erlebte an andere Kinder weitergibt oder im Erwachsenenalter neu inszeniert. Diese Art des „spielenden" Ausagierens konnte die Kindertherapeutin GIL (1993), die sich auf die Behandlung von mißhandelten, vernachlässigten und sexuell mißbrauchten Kindern spezialisiert hat, in ihrer Praxis sehr häufig beobachten.

> „Wie in einem Ritual stellt das Kind dasselbe Szenario wieder her und spielt eine Reihe von Bewegungsabläufen nach, die zu einem mit dem Trauma identischen Ausgang führen. Das posttraumatische Spiel ist sehr realistisch und es fehlt ihm augenscheinliche Freude oder Freiheit des Ausdrucks. Der potentielle Nutzen des Spiels liegt darin, daß das Kind, während es sich an furchterregende oder Angst auslösende Geheimnisse erinnert, von einer passiven zu einer aktiven Haltung übergeht, indem es Kontrolle über das Nachspielen hat."[778]

Verfällt das Kind während des Spiels in eine selbstvergessene Starre und wird durch das Ausleben seiner Gefühle im Umgang mit den Spielmaterialien regelrecht in einen Bann gezogen, kann dieses Verhalten als Hinweis auf das Vorliegen einer traumatischen Erfahrung interpretiert werden. MANN und MCDERMOT (1983) empfehlen zur Unterstützung des posttraumatischen Spiels ein Behandlungszimmer, in dem das Kind nach Bedarf Chaos anrichten kann, und deshalb mit sicheren und abwaschbaren Dingen eingerichtet sein sollte. Das Kind sollte die Wände beschmieren dürfen, es sollte mit Gegenständen werfen dürfen und den gesamten Raum sowie das möglichst unverwüstliche Spielzeug als Waffe gegen die innere Verwundung einsetzen können[779]. Als eine spezielle Ausstattung für die Behandlung sexuell mißbrauchter Kinder schlägt MCMAHON (1992) neben der üblichen Einrichtung (vgl. Kapitel 3.3.2) zusätzliche Spielmaterialien vor:

> „It contains 'nice' and 'horrible' toys, snakes and worms, a knife, scissors, spiders, a crocodile, a plastic winged bat with a big mouth, a big tongue monster, a hammer, a mask, telephones, crayons and paper, a Fischer-Price medical kit, a piece of sheepskin, two pandas 'hugging' each other, puppets, dolls with a happy face on one side and a sad face on the other, a big-mouthed doll, a Red Riding Hood granny doll that turned upside down becomes a wolf, and anatomically complete dolls, including grandparents, parents and children, with day and night clothes."[780]

---

[778] E.Gil 1993, S.81
[779] vgl. E.Mann/ J.F.McDermott 1983, S.287
[780] L.McMahon 1992, S.156

Ebenso sollten Bilderbücher, die sexuelle Übergriffe und sexuellen Mißbrauch direkt behandeln und darstellen in keinem Behandlungszimmer für
betroffene Kinder fehlen. Diese Bücher laden mit ihren bunten und gelunge-
nen Zeichnungen die Kinder zum Nachmalen auf, wodurch wieder diagnostische Material entstehen kann. Kinderzeichnungen werden recht häufig als
diagnostisches Hilfsmittel und auch bei der Verdachtsabklärung sexuellen
Mißbrauchs einbezogen (vgl. Wiedlöcher 1974, Kramer 1975; Baumgardt
1985; Richter 1987; Furth 1991; Riedel 1992; Dileo 1992; Rubin 1993;
Steinhage 1993; Böhm 1994; Reichelt 1994). Da die Interpretation des
Gemalten jedoch äußerst vorsichtig geschehen sollte, eignet sich die Zeichnung eines Kindes für die Aufdeckung nur dann, wenn die Schilderungen des
Kindes zu seinem Bild auf seine reale Lebenssituation bezogen werden. Auch
der Kindertherapeut REICHELT (1997) empfiehlt das Einbeziehen von Kinderzeichnungen in die Diagnostik nur unter den folgenden Voraussetzungen:

> „Lose Verdachtsmomente gelten erst dann als erhärtet, wenn ein Kind sexuelle
> Fakten detailliert und situationsbezogen als solche benannt hat. Das einzelne Bild
> allein kann einen Übergriff nicht belegen – und schon gar nicht beweisen. Zu
> kurz greifende Interpretationen (phallisch aufragender Baum = Mißbrauch) zu
> vermeiden, ist daher genauso notwendig, wie es unerläßlich ist, verborgenes Leid
> entschlossen aufzudecken. Hier wie da stürzen Fehleinschätzungen Kinder und
> ihre Familien in große Bedrängnis."[781]

Die Möglichkeit des bildnerischen Gestaltens bietet trotz dieser Warnung
gerade für betroffene Mädchen und Jungen, die zum Schweigen verpflichtet
wurden, sich wegen des Vorgefallenen sehr schämen oder Probleme haben,
intime Erlebnisse zu besprechen, eine Chance, sich dennoch auszudrücken
und auf ihre Not aufmerksam zu machen. REICHELT (1997), der in einem
heilpädagogischen Heim Maltherapie zur Bewältigung sexueller Mißhandlung mit Kindern durchführt, wendet sich allerdings gegen eine mißbräuch-
liche, d.h. überinterpretierende Vorgehensweise bei allen diagnostischen
Verfahren:

> „Es gibt keinen Röntgenapparat für die Seele, kein Verfahren, das eine letzte
> Verbindlichkeit herstellen könnte zwischen dem, was wir sehen und zu verstehen
> glauben und dem, was wirklich ist."[782]

Unter Anerkennung dieser Selbstbescheidung sollten die angeführten diagnostischen Hilfsmittel nur als eine Unterstützung der Mitteilungsfähigkeit des
betreffenden Kindes angewandt werden. Ob es sich um projektive Testverfahren, anatomisch korrekte Puppen, spezielle Spielmaterialen (Puppenhaus, Sandkasten, Matschraum) oder um Zeichnungen des Kindes handelt,
immer ist äußerste Zurückhaltung bei einer Interpretation der Ergebnisse

---

[781] St.Reichelt 1997, S.
[782] St.Reichelt 1997, S.

geboten. Erst von einer umfassenden Untersuchung der Gesamtsituation des Kindes – seiner Lebensverhältnisse, seiner familialen Situation und seines sozialen Umfeldes – kann unter Zuhilfenahme der vorgestellten Diagnostik sexueller Mißbrauch ermittelt oder ausgeschlossen werden.

Zur besseren Übersicht der hier vorgestellten Verfahren, die eine Richtschnur für ein diagnostisches Vorgehen bei sexuellen Übergriffen im Kindesalter bilden können, werden die in den einzelnen Unterkapiteln vorgestellten diagnostischen Methoden in einer Tabelle zusammengefaßt. Diese Kriterien wurden aus den herangezogenen Veröffentlichungen zur Abklärung eines Verdachtes bei sexuellem Mißbrauch zusammengestellt und können in einem weiteren Schritt nun mit der Vorgehensweise der Kinderschutzdienste verglichen werden.

Abgeleitete Kriterien zur Einschätzung professionellen Vorgehens bei der Aufdeckung sexuellen Mißbrauchs

Erfassung der Daten des Kindes	*Erfassung der Symptome und Folgen*
• Kontaktperson	• sexualisiertes Verhalten
• Alter der Kindes	• Traumatisierungssymptome
• Täter	• Verhaltensauffälligkeiten
• Art des Mißbrauchs	• Mißtrauen
• Dauer des Mißbrauchs	• medizinische Befunde
• Aufdeckung des Mißbrauchs	• körperliche Symptome
Einsatz projektiver Tests	*Erfassung der Kontakte mit dem Kind*
• Sceno-Test	• Kassettenrecorder
• Familien in Tieren	• Video
• Familien-Zeichen-Test	• Einwegscheibe
• Schweinchen-Schwarzfuß-Test	• Mitschrift
• TAT	• anschließende Protokolle
• CAT	
• TGT	
• Satzergänzungstest	
Realitätskriterien	*Erfassung der Situation des Kindes*
• Detailreichtum	• Entwicklungsstand des Kindes
• Schilderung ausgefallener Einzelheiten	• affektive Situation des Kindes
• Ausführungen zu Gefühlsinhalten	• Eingehen auf Befürchtungen des Kindes
• Nachvollziehbarkeit	• Bewältigungs- und Abwehrmechanismen
• Stimmigkeit	• soziales Umfeld des Kindes
• Selbstbelastendes	• Familienstruktur
	• Selbstbild des Kindes
	• Kenntnisse des Kindes zu sexuellen Vorgängen
	• Schutzbedürfnis

Erfassung der Mißbrauchssituation	*Erfassung des Spiels*
• Details der Mißbrauchssituation • Absichten des Täters • Drohungen • Ort des Geschehens • nähere Umstände des Mißbrauchs	• Freispiel zur Deutung der Konflikte des Kindes • Spiel als Kommunikationsmedium • Posttraumatisches Spiel
Einsatz spezieller Spielmaterialien	*Einsatz der anatomisch korrekten Puppen*
• Zeichenmaterialien • Stoffpuppen und Stofftiere • Bilderbücher • Puppenhaus	• Beobachtung des freien Spiels mit den Puppen • Aufforderung zur Beschäftigung mit den Puppen • Benennen der Körperteile und ihrer Funktionen (einschließlich der Genitalien) • Gespräch über angenehme und unangenehme Berührungen • Demonstration der Mißbrauchssituation anhand der Puppen

5. Hilfeplanung im Spannungsfeld zwischen Recht und Pädagogik

Nach der begrifflichen Erfassung und theoretischen Herleitung der „Kindzentriertheit" aus dem personzentrierten Spieltherapieansatz nach AXLINE/ SCHMIDTCHEN/ GOETZE/ JAEDE u.a. (Kapitel 3) sowie des Vorgehens bei einem Verdacht auf sexuellen Mißbrauch (Kapitel 4), soll nun der Terminus der *Hilfeplanung* erklärt und in sozialpädagogische Bezüge eingeordnet werden. Dieser dritte der drei ausgewählten Bereiche des pädagogischen Handelns der Kinderschutzdienste soll ausgehend von den Ursprüngen der sozialpädagogischen Fallbearbeitung und der rechtlichen Verankerung der Hilfeplanung im neuen Kinder- und Jugendhilfegesetz (SGB VIII) das Konzept der Kinderschutzdienste erklären und verorten helfen. Hierbei soll die sozialpädagogische Diagnostik als Diagnose von Lebenslagen von der in Kapitel 4 vorgestellten Erfassung sexuellen Mißbrauchs unterschieden werden, da „medizinisch-psychologische Verfahrensweisen (...) der Komplexität der Problemlagen und den je individuellen Bewältigungsressourcen nicht gerecht werden"[783].

Zuvor wird die Hilfeplanung aus der sozialpädagogischen Einzelfallhilfe hergeleitet, um die Gütekriterien in der Jugendhilfe nach § 36 SGB VIII einordnen zu können. Vom Aushandlungsprozeß zwischen Fachkräften und Adressaten der Hilfen zur Erziehung in der öffentlichen Jugendhilfe wird das Zusammenwirken mit den freien Trägern der Kinderschutzdienste und deren Hilfeplanentwicklung im Falle sexuellen Mißbrauchs abgegrenzt. Es folgt eine exemplarische Auswertung der Jahresberichte aus drei Kinderschutzdiensten, um den tatsächlichen Umfang der Beteiligung der Kinder an der Hilfeplanentwicklung zu bestimmen.

Im Kapitel 7 zur Darstellung der Ergebnisse aus der Untersuchung der Kinderschutzdienste wird sich dann zeigen, daß das Konzept der kindzentrierten, kinderschutzspezifischen Hilfeplanung ein neues und eigenes ist, daß es aber Parallelen zur jugendhilfespezifischen Hilfeplanung nach § 36 SGB VIII aufweist und auf eine partnerschaftliches Kooperation mit den Jugendämtern angewiesen ist.

5.1 Hilfeplanung – eine hermeneutische Vorgehensweise des Fallverstehens

In diesem Abschnitt werden ausgehend von der „Sozialen Einzelhilfe", die als historischer Ausgangspunkt der Hilfeplanung nach § 36 SGB VIII angesehen werden kann, Kriterien der sozialpädagogischen Hilfeplanung entwickelt, die auch für die Begleitung sexuell mißbrauchter Kinder gelten. Desweiteren wird die tatsächliche Beteiligung des Kindes in der Jugendhilfeplanung

---

[783] Ministerium für Kultur, Jugend, Familie und Frauen des Landes Rheinland-Pfalz 1998, S.129

212

untersucht, um den familienbezogenen Ansatz des Kinder- und Jugendhilfegesetzes vom parteilichen Konzept der Kinderschutzdienste abzugrenzen. Hierbei geht es weniger um die vollständige Erfassung der
Hilfeplanung nach § 36 SGB VIII als vielmehr um den Zusatz in Absatz 2:
„... und dem Kind ...".

5.1.1 Vom Casework-Ansatz über die „Soziale Einzelhilfe" zur sozialpädagogischen Hilfeplanung

Die sozialpädagogische Fallbearbeitung – entstanden aus dem Casework-
Konzept und der sozialen Einzelhilfe – verbindet therapeutische Hilfen, z.B.
für Kinder in Krisen- oder Notsituationen, mit diagnostischem Vorgehen
(hier die Erfassung der genauen Problemsituation). Bezogen auf die Jugend-
hilfe wird der entscheidende Terminus der sozialen Einzelhilfe – die
Hilfeplanung – untergliedert in die sozialpädagogische Anamnese, Diagnose,
Intervention und Evaluation; eine Vorgehensweise, die sich auch in der
Hilfeplanentwicklung der Kinderschutzdienste wiederfindet. Hieraus werden
Kriterien zur Einschätzung sozialpädagogischer Fallanalyse entwickelt, die
als Maßstab für das fallspezifische Handeln der Fachkräfte aus den
Kinderschutzdiensten geltend gemacht werden. Hierzu wird der Begriff der
Hilfeplanentwicklung aus den Methoden der sozialen Arbeit hergeleitet und
seine Nähe zum personzentrierten Ansatz nach ROGERS und dem
kindzentrierten Konzept der Kinderschutzdienste verdeutlicht.

Die methodische Anleitung zur Durchführung von Einzelfallhilfen geht auf
RICHMOND – Anhängerin der „Charity-Organisation-Societies"(COS)-
Bewegung – zurück, die 1917 in den USA ihr Buch „Social Diagnosis"
herausgab. Sie unterteilte den „fürsorgerischen" Hilfeprozeß in einzelne
Phasen (Anamnese, Diagnose, Intervention, Evaluation) und legte damit den
Grundstein für das spätere Casework-Konzept, zu dem nach HUNZIKER/
LOWY (1979) „die Fähigkeit zur Beziehungspflege, das helfende Gespräch,
der helfende Prozeß mit Untersuchung, Diagnose und sozialer Behand-
lung"[784] gehört. Diese Paradigmen sind bis heute maßgeblich für die sozial-
pädagogische Fallbearbeitung, wie an der Hilfeplanentwicklung der
Kinderschutzdienste zu zeigen sein wird.
PERLMAN (1969[785]) knüpfte unmittelbar an die Thesen von RICHMOND an,
indem sie zukünftigen Sozialarbeiter/innen die Gliederung des fallbezogenen
Vorgehens nach vier Gesichtspunkten ans Herz legte; nämlich die Erfassung
der Persönlichkeit und der Lebenshintergründe der Person (*person*); die
Erstellung einer genauen Problemdefinition (*problem*); die Bestimmung der
zuständigen Stelle, die ein passendes Hilfeangebot anbieten kann (*place*); im

---

[784] A.Hunziger/ L.Lowy, 1979, S.15
[785] H.H.Perlman, erste Auflage 1957

Fokus steht für sie jedoch die „helfende Beziehung"[786] und der Interaktionsprozeß zwischen der helfenden und der hilfebedürftigen Person (*process*). Die Autorin sieht die fallbezogene Hilfe als einen Problemlöseprozeß unter Zuhilfenahme therapeutischer Methoden, wobei die Beziehung stets im Mittelpunkt zu stehen habe[787]:

> „Der Zweck des Caseworkprozesses ist, den Menschen selbst zu veranlassen, an dem einen oder mehreren seiner Probleme zu arbeiten und sich damit auseinanderzusetzen, und zwar mit jenen Mitteln, die für sein Vorwärtskommen im Leben am besten geeignet sind.
> Die Mittel sind vor allem:
>
> 1. das Angebot einer therapeutischen Beziehung, die den Klienten stützt und seine emotionale Einstellung gegenüber seinem Problem beeinflußt;
> 2. das Angebot einer systematischen, doch stets flexiblen Möglichkeit für den Klienten, die Art seines Problems, seine Beziehung zu ihm und zu dessen Lösungsmöglichkeiten zu diskutieren und daran zu arbeiten;
> 3. das Angebot solcher Gelegenheiten und Hilfen (im Gespräch und durch konkrete Hilfsmittel), die weiterhin die adaptive Tätigkeit des Klienten im Hinblick auf sein Problem fördern und zum Erfolg führen."[788]

Die empfohlenen Grundkonstanten der Auffassung des Sozialarbeiters/ der Sozialarbeiterin gegenüber den Menschen in Not (ob Kinder, Jugendliche, Erwachsene oder ältere Menschen) erinnern bei PERLMAN (1969) an die personzentrierten Einstellungen ROGERS (1942), die sich ebenso auf Akzeptanz, die Anerkennung von Gefühlen, auf Empathie, Wärme, Respekt und bedingunglose Wertschätzung beziehen[789].
Auch BANG (1968), die die Casework-Methode an deutschen Fachhochschulen für Sozialwesen unterrichtete und Bücher zum Casework publizierte, nennt als grundlegende Voraussetzungen für die „helfende Beziehung" ganz ähnliche Kriterien wie ROGERS, ohne jedoch explizit Bezug auf ihn zu nehmen[790]. Nach BANGs Überzeugung sollte die Einstellung zum Klienten von einer „akzeptierenden Haltung" geprägt sein, die sich in intensivem „Zuhören" ausdrückt sowie in der Einfühlung in die Emotionen des Gegenüber. Wahrgenommene Gefühle oder Bedeutungen einer Situation sollten verbalisiert werden als „Anregung zu innerer Auseinandersetzung". Trotzdem habe der Klient das Tempo des Voranschreitens zu bestimmen. Ratschläge, Kritik, Vorwürfe oder Wertungen seien zu unterlassen, ebenso wie Diskussionen. Der Klient solle seine Einsichten selbst gewinnen dürfen, nichts solle ohne sein Wissen geschehen, und er sei unbedingt in die Planung

---

[786] H.H.Perlman 1969, S.84
[787] H.H.Perlman 1969, S.77
[788] H.H.Perlman 1969, S.76/77
[789] vgl. H.H.Perlman 1969, S.87, 90, 91 u. 92
[790] H.H.Perlman hat C.R.Rogers auch nicht in ihrem Literaturverzeichnis angegeben

der Hilfemaßnahmen einzubeziehen, indem „der Sozialarbeiter keine (...) sich in seiner Arbeit mit dem Klienten bietende Gelegenheit ungenützt läßt, um den Klienten aktiv am Hilfeprozeß zu beteiligen".[791]

Auf der „Internationalen Konferenz für Sozialarbeiter" 1950 in Paris, wurde das Casework-Konzept auch für europäische Verhältnisse als geeignet angesehen und später in die Methodenlehre an den Fachhochschulen eingeführt[792]. Während Casework zuerst mit dem Begriff „Soziale Einzelfallhilfe" übersetzt wurde, entschied man sich später für den Terminus der „Sozialen Einzelhilfe", um den Beziehungsaspekt zwischen Sozialarbeiter/in und Klient/in zu unterstreichen[793].

Viele der damaligen Sozialarbeiter/innen, die sich brennend für die Casework-Methode interessierten, reisten nach Amerika, da kaum Veröffentlichungen und noch weniger Praxisanleitungen verfügbar waren. So auch die Wegbereiterin KAMPIUS (1968), die bei PERLMAN (1969) in die Lehre ging, sich auf HOLLIS (1964) bezog und ihre Erfahrungen mit dem Casework nach Europa brachte, indem sie an zahlreichen Fachhochschulen die neue Methode lehrte. HOLLIS (1964) Definition der „Sozialen Einzelhilfe" wurde als grundlegend für die Sozialarbeit und Sozialpädagogik übernommen.

> „Behandlung in der Soziale Einzelhilfe wird als abgestimmte Mischung von Vorgängen gesehen, die so, wie es diagnostisch angezeigt erscheint, auf eine Veränderung in der Person oder in ihrer sozialen oder zwischenmenschlichen Umgebung oder in beidem hinarbeitet und auf eine Modifikation des Austausches abzielt, der zwischen Mensch und Umwelt stattfindet."[794]

Die Nähe der Sozialen Einzelhilfe zu ROGERS Beratungskonzept und gleichzeitig zum Hilfeansatz der Kinderschutzdienste wird durch eine Definition der Autorin von CAEMMERER (1965) deutlich, wonach die Bewältigung von Krisen sowie inneren und äußeren Notsituationen

> „ ... in einem systematischen Vorgang des Helfens (geschieht), der von der Beziehung zwischen Sozialarbeiter und Hilfesuchendem getragen ist. Dabei stellt der Sozialarbeiter sein diagnostisches Denken als Grundlage planmäßigen Vorgehens, sein Können in bezug auf Gesprächsführung, den methodischen Gebrauch von Umwelthilfe und Arbeit mit der Beziehung und den disziplinierten und verantwortlichen Einsatz der eigenen Persönlichkeit für die gemeinsame Arbeit im Hilfeprozeß zur Verfügung"[795] .

---

[791] H.H.Bang 1969, in der Reihenfolge der Nennung: S.116, 128, 131, 136, 139, 141,133, 134, 139, 142, 141, 117
[792] vgl. M.Neuffer 1990, S.110
[793] vgl. M.Neuffer 1999, S.21
[794] F.Hollis 1974, S.49
[795] D.v.Caemmerer 1965, S.20

Auch GERBIS (1977) stellt heraus, „daß das klientzentrierte Konzept z.T. ähnliche Ziele und Grundsätze" wie die Soziale Einzelhilfe verfolgt, darüber hinaus ließen sich „im klientzentrierten Konzept die Interventionen besser beschreiben, einüben, kontrollieren, und sie können einer weiteren Forschung und Effizienzkontrolle zugänglich gemacht werden"[796].

Schwerpunkte der Sozialen Einzelhilfe an den Fachhochschulen für zukünftige Sozialarbeiter/innen oder Sozialpädagog/inn/en bilden die sozialpädagogische Anamnese (Erfassung der Persönlichkeit, der familialen Situation der Person, ihrer Lebensverhältnisse und des sozialen Umfeldes), die psychosoziale Diagnostik (Begreifen der Notlage, detaillierte Problemdefinition, die Bestimmung geeigneter Hilfen und Lösungswege sowie die Hilfeplanung), die Intervention (die Durchführung der Hilfeplanung, Begleitung der Klienten oder Weitervermittlung) und schließlich die Evaluation (Überprüfung des Hilfeprozesses mit der betroffenen Person, mit anderen Fachkräften oder in der Supervision)[797]. Im Mittelpunkt der Lehre über Sozial Einzelhilfe stand die Arbeit am konkreten Fall, eine Vorgehensweise, die später Ausgang heftiger Methodenkritik wurde, da sie *zu* praxisbezogen und zu wenig theoriegeleitet sei. GERBIS (1977) forderte aus diesem Grunde eine Verknüpfung der Sozialen Einzelhilfe mit dem personzentrierten Vorgehen nach ROGERS, da dieses Verfahren wissenschaftlich besser untermauert sei:

> „Der Wert von Falldemonstrationen soll nicht bestritten werden. Sollen sie aber dafür herhalten, unvollständige theoretische Ansätze zu untermauern, so sind sie nicht geeignet, dem Sozialarbeiter methodische Fertigkeiten zu vermitteln."[798]

Trotz dieser Kritik will die Autorin den Wert der Sozialen Einzelhilfe gegenüber einer Therapiemethode wie der klientzentrierten Gesprächsführung herausstreichen, indem sie meint, „daß die Arbeitsweise der Sozialen Einzelhilfe einen sehr viel breiteren Handlungsrahmen darstellt als er von irgendeiner psychotherapeutischen Methode bereitgestellt werden kann"[799].

Das sozialpädagogische Handlungsfeld der Einzelfallhilfe bedeutet sehr viel mehr als das Eingehen einer ausschließlich therapeutischen Beziehung. Tätige Sozialpädagog/inn/en müssen über ein sehr viel breiteres professionelles Wissen als z.B. ein Therapeut/ eine Therapeutin verfügen. Während in der Therapie vor allem die Beziehung zwischen den interagierenden Personen während des Behandlungsprozesses im Vordergrund steht, werden in der Sozialen Einzelhilfe rechtliche, medizinische, psychologische und vor allem pädagogische Kompetenzen vorausgesetzt.

> „Dies erwartet notwendig eine interdisziplinäre Herangehensweise, die im Schnittbereich von sozialwissenschaftlichen, psychologischen, juristischen,

---

[796] E.Gerbis 1977, S.27
[797] vgl. H.H.Perlman 1969, F.Hollis 1974, E.Gerbis 1977, M.Neuffer 1990 und B.Müller 1994
[798] E.Gerbis 1977, S.32
[799] E.Gerbis 1977, S.66

ökonomischen und nicht zuletzt ethischen Perspektiven angesiedelt ist, ohne sich einer dieser Perspektiven exklusiv zu verschreiben."[800]

Nach den letzten Veröffentlichungen oder Übersetzungen in den 70er Jahren (v. Caemmerer 1965, Nicholds 1970, Hollis 1971, Smalley 1974, Roberts/Nee 1974) verschmolz das Konzept der Sozialen Fallarbeit mit den beiden anderen sozialpädagogischen Methoden der Gruppen- und der Gemeinwesenarbeit zu den „Methoden der Sozialen Arbeit". Im weiteren Verlauf wurde entweder zur sozialpädagogischen Beratung oder Sozialtherapie publiziert, die ihren Ursprung wiederum in der Fallarbeit – dem Casework – hatte[801]. Erst erneut in den 90er Jahren wurde an die sozialpädagogische Fallbearbeitung angeknüpft (Neuffer 1990, Possehl 1993, Kähler 1991, Müller 1993, Wendt 1996). Was den Bereich der Jugendhilfe angeht, mag das neue Kinder- und Jugendhilfegesetz (SGB VIII) [802] sicherlich ausschlaggebend dafür gewesen sein, daß die „Hilfeplanung" – ein Terminus aus der Sozialen Einzelhilfe – wieder thematisiert wurde, da im § 36 des SGB VIII ausdrücklich die Erstellung eines Hilfeplanes gefordert wird[803].

MÜLLER (1994) greift in seinem „Lehrbuch zur multiperspektivischen Fallarbeit" auf die Arbeitsschritte des Hilfeprozesses der Sozialen Einzelhilfe zurück und belegt, daß diese Konstanten auch in der Hilfeplanentwicklung nach § 36 des SGB VIII wiederzufinden sind, die seiner Überzeugung nach „als allgemeine Leitbegriffe für den Prozeß professioneller Fallarbeit benutzt werden"[804] sollten. Er stellt die Phasen der Sozialen Einzelhilfe den entsprechenden Passagen aus dem § 36 SGB VIII wie folgt gegenüber:

- *Anamnese*:   Feststellung über den erzieherischen Bedarf
- *Diagnose*:   die zu gewährende Art der Hilfe
- *Intervention*: die notwendigen Leistungen
- *Evaluation*: regelmäßiges Prüfen

In dem von MÜLLER (1994) herangezogenen Abschnitt 2 des § 36 des SGB VIII heißt es:

„Als Grundlage für die Ausgestaltung der Hilfe sollen sie (die Fachkräfte) zusammen mit dem Personensorgeberechtigten und dem Kind oder dem Jugendlichen einen Hilfeplan aufstellen, der Feststellungen über den erzieherischen Bedarf, die zu gewährende Art der Hilfe sowie die notwendigen

---

[800] M.Neuffer 1990, S.12
[801] vgl. N.Belardi 1996, S.10
[802] Inkrafttreten ab 1.1.1990
[803] Bundesminister für Frauen und Jugend: KJKG, §36, 3. Auflage, S.53
[804] B.Müller 1994, S.60

Leistungen enthält; sie sollen regelmäßig überprüft werden, ob die gewählte Hilfeart weiterhin geeignet und notwendig ist."[805]

Während der *sozialpädagogischen Anamnese*, also der Klärung „über den erzieherischen Bedarf" geht es gemäß des § 27,1 des SGB VIII um die Beantwortung der Frage, ob „eine dem Wohl des Kindes oder des Jugendlichen entsprechende Erziehung nicht gewährleistet ist"[806]. Nach § 1666 des Bundesgesetzbuches wird von einer Gefährdung des Kindeswohls ausgegangen, wenn folgende Bedingungen vorliegen:

> „Wird das körperliche, geistige oder seelische Wohl des Kindes durch mißbräuchliche Ausübung der elterlichen Sorge, durch Vernachlässigung des Kindes, durch unverschuldetes Versagen der Eltern oder durch das Verhalten eines Dritten gefährdet, so hat das Vormundschaftsgericht, wenn die Eltern nicht gewillt oder in der Lage sind, die Gefahr abzuwenden, die zur Abwendung der Gefahr erforderlichen Maßnahmen zu treffen."

Als Grundlage für die Hilfeplanentwicklung wird deswegen eine Indikation gestellt, die die Lebensverhältnisse des Kindes, seine familiale Situation und sein soziales Umfeld (Schule, Freundschaften, Hobbies, etc.) umfaßt.

Um „die zu gewährende Art der Hilfe" festzulegen, bedarf es einer detaillierten Problemdefinition zur Erfassung der speziellen Notlage des Kindes, also der *psychosozialen Diagnostik* (bezogen auf das Handlungsfeld der KSD: die Kriterien zur Einschätzung professionellen Vorgehens bei der Aufdeckung des sexuellen Mißbrauchs[807]). Dabei kommt es insbesondere auf eine Formulierung des § 36 SGB VIII an, die besagt, daß der Hilfeplan *mit dem Kind gemeinsam* erstellt werden soll. Sollten die Eltern, wie dies im Falle innerfamilialem Mißbrauch durchaus der Fall sein kann, den „Beratungszweck vereiteln", so können Kinder nach § 8 Abs. 3 des SGB VIII „ohne Kenntnis der Personensorgeberechtigten beraten werden, wenn die Beratung aufgrund einer Not- und Konfliktlage erforderlich ist"[808].

In der *Intervention*, also der Durchführung des Hilfeplanes, werden die „notwendigen Leistungen" unmittelbar mit dem Kind abgestimmt, wobei die Verantwortung für die Entscheidungen stets bei der Fachkraft liegt. Gerade diese Phase setzt eine ständig neu zu überdenkende Diagnose voraus und eine fortlaufende Überprüfung der einmal gefundenen Lösungen, so daß die herausgestellten Phasen des Hilfeprozesses ineinanderfließen, sich aufeinander beziehen und in ihrer Verknüpfung zu sehen sind. MÜLLER (1994) schlägt durch seine Zusammenfassung des Hilfeplanvorgehens einen Bogen zur *Evaluation*, dem „regelmäßigen Prüfen", auf das auch im § 36 SGB VIII Wert gelegt wird:

---

[805] ebenda. § 36 des SGB VIII, 3. Auflage 1991, S.59
[806] ebenda. § 27 des SGB VIII, 3. Auflage 1991, S.52
[807] vgl. Kapitel 4.3.6
[808] ebenda. § 8 SGB VIII, 3. Auflage, S.48

„Sozialpädagogische Diagnose ist (...), jedenfalls im Kontext der Hilfen zur Erziehung nach dem SGB VIII, nicht nur ganz prinzipiell verpflichtet, spezifisches Fachwissen bezüglich benachteiligter Lebenslagen etc. (...) heranzuziehen. Sie ist nach den Regeln des Hilfeplanes auch rechtlich verpflichtet, die Schlüsse, die sie aus ihrem Fachwissen für den Einzelfall zieht, einer doppelten Kontrolle auszusetzen: Zum einen der Kontrolle 'mehrer Fachkräfte', die natürlich auch andere Gesichtspunkte (z.B. schulische, psychologische, medizinische) ein-bringen können, wobei die sozialpädagogische die entscheidende bleibt (...). Zum anderen die Kontrolle durch die Betroffenen selbst, die 'nicht Objekt sondern Subjekt des Hilfeprozesses sind' (Münder 1992). Die Rechtmäßigkeit (...) der Fallbearbeitung hängt hier also sowohl daran, daß sozialpädagogisch-fachliche Gesichtspunkte dafür maßgebend sind, als auch daran, daß diese sich den ge-nannten Kontrollen nachweislich gestellt haben."[809]

Nicht nur während der Durchführung der Hilfen wird eine ständige Reflexion mit dem Kind, seinen Bezugspersonen oder anderen Fachkräften empfohlen, auch nach dem Abschluß des „Falles" sollte Kontakt gehalten und in regelmäßigen Abständen geprüft werden, ob die Art der Hilfe, z.B. die Herausnahme aus der Familie, noch tragbar und richtig für das Kind ist[810].

Ausgehend von der Unterteilung des Hilfeprozesses in vier Phasen – Anamnese, Diagnose, Intervention, Evaluation -, die auf die ehemaligen Caseworkerinnen (Richmond 1917, Perlman 1969, Hollis 1974, Smalley 1974) zurückgeht, hin zum Konzept der „Sozialen Einzelhilfe", welches nun von MÜLLER (1994) aufgegriffen wurde, um die Hilfeplanung nach § 36 des SGB VIII nach den gleichen Prinzipien zu ordnen und zugleich den komplizierten Prozeß der Fallbearbeitung bewältigbar zu gestalten, konnte nachgewiesen werden, daß die kinderschutzspezifische Hilfeplanentwicklung der Kinderschutzdienste ihre Wurzeln zum einen aus dem personzentrierten Beratungsansatz nach ROGERS – dessen Nähe zur Sozialen Einzelhilfe herausgearbeitet wurde – und zum anderen aus der Methode der sozialpädagogischen Einzelfallhilfe bezieht.

Zur besseren Verdeutlichung der Parallelen zwischen der Methode der „Sozialen Einzelhilfe" und der Hilfeplanentwicklung der Kinderschutzdienste – ausführlich beschrieben in Kapitel 5.2.2 – wird entlang der beschriebenen Phasen des sozialpädagogischen Fallverstehens eine Übersicht vorgestellt, die die Ähnlichkeit beider Ansätze belegen kann:

---

[809] B.Müller 1994, S.67/68
[810] vgl. B.Müller 1994, S.72

Phasen der „Sozialen Einzelhilfe" und der „Hilfeplanentwicklung der KSD"

Phasen des Hilfeprozesses	Soziale Einzelhilfe (nach: Perlman 1969, Hollis 1974, Gerbis 1977, Neuffer 1990, Müller 1994,)	Kinderschutzdienste (kinderschutzspezifischer Hilfeplan)
sozialpädagogische Anamnese	• Erfassung der Persönlichkeit • Lebensverhältnisse • familiale Situation • soziales Umfeld	• Beschreibung des Kindes • Lebensverhältnisse • familiale Situation • soziales Umfeld • Sicht des Kindes und seiner Bezugs- bzw. Vertrauenspersonen
psychosoziale Diagnostik	• detaillierte Problemdefinition • Bestimmung der Notlage • geeignete Hilfen und Lösungswege • Hilfeplanung	• Erfassung der Mißbrauchssituation • Hilfe-, Schutzbedarf und Kontaktwünsche des Kindes • Hilfeplanung mit dem Kind, seinen Bezugspersonen und anderen Fachdiensten
Intervention	• Durchführung der Hilfeplanung • Behandlung • Beratung • Betreuung • Weitervermittlung	• Durchführung der Hilfeplanung • Beratung, Begleitung und Unterstützung des Kindes und seiner Bezugspersonen • Weitervermittlung
Evaluation	• Überprüfung und Bewertung des Hilfeprozesses • Reflexion mit Klient/in, Kolleg/innen und anderen Fachdiensten • Supervision • Weiterbildung	• regelmäßige Überprüfung des Hilfeplanes mit dem Kind, seinen Bezugspersonen und anderen Fachdiensten • Supervision • Weiterbildung • Helfer/innen-Konferenzen • Überprüfung nach fachlichen Standards

Ausgehend von den Ausführungen zur sozialpädagogischen Einzelfallbeschreibung, die zur Beurteilung der kinderschutzspezifischen Hilfeplanentwicklung der Kinderschutzdienste herangezogen werden, wird aus den Arbeitsregeln MÜLLERs (1994) eine Verbindung zwischen personzentriertem, diagnostischem und hilfeplanendem Vorgehen hergestellt[811] und nachfolgende Kriterien zur sozialpädagogischen Hilfeplanung entwickelt.

Anamnese:
1. Erschließen der Hintergründe durch intensives Zuhören.
2. Kritische Distanz zu eigenen Vermutungen, Unterstellungen und Urteilen.
3. Klärung der Tatsachen und Fakten durch Sondierung von Phantasien und Meinungen.
4. Berücksichtigung verschiedener Ebenen, Perspektiven und Erklärungen.
5. Prozeßhafte Fortführung der Anamnese im weiteren Verlauf der Fallbearbeitung.

Psychosoziale Diagnostik:
1. Erfassung der Schwierigkeiten aller Fallbeteiligten mit dem Problem.
2. Klärung der Schwierigkeiten der Fachkraft mit dem Problem.
3. Klärung der Erwartungen aller an der Fallsituation Beteiligten.
4. Anhörung des Hauptbetroffenen, Abklärung der rechtlichen Rahmenbedingungen, Treffen einer fachlichen Entscheidung durch Konsens mit dem Fallbetroffenen.
5. Nutzbarmachung der Ressourcen zur Lösung des Problems (Information, Beratung, Begleitung, Weitervermittlung)
6. Verhinderung von negativen Nebeneffekten einer Problemlösung durch Stärkung der Selbsthilfepotentiale.
7. Schaffung von Bedingungen, die zur Annahme der Hilfe erforderlich sind.
8. Klärung und Einbezug der Zuständigkeit anderer Instanzen sowie die Berücksichtigung des sozialen Umfeldes des Hilfebedürftigen.
9. Unterscheidung und Abgrenzung der eigenen Handlungsmöglichkeiten von denen anderer.

Intervention:
1. Vermeidung von Eingriffen, die vorhandene Potentiale selbstverantwortlichen Handelns zerstören und die nicht längerfristig in gemeinsames Handeln übergehen.
2. Unterscheidung von Angeboten zur Änderung der Situation von solchen zur Änderung der Verhaltens.
3. Handlungsvorschläge und deren jeweilige Bedeutung, bzw. Annahmen aller Fallbeteiligten wahrnehmen und akzeptieren.
4. Eingrenzung von Unklarheiten, Uneinigkeiten, Interessensgegensätzen oder Mißverständnissen.

Evaluation:
1. Umfangreiche schriftliche Dokumentation des Fallverlaufes.
2. Genaues und ehrliches Zugänglichmachen von empfindlichen Punkten.
3. Schaffung einer geschützten Atmosphäre zur Supervision.

Obwohl die Hilfeplanung – wie in diesem Abschnitt herausgestellt wurde – ein „genuin sozialpädagogischer Handlungsansatz"[812] ist, wird sie im Kinder-

---

[811] vgl. B.Müller 1994, S.76 f
[812] Ministerium für Kultur, Jugend, Familie und Frauen des Landes Rheinland-Pfalz 1998, S.128

und Jugendhilfegesetz als eine vertragsförmige Absicherung zur Bewilligung von Hilfen zur Erziehung und nicht als sozialpädagogischer Beratungsansatz verstanden. Die nähere Betrachtung der durchaus „spannungsgeladene(n) Diskussion über das Tätigwerden freier Träger"[813] in der Jugendhilfe kann die Unterschiede zwischen sozialpädagogischer Hilfeplanung in freier Trägerschaft – hier bezogen auf die Kinderschutzdienste – und der öffentliche Jugendhilfe aufzeigen.

5.1.2 Der jugendhilfespezifische Hilfeplan nach § 36 SGB VIII

Die Hilfeplanung als sozialpädagogische Methode der Fallbearbeitung wird vom Kinder- und Jugendhilfegesetz im § 36 als bindende Regelung für die Fachkräfte des Jugendamtes festgeschrieben. Hier interessiert im Zusammenhang der Herleitung eines kindzentrierten Hilfeansatzes besonders, inwieweit die Formulierung „...und dem Kind" eine praktische Umsetzung erfährt. Vor allem im Falle des Konflikts zwischen Elternrecht und Kindeswohl – wie er häufig gerade bei sexuellem Mißbrauch zutage tritt – stellt sich die Frage, ob eher öffentliche oder freie Träger der Jugendhilfe die Vertretung der Kindesinteressen übernehmen sollten.

Das neue Kinder- und Jugendhilfegesetz (SGB VIII/ SGB VIII) löste am 1. Januar 1991 (in den neuen Bundesländern trat es schon zum 3.10.1990 in Kraft[814]) das Jugendwohlfahrtsgesetz (JWG) von 1922 ab. Die bedeutendste Veränderung betrifft die Hilfeplanung nach § 36, die eine „zentrale Stellung in der Erziehungsplanung und Schlüsselrolle" innerhalb der „gesetzlichen Neuerungen nach dem SGB VIII" einnimmt[815].

> „Die Regelungen des § 36 SGB VIII definieren Anforderungen an die Verfahrens-weise, innerhalb derer darüber entschieden wird, ob im Sinne des § 27 SGB VIII ein 'erzieherischer Bedarf' vorliegt, wie dieser erzieherische Bedarf im Einzelfall zu definieren ist und welche Hilfe nach Art und Umfang für die Entwicklung des Kindes oder Jugendlichen geeignet und notwendig ist." [816]

Da die Bestimmungen des § 36 SGB VIII (Mitwirkung, Hilfeplan) für die rechtliche Umsetzung der Hilfen zur Erziehung nach §§ 27 – 35 SGB VIII verpflichtend sind und auch die Arbeit der Kinderschutzdienste betreffen, wird der entsprechende Paragraph für die Hilfe zur Erziehung aus dem SGB VIII im Wortlaut wiedergegeben:

> (1) Die Personensorgeberechtigten und das Kind oder der Jugendliche sind vor der Entscheidung über die Inanspruchnahme einer Hilfe und vor einer not-

---

[813] H.H. Werner 1996, S.27
[814] vgl. J.Münder 1993, S.5
[815] Verband Katholischer Einrichtungen in der Heim- und Heilpädagogik 1995, S.13
[816] J.Merchel 1998, S.25

222

wendigen Änderung von Art und Umfang der Hilfe zu beraten und auf die möglichen Folgen für die Entwicklung des Kindes oder des Jugendlichen hinzuweisen. (...)

(2) Die Entscheidung über die im Einzelfall angezeigte Hilfeart soll, wenn Hilfe voraussichtlich für längere Zeit zu leisten ist, im Zusammenwirken mehrerer Fachkräfte getroffen werden. Als Grundlage für die Ausgestaltung der Hilfe sollen sie zusammen mit den Personensorgeberechtigten und dem Kind oder dem Jugendlichen einen Hilfeplan aufstellen, der Feststellungen über den Bedarf, die zu gewährende Art der Hilfe sowie die notwendigen Leistungen enthält; sie sollen regelmäßig prüfen, ob die gewählte Hilfeart weiterhin geeignet und notwendig ist. Werden bei der Durchführung der Hilfe andere Personen, Dienste oder Einrichtungen tätig, so sind sie oder deren Mitarbeiter an der Aufstellung des Hilfeplans und seiner Überprüfung zu beteiligen. (...)[817]

Für die Fachkräfte des Jugendamtes sind diese Vorschriften bindend, da sie die Verantwortung tragen „für die Überprüfung der tatsächlichen und rechtlichen Voraussetzungen des Tätigwerdens der Jugendhilfe"[818]. Die Gütekriterien eine Hilfeplanes messen sich deswegen an der Umsetzung des § 36 SGB VIII durch eine eingehende psychosoziale Diagnose als „Ausdruck einer Form der Verwissenschaftlichung sozialer Arbeit"[819], eine umfassende Problemdefinition unter Beteiligung der Betroffenen, eine schriftliche Dokumentation der Ergebnisse und den Austausch mit anderen Fachkräften. Den schriftlichen Vereinbarungen mit den hilfesuchenden Betroffenen kommt eine eigene Bedeutung zu, da ihre Wünsche und Bedürfnisse hier gesondert festgehalten werden.
Während die „Hilfeplanung" eher als ein pädagogischer Akt der Entscheidungsfindung zu verstehen ist, wird der „Hilfeplan" als die Dokumentation eines Verwaltungsaktes zur Konkretisierung eines Rechtsanspruchs auf Hilfe gemäß §§ 27 ff. SGB VIII angesehen:

„Die Hilfeplanung bezeichnet den Prozeß der Beratung der Hilfesuchenden, den Prozeß des Aushandels einer erfolgversprechenden notwendigen Hilfe und den Prozeß des Zusammenwirkens verschiedener Fachkräfte im Sinne von fachlicher Qualifizierung, aber auch Eigenreflexion und –kontrolle. Hilfeplan hingegen ist das Ergebnis dieses Prozesses, die konkrete Antwort auf den formalen Antrag der Personensorgeberechtigten auf Gewährung einer Erziehungshilfe nach §§ 27 ff. SGB VIII und beschreibt diese Hilfe. Daher werden auch erst beim Hilfeplan die verwaltungsrechtlichen Aspekte bedeutsam."[820]

---

[817] aus J.Münder 1993, S.33
[818] V.Harnach-Beck, 1995, S.15
[819] J.Merchel 1998, S.17
[820] H.H. Werner 1996, S.27

Die Herstellung der Beteiligungsfähigkeit der Eltern und Kinder wird als pädagogische Aufgabe angesehen, die für die Fachkräfte der Jugendämter eine neue Herausforderung bedeutet. Es werden hier Beratungskompetenzen erwartet wie Empathie, Akzeptanz, Wertschätzung und Offenheit, die an das personzentrierte Konzept von ROGERS erinnern[821]. WIESNER et. al. (1995) begrüßen gerade diesen fachlich-wissenschaftlichen Anspruch des Planungsvorgangs:

> „Zentrales Element dieses pädagogischen Prozesses ist die gemeinsame Entscheidungsfindung. Nicht Experten entscheiden auf der Grundlage von ihnen erstellter Diagnosen über die zu ergreifenden Maßnahmen, sondern die Leistungsadressaten und die Fachkraft bringen ihre Sichtweise zur Lebens- und Erziehungssituation des Kindes oder Jugendlichen sowie ihre Überlegungen zur Situationsveränderung ein, klären die Bedingungen und verständigen sich auf anzustrebende Ziele und die dazu notwendigen Schritte."[822]

Adressaten der im Aushandlungsprozess zu gewährenden „Hilfen zur Erziehung" nach den §§ 27 ff. sind die *Eltern als Leistungsberechtigte der Jugendhilfe* und Empfänger der Zuwendungen. Kinder oder Jugendliche haben „im Gegensatz zu Kindern mit einer seelischen Behinderung (§ 53a SGB VIII)"[823] keinen eigenen Rechtsanspruch auf einen Beistand durch das SGB VIII[824]. Somit richtet sich das Angebot der Jugendämter in erster Linie an die Personensorgeberechtigten[825]. „Aufgrund des staatlichen Wächteramtes in Art. 6 Abs. 2 GG hat das Jugendamt heute die Eltern des Kindes zu unterstützen."[826] MERCHEL (1994) betont in diesem Zusammenhang die „Familienbezogenheit"[827] als Grundsatz des SGB VIII, während SALGO (1995) kritisch anfragt: „Ist der Vorwurf, das SGB VIII sei ein 'Elternhilfegesetz' oder primär ein 'erziehungsorientiertes Familiengesetz', gerechtfertigt?"[828] Auch WIESNER et. al. (1995) sehen die Fachkräfte der Jugendämter so, daß sie „nicht als Vertreter der Kinderinteressen, sondern als zuständige Fach-behörde – die Eltern in entsprechender Weise beraten"[829]. Übereinstimmend mit diesen Überzeugungen finden sich in den Empfehlungen über die Ausführungsbestimmungen des Hilfeplanes gemäß § 36 SGB VIII Vorschläge, wonach die Eltern zum Hilfeplan Stellung nehmen, während die Entscheidungen dem Kind lediglich zu erklären sind[830].

---

[821] vgl. R.Wiesner/ F.Kaufmann/ Th. Mörsberger/ H.Oberloskamp/ J.Struck 1995, S.468

[822] R.Wiesner/ F.Kaufmann/ Th. Mörsberger/ H.Oberloskamp/ J.Struck 1995, S.464

[823] Bundesministerium für Familie, Senioren, Frauen und Jugend 1998, S.243

[824] vgl. P.Mrozynzki, 1994, S.41

[825] vgl. E.Jordan 1994, S.12

[826] W.Gernert 1998, S.7

[827] Merchel 1994, S. 126

[828] L.Salgo 1995, S.364

[829] R.Wiesner et. al. 1995, S.474

[830] vgl. M. Kalscheuer 1994, S.151

In den zahlreichen Veröffentlichungen zur Umsetzung der Hilfeplan-
entwicklung bezogen auf die *Beteiligung der Betroffenen* (Maas 1992,
Münder 1993, Gernert 1993, Mrozynski 1994, Jordan/ Schrapper 1994,
Busch 1995, Verband Katholischer Einrichtungen der Heim und Heil-
pädagogik 1995, Wiesner et. al. 1995, Harnach-Beck 1995, Faltermeier/
Fuchs 1996) wird nirgendwo beschrieben, wie oder ob überhaupt die
Interessen der Kinder oder Jugendlichen ermittelt werden, ob in An- oder
Abwesenheit der Personensorgeberechtigten und in welchem Umfang die
Beratung der Kinder/ Jugendlichen im Vergleich zu den Eltern erfolgt oder
wie bei Interessenkollisionen zwischen Eltern und Kindern verfahren wird.
Hierzu SAUTER (1996):

> „Hierüber wissen wir eigentlich noch zu wenig, da sich die Praxis an diesem
> Punkt bislang zurückgehalten hat, um es einmal freundlich zu formulieren.
> Hinsichtlich einer qualifizierten Beteiligung haben wir in der Praxis schon
> Schwierigkeiten bei den Personensorgeberechtigten, noch schwieriger stellt sich
> die Situation im Hinblick auf die Kinder und Jugendlichen dar."[831]

Im Rahmen eines Projekts zum Vorgehen und den Kriterien bei der Er-
stellung des Hilfeplanes nach § 36 SGB VIII fand 1995 eine bundesweite
empirische Überprüfung statt. Es wurden 128 Hilfepläne aus verschiedenen
Jugendämtern ausgewertet (12 davon zum sexuellen Mißbrauch). Bezogen
auf die Beteiligung des Kindes am Hilfeplanprozess wurde festgestellt:
„Gespräche mit dem Kind, sei es in Kombination mit der Mutter bzw. dem
Vater oder allein, hatten (...) einen geringen Stellenwert."[832] Lediglich 5
Stunden entfielen im Durchschnitt auf die Beratung des Kindes, während 80
Stunden mit der Mutter, 80 Stunden mit Fachkräften des Jugendamtes und
30 Stunden mit dem Vater gesprochen wurde[833]. Bei einer Untersuchung zur
Kooperation der freien Täger mit den öffentlichen Trägern der Jugendhilfe
stellte KALSCHEUER (1994) fest, „daß die systematische Einbeziehung von
Kindern, Jugendlichen und/ oder Eltern in Fallkonferenzen (...) nicht die
Regel ist"[834] (vgl. hierzu auch den 10. Jugendbericht 1998). MÜNDER (1996)
kritisiert grundsätzlich die „autoritative Fürsorglichkeit" der Jugendhilfe,
indem er meint: „Im Zentrum steht bei einem derartigen Ansatz letztlich nicht
der Minderjährige, sondern die Umsetzung der für richtig erachteten
Vorstellung der Jugendhilfeakteure."[835] MERCHEL (1998) spricht von den
„vergessenen" Kindern und Jugendlichen „im Routinealltag der Jugendämter"[836]. Die Zweifel SALGOs (1995) – „Vernachlässigt damit das SGB VIII

---

[831] R.Sauter 1996, S.33
[832] Verband Katholischer Einrichtungen der Heim und Heilpädagogik 1995, S.48
[833] vgl. Verband Katholischer Einrichtungen der Heim und Heilpädagogik 1995, S.48
[834] M. Kalscheuer 1994, S.143
[835] J.Münder 1996, S.9/10
[836] J.Merchel 1998, S.15

elementare kindliche Bedürfnisse und Subjektivität?"[837] – scheinen berechtigt.

SCHRAPPER (1993) bezeichnet die Beteiligung der Personensorgeberechtigten *und* der Kinder als Gütekritrium der Hilfeplanung und nennt als Ort der Aushandlungsprozesse die öffentliche Jugendhilfe:

> „Wesentlicher Verhandlungspartner von Kindern und Eltern ist zuerst das örtliche Jugendamt mit seinen sozialpädagogischen Fachkräften. Sie haben die Eltern und Kinder über ihre Rechte und Ansprüche umfassend zu informieren und zu beraten (§ 36 Abs. 1 SGB VIII), haben festzustellen, welche Hilfe 'geeignet und notwendig' ist und damit in einem 'anspruchsbegründeten Bericht' die Grundlage für einen ggf. einklagbaren Rechtsanspruch zu schaffen, und sie haben den Prozeß der Hilfeplanung so zu moderieren, daß die Mitwirkungs- und Beteiligungsrechte von Kindern und Eltern zur Geltung kommen."[838]

Da das Jugendamt aber eine Verwaltungsbehörde ist (Wiesner et. al. 1995, Merchel 1998) und „die in der Jugendhilfe tätigen Fachkräfte häufig nicht über die (...) notwendigen professionellen, personellen und strukturellen (finanziellen) Rahmenbedingungen" verfügen[839], beschränkt sich die Einbeziehung der Kinder und ihrer Eltern nicht selten hauptsächlich auf eine Rechtsberatung[840]. Daß den Jugendämtern die notwendigen Kapazitäten zur umfassenden sozialpädagogischen Beratung der Leistungsadressaten fehlen, stellte ein Modellprojekt zur Weiterentwicklung der Hilfen zur Erziehung in Rheinland-Pfalz (1998) heraus:

> „Im Rahmen einer Zeitbudget- und Tätigkeitsanalyse konnte festgestellt werden, daß insbesondere im Allgemeinen Sozialen Dienst (...) ab einer bestimmten Fallzahl die zeitlichen Ressourcen für die Durchführung kontinuierlicher Hilfeplanungsprozesse nicht vorhanden sind."[841]

Die berechtigte Forderung SCHRAPPERs (1993) stößt demnach in der Praxis der Jugendhilfe an die genannten Grenzen. Insbesondere Kinder und erst recht sexuell mißbrauchte Kinder bedürfen jedoch der „Unterstützung, der Ermutigung und der sensiblen Begleitung, damit das, was sie wollen, brauchen und wünschen, tatsächlich Berücksichtigung" finden kann[842]. Hier bieten die Kinderschutzdienste, die nach § 4 SGB VIII ein *partnerschaftliches Zusammenwirken mit den öffentlichen Trägern* anstreben, als freie Träger der Jugendhilfe und als Fachdienst für sexuellen Mißbrauch Abhilfe. Die Kinderschutzdienste von Rheinland-Pfalz nehmen die Hilfe-

---

[837] L.Salgo 1995, S.364
[838] Ch.Schrapper 1993, S.4
[839] Bundesministerium für Familie, Frauen und Jugend 1998, S.262
[840] R.Wiesner et. al. 1995, S.462
[841] Ministerium für Kultur, Jugend, Familie und Frauen 1998, S.136
[842] E.Jordan, Ch.Schrapper 1994, S.6

226

planung nach § 36 SGB VIII zum Vorbild, betonen aber auch die Unterschiede:

> „Es gibt Fälle, in denen die Kinderschutzdienste mit dem Kind einen kinderschutzspezifischen Hilfeplan entwickeln, ohne daß das Mädchen oder der Junge Hilfen nach §§ 27 ff. SGB VIII in Anspruch nimmt. In anderen Fällen ist es notwendig, auch 'Hilfe zur Erziehung' nach dem SGB VIII zu beantragen. Damit wird ein jugendhilfespezifischer Hilfeplan nach § 36 SGB VIII durch das Jugendamt erforderlich. Hier befindet sich die Schnittstelle, an der sich der kinderschutzspezifische Hilfeplan der KSD mit dem Hilfeplan nach § 36 durch das Jugendamt treffen. (...) Vom Standpunkt des kindzentrierten Arbeitsansatzes aus, sollte der kinderschutzspezifische Hilfeplan in den jugendhilfespezifischen Hilfeplan integriert werden. An dieser Schnittstelle kommt es sehr darauf an, daß beide Fachdienste gemeinsam mit dem Kind und seiner Familie den Hilfeplan fortentwickeln."[843]

Ausgehend von den Empfehlungen des Deutschen Vereins zur Hilfeplanung nach § 36 SGB VIII sollte die öffentliche Jugendhilfe zum Wohle der Kinder und Jugendlichen mit der freien Jugendhilfe zusammenarbeiten.[844] Nach § 76 SGB VIII kann den freien Trägern der Jugendhilfe sogar die „gesamte Aufgabe zur Ausführung übertragen werden"[845]. Einigkeit herrscht in jedem Fall darüber, daß „der öffentliche Träger die vom freien Träger durchgeführte Hilfeplanung zur Grundlage der von ihm zu treffenden Entscheidung machen kann. Dies jedoch nur, wenn sichergestellt ist, daß die entsprechenden fachlichen Standards im Hilfeplanungsprozeß eingehalten wurden"[846] (hierzu auch Wiesner et. al. 1995, Werner 1996).

Die Einhaltung der in § 36 SGB VIII vorgeschriebenen fachlichen Standards der Hilfeplanung sichert den freien Trägern der Jugendhilfe die Anerkennung ihrer Autonomie und Fachkompetenz. Da das SGB VIII einen Schwerpunkt des Verfahrens auf die *kollegiale Beratung und Entscheidung im Team* legt, kann nach den Empfehlungen des Deutschen Vereins (1994) und den Ausführungen MERCHELs (1998) „bei der Hilfeplanung unter Federführung eines freien Trägers eine Fachkraft des Jugendamtes in der institutionalisierten Teamkonferenz"[847] oder die Fachkraft des freien Trägers an der Teamberatung im Jugendamt beteiligt werden. Da „bei der Entscheidung der Frage, welche Hilfe erforderlich ist, die Betrachtung der individuellen Lebenssituation des Kindes/ Jugendlichen im Mittelpunkt" steht[848] und die KSD-Fachkräfte sich als Anwälte des Kindes verstehen, können sie die

---

[843] Ministerium für Kultur, Jugend, Familie und Frauen des Landes Rheinland-Pfalz: Die Kinderschutzdienste in Rheinland-Pfalz. Eine Dokumentation. 2.Auflage, Mainz 1998, S.36

[844] Deutscher Verein für öffentliche und private Fürsorge 1994, S.318

[845] Bundesministerium für Familie, Frauen und Jugend 1998, S.271

[846] H.H.Werner 1996, S.26

[847] J.Merchel 1998, S.47

[848] J.Merchel 1998, S.33

Interessen der betroffenen Mädchen oder Jungen in die Hilfeplanung einbringen, somit den Blick für die Belange der Kinder schärfen und hierdurch einen wesentlichen Beitrag zur Absicherung qualifizierter Entscheidungsverfahren leisten: „Die unterschiedlichen Professionen haben einen je spezifischen Blick auf die Lebenslage der AdressatInnen und unterschiedliche Ressourcen zur Hilfegestaltung zur Verfügung."[849]

Das 'Zusammenwirken mehrerer Fachkräfte' kann die Komplexität der Problemlage, insbesondere bei Fällen von sexuellem Mißbrauch, viel treffender erfassen, einseitige Sichtweisen einer einzelnen Fachkraft durch das Einbringen alternativer Hypothesen erweitern und die Bürde der Verantwortung für die Sicherheit des Kindes auf mehrere Schultern verteilen, wie MERCHEL (1998) betont:

> „Das Aushalten der Spannungen zwischen den persönlichen Wertepräferenzen der einzelnen Fachkräfte, den Anforderungen der Adressaten, den unterschiedlichen fachlichen Interpretationsmöglichkeiten und nicht zuletzt den begrenzten verfügbaren Ressourcen kann nicht von einer einzelnen Person erfolgreich bewältigt werden. Damit die einzelne Fachkraft in diesem Spannungsfeld nicht untergeht, braucht sie die Gruppe als Unterstützung und als Korrektiv."[850]

Die kompetente, kollegiale Teamberatung sichert die Hilfeplanung ab, bietet der im Aushandlungsprozeß mit den Adressaten stehenden Fachkraft eine Möglichkeit der Evaluation ihrer Handlungen und erleichtert die kritische Überprüfung der zu treffenden Entscheidungen. Der „hermeneutische Prozeß des Suchens nach angemessenen Problemdefinitionen und Hilfeperspektiven"[851] als Vorgehensweise des sozialpädagogischen Fallverstehens kann ausgehend von den vorgetragenen Ansichten im Team sehr viel effizienter gestaltet werden.

Die Gütekriterien der Hilfeplanung zur Entscheidung über die Hilfen zur Erziehung nach §§ 27 – 35 SGB VIII beziehen sich auf die Entscheidung im Team, das Zusammenwirken mehrerer Fachkräfte und die Beteiligung der Betroffenen. Da die Eltern Leistungsadressaten der Hilfen zur Erziehung sind, wird ihre Mitwirkung an der Hilfeplanung dann schwierig, wenn das Wohl des Kindes durch innerfamilialen sexuellen Mißbrauch gefährdet ist und ein kinderschutzspezifischer Hilfeplan erstellt werden muß.

> „Die Orientierung am Leitbild der Aushandlung unterliegt Einschränkungen und muß differenziert werden in solchen Fällen, in denen das Jugendamt aufgrund seiner fachlichen Einschätzung 'zur Abwendung einer Gefährdung des Wohls des Kindes oder des Jugendlichen des Tätigwerdens eines Gerichtes für erforderlich (hält)' (§ 50 Abs.3 SGB VIII) und das Vormundschaftsgericht anruft. Gegenüber

---

[849] Ministerium für Kultur, Familie, Frauen und Jugend des Landes Rheinland-Pfalz 1998, S.130
[850] J.Merchel 1998, S.68
[851] J.Merchel 1998, S.44

den Personensorgeberechtigten kann in solchen Fällen sicher nicht mehr ohne weiteres von Aushandlungsprozessen gesprochen werden."[852]

Die Hilfeplanung bei sexuellem Mißbrauch bezieht sich weniger auf die §§ 27 ff. der Hilfen zur Erziehung als vielmehr auf die §§ 42 und 43 SGB VIII (umfassend behandelt in Kapitel 7.3.1) – die „vorläufige Krisenintervention zum Schutz des Kindes in Eil- und Notfällen"[853].

> „Die Bundesarbeitsgemeinschaft der Landesjugendämter (BABLJÄ) grenzt in ihren Empfehlungen zur Inobhutnahme vom 31. August 1995 jedoch die Hilfen zur Erziehung ausdrücklich von der Krisenintervention ab: ‚Die Inobhutnahme ist eine Krisenintervention und keine Hilfe zur Erziehung' (1995, S.3). Mit dieser Aussage wird darauf hingewiesen, daß rein rechtlich die Inobhutnahme nicht als Hilfe zur Erziehung verstanden werden kann, da Leistungsberechtigter für Hilfe zur Erziehung nur der Personensorgeberechtigte ist. Inhaltlich mag diese Aussage ein Hinweis darauf sein, daß Hilfe zur Erziehung und Inobhutnahme klar abgegrenzte pädagogische Settings verlangen."[854]

Diese Vorschriften betreffen das Handlungsfeld der Kinderschutzdienste ganz unmittelbar und grenzen den Begriff der jugendhilfespezifischen Hilfeplanung – wie dargestellt – von der kinderschutzspezifischen Hilfeplanung ab.

5.1.3 Die kinderschutzspezifische Hilfeplanung und die Beteiligung des Kindes

In einer akuten Krisen- und Konfliktsituation wie der des innerfamilialen sexuellen Mißbrauchs ist eine besondere Art der Hilfeplanung notwendig. Wenn die Eltern als Verhandlungspartner ausfallen, da sie das Wohl des Kindes gefährden, sind Interventionen nach § 1666 BGB und die direkte Beratung des Kindes auch gegen Willen oder Wissen der Eltern angezeigt. Die gängige Umsetzung der Bestimmungen des § 36 SGB VIII, nämlich der Beteiligung der Betroffenen – der Personensorgeberechtigten *und* der Kinder oder Jugendlichen – wird wie bereits herausgestellt durch die Beratung der gesamten Familie umgangen. „Das SGB VIII spricht von Familie (...), sieht an entsprechenden Stellen jedoch vor, daß der familiäre Wunsch oder Wille durch die sorgeberechtigten Eltern artikuliert wird."[855] Gerade im Falle des Kinderschutzes muß von einem Konflikt zwischen dem Recht der Eltern und dem Wohl des Kindes ausgegangen werden, da es „in Familien häufig zu Koalitionsbildungen, Ablehnungen einzelner bis hin zu Vernachlässigung,

---

[852] J.Merchel 1998, S.50/51
[853] R.Wiesner et. al. 1995, S.562
[854] Bundesministerium für Familie, Frauen und Jugend 1998, S.271
[855] J.Fegert 1992, S.281

Mißhandlung und sexuellem Mißbrauch"[856] kommen kann. Ein Widerspruch zwischen den Interessen der Erziehungsberechtigten und den Kindern sollte bedacht und entsprechende Handlungskonzepte entwickelt werden.
In einem solchen Konfliktfall hat das betroffene Kind nach § 8 Abs. 3 SGB VIII[857] einen eigenen Rechtsanspruch auf Beratung ohne die Zustimmung oder sogar ohne Wissen der Eltern: „Kinder und Jugendliche können ohne Kenntnis des Personensorgeberechtigten beraten werden, wenn die Beratung aufgrund einer Not- und Konfliktlage erforderlich ist und solange durch die Mitteilung an den Personensorgeberechtigten der Beratungszweck vereitelt würde."[858] MROZYNSKI (1994) kommentiert die Bedeutung dieses Absatzes des § 8 gemäß SGB VIII, der maßgeblich auch für die Arbeit der Kinderschutzdienste ist:

> „Abs. 3 bedeutet die jugendhilferechtliche Anerkennung der Tatsache, daß es im Eltern-Kind-Verhältnis schwerwiegende Konflikte geben kann und daß deren Lösung zumindest zeitweise einer Beratung unter Ausschluß der Eltern bedarf. In diesem Zusammenhang muß das Kind oder der Jugendliche das Recht und die Möglichkeit haben, sich zur Lösung des Eltern-Kind-Konfliktes an eine dritte Instanz zu wenden. (...) Danach kann in besonders gelagerten Fällen die Information der Eltern durch einen Berater zu Reaktionen führen, die im Interesse des Kindes nicht zu verantworten sind. Dies gilt vor allem dann, wenn Entwicklungen im Elternhaus zu einer tiefgreifenden Störung des Vertrauensverhältnisses geführt haben, wie etwa bei einer Kindesmißhandlung."[859]

Ob diese dritte Instanz das Jugendamt sein könne, wird von SALGO (1996) abschlägig beantwortet, da dessen Position nicht auf eine Parteilichkeit zugunsten des Kindes festgelegt ist[860]. Es habe vielmehr die Interessen der Eltern *und* des Kindes zu vertreten und könne sich durch diese Doppelrolle in Loyalitätskonflikte begeben[861]. Diese Position vertrat ZENZ schon 1978, indem sie meinte, „daß das Jugendamt eine Behörde mit entsprechenden Eigeninteressen ist, die nicht stets und in jeder Weise mit den Interessen der betroffenen Kinder und Familien identisch sein können"[862].
Steht der Wille des Kindes konträr zu den Wünschen seiner Eltern, sind die Fachkräfte in den Jugendämtern gehalten, zwischen beiden Parteien zu vermitteln, da ohne die „ausdrückliche Zustimmung" der Personensorgeberechtigten „bis an die Grenze der Kindeswohlgefährdung (§ 1666 BGB) nichts geht"[863]. WIESNER et. al. (1995) geben zu bedenken, daß eine aktive Mitarbeit der Eltern nicht mehr vorausgesetzt werden kann, wenn eben diese

---

[856] J.Fegert 1992, S.280
[857] § 8 regelt die Beteiligung des Kindes an den sie betreffenden Entscheidungen der Jugendhilfe
[858] aus: J.Münder 1993, S.23
[859] P.Mrozynski 1994, S.43
[860] vgl. auch N.N. 199?, S.474
[861] vgl. L.Salgo 1996, S.39/40
[862] G.Zenz 1978, S.405
[863] E.Jordan/ Ch.Schrapper 1994, S.12

Grenze überschritten wurde. „In einzelnen Fällen, wie z.B. bei Kindesmiß-handlung oder sexuellem Mißbrauch, wird die Klärung der Problematik allerdings auch Hinweise auf ein (vorwerfbares) Fehlverhalten der Eltern liefern."[864]
Berücksichtigt man die Auffassung des Bundesverfassungsgerichtes, so hat der Wille des Kindes nicht nur in den genannten Extremkonstellationen Vorrang vor den Rechten der Eltern. In einem Beschluß vom 18.3.1993 heißt es:

> „Bei der am Kindeswohl orientierten Einzelfallprüfung ist von der konkreten Situation des Kindes und seinen Beziehungen auszugehen. Das Verfahren muß so gestaltet sein, daß der Wille der Kindes oder Jugendlichen – auch gegen seine Personensorgeberechtigten – berücksichtigt wird, soweit das mit seinem Wohl vereinbar ist. Voraussetzung hierfür ist, daß auch das Kind ausreichend die Mög-lichkeit erhält, seine Sicht zu der Situation zu äußern, und daß diese Äußerung bei der Entscheidung berücksichtigt werden."[865]

Hiermit wird der UN-Kinderrechtskonvention vom 5. Dezember 1989 Rechnung getragen, nach denen Kindern zugesichert wird, ihre Meinung bilden und in sie berührenden Angelegenheiten auch vorbringen zu dürfen[866]. MERCHEL (1994) empfiehlt, daß „mit zunehmendem Alter auch die be-troffenen Kinder/ Jugendlichen immer stärker in diesen (Hilfeplan-) Prozeß einzubeziehen"[867] seien. Über die Reife eines Kindes, ab welchem Alter es bei den Entscheidung berücksichtigt wird, scheint Uneinigkeit zu bestehen, sonst müßte nicht das Gericht korrigierend einschreiten. Das Bayrische Oberste Landesgericht spricht sogar einem behinderten Kind die Fähigkeit zu, seine Wünsche auszudrücken:

> „Das (Beschwerde-)Gericht verstößt gegen § 50 b Abs. 1 und Abs. 3 FGG, wenn es die gebotene persönliche Anhörung eines sechsjährigen, geistig unterdurch-schnittlich entwickelten Kindes unterläßt. Denn weder das Alter eines Kindes noch seine etwa retardierte Entwicklung stehen seiner Anhörung entgegen, wenn das Kind in der Lage ist, sich sowohl mündlich wie auch durch Zeichnungen zu äußern."[868]

Da die Fachkräfte der Jugendämter keine parteiliche Stellung bei Konflikten zwischen Eltern und Kind zugunsten des Kindes einnehmen dürfen[869], stellt sich die Frage, welche Person dann das Kind anhören, beraten und unter-

---

[864] R.Wiesner et. al. 1995, S.465
[865] Beschluß des Bundesverfassungsgerichtes 1993, Spalte 319-323
[866] Übereinkommen über die Rechte des Kindes, Kinderrechtskonventionen, terre des hommes, für die Bundesrepublik Deutschland: 5.4.1992
[867] Merchel 1994, S.53
[868] Bayrisches Oberstes Landesgericht, Beschluß vom 24.3.1992, S.1212
[869] vgl. auch Ramm 1996, S.588

stützen soll[870]. Die Vertretung des Kindes kann nicht durch Personen vorgebracht werden, die Eigeninteressen vorfolgen[871], sondern muß von einer unabhängigen Instanz wahrgenommen werden. Aus diesem Grund setzt SALGO (1996) sich für eine eigenständige Kindesvertretung vor allem in zivilrechtlichen Kinderschutzverfahren ein, „damit Entscheidungen nicht mehr über Kinder, sondern soweit als nur möglich mit ihnen getroffen werden"[872] und fordert einen „Anwalt des Kindes", der folgende Aufgaben wahrnehmen könne:

- Erleichterung der Kommunikation für das Kind und mit dem Kind
- Entlastung bei Loyalitätskonflikten
- Einnahme des Blickwinkels des Kindes
- Dolmetscherfunktion gegenüber der Erwachsenenwelt wie umgekehrt
- Fokussierung auf die wirklichen Kindesbelange
- Vermittlung zwischen Eltern, Kind, Behörden und Gericht
- Übermittlung des expliziten Willens und der Wünsche des Kindes
- Berücksichtigung des Konfliktfalls zwischen Kindeswille und Kindeswohl[873]

Die Justizministerin LEUTHEUSSER-SCHNARRENBERGER griff diesen Vorschlag anläßlich einer Tagung im Jahre 1995 auf und begrüßte ausdrücklich die Bestellung eines Verfahrenspflegers bei Konflikten zwischen Elternrecht und Kindeswohl. Sie meint: „Von großer Bedeutung in diesem Zusammenhang sind auch Verfahren, in denen den Eltern oder einem Elternteil Kindesmißhandlung oder sexueller Mißbrauch vorgeworfen wird."[874] Gerade der Bereich des sexuellen Mißbrauchs, der in dieser Arbeit schwerpunktmäßig behandelt wird, erfordert eine besondere diagnostische Kompetenz. Es könne laut OLLMANN (1994) nicht erwartet werden, „daß die beim Jugendamt angestellten Fachkräfte (...) in der Diagnose von sexuellem Mißbrauch geschult sind"[875] und deswegen seien diejenigen Professionen gefragt, die „bei der Ermittlung und Feststellung kindlicher Bedürfnisse sehr hilfreich sein können"[876], wie SALGO (1995) vorschlägt. Die unabhängige und im Falle von sexuellem Mißbrauch besonders ausgebildete Interessenvertretung des Kindes kann sich auf verschiedene Berufssparten beziehen, auf Bereiche der Psychologie, Pädagogik oder Sozialpädagogik und einer Institution anvertraut werden, die sich durch spezielle Fachkompetenz auszeichnet. SALGO (1996) kann sich vorstellen, daß „die Übertragung vieler dieser Aufgaben insgesamt oder partiell auf freie Träger" „denkbar und machbar" ist[877].

---

[870] vgl. L.Salgo 1996, S.462
[871] vgl. auch W.Gernert 1993, S.121/122
[872] L.Salgo 1996, S.551
[873] vgl. L.Salgo 1996, S.564/565
[874] S.Leutheusser-Schnarrenberger 1995, S.323
[875] R.Ollmann, 1994, S.157
[876] L.Salgo 1995, S.363
[877] L.Salgo 1996, S.568

Hier setzt die Arbeit der Kinderschutzdienste an, die gegenüber den Fachkräften des Jugendamtes einen parteilichen Standpunkt vertreten und demzufolge kindzentrierte kinderschutzspezifische Hilfeplanentwicklung betreiben, denen „Experten von kindzentrierten Hilfemaßnahmen mehr Dauererfolg" einräumen, „eine Überlegung, die durch Ergebnisse der kinderpsychologischen Therapieforschung gestützt wird"[878]. Die Zusammenarbeit zwischen den öffentlichen und den freien Trägern der Jugendhilfe, hier den Kinderschutzdiensten, wird zudem im § 36 des SGB VIII geregelt. Immer häufiger wird diese empfohlene Arbeitsteilung auch von den Jugendämtern begrüßt, wie von KALSCHEUER (1994) festgestellt wurde.

Von der Hilfeplanung zur Gewährung der „Hilfen zur Erziehung" wird die Hilfeplanentwicklung im Falle des Kinderschutzes im Sinne eines „kindzentrierten" Ansatz der Kinderschutzdienste unterschieden, wie die einzelfallbezogenen, umfassenden Analysen der typischen Entscheidungssituationen und kennzeichnenden Konflikte aus der Praxis in Kapitel 7 verdeutlichen. Da im 10. Jugendbericht eine Forschungslücke bezüglich des Zusammenwirkens öffentlicher und freier Träger der Jugendhilfe, der alleinigen Beratung des Kindes bei familialen Konflikten und die Herstellung eines Hilfeplanes in Notfällen aufgezeigt wird, mag die Darstellung des Praxisfeldes der Kinderschutzdienste dieses Defizit beheben helfen:

> „Die Umsetzung der Regelungen, insbesondere von §§ 5, 8 und 36 SGB VIII, durch die die Beteiligung- und Interessenvertretungschancen von Kindern befördert werden sollen, sind nach Ansicht der Sachverständigenkommission noch zu wenig erforscht. Es sollten Zugangsmöglichkeiten und –barrieren der aktiven Teilhabe von Kindern etwa an Beratungsprozessen auch ohne Kenntnis der Personensorgeberechtigten untersucht, die Verfahren zur Entscheidungsfindung in Prozessen der Hilfe zur Erziehung oder die Mitbestimmungsmöglichkeiten in den Einrichtungen selbst stärker in den Blick genommen werden."[879]

Die sozialpägogische Hilfeplanung als Beratung und Begleitung des Kindes auch entgegen der Interessen der Eltern kann einerseits nicht als Rechtsberatung und Verwaltungsakt in den Jugendämtern verstanden werden, muß sich andererseits an die fachlichen Standards des § 36 SGB VIII halten. Das besondere Vorgehen der Hilfeplanung mit sexuell mißbrauchten Kindern in den Kinderschutzdiensten eröffnet eine Möglichkeit, das „Vakuum" zwischen der Nichtannahme von Hilfen zur Erziehung durch die Eltern und einer Intervention über § 1666 BGB (Gefährdung des Kindeswohls) zu füllen.

---

[878] Verband der Katholischen Einrichtungen der Heim- und Heilpädagogik 1995, S.90
[879] Bundesministerium für Familie, Frauen und Jugend 1998, S.180

5.2 Das Pädagogische Handlungsfeld der Kinderschutzdienste

Die Kinderschutzdienste von Rheinland-Pfalz haben als freie Träger der Jugendhilfe einen Hilfeansatz entwickelt, der die Beteiligung des Kindes in den Mittelpunkt der Hilfeplanung stellt. Die Entscheidungen des Kindes über seinen Bedarf an Hilfe bilden die Basis für die Interventionen. Wie diese kindorientierte Hilfeplanentwicklung in Abgrenzung von anderen Interventionsansätzen entstand, wie die Kindorientierheit in der Praxis umgesetzt wird, in welcher Intensität das Kind beteiligt wird und wie die Fachkräfte der Kinderschutzdienste kindzentrierte Kompetenzen herausbilden, davon handeln die Ausführungen in den nächsten drei Abschnitten. Zudem wird das Hilfeplanraster der Kinderschutzdienste als Grundlage genommen für die Auswertung und Darstellung der Untersuchung.

5.2.1 Zur feministischen und familienorientierten Intervention

Wenn auch in der aktuellen Kinderschutzarbeit eher von einer Annäherung der unterschiedlichen Ansätze ausgegangen werden kann, so werden in den Veröffentlichungen immer wieder zwei Gegensatzpaare beschrieben, die feministisch- und die familienorientierten Intervention. Bei der Handhabung sexueller Grenzverletzungen gegen Kinder wird z.B. vom Kinderschutz von ähnlichen Prämissen wie bei der Kindesmißhandlung ausgegangen, was sich schon allein in der Wortwahl der „sexuellen Kindesmißhandlung" niederschlägt. Frauenbewegte Beratungsstellen, z.B. Wildwasser, legen dagegen ein eher feministisches Ursachenverständis „sexueller Gewalt gegen Kinder" für ihre Intervention zugrunde. Die differgierenden Auffassungen von der „richtigen" Intervention haben z.T. zu heftigen Kontroversen geführt, die hier durch die Gegenüberstellung der beiden Ansätze verdeutlicht werden.

Der Verein „Wildwasser" wurde 1983 als das erste Selbsthilfeprojekt gegen sexuellen Mißbrauch gegründet. 1985 erhielt der Verein erstmals eine finanzielle Unterstützung und zwei Jahre später ein Modellprojekt, in dessen Rahmen unter der wissenschaftlichen Begleitung der Professorin THÜRMER-ROHR vier Sozialarbeiterinnen, eine Psychologin und eine Verwaltungsangestellte beschäftigt werden konnten.[880] Zentrales Anliegen der parteilich arbeitenden, feministischen Beratungsstelle, die 1987 in Berlin ihre Arbeit aufnahm, ist der „Schutz des Mädchens vor sexuellem Mißbrauch"[881], der auch durch die angegliederte Zufluchtsstelle für sexuell mißbrauchte Mädchen sichergestellt wird. Die Gründerinnen feministisch arbeitender Beratungsstellen sehen als Ursache der sexuellen Ausbeutung die in der patriarchalischen Gesellschaftsstruktur begründete männliche Vorherrschaft

---

[880] vgl. Schriftenreihe des Bundesministeriums für Frauen und Jugend 1993, S. 13f
[881] Schriftenreihe des Bundesministeriums für Frauen und Jugend 1993, S.17

gegenüber Frauen und Kinder an. KIPER (1994) faßt in ihrer Habilitations-
schrift die Überzeugungen dieses Ansatzes zusammen:

„In feministischen Analysen wird sexueller Mißbrauch als (sexuell) vermittelter
Ausdruck von geschlechtsspezifisch bestimmter Arbeitsteilung, von Macht,
Aggression und Gewalt und als Form der kulturellen Abwertung und Unter-
drückung von Frauen und Mädchen begriffen. Dabei werden die ungleichen
Machtverhältnisse zwischen den Geschlechtern in Verbindung mit der
ideologisch verzerrten Idealisierung des Familienlebens herausgestellt."[882]

Das Prinzip der „Parteilichkeit" wird als ausschlaggebend für die feministisch
orientierte Begleitung der sexuell mißbrauchten Mädchen – nach HARTWIG/
WEBER (1991) auch der Jungen – angesehen und bedeutet:

- den Betroffenen Glauben zu schenken;
- sie in ihrer Problemwahrnehmung und ihrem Selbstbewußtsein zu
  stärken;
- sich an den realen Problemlagen der betroffenen Mädchen und Jungen
  zu orientieren;
- die Grenzen, die die Betroffenen setzen, zu wahren, alle Handlungsschritte mit ihnen abzusprechen und weitere Bevormundung zu
  vermeiden;
- den Schutz und das Wohl des Kindes vor das Elternrecht zu stellen;
- die Betroffenen aus dem Gefühl der Verantwortlichkeit für das
  Mißbrauchsgeschehen und den Familienzusammenhalt zu entlasten;
- den Täter und niemanden außer ihm für das Geschehen
  verantwortlich zu machen und somit die Opfer sexueller Ausbeutung
  vor weiterer Beschuldigung zu bewahren;
- das betroffene Mädchen oder den betroffenen Jungen kontinuierlich
  als Vertrauensperson parteilich zu begleiten[883]

Das Tätigkeitsfeld der Beratungsstelle „Wildwasser" beinhaltet neben der
direkten Beratung und Begleitung von betroffenen Mädchen und ihren
Müttern vielfältige andere Bereiche, die im Abschlußbericht des Modellprojektes von THÜRMER-ROHR (1991) zusammengefaßt werden:

„Das Angebot umfaßt (...) überwiegend telefonische und persönliche Einzel-
beratung, die Koordination von Tochter- und Mutterberatung, fachliche
Information und Beratung für Professionelle, Fallsupervision, Fallkoordination/
Fallkonferenzen, gezielte Aufdeckungsarbeit, Prozeßbegleitung, Gruppenarbeit,
Fortbildungsveranstaltungen, offene Informationstermine und verschiedenartige

---

[882] H.Kiper 1994, S.10/11
[883] L.Hartwig/ M.Weber 1993, S.33

Öffentlichkeitsarbeit, z.B. Elternabende in Kitas, Referate vor Fachpublikum oder Veranstaltungen vor interessierter Öffentlichkeit."[884]

Somit beträgt der unmittelbare Kontakt zu den betroffenen Mädchen nur einen gewissen Anteil der beschriebenen Aufgaben. Von 580 anwesenden Personen waren es 140 Mädchen (24,1%)[885], die zu 40 % länger als zwei Monate in die Beratungsstelle kamen, dies waren hauptsächlich Jugendliche über 14 Jahren[886]. Die kleineren Mädchen, ca. zwischen 6 und 9 Jahren, wurden eine kürzere Zeit zur Abklärung eines vorliegenden Verdachtes begleitet[887]. Während bei den älteren Mädchen die Aufarbeitung des sexuellen Mißbrauchs, die Lebensbewältigung oder die Begleitung zu einem Strafprozeß im Vordergrund stand, handelte es sich bei den jüngeren Mädchen um aufdeckende Gespräche. Der Zugang bei den kleineren Mädchen gelang über das Spiel, über Zeichnungen, die Beschäftigung mit dem Puppenhaus, den anatomisch korrekten Puppen oder Handpuppen[888].
Konkrete Arbeitsanleitungen zur Verdachtsabklärung oder zur Aufdeckung bei sexuellem Mißbrauch finden sich in dieser abschließenden Beschreibung des Modellprojektes nicht, so daß das Interventionsvorgehen der Beratungsstelle „Wildwasser" in Berlin – auch wegen des Fehlens weiterer Publikationen – nicht konkreter beschrieben werden kann[889]. KIPER (1994) stellt die feministische Vorgehensweise zum Entgegenwirken sexueller Gewalt gegen Kinder wie folgt dar:

„Die Orientierung der praktischen Arbeit mit betroffenen Kindern, vor allem Mädchen, zielt auf die sofortige Trennung der mißbrauchten Kinder vom Täter. Sie werden entweder aus der Familie herausgenommen und in einer Pflegefamilie oder in betreuten Kinder- und Mädchenhäusern untergebracht. Oder die Täter werden von der Restfamilie separiert."[890]

DÖRSCH/ ALIOCHIN (1997) Mitarbeiterinnen der Beratungsstelle „Wildwasser-Nürnberg" legen ein ausführliches Handbuch zur Verdachtsaufklärung und Intervention vor, das sich mehr einem in Kapitel 4 beschriebenen Vorgehen bei sexuellem Mißbrauch als einem abgegrenzt feministischen Konzept zuordnen läßt. Die gründliche Klärung eines Verdachtes, die Planung und Vorbereitung der Aufdeckung, die Auswahl von Materialien für das Gespräch mit dem Mädchen und die Gefahr einer möglichen Suggestion werden in diesem Ratgeber systematisch aufgearbeitet

---

[884] Schriftenreihe des Bundesministeriums für Frauen und Jugend 1993, S.164
[885] ebenda, S.176
[886] ebenda, S.193
[887] ebenda, S.214
[888] vgl. ebenda, S.221
[889] Eine umfassende Literaturrecherche der Datenbanken der ZIPF und der Präsenzbibliothek in Münster ergab keine weiteren Informationen zur feministischen Intervention bei sexuellem Mißbrauch.
[890] H.Kiper 1994, S.10

236

und vorgestellt. Wegen der Nähe zur Tätigkeit der Kinderschutzdienste werden diese Anleitungen zur Intervention im Teil 2 aufgegriffen sowie anhand der Hilfeplanentwicklung konkretisiert und mit Fallbeispielen belegt.

Der Kinderschutzbund und die Kinderschutz-Zentren favorisieren dagegen einen eher familienorientierten Hilfeansatz, der davon ausgeht, daß bei (sexueller) Gewalt das gesamte System der Familie gestört ist und eine Heilung von daher nur durch die gemeinsame Behandlung der Eltern und des Kindes möglich ist (vgl. T.S. Trepper 1990, M. Hirsch 1990, T. Fürniss 1992).

Der erste *Deutsche Kinderschutzbund* (DKSB) wurde 1953 in der Nachkriegszeit von dem Arzt Prof. Dr. Fritz LEJEUNE in Hamburg zur Verbesserung der Lebensbedingungen von Kindern, die von Obdachlosigkeit, Armut und bedrückenden Familienverhältnissen bedroht waren, gegründet[891]. Zentrale Themen waren die „sittliche Verwahrlosung" der Jugend, die Verfolgung von Sexualdelikten und -morden an Kindern, Kindesmißhandlung und die Aufklärung über Erziehungs- und Hygienefragen. Vor allem aber setzte sich der DKSB für Familien ein, die trotz des Wirtschaftswunders in großes Elend geraten waren.

Ein wichtiger Ansatzpunkt war demnach stets die besondere Situation von wirtschaftlich oder sozial gefährdeten Eltern und deren Kindern, neben dem kinderpolitischen Engagement, z.B. die „Charta des Kindes" (1975), die Forderung eines gesetzlichen Verbotes der Gewalt gegen Kinder und die Einrichtung von weiteren Beratungsstellen sowie Sorgentelefonen.

Das Prinzip „Hilfe statt Strafe" wurde zur Grundlage der Kinderschutzarbeit, richtete sich an Eltern, die ihre Kinder mißhandelten, was 1983 in der Grundlagenbroschüre „Wenn Eltern zuschlagen ..." seinen Niederschlag fand[892]. Dieser Leitsatz wurde von der Mißhandlungsproblematik auf die Situation des sexuellen Mißbrauchs an Kindern übertragen und stieß da an Grenzen, wo im Rahmen der Beratung der gesamten Familie, das betreffende Kind vor weiterem Mißbrauch nicht geschützt werden konnte, bzw. der Vater die Tat bagatellisierte, verleugnete oder rationalisierte.

Die Bundesarbeitsgemeinschaft der *Kinderschutz-Zentren* (BAG, gegründet 1980), die sich vom Kinderschutzbund löste, richtete 1993 in Köln ein zentrales Büro für Kinderschutzbelange ein und bildet seither die überregionale Vertretung, die sich gegen Kindesmißhandlung, -vernachlässigung und sexuelle Ausbeutung einsetzt, sowie gefährdeten Kindern und ihren Eltern Hilfe anbietet. Dabei sehen die bundesweit verbreiteten Kinderschutz-Zentren die Ursache der Gewalt gegen Kinder als ein Zusammenwirken familialer Strukturen und gesellschaftlicher Verhältnisse (z.B. die allgemeine Kinderfeindlichkeit, die Belastungen für die Familien), die Ausschreitungen der Eltern gegen ihre Kinder als Zeichen der Überforderung, wovon prinzipiell jede Familie betroffen sein kann.

---

[891] vgl. DKSB 1993, S. 2
[892] vgl. DKSB 1993

Frühe präventive Angebote, Hilfe zur Selbsthilfe und verläßliche Beziehungs-angebote für betroffene Familien stehen deswegen im Mittelpunkt der formu-lierten Prinzipien[893]. Auch die Kinderschutz-Zentren vertraten die These, daß der Schutz des Kindes nur „in kritischer Solidarität mit der Familie" [894] zu erreichen sei. Sie halten sich offen für neue Konzepte der Hilfeangebote, wobei die Familienberatung oder -therapie ein Kernangebot der Kinder-schutz-Zentren neben Einzel-, Paar-, Gruppenberatung oder Kindertherapie ist. In Kinderwohngruppen wird allein der Schutz des Kindes – wenn auch in verbindlichem Einvernehmen mit den Eltern – verfolgt.[895] Wieder bringt KIPER (1994) die Sichtweise des Kinderschutzbundes und der später gegrün-deten Kinderschutz-Zentren von der „destruktiven Familiendynamik" als Erklärung sexueller Übergriffe gegen Kinder in der Familie auf einen Punkt:

> „Sexueller Mißbrauch wird als 'Überlebensstrategie' oder als eine Art 'Krisen-management' einer Familie gedeutet, der das System Familie erhalte. Spannun-gen können abreagiert werden, ohne daß die Familienmitglieder sich den zu-grundeliegenden Konflikten, meist der gestörten Paarbeziehung, stellen müßten."[896]

Die Vorgehensweise einer familienorientierten Beratungsstelle – hier „Kind im Zentrum" – zur Beendigung eines sexuellen Mißbrauchs wird von GURRIS (1993) beschrieben, der eine sorgfältig geplante Konfrontation des Täters in den Mittelpunkt seiner Ausführungen stellt. Im Vorfeld sind gewissenhaft durchgeführte Gespräche mit dem Kind, Fallkonferenzen mit dem Helfer-system (Vertrauensperson des Kindes, Jugendamt, Vormundschaftsrichter, Stelle der möglichen Fremdunterbringung) und die Abklärung der rechtlichen Rahmendingungen vorzunehmen. Möglichst allen Zweifeln sollte vor der Konfrontation des Täters nachgegangen werden, da Restunsicherheiten bei einer Leugnung den Schutz des Kindes gefährden. Die Eltern werden zu einem Gespräch in das Jugendamt, die Beratungsstelle oder den Kinder-garten, bzw. die Schule des Kindes eingeladen, ohne sie vorher über den Inhalt des Treffens zu informieren. Dies begründet GURRIS (1993):

> „Vorinformierte, sprich: gewarnte MißbraucherInnen haben zuviel Zeit, die Verleugnung aufzubauen. Sie können das Kind zwischenzeitlich zur Rede stellen, es instruieren, schlimmer noch: es bestrafen für den 'Verrat' und so für lange Zeit oder für immer mundtot machen."[897]

---

[893] vgl. Bundesarbeitsgemeinschaft der Kinderschutz-Zentren 1990, S.11
[894] ebenda, S.12
[895] Die Darstellung der Entwicklung des Kinderschutzbundes und des Kinderschutz-Zentrums wurde entnommen aus K.Klees 1997, S.?
[896] H.Kiper 1994, S.12
[897] N.Gurris 1993, S.166

Idealerweise wird die Gegenüberstellung mit den Aussagen des Kindes und seinen Verhaltensstörungen von der Fachkraft des Jugendamtes geleitet, damit die anwesenden Fachkräfte (in der Regel sind dies ein Kollege und eine Kollegin) der Beratungsstelle den Eltern therapeutische Einzel- oder Paargespräche anbieten können. Sinn dieses Treffens, bei dem auch die Vertrauensperson des Kindes anwesend sein sollte, ist das Hinwirken auf ein Geständnis oder die Einwilligung zur Fremdunterbringung des Kindes. Vor dieser Konfrontation muß für das Kind ein Heim oder eine Pflegestelle gefunden werden, wo es auch ohne Zustimmung der Eltern durch Entzug des Sorgerechtes im Rahmen des § 1666 BGB untergebracht werden kann.

FÜRNISS (1993) befürwortet die Arbeit mit Mißbrauchsfamilien nur dann, wenn der Schutz des Kindes vor weiteren sexuellen Übergriffen gesichert ist. Dies scheint seiner Auffassung nach keineswegs grundsätzlich für alle familienorientierten Maßnahmen zuzutreffen. „Der besorgniserregende Aspekt einiger familientherapeutischer Ansätze bei sexueller Kindesmißhandlung ist die Vernachlässigung und die Mißachtung von rechtlichen Aspekten und Aspekten von Kinderschutz."[898] Aus diesem Grund sei eine enge Zusammenarbeit zwischen den Hilfemaßnahmen für das Kind, der Kooperation mit anderen Institutionen, z.B. dem Jugendamt und der familienbezogenen Intervention vonnöten, um einer Fortsetzung des Mißbrauchs entgegenzuwirken. Hierzu werden der Täter und das mißbrauchte Kind voneinander getrennt – optimalerweise verläßt der Vater die Familie – bis durch die therapeutische Behandlung eine Fortführung der Übergriffe auszuschließen ist[899]. Unmittelbar nach der Aufdeckung des Mißbrauchs – in der Regel durch eine Aussage des Kindes – wird möglichst mit allen Familienmitgliedern und verantwortlichen Fachkräften in einem „realitätsschaffenden Benennungstreffen" der sexuelle Mißbrauch offengelegt und der „Mißhandler" dazu angehalten, die „alleinige Verantwortung für die sexuelle Mißhandlung" zu übernehmen[900], damit das betroffene Kind entlastet und vom Geheimhaltungsdruck entbunden wird und eventuell nichtbetroffene Geschwister die Situation einschätzen können.[901]

Da die mehr oder weniger vagen Andeutungen des Kindes von der Mutter häufig nicht korrekt interpretiert oder „aufgrund von Angst, Schuldgefühlen, Schock, Zurückweisung und eigener Lebenserfahrungen" nicht wahrgenommen werden können, wird eine Klärung der Mutter-Kind-Beziehung herbeigeführt. Konkurrenz, Rivalität, Enttäuschung und Verantwortungszuweisungen sind hier zentrale Themen.

Danach gelangen die Konflikte der Eltern als Paar in den Fokus, damit bestehende Bindungen und Abhängigkeiten durch eine vorschnelle Scheidung

---

[898] T.Türniss 1993, S.31

[899] vgl. T.Fürniss 1993, S.39

[900] T.Fürniss 1993, S.40

[901] Die genauen Modalitäten eines solchen Familientreffens (Vorbereitung, Durchführung und Krisenpunkte) werden von FÜRNISS (1993, S.53f) ausführlich besprochen, z.B. auch die Vermeidung eines vorzeitigen Kontaktes zwischen Mißhandler und Kind im Warteraum der Beratungsinstitution.

nicht geleugnet oder die Beziehung nicht im Geheimen fortgesetzt wird. Loyalitätskonflikte spielen nicht nur in der Partnerschaft der Eltern eine Rolle, sondern auch in der „Mißhandler-Kind-Dyade"[902]. Hierbei sei besonders die Abhängigkeit des Kindes zu beachten:

> „Wenn Kinder in der Intervention und Therapie nicht zu einem verständlichen Objekt persönlicher Projektionen, Vorurteile und moralischer Verurteilung von Professionellen werden sollen, müssen positive Aspekte in der Bindung zwischen dem Kind und dem Mißhandler zugelassen und gefördert werden."[903]

Schwierig wird die Aufdeckungsarbeit, wenn der mißbrauchende Erwachsene oder andere Familienmitglieder die Taten, die Schwere der Übergriffe, den angerichteten Schaden oder die Verantwortung bagatellisieren oder abstreiten. Mannigfaltige Ängste vor dem Verlust der Familie, des Arbeitsplatzes, des guten Rufes oder der Enthüllung einer möglicherweise eigenen Mißhandlungserfahrung in der Kindheit erschweren die Verantwortungsübernahme. Die Leugnung dient in diesem Falle einer Abwendung gefürchteter Katastrophen. Trotzdem steht der Vorwurf eines sexuellen Mißbrauchs im Raum, mit dem hypothetisch gearbeitet werden sollte, anstatt auf ein Geständnis zu drängen. „Wir können uns auf die Ängste als Kontext für die Verleugnung, die Familienmitglieder von der Aufdeckung abhalten, konzentrieren."[904] Eine sekundäre Verleugnung – die Rücknahme einer schon ausgesprochenen Aufdeckung – werde in jedem Fall durch das realitätsschaffende Familiengespräch verhindert, zumal Kindern als alleinigen Zeugen auf rechtlicher Ebene selten geglaubt wird.
Der familienorientierte Ansatz behandelt demnach das ganze Familiensystem und kommt zu dem Schluß, wenn die Störung des Systems beseitigt ist, werden keine sexuellen Übergriffe mehr stattfinden. KIPER (1994) faßt die Hauptaspekte dieser Vorgehensweise zusammen:

> „Der Schwerpunkt der Intervention liegt in der Wiederherstellung der Funktionsfähigkeit einer Familie. Dies soll durch familientherapeutisch bestimmte Hilfsangebote erreicht werden. Im Mittelpunkt der praktischen Arbeit steht die Durcharbeitung von biographischen Verletzungen und die Umstrukturierung der Familienbeziehungen."[905]

Wenn auch beide Konzepte der feministisch- und der familienorientierten Intervention in der gegenwärtigen Praxis eher eine Annäherung anstreben und mittlerweile mehr Gemeinsamkeiten als Unterschiedlichkeiten aufweisen, so kann doch immer noch nachstehend grob gegliederte Übersicht als gültig angesehen werden:

---

[902] T.Fürniss 1993, S.46
[903] T.Fürniss 1993, S.47
[904] T.Fürniss 1993, S.71
[905] H.Kiper 1994, S.12

feministisch orientierte Intervention	*familienorientierte Intervention*
• Ursache „sexueller Gewalt gegen Kinder", bzw. Mädchen: patriaralische Gesellschaftsstruktur • Der Täter allein trägt die Verantwortung • Parteilichkeit zugunsten des Kindes • Arbeit allein mit dem Kind • Kind wird vom Täter, bzw. der Familie getrennt, oder der Täter verläßt die Familie • Das Kind wünscht keinen Kontakt zum Täter. • Die Mutter wird gestützt und als Opfer der hierarischen Familienstrukturen angesehen, weswegen sie das Kind nicht schützen konnte. • Ablehnung von Täterarbeit, wegen der Parteilichkeit mit dem Kind und der Annahme, daß Täter kein Unrechtsbewußtsein haben. • Annahme: Nur die endgültige Trennung von Kind und Täter garantiert den Schutz vor weiterer sexueller Ausbeutung.	• Ursache „sexueller Mißhandlung gegen Kinder": gestörtes Familiensystem • Alle Familienmitglieder tragen die Verantwortung • Allparteilichkeit zugunsten aller Familienmitglieder • Arbeit mit der gesamten Familie oder Teilsystemen (z.B. dem Ehepaar) • Täter oder Kind verlassen vorübergehend die Familie mit dem Ziel der späteren Wiederzusammenführung • Das Kind wünscht Kontakt zum Täter. • Die Mutter wird als mitverantwortlich angesehen, da sie das Kind entweder ablehnt, sich aus der Ehe zurückzog oder den Mißbrauch duldete. • Integration von Täterarbeit als Bestandteil der Intervention, da dieser als Opfer der Verhältnisse angesehen wird. • Annahme: Die Behebung der Familienkrise schützt das Kind vor weiterer sexueller Mißhandlung.

Die deutsche Kinderschutzbewegung entwickelte sich u.a. aus der Einrichtung feministisch akzentuierter Beratungsstellen für sexuell mißbrauchte Mädchen und dem Einsatz des Kinderschutzbundes, bzw. der Kinderschutz-Zentren für körperlich und sexuell mißhandelte Kinder. Aus den wenigen Veröffentlichungen lassen sich keine konkreten Handlungsanweisungen für den Umgang mit einem Verdacht oder der Hilfe für betroffene Mädchen und Jungen ableiten. Zahlreiche weitere Beratungsstellen, etwa die Erziehungsberatung, der Schulpsychologische Dienst, kirchliche Jugendhilfe-Einrichtungen oder pädagogische Anlaufstellen (Pro Familia, Ehe- und Lebensberatung, Deutsches Rotes Kreuz, etc.) haben das Thema aufgegriffen, bzw. sind zwangläufig mit der Problematik konfrontiert worden. Wie eine Untersuchung von HARBECK/ SCHADE (1994) ergab, fehlen den dort tätigen Fachkräften Informationen im Umgang mit der Aufdeckung sexuellen Mißbrauchs und spezielle praxisbezogene Vorgehensweisen[906]. Von effektivem Interventionshandeln im Sinne des Kinderschutzes kann demnach nicht ausgegangen werden. Verhaltensunsicherheiten, die Diskussion um den Mißbrauch mit dem Mißbrauch in den Medien und die fehlenden Fortbildungsmöglichkeiten führen eher zu abwartender Vorsicht als zu konkreten Hilfemaßnahmen.

Das Vorgehen der Kinderschutzdienste zur Verdachtsabklärung und bei der Aufdeckung sexuellen Mißbrauchs, bzw. der Lebensbegleitung der betroffenen Kinder mag den hilflosen Helfern eine Orientierung geben, zur weiteren Diskussion anregen oder zu neuen Entwicklungen führen. Anhand der theoretischen Ausformulierung der Begriffe „Kindzentriertheit", „Diagnostik bei sexuellem Mißbrauch" und der „Hilfeplanung" soll nun das Handlungsfeld der Kinderschutzdienste dargestellt, erläutert und später kritisch reflektiert werden.

5.2.2 Die Kinderschutzdienste in Rheinland-Pfalz

Um das „kindzentrierte" Konzept der Kinderschutzdienste nachvollziehen zu können, wird im folgenden auf ihre Entstehung und die Förderkriterien eingegangen. Weiterhin werden die Phasen der Hilfeplanentwicklung erläutert sowie die Kindzentriertheit als Antwort auf bestehende Interventionshindernisse anderer Ansätze[907] identifiziert. Schließlich wird das Raster der kinderschutzspezifischen Hilfeplanung vorgestellt als Ausgangspunkt für die Auswertung der Praxiserfahrungen der Fachkräfte aus den Kinderschutzdiensten.

Die Kinderschutzdienste verstehen sich im Gegensatz zu den öffentlichen Trägern der Jugendhilfe, die mit den Eltern, dem Kind und anderen Fachdiensten kooperieren müssen, als Interessenvertreter des Kindes. Für den kindzentrierten Ansatz der KSD ist es wesentlich, daß das Mädchen oder der Junge im Mittelpunkt des Hilfeprozesses steht:

> „Alle Hilfen und Entscheidungen in diesem Prozeß müssen von der Fachkraft gemeinsam mit dem Kind oder Jugendlichen besprochen und entwickelt werden. Das Kind zeigt durch seine verbalen und nonverbalen Äußerungen und Mitteilungen, was es sich wünscht oder braucht und wovor es Angst hat. Die Fachkraft muß ihrerseits das Mädchen oder den Jungen in ihre Einschätzungen und Überlegungen situativ einbeziehen und daran teilhaben lassen. Das Kind oder der Jugendliche darf den Hilfeansatz nicht als Bedrohung oder als Mißbrauch erleben. Die Verantwortung für die Entscheidungen in der Hilfeplanung obliegt jedoch der Fachkraft."[908]

---

[906] vgl. V.Harbeck/ G.Schade 1994, S.23
[907] vgl. Kapitel 5.2
[908] Dokumentation der KSD 1997, S.36

Die „Zentrale Beratungsstelle für Kinderschutz" (ZBK) des Landesamtes für Soziales, Jugend und Versorgung sowie das Fachreferat für Jugendschutz des heutigen Ministeriums für Kultur, Jugend, Familie und Frauen[909] (MKJFF) nahmen zahlreiche Erfahrungen aus Fortbildungen, aus Gesprächen mit sexuell mißbrauchten Frauen und Kindern, aus Aktenanalysen und der Durchsicht einschlägiger Literatur als Grundlage, um einen Interventions-ansatz zur Hilfe bei Gewalt an Kindern zu entwickeln. Mit diesem neuen Konzept sollte den Krisen im Helfer/innen-System, in der Familie und im Umgang mit der Problematik der Vernachlässigung, der Mißhandlung und des sexuellem Mißbrauch entgegengewirkt werden. Besonderes Anliegen war den Gründer(n)/innen der Kinderschutzdienste die Möglichkeit, mit den Kindern und Jugendlichen direkt, ggf. auch gegen den Willen der Eltern reden zu können. Die Einwilligung der Eltern ist nach § 8 Abs. 3 SGB VIII unter bestimmten Voraussetzungen nicht erforderlich. Außerdem war ein wichtiges Ziel, Stellvertreterkonflikte (die Widerspiegelung der Konflikte der Familie im Helfer/innen-System) und Sekundärtraumatisierungen des Kindes infolge unprofessioneller Vorgehensweisen zu vermeiden. Blockieren, Verleugnen oder Bagatellisien bei einem Verdacht auf sexuellen Mißbrauch oder Mißhandlung, aber auch überstürztes Agieren, sollten durch konkrete Handlungsanweisungen reduziert werden.[910]

Im November 1990 entstanden die ersten drei Kinderschutzdienste in Landau, Ludwigshafen und Trier. Seither sind neun weitere KSD in Höhr-Grenzhausen, Worms, Pirmasens, Neustadt, Germersheim, Koblenz, Grünstadt, Kirchen/ Sieg und Neuwied eingerichtet worden. Weitere Städte und Gemeinden des Landes Rheinland-Pfalz bemühen sich um die Finan-zierung eines KSD.

Die Kinderschutzdienste von Rheinland-Pfalz verstehen sich als ein neues Hilfeangebot der Jugendhilfe in freier Trägerschaft, wie z. B. Kinder-schutzbund, Caritasverband, Diakonisches Werk, Wildwasser, Arbeiter-wohlfahrt und Pro Familia.

Maßgebend für die Einrichtung eines Kinderschutzdienstes sind die Förder-kriterien des Ministeriums in der Fassung vom 31.8.1990[911]. In den für Rheinland-Pfalz geltenden Förderkriterien wird das Tätigkeitsfeld der Kinderschutzdienste wie folgt beschrieben:

"Kinderschutzdienste haben die Aufgabe, Mädchen und Jungen, die körperlich oder seelisch mißhandelt, schwer vernachlässigt oder sexuell mißbraucht werden, sowie Mädchen und Jungen, bei denen ein entsprechender Verdacht besteht,

- ein ständiger Ansprechpartner zu sein, der auf die betroffenen Kinder zugeht und deren Aussage voll vertraut,

- vor weiteren Gefährdungen zu schützen und die dafür notwendigen Schritte zu veranlassen,

---

[909] damals noch Ministerium für Arbeit, Soziales, Familie und Gesundheit

[910] vgl. KSD-Dokumentation, Mainz 1997, S.10f

[911] vgl. KSD-Dokumentation, Mainz 1997, S.11

- in Gesprächen und mittels persönlicher Zuwendung Hilfen zur Stabilisierung ihrer Persönlichkeit und für ihre künftige Lebensgestaltung zu geben,
- vertrauender und verläßlicher Helfer im zivil- und strafrechtlichen Verfahren zu sein und auch zu bleiben, falls es zu einer Verurteilung kommt oder die Aussage eines Kindes bestritten oder sonst angezweifelt wird.

Aufgabe der Kinderschutzdienste ist es auch, durch Beratung und Vermittlung von Hilfe zur Stabilisierung der Familiensituation beizutragen, soweit dies ohne Beeinträchtigung des Vertrauensverhältnisses zu den betroffenen Mädchen oder Jungen notwendig ist.

Soweit dies im Einzelfall geboten ist, sollen die Kinderschutzdienste erzieherische, soziale, ärztliche, psychotherapeutische oder sonstige Hilfen aufzeigen und bei deren Inanspruchnahme helfen.

Nicht zu den Aufgaben der Kinderschutzdienste gehört, an der Strafverfolgung des potentiellen Täters mitzuwirken oder – ohne den Willen des betroffenen Kindes – gegen ihn Anzeige zu erstatten, da Kinderschutzdienste nach Maßgabe des § 203 StGB zur Verschwiegenheit verpflichtet sind."[912]

Folgenden Interventionshindernissen wollen die Kinderschutzdienste begegnen:

- Bei dem Vorliegen oder dem Verdacht auf sexuellen Mißbrauch werden sehr viele Institutionen eingeschaltet, die Entscheidungen für das Kind treffen, ohne mit dem betreffenden Kind oder Jugendlichen zu reden oder Informationen zu vermitteln.
- Wenn Eltern in das Mißbrauchsgeschehen involviert sind, muß der Zugang zum Kind direkt gesucht werden.
- Während des Interventionshandelns treten häufig Stellvertreterkonflikte auf, die den Grundkonflikt einer vom Mißbrauch betroffenen Familie auf der Helferebene widerspiegeln.
- Verleugnung, Abwehr, Ausgrenzung, Grenzüberschreitung und Sprachlosigkeit in den betroffenen Familien finden sich auch im Helfersystem wieder.
- Eindeutige Hinweise auf sexuellen Mißbrauch werden häufig als Verdacht behandelt und entsprechende Handlungsschritte vermieden.
- Der Verdacht auf sexuellen Mißbrauch löst häufig eine Helferkrise aus, die zu überstürztem Agieren führen kann.[913]

Als Antwort auf diese Schwierigkeiten beim Umgang mit mißhandelten, vernachlässigten oder sexuell mißbrauchten Kindern entwickelten die KSD ein Konzept, das sich von anderen Interventionsansätzen abgrenzt und dessen hervorstechendstes Merkmal die Kindzentriertheit ist.

---

[912] Förderichtlinien der KSD von Rheinland-Pfalz, erhältlich im Ministerium für Kultur, Jugend, Familie und Frauen, Mainz
[913] Dokumentation der KSD, Stand 1995, S.7 f

„Das Wesentliche des kindzentrierten Ansatzes verdichtet sich in dem zunächst einfachen und selbstverständlichen Postulat, die Wünsche und Bedürfnisse des Kindes sowie seinen Hilfebedarf in allen seine Person betreffenden Angelegenheiten und Entscheidungen einzubeziehen. Beide Elemente – die vom Kind geäußerten Wünsche und Bedürfnisse einerseits, den von der Fachkraft erkannten Hilfebedarf andererseits – in der Praxis schrittweise und kontinuierlich in Einklang miteinander zu bringen, verstehen die Kinderschutzdienste sowohl als zentrale Prämisse als auch als Zielsetzung ihres Auftrages.[914]

Die Arbeit an den Fällen und die Reflexion bzw. Evaluation der Einzelfallverläufe in den vierteljährlichen Treffen aller 12 KSD führte zur Entwicklung eines kinderschutzspezifischen Hilfeplanes, der angelehnt an den § 36 SGB VIII eine Leitlinie zur Intervention bei Gewalt an Kindern und Jugendlichen bildet. In der Einleitung zur vorletzten Fassung der Dokumentation der KSD wird die kindzentrierte Hilfeplanentwicklung als „roter Faden" der Kinderschutzarbeit benannt:

„In der kindzentrierten Arbeitsweise der Kinderschutzdienste in Rheinland-Pfalz nimmt die Entwicklung und Durchführung des kinderschutzspezifischen Hilfeplanes einen bedeutenden Platz ein. Der Hilfeplan ist das zentrale Instrument, mit dem die Situation des Kindes und seiner Familie, seine darin verwurzelten Bedürfnisse, seine Wünsche, Fähigkeiten und Ressourcen wahrgenommen und in die Entwicklung der lebenspraktischen Hilfen sowie der Hilfen zu seinem Schutz einbezogen werden."[915]

Die Kinderschutzdienste wurden in den ersten Jahren vorwiegend um Hilfe für sexuell mißbrauchte Kinder angefragt, obwohl sie auch in Fällen von Mißhandlung und Vernachlässigung Begleitung und Unterstützung anbieten[916]. Das Ziel der Kinderschutzarbeit bezogen auf den sexuellen Mißbrauch ist die Beendigung der Notsituation, der Schutz des Kindes vor weiteren sexuellen Übergriffen sowie die Vermittlung von Hilfen für die künftige Lebensgestaltung und die Verarbeitung des Erlittenen. Hierbei wird auf die Gesamtsituation des Kindes eingegangen, auf die Umstände des sexuellen Mißbrauchs, auf die Familiensituation, das soziale Umfeld des Kindes und seinen persönlichen Hilfebedarf.
Ausgehend von den Ausführungen GINSEAUSKAS´ (1997), die die Kinderschutzdienste seit dem Bestehen wissenschaftlich begleitet und die zugleich Hauptautorin der KSD-Dokumentation ist, lassen sich für die Kinderschutzdienstarbeit folgende Handlungsprinzipien bestimmen:

---

[914] L.Ginseauskas 1997, S.134/135
[915] Dokumentation der KSD, Referat für Jugendschutz des Ministerium für Kultur, Jugend, Familie und Frauen des Landes Rheinland-Pfalz, S.1, Mainz 1995
[916] dies geht aus den Interviews mit den Trägern der KSD hervor, die im Ministerium in Mainz erhältlich sind

⇨ Der Kinderschutzdienst (KSD) handelt auch schon bei Verdacht auf Mißhandlung oder sexuellem Mißbrauch und muß das Vorliegen von gerichtsverwertbaren Beweisen nicht abwarten.

⇨ Der KSD vertraut dem Mädchen oder dem Jungen und stimmt sein Handeln mit ihm ab. Dabei berücksichtigt der KSD, daß das Kind oder der Jugendliche – insbesondere bei Mißbrauchserfahrungen – erst zur Mitbestimmung und Mitentscheidung befähigt werden muß.

⇨ Der KSD hilft dem Kind, die Sprache zu finden, um Erlebtes mitzuteilen.

⇨ Der KSD versucht, das Mädchen oder den Jungen schon vor der Aufdeckung zu schützen. Eine Vermittlung des Kindes oder des Jugendlichen, z.B. in eine Kinderkur, kann dem Mädchen oder dem Jungen zumindest vorübergehend Schutz gewähren und ihm helfen, in geschützter Umgebung über seine Mißbrauchserfahrungen zu sprechen.

⇨ Der KSD arbeitet als Interessenvertreter von und mit betroffenen Mädchen und Jungen und bezieht nach Möglichkeit deren Familie ein.

⇨ Der KSD berät in der Vorbereitungsphase des Hilfeplans betroffene Mädchen und Jungen auch ohne Wissen der Eltern, wenn von ihnen die Gefährdung ausgeht oder sie in das Geschehen involviert sind.

⇨ Bei Interessenskonflikten zwischen Kindern und Eltern, insbesondere, wenn letztere in das Geschehen involviert sind, entscheidet sich der KSD für das Mädchen oder den Jungen. Er kooperiert mit dem Jugendamt oder anderen Fachdiensten, die die Eltern einbeziehen.

⇨ In der Aufdeckungsphase, d.h. während und nach der Konfrontation mit dem Täter oder der Täterin, muß das Mädchen oder der Junge geschützt sein. Wenn der KSD in Ausnahmefällen Entscheidungen für das Mädchen oder den Jungen trifft, die von dessen Wünschen/ Vorstellungen abweichen, z.B. bei akuter Gefährdung, teilt er diese Entscheidung dem Kind oder dem Jugendlichen mit und begründet sie.

⇨ Der KSD hat die Aufgabe, das betroffene Kind zu schützen und lebenspraktisch zu begleiten. Wie dies im Einzelfall möglich ist, bespricht der KSD mit dem Kind und stimmt seine Handlungsschritte und Entscheidungen nach Möglichkeit mit ihm ab.

⇨ Läßt sich erkennen, daß die Durchführung des kinderschutzspezifischen Hilfeplans das Einschalten des öffentlichen Trägers der örtlichen Jugendhilfe erforderlich macht, setzt er sich mit Wissen des Mädchens oder des Jungen mit diesem in Verbindung. Es ist die Aufgabe des KSD darauf hinzuwirken, daß der kinderschutzspezifische Hilfeplan in den anschließend vom öffentlichen Träger der Jugendhilfe zu entwickelnden Hilfeplan nach § 36 SGB VIII einfließen kann.

⇨ Der KSD leitet bei Bedarf in Zusammenarbeit mit dem Jugendamt rechtliche Interventionen ein.

⇨ Läßt sich der mit dem Kind oder dem Jugendlichen entwickelte kinderschutzspezifische Hilfeplan auch ohne Mitwirkung des Jugendamtes durchführen, so wird er in Form einer Vereinbarung mit den Eltern bzw. der Familie des Mädchens oder des Jungen festgelegt.

⇨ Ist das Mädchen oder der Junge geschützt und ist der Hilfeplan vereinbart, bespricht der KSD mit dem Mädchen oder dem Jungen die Möglichkeit einer Strafanzeige. Es ist nicht die Aufgabe des KSD, Strafanzeige zu erstatten. Es ist aber seine Aufgabe, Kindern diese Möglichkeit aufzuzeigen und sie bei der Inanspruchnahme umfassend und wirkungsvoll zu unterstützen.[917]

Die Kinderschutzdienste gehen bei ihrer Hilfeplanung in drei Phasen (Vorbereitungsphase, Aufdeckungsphase, Realisierungsphase) vor, wobei sie davon ausgehen, daß eine zum falschen Zeitpunkt und mit falschen Voraussetzungen eingeleitete Hilfe in der Regel die Gefährdung des Kindes erhöht. Häufig entsteht die Kontaktaufnahme durch eine Vertrauensperson des Kindes (z.B. Erzieherin, Lehrerin, Mutter), die zur Beratung wegen eines bestehenden Verdachtes den KSD aufsucht. Die Aufgabe dieser vom Kind erwählten Person seines Vertrauens besteht darin, das Kind möglichst behutsam an die Helfer/innen des Kinderschutzsdienstes zu vermitteln.

In der *Vorbereitungsphase* wird der Zugang zu dem Kind erschlossen, eine Beziehung aufgebaut und der Kontakt zum Kind intensiviert. Auf der Grundlage einer herzustellenden Vertrauensbasis wird das Kind im Laufe der Begleitung durch die Kinderschutzdienstfachkraft am Entscheidungsprozeß einbezogen, soweit dies seinem Entwicklungsstand und seinen Möglichkeiten entspricht. Die Familie des Kindes wird am Hilfeplan beteiligt, wenn dort keine Grenzverletzungen gegen das Kind gerichtet wurden. GINSIAUSKAS (1995) gibt hinsichtlich der Beteiligung der Eltern an der Hilfeplanentwicklung zu bedenken, daß sich „bei sexuellem Mißbrauch die Schutzmöglichkeiten für das Kind nur mit eingeschränkter Mitwirkung der Familienmitglieder oder sogar ohne sie entwickeln (lassen), wenn sie mitbetroffen sind"[918]. Die Fachkraft plant mit dem Kind, mit Einverständnis des Kindes auch mit seinen Bezugspersonen und anderen beteiligten Fachdiensten die Entwicklung des Hilfeplanes, klärt Verantwortungen, führt Helferkonferenzen durch, trifft Absprachen und vereinbart Regeln. Sie achtet darauf, daß

---

[917] Dokumentation der Kinderschutzdienste 1997, S. 37/38
[918] L. Ginseauskas 1995, S.13

die Beteiligten ihren Aufgaben entsprechend einbezogen werden, "ohne daß die Gefahr einer sekundären Traumatisierung oder eines erneuten Kontrollverlustes für das Kind" entsteht[919]. Kommt es im Laufe der Abklärung des Hilfeplanes mit dem Kind zu einer Krise, kann unverzüglicher Handlungsbedarf entstehen, der dem Mädchen oder Jungen dann erklärt wird, wobei mögliche Handlungsalternativen aufgezeigt werden.

Das Kind erlebt das empathische und verständnisvolle Eingehen auf seine Bedürfnisse, Ängste und Wünsche während der ersten Kontakte häufig schon als hilfreich und entlastend. Das Kind wird befähigt, seine eigenen Wünsche und Bedürfnisse zu äußern, unabhängig von den Ansichten, Vermutungen oder Interpretationen der Fachkraft oder seiner Bezugsperson. Die Entwicklung des Hilfeplanes wird angepaßt an das vom Kind vorgegebene Tempo, da übereiltes und unreflektiertes Handeln zu Überforderungsgefühlen führen kann, wie in der Dokumentation betont wird: "Das Kind, das in seinem privaten und intimsten Bereich schutzlos Gewalt und sexuellem Mißbrauch ausgesetzt war oder noch wird, dessen Vertrauen mißbraucht wurde, das seine Welt nicht mehr versteht und verwirrt ist, braucht Zeit und Geduld, um hilfreiche Beziehungen eingehen zu können, die positive Entwicklungen ermöglichen."[920]

In der *Aufdeckungsphase*, die mit Wissen des Kindes durchgeführt wird, steht der Schutz des Kindes im Mittelpunkt aller Bemühungen, werden die Vertrauensperson und die/der nichtmißbrauchende/n Eltern/teil beteiligt. Handelt es sich um Täterpersonen, die nicht zur Familie gehören, wird deren Teilnahme mit dem Kind überlegt. In dieser Phase wird die Täterperson mit den Handlungen konfrontiert, und Hilfeangebote vermittelt. Allem voran geht die Aufdeckung mit dem Kind *im* Kind, bevor irgendwelche Interventionsschritte eingeleitet werden. Der KSD steht parteilich auf der Seite des betroffenen Kindes. Der Wille des Kindes wird einbezogen, erforscht und analysiert. Z.B. werden die Ernsthaftigkeit seiner Motive, seine Vorstellungen und Wünsche – unbeeinflußt durch die Anwesenheit der Bezugspersonen – ermittelt.

Die Kinderschutzdienste glauben dem Kind, entwickeln eine Vertrauensgrundlage, sichern Verschwiegenheit zu und übernehmen Verantwortung.

Während der *Realisierungsphase* geht es weiterhin um den Schutz des Kindes und seine lebenspraktische Begleitung. Gemeinsam mit dem Kind wird ein Hilfeprogramm ausgestaltet und der Ort der zukünftigen Unterbringung festgelegt. Kommt es zu Interventionen, die der rechtlichen Absicherung bedürfen, kooperieren die Fachkräfte der KSD mit dem Jugendamt. Nach § 36 SGB VIII sind die professionellen Helfer/innen verpflichtet, Hilfen für das Kind und seine Familie gemeinsam mit ihnen und den freien Trägern zu entwickeln, diese im Hilfeprozeß zu überprüfen und den Ent-

---

[919] L.Ginseauskas 1995, S.4
[920] L.Ginseauskas 1995, S.13

wicklungen und Wünschen der Betroffenen gemäß zu verändern und anzupassen. Dementsprechend ist der § 36 SGB VIII die *Rechtsgrundlage für den Hilfeplan* der Kinderschutzdienste und des Jugendamtes[921].

Das Konzept der KSD und die Erarbeitung eines Tätigkeits- oder Qualifikationsprofils der Mitarbeiter/innen befinden sich in einem dynamischen Entwicklungsprozeß, der sich an der Vielfalt und Unterschiedlichkeit der Fälle ständig weiterenwickelt. Dies zeigt sich an den vierteljährlich stattfindenden Konferenzen, der zweijährigen Fortbildung und der Bereitschaft der KSD an einer wissenschaftlichen Begleitung ihrer Konzeptualisierung. GINSEAUSKAS (1997) faßt die weitere Erprobung eines kindzentrierten Vorgehens in der Kinderschutzarbeit der KSD zusammen:

> „Dabei ist zu berücksichtigen, daß die Konzeption des 'kindzentrierten Ansatzes' nicht als statische Vorgabe betrachtet werden darf, sondern vielmehr als eine dynamische Arbeitsweise zu verstehen ist, die sich in der Anwendung weiterentwickeln wird. Die fortwährenden Erfahrungen der Kinderschutzdienste in der Arbeit mit Kindern/Jugendlichen und ihren Familien, der Austausch unter den Fachkräften, die Auseinandersetzung mit und Abgrenzung von unterschiedlichen Ansätzen sowie die Reflexion der eigenen Handlungsschritte fördern diesen Prozess."[922]

Die Kinderschutzdienste haben zur besseren Überschaubarkeit ein Raster der Hilfeplanentwicklung entworfen, das angelehnt an die Phasen des Hilfeprozesses der „Sozialen Einzelhilfe"[923] (Anamnese, Diagnose, Intervention, Evaluation) zur Reflexion der Praxiserfahrungen in den KSD genutzt werden soll[924]. Diese Kurzfassung zur Erstellung eines kindzentrierten, kinderschutzspezifischen Hilfeplanes wird im folgenden als Auswertungsgrundlage der erhobenen Fälle herangezogen und veranschaulicht zugleich das Vorgehens der KSD:

---

[921] vgl. Kapitel 5.1.2
[922] L.Ginseauskas 1997, S.131
[923] vgl. Kapitel 5.1.1
[924] siehe Kapitel 7

Raster der kindzentrierten, kinderschutzspezifischen Hilfeplanentwicklung der Kinderschutzdienste

Vorbereitungsphase:

Mädchen / Junge	Kontaktperson
Tatsachen/ Vermutungen zum Gesamteindruck 1. Erste Beschreibung des Kindes durch die Kontaktperson 2. Beschreibung des Kindes durch KSD (Ersteindruck) Ergänzung des Eindrucks durch andere Personen	Infos bez. Mißbrauch/ Mißhandlung Tatsachen/ Vermutungen/ Phantasien
Botschaften an Mädchen/ Jungen *– direkt oder indirekt durch KSD –*	*Familiäre Situation des Kindes*
	1. Allgemeine Informationen und Einschätzungen zur familiären Situation durch: – das Kind – die Kontaktperson – andere Personen 2. Stellung (Rolle) des Kindes in der Familie, Einschätzungen: – des Kindes – der Kontaktperson – anderer Personen 3. Was muß der KSD noch wissen?
Kontakt/ Zugang zum Kind	*Weitere Informationen bez. Mißbr./ Mißh. durch Hilfsdienste, Personen (JA; EB, Kliniken, Ärzte, Kureinrichtungen, Kindergarten, Schule)*
	Tatsachen/ Vermutungen/ Phantasien
Fachkraft des KSD	*Klärung der rechlichen Positionen (Kind, Eltern, KSD, Kontaktperson, etc.)*
Diagnostische Überlegungen bez. Mißbrauch/ Mißhandlung Tatsachen/ Vermutungen/ Phantasien	

Aufdeckungsphase:

Auswertung durch KSD		Bedürfnisse des Kindes
bez. tatsächlichen Hilfebedarfs des Kindes wegen Mißhandlung u./o. sex. Mißbrauchs, sofort oder später	bez. anderweitigen Hilfsbedarfs des Kindes u./o. seiner Familie und Vermittlung an andere Fachkräfte (fehlende Zuständigkeit des KSD)	Klärung der kurz- und längerfristigen Bedürfnisse des Kindes durch den KSD bez. Schutz und Hilfen - Entwicklung von Vorschlägen
Reflexion mit dem Mädchen/ Jungen		**Familie des Kindes**
Klärungen: 1. Was darf der KSD bez. des Mißbrauchs/ Mißhandlung mitteilen? Wem darf der KSD diese Mitteilung machen? 2. Welche Empfindungen werden durch o.g. Abklärungen beim Kind ausgelöst? 3. Mitteilungen darüber, vor wem der KSD das Kind schützen wird Klärung der Konsequenzen		Klärungen: 1. Wer in der Familie kann das Kind schützen und Verantwortung in der Hilfeplanung übernehmen? 2. Wer in der Familie braucht welche Hilfen, unter Berücksichtigung der Kinderinteressen? 3. Vermittlung an andere Hilfsdienste in Zusammenarbeit mit anderen Fachkräften (z.B. JA, EB, Familienberatungsstelle, etc.)
Klärung mit der das Kind schützenden Bezugsperson (innerhalb und außerhalb der Familie)		**mißhandelnde/ mißbrauchende Person**
Klärungen: 1. Kann sie über das, was sie über das Kind erfährt, schweigen und wozu braucht sie ggf. Hilfe? 2. Sie erhält Informationen über die derzeit bestehenden Fakten. 3. Klärung des Schutzbedarfes des Kindes und der Schutzmöglichkeiten 4. Klärung ihrer Verantwortung für das Kind und ggf. des eigenen Hilfebedarfs		Aufdeckung/ Konfrontation: 1. Sie erhält Informationen darüber, was das Kind bezgl. des Mißbrauchs/ der Mißhandlung gesagt hat u./o. was wir wissen. 2. Sie wird über den Hilfeplan informiert (Schutzmaßnahmen für das Kind und Wünsche des Kindes) 3. Bzgl. der Schutzmaßnahmen des Kindes (z.B. Kontaktverbot, Besuchsregelungen, etc.) werden mit ihr schriftliche Vereinbarungen getroffen mit dem Hinweis auf mögliche rechtliche Konsequenzen, wenn diese nicht von ihr eingehalten werden 4. Sie erhält Informationen über mögliche Hilfen für sich selbst

Realisierungsphase:

Wohn- und Lebenssituation des Kindes	*Kontakt- und Beziehungswünsche des Kindes*
Welche Hilfen/ Förderung braucht und läßt das Kind zu? (Freizeit, med. Versorgung, Kindergarten, Schule, Bewältigung seiner Notsituation)	1. Zu wem wünscht sich das Kind Kontakte und in welcher Form? 2. Mögliche verläßliche Bezugspersonen für das Kind Hilfe, Unterstützung und Begleitung durch den KSD
Zuständigkeit des KSD im kinderschutzspezifischen Hilfeplan	*Veränderung des kinderschutzspezifischen Hilfeplans durch Hilfeplan nach § 36 SGB VIII*
1. Weitere Begleitung des Kindes bei der Inanspruchnahme von Hilfen; sowie Klärung und Weiterentwicklung der Bedürfnisse und Wünsche des Kindes 2. Beratung und Unterstützung der für das Kind wichtigen Bezugspersonen 3. Schriftliche Festlegung der Schutz- und Hilfemaßnahmen 4. Regelmäßige Überprüfung der Schutz- und Hilfemaßnahmen; ggf. Veränderung des kinderschutzspezifischen Hilfeplanes in Zusammenarbeit mit dem Jugendamt. Initiierung und Durchführung gemeinsamer Gespräche mit allen das Kind und seine Familie begleitenden Fachdiensten und Personen (= multiprofessionelle Fallbesprechung)	Beteiligung des KSD durch das Jugendamt ist erforderlich 1. Der KSD informiert das JA über seine bisherige Arbeit, den kinderschutzspezifischen Hilfeplan und seine Überlegungen zum Hilfeplan nach § 36 SGB VIII 2. KSD überprüft und ändert bei Bedarf unter Beteiligung des Kindes den kinderschutzspezifischen Hilfeplan ab und begleitet das Kind bei den jugendhilferechtlichen Festlegungen nach § 36 SGB VIII 3. Festlegung der weiteren Begleitung des Kindes durch den KSD unter Beteiligung des JA Ggfl. Beratung und Unterstützung der bisherigen Bezugspersonen des Kindes

Die hier in theoretischen Begriffen beschriebene „kindzentrierte" Hilfeplanung wird in Kapitel 7 anhand der 50 erhobenen Fallbeispiele konkretisiert und angeglichen an die Phasen sozial-/ pädagogischer Handlungsplanung dargestellt. Um den Stellenwert der für die vorliegende Arbeit erfaßten Fallanalysen aus 10 Kinderschutzdiensten bezogen auf die Jahre 1993-1996 einschätzen zu können, wird zuvor die Tätigkeit dreier Kinderschutzdienste ausgewertet. Hierdurch können die ausgewählten 50 Fälle dem umfassenden Beschäftigungsfeld der Fachkräfte in den Einrichtungen zugeordnet und entsprechend gewichtet werden.

5.2.3 Exemplarische Auswertung der Jahresberichte aus drei Kinder schutzdiensten

Um die Anonymität der Kinderschutzdienste zu wahren, wurden die statistischen Daten dreier Einrichtungen für diese Arbeit ausgewählt. Soweit vorhanden wurden Informationen aus allen Kinderschutzdiensten (Stand

1998) hinzugefügt, um die Repräsentativität der näher vorgestellten Fachdienste einschätzen zu können. Ausgehend von den Angaben aus den Jahren 1991 bis 1997 konnten folgende Bereiche näher definiert und z.T. mit den 50 erhobenen Fällen verglichen werden:

- die Qualifikation der Fachkräfte
- die Verteilung der Kontakte im KSD
- die Anzahl der Kontakte je Fall
- der unmittelbare Kontakt zum Kind
- die Intensität der Beteiligung des Kindes
- die Dauer der Kontakte
- das Alter der betroffenen Kinder
- das Geschlecht der betroffenen Kinder

Die drei exemplarischen Kinderschutzdienste sandten die insgesamt 16 Berichte der ersten vier oder fünf Jahre seit Bestehen der jeweiligen Einrichtung zu. KSD „A" befindet sich in einer größeren Stadt und betreut auch den zugehörigen Landkreis, KSD „B" und „C" nahmen ihre Arbeit in Kleinstädten auf.

Diese Fachdienste beschäftigen je drei Fachkräfte, die eine etwa gleiche Anzahl von Arbeitsstunden (jeder KSD verfügt über 2 Vollzeitstellen) ableisten. Jede Fachkraft hat ein eigenes Zimmer, in dem ein Schreibtisch, eine Sitzgruppe und eine Spielecke vorhanden ist. Zwei Kinderschutzdienste haben separate Spielzimmer. Da die drei Kinderschutzdienste ehemalige Wohnungen angemietet haben, dient das jeweils größte Zimmer zusätzlich als Team- und Supervisionsraum. Außerdem gibt es je eine Küche, ein Bad, eine ausgesuchte Bibliothek und kleine Abstellräume, die als Lager für Spiel- und Diagnosematerialien benutzt werden.

Fünf Fachkräfte der exemplarischen Einrichtungen schlossen ihr Diplom in Sozialpädagogik/-arbeit, drei in Psychologie und eine in Pädagogik ab[925]. Die Mitarbeiter/innen haben spezielle Schwerpunkte herausgebildet: Während z.B. eine Fachkraft vor allem mit kleineren Kindern arbeitet, übernimmt die andere Schulkinder und die dritte Jugendliche. In einem KSD werden hauptsächlich die Jungen von der männlichen Fachkraft betreut. Innerhalb der sieben Jahre, zu denen Jahresberichte vorliegen, kündigten in einem Fachdienst nacheinander alle drei Fachkräfte, in den beiden anderen jeweils eine. Diese Fluktuation mag gegenüber den anderen Einrichtungen überdurchschnittlich sein. Ein Vergleich aller bis 1998 nachgewiesenen Neueinstellungen verdeutlicht, daß die Kinderschutzarbeit eine Tätigkeit ist, die aufreibt, auslaugt und nach entlastenderen Berufsfeldern Ausschau halten läßt (*Tabelle 1*):

---

[925] vgl. Kapitel 7.1.3

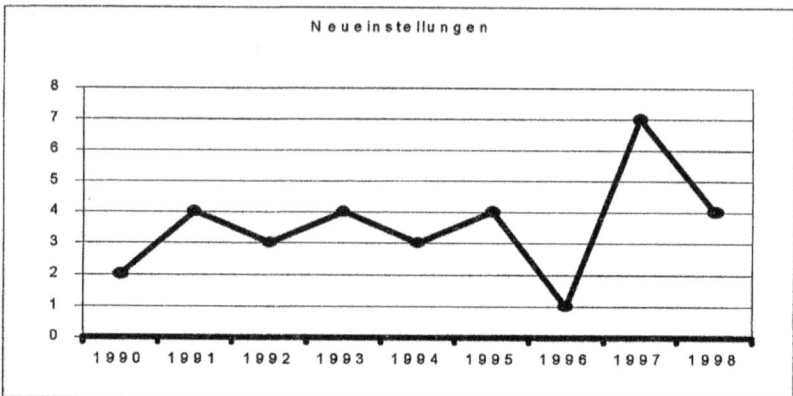

Neueinstellungen

In den dokumentierten Jahren befaßten sich die Fachkräfte der drei KSD mit durchschnittlich 80 Fällen pro Jahr. Obwohl die Kinderschutzdienste auch mißhandelte und vernachlässigte Kinder begleiten, beziehen sich die nachfolgenden Zahlen zu etwa 80 % auf sexuellen Mißbrauch.

Die unmittelbare Begleitung der Kinder in den drei Kinderschutzdiensten umfaßte durchschnittlich 32,8 % der Kontakte, gegenüber der Beratung der familialen Bezugspersonen mit 39,3 % und der institutionellen Vertrauenspersonen mit 27,9 %. Hier eine Übersicht über die Anzahl der Kontakte:

Tabelle2: Verteilung der Kontakte im KSD

KSD	Anzahl der Jahre	Kind		familiale Bezugspersonen		Instit. Vertrauenspers onen		Insges amt	bearbe itete Fälle
		Kontakt	%	Kontakt	%	Kontakt	%	Kontak te	
KSD „A"	1 Jahr	49	*43,4*	31	*27,4*	33	*29,2*	113	111
KSD „B"	4 Jahre	1004	*32,2*	1519	*48,6*	600	*19,2*	3123	355
KSD „C"	4 Jahre	1024	*33,1*	942	*30,4*	1132	*36,5*	3098	258
	Insges.	**2077**	**32,8**	**2492**	**39,3**	**1765**	**27,9**	**6334**	**724**

Es zeigt sich, daß die unmittelbare Beratung der Kinder gegenüber den Kontakten mit den familialen Bezugspersonen und anderen Personen nicht den Großteil der Arbeit der Fachkräfte ausmacht. Obwohl der kindzentrierte Ansatz der Kinderschutzdienste die umfangreiche Begleitung der Kinder vorsieht, kommen eine Unmenge weiterer Beratungen als zusätzliche Belastung hinzu, die den ursprünglichen Auftrag erschweren. Dennoch ist die Beratung der Bezugspersonen wichtig für den Schutz des Kindes und die

Durchführung der Hilfeplanung. KSD „A" würde eine Entlastung dieser zusätzlichen Tätigkeit sehr begrüßen:

> „Es hat sich gezeigt, daß oftmals die Arbeit mit den Familienangehörigen und Vertrauenspersonen unumgänglich ist. Das Angebot hat dabei das Ziel, diesen Personenkreis soweit zu stärken, daß sie die Mädchen und Jungen stützen und schützen können. In vielen Fällen ist es günstig, wenn Kinder/ Jugendliche und Eltern jeweils eigene AnsprechpartnerInnen haben. Dies versuchen wir ggf. innerhalb des Kinderschutzdienstes oder in Kooperation mit anderen Insti-tutionen zu realisieren."[926]

Ein Schaubild verdeutlicht *die Verteilung der Kontakte (Tabelle 3)*:

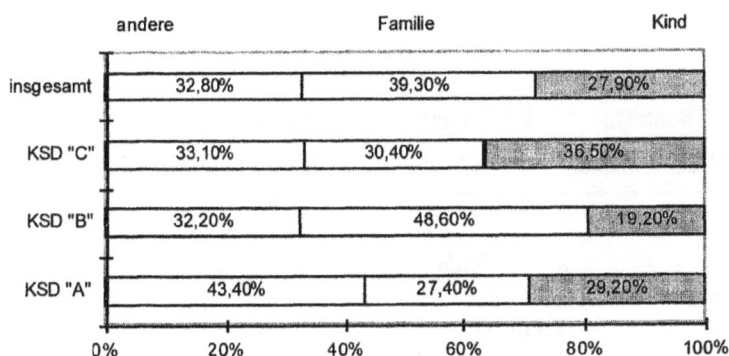

	andere	Familie	Kind
insgesamt	32,80%	39,30%	27,90%
KSD "C"	33,10%	30,40%	36,50%
KSD "B"	32,20%	48,60%	19,20%
KSD "A"	43,40%	27,40%	29,20%

0% 20% 40% 60% 80% 100%

---

[926] Jahresbericht des Kinderschutzdienstes „A" 1992, S.1

Die Zahl der Kontakte in diesem KSD je Fall zeigt *Tabelle 4*:

Zahl der Kontakte je Fall

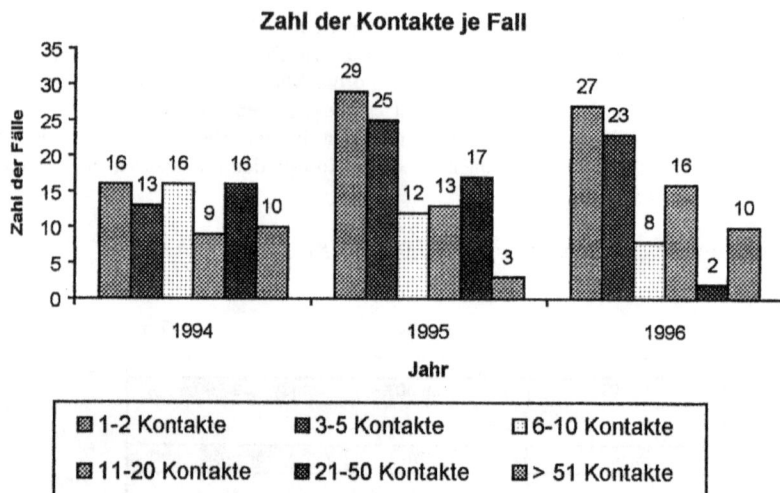

Es ist davon auszugehen, daß auch die anderen 12 Kinderschutzdienste ähnliche Angaben machen würden. Die hier vorgestellten 50 Fälle wurden wegen ihrer umfassenden unmittelbaren Beratung und Begleitung des Kindes ausgewählt; diese wird jedoch nach den oben angegebenen Zahlen nur in begrenztem Ausmaß durchgeführt. Aus der Durchsicht der bearbeiteten Fälle des Kinderschutzdienstes „B" konnte leider nicht ausgemacht werden, in wieviel Beispielen die Hilfeplanentwicklung mit dem Kind durchgeführt wurde, über welchen Zeitraum sich diese Kontakte erstreckten und wie häufig das betreffende Kind beraten wurde. Es konnte ebenfalls nicht zugeordnet werden, welchen Beitrag die Bezugspersonen zur Hilfeplanung leisteten oder ob die direkt beratenen Mädchen und Jungen ohne Wissen ihrer Eltern begleitet wurden.

Tatsächlich befanden sich unter den 265 Fällen des KSD „B" aus den Jahren 1994-1996 nur 98 Fallberatungen (37 %), die sich direkt an das betroffene Kind wandten. So wurde lediglich bei einem Drittel der bearbeiteten Fälle der direkte Kontakt zum Kind gesucht, wie das nachstehende Diagramm belegt (*Tabelle 5*):

Während sich in diesem KSD durchschnittlich pro Fall nur 37% der Kontakte auf das Kind bezogen, wurde demgegenüber im KSD „C" das Kind zu 75% beteiligt. KSD „A" hatte hierzu keine vergleichbaren Zahlen.

Direkter / indirekter Kontakt zum Kind

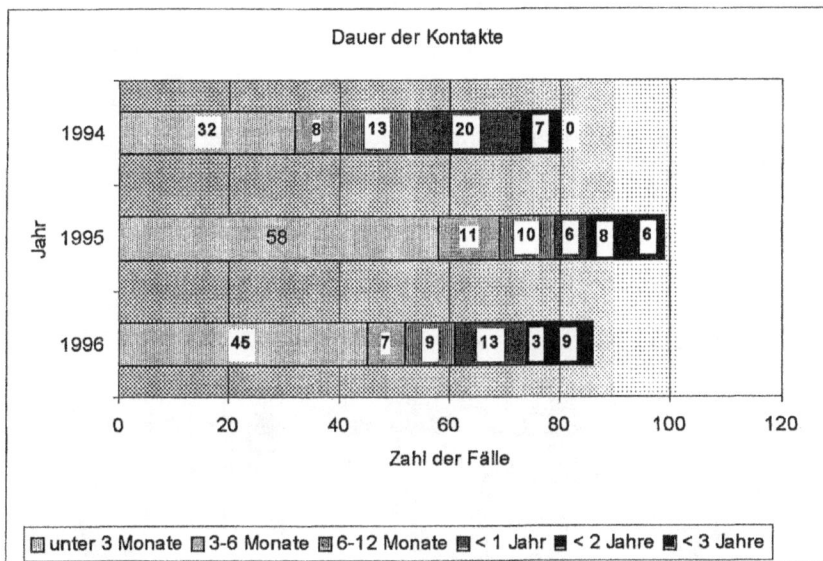

Auch an der Zeitspanne, über die sich die Kontakte hinzogen, wird ersichtlich, daß nur wenige der Beratungen mehrere Monate oder sogar ein Jahr oder 2 Jahre umfaßten. Die Hälfte der Begleitungen (50,9 %) wurde innerhalb von drei Monaten abgeschlossen, 10,6 % dauerten 3-6 Monate, 14,7 % länger als ein Jahr, 7,2 % länger als zwei Jahre und 5,7 % länger als drei Jahre. Hierzu eine Übersicht in *Tabelle 6*:

Da im Mittelpunkt der vorliegenden Arbeit die Beteiligung des Kindes an der Hilfeplanung steht, wurden mit den Fachkräften aus den Kinderschutzdiensten die Fälle ausgewählt, die eine längere Zeitspanne der direkten Beratung und Begleitung des Kindes belegten. Hierzu konnte – wie an den Daten des KSD „B" zu sehen ist – nur auf eine begrenzte Auswahl von Beispielen zurückgegriffen werden. Auch den Angaben des KSD „A" war zu entnehmen, daß innerhalb von fünf Jahren lediglich 21,8 % der Kinder langfristig betreut wurden. Der entsprechende Kinderschutzdienst beschreibt seine Kontakte mit dem Kind wie folgt:

257

„Bei der intensiven Betreuung handelt es sich um einen langfristig angelegten Kontakt. Das Kind/ der Jugendliche hat seine feste Bezugsperson im Kinderschutzdienst und es finden in der Regel einmal wöchentlich, je nach Bedarf auch öfter, Kontakte mit dem Mädchen oder Jungen statt. Daneben finden ggf. Gespräche mit den Bezugspersonen des Kindes statt, mit beteiligten Institutionen, Helferkonferenzen, Hilfeplangespräche, etc."[927]

Diese Kontakte dauerten zu 40 % mehr als 6 Monate und zu 24 % mehr als ein Jahr.[928]
Eine Beratung mit einer Frequenz von 2 – 3 Sitzungen pro Monat wurde in 30,2 % der Fälle angeboten. Anfragen oder Anmeldungen machten 48 % der Fallbearbeitungen aus. Folgendes Diagramm (*Tabelle 7*) gibt einen Überblick über die

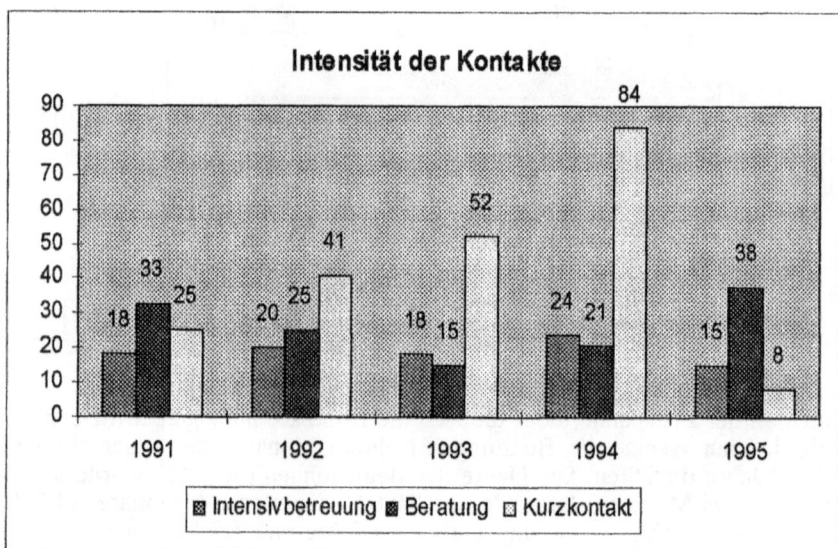

Intensität der Kontakte

	Intensivbetreuung	Beratung	Kurzkontakt
1991	18	33	25
1992	20	25	41
1993	18	15	52
1994	24	21	84
1995	15	38	8

Die Daten zum Alter und zum Geschlecht der Kinder wurden den Jahresberichten des KSD „B" entnommen und mit den 50 für diese Arbeit ausgewählten Fallbeispielen verglichen. Ergänzungen ergeben sich aus den Jahresberichten der beiden anderen KSD.

---

[927] Jahresbericht des Kinderschutzdienstes „A" 1995, S.3
[928] Jahresbericht des Kinderschutzdienstes „A" 1996, S.15

Von 355 bearbeiteten Fällen des KSD „B" in den Jahren 1993–1996 waren 71,5 % Mädchen und 28,5 % Jungen. Dies deckt sich mit den Angaben aus KSD „A" und „C". Von den 50 Fallbeispielen waren 80 % Mädchen und 20 % Jungen (*Tabelle 8*):

Geschlecht der betroffenen Kinder

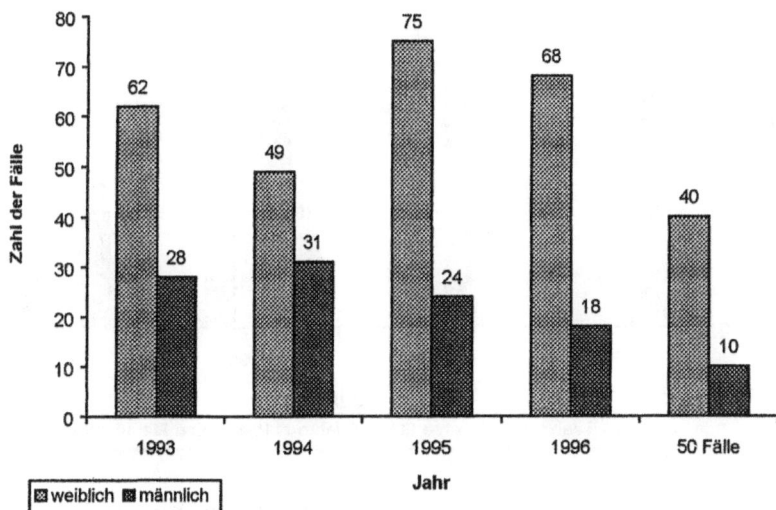

Im erwähnten Zeiteraum ist davon auszugehen, daß die von den Kinderschutzdiensten begleitenden Kinder zu etwa zwei Drittel Mädchen und zu einem Drittel Jungen waren.

Die Altersverteilung der in den KSD betreuten Kinder weist den Grundschulkindern die höchste Betroffenheitsrate (KSD „B": 47,9 %, KSD „C": 47,3 %) zu, was sich durch die erhöhte Aufmerksamkeit von Lehrpersonen in den Schulen erklären läßt. „Die Schulen stellen neben den Müttern die zahlenmäßig größte Gruppe, die sich hilfesuchend an den Kinderschutzdienst wenden",[929] faßt der KSD „C" zusammen. Nicht alle unter 5Jährigen besuchen den Kindergarten. Dennoch sind immerhin 24,9 % der betroffenen Kinder des KSD „B" und 13,5 % des

---

[929] Jahresbericht des Kinderschutzdienstes „C" 1997, S.2

KSD „C" in diesem Alter. In etwa findet sich diese Einordnung der Altersstufen auch in den 50 Fällen wieder (*Tabelle 9*).

Alter der betroffenen Kinder

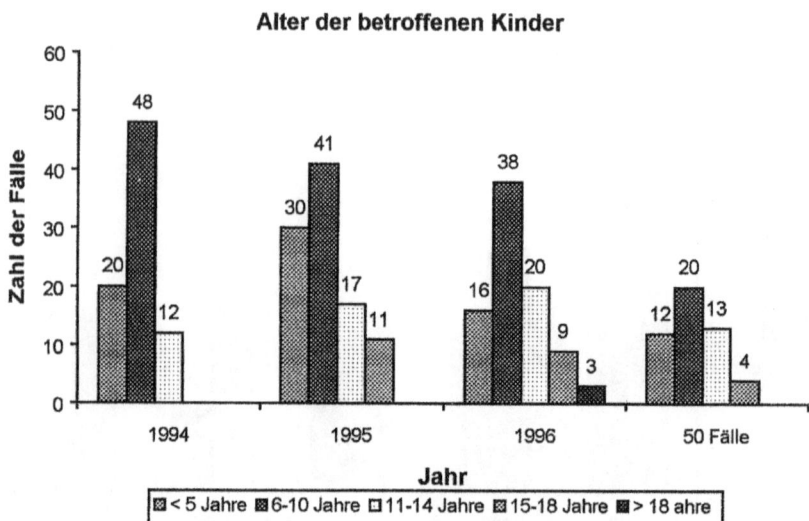

Aus den insgesamt 724 Fällen der näher vorgestellten Kinderschutzdienste wird ersichtlich, daß von den sexuell mißbrauchten Kindern etwa zwei Drittel Mädchen sind, daß sich nahezu die Hälfte der betroffenen Mädchen und Jungen im Grundschulalter und etwa ein weiteres Viertel im Kindergartenalter befinden. Betrachtet man das vielfach betonte „kindzentrierte" Konzept der Kinderschutzdienste, verwundert die Quantität der unmittelbaren Beratung der Kinder. Aus den Zahlen geht zwar hervor, daß von allen Kontakten insgesamt 32,8 % auf die Begleitung der Kinder entfallen, bezogen auf alle 724 Fallbeispiele wird indes nicht deutlich, wie umfangreich die intensive Beteiligung des Kindes bei der Hilfeplanung ausfällt. Da für die vorliegende Arbeit ausschließlich Fälle erbeten wurden, bei denen die Hilfeplanung mit dem Kind im Mittelpunkt stand und eine umfangreiche Beratung sowie Begleitung des betroffenen Mädchen oder Jungen stattgefunden hatte, wird ausgehend von den Angaben der Kinderschutzdienste „A", „B" und „C" deutlich, daß jeder der 10 in die vorliegende Untersuchung einbezogenen Kinderschutzdienste nur auf eine recht begrenzte Anzahl dieser speziellen Fallbeispiele zurückgreifen konnte. Dies macht deutlich, wie groß der Beratungsbedarf von anderen Fachdiensten, wie Erziehungskräften, Lehrkräften u.a. ist, ohne dass sich hieraus eine unmittelbare Fallarbeit ergibt.
Dennoch sind Auftrag und kindzentrierter Ansatz der Kinderschutzdienste schwerpunktmäßig auf die Beteiligung des Kindes bei der Hilfeplanung

ausgerichet, wenn das Kind auch wirklich betroffen ist. Die fachlichen und persönlichen Kompetenzen aller Fachkräfte sollen diesem Anspruch entsprechend ausgebildet sein oder werden.

5.2.4 Zur Qualifikation der Fachkräfte

Wie die Angaben aus den Jahresberichten dreier Kinderschutzdienste zeigen, war eine Beteiligung des Kindes an der Beratung nicht für alle 724 erfaßten Fälle gegeben. Die unmittelbare Arbeit mit sexuell mißbrauchter, mißhandelter oder vernachlässigter Kinder ist zwar angestrebtes Ziel der Kinderschutzdienste, betreffen aber höchstens ein Drittel der Tätigkeiten der Fachkräfte. Die kindzentrierte Sichtweise in der Beratung und Begleitung mag überzeugen, muß aber erlernt, eingeübt und ständig reflektiert werden. Wie erlangen die Mitarbeiter/innen der Kinderschutzdienste von Rheinland-Pfalz diese speziellen Fähigkeiten? Die Darstellung des kinderschutzdienst-internen Fortbildungskonzeptes belegt die fachspezifischen Ansprüche der Kinderschutzarbeit.

In den derzeit 13 Kinderschutzdiensten (Stand Juli 1998) arbeiten z.Zt. 33 Fachkräfte. Eine weitere Fachkraft versorgt demnächst zwei neu einzurichtende Kinderschutzdienstanlaufstellen und ist dann zuständig für zwei größere Landkreise. 17 Mitarbeiter/innnen der 13 bestehenden Einrichtungen sind Diplom-Sozialarbeiter/innen oder –pädagog/inn/en, 13 sind Diplom-Psycholog/inn/en und 2 Diplom-Pädagoginnen. Abschlüsse der Fachkräfte:

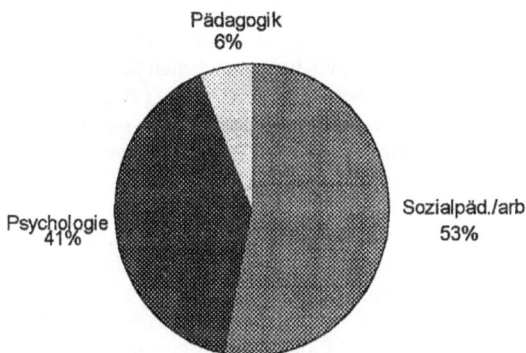

Pädagogik
6%

Psychologie
41%

Sozialpäd./arb
53%

26 der 33 Fachkräfte sind Frauen und 7 Männer. In acht Kinderschutzdiensten teilen sich drei Fachkräfte die Arbeit, in vier Fachdiensten arbeiten zwei Personen, und in einem KSD bewältigt in einer Übergangszeit allein eine Fachkraft die anfallenden Tätigkeiten.

Über die Weiterqualifizierung der Fachkräfte konnten keine offiziellen Angaben ermittelt werden. Die Befragung der 20 Fachkräfte aus 10 von 12 zur Zeit der Untersuchung bestehenden Kinderschutzdiensten ergab, daß keine Fachkraft eine spezielle Zusatzausbildung zur Beratung oder Therapie mit Kindern absolviert hatte. Als Einstellungsvoraussetzung muß auch keine entsprechende Qualifikation nachgewiesen werden, da die neu beschäftigten Fachkräfte angehalten werden, an der Fachfortbildung für die Mitarbeiter und Mitarbeiterinnen der Kinderschutzdienste von Rheinland-Pfalz teilzunehmen. Diese Fortbildung umfaßt fünf Seminarblöcke á vier Tage, vier eintägige Praxisseminare, Fachgruppen mit speziellen Aufgabenstellungen zwischen den Seminarblöcken und ein Abschlußkolloquium.[930] Die Seminareinheiten werden in fachliche und persönliche Kompetenzen, in Grundlagen kindorientierter Handlungsprinzipien und kindorientierte Hilfeplanung untergliedert.

Zur Verdeutlichung der Übereinstimmung der Fortbildungsziele mit dem personzentrierten Ansatz und zum besseren Verständnis der kindzentrierten Hilfeplanentwicklung in den Kinderschutzdiensten werden Auszüge aus dem Fortbildungskonzept zitiert:

> „Konzeptionelle Grundlage der Kinderschutzdienste in Rheinland-Pfalz ist die konsequente Einbeziehung des Kindes in die Entwicklung eines Hilfeplanes, den das Kind akzeptiert und in dem sein Schutz vor weiterer seelischer, körperlicher und sexueller Mißhandlung gewährleistet ist.
>
> Die Gesamtentwicklung der Diskussion der Fachkräfte und die bisherigen Entwicklungen zeigen, daß zwischen den Fähigkeiten von Fachkräften, die Wahrnehmungs- und Bewertungskriterien des Kindes zu erfassen und als ausschlaggebende Momente in die Hilfeplanung zu integrieren, und der Akzeptanz des Hilfeplanes durch das Kind ein enger Zusammenhang besteht.
>
> Die Realisierung der mit dem Kind entwickelten Schutzmöglichkeiten mit anderen beteiligten Personen und Institutionen erfordert darüber hinaus ziel- und lösungsorientierte Kommunikationskompetenzen, sowie die Möglichkeit, die bereits rechtlich verankerten Hilfestrukturen zu nutzen und diese durch innovative Modelle der Hilfegestaltung im Einzelfall zu konkretisieren."[931]

Ausgehend von den bisherigen Kenntnissen der Fachkräfte in den Kinderschutzdiensten und dem Austausch der Praxiserfahrung aus Einzelfällen in den zuvor vierteljährlich stattfindenden Treffen aller Fachkräfte im Ministerium für Kultur, Jugend, Familie und Frauen in Mainz wurde ein Fortbildungskonzept zur Erlangung folgender Schlüsselqualifikationen entwickelt:

---

[930] Alle Angaben zur Fortbildung der Kinderschutzdienste wurden dem Merkblatt zur „Fortbildung für die Fachkräfte der Kinderschutzdienste Rheinland-Pfalz" entnommen.
[931] C.Conrad 1998, S.1

Fachliche Kompetenzen:
- kongruente Gestaltung des Zugangs zum Kind
- Erfassung der Persönlichkeitsstruktur des Kindes und Verständnis für seine Lebenssituation
- Qualifizierte Diagnostik unter Einbeziehung des subjektiven Erlebens des Kindes und seines Hilfebedarfes
- Übersetzung des Hilfebedarfes des Kindes in die bestehenden Lösungsmodelle
- Kooperation mit den am Hilfeplan beteiligten Personen

Persönliche Kompetenzen:
- Entwicklung einer ressourceorientierten Grundhaltung
- Selbstreflexion bezüglich der Eigenmotivation und unbewußter Handlungsstrategien
- Erfassung der inneren Prozesse des Kindes und seiner Bezugspersonen und
- Unterscheidung zum eigenen inneren Bezugssystem
- ziel- und lösungsorientierte Kommunikation in Krisen und bei Konflikten

Als Grundlage kindzentrierter Hilfeplanung sollen die Teilnehmer/innen der Fortbildung 10 Thesen verstehend erarbeiten und in ihre Arbeit integrieren:

1. Kinder sind Experten in ihrer eigenen Welt.
2. Die Wahrnehmung mißhandelter Kinder, ihre Bewertungskriterien, ihre Überzeugungen, ihre Ziele und Handlungsstrategien basieren auf ihren Erfahrungen und der Bedeutung, die sie und/ oder ihre engsten Bezugspersonen dieser Erfahrung geben.
3. Aus dieser Sicht ist ihr Verhalten und Handeln immer logisch und sinnvoll und an ihrer individuellen inneren Landkarte orientiert.
4. Das Verhalten des Kindes, seine verbale und nonverbale Kommunikation mit sich selbst und seiner Umwelt basiert auf der subjektiven Bewertung seiner Erfahrungen und gibt Hinweise auf seine innere Landkarte.
5. Erwachsene können die innere Landkarte und die darin verwurzelten Kompetenzen des Kindes erfassen und einer Hilfeplankonzeption zugrunde legen.
6. Kinder akzeptieren Lösungskonzeptionen, die sie aufgrund ihrer inneren Landkarte als Hilfen identifizieren und die als Perspektiven von Schutz und sicherer Zukunftsgestaltung dem Kind logisch, realisierbar und attraktiv erscheinen.
7. Bisherige Überlebenskonzepte und Handlungsstrategien sind dem Kind vertraut und werden nur dann aufgegeben, wenn die neuen Konzepte wichtige Bezugssysteme und Bezugspersonen des Kindes berücksichtigen, und wenn sie aus der Sicht des Kindes eine gleichwertige Alternative darstellen.
8. Fachkräfte, die kindorientiert arbeiten, kennen ihre eigene innere Landkarte und unterscheiden ihre eigene Orientierung von dem Selbstkonzept des mißhandelten Kindes.

9. Selbstreflexion des persönlichen Prozesses der Fachkräfte und Supervision der Fallverläufe sind notwendige Bestandteile der kindorientierten Hilfeplanung.

10. In jeder Fachdisziplin (Justiz, Medizin, Psychologie, Sozialarbeit/-pädagogik, Pädagogik, Verwaltung, u.a.) sind Möglichkeiten gegeben, kindorientiert zu handeln und den kindorientierten Hilfeplan durch detailliertes Spezialwissen zu konkretisieren.[932]

Diese Annahmen sind den 15 für diese Arbeit entwickelten Thesen aus ROGERS' (1972) Persönlichkeitstheorie nicht unähnlich[933]. Gemäß der personzentrierten Auffassung kann nur das Kind selbst seine Erfahrungen in ihrer ganzen Vollständigkeit erfassen, die zudem von wichtigen Bezugspersonen bestätigt wurden und ihm gleich einer inneren Landkarte Orientierung bieten. Das Problem des Kind durch seine Augen sehen zu wollen, ist ebenso maßgeblich für die Kinderschutzdienste wie für personzentrierte Berater/innen. Begriffe wie Selbstkonzept, innere Landkarte und inneres Bezugssystem werden in beiden Konzepten verwendet und können als Synonyme verstanden werden. Demzufolge trägt ein sorgfältiges Erkunden der Theorie ROGERS' ganz wesentlich zum Verständnis der Hilfeplanung in den Kinderschutzdiensten bei; in gleicher Weise könnte eine Fortbildung, die ROGERS' Erkenntnisse nutzt, die fachliche und persönliche Kompetenz der Fachkräfte stärken. (Aus dem Curriculum der Fortbildung der Kinderschutzdienste geht explizit nicht hervor, wie die kindzentrierten Basisqualifikationen erworben werden können.)

Neben der fachlichen Kompetenz, die spezielles Wissen nach klassischen Methoden der Erwachsenenbildung vermittelt, und der persönlichen Kompetenz, die über Selbsterfahrung und –reflexion auch Rollenspiel, mediative Elemente und Körperarbeit einbezieht, wird ein Schwerpunkt auf die Beteiligung des Kindes an der Hilfeplanung gelegt.

Im Mittelpunkt der Erlangung kindorientierter Handlungskompetenz steht die Arbeit in Fachgruppen und Praxisseminaren sowie die Besprechung von Einzelfällen. Hier soll die innere Landkarte des Kindes als logische Grundlage seines Handelns erfaßt werden. Ausgehend von den Wünschen und Zielen des Kindes werden diesem die notwendigen Kompetenzen vermittelt, äußere Einflußfaktoren im Sinne der Zielorientierung des Kindes überprüft und entweder integriert oder soweit wie möglich modifiziert.

Eine Skizze verdeutlicht *die kindzentrierte Hilfeplanung:*

---

[932] C.Conrad 1998, S.5
[933] vgl. Kapitel 2.3.1

innere Landkarte des Kindes

Motivations-Kriterien Vorannahmen Strategien Fähigkeiten Selbstkonzept

Gegenwär-tige Situation des Kindes ← Kindorientierte Hilfeplanung → Ziel des Kindes

Rechtliche Position Motivation des Bezugssystems Fähigkeiten des Bezugssystems Ziele des Bezugssystems

äußere Einflußfaktoren

Die inhaltliche Gestaltung der Fortbildung baut zeitlich und thematisch aufeinander auf. Die Themen werden miteinander verknüpft, situationsbezogen erweitert und dem Wissensstand der teilnehmen Fachkräfte angepaßt. Ein Einblick in die Fortbildungsbroschüre gibt Aufschlüsse über den Ablauf, die Themen und die Gestaltung des Curriculums.

```
┌─────────────────────────────────┐
│      Einführungsseminar         │
├─────────────────────────────────┤
│  Kennenlernen der               │
│  konzeptionellen und            │
└─────────────────────────────────┘
```

```
┌──────────────────────────┐      ┌──────────────────────────┐
│   Fachliche Kompetenz     │      │  Persönliche Kompetenz    │
├──────────────────────────┤      ├──────────────────────────┤
│ Jugendhilferechtliche     │      │ Persönlicher Standort und │
│ Grundlagen kindorientier- │      │ Selbstreflexion           │
│ ter Hilfeplanung          │      ├──────────────────────────┤
├──────────────────────────┤      │ Motivation und Ziele der  │
│ Ganzheitliche Entwicklung │      │ Fachkraft und des Kindes  │
│ von Kindern und Jugend-   │      ├──────────────────────────┤
│ lichen                    │      │ Kommunikative Strategien  │
├──────────────────────────┤      │ und Verhalten in Krisen   │
│ Fachliche Grundlagen der  │      │ und bei Konflikten        │
│ kindorientierten Hilfe-   │      ├──────────────────────────┤
│ planung                   │      │ Überzeugungen und         │
├──────────────────────────┤      │ Vorannahmen der Fachkraft │
│ Jugendhilfespezifische    │      │ und                       │
│ Diagnostik bei sexueller  │      ├──────────────────────────┤
│ Kindesmißhandlung         │      │ Ressourceorientierte      │
├──────────────────────────┤      │ Grundhaltung bei          │
│ Kindlicher Opferschutz im │      │ Kindesmißhandlung         │
│ Strafverfahren            │      └──────────────────────────┘
└──────────────────────────┘
```

```
┌─────────────────────────────────┐
│     Kindorientierte             │
│     Handlungskompetenz          │
├─────────────────────────────────┤
│  Der kindzentrierte Hilfeplan   │
└─────────────────────────────────┘
```

Aus der Übersicht des Curriculums der kinderschutzdienstinternen Fortbildung „Durch die Augen des Kindes"[934] für die Mitarbeiter/innen der Kinderschutzdienste wird deutlich, wie die Hilfeplanentwicklung angegangen wird. Neben wichtigen Informationen zum Kindesschutz werden auch persönliche Kompetenzen geschult und die Teilnehmer/innen stetig zur Selbstreflexion angeregt. Es wird außerdem deutlich, daß der Beschäftigung mit exemplarischen Fällen ein besonderer Stellenwert eingeräumt wird. An Einzelfallanalysen kann die kindzentrierte Hilfeplanung offensichtlich am ehesten nachvollzogen, verstanden und eingeübt werden.

---

[934] C.Conrad 1998, S.1

Da die Hilfeplanung im Kontext des § 36 SGB VIII bezogen auf den Kinderschutz dem hermeneutischen Prozess des Fallverstehens (vgl. Merchel 1998) am nächsten kommt, soll nun durch „systematisch aufbereitetes Wissen über die Entwicklung von Fallverläufen in bestimmten lebensweltlichen Kontexten"[935] der Hilfeansatz der Kinderschutzdienste methodisch erfaßt und entsprechend dargestellt werden.

---

[935] Ministerium für Kultur, Jugend, Familie und Frauen des Landes Rheinland-Pfalz 1998, S.138

Teil 2
Die kindzentrierte Hilfeplanung der Kinderschutz-dienste von Rheinland-Pfalz

6. Methodische Vorgehensweise zur Erfassung der Hilfeplanung der Kinderschutzdienste

Das Ziel der vorliegenden Arbeit besteht – wie schon in der Einleitung dargelegt – darin, die Grundlagen eines personzentrierten, pädagogischen Hilfeansatzes für Kinder in Notsituationen aus der Kindzentriertheit, dem professionellen Vorgehen bei sexuellem Mißbrauch und der sozial-/pädagogischen Hilfeplanung herzuleiten, auf die Praxis der Kinderschutz-dienste zu beziehen, um hiervon ausgehend ein Weiterbildungscurriculum zur „Personzentrierten Beratung für sexuell mißbrauchte Kinder/ Jugendliche und ihre Bezugspersonen" zu entwickeln.

Der Erfolg der Begleitung betroffener Kinder in den Kinderschutzdiensten mißt sich an der Verbesserung der problematischen Lebenslagen. Von wissenschaftlichem Interesse ist in diesem Zusammenhang die Erfassung der Bedingungen, die zu einer solchen Veränderung beitragen. Eine beratungs-pädagogische Theorie und die Suche nach Prinzipien, die zur Erreichung dieses Zieles notwendig sind, führen zu einem Konzept, das an der Praxis überprüft und weiterentwickelt werden kann. Die Ableitung einer wissen-schaftlichen Theorie aus der konkreten Beratungspraxis als Beitrag zur Gestaltung dieser Wirklichkeit kann gelingen, wenn man nach ALBRECHT (1963) den „funktionalen Aspekt, der in der Beratung steckt, zum Aus-gangspunkt" nimmt, „die Strukturelemente des Interaktionstyps, den man (als ...) Beratung bezeichnet," feststellt und dann „prüft, ob bereits geeignete Grundlagen vorhanden sind, um den Interaktionsprozeß zu erklären, und mit ihrer Hilfe ein theoretisches Konzept" entwickelt, „aus dem sich dann eine 'Strategie' des konkreten Vorgehens erarbeiten läßt"[937]. Mit PAVEL (1983) muß davon ausgegangen werden, daß eine theoretische Fundierung der Beratung für Kinder vor allem aus Einzelfallanalysen und den dort erlangten Erkenntnissen gewonnen werden kann, da die beratende Begleitung jeweils individuell zugeschnitten, schnell arbeitend und am aktuellen Problem ansetzend vorgeht[938].

Von einer Theorie der Beratung – hier für Kinder – ist nach MARTIN (1975) zu erwarten, „daß sie auf die wesentlichen Fragen der Beratungspraxis hinreichend allgemeingültige und problemlösende Antworten zu geben vermag, die in einer umfassenden, möglichst widerspruchsfreien, wohlstruk-turierten Basis gründen"[939]. Die hier gewählte Fragestellung, herausgegriffen aus der Vielzahl möglicher Ansatzpunkte, bezieht sich auf eine pädagogische

---

[937] H.Albrecht 1963, S.13
[938] vgl. E.Hruschka 1969, S.20
[939] L.R.Martin 1975, S.422

Zugangsweise, nämlich auf die Hinterfragung der Entscheidungskompetenz eines Kindes im Beratungsverlauf und den Bedingungen seiner Unterstützung.

6.1 Voraussetzungen und methodische Vorgehensweise

Als methodische Vorgehensweise zur Darstellung der Struktur und Organisation der Kinderschutzdienste wurde ein Begleitkonzept zur Erfassung pädagogischer, innovativer und verändernder Praxis gewählt.[940] Der geplante Ansatz folgt in Anlehnung an KLAFKI (1978) einer erziehungswissenschaftlichen Forschung, die sich bewußt und gezielt als direkter Beitrag zum Verständnis pädagogischer Praxis sowie als Innovationsforschung im Prozess pädagogischer Handlungsfelder versteht[941]. Diese Möglichkeit der angemessenen Erforschung einer sozialen Situation geht auf LEWIN zurück (1953) und verfolgt ein spiralförmiges Voranschreiten während des Forschungsprozesses, wobei Forschung und Pädagogik als Einheit betrachtet werden.[942]

Es wurden qualitative Erhebungsmethoden eingesetzt, die zur Erfassung individuellen Handelns und zwischenmenschlicher Interaktion ausgehend von TERHART (1997) besonders geeignet erschienen, da das Ideal einer sogenannten Einheitswissenschaft nach POPPER (1971) angesichts der Komplexität pädagogischer und sozialer Forschungsaufgaben, vor allem hinsichtlich der realen Verhältnisse in bestimmten Forschungsfeldern der Erziehung, nicht eingelöst werden kann[943]. Nach LENZEN (1989) und FRIEBERTS-HÄUSER/ PRENGEL (1997) rücken

„die Adressatinnen und Adressaten pädagogischer Maßnahmen mit ihren subjetiven Deutungsmustern, Handlungsorientierungen und ihren soziokulturellen Lebenswelten stärker in den Blick der Forschung. 'Verstehen' bildet den Kern des neuen Paradigmas einer erziehungswissenschaftlichen Forschung, die sich aus Traditionen des symbolischen Interaktionismus, der Phänomenologie, der Psychoanalyse, der Ethnomethodologie und der Ethnologie heraus entwickelt, auch hermeneutische Traditionen wiederbelebt und frühe Forschungsansätze wiederentdeckt."[944]

Eine Pädagogik des Verstehens kann zurückgeführt werden auf die geisteswissenschaftliche Pädagogik (W.Dilthey; F.Schleiermacher; O.F.Bollnow) als deren methodisches Vorgehen das hermeneutische Sinn-Verstehen (H.Danner 1979; W.Kafki 1978) angesehen wird. THIERSCH (1989) benennt

---

[940] vgl. R.Huschke-Rhein 1987, S.184
[941] vgl. Klafki 1978 S.7
[942] vgl. R.Huschke-Rhein 1987, S.185
[943] vgl. auch R.Huschke-Rhein 1987, S.186
[944] B.Friebershäuser/A.Prengel 1997, S.14

die erzieherische Praxis als wichtigen Forschungsgegenstand dieser pädagogischen Wissenschaftsrichtung:

> „Geisteswissenschaftliche Pädagogik bezeichnet jenes wissenschaftstheoretische Konzept von Erziehungswissenschaft, das die Erziehungswirklichkeit in ihren Alltagsvollzügen verstehend und auf Handeln bezogen aufzuklären versucht; dieses Konzept wurde von Schleiermacher bis Dilthey und vor allem seit dem ersten Weltkrieg bis in die 60er Jahre von Litt, Spranger, Nohl, W.Flitner und Weniger vertreten."[945]

KLAFKI (1978) entwickelte 11 Regeln des hermeneutischen Verstehens, die zur Situationsdeutung einer pädagogischen Interaktion und auch zur Einschätzung pädagogischer Beratung herangezogen werden können. Für die vorliegende Untersuchung wurden diese Regeln an die Hilfeplanung der Kinderschutzdienste angepaßt:

1. Mit welchem Vorverständnis kann die Interaktion im Beratungsprozess interpretiert werden?
2. Die Fragestellungen werden immer wieder an der konkreten Beratungssituation überprüft.
3. Welche äußeren Bedingungen sind bei der Interpretation der Beratungssituation zu beachten? (Kontexteinbindung)
4. Wie sind die Äußerungen des Kindes zu verstehen und einzuordnen?
5. Welche Hintergrundinformation zur Einordnung der Beratungssituation stehen zur Verfügung?
6. Welche weiteren Quellen können die Beratungssituation erklären helfen?
7. Die Auswertung der dokumentierten Fallstudien erfolgt durch die qualitative Inhaltsanalyse.
8. Wie kann die Struktur der Beratungssituation verstanden werden?
9. Überprüfung der Herleitungen und Schlußfolgerungen der Fachkraft. (Brüche, Inkonsequenzen, Schlüssigkeit)
10. Erklärung von Einzelelementen aus den Zusammenhängen und umgekehrt.
11. Gesellschaftliche Interpretation der Beratungssituation.

BOLLNOW (1968) meint, daß die „entscheidende, den Menschen im Innersten erschütternde und für seinen gesamten Wirklichkeitsbezug bestimmende Erfahrung", wie zum Beispiel in einer Beratungssituationen erlebbar, insbesondere mit Hilfe des hermeneutischen Verfahrens erforscht werden könne[946]. Wie in Kapitel 1.2.1.2 ausgeführt ist die pädagogische Beziehung, die auch im Mittelpunkt pädagogischer Beratung steht, ein zentraler Aspekt der geisteswissenschaftlichen Pädagogik. Die im vertrauensvollen Miteinander wirkenden Kräfte lassen sich ebenso schwer ermessen wie die Entscheidungsfindung in der Beratungssituation oder das einfühlende Verstehen,

---

[945] H.Thiersch 1989, S.1117
[946] O.F.Bollnow 1968, S.247 und 1983, S.123

welches hierzu notwendig ist. Mit DANNER (1979) kann ein qualitatives Vorgehen zur Analyse des pädagogischen Verhältnisses zwischen einem hilfesuchenden Kind und der unterstützenden Begleitperson im Beratungsprozess begründet werden:

> „Weil das erzieherische Verhältnis von einer spezifischen Qualität nur hermeneutisch zugänglich ist; insofern wird verständlich, warum der 'pädagogische Bezug' ein entscheidender Grundbegriff der geisteswissenschaftlichen Pädagogik geworden ist."[947]

Dabei kommt es auf drei Aspekte an; zum einen auf das Erfassen der Beziehung zwischen Beratungsperson und hilfebedürftigem Kind zur Erklärung des Interaktionsprozesses, zum anderen auf die Äußerungen des Kindes, die auf seine Mitwirkung bei der Handlungsplanung hindeuten, und zum dritten auf das Verstehen dieser Botschaften durch den begleitenden Erwachsenen. Die Erforschung der pädagogischen Beziehung in der Beratung ist Gegenstand der nachfolgend vorgestellten Untersuchung und bemüht sich um ein Verstehen und die Reflexion der Praxis in den Kinderschutzdiensten nach den Regeln des hermeutischen Verstehens, denn:

> „Sowohl für den pädagogischen Praktiker als auch für den pädagogischen Theoretiker ist die Polarität zwischen Ausdruck und Verstehen bedeutsam. Die Erziehungspartner sind im pädagogischen Bezug darauf angewiesen, sich nicht nur auszudrücken, sondern auch gegenseitig zu verstehen. Vor allem auf der hohen Ebene der *pädagogischen Reflexion* kommt es auf verantwortungsbewußtes Verstehen und Auslegen des Erziehungshandelns (...) an."[948]

Die Qualität der pädagogischen Beziehung zeichnet sich aus durch das Gelingen des Verstehens und das Einfühlen in die Erlebnisperspektive des Kindes (wie es z.B. seine Lebenssituation und Realität erfährt und einordnet). Hiermit verbunden ist nach LINKE (1966) die intuitive, personbezogene Form des Verstehens, die „sich auf den unmittelbaren Ausdruck des Menschen" richtet[949]. Diese Sonderform des Verstehens wird in der pädagogischen Hermeneutik, ausgehend vom Verständnis DILTHEYS, ähnlich aufgefaßt wie in der personzentrierten Sichtweise nach ROGERS und der kindzentrierten Auffassung der Kinderschutzdienste:

> „'Elementares Verstehen' im Sinne *Diltheys* ist bei der unmittelbaren Begegnung zwischen Erzieher und Kind am Werk. (...) Nur wer sich als Erzieher in die jeweilige Eigenwelt der Kinder und Jugendlichen hineinversetzen und so von innen heraus verstehen kann – wenigstens annäherungsweise -, der kann ihnen weiterhelfen. (...) Eigenwelt macht den Verstehenshorizont des Kindes aus. Sie

---

[947] H.Danner 1979, S.102
[948] W.Linke 1966, S.125
[949] W.Linke 1966, S.132

bedeutet darum keine Abwertung des Heranwachsenden, sondern beansprucht vielmehr Eigenrecht. Der Erzieher, der sie erkennt, hat über die Individualität des Kindes hinaus die Möglichkeit, sein Gegenüber zu verstehen. Sehr häufig ist die kindliche Eigenwelt erst der Schlüssel zum Verstehen des Kindes."[950]

DANNER (1979) faßt den Sinn der „Hermeneutik der Erziehungswirklichkeit" in drei Gesichtspunkten zusammen:

1. Praktisches Erziehungsverstehen besteht aus vielerlei *Verstehensakten*, die vom Praktiker wie vom Theoretiker *als solche* wahrgenommen werden müssen.
2. Der an praktischer Erziehung Beteiligte soll „elementare" Verstehensakte überführen in „höhere", d.h. sie reflektieren im Hinblick auf größere Sinn-zusammenhänge. „Elementares Verstehen" kann hier auch psychologisches Einfühlen sein.
3. Erziehung ist menschliches Handeln; es steht in Bedeutungszusammen-hängen und ist sinnvoll.

Die Art der pädagogischen Beziehung, die eine kindzentrierte Handlungs-planung ermöglicht, kann mit der geisteswissenschaftlichen Methode der hermeneutischen Pädagogik, speziell mit dem „Verstehen der Erziehungs-wirklichkeit" – etwa in Beratungsstellen[951] – nachvollzogen werden. Ein hermeneutisches Verstehen der Erfahrungen in den Kinderschutzdiensten bezogen auf die Beteiligung des Kindes an der Hilfeplanung kann ange-glichen an die drei Aspekte einer Hermeneutik der Erziehungswirklichkeit nach DANNER (1979) das Handlungsfeld wie folgt begreifen helfen:

1. Die Hilfeplanung mit dem Kind besteht aus vielen Verstehensakten:

    -   seiner Lebenshintergründe
    -   seines Entwicklungsstandes
    -   seiner Notsituation
    -   seiner Beziehung zu wichtigen Bezugspersonen
    -   seiner Ausdrucksmöglichkeiten
    -   seines Bedarfs an Hilfe

2. Die Fachkraft muß das durch Einfühlung Verstandene – die Äußerungen, Wünsche, Bedürfnisse und Vorstellungen des Kindes – überführen in die gesellschaftlich und rechtlich vorgegebenen Möglichkeiten der Gewährung von Hilfe.

---

[950] H.Danner 1979, S.101
[951] H.Danner 1979, S.103

272

3. Die Erfahrungen in den Kinderschutzdiensten stehen in verschiedenen Bedeutungszusammenhängen, die dem Handeln der einzelnen Fachkräfte Sinn und Sicherheit geben:

- die organisatorischen Rahmenbedingungen
- die Förderkriterien der Kinderschutzdienste
- der kindzentrierte Ansatz
- das kindzentrierte Raster der Hilfeplanentwicklung
- die kinderschutzdienstinterne Fortbildung
- der jugendhilferechtliche Hilfeplan nach § 36 SGB VIII
- die zivilrechtlichen Bestimmungen zum Schutz von Kindern

Die zu untersuchenden Fachkräfte wurden als betroffene Subjekte gesehen, die gemeinsam mit der Wissenschaftlerin die relevanten Fragen des Praxisfeldes angingen. Durch die Rückkoppelung zwischen Ergebnissen und Forschungsbeteiligten sollte der Prozess der Konstituierung eines innovativen, pädagogischen Begleitkonzeptes für in Not geratene Kinder verdeutlicht werden.
Zur Einschätzung professionellen Handelns werden folgende Fragen zu beantworten sein:

zu 1.: - Wie kann der Zugang zum inneren Bezugssystems des Kindes erschlossen werden?
- Wie kann das Kind befähigt werden, Entscheidungen zu treffen?
zu 2.: - Wie sollte die Abklärung eines Verdachtes auf sexuellen Mißbrauch angelegt sein?
- Wie ist die Aussage eine Kindes einzuschätzen?
zu 3.: - Welche Bedingungen sind bei der Erstellung eines kinderschutzspezifischen Hilfeplanes zu beachten?
- Wie können die Empfehlungen des § 36 SGB VIII in die Entwicklung und Durchführung eines Hilfeplanes einbezogen werden?

Es wurden 20 von 30 Fachkräften in den 12 zur Zeit der Untersuchung bestehenden Kinderschutzdiensten befragt. Der Interviewleitfaden orientierte sich am Hilfeplanraster der Kinderschutzdienste, es wurden zudem Aktenprotokolle zu ca. 2000 Stunden einbezogen und 50 Falldokumentationen erhoben. Außerdem wurden 7 Expert/inn/en zum Konzept der Kinderschutzdienste befragt.
Die Entwicklung eines Fallberichtsleitfadens ermöglichte die Darstellung der Einzelfälle in einem einheitlichen Raster sowie die Interpretation einzelner Fälle mit starkem Eigenwert, typischen Verläufen oder in Grenzsituationen, gemessen am Gelingen oder Scheitern der Interventionsmaßnahmen.

-    Erfassung des Falles (Interview, Cassettenmitschnitt, Durchsicht von Protokollunterlagen)

- Aufarbeitung der transkribierten Interviews nach den Kategorien sozial-/ pädagogischer Handlungsplanung
- Darstellung des Falles mit Zitaten
- Interpretation der Fallstudie und Überprüfung der relevanten Hypothesen unter Einbeziehung einschlägiger Literatur zur Thematik

Außerdem wurde die Dokumentation der Kinderschutzdienste herangezogen, die Jahresberichte dreier Kinderschutzdienste zu den ersten vier bis fünf Jahren des jeweiligen Bestehens der Einrichtung wurden ausgewertet und mit vergleichbaren Untersuchungen zur Intervention bei sexuellem Mißbrauch an Kindern in Verbindung gebracht (M.Weber/ Ch.Rohleder 1995; E.Burger/ C.Reiter 1993; H.Graf/ W.Körner 1997; M.Dörsch/ K.Aliochin 1997). Weitere Fragestellungen flossen in die Untersuchung ein:

1. Wie kann die Notsituation eines sexuell mißbrauchten Kindes/Jugendlichen hinsichtlich ihres Entstehungs- und Verursachungszusammenhanges erklärt bzw. theoretisch erfaßt werden?

2. Wie kann die Wirksamkeit eines kindzentrierten Hilfeansatzes zur Überwindung und Bewältigung der Notsituation erklärt bzw. theoretisch erfaßt werden?

3. Über welche Handlungskompetenzen und Qualifikationsmerkmale sollte die Beratungsperson des Fachdienstes verfügen?

4. Wie können die Wirkungszusammenhänge von kindzentrierter Intervention und die Entstehung von Erfolg bzw. Mißerfolg der Maßnahmen im Zusammenhang mit der Klärung der speziellen Situation bei sexuellem Mißbrauch nachvollziehbar dargestellt werden?

Die besonderen Bedingungen bei sexuellem Mißbrauch an Kindern (L.Terr 1995, M. Hirsch 1987, U. Enders 1995) erfordern eine spezielle Vorgehensweise beim Beratungs- bzw. Begleitungsprozeß.

- Der Geheimhaltungsdruck zwingt das Kind/den Jugendlichen zum Schweigen.
- Als Folge des Mißbrauchs kann es zu einem postraumatischen Streßsyndrom kommen.
- Wegen Ambivalenz- und Loyalitätskonflikten ist das Kind/der Jugendliche nicht frei in seinen Entscheidungen.
- Spezielle Vulnerabilitätsbedingungen in der Familie des Kindes/des Jugendlichen sind herauszufiltern und zu berücksichtigen.
- Eltern sind nicht zwangsläufig die Vertrauenspersonen des Kindes/Jugendlichen.

Aus der intensiven Betrachtung exemplarischer Einzelfälle wird der kindzentrierte Ansatz der Kinderschutzdienste dargestellt, erklärt und evaluiert, da sich Fallanalysen besonders zu dieser Art von Effizienzüberprüfung innovativer Interventionsmaßnahmen eignen (Binneberg 1979, 1986, G. Jüttemann 1990, Fatke 1995). Durch eine Verbindung zwischen empirischer und theoretischer Arbeit, die zur Entwicklung einer Theorie von Kindorientierung beiträgt, kann ein systematischer Vergleich ähnlich gelagerter

Fälle herangezogen werden, um die Prüfung oder Erweiterung bestehender und die Gewinnung neuer wissenschaftlicher Erkenntnisse in Beziehung zu setzen zu vorhandenen allgemeinen Wissensbeständen.

6.2 Zur Fragestellung und den Zielen der Untersuchung

Bei der Erforschung des pädagogischen Praxisfeldes der Kinderschutzdienste standen folgende Fragestellungen im Vordergrund:

⇒ Welches sind die relevanten Kriterien eines personzentrierten, pädagogischen Beratungskonzeptes für Kinder in Notsituationen?
⇒ Unter welchen Bedingungen ist ein Kind in der Lage, Entscheidungen über seinen Bedarf an Hilfe zu treffen?
⇒ Wie kann eine pädagogische Fachkraft die Entscheidungsfindung des Kindes fördern, unterstützen, verstehen und umsetzen?

Bezogen auf das Interventionshandeln bei sexuellem Mißbrauch an Kindern müssen zur Einschätzung der Situation während der Vorbereitung der Intervention, der Aufdeckung des Mißbrauchs und der Durchführung der lebenspraktischen Begleitung verschiedene Faktoren berücksichtigt werden, damit herausgefunden wird, wie eine Begleitung des Kindes oder Jugendlichen umgesetzt werden kann. Dabei müssen folgende Umstände des Mißbrauchs und Lebenshintergründe des Kindes berücksichtigt werden:

• Wie kann der Zugang zum Kind durch Aufbau einer Vertrauensbasis erschlossen werden?
• Wie können die Loyalitätskonflikte, Verstrickungen oder Bedrohungen, die das Kind an der Aufdeckung hindern, entwirrt werden?
• Welche Unterstützung ist notwendig, damit mit dem Kind für das Kind Entscheidungen gefunden werden können?
• Wie kann die Autonomie des Kindes gestärkt werden, damit Fehler und Sekundärschädigungen vermieden werden?
• Welche rechtlichen Schritte und Vereinbarungen sind zum Schutz des Kindes notwendig?
• Auf welchem Wege gelangen welche Botschaften an das Kind?
• Welche Vorschläge zum Schutz und zur Hilfe entsprechen den Bedürfnissen des Kindes?

Aus der Sichtweise der Fachpersonen, die sich als Anwälte des Kindes verstehen, wird die Begleitung der Mädchen und Jungen von der ersten Kontaktaufnahme bis zum angestrebten Schutz vor weiterer sexueller Ausbeutung betrachtet.
Die Erfassung der komplexen Zusammenhänge der Mißbrauchsdynamik, die daraus abzuleitenden Interventionsstrategien und die Einschätzung auftauchender Stellvertreterkonflikte setzen ein umfangreiches Wissen,

Berufserfahrung und ständige Reflexion voraus. Die Handlungen der ExpertInnen sind abhängig von den Vorannahmen (Attributierungen, Entscheidungen, Urteilen, Einstellungen, etc[952]). Diese gilt es herauszufinden, um Grundvoraussetzungen professionellen Handelns bei der Intervention bestimmen zu können.

Zur Beurteilung der Anforderungen an die Fachpersonen der Kinderschutzdienste muß vorab eine Abklärung der Mißbrauchsproblematik unter Einbettung der Fragestellung in gesellschaftliche Zusammenhänge geleistet werden. Der Untersucher muß die Inhalte des Problems erfassen, eine Problemanalyse erstellen, um den Erfolg oder Mißerfolg des Interventionshandelns beurteilen zu können[953]. Als Ergebnis der Befragung sollten Kompetenzen und Anforderungen professioneller Helfer/innen aufgezeigt, erfolgreiche Interventionsstrategien und Handlungsschritte sowie die komplexen Zusammenhänge zwischen Mißbrauchsdynamik und der angestrebten Intervention verdeutlicht werden.

Die Erforschung des pädagogischen Praxisfeldes der KSD wird als ein Interaktionsprozess betrachtet, in dem die Forscherin und die Mitarbeiter/innen ihre Interessen, Befürchtungen und Wünsche einbringen konnten, damit aus einer Kommunikationsmöglichkeit eine Kooperationsbereitschaft erwächst; dabei waren politisch, institutionell oder hierarchisch bedingte Konfliktpotentiale und die berufliche Inanspruchnahme der Praktiker/innen zu berücksichtigen.

Ziel dieser Erforschung eines innovativen, pädagogischen Handlungsfeldes ist eine begriffliche und strukturelle Erfassung des kindzentrierten Konzeptes der KSD, die zur Entscheidung von Handlungsalternativen und wenn möglich zur praktischen Veränderung der Realität beitragen, aber auch wissenschaftliche Erkenntnisse zur Problematik der pädagogischen Beratung für in Not geratene Kinder hervorbringen kann.

6.3 Erkundung des Praxisfeldes der Kinderschutzdienste

Pädagogische und soziale Handlungsfelder werden von vier Hauptfaktoren bestimmt, die auch die zu erforschende Praxis der KSD umreißen: das vom sexuellen Mißbrauch betroffene Kind, die Bezugspersonen des Kindes (Eltern, Verwandte, Lehrer/in, Erzieher/in), der/die Mitarbeiter/in des KSD und die beteiligten Institutionen bzw. die Ämter (Jugendamt, Erziehungsberatungsstelle, Kinderheim, Arzt, Gericht, etc.).

Zur Erkundung des Praxisfeldes der Kinderschutzdienste kristallisieren sich 6 Fragenschwerpunkte heraus:

1. Welche *theoretische Herleitung* kann das Konzept des kindzentrierten Interventionsansatzes begründen?

---

[952] vgl. R.Bromme 1992, S.4
[953] vgl. R.Bromme 1992, S.40

2. Welche *Ansätze von Beratung* werden von den Kinderschutzdiensten angewandt?

3. Was zeichnet *Professionalität gemessen an der Bedeutung subjektiver Grundüberzeugungen* während des Begleitprozesses des Kindes aus?

4. Nach welchen Kriterien soll eine *Definition von erfolgreichem pädagogischen Interventionshandeln* erarbeitet werden?

5. Wie gestaltet sich die *Interaktion zwischen der Fachkraft und dem Kind*, welchen Einflüssen ist sie unterworfen, wie sieht die Fachkraft ihre Beziehung zum Kind?

6. Wie kann die *Erstellung eines pädagogischen Begleitkonzeptes für Kinder in Notsituationen* auch anderen psychosozialen Fachdiensten vermittelt werden?

Zur Klärung der rechtlichen und organisatorischen Zuständigkeiten war eine enge Zusammenarbeit und Absprache mit dem Fachreferat des Ministeriums für Kultur, Jugend, Familie und Frauen des Landes Rheinland-Pfalz, dem Landesjugendamt und den verschiedenen Trägern der unterschiedlichen Einrichtungen notwendig, wobei zu berücksichtigen ist, daß die Subjekte der Erforschung (die Mitarbeiter/innen der KSD) "in der Regel an unterster Stelle der Zuständigkeit und an höchster Stelle der Betroffenheit" stehen[954]. In die durchgeführte Befragung einbezogen wurden 20 Mitarbeiter/innen von 10 Kinderschutzdiensten, die über eine längere Zeit der Erfahrung verfügten. Ausgenommen waren Kinderschutzdienste, die wegen des kurzen Bestehens oder Personalwechsels nicht über abgeschlossene Fälle verfügten.

6.4 Zur Befragung der Fachkräfte

Zur Ermittlung des kindzentrierten Interventionskonzeptes der Kinderschutzdienste, das sich im Stadium der Entwicklung, Diskussion oder Reflexion befindet, sollte die Situationsgebundenheit in bezug auf das berufliche Handlungsfeld der Fachkräfte erfaßt werden; dazu eigneten sich vom allem qualitative Befragungsmethoden.

Die subjektiven Interpretationen der am Schutz betroffener Kinder beteiligten Fachkräfte der KSD, beeinflußt von verschiedenen Sichtweisen, Schätzungen oder Vorannahmen über die Thematik des sexuellen Mißbrauchs, wirken verändernd, fördernd oder verhindernd auf den Handlungsprozess hinsichtlich der intendierten Wirkungen und der Schutzmaßnahmen zum Wohle des Kindes. Diesen individuellen Repräsentationen des Problems sollen wissenschaftliche Deutungen, Regeln und Zusammenhänge gegenübergestellt werden, um die Umstände zu beschreiben, die ein Erreichen des Ziels "Schutz des Kindes vor weiterem sexuellen Mißbrauch" ermöglichen oder gefährden.

---

[954] R.Huschke-Rhein 1987, S.204

Die Schwierigkeiten, die beim Interventionshandeln auftreten können, wenn ein Verdacht auf sexuellen Mißbrauch vorliegt, wenn Mißbrauch aufgedeckt wird, wenn Handlungspläne zum Schutz des Kindes und zu seiner Begleitung entworfen werden, weisen alle Merkmale der Komplexität eines Problems auf, die nach BROMME (1992) wie folgt definiert werden können:

Eine unberechenbar große Anzahl von Ereignissen und Aufgaben läuft zeitgleich in schneller Folge ab, wobei Form und Zeitpunkt des Auftretens nicht vorhersehbar sind. Die Fachperson muß in der Akkumulation von gemeinsamer Erfahrung und in Zusammenarbeit mit den am Handlungsprozess Beteiligten (in erster Linie mit dem betroffenen Kind, dann seiner Bezugsperson, aber auch dem Team der Einrichtung oder anderen Hilfsorganisationen) den Schutz des Kindes gewährleisten, wobei jede Haltung und Handlung der Expertin/ des Experten beobachtet wird [955].

Absicht dieser Untersuchung ist, die objektiven Anforderungen bei der Problembewältigung zu rekonstruieren und diesen die subjektive Bewältigung durch das Wissen und Können des Bearbeiters empirisch gegenüberzustellen – eine typische Vorgehensweise der Expertiseforschung, wie von BROMME (1992) [956] hervorgehoben wird, da durch ein Auffinden möglicher Stabilität in den Handlungsstrukturen eine Reduktion der Komplexität erreicht wird, die den ExpertInnen bei der Lösung ihrer Aufgaben behilflich sein kann.

Diese Aufgabenstellung soll durch den Vergleich der Kinderschutzdienste und der spezifischen Qualifikationen oder Erfahrungen der einzelnen Mitarbeiter/innen umgesetzt werden. In der Analyse der Handlungsabläufe sollen Ähnlichkeiten und Unterschiede bei der Aufdeckung von sexuellem Mißbrauch ausgemacht werden, damit in aktuellen Situationen auf bereits bekannte und begrifflich erfaßte Strategien zurückgegriffen werden kann.

Bevor eine Fachperson den Maximen der Kinderschutzdienste (Orientierung am Kind, beim Kind bleiben, die Situation durch die Augen des Kindes betrachten) gerecht werden kann, muß sie herausfinden, wie sie selbst das Problem aus der Perspektive der eigenen Werte und grundlegenden Annahmen betrachtet; dabei muß sie sich ständig den eigenen inneren Zustand, die dem Handeln zugrundeliegenden Glaubens- und Repräsentationssysteme, Werte und persönliche Ressourcen bewußt machen, um Übertragungs- und Gegenübertragungsmechanismen erkennen und bewältigen zu können. Die Abhängigkeit des professionellen Handelns von Wahrnehmungs- und Denkmustern richtet sich nicht nur nach individuellen Denkstilen oder Vorannahmen, sondern geht häufig auf allgemeine situationsübergreifende kollektive Wertvorstellungen, auf gemeinsame Einstellungsmuster innerhalb der Kultur eines Berufsfeldes zurück.

Zur Standortbestimmung der Kinderschutzdienste wird das berufsbezogene Hintergrundwissen im Rahmen einer empirischen Analyse des impliziten Wissens und der Weltsicht der tätigen Mitarbeiter/innen erhoben. Laut

---

[955] vgl. R.Bromme 1992, S.117
[956] R.Bromme1992, S.119

BROMME (1992) besteht in der Expertenforschung die Schwierigkeit, daß gekonntes Handeln erkennbar bestimmte Qualitäten aufweist, die auf Wissen zurückzuführen sind, über das die Experten keine Auskunft zu geben vermögen[957]; deswegen empfiehlt sich hier die Analyse von Einzelfällen aus der Sicht der Fachpersonen: Nach BROMME (1992) ist die Entwicklung fallbezogener Bilder ein wesentliches Merkmal des Expertenwissens und professionelles Wissen organisiert sich um Typen von Fällen.

Obwohl der Befragung der Mitarbeiter/innen der Fachdienste wegen der komplexen Problemstellung eine Strukturierung zugrunde gelegt wird – orientiert am Hilfeplankonzept der KSD – sollen die Interviewpersonen ihre Vorstellungen entwickeln können und die Chance erhalten, „für sie selber noch ungeklärte Zusammenhänge oder Einstellungen im Gespräch (...) zu klären oder zu artikulieren"[958].

Da die Hilfeplanentwicklung mit dem Kind und für das Kind im Mittelpunkt steht, eignet sich das fokussierte Interview, das vor allem in sozialen Bereichen zur Anwendung kommt (R.K.Merton/P.L.Kendall 1979), mit einer nicht-direktiven Gesprächsführung, bei der die Befragungten Ansichten äußern können, die für sie selbst von zentraler Bedeutung sind.

Initiiert vom Fachreferat für Kinder- und Jugendschutz des Ministeriums für Kultur, Jugend, Familie und Frauen entwickelten die Fachkräfte des KSD als Kernstück des kindzentrierten Arbeitskonzeptes einen Leitfaden für die Hilfeplanentwicklung, der den Fachkräften eine Orientierung während des Begleitungsprozesses bieten soll und eine anschließende Reflexion ermöglicht. "Der Hilfeplan ist das zentrale Instrument, mit dem die Situation des Kindes und seiner Familie, seine darin verwurzelten Bedürfnisse, seine Wünsche, Fähigkeiten und Ressourcen wahrgenommen und in die Entwicklung der Hilfe einbezogen werden."[959]

Angeglichen an dieses Raster (vorgestellt in Kapitel 7.1.1) und die sozial-/ pädagogische Hilfeplanung wurde der Interviewleitfaden entwickelt, der vier Hauptteile umfaßte:

1. Für die Charakterisierung der *Vorbereitungsphase* sollte die Arbeit mit den Kontaktpersonen beschrieben werden. Hierbei ging es um die Initialisierung der Beratung, die beobachteten Signale des Kindes, erste Informationen über seine Lebenshintergründe und die näheren Umstände des Mißbrauchs.

2. Für das Verstehen der *Aufdeckungsphase* sollte der unmittelbare Zugang zum Kind erfragt werden, der Aufbau einer Vertrauensbeziehung, das Einbeziehen seiner Vorstellungen, Wünsche und Bedürfnisse und seine Beteiligung an der Hilfeplanung.

3. Die Fragen zur *Intervention* oder *Realisierungsphase* bezogen sich auf die Arbeit mit den Bezugspersonen des Kindes, das Einleiten von kon-

---

[957] vgl. R.Bromme 1992, S.137
[958] R.Huschke-Rhein 1987, S.48
[959] L.Ginsiauskas 1995, S.2

kreten Handlungsschritten, die Konfrontation des Täters, die Kooperation mit anderen Institutionen und die Maßnahmen zum Schutz des Kindes.

4. Eine fallbezogene *Evaluation* wurde erbeten, um die Empfindungen der Fachkräfte während der Hilfeplanung, ihre Belastungen und den eingeschätzten Erfolg oder Mißerfolg der Begleitung des Kindes zu eruieren.

Vor jedem Interview erfolgte eine kurze Bestandsaufnahme der Lebens- und Mißbrauchssituation des Kindes und wenn möglich die Durchsicht der Akten der Fachperson des Kinderschutzdienstes, die während der Begleitung des Kindes zusammengetragen wurden (z.B. Protokolle über Gespräche mit dem Kind, Helfer/innenkonferenzen, Supervision, mit der Bezugsperson des Kindes; Ergebnisse einer ärztlichen Untersuchung; Gutachten; Stellungnahmen).

Zur formalen Genauigkeit (Reliabilität) der Antworten kann nach SCHEUCH (1973) festgestellt werden, daß die Befragten aufgrund ihrer ständigen Reflexion in Fortbildungen und gemeinsamen Konferenzen der KSD auch den Validitätskriterien entsprechen, wonach inhaltliche Stimmigkeit und Gültigkeit der Antworten entscheidend davon abhängt, daß eine Person sich mit der Fragestellung bereits beschäftigt hat [960]. Zur Antwortgenauigkeit kann hervorgehoben werden, daß die Mitarbeiter/innen der KSD große Bereitschaft zur wissenschaftlichen Reflexion zeigen, ein überdurchschnittliches Engagement aufbringen und auf regelmäßige Berichte, Dokumentationen und bereits erhobene Untersuchungen zurückgreifen können.

Zur Erhöhung der Gültigkeit und Zuverlässigkeit der Befragungsergebnisse müssen gute kommunikative Fähigkeiten beim Interviewer vorausgesetzt werden. Dies gewährleistet ein nicht wertendes Gesprächsverhalten, das sich nach den Regeln der non-direktiven Gesprächsführung (C.Rogers 1972) richtet. Den Befragten sollen Authentizität, positive Wertschätzung und einfühlendes Verstehen entgegengebracht werden. Eigene Ansichten, Meinungen oder Einfälle werden zurückgestellt. Nachfragen dienen lediglich der Ermunterung zum ausführlichen Mitteilen oder dem besseren Verständnis, welches durch die Wiederholung des Gesagten in Form einer Spiegelung vertieft wird und zudem den Befragten ein Gefühl des Akzeptiertwerdens vermittelt. Die Aussagen werden weder bewertet, noch wird um Begründung der Ansichten gebeten. Entscheidend sind die von den Befragten eingebrachten Definitionen und Deutungen. Hinweise auf Widersprüche in den Darstellungen führen wesentlich zu einem tieferen Verstehen. Existierende Diskrepanzen können so aufgelöst werden, bzw. sie bleiben als Ergebnis der Befragung stehen.

So kann die Bedeutung zwischenmenschlicher Kontakte, sozialer Wandlungsprozesse oder gesellschaftlicher Umbrüche auf das subjektive Erleben der an der Veränderung beteiligten Individuen bezogen werden, womit die

---

[960] vgl. E.K.Scheuch 1973, S.143f

Pioniere dieses wissenschaftlichen Vorgehens die Gültigkeit und Repräsentativität ihrer Methode unterstreichen [961].

Indem Erfahrungen und Einstellungen einzelner Fachkräfte analysiert werden, werden Daten und Fakten erschlossen, die als Gesetzmäßigkeit eines sozialen Prozesses angesehen werden können. Quantitative Verfahren könnten nicht in gleichem Maße die wirklichen menschlichen Erfahrungen und Einstellungen und die volle lebendige und aktive soziale Wirklichkeit repräsentieren, sondern bleiben an der Oberfläche; das Subjekt geht in "statistisch tabellierten Massenphänomenen" unter [962].

In Zeiten gesellschaftlicher Krisen, sozialer Umbrüche und zur Erfassung innovativer Praxisfelder wählen Wissenschaftler/innen nach GEIGER (1982) qualitative Methoden, um die Anschauungen der Vorreiter sozialer Um- und Neuorientierungen zu erforschen. So seien die Vertreter/innen qualitativer, subjektorientierter wissenschaftlicher Verfahren zugleich diejenigen, die Veränderungen aufgreifen, einen kritischen Standpunkt zu traditionellen Werten einnehmen und die Entwicklung einer emanzipatorischen Gesellschaftstheorie anstreben [963].

6.5 Zur Auswertung und geplanten Verarbeitung der Ergebnisse

Die Auswertung und Interpretation der Ergebnisse konzentriert sich auf den Zugang der Fachkraft zum Kind und die Entwicklung eines Hilfeplanes mit dem Kind. Es erfolgt eine Gesamtauswertung aller erfaßten Daten sowie die Darstellung spezieller Themenschwerpunkte anhand von Einzelfallstudien, die zur exemplarischen Erfassung einer bestimmten Situation besonders geeignet erscheinen. Aus der Praxis der pädagogischen Interpretationsforschung für die Diskussion relevanter Probleme der Erziehung und auch für den erziehungstheoretischen Diskurs empfiehlt sich die *Analyse einzelner Fälle*. Dieses Vorgehen kann sich auf eine Tradition innerhalb erziehungswissenschaflicher Literatur beziehen (vgl. z.B. Pestalozzi, Montessori, Makarenko). BINNEBERG (1985) gibt eine Definition der pädagogischen Fallforschung aus der kasuistischen Methodik, indem er drei Forschungsschritte zugrunde legt: "Pädagogische Kasuistik ist die methodische Kunst, eine Fallbeobachtung in eine Falldarstellung zu überführen und sie mit einer Fallanalyse zu verbinden."[964] Weitere Autoren befassen sich mit Fallstudien im Erziehungsalltag (D.Fischer 1982 u. 1985, P.Hastenteufel 1980, F.J.Kaiser 1983). Die Gütekriterien der Interpretation des einzelnen Falles richten sich nach der "Sinnallgemeinheit" (Th.Litt 1961), die "geistige und

---

[961] vgl. W.I.Thomas/F.Znaniecki 1958, II, S.1831
[962] W.I.Thomas/F.Znaniecki 1958, II, S.1934
[963] D.Baacke 1979, S.7
[964] Binneberg 1985, S.775

strukturelle Sinnzusammenhänge erfaßt, in denen ein Besonderes seinen Eigenheit behalten" darf[965].

Zur Erforschung und Interpretation einzelner Fälle mit starkem Eigenwert, typischen Verläufen oder in Grenzsituationen durchläuft der Erhebungs- und Auswertungsprozess vier Stufen:

1) Die Erfassung des Falles (Cassettenmitschnitt) aus der Sicht der Kinderschutzdienst-Fachkraft,
2) die Aufarbeitung des transkribierten Interviews nach speziellen Einordnungskriterien (orientiert an der Hilfeplanentwicklung der Kinderschutzdienste),
3) das Schreiben und schließlich
4) die Analyse des Fallberichtes.

Neben der reinen Faktenerfassung eines Falles ging es um die der pädagogischen Handlung zugrundeliegende Sinnbedeutung des intendierten Interventionshandelns der Fachpersonen, um herauszufiltern, welches tatsächliche Motiv einem geäußerten Wert oder einer vollzogenen Handlung zugrunde lag. Der einzelne Fall zeigt gemachte Erfahrungen, Situationsdefinitionen, eingenommene Perspektiven, Wahrnehmungen der speziellen Umstände, Verhaltensregeln und soziale Normen der Interaktion auf. Es sollte darüber hinaus analysiert werden, ob und wie es der Fachkraft gelang, die eigene Berufsidentität mit ihren individuellen Hintergründen (z.B. Art und Umfang der Ausbildung) angesichts der drängenden Ansprüche des Handlungsfeldes und der eigenen Überzeugungen zu bewahren, Widersprüche auszuhalten und Diskrepanzen auszugleichen. Von Interesse war außerdem, in welche Konflikte oder Krisen die befragte Fachkraft während der Bearbeitung eines Falles geriet und welche ungelösten Probleme ihr zu schaffen machten.

Einzelfallbeschreibungen zur pädagogischen Reflexion und Abwägung von Situationskonflikten dienen der nachvollziehenden Entscheidungsfindung der Fachkraft, die unter Handlungsdruck eine anstehende Krise zu bewältigen hat[966]. Die Darstellung eines pädagogischen Handlungszusammenhanges anhand von Einzelfällen ist nach BILLER (1988) deshalb wertvoll, "weil die Differenziertheit des komplexen Handlungsfeldes und unübersichtlichen Theoriebereichs durchschaubarer und somit lehr- und erklärbar wird"[967].

Ziel einer Fallanalyse ist das Verstehen der speziellen Situation, das nur unter Einbeziehung umfassender Hintergrundinformation erreicht werden kann, aber auch das Erklären der Zusammenhänge und Folgen. Zur methodischen Bearbeitung eines Falles wird die theoretische und gedankliche Durchdringung in den Mittelpunkt gestellt, damit die komplexen Tatbestände erfaßt werden können. Hierzu werden persönliche Stellungnahmen, Vorannahmen oder theoretische Erwägungen gekennzeichnet und begründet. Beschreibung

---

[965] Th.Litt 1961, S.232.
[966] vgl. H.J.Gamm 1967, S.324
[967] Biller 1988, S.10

und Interpretation gesichert durch Belege, werden getrennt behandelt; der Fall wird in einen bestimmten Zusammenhang gestellt und zuletzt werden weiterführende Aussagen in Gestalt kritischer Reflexionen vorgenommen, um ausgehend von konkreten Einzelfällen Normen für künftiges Interventionshandeln aufzuzeigen. Damit können Erfahrungen aus dem Praxisfeld der Kinderschutzdienste anderen Beratungsinstitutionen zugänglich gemacht. aber auch wissenschaftliche Erkenntnisse vermittelt werden[968].

Nach BRÜGELMANN (1982) dienen pädagogische Einzelfallanalysen der Steigerung der Wahrnehmungsfähigkeit und Abbildungsgenauigkeit von Handlungsfeldern durch die Erklärungskraft und Verläßlichkeit ihrer Deutungen. Die Erschließung und Übertragbarkeit von Berichten vermittelt praxisbezogenes Wissen, sensibilisiert für Erfahrungen, schärft die Urteilsfähigkeit und verstärkt die Handlungsmotivation.

Zur Erreichung der Wahrheits- und Verallgemeinerungskriterien bei der wissenschaftlichen Erhebung von Einzelfallanalysen empfiehlt BRÜGELMANN (1982) vier Standards: die Kombination verschiedener Methoden, die Vielfalt konkurrierender Perspektiven, die Darstellung des Situationsbezuges und die Streuung von Fällen[969]. In Anlehnung daran erfolgte die Sammlung der Daten für die vorliegenden Arbeit mittels Leitfadeninterview, Akteneinsicht und Auswertung der Jahresberichte und statistischen Untersuchungen: die spezielle Situation wurde in Bezug besetzt zu rechtlichen und trägerbedingten Bestimmungen und zum Umfeld des Interventionshandelns und die Fälle wurden kontrastierend zu verschiedenen Themenkomplexen ausgewählt.

Zur schrittweisen Auslegung des Interventionsvorgehens der Fachkräfte sollten die handlungsleitenden Hintergrundüberzeugungen und die individuellen sowie institutionellen Aushandlungsprozesse verdeutlicht werden. Folgende Fragen sollten deswegen aus der Analyse der einzelnen Fälle beantwortet werden:

- Wie sieht die Fachkraft ihre Situation bezogen auf den konkreten Fall?
- Welche Selbstdefinition und welche Fremdzuschreibungen sind dabei relevant?
- Welche Bedeutungszuschreibungen signifikant anderer werden dabei übernommen?
- Welche Situationsdefinitionen setzen sich in dem Aushandlungsprozeß durch?
- Welche Definitionen entsprechen Normalitätsannahmen und welche weichen davon ab?

Die Darstellung der einzelnen Fälle konnte nach der Empfehlung von HASTENTEUFEL (1980) bearbeitet werden, indem einer Falldefinition die Analyse, Interpretation und Lösung des Falles und danach die Schlußfolgerungen und weiterführende Fragen folgen. Bei der Fallerschließung sollten Vorannahmen, Urteile und Bewertungen zugunsten einer Erfassung des Wesentlichen zurückgestellt werden. Dies gewährleistet nur die genaue Recherche der Sachverhalte, ein umfangreiches Hintergrundwissen, der

---

[968] vgl. P.Hastenteufel 1980, S.14
[969] vgl. Brügelman 1982, S.76 f

Nachweis durch geeignete Quellen und das Kenntlichmachen persönlicher Stellungnahmen.

Zur Verarbeitung, Deutung und Interpretation des umfangreichen Materials aus den Interviews wird ein Verfahren gewählt, das thematisch zusammengehörige Kategorien und Assoziationskomplexe ordnet und Beziehungskonstellationen sowie Interaktionszusammenhänge darstellen hilft. Zu jedem einzelnen Fall wurden auf einer Liste nach folgenden Kategorien stichwortartige Zuordnungen vorgenommen:

- Ausgangssituation vor der Kontaktaufnahme mit dem Fachdienst
- Psychosoziales Umfeld des Kindes und Lebenshintergrund
- Verhaltensauffälligkeiten des Kindes
- Hinweise auf den Mißbrauch (z.B. Worte des Kindes, Bilder, Spielverhalten, Reaktionen)
- Mißbrauchssituation
- Schutzmöglichkeiten für das Kind
- Fallbezogene Ziele und Aufgaben des Fachdienstes
- Einbezug der Bezugsperson
- Kooperation mit anderen Institutionen
- Entwicklung des Kindes während der Begleitung
- Reflexion des Begleitungsprozesses

Außerdem sollte durch die Auswertungsmethode der "qualitativen Inhaltsanalyse" (Ph.Mayring 1988) die konnotative Bedeutung des Sinnzusammenhanges einer Aussage oder die Bedeutung des sozialen Kontextes erschlossen werden. Hierzu wird auf die Ausführungen von FUCHS (1984) und STRAUB (1989) zur Interpretation qualitativer Befragungen zurückgegriffen.

In einem ersten Schritt wird der Interviewtext in einzelne, bedeutsame Segmente gegliedert und den aus der Fragestellung hervorgegangenen Kategorien zugeordnet. Dann folgt eine zusammenfassende in Stichworten gehaltene Auflistung der Inhalte, so daß am Ende Stichwortregister vorliegen. Die Textsegmente werden unter Hinzuziehung zusätzlicher Informationen aus einer Datenbank des Auswertungsprogramms „Microsoft Access" interpretiert, damit die Analyse einzelner Textpassagen die Deutungssysteme der befragten Personen erhellt; sie werden dadurch einem vertieften Verständnis zugeführt, indem sie expliziert und ausführlich mit anderen Deutungs- und Orientierungssystemen kontrastiert und verglichen werden[970].

Für jeden Fall wurde ein Datensatz mit folgenden Angaben angelegt.

---

[970] vgl. J.Straub 1989, S.239

- Name, Alter und Geschlecht des Kindes
- Kontaktperson
- Lebenssituation des Kindes
- Unterstützung durch eine Bezugsperson
- Mißbrauchssituation
- Täter
- Signale des Kindes
- Diagnostischer Zugang (Spiel, anatomische Puppen, Gespräch)
- Hilfebedarf des Kindes
- Stellungnahme des Kindes zum Mißbrauch, zum Täter, zur Lebenssituation
- Umsetzung des Hilfebedarfs (zivilrechtliche Maßnahmen, psychosoziale Begleitung)

Außerdem wurden die Fallberichte der jeweiligen Mitarbeiter/innen der entsprechenden Kinderschutzdienste in ein Auswertungsraster eingetragen. Dieses Raster wurde herangezogen, um anhand ausgewählter Beispiele die Begleitsituationen nachzuvollziehen und um angelehnt an die Hilfeplanentwicklung der Kinderschutzdienste eine Zuordnung unter oben genannte Kategorien vorzunehmen, die die Befragung als auch die Auswertung der Interviews sowie die Interpretation der Ergebnisse strukturierten.

Die verschiedenen Vergleichsmöglichkeiten der Fälle, dokumentierten Interviews und Stundenprotokolle bieten interessante Ansatzpunkte zur Deutung der Daten:

- Vergleich zwischen Textpassagen innerhalb des Interviews, die das gleiche Thema aus anderer Sicht behandeln
- Frühere Deutungen werden mit heutigen verglichen
- Gegenüberstellung der Ansichten verschiedener Mitarbeiter/innen der KSD
- Die Interpretationen der Forscherin/ des Forschers werden mit denen der Befragten kontrastiert
- Die Daten aus den Interviews werden in Beziehung gesetzt zu anderen empirischen Untersuchungen oder wissenschaftlichen Theorien

Um den Entscheidungsprozeß der betroffenen Kinder bei der Hilfeplanentwicklung mit der Fachkraft besser nachvollziehen zu können, wurden Textpassagen aus den transkribierten Interviews hinzugezogen, die als Zitate die Einstellung und Vorannahmen der Mitarbeiter/innen exakter wiedergeben. Die Datenauswertung orientiert sich an der sozial-/ pädagogischen Hilfeplanung und umfaßt 4 Kategorien mit 12 Unterkategorien (vgl. Kapitel 7.2): Ausgehend von den ermittelten Kategorien wurden bedeutsame Aussagen, Deutungsmuster, wichtige Glaubenssätze, auf Karteikarten geschrieben, z.B. vergleichbare Einzelaussagen zu den verschiedenen Auswertungskriterien. Dieses Vorgehen beschreibt FUCHS (1984) als typisch für die Strukturierung umfangreichen Datenmaterials[971]. Zur Belegung der gewonnenen Einsichten

---

[971] Fuchs 1984, S.287

aus den Interviews werden Ausführungen aus anderen empirischen Untersuchungen oder wissenschaftlichen Theorien in Beziehung gesetzt.

Ein so heikler Themenbereich wie der des sexuellen Mißbrauchs an Kindern fordert von der Interpretation ein möglichst sensibles, unvoreingenommenes Herangehen, da sonst "die Befähigung zur intuitiv angemessenen Primärerfassung sozialer Sachverhalte darunter stark leidet"[972], denn die Auswertung hängt ganz entscheidend von den Deutungsleistungen der Forscherin/ des Forschers ab.

Eine Übersicht veranschaulicht das methodische Vorgehen der Interpretation der Daten aus der Untersuchung der Kinderschutzdienste nach der Auswertung der Jahresberichte aus drei Kinderschutzdiensten:

Fragestellungen   *Herleitung*

Fragestellungen	Herleitung
Welches sind die relevanten Kriterien einer personzentrierten, pädagogischen Beratungsbeziehung?	1. Erziehungswissenschaften/ Pädagogische Beratung (*Kapitel 1*): - Pädagogische Anthropologie - (Entscheidungskompetenz des Kindes) - Vorstellungen vom Kind - Pädagogische Beziehung - Beratung in der Pädagogik
Unter welchen Bedingungen ist ein Kind in der Lage, Entscheidungen über seinen Bedarf an Hilfe zu treffen?	- Beratung des Kindes 2. Das personzentrierte Konzept (*Kapitel 2 u. 3*) - Beratung nach Rogers - Personzentrierte Spieltherapie
Wie kann eine pädagogische Fachkraft die Entscheidungsfindung des Kindes fördern, unterstützen, verstehen und umsetzen?	3. Auswirkungen sexueller Übergriffe und Diagnostik bei einem Verdacht auf sexuellem Mißbrauch (*Kapitel 4*) 4. Kinderschutzspezifische Hilfeplanentwicklung angelehnt an den § 36 SGB VIII (*Kapitel 5*)

---

[972] U.Oevermann, zit. nach W.Fuchs 1984, S.297

Auswertung:

Fallbearbeitung ausgehend von den vier Phasen der sozialpädagogischen Hilfeplanung:	Nach den Kriterien der Kinderschutzdienste zur
1. Erfassung des Problems aus der Sicht der Kontaktpersonen 2. Klärung des Problems aus der Sicht des Kindes 3. Hilfeplanung mit dem Kind 4. Reflexion der Begleitung	• *kindzentrierten* • *kinderschutzspezifischen* • *Hilfeplanentwicklung*

7. Die kindzentrierte, kinderschutzspezifische Hilfeplanentwicklung der Kinderschutzdienste – Darstellung der Ergebnisse

> „Es sind Menschen, die in Kinderseelen lasen,
> täglich, stündlich, viele Jahre,
> und die volle Lebendigkeit durch Analysis und
> Abstraktion nicht lösen konnten,
> nicht lösen wollten!
> Unbehilflich wie Kinder mit diesen Werkzeugen!
> Aber ihr Gefühl des Lebens,
> ihre Empfindungen der Kinderseele –
> sie ist es, durch die sie uns Theoretikern
> allen überlegen ist."
> (W. Dilthey 1890)

Über professionelles Interventionshandeln gegen sexuellen Mißbrauch an Kindern gibt es in Deutschland kaum wissenschaftliche Untersuchungen und nur wenige veröffentlichte Aufsätze. Dies heben auch BURGER/REITER (1993) hervor, indem sie meinen, es sei

> "ein Mangel an dokumentierten Fallstudien zu verzeichnen, die verdeutlichen würden, mit welchen sozialen und psychischen Problemen bei den Opfern und den mitbetroffenen Familienmitgliedern zu rechnen ist und welche Interventionen hilfreich sind. Eine größere Anzahl von publizierten Fallstudien böte notwendige Orientierungshilfe zur Entwicklung von fundierten Interventionskonzepten"[973]

Auch WEBER/ROHLEDER (1995) weisen darauf hin, daß geeignete Handlungskonzepte fehlen, die Helfer/innen ermöglichen, sexuell mißbrauchte Kinder zu beraten, eine professionelle Diagnostik zu erstellen und auch kleineren Kindern Gesprächsmöglichkeiten zu eröffnen und Hilfe anzubieten[974]. Aufgrund des angedeuteten Forschungsdesiderates, im Interesse sexuell ausgebeuteter Kinder und zur Systematisierung vorhandener Erfahrung aus der Praxis, werden in diesem Kapitel die Ergebnisse aus der Untersuchung der Kinderschutzdienste zur Erforschung des Wissens von Experten und Expertinnen vorgestellt, die seit einigen Jahren in ihrem Berufsfeld sexuell mißbrauchten Kindern und ihren Bezugspersonen Beratung und Hilfen anbieten.

Zur Erfassung der Entscheidungen des Kindes über seinen Hilfebedarf und des Bemühens der Fachkräfte in den Kinderschutzdiensten, diese Entscheidungen zu verstehen und umzusetzen, eignet sich nach BOLLNOW (1969) die „Fallstudie", die pädagogische Phänomene zu verstehen sucht:

---

[973] E.Burger/ C.Reiter 1993, S.115
[974] M.Weber/ Ch.Rohleder 1995, S. 200 u. 240

„Man ist auf die Beobachtung der sich selbst ereignenden Fälle angewiesen. (...) Es hilft nur eines: bestimmte, aber ausgeprägte Fälle des Gelingens und Mißlingens genau zu analysieren und sich dabei zu ihrem Verständnis auf die eigene Lebenserfahrung zu besinnen, um von ihr aus die innere Notwendigkeit dieser Auswirkung zu begreifen.“[975]

Aus diesem Grunde werden die Sichtweisen der Kontaktpersonen in den Kinderschutzdiensten, die Klärung des Problems aus der Perspektive der betroffenen Kinder, die verschiedenen Arten der Hilfeplanung und die Reflexion der Handlungsschritte fallbezogen erläutert. Im Mittelpunkt des Interesses steht die intensive Begleitung sexuell mißbrauchter Kinder und ihrer Bezugspersonen, um die Grundlagen eines Beratungskonzeptes für traumatisierte Kinder anhand des kindzentrierten Hilfplanansatzes der Kinderschutzdienste von Rheinland-Pfalz zu bestimmen.

Da sich Fallanalysen insbesondere zur Effizienzüberprüfung modifikatorischer Interventionsmaßnahmen eignen, wird diese Methode zur Darstellung und Interpretation exemplarischer Einzelfälle herangezogen, um den kindzentrierten Begleitansatz der Kinderschutzdienste zu verdeutlichen. Die Aufarbeitung und Interpretation der Fälle orientiert sich an der Methode der pädagogischen Fallstudienarbeit zur Erfassung der komplexen Tatbestände unter Einbeziehung von Belegen aus der einschlägigen Literatur.

Zur Auswertung und Darstellung der erhobenen 50 Fälle wird das Hilfeplanraster der Kinderschutzdienste angeglichen an die Phasen der pädagogischen Handlungsplanung nach H.ROTH (1966)[976], an den Entscheidungsprozeß in der Beratung nach SCHWARZER/ POSSE [977](1993), ergänzt durch die aufbauende Abfolge der Beratung mit Kindern (Ch.L.Thomson/ L.B.Rudolph 1996; K.Geldard/ D.Geldard 1997; D.S.Sweeny 1997)[978] und die sozialpädagogische Hilfeplanung nach MÜLLER (1994)[979]:

Hierbei enthält die *Vorbereitungsphase*:
- die Arbeit mit der Kontaktperson,
- die Beschreibung des Kindes
- die Erfassung des familialen Hintergrunds des Kindes und seines sozialen Umfeldes sowie erste Informationen zum Mißbrauch aus der Sicht der Kontaktperson.

---

[975] O.F.Bollnow 1969, S.26/27
[976] vgl. Kapitel 1.1.1
[977] vgl. Kapitel 1.2.2
[978] vgl. Kapitel 1.3.3
[979] vgl. Kapitel 5.1.2

Die *Aufdeckungsphase* bezieht sich auf:
-   den Zugang zum Kind
-   die Klärung der Mißbrauchssituation aus der Sicht des Kindes
-   den konkreten Hilfe- und Schutzbedarf des Mädchen oder Jungen.

Während der *Realisierungsphase* kümmert sich die Fachkraft um die:
-   Begleitung des Kindes und seiner Vertrauensperson,
-   Durchführung der vereinbarten Hilfemaßnahmen und
-   die zivilrechtlichen Rahmenbedingungen.

Bei der *Reflexion* geht es um die:
-   Überprüfung des Hilfeplanes mit den Fallbeteiligten ausgehend von der
-   Reflexion der jeweiligen Fachkraft und die
-   Evaluation nach fachbezogenen Standards.

Während sich die sozialpädagogische Anamnese bei H.ROTH (1966) in der Klärungsphase wiederfindet, beinhaltet sie in der pädagogischen Beratung die Problemanalyse (Ch.Schwarzer/ N.Posse 1993) und deckt sich somit mit der *Vorbereitungsphase* der Kinderschutzdienste. Die psychosoziale Diagnostik nach MÜLLER (1994) kann wiederum der *Aufdeckungsphase* der Kinderschutzdienste zugeordnet werden. Entsprechend dem Gesprächsverlauf mit Kindern wird hier das Problem aus der Sicht des Kindes erfaßt. Die Intervention, Planungs- oder Entscheidungsphase kann mit der *Realisierungsphase* der Kinderschutzdienste gleichgesetzt werden.

Diese drei Abschnitte der Handlungsplanung der pädagogischen Beratung, der sozialen Einzelhilfe oder der sozialpädagogischen Hilfeplanung können dem Hilfplanraster der Kinderschutzdienste zugeordnet werden. Eine speziell ausgeführte Reflexions- oder Evaluationsphase findet sich hingegen im Hilfeplanraster nicht wieder.

Die Darstellung der Untersuchung der Kinderschutzdienste soll die Sichtweise der Kontaktpersonen umfassen und die Klärung des Mißbrauchs aus der Sicht des Kindes einbeziehen. Anhand verschiedener Ausprägungen der Hilfeplanentwicklung wird die Beteiligung des Kindes und seiner Bezugspersonen vorgestellt und schließlich eine Reflexion des kindzentrierten Ansatzes vorgenommen.

7.1   Erfassung des Problems aus der Sicht der Kontakt-personen

Als ersten Schritt sozialpädagogischer Hilfeplanung nennt MÜLLER (1994) die Anamnese, in der eine erste Ergründung der Problemsituation vorgenommen wird. Den Ausgangspunkt pädagogisch-anthropologischer Handlungsplanung sah H.ROTH (1966) in der bewußten Wahrnehmung der erlebten Not; die näheren Umstände sollten in der Klärungsphase genauer benannt werden. Ratsuchende sind in diesen Ausführungen die von einer

Krise unmittelbar Betroffenen, die wegen nicht oder nicht mehr vorhandener Ressourcen eine Beratungsstelle aufsuchen.

Bei der Abfolge eines Beratungsverlaufes mit Kindern steht hingegen nach THOMPSON/ RUDOLPH (1996) und GELDARD/ GELDARD (1997) – wie im Theorieteil der vorliegenden Arbeit ausgeführt – am Anfang der Beratung vorerst die Phase der Kontaktherstellung durch eine Vertrauensperson des Kindes. Aus der Sicht dieser Kontaktperson wird eine erste Beschreibung des Kindes, seiner Notlage, seiner Lebenssituation und seines sozialen Umfeldes gegeben. Die Kinderschutzdienste bezeichnen diesen Auftakt der Hilfeplanung als die „Vorbereitungsphase", in der die Hintergründe des sexuellen Mißbrauchs zu erschließen und – wie auch von MÜLLER (1994) empfohlen – objektive Tatsachen von Phantasien und Meinungen zu trennen sind.

Hiervon ausgehend werden in diesem Abschnitt die Erstkontakte mit den Bezugs- oder Vertrauenspersonen der Kinder, ihre Einschätzung der Problematik, eine Beschreibung der Kinder und ihrer Lebenshintergründe sowie erste Informationen zum Mißbrauch dargestellt. Insbesondere wird die Bedeutung dieser Kontaktpersonen für die Hilfeplanung und die Unterstützung der betroffen Mädchen und Jungen erfaßt, bzw. untersucht, welche Auswirkungen auf die Hilfeplanung zu erwarten sind, wenn ein Kind keinen Beistand durch eine nahestehende erwachsene Person erhält.

So steht zu Beginn der Hilfeplanung der Kontakt durch die Bezugs- oder Vertrauenspersonen, die wegen des Verdachtes auf sexuellen Mißbrauch infolge von Auffälligkeiten, körperlichen Hinweisen oder Aussagen des Kindes eine Begleitung durch den Kinderschutzdienst wünschen. Nur in den seltensten Fällen wenden sich Kinder oder Jugendliche direkt an eine Beratungsinstitution, wie WEBER/ ROHLEDER (1995) bei einer Befragung von 242 psychosozialen Einrichtungen der Jugendhilfe öffentlicher und freier Träger erfuhren[980]. In der Beratungsstelle Wildwasser Berlin konnte der Beginn einer Beratung ebenfalls nur zu 8,3 % auf die Initiative eines betroffenen Mädchens selbst zurückgeführt werden[981]. Auch die Praxis der Kinderschutzdienste zeigt, daß sich die Mitarbeiter/innen im Vorfeld der unmittelbaren Beschäftigung mit dem Kind in der Regel mit seinen Bezugspersonen (Mutter, Vater oder Verwandten), mit Vertrauenspersonen wie pädagogischen Fachkräften (Lehrer/innen, Erzieher/innen) oder mit übermittelnden Institutionen (Jugendamt, Polizei, Kinderarzt, Kinderheim, Tagesstätten oder Kindergärten) auseinandersetzen, die bei einem Verdacht auf sexuellen Mißbrauch den Kontakt zum Kinderschutzdienst herstellen. Vor allem im Kindergarten- oder Grundschulalter sind Kinder zur Bewältigung ihrer problematischen Lebenssituation auf die Hilfe Erwachsener dringend angewiesen. Wenn überhaupt, dann sind die betroffenen Mädchen und Jungen bereits im

---

[980] M.Weber/ Ch.Rohleder 1995, S.106 u. 139

[981] vgl. Schriftenreihe des Bundesministeriums für Frauen und Jugend, Band 10, 1993, S. 176. Es wurden 254 Fälle untersucht.

Jugendalter, wenn sie den KSD allein aufsuchen. Unter den 50 erhobenen Fällen befand sich nur ein 15jähriges Mädchen, das sich ohne Begleitung einer erwachsenen Person direkt an den KSD wandte. Die Verteilung der Erstkontakte in den KSD auf familiale Bezugspersonen bzw. institutionelle Vertrauenspersonen des Kindes gibt die nachstehende Tabelle wieder:

Tabelle 10: Kontakt im KSD (n=49)

familiale Bezugspersonen				Instit. Vertrauenspersonen	
Mütter	Eltern	Verwandte	Vater	päd. Fachkräfte	Institutionen
21	6	5	1	10	6
33 Fälle				**16 Fälle**	

Eine ähnliche Verteilung der Kontakte konnte in der Studie von BURGER/ REITER (1993) bestätigt werden, wonach 34,8 % der Kontaktpersonen aus der Familie des Kindes stammten und 18,5 % der Kontaktaufnahmen in Beratungsstellen durch Lehrer/innen oder Erzieher/innen vorgenommen wurden[982]. Die Anliegen, Probleme oder Einstellungen der Kontaktpersonen, ihre Beziehung zum Kind, ihre Involviertheit in die Mißbrauchssituation und ihre Krisenerprobheit werden im Vorfeld der Verdachtsabklärung oder Aufdeckungsarbeit mit dem Kind von den Fachkräften berücksichtigt und einbezogen.[983]
Eine Kategorisierung nach Kontaktpersonen wurde, in Anlehnung an die oben genannten Untersuchungen, nach der Sichtung der 50 Fälle vorgenommen und umfaßt:

- die Kontaktierung durch Familienangehörige
  - Mutter des Kindes
  - Verwandte des Kindes

- die Kontaktierung durch Personen außerfamilialer Institutionen
  - pädagogische Fachkräfte (Lehrer/innen, Erzieher/innen)
  - Vertreter/innen von Institutionen (Jugendamt, Kinderklinik, etc.)

Es wird sich zeigen, daß diese Einteilung wegen der verschiedenen Schritte in der Hilfeplanung maßgeblich auch die Lebenshintergründe und die Mißbrauchssituationen untergliedernd umfaßt.

7.1.1 Familiale Bezugspersonen des Kindes

Stammt die Kontaktperson aus der Familie des Kindes und wenden sich die Mutter, der Vater oder andere direkte Verwandte an den KSD, besteht die

---

[982] E.Burger/ K.Reiter 1993, S.64
[983] vgl. S.DuBois 1994, S.29

Chance, daß diese um das Wohl des Kindes besorgte Person, den Mißbrauch zukünftig verhindern und den Schutz des Kindes gewährleisten kann. In solchen Fällen hatte das Kind vielleicht bereits den Mut, sich der Bezugsperson anzuvertrauen und auf Hilfe zu hoffen. Eine Weiterführung des Mißbrauchs kann nahezu ausgeschlossen werden, was die Arbeit mit dem Kind ein wenig von dem Druck befreit, Aufdeckungsarbeit zu leisten. Dennoch ist Vorsicht hinsichtlich der Parteilichkeit der Bezugspersonen geboten, da Mütter oder Verwandte, selbst wenn sie den KSD aufsuchen, ebenfalls zum Kreis der mißbrauchenden Erwachsenen gehören können.

Die Interpretation der Fallbeispiele zu den Erstkontakten im KSD hinsichtlich der Bedeutsamkeit für die Hilfeplanentwicklung der KDS orientiert sich an den Kritererien zur Einschätzung sozialpädagogischer Hilfeplanung[984]. Es werden einige Erstkontakte – initiert durch Mütter, beide Eltern oder Verwandte – beschrieben, die folgende Aspekte beleuchten:

- Die Beziehung der Kontaktperson zum Kind
- Die Beziehung der Kontaktperson zum Täter
- Die Lebenssituation der Kontaktperson
- Ihr Anliegen und ihre Probleme
- Ihre Krisenfestigkeit

Diese Punkte sind besonders relevant und genau zu klären, *wenn die Mutter den ersten Kontakt zum KSD herstellt*. Die Reaktionen der Mütter, wenn ihre Kinder Anzeichen sexueller Übergriffe zeigen, einen Mißbrauch aufdecken oder Informationen anderer Personen auf Gewalterfahrungen der Kinder hindeuten, sind abhängig von vielfältigen Faktoren. Ist der Täter der Partner, fällt es vielen Frauen schwer, frühzeitige Anzeichen wahrzunehmen, dem Kind zu glauben und sich auf seine Seite zu stellen[985], wie auch DuBois (1994) feststellte:

> „Die Mutter als Teil des Familiensystems ist in schlecht funktionierende Beziehungen, in unausgesprochene Regeln zur Aufrechterhaltung von Isolation der Familie eingebunden und in eigene Gefühle verstrickt. Angst, allein gelassen zu werden, ökonomische Unsicherheit, Kränkung durch den Täter und die 'rivalisierenden' Töchter, sowie häufig bislang verdeckt gebliebene Erinnerungen an eigene Mißbrauchserfahrungen beschreiben nur einen Ausschnitt aus möglichen Gründen, die die Mütter davon abhalten können, verantwortlich die Erwachsenenrolle gegenüber ihren Kindern einzunehmen."[986]

Diese Umstände müssen von den Fachkräften der KSD mitbedacht werden, wenn die Kontaktperson die Mutter des betroffenen Kindes ist. Die Vermutung des sexuellen Mißbrauchs ihrer Kinder durch den Ehemann oder

---

[984] vgl. B.Müller 1994, S.76ff und die Ausführungen des Kapitels 5.1.2

[985] vgl. M.Mian/ P.Marton/ D.LeBaron 1996, S.737

[986] S.DuBois 1994, S.39

Lebensgefährten stürzt diese Frauen in eine Krise und läßt sie nicht nur an das Wohl des Kindes denken.

> „Wenn Mütter mit einem konkreten Verdacht oder dem Wissen um sexuelle Gewalterfahrungen ihrer Kinder die Beratungsstelle aufsuchen, so befinden sie sich häufig bereits in einer Trennungssituation bzw. suchen Unterstützung, diesen Schritt zu wagen. Oder es handelt sich um einen Fremdtäter, und der sexuelle Mißbrauch ist bereits beendet. Für die Mütter ist die Aufdeckung sexuellen Mißbrauchs mit vielfältigen psychischen Belastungen verbunden."[987]

Die Bedürfnisse der Mütter stehen deshalb nicht selten dem Auftrag des KSD entgegen, sich vor allem um die Belange des Kindes zu kümmern. Ein zusätzliches Beratungsangebot für Mütter wäre ergänzend zur Hilfeplanung mit dem Kind sinnvoll. Nur ein Kinderschutzdienst (KSD-Wildwasser Worms) verfügt über ein zusätzliches Beratungsangebot für Mütter betroffener Kinder, um die geschilderten Folgen der Aufdeckung aufzufangen. Diese Verknüpfung der Angebote ist im Konzept der KSD nicht vorgesehen, so daß den Müttern andere Institutionen empfohlen werden müssen.

Die ambivalenten Gefühle der Mütter beeinflussen den Zugang zu den mißbrauchten Kindern, geben doppelte Botschaften, verunsichern die Kinder und verwirren die Fachkräfte. Die Einbeziehung der Mütter beschränkt sich nicht auf den Erstkontakt; allerdings geht es bei allen Kontakten um den Schutz und die Hilfe für das Kind, die unterschiedlichen Bedürfnisse der Mütter können dabei häufig nicht ausreichend berücksichtigt werden.

Von den 21 Müttern aus der Stichprobe der 50 untersuchten Fälle, die Kontakt mit den Kinderschutzdiensten aufnahmen, hatten sich sechs Frauen infolge der Aufdeckung spontan von ihrem Partner getrennt, drei erfuhren von dem jahrelangen Mißbrauch durch den Partner erst nach der Trennung, in zwei Fällen trat der Mißbrauch im Verlauf der Trennung auf und zehn Kinder waren nicht vom eigenen Partner mißbraucht worden. In den sechs Fällen, in denen der leibliche Vater des Kindes der Mißbrauchstäter war, wohnte die Mutter entweder schon mit einem neuen Partner zusammen (in 3 Fällen), war alleinerziehend (in einem Fall) oder verließ den Ehemann infolge der Geschehnisse. Dieser Umstand trug sicherlich dazu bei, daß diese Mütter als unterstützende Bezugspersonen in die Hilfeplanung einbezogen werden konnten.

Tabelle 11: Die Mutter als schützende Bezugsperson

Trennung nach Aufdeckung	Aufdeckung nach Trennung	Mißbrauch infolge Trennung	Täter außerhalb der Familie	**Insgesamt**
6	3	2	10	**21**

---

[987] M.Weber/ Ch.Rohleder 1995, S.135

Offenbart die Tochter oder der Sohn den sexuellen Mißbrauch durch den Partner der Mutter nach einer Trennung, besteht zum Zeitpunkt der Aufdeckung vermutlich nur noch eine eingeschränkte Beziehung zum Täter und die Mutter hat bereits eine gewisse Eigenständigkeit erreicht. Diese Umstände fördern ihre mütterliche Solidarität. Ihr Ansuchen nach einer Betreuung des Kindes im KSD wird sich demnach eher auf eine aufarbeitende Begleitung oder die Durchführung zivil- oder strafrechtlicher Maßnahmen beziehen, als auf eine Verdachtsabklärung. Dies war z.B. für die Mutter von Sandra der Fall:

Nachdem die Mutter die eheliche Wohnung mit ihrer Tochter (6 J.) verlassen hatte, brachte das Mädchen den Mut auf, von den sexuellen Übergriffen durch den Vater zu berichten. Die aufgebrachte Mutter ging mit Sandra sofort zur Polizei, wo das Kind eine umfangreiche, detaillierte Schilderung des Mißbrauchs zu Protokoll gab. Die Polizei gab der Mutter die Adresse des KSD, damit Sandra die Folgen der Verletzung verarbeiten könne und eine Begleitung während des bevorstehenden Verfahrens erhielte.[988]

Der Mißbrauch vor oder nach einer Trennung löst bei Müttern unterschiedliche Gefühle aus. Sind die Übergriffe nachweisbar, kann ein Entzug des Sorge- oder Umgangsrechts zum Schutz des Kindes erreicht werden, wenn z. B. der Vater den Mißbrauch beging. Unsicherheiten tauchen auf, wenn die Mutter nur Vermutungen hegt. Sind aber eindeutige Beweise vorhanden, etwa durch einen körperlichen Befund, wird die Mutter eher nicht an der Glaubwürdigkeit ihres Kindes zweifeln. In einem solchen Fall kann sie die Wahrhaftigkeit des Ereignisses nicht leugnen und muß sich mit ihren Empfindungen zur Tat, zum Täter und zu ihrem Kind auseinandersetzen. Wenn eigene Mißbrauchserfahrungen aus der Kindheit hinzukommen, befindet sich die Mutter in einer massiven Krise. Diese Umstände trafen für Frau H. zu:

Als Frau H. von einem außerehelichen Verhältnis ihres Ehemannes erfahren hatte, wechselte sie das Schloß der gemeinsamen Wohnung aus. Herr H. erhob keine Einwände gegen diesen Rausschmiß, bestand aber darauf, die beiden Kinder Sabrina (4 J.) und Manuel (7 J.) zweimal im Monat an den Wochenenden bei sich zu haben. Frau H. war nach Überwindung des ersten Unmutes mit der Regelung einverstanden, da sie den Kontakt der Kinder zu ihrem Vater unterstützen wollte. Als Sabrina und Manuel wiederholt total verstört von den Übernachtungen bei ihrem Vater heimkehrten und beide Verletzungen im Genitalbereich zu verbergen suchten, geriet Frau H. in Panik. Etliche Male rief sie im KSD an und bestand trotz der großen Arbeitsbelastung der Fachkräfte auf einen Termin. Beim Erstgespräch stand dann der eigene Mißbrauch Frau H.'s im Vordergrund. Ihr Druck und ihre Verwirrung übertrugen sich auf die Fachkraft und erschwerten den Zugang zu den Kindern.[989]

---

[988] Fall 12
[989] Fall 23

Die Beziehung der Mutter zu ihren Kindern entscheidet, ob sie für die Anzeichen sexuellen Mißbrauchs sensibel ist oder sich aufgrund vorhandener Ablehnung des Kindes unempfänglich für die Not der Tochter oder des Sohnes zeigt. Nach anfänglichem Widerstand kann eine solche Mutter für die Unterstützung des Kindes gewonnen werden, wie das folgende Beispiel verdeutlicht:

Als Britta im Alter von fünf Jahren von einem nahen Bekannten der Mutter mehrfach sexuell mißbraucht wurde, konnte die Mutter der Aufdeckung dieser Vorfälle durch die Tochter nicht glauben. Der jahrelange Waschzwang und die detaillierte Verbalisierung der Mißbrauchserfahrungen der Tochter, als diese 11 Jahre alt ist, veranlaßte die Mutter, dem Mädchen zu glauben und die Hilfe des KSD in Anspruch zu nehmen. Sie war vor allem an einer Beseitigung der Symptome ihrer Tochter interessiert, da sie diese schon von Geburt an als retardiert betrachtete und deswegen schwer annehmen konnte.[990]

Die Verbesserung der Beziehung der betroffenen Kinder zu ihren Müttern oder anderen Familienmitgliedern wird in ähnlich gelagerten Fällen wichtigstes Anliegen der Bezugspersonen sein, denen sich die Fachkräfte schwerlich entziehen können. Eine ambivalente Mutter, die z.B. Hinweise ignoriert, wird eher zur stummen Mitwisserin, als eine Frau, die uneingeschränkt emotional Partei für ihr Kind ergreifen kann. Besteht im Augenblick der Aufdeckung noch eine enge Beziehung zum Mißbrauchstäter, wird die Mutter sich zwischen ihrer Liebe zu ihm und der Loyalität zur Tochter hin- und hergerissen fühlen. Erfahrungsgemäß muß eine gewisse Zeit der Ablösung vom mißbrauchenden Partner erst überstanden werden, bevor die Mutter ganz zur Tochter halten und ihren Schutz sichern kann.

Jutta (12 J.) wurde vom Lebensgefährten der Mutter sexuell mißbraucht. Sie brachte den Mut auf, der Mutter davon zu erzählen. Diese konfrontierte ihren Partner mit der Anschuldigung ihrer Tochter und verwies ihn aus der gemeinsamen Wohnung. Sie bat beim KSD um Hilfe für sich und ihre Tochter. Der Schutz der Tochter konnte wegen der fortdauernden „heimlichen" Beziehung der Mutter zum Täter nicht garantiert werden. Eine endgültige Trennung gelang ihr erst nach einigen Monaten.[991]

Stammt der Tatverdächtige aus der Herkunftsfamilie der Eltern des Kindes, bestehen besondere Abhängigkeiten. Wurde das Kind z.B. vom Großvater mißbraucht, ist wahrscheinlich neben dem Mißbrauch des Kindes auch ein früherer Mißbrauch der Mutter durch die gleiche Person aufzudecken. Eine intensive und vermutlich noch nicht aufgearbeitete Bindung an die eigenen Eltern kann die Einbeziehung der Mutter in die Hilfeplanentwicklung mit dem Kind erheblich beeinträchtigen. Besonders bizarr werden die familialen Verstrickungen, wenn z.B. die Großmutter den Enkel in der aktuellen Familie bedroht sieht und das Kind die Oma des sexuellen Mißbrauchs

---

[990] Fall 46
[991] Fall 44

beschuldigt. Im Kampf zwischen diesen beiden Fronten wird die Fachkraft Mühe haben, das Augenmerk auf die Verstörung des Kindes zu lenken:

Patricks Großmutter mütterlicherseits meldete beim Jugendamt die Mißhandlung des Enkels durch den Partner ihrer Tochter. Dies deklarierte Frau S., Patricks Mutter, als Ausweichmanöver, da Patrick (8 J.) von massiven sexuellen Übergriffen durch die Oma berichtet hatte. Um die unpräzisen Angaben des Jungen zu konkretisieren und der Anklage etwas entgegensetzen zu können, stellte Frau S. ihren Sohn im KSD vor. Patrick litt nach den Schilderungen der Mutter seit über zwei Jahren an vielfältigen Symptomen. Der Fachkraft war unbegreiflich, warum die Mutter erst jetzt Hilfe für ihren Sohn in Anspruch nahm.[992]

Eine Mutter kann ihrem Kind umso leichter glauben und es schützen, je weiter der Täter von der Familie entfernt ist. Es besteht keine tiefgehende Beziehung, auch wenn die Reaktionen des sozialen Umfeldes mitbedacht und Sanktionen befürchtet werden. Frau F. konsultierte den KSD mit dem uneingeschränkten Wunsch, daß der sexuell mißbrauchten Tochter geholfen werden möge:

Frau F. kam mit ihren zwei Kindern in den Kinderschutzdienst. Tanja (12 J.) war von einem entfernten Onkel mißbraucht worden. Tanjas Bruder (14 J.) wurde Zeuge der sexuellen Handlungen und erzählte der Mutter ungeachtet der massiven Drohungen des Onkels von der Vergewaltigung der Schwester. Nachdem die Fachkraft der Mutter und den Kindern erklärt hatte, wie sie arbeitet, daß sie z.B. nicht weitererzählt, was die Kinder nicht wollen, beschloß das schüchterne Mädchen, nächstes Mal allein zu einem Termin zu kommen.[993]

Diese Beispiele der Kontaktierung des KSD durch die Mütter betroffener Kinder deuten auf Besonderheiten der Hilfeplanung hin. Es verwundert, daß die mißbrauchten Kinder in einem so hohen Ausmaß – zu 42 % – von ihren Müttern geschützt wurden. Daß diese Bereitschaft der Mütter nicht nur auf die 50 Fälle beschränkt bleibt, sondern in der Praxis der Kinderschutzdienste sogar noch häufiger anzutreffen ist, bestätigt die Feststellung im Jahresbericht des KSD „C" (1997):

> *„Nahezu zwei Drittel aller Meldungen bei sexuellem Mißbrauch stammte von den Müttern, so daß in unserem Einzugsbereich die in der Literatur vielfach beschriebene Aussage, daß Mütter oftmals aufgrund der Mißbrauchsdynamik erst sehr spät von der Übergriffen erfahren, sich nicht bestätigen läßt."[994]*

In der Regel sind die Mütter, die ihr Kind im KSD vorstellen, bereit, ihrem Kind zu glauben, es zu schützen und hierfür notfalls den Partner zu verlassen,

---

[992] Fall 9
[993] Fall 4
[994] Jahresbericht des Kinderschutzdienstes „C" 1997, S.62

wenn dieser der Täter ist. Beispiele falscher Beschuldigungen im Falle einer Scheidung – in den USA gibt es einen ganzen Band mit Literaturrecherchen zu diesem Umstand[995] -, um vom Vater der Kinder Unterhaltsgeld zu erpressen und ihm das Sorgerecht zu entziehen, befanden sich mit an Sicherheit grenzender Wahrscheinlichkeit nicht unter den 50 erhobenen Fällen. FALLER (1991) fand in ihrer Untersuchung ähnlich der oben vorgestellten Kontaktierung durch die Mütter drei Kategorien: die Aufdeckung des sexuellen Mißbrauchs als Scheidungsgrund, die Entdeckung jahrelangen sexuellen Mißbrauchs während eines laufendes Scheidungsverfahrens und der Beginn sexuellen Mißbrauchs während der Scheidungsdynamik. Falschbeschuldigungen in Form von Übertreibungen, Mißverständnissen und Fehlinterpretationen fand sie immerhin in 23 % der 94 untersuchten Fälle[996]. Nach Ansicht von DÖRSCH/ ALIOCHIN (1997) stellen fälschlich vorgebrachte Mißbrauchsvorwürfe in einem Scheidungsverfahren nicht die Regel dar. GREEN (1986) meint dazu, daß die schmerzvoll depressive Verstimmung der Mütter als Hinweis für das Vorliegen wahrer Beschuldigungen angesehen werden kann[997].

Den 21 Müttern, die im KSD vorsprachen, fügte der Mißbrauch ihres Kindes insbesondere durch den Partner schwere Wunden zu, selbst wenn sie sich schon getrennt hatten. Eine noch nicht beendete Beziehung zum Täter wies auf eine Bindung hin, die jedenfalls wegen der gemeinsamen Elternschaft fortbestand und zivilrechtliche Maßnahmen zum Schutz des Kindes erforderlich machte[998]. Die intensive, emotionale Zuneigung zur Tochter oder zum Sohn führte meistens dazu, den folgenschweren Schritt zu unternehmen und den Kontakt zum Täter ganz abzubrechen. Selbst wenn diese Mütter frühe Anzeichen des sexuellen Mißbrauchs nicht als solche definieren konnten oder anfängliche Zweifel an der Glaubwürdigkeit des Kindes hatten, wurde keine grundsätzliche Leugnungshaltung eingenommen. Die zwiespältigen Gefühle der Mütter, ihre eigene Lebenskrisen und ihre kaum zu erschütternde Solidarität für ihre Kinder, lassen eine Mittäterschaft als unwahrscheinlich erscheinen. Dennoch kann für die Sicherheit des Kindes nicht garantiert werden, wenn die Mutter infolge der Belastungen zusammenzubrechen droht oder wegen emotionaler Abhängigkeit nicht in der Lage ist, die Beziehung zum Täter zu beenden. In der Hilfeplanung mit dem Kind muß deshalb zusätzlich geprüft werden, ob es sich bei der Mutter sicher fühlt.

Wenn *beide Eltern (n=6)* gemeinsam mit ihrem mißbrauchten Kind den Kinderschutzdienst aufsuchen, hat das Kind meistens schon vom Mißbrauch erzählt, die Tat wurde von einem Verwandten oder Bekannten begangen, und eine Fortsetzung kann vom Vater und der Mutter verhindert werden. Sechs Elternpaare aus der Stichprobe der Untersuchung kamen mit dem

---

[995] W.Deaton/ S.Long/ H.A.Mogaña/ J.Robbins: The Child Sexual Abuse Custody Dispute. Annotated Bibliography. Thousand Oaks/ London/ New Dehli 1994

[996] vgl. K.C.Faller 1992

[997] A.H.Green 1986, S.449ff

[998] vgl. hierzu C.Marquardt 1993, S.29ff

ausschließlichen Interesse, ihr Kind zu schützen, ihm zu helfen und die Folgen der Übergriffe zu mildern, in den KSD.

Gisela (13 J.) war von einem Nachbarn wiederholt in den Keller gelockt und mißbraucht worden. Die ahnungslosen Eltern erfuhren von einer Lehrerin ihrer Tochter von diesen Vorkommnissen. Diese gab ihnen auch die Adresse des KSD.[999]

Die gute Beziehung zu den Eltern war der Grund, warum Annette (9 Jahre) direkt nach den sexuellen Übergriffen eines Nachbarn, der sie in seine Wohnung gelockt und dort ausgezogen hatte, nach Hause stürzte und alles erzählte. Die Eltern begleiteten das Mädchen zur Polizei, von der sie vom KSD erfuhren.[1000]

Der geliebte Onkel Bettinas hatte seine Nichte bei einer gemeinsamen Reise im Hotel während der Nacht mißbraucht. Das Mädchen wagte, die Eltern ins Vertrauen zu ziehen. Vater, Mutter und Tochter (10 J.) erschienen im KSD, um mit der Fachkraft eine Lösung für ihr Problem zu finden.[1001]

Seltener wenden sich Verwandte des Kindes an den KSD (n=5) und häufig nur dann, wenn sie in irgendeiner Weise einen Teil der Betreuung des Kindes übernommen haben. Sie haben keine vergleichbare Beziehung zum Täter, wie Frauen zu mißbrauchenden Partnern. Selbst wenn der Täter aus der gemeinsamen Familie stammt, sichert die regelmäßige Sorge um das Kind die Parteilichkeit der Tante, Oma, Pflegemutter oder Stiefmutter, wie im Fall Rebeccas:

Aufgeregt rief die Stiefmutter der fünfjährigen Rebecca im Kinderschutzdienst an, weil der Kinderarzt bei einer Vorsorgeuntersuchung den Verdacht auf sexuellen Mißbrauch äußerte. Den ersten Termin nahm die Stiefmutter mit dem leiblichen Vater von Rebecca, ihrem Ehemann, wahr. In diesem Gespräch wurden erste Anhaltspunkte für einen sexuellen Mißbrauch gesammelt. Es wurde deutlich, daß die Mutter, die nach der Scheidung von Rebeccas Vater die gemeinsame Tochter nur an zwei Wochenenden im Monat sieht, als Täterin in Betracht kommt. In einigen weiteren Telefonaten mit der Fachkraft berichtete die engagierte Stiefmutter über neue Verhaltensauffälligkeiten und Äußerungen des Kindes. Etwa einen Monat später kam Rebecca zu Einzelkontakten in den KSD.[1002]

Zur nahen oder entfernteren Familie gehörende Personen verfügen normalerweise nicht über das Sorgerecht, dennoch kommen sie wegen der intensiven Beziehung zum Kind als spätere Bezugspersonen in Frage. Da sie auch jetzt schon mit der Beaufsichtigung des Kindes betraut wurden, können sie als wichtige Kooperationspartner gelten und den Kontakt mit dem KSD auch ohne Absprache mit dem Vater oder der Mutter des Kindes herstellen.

---

[999] Fall 18
[1000] Fall 26
[1001] Fall 43
[1002] Fall 22

Anika (4 J.) geht vormittags in den Kindergarten. Den Nachmittag verbringt sie bei ihrer Tante. Diese bringt die Nichte dann abends zum Vater. Anika wohnt allein mit ihrem Vater, da die Mutter Mann und Kind bereits vor 2 Jahren verlassen hat. Die Erzieherinnen hatten der Tante Anikas schon des öfteren von dem sexualisierten Verhalten des Mädchens berichtet. Als Anika nun noch von einem Geheimnis mit dem Papa erzählte, erigierte Penisse malte und über Schmerzen an der Scheide klagte, bat die Tante im KSD um Hilfe. Ohne Wissen des Bruders brachte sie ihre Nichte zu regelmäßigen Terminen in den KSD.[1003]

Die Familienverhältnisse der Kontaktpersonen und der betroffenen Kinder sind so vielfältig und facettenreich wie dies Untersuchungen über das Lebensumfeld und die Bedingungen des Heranwachsens für Kinder verdeutlichen (z.B.: Bründel/Hurrelmann1996, Markefka/Nauck 1993). So kann es vorkommen, daß der Mißbrauch eines Kindes aus erster Ehe auch die Kinder aus zweiter Ehe betreffen kann, selbst wenn sich das sexuell mißbrauchte Kind nur zu Wochenenden bei dem einem Elternteil aufhält, wenn dem anderen das alleinige Sorgerecht zugesprochen wurde. Dies sind verwickelte Fälle, die eine Fachkraft häufig nur dann entschlüsseln kann, wenn sie die komplizierten Familienverhältnisse rekonstruiert. Nahezu unentwirrbar erscheinen folgende Hintergründe, die den ersten Kontakt mit Miriam im KSD ermöglichten:

Die Stiefschwester (5 J.) hatte im KSD vom Mißbrauch durch den Stiefvater, Miriams (4 J.) leiblichen Vater, berichtet. Die Fachkraft rief die Mutter der Mädchen an, die von der Aussage der 1. Tochter nichts wußte, da diese nicht bei ihr lebt. Ihr wurde mitgeteilt, daß der Verdacht des sexuellen Mißbrauchs durch ihren jetzigen Lebenspartner auch für Miriam gelten könnte. Aus Angst vor dem Entzug des Sorgerechts brachte sie Miriam unwillig in den KSD.[1004]

Leider kann von der Loyalität der Bezugspersonen nicht unbedingt ausgegangen werden, selbst dann nicht, wenn sie dem engsten Kreis der Familie entstammen und hochbesorgt ihre Schützlinge dem KSD vorstellen; jedenfalls solange eine Mit- oder sogar Hauptverantwortung für den sexuellen Mißbrauch nicht ausgeschlossen werden kann. GRAF/ KÖRNER (1997) empfehlen grundsätzliche „Zurückhaltung gegenüber allen Erwachsenen" und führen zur Veranschaulichung ein Beispiel aus der Erziehungsberatung an: Eine Mittäterin erstattete Strafanzeige gegen den mutmaßlichen Täter, ihren Ehemann, um von der eigenen Beteiligung abzulenken[1005]. Auch JONES (1996) rät zur Skepsis gegenüber den „sogenannten nichtmißbrauchenden Eltern, die ihr Kind sehr geschickt am Reden hindern" können[1006]. Leider

---

[1003] Fall 2
[1004] Fall 15
[1005] H.Graf/ W.Körner 1997, S.161
[1006] D.P.H.Jones 1996, S.28, vgl. auch Kapitel 4.3.2

zeigen ähnliche Erfahrungen in den KSD, wie angemessen eine zurückhaltende Einstellung gegenüber angeblichen Vertrauenspersonen der Kinder sein kann:

Laura (8 J.) machte intensiv auf ihre Verletzungen aufmerksam. Sie störte den Unterricht, wo sie nur konnte, malte überdimensionale Penisse an die Klassentafel, hob ihre Röcke und zeigte den Jungen auf dem Pausenhof ihre Scheide. Die Lehrerin bat die Eltern zu einem Gespräch in die Schule, um über ihren Verdacht des sexuellen Mißbrauchs zu reden. Sie empfahl den KSD zur Abklärung ihrer Vermutung. Der Vater brachte daraufhin seine Tochter regelmäßig zu Einzelkontakten in den KSD, ohne zu wissen, daß der Fachkraft bereits aus zuverlässiger Quelle eindeutige Aussagen des Kindes zugetragen worden waren, die den Vater als Mißbrauchstäter identifizierten.[1007]

Als Stefanie drei Jahre alt war, wurde der Großmutter mütterlicherseits das Aufenthaltsbestimmungsrecht für die Enkelin übertragen, da der Kinderarzt sexuellen Mißbrauch diagnostiziert hatte. Zwei Jahre später wandte sich die Mutter Stefanies mit dem Antrag an das Jugendamt, ihre Tochter möge wieder bei ihr und ihrem jetzigen Ehemann leben. Die besorgte Großmutter erbat für ihre Enkelin regelmäßige Termine im KSD. Sie sah den Partner ihrer Tochter als Täter an und wollte darüber Gewißheit haben. Nach den Angaben des Kindes stellte sich heraus, daß die Mutter und die Oma regelmäßige Kontakte pflegten, das Kind an Fremde zwecks sexueller Benutzung verkauften und sich vermutlich nun um die Besitz- und Profitrechte in die Haare bekommen hatten. Die Fachkraft konnte Stefanie kaum glauben, da sie das Kind durch die Oma geschützt gesehen hatte: „Ich habe gedacht, die Stefanie, die bringt jetzt was durcheinander. Da stimmt was nicht, was weiß ich, welche Oma sie meint. Ich bin davon ausgegangen, das ist ein Irrtum."[1008]

Die mögliche Involviertheit der aus der Familie des Kindes stammenden Bezugspersonen, ihre Mitverantwortung oder stumme und blinde Duldung erfordert einen vorsichtigen Umgang in den Erstgesprächen im KSD. Erst wenn sich die Fachkraft im Kontakt mit dem Kind von der bedingungslosen Unterstützung der Bezugsperson überzeugen konnte, wird diese für die Erstellung des Hilfeplanes zum wichtigen Bündnispartner für das Kind. Dies traf für 30 von 33 Fällen zu, in denen die familialen Kontaktpersonen Hilfe im KSD für ein sexuell mißbrauchtes Kind suchten.
Die Situation der 11 schützenden Mütter, deren Kinder vom eigenen Partner mißbraucht wurden, belastet die Hilfeplanung mit dem Kind. Diese Frauen brauchen wegen der Eigenbetroffenheit und ihrer besonderen Bedeutung für den Schutz der Kinder eine separate Betreuung, die wegen des kindzentrierten Auftrags nicht von den Fachkräften der Kinderschutzdienste übernommen werden kann. Diese Erfahrung machten auch DÖRSCH/ ALIOCHIN (1971), die bei Wildwasser-Nürnberg ein Beratungsangebot für sexuell mißbrauchte Mädchen und deren Mütter anbieten:

[1007] Fall 8
[1008] Interview über den Fall 14, S.12

„Nichtmißbrauchende Elternteile brauchen eine eigene Beraterin, die sie in ihren Belangen unterstützt. Werden sie und das Mädchen von derselben Person beraten, können Loyalitätskonflikte entstehen. Dadurch kann das Vertrauensverhältnis zwischen HelferIn und Mädchen einerseits und zwischen HelferIn und den nichtmißbrauchenden Elternteilen andererseits belastet werden. Auch wenn die nichtmißbrauchenden Elternteile dem Mädchen glauben und sie unterstützen, kann es zu Interessenskonflikten kommen."[1009]

Da die Mütter in den Kinderschutzdiensten in Bezug auf die Kontaktherstellung eine relativ große Gruppe darstellen, könnte die Arbeit der Fachkräfte durch eine spezialisierte Beratung für Mütter betroffener Kinder sinnvoll ergänzt werden. Die Feststellung, daß in nahezu der Hälfte (48,5 %) der 50 untersuchten Fälle die Kinder vom Ehemann oder Partner der Mutter mißbraucht und „nur" 11 von der Mutter geschützt wurden, weist auf die Dringlichkeit eines solchen Angebots hin. Wie der nächste Abschnitt zeigt, kann die Solidarität einer Mutter bei innerfamilialem Mißbrauch nicht vorausgesetzt werden.

7.1.2 Außerfamiliale Kontaktierung des KSD

Wird das Kind nicht von seinen Familienangehörigen geschützt, verläuft die Hilfeplanung häufig komplizierter. Dann wendet sich das Kind viel eher an eine Lehrerin oder Erzieherin, oder es fällt aufmerksamen Menschen wegen seiner Signale und Symptome auf. Die Kontakte mit den elf Kindern, die vom Vater oder der Mutter mißbraucht wurden, drehten sich vorerst um die Klärung des Mißbrauchsgeschehens, da die genauen Angaben die Voraussetzung für die richtige Diagnose und Hilfeplangestaltung sind. Auch für einen Entzug des Sorge- oder Umgangsrechts sind die genauen Angaben wichtig. Nach der Sicherstellung des Schutzes vor weiteren sexuellen Übergriffen kann die Aufarbeitung der schlimmen Erfahrungen und eine weitere Lebensbegleitung des betroffenen Mädchens oder Jungen folgen.
Die Studie von BURGER/ REITER (1993) ermittelte unter 2085 Melder/innen eines Verdachts oder einer Aufdeckung sexuellen Mißbrauchs 18,5 % Lehrer/innen oder Erzieherinnen und 15,1 % Meldungen aus Institutionen (Krankenhäuser, Ärzte, Jugendamt, Polizei). Das Modellprojekt Wildwasser Berlin (1993) und die Untersuchung von WEBER/ ROHLEDER (1995) haben zwar die Hinzuziehung von professionellen und pädagogischen Fachkräften in die Beratung erwähnt, ohne jedoch die Kontakt- und Vertrauensperson des Kindes explizit zu benennen. Die Durchsicht der 50 ausgewählten Fälle aus den KSD ergab, daß Personen aus Institutionen wie Schulen, Kindergärten, Jugendämtern oder Kinderheimen gegenüber den familialen Kontaktpersonen zu etwa 1/3 die Kinderschutzdienste mit dem Wunsch kontaktierten ein bestimmtes Kind zu übermitteln. In zehn Fällen war es eine Vertrauens-

---

[1009] M.Dörsch/ K.Aliochin 1997, S.65/66

person des Kindes (eine Lehrerin oder Erzieherin) und in sechs weiteren Fällen bestand zwischen der vermittelnden Person und dem Kind keine nähere Beziehung (Jugendamt, Kinderarzt, Internat, Kinderklinik). Die institutionellen Vertrauenspersonen können das Kind in der Regel nicht vor weiteren sexuellen Verletzungen bewahren, solange es von einem Personensorgeberechtigten, also dem leiblichen Vater oder der leiblichen Mutter, mißbraucht wird. Von den 16 Fällen aus dieser Personengruppe traf dies für elf Kinder zu. Befindet sich das Mädchen oder der Junge bereits in einem Heim, dann muß es häufig vor dem erneuten Zugriff des Täters geschützt werden. Normalerweise fällt ein betroffenes Kind einer pädagogischen Fachkraft in der Schule oder im Kindergarten auf, weil es eine Reihe von Signalen zeigt, die gut geschulte Pädagog/inn/en als Hinweise auf sexuelle Übergriffe deuten können. Dann ruft die Lehrerin oder eine Erzieherin im KSD an und bittet um Unterstützung. Sofern die Taten vom Vater oder seltener der Mutter des Kindes begangen wurden, erschließt sich häufig der KSD den Zugang zum Kind ohne Wissen der Eltern. Er findet im Kindergarten[1010] oder der Schule statt und weniger in den Räumen des KSD:

Eine Lehrerin meldete sich beim Jugendamt wegen eines Verdachts auf sexuellen Mißbrauch einer ihrer behinderten Schülerinnen. Das Jugendamt verwies an den Kinderschutzdienst. Die Lehrerin vereinbarte ein Treffen mit der Fachkraft vom KSD in der Schule in Anwesenheit des Rektors. Es wurden zweimal wöchentlich Kontakte für Martha (8 J.) in der Schule durchgeführt, da die Treffen ohne das Wissen der Eltern stattfinden sollten.[1011]

Hat die Pädagogin dem Kind den Zugang zum KSD erschlossen, endet normalerweise ihre Zuständigkeit. Sie hat die notwendigen Schritte unternommen, dem Kind zu helfen, und kann nun die Verantwortung den Fachkräften der KSD überlassen. Der kindzentrierte Ansatz schließt jedoch mit ein, daß ein Mädchen oder Junge nur mit seinem Einverständnis beraten wird. Wenn ein Kind nur die Lehrerin als Vertrauensperson akzeptiert, dann wird auch diese beraten.

Eine Grundschullehrerin wurde auf Laura (7 J.) aufmerksam, weil das Mädchen nicht ein Wort mit ihr sprach und außerdem häufig dem Unterricht fernblieb. Da ihre Schülerin wegen eines schlimmen Ausschlags zudem nicht am Sportunterricht teilnahm, rief die Lehrerin im KSD mit dem Verdacht auf sexuellen Mißbrauch an. Die Fachkraft unterstützte die Lehrerin dahingehend, mit Laura einen Hilfeplan zu entwickeln, weil das Mädchen mit keinem anderen Menschen als ihrer Lehrerin sprechen wollte, zu der sie nach und nach Vertrauen gefaßt hatte.[1012]

[1010] vgl. Fallbeispiel Petra
[1011] Fall 6
[1012] Fall 8

Wendet sich ein Kind nicht an seine Eltern oder andere Familienangehörige, hat es hierfür meistens gute Gründe. Trotzdem dürfen die Pädagog/inn/en nicht in der Herausnahme des Kindes aus der Familie die einzige Möglichkeit des Schutzes sehen. Dies ist der Grund, warum nach WEBER/ ROHLEDER (1993) für Lehrer/innen und Erzieher/innen „Hinweise auf sexuelle Gewalterfahrungen bei den Fachkräften einen erheblichen Handlungsdruck, Überforderungsgefühle und Unsicherheiten" [1013] auslösen können, und dies laut NEEF (1997) „mit einer gewissen Gesetzmäßigkeit"[1014]. Manche Begleitungen nehmen durchaus einen sehr dramatischen Verlauf, wie die Lehrerin eines jugendlichen Mädchens erfahren mußte:

Heike (15 J.) vertraute ihrer Lehrerin an, daß sie seit dem 11. Lebensjahr von ihrem Vater sexuell mißbraucht wird. Sie hatte große Angst vor den Drohungen des Vaters. Die Lehrerin begleitete die Jugendliche zu einem Gespräch in den KSD. Da Heike suizidgefährdet war, wurde sie in einer Nacht- und Nebelaktion in einer Mädchenwohngruppe untergebracht.[1015]

Die Kontaktierung eines Fachdienstes – gerade bei sexuellem Mißbrauch im Familienkreis – ist somit ein professioneller Weg, um eine „sekundäre Traumatisierung"[1016] des Kindes, also eine Schädigung durch unsachgemäße Hilfen, gar nicht erst entstehen zu lassen.
Eltern können auch vor außerfamilialem Mißbrauch die Augen verschließen und ihr Kind nicht entsprechend schützen. So war es für Jan, der keine Hilfe von seiner Familie erhielt, aber das große Glück hatte, eine aufgeschlossene Lehrerin zu haben.

Als Jan 14 Jahre alt war, behandelte die Lehrerin das Thema der sexuellen Ausbeutung von Kindern im Unterricht. Etwa drei Monate später erzählte der Junge seiner Lehrerin, daß er während der gesamten vier Jahre in der Grundschule von einem Lehrer sexuell mißbraucht worden war. Die Sozialarbeiterin der Schule, die ins Vertrauen gezogen wurde, empfahl Jan den KSD.[1017]

Meldet ein Kinderkrankenhaus oder Kinderheim einen Verdacht auf sexuellen Mißbrauch, wird der Mißbrauch zwar zunächst unterbrochen, doch es beginnt ein Wettlauf mit der Zeit. Die Aufdeckungsarbeit mit dem Kind steht vor der Aufgabe, zu verhindern, das es genau *wegen* seiner Aussagen riskiert, der sexuellen Gewalt weiter ausgesetzt zu bleiben.

Die Leiterin eines Heims war mit den Aussagen einer Elfjährigen überfordert, die wegen der sexuellen Angriffe ihres Vaters nicht zurück in ihr Elternhaus wollte. Das Jugendamt drohte, die Kosten für die Unterbringung des Mädchens zu streichen. Die Fachkraft nahm

---

[1013] M.Weber/ Ch.Rohleder 1993, S.136
[1014] R.Neef 1997, S.95
[1015] Fall 7
[1016] H. Saller 1991, S.32
[1017] Fall 11

mit Tatjana (11 J.) Kontakt auf. Sie erklärte, das Jugendamt benötige eine genaue schriftliche Beschreibung der Geschehnisse, andernfalls ginge es davon aus, sie habe die Geschichte nur erfunden. Das Mädchen übereichte der Fachkraft nach einigen Treffen eine Schilderung der Ereignisse, die alle Zweifel ausräumen konnte. Es war eine furchtbare Qual für Tatjana, sich an alles noch einmal so genau erinnern zu müssen.[1018]

Manchmal gelingt es der Fachkraft nicht, das Kind zu befähigen, den Täter zu benennen und sie muß den Verbleib des Kindes in der Familie akzeptieren. Dem weiteren regelmäßigen Kontakt kommt dann eine große Bedeutung zu. Dann mag die Geborgenheit dem Kind wichtiger sein als die Preisgabe des Täters, wie dies für Silke der Fall war:

Eine Kinderklinik hatte bei einem fünfjährigen Mädchen in der Eingangsuntersuchung Anzeichen sexuellen Mißbrauchs diagnostiziert. Die KSD-Fachkraft besuchte Silke im Krankenhaus, klärte die schwierige familiale Situation des stark vernachlässigten Mädchens und führte später vor allem Hausbesuche durch.[1019]

Die Betreuung eines Kindes, das noch immer dem sexuellen Mißbrauch ausgeliefert ist, erleben die Fachkräfte als besonders schwierig, da der Täter Druck ausüben und die Geheimhaltung erzwingen kann. Der Aufenthalt in einem Kinderheim kann das Kind zwar vorübergehend schützen, die Heimleitung muß jedoch nachgeben, wenn die Eltern auf Herausgabe des Kindes klagen. Solange ein Kind die Aussage vor dem Vormundschaftsgericht scheut, muß es zurück in die Familie. Im folgenden Fall waren die Drohungen des Stiefvaters für Nora nicht zu durchschauen:

Der Mitarbeiter des Jugendamtes hatte Nora (9 J.) in einem Heim untergebracht, um das Mädchen vor den massiven sexuellen Attacken des Stiefvaters zu schützen. Leider reichte der Einfluß des Täters auf Nora auch über die Grenzen der Familie hinaus. Das Mädchen weigerte sich, die Ereignisse dem Vormundschaftsrichter zu benennen. Aus Sorge, keinerlei Zugang mehr zu Nora zu bekommen, wenn diese erst wieder unter dem Einfluß des Täters steht, rief der Jugendamtsmitarbeiter im KSD an.

Die Hilfeplanung mit Kindern, die innerhalb der Familie mißbraucht werden, keine Unterstützung durch nahe Angehörige erhalten und sich infolgedessen an außerfamiliale Vertrauenspersonen wenden oder ihnen auffallen, ist für die Fachkräfte der KSD besonders mühsam und aufreibend. Die Kontaktpersonen, die aus pädagogischen Institutionen ein Kind an den KSD vermitteln, haben einen wichtigen ersten Schritt zum Schutz des Kindes unternommen. Nach Absprache mit dem Kind können weitere folgen bis hin zu zivilrechtlichen oder jugendhilferechtlichen Maßnahmen. Eine intensive Begleitung des Kindes dient der Verdachtsabklärung und Aufdeckung des Mißbrauchs. Die spezielle kindzentrierte Hilfeplanentwicklung der KSD muß

[1018] Fall 19
[1019] Fall 10

gegenüber kooperierenden Institutionen vertreten werden. Der Zugang zum Kind - auch ohne die Unterstützung einer familialen Bezugsperson - muß trotzdem ruhig und langsam hergestellt werden.

Gleichzeitig müssen das soziale Umfeld der betroffenen Kinder und die Familienzusammenhänge sorgfältig eruiert werden, um nicht durch vor- schnelles Handeln oder unbedachte Informationsvermittlung den Erfolg der Hilfeplanung und den Schutz des Kind zu gefährden.

7.1.3 Zum Lebensumfeld der Kinder

Ob ein Kind mit dem Mißbrauchstäter zusammenwohnt und nach der Auf- deckung keine Unterstützung zu erwarten hat, nimmt einen anderen Einfluß auf die Hilfeplanentwicklung als die bedingungslose Loyalität eines nicht- mißbrauchenden Elternteils oder Verwandten bei inner- oder außerfamilialem Mißbrauch. Aus diesem Grunde wird im Vorfeld der Beratung des Kindes mit der familialen Bezugspersonen oder institutionellen Vertrauensperson geklärt, wie die Lebensumstände des Kindes und die Mißbrauchssituation eingeschätzt werden, wer als Täter vermutet wird und welche Person aus der Familie den Schutz vor weiterem Mißbrauch sicherstellen könnte. Eine Über- sicht über die in den 50 Fällen angegebenen Täter verdeutlicht die Brisanz der Arbeit in den Kinderschutzdiensten, da ein Großteil der mißbrauchenden Personen aus der unmittelbaren Familie des Kindes stammt.

Tabelle 12: Mißbrauchstäter (Mehrfachnennungen):

Mißbrauch innerhalb der Familie		Mißbrauch außerhalb der Familie	
Vater	16	Verwandte	10
Stiefvater	2	Bekannter der Familie	10
Partner der Mutter	6	Fremder	1
Mutter	5		
Beide Eltern	2		
Geschwister	3		
Insgesamt	**34**	**Insgesamt**	**21**

Vergleicht man diese Angaben zu den 50 Fällen mit den in Kapitel 4 vor- gestellten amerikanischen Studien zu den familialen Hintergründen sexuell mißbrauchter Kinder, dann können Parallelen bezüglich des hohen Anteils innerfamilialen Mißbrauchs ausgemacht werden[1020]. Am häufigsten sind in der vorliegenden Untersuchung die leiblichen Väter der Kinder oder die Lebensgefährten der Mütter mit insgesamt 23 Nennungen die Täter. Bezogen auf die 50 Fälle findet zu etwa zwei Dritteln (68,7 %) sexueller Mißbrauch innerhalb der Familie statt. Es ist zu unterscheiden, ob das Kind mit seinem

---

[1020] vgl. die Studien von Mian et.al. (1986), Conte/ Schuerman (1987), Cupoli/ Sewell (1988) und Mian/ Merton/ LeBaron (1996) in Kapitel 4.2.1

Vater überhaupt noch zusammenlebt, oder ob sich die Eltern bereits getrennt haben. Von den 50 Fällen leben die Kinder zum Zeitpunkt der Kontaktaufnahme in 24 Fällen (48,5 %) mit dem Mißbrauchstäter (Vater, Mutter, Partner der Mutter, Bruder) zusammen. In 19 Fällen (38 %) erhielten sie keinerlei Schutz von einer Person aus der unmittelbaren Familie. Die nächste Tabelle bezieht die Lebenssituation des Kindes auf sein Verhältnis zum Täter und verdeutlicht damit den unterschiedlichen Stellenwert der zu treffenden Maßnahmen zum Schutz des Kindes.

Tabelle 13: Lebenssituation der Kinder bezogen auf die Umstände des Mißbrauchs:

Täter und Kind wohnen zusammen. Schutz.	6
Täter und Kind wohnen zusammen. Kein Schutz.	18
Mißbrauch durch enges Familienmitglied (getrennt lebender Vater/ Mutter/ Partner/in eines Elternteils), das nicht mit dem Kind zusammenwohnt. Schutz.	8
Täter ist ein Verwandter des Kindes. Schutz	8
Täter ist ein Verwandter des Kindes. Kein Schutz.	1
Täter außerhalb der unmittelbaren Familie	9
Insgesamt	**50**

Bei der Auflistung dieser Zahlen ist zu bedenken, wann der Mißbrauch aufgedeckt wurde; ob das Kind erst nachdem es geschützt war, von den Übergriffen zu erzählen wagte, oder ob es sich noch in der Mißbrauchssituation befand. Die Lebenssituation wurde deswegen dem Zeitpunkt des Mißbrauchs und nicht dem der Aufdeckung zugeordnet, selbst wenn die wirklichen Umstände erst nach der Benennung der Problematik durch das Kind einzuschätzen waren.

Die Lebensumstände der Kinder, ihre Einstellung zum Täter, ihre Beziehung zu wichtigen Bezugspersonen werden nun unterteilt nach innerfamilialem Mißbrauch (Kind wohnt mit dem Täter zusammen oder nicht; wird geschützt oder nicht) und außerfamilialem Mißbrauch (Täter ist ein Verwandter, Bekannter oder Fremder) aus der Sicht der Kontaktpersonen näher bestimmt und die Relevanz für die Hilfeplanentwicklung verdeutlicht. Hierbei wird ein Schwerpunkt gelegt auf innerfamilialen Mißbrauch ohne Schutz des Kindes, da die besondere Situation der schützenden Mütter bereits in Kapitel 7.1.1 ausführlich thematisiert wurde.

Die 18 Fallbeispiele, bei denen das Kind mit dem Täter zusammenlebt und aus dieser Familie in keiner Weise Unterstützung erfährt, beziehen sich auf das schwierigste Aufgabenfeld der Fachkräfte in den Kinderschutzdiensten. In der Regel wenden sich in diesen ausweglos anmutenden Situationen pädagogische Fachkräfte (Erzieher/innen, Lehrer/innen) oder Vertreter/innen aus

Institutionen (Jugendamt, Internat, Leiter/innen von pädagogischen Einrichtungen) an den Kinderschutzdienst. Die Kinder haben sich ihnen anvertraut und Einzelheiten zur Mißbrauchs- und Familiensituation erzählt, oder sie machten durch massive und eindeutige Verhaltensauffälligkeiten auf sich aufmerksam.

Wird ein Kind von seinem Vater, Stiefvater oder dem Partner der Mutter mißbraucht und leben diese Personen als Familie oder Stieffamilie zusammen, muß die Unterstützungsmöglichkeit der nichtmißbrauchenden Mutter geklärt werden. Sie wird die Aufdeckungsarbeit und die Verdachtsabklärung in den Kinderschutzdiensten nicht in gleicher Weise begleiten wie eine Mutter, die sich aus eigener Initiative an die Einrichtung wendet. Wurde der Kontakt zum KSD von pädagogischen oder institutionellen Fachkräften hergestellt und geschieht der Mißbrauch in der unmittelbaren Familie des Kindes, wie dies für 14 von 50 Fällen zutraf, ist die Mitwirkung der Eltern bei der Hilfeplanentwicklung häufig schwieriger und muß dennoch versucht werden. In allen vierzehn Bespielen hatten die Kinder keinerlei Beistand durch eine familiale Bezugsperson. Diese Umstände stellen eine besondere Herausforderung für die Fachkräfte der Kinderschutzdienste dar und sind charakterisiert durch extreme Belastungen sowie enormen Handlungsdruck, besonders, wenn das Kind akzeptiert, dass sein Schutz nur durch eine vorübergehende Inobhutnahme oder eine Fremdunterbringung sichergestellt werden kann (vgl. Kapitel 7.3.1).

Wird das Kind zugleich vom Vater und der Mutter mißbraucht (in zwei von 50 Fällen) – so erging es z.B. dem lernbehinderten Wolfgang -, dann ist das Kind ganz und gar auf die Aufmerksamkeit pädagogischer Fachkräfte angewiesen. Der zehnjährige Junge berichtete von seinem Problem; allein durch seine Verhaltensstörungen wäre er nicht aufgefallen.

Wolfgang (10 J.) besucht wegen seiner Entwicklungsverzögerungen eine Sonderschule. Er lebt bei beiden Eltern, die in einem schwierigen sozialen Milieu leben. Der Vater ist ungelernter Arbeiter, die Mutter Hausfrau. Der Junge wird von beiden Eltern und deren Bekanntem mißbraucht.[1021] Er muß die Mutter an der Scheide streicheln, bis sie wimmert und stöhnt. Vor den Eltern muß er des öfteren nackt auf und ab gehen und wird dann wegen seines Aussehens gedemütigt.[1022]

Wenn eine nichtbeteiligte Mutter als unterstützende Bezugsperson ausfällt, bleibt häufig als alleinige Maßnahme zum Schutz des Kindes nur noch die Herausnahme aus der Familie, wie dies für 17 Kinder der Fall war. Vielfältige Gründe, die bereits im obenstehenden Kapitel angeführt wurden, erschweren einer Mutter, den Mißbrauch überhaupt als solchen einzuschätzen, vor allem wenn sie als Mädchen selbst ein Mißbrauchsopfer war. Hierzu ein Beispiel:

[1022] Fall 47

Susannes Mutter wurde in ihrer Kindheit sexuell mißbraucht. Sie ertränkt ihre Sorgen in Alkohol und läßt es zu, daß ihre beiden Töchter (6 und 2 J.) von ihrem zweiten Ehemann anal penetriert werden. Sie hatte zwar schon versucht, sich von diesem Mann zu trennen, aber ihre Kinder bei ihm zurückgelassen. Susanne hat sie später zu sich genommen, ist aber dann doch wieder zum Ehemann zurückgekehrt.[1023]

Manche Mütter entscheiden sich für die Erhaltung und gegen die Tochter. Die Aufdeckung sexuellen Mißbrauchs durch den Ehemann erleben sie als Gefährdung ihrer Existenz und ihres Weltbildes. Sie wollen die Schädigung ihres Kindes nicht wahrhaben, stellen sich auf die Seite des Partners.

Der Vater mißbraucht Mandy (15 J.) seit ihrem 5. Lebensjahr. Als seine Tochter 11 Jahre alt war, ging er zu vaginalem Verkehr über. Die Mutter schließt ihre Augen und Ohren. Ob die jüngere Schwester auch mißbraucht wird, weiß Mandy nicht. Da diese der Liebling der Mutter ist, schließt sie es eher aus.[1024]

Von einer indirekten Mittäterschaft kann dann ausgegangen werden, wenn die Mutter die Spuren der Tat beseitigt. Die Bedrohung des Familienzusammenhaltes geht dann auf das Kind über, welches unter extremem Geheimhaltungsdruck gerät. Dies erschwert ganz wesentlich die Klärung der Mißbrauchsproblematik und gefährdet nachhaltig den Schutz des Kindes, da seine Angaben zivilrechtliche Schritte begründen müssen.

Lauras Mutter cremt ihrer Tochter nach den sexuellen Übergriffen durch den Vater die wunde Scheide ein. Als bei ihrer Tochter im Alter von drei Jahren sexueller Mißbrauch ärztlich diagnostiziert wurde, brachten beide Eltern das Kind zu einem Psychologen. Dieser verdächtigte den Vater als Täter, ging aber so ungeschickt vor, daß die Eltern den Kontakt abbrachen. Seither sprach Laura nie wieder auch nur ein Wort mit einem Erwachsenen. Sie fiel ihrer Lehrerin wegen dieser Störung auf.[1025]

Berichten die Kontaktpersonen aus pädagogischen Einrichtungen außerdem von der möglichen Betroffenheit der Geschwister, versucht sich die Fachkraft den Zugang zu mehreren Kindern zu erschließen. Wie kann der Kontakt hergestellt werden, an welchem Ort, wie stehen die Geschwister zueinander, werden sie getrennt oder gemeisam begleitet? Der sexuelle Mißbrauch mehrerer Kinder in einer Familie deutet auf besonders verfahrene Familienverhältnisse hin.

Caroline (9 J.) lebt mit ihren Eltern und ihren beiden Schwestern in beengten Wohnverhältnissen. Sie berichtete im Kinderhort vom Mißbrauch durch ihren Vater, der ihr gesagt habe, sie dürfe nichts erzählen. Caroline fehlt häufig in der Schule und kommt nur selten in den Hort. Sie wirkt mit ihren schwarzen Augenringen oft unausgeschlafen. Die

---

[1023] Fall 29
[1024] Fall 35
[1025] Fall 8

Schwester zeigt ebenfalls zahlreiche Verhaltensauffälligkeiten. Die Sozialpädagogin des Hortes schätzte die Mutter als extrem entscheidungsunfreudig ein und schloß diese deswegen als Vertrauensperson des Kindes aus.[1026]

In diesen Fällen erstreckt sich der Mißbrauch oft über einen langen Zeitraum, ist zwischen den Geschwistern bekannt und wird von diesen als ausweglos erlebt. Sie fühlen sich füreinander verantwortlich, schuldig an den Geschehnissen, weil sie „mitmachten", auch wenn sie in Wirklichkeit dazu gezwungen wurden. Eine Aufdeckung der Geschehnisse wird durch die Beteiligung der Geschwister keineswegs leichter, wie die nachfolgenden Berichte verdeutlichen:

Die vier Geschwister, drei Mädchen und ein Junge, werden seit Jahren vom Vater mißbraucht. Mittlerweile war der Bruder (11 J.) dazu übergegangen, sich am Mißbrauch seiner Schwestern zu beteiligen. Die Mädchen und auch der Junge fielen in der Schule durch sexualisiertes Verhalten und weitere Symptome aus. Ein Schutz durch die Mutter war nicht zu erwarten. Sie ist häufig betrunken, verläßt tagelang die eheliche Wohnung und wirkt auf die Lehrerin, die Kontakt zum KSD sucht, als kaum ansprechbar.[1027]

Der neue Partner der Mutter kam nachts an Noras (9 J.) Bett und befriedigte sich sexuell an ihr. Er zwang den Bruder des Mädchens, es ihm gleichzutun. Ab und zu brachte er auch einen Freund mit, um sich mit ihm und den Kindern einen „schönen" Abend zu machen.[1028]

Ist die Mutter selbst in den Mißbrauch involviert oder wegen ihrer Abhängigkeit vom Mißbrauchstäter handlungsunfähig, müssen die Fachkräfte in den Kinderschutzdiensten besonders sorgfältig einen Hilfeplan nach § 36 SGB VIII erstellen. Von den 17 Kindern, die mit dem Täter oder der Täterin zusammenlebten und keinen Rückhalt aus ihrer nahen oder ferneren Familie erhielten, wollten 12 Mädchen und Jungen nicht mehr in ihrem ursprünglichen Zuhause wohnen.
Von den 8 der 50 Fälle, bei denen Täter und Kind nicht in der gleichen Familie lebten, wurden 6 Kinder von ihrem leiblichen Vater mißbraucht, wohnten mit der Mutter allein oder mit deren Partner in einer Stieffamilie. Da diese Mädchen und Jungen vor allem von der Mutter geschützt wurden, entsprechen diese Lebenshintergründe den Schilderungen, die bereits zitiert wurden. Die beiden anderen Kinder wurden von den eigenen Müttern mißbraucht, denen aus anderen Gründen bereits das Sorgerecht entzogen worden war.
Als nächstes wird die erste Verdachtsabklärung mit den Kontaktpersonen in den Kinderschutzdiensten dargestellt, um dann zur diagnostischen Phase und

---

[1026] Fall 48
[1027] Fall 6
[1028] Fall 41

der unmittelbaren Arbeit mit den betroffenen Mädchen und Jungen überzuleiten.

7.1.4 Erste Informationen durch die Kontaktpersonen

Im Gespräch mit der Kontaktperson wird geklärt, aufgrund welcher Beobachtungen oder Aussagen des Kindes der Verdacht auf sexuellen Mißbrauch entstand. Die Angaben der Bezugspersonen zur Mißbrauchssituation und zu den Lebenshintergründen des Kindes zum Zeitpunkt der vermuteten Geschehnisse geben den Fachkräften erste Anhaltspunkte, die sie später mit dem Kind überprüfen. Körperliche Symptome oder Verhaltensauffälligkeiten weisen zwar auf Probleme des Kindes hin, können indes nicht als Beweis gewertet werden. Nur der medizinische Befund eines Kinderarztes oder eindeutige Schilderungen des Kindes werden als Indiz für das Vorliegen sexueller Übergriffe gewertet. Die Ahnungen, Phantasien und Befürchtungen der Bezugspersonen müssen den überprüfbaren Tatsachen gegenübergestellt werden. Die Fachkraft sollte demnach eine kritische Distanz zu den Vermutungen, Unterstellungen und Urteilen der Kontaktperson einnehmen[1029]. Auch DÖRSCH/ ALIOCHIN (1997) meinen, die ersten Informationen durch die Bezugspersonen der Kinder seien mit einiger Vorsicht zu betrachten:

> „Gerade bei der Verdachtsäußerung durch Dritte ist es wichtig, auf etwaige Fehler in der Übermittlung der Informationen zu achten. Weiterhin muß geklärt werden, wie die Person, die den Verdacht äußert, die Verhaltensweisen und (vagen) Äußerungen des Kindes interpretiert. Daher ist es wichtig, möglichst detailliert Informationen zu erfragen. Wird der Verdacht durch Dritte geäußert, ist auch die Zuverlässigkeit der Person und ihrer Information zu überprüfen."[1030]

Unter den 50 Fällen, die für die vorliegende Arbeit erhoben wurden, befanden sich hauptsächlich Kinder, die entweder eindeutige Äußerungen zu den näheren Umständen des Mißbrauchs gemacht hatten oder eine Vielzahl von Symptomen und Signalen aufwiesen. Da die Fachkräfte die Beispiele für diese Untersuchung selbst auswählten, ist anzunehmen, daß sie vor allem möglichst eindeutige Fälle vorstellten. In den 50 Fällen hatten 28 Kinder einer erwachsenen Person vom Mißbrauch erzählt, der in 9 Fällen durch eine Untersuchung des Kinderarztes bestätigt wurde. Ein begründeter Verdacht lag auch dann vor, wenn das Kind – von der Vertrauensperson beobachtet – sexualisiertes Verhalten (in 9 Fällen) oder körperliche Anzeichen sexueller Übergriffe – gerötete Scheide, bläulich verfärbte Oberschenkel, Ausschlag oder Verletzung in der Genitalgegend (in 14 Fällen) – zeigte. Eine Übersicht verdeutlicht die Angaben der Bezugs und Vertrauenspersonen, nach denen

---

[1029] vgl. die Kriterien zur Einschätzung sozialpädagogischer Hilfeplanung nach Müller (1994) in Kapitel 5.1.2
[1030] M.Dörsch/ K.Aliochin 1997, S.27

das Vorliegen eines sexuellen Mißbrauchs als wahrscheinlich angenommen werden kann:

Tabelle 14: Auffälligkeiten der Kinder aus der Sicht der Kontaktpersonen bezogen auf 50 Fälle (Mehrfachnennungen)

Körperliche Hinweise	14
Verhaltensauffälligkeiten	34
Psychosomatische Symptome	10
Sexualisiertes Verhalten	9
Traumatisierung	8
Aussagen des Kindes	28
keine Auffälligkeiten	9

Aus diesen Angaben wird deutlich, daß zumindest in diesen 50 Fällen, die sicherlich nur einen kleinen Ausschnitt der Arbeit der KSD wiedergeben, die Kontaktpersonen nicht mit vagen Vermutungen Hilfe für sich und das betroffene Kind suchten, sondern berechtigten Grund zur Sorge hatten. Einige Fallschilderungen belegen, wie drastisch zum Teil die Reaktionen der Kinder waren, wie extrem ihre Verletzungen, wie heftig ihre Hilferufe und wie detailliert ihre Anschuldigungen. Die folgenden Beispiele für Hinweise auf sexuelle Übergriffe aus der Sicht der Kontaktpersonen geben einen ersten Eindruck der Problematik, die die Fachkräfte erfassen und einordnen müssen.

Entstand der erste Kontakt mit dem KSD auf Empfehlung des Kinderarztes, der bei einer Untersuchung sexuellen Mißbrauch diagnostiziert hatte, wurde dieser Umstand von der Bezugsperson und der Fachkraft als eindeutiges Anzeichen gewertet, welches bei rechtlichen Schritten zum Schutz des Kindes als Nachweis herangezogen werden kann. Bei Silke und Stefanie ergab eine ärztliche Untersuchung körperliche Befunde, die zu einer Kontaktierung des KSD führten:

Als Silke (5 J.) in das Kinderkrankenhaus wegen undefinierbaren, starken Bauchschmerzen eingewiesen wurde, ergab die Untersuchung, daß ihre Scheide stark geweitet und das Jungfernhäutchen nicht mehr intakt war. Außerdem zeigte das Mädchen Vernachlässigungserscheinungen.[1031]

Bei einer Konsultation des Kinderarztes stellte dieser eine anormale Weitung des Anus bei Stefanie (5 J.) fest. Als dieser sie dort untersuchte, fragte das Mädchen ängstlich, ob er auch „Liebe machen" wolle. Die Oma des Mädchens verdächtigte den Partner ihrer Tochter und Stefanie erklärte ganz entschieden: *„Da will ich nicht hin."*[1032]

[1031] Fall 10
[1032] Fall 14

Liegen keine so eindeutigen Befunde vor, bitten die Fachkräfte die Bezugspersonen zuweilen, ihre Vermutungen und alle Anzeichen, die auf einen sexuellen Mißbrauch hindeuten, aufzuschreiben. Hierzu zwei Beispiele:

Die Fachkraft bat Frau H. zu erklären, wieso sie zu der Überzeugung gekommen war, ihre beiden Kinder Sabrina (4 J.) und Manuel (7 J.) seien von ihrem Vater sexuell mißbraucht worden. Nach einem Wochenende beim Vater weinte Manual sehr heftig unter der Dusche wegen Schmerzen am Glied. Die Mutter schaute sich den Penis an und stellte zu ihrem Entsetzen fest, daß die Vorhaut von der Eichel abgerissen war und Manuel dort blutete. Der Junge weinte und war untröstlich; er habe versprochen, nichts zu sagen. Die kleine Sabrina hatte Blut in ihrem Schlüpfer, den sie vor der Mutter verstecken wollte. Dies war für Frau H. der Beweis, daß der getrennt lebende Ehemann die gemeinsamen Kinder mißbraucht haben mußte.[1033]

Rebecca (5 J) hat nach den schriftlichen Angaben der Stiefmutter wahnsinnige Angst, an den Wochenenden die Mutter zu sehen. Nach den vierzehntägigen Besuchen sei Rebecca immer sehr verstört und zeige Ängste vor dem Zubettgehen. Einmal habe das Mädchen ihr einen Zungenkuß geben und ihre Brüste anfassen wollen, weil die Mutter das auch immer von ihr wolle. In der Badewanne hatte die Kleine ihren Finger in den Popo gesteckt, und die Stiefmutter hatte Blut im Stuhl gefunden. Der Kinderarzt untersuchte Rebecca, konnte zwar Anzeichen einer analen Penetration ausmachen, aber daraus keinen spezifischen Befund ableiten.[1034]

Weitere Gewißheiten sind aus den Schilderungen des Kindes abzuleiten, das sich einer Vertrauensperson anvertraut und unmißverständlich und glaubwürdig[1035] die Verletzungen beschreibt, die ihm zugefügt wurden. Dies traf ganz besonders für Sandra und auch Patrick zu:

Sandra (6 J.) erzählte der Polizei sehr eindeutig von den Übergriffen des Vaters, nachdem dieser nicht mehr bei ihnen wohnte. Die Fachkraft erfuhr einige Angaben von der Mutter beim ersten Gespräch:
„Sie hat von dem Gucken von Pornoheften, bis zum Berühren, bis zum Analverkehr alles erlebt. Wobei sie halt den vaginalen Verkehr abgelehnt hat, das hat sie wohl direkt gesagt, das würde ihr wehtun und das wolle sie nicht. Sie konnte ganz klar beschreiben, in welchen Räumlichkeiten sich was abgespielt hat. Das war für die Vernehmungsbeamtinnen sehr verblüffend, mit welcher Offenheit eine Sechsjährige das darstellen konnte. "[1036]

Patrick (8 J.) macht regelmäßig ins Bett, kratzt sich exessiv, ist hyperaktiv, hat viele nervöse Ticks, ist schreckhaft und entwickelte unverständliche Ängste. Er erzählte der Mutter, daß er den Busen der Oma anfassen und sie anpinkeln sollte. Der Onkel, also der

---

[1033] Fall 23, Protokoll der Fachkraft, S.24ff
[1034] Fall 22
[1035] vgl. M.Steller/ P.Wellershaus/ Th.Wolf 1992, S.153
[1036] Fall 12, Interview mit der Fachkraft, S.2

Sohn der Oma und Bruder der Mutter, hätte sich nackt auf ihn gelegt. Er berichtete auch von Grablichtern, Kerzen und Masken.[1037]

Auch weniger umfangreiche Aussagen des Kindes lassen in ihrer Kürze und prägnanten Umschreibung kaum an den erlittenen Übergriffen zweifeln. Viele Kinder verstehen nicht, was ihnen angetan wurde, erfassen die Bedeutung nicht und können sich nicht ausführlicher äußern:

Wegen Verletzungen im Genitalbereich, stark geröteten und leicht bläulich verfärbten Oberschenkeln kann Laura (7 J.) gar nicht richtig sitzen. Sie teilt der Erzieherin des Förderkindergartens mit, daß der Papa ihr weh mache. Er fasse sie da unten an und komme nachts in ihr Zimmer, wenn sie im Bett liegt.[1038]

Bei der täglichen Hygiene fiel den Erzieherinnen die stark gerötete Scheide der kleinen Natalie (3 J.) auf, die sich weinend gegen das Windelwechseln wehrte und immer wieder zwischen ihre Beine deutete und entrüstet ausrief: *„Papa aua macht. "*[1039]

Nicht alle Kinder wagen, den Mißbrauch direkt zu benennen und sich an eine Vertrauensperson zu wenden. Ihnen wurde vielleicht wiederholt eingeschärft, niemandem etwas zu verraten. Dennoch signalisieren sie durch ihr auffälliges Verhalten, daß sie Hilfe brauchen und zeigen durch altersunübliches sexualisiertes Benehmen, in welchem Bereich ihre Schwierigkeiten liegen. Ihre heftigen Reaktionen fallen auf und lassen in ihrer Deutlichkeit nur wenig Spielraum für Fehldeutungen:

In der Sonderschule erfuhr die Fachkraft von den massiven Verhaltensauffälligkeiten der 8jährigen behinderten Martha. Das Mädchen warf sich regelmäßig auf den Boden, schmiß mit Dingen um sich, wollte sich Gegenstände in die Scheide einführen, malte mit Spucke Kreise auf den Boden und sagte dazu „Vögelchen" (ihr Ausdruck für Penis). Sie sagte, daß ihr der Popo weh tue, das käme vom Bumsen und malte Bilder von erigierten Penissen.[1040]

Die Erzieherin eines Kinderhortes „erwischte" Tim (9 J.), wie er ein achtjähriges Mädchen in der Toilette zum Geschlechtsverkehr zwang. Der Junge war wegen seines intensiven Interesses an Sexualität und Pornographie (seine Hefte und Schulbücher waren übersät mit pornographischen Skizzen) sowie seines aggressiven Verhaltens schon häufiger aufgefallen. Außerdem sprach er ständig von Selbstmord und konnte nicht eine Minute ruhig an seinen Hausaufgaben sitzen.

Seit etwa 1 ½ Jahren beobachtete die Großmutter, daß Anika (4 J.) sich bis zum Orgasmus selbstbefriedigt. Nach den Angaben der Erzieherinnen geschah dies auch häufig im Kindergarten. Die Oma fragte sie, wer ihr das denn beigebracht habe. *„Der Papa. "*

[1037] Fall 9
[1038] Fall 3, Interview mit der Fachkraft, S.1/2
[1039] Fall 13
[1040] Fall 6

Nachts träumt das Kind „*böse Sachen von Mama und Papa.*" Im Kindergarten malt sie ihren Vater als riesigen Penis.[1041]

Diese Kinder signalisieren den Erwachsenen ihres Umfeldes, daß sie auf Hilfe und Unterstützung bei der Bewältigung ihrer Schwierigkeiten angewiesen sind. Ihre Not ist um so größer, je intensiver sie reagieren, ohne den Ursprung ihrer Probleme benennen zu können. Die zum Schweigen verpflichteten Kinder stellen für die Fachkräfte der Kinderschutzdienste eine besondere Hausforderung dar. Hat ein Mädchen oder Junge erst einmal einer Vertrauensperson von den sexuellen Übergriffen erzählt, wird es/er sicherlich viel kooperativer bei der Hilfeplanung mitwirken als ein isoliertes, verschüchtertes oder gar traumatisiertes Kind. Letzteres wird nicht wagen, offen auszusprechen, was ihm vom wem, wie oft und wo angetan wurde. Aber genau diese Angaben sind wichtig, um zivilrechtliche Maßnahmen einzuleiten und seinen Schutz zu gewährleisten.

Die 50 Fälle bezogen auf die Lebenshintergründe der Kinder können in zwei große Gruppen unterteilt werden. Auf der einen Seite stehen die durch ihre leiblichen Eltern geschützten Kinder. Darunter befinden sich die erwähnten 21 Mütter, die ihre Kinder in 11 Fällen vor den sexuellen Übergriffen durch den eigenen Partner (in 6 Fällen durch den leiblichen Vater des Kindes) bewahren mußten. Ferner sind hier die sechs Eltern der Kinder zu nennen, die gemeinsam gegen einen außerfamilialen Täter vorgingen, sowie der eine Vater, dessen ehemalige Frau, die gemeinsame Tochter bei den Besuchskontakten mißbrauchte. Insgesamt umfaßt diese erste Kategorie „Schutz durch die Mutter und/ oder den Vater des Kindes" 29 Fälle. Diese Fälle werden im übernächsten Kapitel zur Darstellung der Interventionsphase nochmals in eine Hilfeplanentwicklung mit (n=12) und ohne (n=17) zivilrechtliche Maßnahmen unterteilt.

Diesen Beispielen steht die zweite Kategorie „Innerfamilialer Mißbrauch ohne Schutz des Kindes" gegenüber. Hierunter fallen jene weiter oben beschriebenen 17 Fälle, in denen pädagogische Fachkräfte oder Personen aus Institutionen den Kontakt zum Kinderschutzdienst herstellten. Vier Mädchen wurden von ihrem Vater mißbraucht, entschieden sich jedoch für den Verbleib in der Familie. Wegen der genannten Ausprägungen erscheint eine Schwerpunktsetzung innerhalb der erfaßten 50 Fälle auf zwei Gegensatzpaare sinnvoll, die auch mit der unterschiedlichen Gewichtung für die Hilfeplanung in den Kinderschutzdiensten zu begründen ist:

- Schutz des Kindes durch die Mutter und/ oder den Vater (29 Fälle)
  - Hilfeplanentwicklung mit zivilrechtlichen Maßnahmen (12 Fälle)
  - Hilfeplanentwicklung ohne zivilrechtliche Maßnahmen (17 Fälle)

[1041] Fall 2, Protokoll der Fachkraft, S.8/9 (Aussagen aus den Beobachtungen der Großmutter Annas)

- Innerfamilialer Mißbrauch ohne Schutz des Kindes (21 Fälle)
  - Fremdunterbringung aus der Familie (17 Fälle)
  - Verbleib in der Familie (4 Fälle)

Die Unterteilung der erhobenen 50 Fälle in zwei Kategorien mit jeweils zwei Unterkategorien wird bei der Darstellung der Planung und Durchführung von Hilfen strukturierende Bedeutung haben, wobei die Personen, die die Hilfeplanentwicklung unterstützen, nicht in allen Fällen diejenigen sind, die den Kontakt zum KSD herstellten.

Kann sich das Kind der Begleitung durch eine Bezugsperson (z.B. Mutter und/ oder Vater) sicher sein, wird die genaue Klärung der Umstände des Mißbrauchs mit dem Kind sicherlich einfacher sein, als wenn es mit dem Täter zusammenwohnt und aus seiner Familie keinerlei Beistand erhält. Es zeigte sich bereits, daß in 21 Fällen die Mutter, einmal der Vater oder beide Eltern gemeinsam an der Hilfeplanentwicklung mitwirken wollten, dagegen 21 Kinder nach der Kontaktierung durch pädagogische oder institutionelle Fachpersonen ganz auf sich allein gestellt waren. Es gehört zum Konzept der Kinderschutzdienste, selbst bei sehr klaren Lösungen, das Problem aus der Sicht des Kindes kennenzulernen.

7.2 Klärung des Problems aus der Sicht des Kindes

Die sozialpädagogische Diagnose sieht die Analyse der Problemsituation durch die Anhörung, Beratung und Begleitung der Hauptbetroffenen vor. Diese Etappe der Hilfeplanung dient der Erfassung der Mißbrauchssituation durch die Reflexion mit dem Kind dient. Die begleitende Beratung vor allem kleinerer Mädchen oder Jungen wird üblicherweise durch das freie Spiel eingeleitet und vermittelt den Fachkräften die Empfindungen und Erwartungen des Kindes. THOMPSON/ RUDOLPH (1996) und GELDARD/ GELDARD (1997) empfehlen die bedingungslose Akzeptanz der kindlichen Gefühle im Sinne personzentrierter Begleitung und die Rückmeldung des Verstandenen, um den Konflikt zu erfassen und dem Kind bewußt zu machen. Die Erschließung des Kontaktes zum Kind durch das freie Spiel und das Eingehen auf seine Bedürfnisse – angepaßt an sein Tempo – ermöglicht ihm später, im Vertrauen auf die entstandene positive Beziehung zur Fachkraft Lösungen für seine Schwierigkeiten zu planen und realisierbare Hilfen anzunehmen.

Die regelmäßigen Besprechungen mit den Bezugspersonen des Kindes zur Analyse seines sozialen Umfeldes sowie mit den kooperierenden Institutionen zur Abklärung der evtl. zu treffenden rechtlichen Maßnahmen werden von den Kinderschutzdiensten parallel zur Vorbereitung der Aufdeckung mit dem Kind geführt. Dieser Abschnitt soll allein die Sichtweise der betroffenen Mädchen und Jungen wiedergeben, da die Einbeziehung der Kontaktpersonen und der am Hilfeplan beteiligten öffentlichen Einrichtungen im vor- bzw. nachstehenden Kapitel Berücksichtigung fanden bzw. finden.

Ein schwer traumatisiertes, mehrfach mißbrauchtes Kind, wird sich weniger in einem sachlichen Gespräch öffnen, als ein weniger verletztes. Dennoch tritt die Arbeit der Kinderschutzdienste mit anatomisch korrekten Puppen, aber auch diagnostischem Spiel bei Kindern ab 7 Jahren deutlich hinter das Gespräch mit dem Kind zurück. Kleinere Kinder wiederum drücken ihre Geschehnisse eher im Spiel aus oder zeigen anhand der Puppen, was ihnen angetan wurde. 19 der 21 3-6jährigen, also mehr als 90 %, brauchten neben dem Gespräch das Hilfsmittel des Spiels oder die Anatomischen Puppen. Bei den 12 7-10 Jährigen war es immerhin noch fast die Hälfte. Die älteren Kinder waren dagegen fast ausschließlich über das Gespräch zu erreichen. Die Tabelle zeigt die Verteilung der unterschiedlichen Arbeitsweisen mit den Kindern:

Tabelle 15: Zugang zum Kind

Anzahl	Alter	Spiel	Anat. Puppen	Gespräch
21	3-6	11	8	11
12	7-10	3	2	10
11	11-13	1	1	11
6	14-17	-	-	6
50	**3-17**	**15**	**11**	**38**

Ausgehend von der üblichen Vorgehensweise der Kinderschutzdienste bei der Klärung sexuellen Mißbrauchs in der Beratungssituation mit Kindern wird angelehnt an die theoretischen Ausführungen zum posttraumatischen Spiel (Kapitel 3.2.3 u. 4.4.5), zur Arbeit mit anatomisch korrekten Puppen (Kapitel 4.4.4) und zum diagnostischen Gespräch (Kapitel 4.4.2) auch das personzentrierte Vorgehen (vorgestellt in Kapitel 3.3) der Fachkräfte angeschaut, das sich bereits im ersten Kontakt mit den Kindern ausmachen läßt.

7.2.1 Der erste Kontakt zum Kind

Unmittelbar nach den ersten Gesprächen mit den Bezugspersonen wird der Kontakt zum Kind gesucht, um mit ihm gemeinsam sein Problem anzuschauen und eine Lösung zu finden. Bei diesem ersten Treffen wird dem Kind der Auftrag des KSD vermittelt und eine kindzentrierte Begleitung angeboten. Hierin unterscheiden sich die KSD von anderen psychosozialen Beratungseinrichtungen, wie die Untersuchungen von GAUDE (1973), WEHRLY/ MARTIN (1984), PERREZ/ BÜCHEL u.a. (1985) und PIKOWSKY/ WILD (1996) zeigten[1042].

[1042] vgl. hierzu Kapitel 1.3.1 und 5.2.2

Im Mittelpunkt der auf sexuellen Mißbrauch spezialisierten Beratungseinrichtungen[1043] steht sehr viel eher die pädagogische Begleitung des Kindes und nicht hauptsächlich die seiner Eltern, wie dies häufig in Erziehungsberatungsstellen der Fall ist, oder die der Lehrer/innen, wie dies für die Schulberatung zutrifft[1044]. In einer Befragung zu Fällen von sexuellem Mißbrauch in autonomen Beratungsstellen, Jugendämtern und Kinderschutz-Zentren fanden die Autorinnen BURGER/ REITER (1993) eine Verteilung des Anteils von Beratung unter folgenden Personengruppen, wobei keine gemeinsame Definition von Beratung gegeben und keine Angaben über die Anzahl der Kontakte gemacht wurden:

> „In der Beratung sind sexuell mißbrauchte Mädchen (28,8 %) und Jungen (3,3 %) mit einem Anteil von insgesamt 32,1 % vertreten. Neben den Opfern werden überwiegend Mütter (23,9 %) beraten. Väter (4,9 %) und Geschwister (2,3 %) bilden nur einen geringen Anteil des gesamten Klientels. Auf die Beratung der gesamten Familie entfällt ein Anteil von 6,8 %. Freunde und Bekannte der Betroffenen werden in einem Anteil von 5,7 % häufiger beraten als Väter oder Geschwister. In der Beratung stellen die außerfamilialen Kontaktpersonen aus Institutionen mit insgesamt 21,4 % einen nicht unbedeutenden Anteil des Klientels."[1045]

Bei der in dieser Studie ermittelten Anzahl von aufgedeckten Fällen (n=2367) gegenüber der Beratung von Mädchen und Jungen (n=825) blieb die Frage offen, ob die Kinder in den verbliebenen Beispielen keine begleitende Unterstützung erhielten[1046] oder nicht betroffen waren.

Die Kinderschutzdienste bemühen sich als freie Träger der Jugendhilfe, dem Absatz 2 des § 36 im Kinder- und Jugendhilfegesetz (SGB VIII/ SGB IIIV) zu folgen und in jedem Fall das betroffene Kind zu beraten. Besonders der Zusatz „... und dem Kind" bildet die Basis für die kindzentrierte, kinderschutzspezifische Hilfeplanung der KSD[1047]. Die erste Erschließung des Zuganges zum Kind muß besonders behutsam angegangen werden. Die verschiedenen Vorgehensweisen der Fachkräfte in den Kinderschutzdiensten werden nun anhand einzelner Beispiele dokumentiert, um die Eingangsgespräche mit den betroffenen Kindern nachverfolgen zu können.

Sucht eine Bezugs- oder Vertrauensperson Hilfe für ein Kind, findet der erste Kontakt mit dem Kind in der Regel in den Räumen des KSD statt. Seltener

---

[1043] V.Harbeck und G.Schade 1994 befragten u.a. 30 nichtspezialisierte Beratungsstellen, die ca. 41 Verdachtsfälle von sexuellem Mißbrauch innerhalb eines Jahres bearbeiteten. Die Fachkräfte in den Beratungsstellen sprachen zu 67 % mit dem Kind, zu 50 % mit seinen Vertrauenspersonen und zu 50 % mit dem nichtmißbrauchenden Elternteil. Wieviele Kontakte auf die genannten Gruppen entfielen, wurde nicht spezifiziert. S.79
[1044] vgl. auch Wehrly/ Martin (1984), Troch 1984, Olbrich 1984
[1045] E.Burger/ K.Reiter 1993, S.69/70
[1046] vgl. E.Burger/ K.Reiter 1993, S.71/72
[1047] vgl. Kapitel 5.1.2

begibt sich die Fachkraft dorthin, wo das Kind wohnt oder untergebracht ist. Findet das Kind keine Unterstützung durch Familienangehörige, kann es vorkommen, daß eine Fachkraft im Kindergarten oder in der Schule ein erstes Treffen organisiert. In der Mehrzahl der Fälle gelingt es jedoch, das Mädchen oder den Jungen in den Kinderschutzdienst zu bringen. Dort sind die Bedingungen und die Umgebung besonders geeignet, um ungestört eine erste Beziehung aufzubauen und dem Kind den Einstieg durch vielfältige Spielmaterialien zu erleichtern. In fast jedem Raum befindet sich eine Spielecke mit den üblichen spieldiagnostischen Materialien: Anatomische Puppen, Farben, Puppenhaus, Bilderbücher, Stofftiere, Handpuppen, Sandkiste, etc.. In dieses Zimmer führt die Fachkraft das Kind in dem Bestreben, möglichst ohne Anwesenheit der Bezugsperson ein erstes ungezwungenes Kennenlernen zu arrangieren, den Auftrag des KSD zu erklären, dem Kind erste Regeln der Zusammenarbeit zu übermitteln und den Grund der Kontaktierung zu benennen.

Einige Erstsituationen mit verschiedenen Mädchen und Jungen zeigen, wieviel bereits zu Anfang der Beratung passiert, welche Worte die Fachkräfte wählen und wie unterschiedlich die jeweiligen Kinder reagieren.

Zu Beginn steht sicherlich der Aufbau einer warmen, freundlichen Beziehung, die AXLINE (1972) als erstes Grundprinzip des personzentrierten Vorgehens[1048] und BOLLNOW (1983) als das Herstellen einer „pädagogischen Atmosphäre"[1049] bezeichnete. Die Worte der Begrüßung, die von TAUSCH/ TAUSCH (1956)[1050] vorgeschlagen wurden, wenden im wesentlichen auch die Fachkräfte der KSD an, um eine vertrauensvolle Interaktion überhaupt erst zu ermöglichen.

HERZKA (1986) schlägt zum zwanglosen Kennenlernen ein Gespräch mit der Bezugsperson in Anwesenheit des Kindes vor, damit es erlebt, daß die Erwachsenen sich nicht über seinen Kopf hinweg unterhalten. Eine solche Gelegenheit ergab sich für ein Geschwisterpaar, das der Unterhaltung zwischen Mutter und Fachkraft lauschen konnte und später in die Informationsvermittlung einbezogen wurde.

Frau H. brachte ihre Kinder zum ersten Kontakt in den Kinderschutzdienst. Die Fachkraft stellte sich auch Sabrina (4 J.) und Manuel (7 J.) vor. Sie zeigte den Geschwistern die Spielsachen. Während Frau H. ausführlich über den Mißbrauch sprach, malten die Kinder und machten große Ohren. Die Fachkraft erklärte später, daß sie auch mit Sabrina und Manuel spielen und nicht nur über den Mißbrauch reden werde. *„Sabrina ist begeistert. Als ich ihr erkläre, daß ich natürlich genau wissen muß, ob und was passiert ist, nickt Sabrina verständnisvoll."*[1051]

[1048] V.Axline 1972, S.75
[1049] O.F.Bollnow 1983, S.45
[1050] R.Tausch/ A.Tausch 1956, S.40
[1051] Fall 23, Protokoll der Fachkraft, S.7

Das Problem des Kindes sollte benannt werden, da dies die Situation entspannt, das Sprachtabu durchbricht und dem Mädchen oder Jungen signalisiert, was die Fachkraft über seine Schwierigkeiten weiß[1052]. oder was sie noch tnicht weiß. Eine non-direktive Eröffnung, bei der dem Kind überlassen bleibt, wann es was und in welcher Form einbringt, lehnt JAMES (1989) als Expertin für die Behandlung traumatisierter Kinder ab. Die behandelnde Person solle offen und direkt den Grund der Kontaktaufnahme ansprechen:

> „Guided play, direct discussion, and an open, active approach are needed to assist children in acknowledging and integrating the traumatizing events they have experienced. Children cannot initiate discussions of matters that overwhelm them, or those they have hidden from themselves. The treating person can mistakenly reinforce the child's belief that the issue is too overwhelming to deal with by avoiding direct discussion."[1053]

Hat die Fachkraft des Kinderschutzdienstes bereits Informationen über den Mißbrauch von der Bezugsperson des Kindes erhalten, teilt sie ihr Wissen dem Kind seinem Alter und den Umständen entsprechend mit. Danach bleibt es dem Kind überlassen, ob und zu welchem Zeitpunkt es auf das Gesprächsangebot eingehen möchte. Sandra z.B. brauchte viele Monate, ehe sie in der Lage und gewillt war, die Mißbrauchserfahrung näher zu betrachten:

Die Fachkraft lernte Sandra (6 J.) bei einem Hausbesuch kennen. Gemeinsam spielten sie im Kinderzimmer des Mädchens mit seinen Puppen. Beiläufig erzählte die Fachkraft, sie habe von der Mutter vom Mißbrauch erfahren, Sandra könne mit ihr darüber reden. Da das Mädchen überhaupt nicht reagierte, hatte die Fachkraft den Eindruck: *„Die Sandra wollte nur vergessen, die wollte nichts darüber hören.*"[1054]

Manche Kinder wissen nicht, warum sie von den Eltern oder einer anderen Vertrauensperson im Kinderschutzdienst vorgestellt werden. Am Anfang des ersten Kontaktes steht also stets die Klärung des Problems und des Auftrags des KSD. Lena erfuhr außerdem, daß die Fachkraft in Abwesenheit der Mutter mit ihr zusammensein wollte:

Strahlend betrat das fünfjährige Mädchen die Räume des KSD und erzählte gleich, daß sie Lena heißt. Die Fachkraft schrieb am Ende der ersten Stunde in ihre Akten: *„Die Mama mußte mit ins Zimmer gehen. Am Ende besprachen wir aber, daß die Mama das nächste mal draußen sitzen bleiben darf.*" Nach einiger Zeit des gemeinsamen Spielens fragt die Fachkraft, ob Lena weiß, warum sie hier ist. *„Nein.*"
„Ich erklärte ihr, daß zu mir Kinder kommen, denen Erwachsene weh getan haben. Daß die Kinder das mit mir besprechen können und daß ich ihnen helfen kann, daß das

[1052] vgl. Herzka 1986, S.33
[1053] B.James 1989, S.11
[1054] Fall 12, Interview mit der Fachkraft, S.5

aufhört. Es folgt noch eine Sequenz, daß die Mama sich Sorgen macht, ob auch ihr jemand weh getan hat, und daß Erwachsene das nicht dürfen.[1055]

Es ist wichtig, herauszufinden, wie das Kind selbst das Problem einschätzt und aber auch tatsächlich existiert. Manchmal fühlt es sich von den verantwortlichen Erwachsenen in etwas hineingedrängt, was es weder versteht noch einordnen kann. Der Verdacht, den eine Vertrauensperson hat, könnte sich ebenso als unbegründet erweisen. Die Schwierigkeiten, die eine Mutter sieht, müssen sich nicht mit der Sichtweise der Tochter oder des Sohnes decken. Die Kinderschutzdienste wollen letztendlich die Bedürfnisse des Kindes ermitteln und nicht die Aufträge der besorgten Bezugspersonen erfüllen. So stehen von Anfang an die Interessen des Kindes im Mittelpunkt, und dies wird ihm schon zu Beginn verdeutlicht, wie die Kontaktaufnahme mit Lotta zeigt:

Die 13jährige Lotta wirkte bei ihrem ersten Kontakt mit der Fachkraft sehr aufgeregt. Da sie kaum etwas sagte, erzählte die Fachkraft, wie sie mit den Kindern arbeitet, die zu ihr kommen. *„Besonders bei der Erzählung, daß es manche Kinder schwer haben, weil die Mißbraucher ja auch sehr liebe Seiten haben, nickte sie eifrig. Als ich sie fragte, ob sie weiß, warum sie hierher kommt, sagte sie ganz spontan: weil es ihr so schwer fällt, mit dem zurechtzukommen, was der Vater getan hat. Ich fragte nach, ob sie selber kommen wolle, oder ob nur die Erwachsenen wollten, daß sie kommt und sie selber vielleicht gar keine Probleme hat. Hier antwortete sie sehr echt, daß es ihr selber wichtig ist, hierher zu kommen."*[1056]

Die Fachkräfte berichten dem Kind auch über die Arbeitsweise der Kinderschutzdienste, was sie über ähnliche Probleme wie die des Kindes wissen, und sie geben zu verstehen, daß sie sich mit sexuellem Mißbrauch auskennen. In der Regel hören die Kinder ganz genau hin:

Anika (4 J.) mochte nur in Begleitung ihrer Tante das Spielzimmer betreten. Während die Kleine mit den Kuscheltieren spielte, erzählte ihr die Fachkraft, *„daß in den KSD Kinder kommen, damit sie über das Geheimnis sprechen können, obwohl Erwachsene ihnen drohen, daß sie das nicht dürfen. Dies ist gemein von den Erwachsenen. Anika nickt."*[1057]

Die Fachkraft kam zum ersten Treffen mit Silke (5J.) in ein Krankenhaus: *„Auf der Kinderstation, im Spielzimmer, habe ich Gelegenheit gehabt, mit ihr Kontakt aufzunehmen, ein bißchen mit ihr zu spielen. Ich habe da ein freundliches, kontaktfreudiges Mädchen erlebt, das froh war, daß da jemand ist, der mit ihr spielt. Ich habe dann versucht, so nach und nach zu erzählen, wer ich bin, von was für einer Institution ich komme und daß zu uns Kinder kommen, die verschiedene Probleme haben; habe das auch*

[1055] Fall 31, Protokoll der Fachkraft, S.1
[1056] Fall 30, Protokoll der Fachkraft, S.2
[1057] Fall 2, Protokoll der Fachkraft, S.17

näher spezifiziert. Das hat sie sich alles sehr aufmerksam angehört. Dann wollte sie mit mir weiterspielen. [1058]

Selbst wenn die Kinder nicht reagieren, verstehen sie offensichtlich dennoch die Botschaft der Fachkraft, es gehe um ihre Wünsche und Bedürfnisse. Nach diesen Eröffnungen bleibt die Entscheidung über die Gestaltung der weiteren Treffen beim Kind. Hier zeigt sich die Kindzentriertheit der Kinderschutzdienste, ein Vorgehen, welches JAEDE (1996) auch als charakteristisch für die personzentrierte Spieltherapie bezeichnet, indem „dem Kind die freie Spielwahl und Spielgestaltung überlassen bleibt" [1059].

Grimmig und abwesend vor sich hin schauend stand Linda (8 J.) mit ihrem Vater vor der Tür des KSD, als die Fachkraft beide hereinbat. „ 'Darf der Papa weggehen oder soll er auf dem Sofa sitzen bleiben?' Die 'Überrumpelung' funktioniert und Laura sagt, 'auf dem Sofa sitzen bleiben' und geht mit ins Spielzimmer. (...) Ich frage sie, ob sie weiß, warum der Papa sie gebracht hat und wer ich bin. Nachdem sie mit der Schulter zuckt und nicht darauf eingeht, schauen wir uns ein Malalbum an. (...) Als wir das Album angeguckt haben, sage ich ihr, daß hier in den Räumen sie der Chef ist. Daß es zwar so sein kann, daß ich ihr etwas vorschlage, was wir machen könnten, daß sie dann aber sagt, wo's lang geht. [1060]

Die Kinder reagieren sehr verschieden auf das Angebot der Fachkraft, ihre Probleme gemeinsam anzuschauen und Unterstützung bei der Umsetzung ihrer Ziele zu erhalten. Während manche Kinder eine lange Zeit des Vertrauensaufbaus brauchen, kommt es immer wieder vor, daß ein Kind schon beim ersten Treffen sehr detaillierte Angaben zum Mißbrauchsgeschehen macht. Am Beispiel der 3jährigen, sprachbehinderten Natalie wird deutlich, daß Kinder sehr genau verstehen, warum sie in den KSD kommen, was der Inhalt der Gespräche sein wird und daß es nicht nur um vergnügliche Spielstunden geht:

„Die kleine Natalie kam in den Kinderschutzdienst. Sie war gut vorbereitet. Sie wußte, daß sie zu mir kommt. Die Erzieherin hatte sie informiert, daß man jemand besuchen wolle, und mit dem könne man über das Aua reden. Die kleine Natalie hat relativ schnell Kontakt aufgenommen und sich für die Räume interessiert. Ich habe mich vorgestellt und ihr alles gezeigt. Ein sehr aufgewecktes, ansprechendes Kind. Sie selber hat sich ein Zimmer ausgesucht, in dem sie spielen wollte. Die kleine Natalie und ich haben Ball gespielt. Dann hat sie die anatomischen Puppen entdeckt. Sie hat die männliche Puppe ausgezogen, hat auf den Penis gedeutet und dann ganz schnell die weibliche Babypuppe ausgezogen und auf die Scheide gezeigt, und sie dann ganz schnell wieder zurückgelegt und wollte darüber nicht reden. Sie wollte wieder Ball spielen und später Kekse essen. Später hat sie dann aus heiterem Himmel gesagt: 'Papa aua macht.' Ich habe gesagt: 'Wo

---

[1058] Fall 10, Interview mit der Fachkraft, S.1
[1059] W.Jaede 1996, S.133
[1060] Fall 8, Protokoll der Fachkraft, S.1

322

hat der Papa aua gemacht?' Sie hat ganz eindeutig auf die Scheide gezeigt: 'Papa aua macht.'"[1061]

Wenn ein Kind auch bereit scheint, auf die Nachforschungen der Fachkraft einzugehen, sollte es nicht mit Fragen zugeschüttet werden; ein Vorgehen, das nach SWEENY (1997) Ungeduld signalisiert, das Kind bedrängt und eher der Neugier der Beratungsperson als den Belangen des Kindes dient[1062]. Leider kommt es vor, daß zu viel nachgefragt wird. Dies steht einem kindzentrierten Vorgehen im Sinne des personzentrierten Ansatzes der freien Entfaltung des Kindes entgegen. Kevin reagierte z.B. mit Rückzug:

Kevin (5 J.) ist sehr zutraulich und kommt gleich mit in mein Zimmer. Ich frage, ob er weiß, warum ihn die Mama gebracht hat.
„Nein."
Ich erkläre: „Die Mama hat erzählt, daß dir jemand am Popo aua gemacht hat, stimmt das?"
„Ja."
„Wer hat das gemacht?"
„Der Freund vom Papa."
„Wie hat er das gemacht?"
„Mit schwarzem Dreck."
Ich frage nach, er sagt mir aber nicht, was er damit meint.[1063]

Von diesem letzten Fall abgesehen, der eher nicht typisch für die KSD ist, stellen sich die Fachkräfte den Mädchen und Jungen als ihre Interessensvertreter vor, die ganz im Sinne SOLGOs (1996) eine Anwaltsfunktion übernehmen, indem sie „Entscheidungen nicht mehr über Kinder, sondern soweit wie nur möglich mit ihnen" treffen[1064]. Sie bemühen sich, schon beim ersten Kontakt diesen Auftrag den betroffenen Kindern mitzuteilen: ihre Perspektive einnehmen, eine Sprache für das Unaussprechliche finden und ihre Bedürfnisse anderen Erwachsenen und kooperierenden Institutionen gegenüber vertreten zu wollen[1065].
Wurden bei den ersten Gesprächen mit den Vertrauenspersonen und den Kindern der Grund der Kontaktaufnahme bereits benannt und erste Informationen über das Problem ausgetauscht, erfolgt eine umfangreiche Erfassung der Lebenssituation, der näheren Umständen des Mißbrauchs und der Bedeutung der Geschehnisse erst während der weiteren Betreuung. Von den Kinderschutzdiensten wird, ähnlich der personzentrierten Vorgehensweise, als diagnostische Beobachtung das Spiel herangezogen, um die Schwierigkeiten des Kindes zu verstehen. Die spezifische Weise der

---

[1061] Fall 13, S.2 und S.3
[1062] Sweeny 1997, S.89
[1063] Fall 24, Protokoll der Fachkraft, S.1
[1064] L.Salgo 1996, S.551
[1065] vgl. L.Salgo 1996, S.564/565, hierzu das Kapitel 5.1.3

Problemerfassung der Kinderschutzdienste gibt nachfolgend Einblicke in ein personzentriertes Beratungsangebot für Kinder.

7.2.2 Das diagnostische Spiel

Bei 15 der 50 untersuchten Fälle nahm die Beschäftigung mit Spielmaterialien einen besonderen Stellenwert ein. Zu zwei Dritteln handelte es sich hierbei um Mädchen und Jungen im Kindergartenalter. Kleineren Kindern fällt es oft leichter, schwer erträgliche Themen im Spiel auszudrücken, ihre Mitteilungsmöglichkeiten durch das Spiel sind vielfältiger als ihre sprachlichen Fähigkeiten[1066]. Sie brauchen zudem die Annäherung an die Fachkraft und die Entstehung einer Vertrauensbasis während des gemeinsamen Spielens. Vier Kinder zeigten zudem Traumatisierungssymptome[1067], die durch ihr posttraumatisches Spielverhalten unterstrichen wurden. Dabei war die Art, Dauer oder Häufigkeit der erlebten Mißbrauchshandlungen nicht von ausschlaggebender Bedeutung und auch nicht die Beziehung zum Täter. Vor allem die Massivität des Vorgehens und das erzwungene Schweigegebot machten den Kindern dieser Gruppe zu schaffen.
In der nachfolgenden Beschreibung wird ein Schwerpunkt auf die mißbrauchsspezifischen Spielinhalte und das posttraumatische Spielverhalten gelegt. Die der personzentrierten Spieltherapie sehr ähnlichen Sequenzen, die Kontaktherstellung, die Erkundung der Spielsachen, der gemeinsame Spaß und die Behandlung mißbrauchsunspezifischer Probleme des Kindes werden demgegenüber zurückgestellt. Es soll aber hervorgehoben werden, daß die unzähligen dieser Arbeit zugrundeliegenden Stundenprotokolle der Fachkräfte weitaus mehr Spieleinheiten enthalten, die keinen Bezug zum erlebten sexuellen Mißbrauch hatten.

Die Räumlichkeiten in den Kinderschutzdiensten sind so ausgestattet, daß in nahezu jedem Zimmer neben der üblichen Arbeitsplatzeinrichtung auch eine Spielecke vorhanden ist. Im Wesentlichen befinden sich hier die gleichen Materialen, die zur normalen Ausstattung eines Spielzimmers gehören und bereits in Kapitel 3.3.2 aufgelistet wurden. Zusätzlich besitzen die Kinderschutzdienste auch anatomisch korrekte Puppen, auf die im nächsten Abschnitt gesondert eingegangen wird, und spezielle Stofftiere sowie Stoffpuppen, die über einen Fachhandel bezogen werden.[1068] Diese „Folkmanis"-Handpuppen verfügen über besondere therapeutische Qualitäten, die von MEVES (1997) bewertet wurden:

[1066] vgl. hierzu L.Sweeny 1997, S.33 in Kapitel 1.3.2

[1067] 8 von 50 Kindern zeigten verstärkte Traumatisierungssymptome, gemäß der Tabelle in Kapitel 4.3.3

[1068] vgl. hierzu den Donna Vita Katalog des pädagogisch-therapeutischen Fachhandels

Diese „Tiere und Puppen haben eine ganz eigene Ausstrahlung und regen die verschiedensten Phantasien, Wünsche und Träume an. Assoziationen entstehen und geben Aufschluß über unklare, nicht benennbare oder unbekannte Gefühle. So machen bestimmte Figuren angst, andere reizen zum Widerspruch oder bringen zum Lachen. Wieder andere verkörpern Schutz und Geborgenheit. (...) Die Handpuppen und –tiere können helfen, Ängste zu verringern, wenn Mädchen und Jungen aufgrund erlittener seelischer und körperlicher Verletzungen und/oder der erfahrenen Bedrohung durch den Täter sich nicht oder nur schwer mitteilen können. Kinder konzentrieren sich im Spiel auf die Puppen. Dies ermöglicht Distanz zum Geschehen, sie können ersatzweise die Puppen sprechen lassen."[1069]

Diese sehr ansprechend gearbeiteten Plüschhexen, -zauberer, -drachen, -spinnen etc. werden von den betroffenen Kindern in den Kinderschutzdiensten sehr gern angenommen, zur Inszenierung ihrer Erfahrungen verwendet und von den Fachkräften zur Spieldiagnostik eingesetzt.
Das freie Spiel des Kindes eignet sich, wie schon in Kapitel 3.2.3 ausgeführt, besonders zur Verarbeitung außergewöhnlicher und traumatischer Erlebnisse. Das Spiel deutet laut TERR (1983) auf ein erlittenes Trauma hin, wenn es sich ständig wiederholt, einförmig in seiner Ausführung und untypisch zum sonst ungezwungenen, normalen Spielverhalten erscheint. Es fehlt ihm wie GIL (1993) ergänzt, „augenscheinliche Freude oder Freiheit des Ausdrucks"[1070]. Besonders die zwanghafte, monotone, ritualisierte Wiederholung des Spiels weist auf verletzende Erfahrungen des Kindes hin, die so überwältigend waren, daß es sie nicht in Worte fassen kann.
Nach gleichbleibenden Spielregeln mit den Folkmanis-Drachen-Handtieren verdeutlichte ein Mädchen im Grundschulalter seine Einschätzung des väterlichen Einflusses auf die Kontakte im Kinderschutzdienst:

„Nein, wir wollen über nichts Schlimmes erzählen."[1071] Mit diesen Worten – heftig hervorgestoßen – gab Laura (8 J.) zu verstehen, daß sie nicht über sexuellen Mißbrauch reden wollte. Stattdessen ergriff sie den großen, grünen Stoffdrachen, der brutal schmatzend alle kleinen Tiere fraß, das halbe Puppenhaus zerstörte und das Spielzimmer ziemlich demolierte. Der Drache attakierte schließlich auch die Fachkraft. Diese fragte Laura um Rat, was denn mit dem Drachen zu tun sei, da sie vermutete, daß er den Vater und seine ungeheure Macht symbolisiert. Letztendlich wurde er in ein Gefängnis unter dem Schreibtisch gesperrt. In den nächsten Stunden spielte Laura nahezu zwanghaft das Drachenspiel weiter. Das kleine Drachenkind wurde vom großen, bösen Drachen verschleppt und mit viel Einsatz von der Fachkraft wieder befreit und in Sicherheit gebracht. Offensichtlich ihre Botschaft an Laura, das Mädchen vor dem mißbrauchenden Vater schützen zu können.

[1069] M.Meves 1997, S.89
[1070] E.Gil 1993, S.81
[1071] Fall 8, Protokoll der Fachkraft, S.8

In einer der weiteren Stunden wurde der kleine Drache ganz frech. Hier projizierte Laura wohl ihre eigene Auffälligkeit, denn sie zeigte sich in der Schule sehr aggressiv. Als die Fachkraft das Mädchen bat, dem kleinen Drachen zu helfen, brach Laura das Spiel ab. Jede weitere Annäherung an das Thema Mißbrauch wurde von Laura grundsätzlich abgewehrt. Die Fachkraft vermutete, daß das Mädchen zu große Angst vor dem jähzornigen Vater hatte. Diese Annahme wurde von Laura nach einem Jahr regelmäßiger wöchentlicher Kontakte bestätigt. Die allumfassende Macht des großen Drachen demonstrierte Laura, indem sie den Drachen die Fachkraft verspeisen ließ. Jedes Gespräch in Richtung Hilfeplanung lehnte sie auch weiterhin kategorisch mit den Worten ab: *„Ich will davon nicht mehr reden, das ist so häßlich. "*[1072]

Das Drachenthema verlor im Verlauf des von der Fachkraft dokumentierten Jahres der Spielkontakte nicht an Bedeutung. Der Zusammenhang zwischen Spiel und traumatischem Ereignis war Laura nicht bewußt, da zu angsterregend. Dies zeigte sich in dem sofortigen Spielabbruch, als die Fachkraft durch eine Bemerkung die Beziehung zur Realität herstellen wollte. Während der Stunden konnte das Mädchen keine Erleichterung finden, ein Hinweis auf posttraumatische Belastungsstörung.[1073] Der Rückbezug vom Spiel zum ursprünglichen Trauma legt die Vermutung nahe, daß der Vater, der Laura seit vielen Jahren sexuell mißbrauchte, mit starkem Druck das Schweigen der Tochter erzwang.

Wie wichtig diese Handpuppen sind, um dem Kind trotz erdrückenden Geheimhaltungszwangs dennoch eine Ausdrucksmöglichkeit zu eröffnen, wird an folgendem Beispiel deutlich.

Die Fachkraft notierte eine Spielsequenz aus ihren Kontakten mit Kevin, einem fünfjährigen Jungen, der von einem Bekannten der Eltern anale Manipulationen erleiden mußte:

Der Teufel taucht auf und will Kevin am Popo wehtun. Der Drache und das Krokodil kommen dem Jungen zur Hilfe. Wir holen noch den Zauberer mit dem Zauberstab. Der Teufel schleicht sich immer wieder an, aber Kevin sagt, er sei der Zauberer und verhaue den Teufel. Anschließend sperrt er den Teufel in den Mülleimer und sagt: „Du darfst mir nicht mehr am Popo wehtun. " Die Fachkraft fragt, wie das denn in Wirklichkeit sei. Kevin überlegt eine Weile: „Das weiß ich nicht. "[1074]

Das Erlebnis scheint für den kleinen Jungen zu überwältigend gewesen sein, als das er es bewußt hätte symbolisieren können. Die Leugnung der Erfahrung schützte ihn vor dem Schmerz, auf den er mit den Puppen hinwies.

Die Handpuppen und –tiere können die unbewußten Ängste eines Kindes zum Vorschein bringen. Die Art der Reaktion auf eine besondere Puppe gibt den Fachkräften wiederum wichtige Aufschlüsse über die Lebenshintergründe des Kindes. Die Hexe kann z.B. an die aggressiven Reaktionen einer

---

[1072] Fall 8, Protokoll der Fachkraft, S.51

[1073] vgl. die Ausführungen von L.Terr 1983, S.308 oder die deutsche Übersetzung im Kapitel 4.4.5

[1074] Fall 24, Protokoll der Fachkraft, S.3

negativ erlebten weiblichen Bezugsperson erinnern. Für Lena stand die Hexe für die Angst vor der strafenden Mutter – dies zeigte die anschließende Szene im Puppenhaus -, für Laura stellte sie die gehaßte Lehrerin dar, die kein Verständnis für die Hilfesignale der aufsässigen Schülerin aufbrachte:

Lena (5 J.) hatte so große Angst vor der Stoffhexe, daß sie in einen Eimer gesteckt und mit einer Decke zugedeckt werden mußte. Jede Stunde, bevor das Spiel beginnen konnte, wurde die Hexe nun in den Eimer gesperrt.
Im Spiel mit dem Puppenhaus versteckte sie ein kleine Mädchenpuppe im Bett des Vaters, der nach dem Essen dort schlafen geht. Die Mutter rief aufgebracht und sehr böse nach ihrer Tochter und konnte sie nirgends finden. Auf die Frage, ob ihr jemand wehgetan habe, antwortete Lena immer gleich. Sie schüttelte ihren Kopf sehr intensiv: *„Nein.* [1075]

Laura holte die Hexe und marterte sie mit Spielwerkzeugen. Sie schoß ihr sehr oft in den Mund, steckte ihr Gegenstände in den Mund, an denen sie fast erstickte, fütterte sie mit scharfen Nadeln, die ihre Gedärme zerreißen sollten. Am Ende trampelte das Mädchen auf dem weichen, nachgiebigen Stoffgesicht der Figur herum und spielte, daß sie vorher in Hundescheiße getreten sei. Die Fachkraft schrieb in ihre Unterlagen: *„Lauras Gesicht sah so wutverzerrt aus, wie ich es noch nie bei ihr erlebt habe.* [1076]

Wie gut diese Stoffpuppen zur Abreaktion von Rachegelüsten geeignet sind, fand auch Yvonne heraus. An einer Dracula-Puppe konnte sie endlich die lang angestaute Wut auf die schlimmen sexuellen Übergriffe ausleben und damit veranschaulichen, welche Verletzungen ihrer Psyche dadurch angetan wurden, obwohl sie nur einen einzigen Übergriff erlebte, der sie von einem aufgeweckten in ein sehr schreckhaftes Kind verwandelt hatte.

Yvonne (5 J.) marschierte zum 12. Treffen im Kinderschutzdienst in das Spielzimmer und steuerte auf eine Stoffpuppe zu, die wie Dracula aussieht, vor der sie bisher eine ungeheure Angst hatte.
*„Was ist denn das?" fragte sie. Die Fachkraft antwortete: „Das ist der böse Dracula. Was sollen wir denn mit dem machen?" „Verhauen!" Sie ging zur Waffenkiste, holte gezielt einen Dolch und eine Pistole heraus und schoß dreimal auf die Puppe, die mit großem Gewimmer und einem Luftsprung tot vom Stuhl fiel. Yvonne lachte. Dann sagte sie: „So, jetzt nehmen wir noch das Messer." Damit 'schnitt' sie ihm Arme, Beine und Kopf ab, legte ihn anschließend auf ein Sitzkissen und verkündete, daß er jetzt noch verhauen wird. Dies setzte sie tatkräftig um. Danach war die Draculapuppe nicht mehr interessant.
In der nächsten Stunde übte das bis dahin überängstliche Mädchen sich laut zu wehren. Sie schrie viele Male: „Ich sage, HÖR AUF!!!* [1077]

[1075] Fall 31, Protokoll der Fachkraft, S.15
[1076] Fall 8, Protokoll der Fachkraft, S.37
[1077] Fall 28, Protokoll der Fachkraft, S.29

Nach dieser „Draculahinrichtungs-Zeremonie" verschwand Yvonnes Symptom des Einnässens, das seit dem sexuellem Mißbrauch zu einem nahezu unüberwindlichen Problem geworden war. Yvonne konnte wieder den Kindergarten besuchen, nachts durchschlafen und ihr Selbstvertrauen zurückerlangen.

An den dargestellten Szenen zeigten sich die von TERR (1983) aufgelisteten Erkennungsmerkmale posttraumatischen Spiels[1078], insbesondere der Wiederholungszwang, die unbewußte Nähe zu den tatsächlichen Ereignissen, die im Spiel geäußerten intensiven Ängste und Aggressionen sowie der Zusammenhang zwischen dem realen Trauma und dem dargestellten Spiel. Die oben vorgestellten Kinder waren so verstört, daß sie vor einer verbalen Aufdeckung zu große Angst hatten und hierauf nur durch ihr Spiel hinweisen konnten. Um den „verstummten" Mädchen und Jungen ein weiteres Medium des Selbstausdrucks zur Schilderung der Geschehnisse anzubieten, greifen die Fachkräfte gerne zusätzlich auf die Anatomischen Puppen zurück.

7.2.3 Die diagnostische Arbeit mit anatomisch korrekten Puppen

In 11 der 50 untersuchten Fälle wurden die Anatomischen Puppen vor allem bei jüngeren Kindern eingesetzt, um zu klären, welcher Art die erduldeten sexuellen Handlungen waren. Wie in Kapitel 4.4.4 ausgeführt, sollen die Puppen als Demonstrationsobjekte oder diagnostisches Hilfsmittel eingesetzt werden und dürfen verbale Aussagen nicht ersetzen. Die Empfehlungen von Expert/inn/en sehen vor, dem Kind die Erkundung der Puppen und die Steuerung des Spiels selbst zu überlassen[1079]. Die Puppen können von der Fachkraft herangezogen werden, um dem Kind die Aufdeckung der Geschehnisse zu erleichtern und es Details demonstrieren zu lassen.

Die Darstellung des Einsatzes der anatomisch korrekten Puppen in den Kinderschutzdiensten wird nachfolgend, ausgehend von den Erkenntnissen GRAFs und KÖRNERs (1997) zum personzentrierten Beratungsansatz, in verschiedene Phasen untergliedert. Hierzu werden drei Etappen für die Klärung der sexuellen Erfahrungen mithilfe der Anatomischen Puppen übernommen – die Test-, die Wut- und die Trauerphase – und durch die wissenschaftlichen Erkenntnisse aus Kapitel 4.4.4 ergänzt.

Ein Beispiel mit einem 5jährigen Jungen verdeutlicht eine typische Einführung der Anatomischen Puppen in den Kinderschutzdiensten:

Die Fachkraft zeigte Kevin (5 J.) die anatomischen Puppen und hält in ihrem Protokoll die Szene fest:
Als erstes betrachten wir uns eine Frauenpuppe. „Ist das eine Frau oder ein Mann?"
„Eine Frau." „Woran merkst du das?" „An den Titties." Er deutet auf den Busen. Wir

---

[1078] vgl. hierzu Kapitel 4.3.5
[1079] vgl. D.P.H. Jones 1996, S.52

ziehen die Puppe aus. Er deutet auf die Brustwarzen und fragt: „Was ist das?" Ich erkläre ihm, daß die Babies daraus Milch trinken können bei ihrer Mama. Ich zeige ihm die Schambehaarung. Er deutet auf die Scheide und sagt, ja, da habe er die Haare auch schon bei der Mama gesehen. Wir betrachten uns dann die Männerfigur und dann das Mädchen und den Jungen.

Kevin legt die Männerpuppe auf den Rücken und sagt, das sei der Papa. Die Mamapuppe liegt mit dem Rücken auf ihm. Er steckt den Penis in den Anus der Mutterpuppe und bewegt die beiden hin und her. Später setzt er die beiden dann hin, so daß ein sexueller Verkehr im Sitzen entsteht. Dazu macht er viele Schmatz- und Knutschgeräusche. Zwei Kinderpuppen, ein Junge und ein Mädchen sitzen daneben und schauen zu. Er instruiert mich dann dahingehend, das ich mit den Kinderpuppen das gleiche machen soll wie er mit den Erwachsenenpuppen.[1080]

Obwohl die Demonstration von Erwachsenensexualtität nach den Aussagen von AUGUST/ FORMAN (1989), WHITE et.al. (1986), JAMPOLE/ WEBER (1987) und HEKKEN/ BIERENS (1989) ein deutliches Anzeichen für das Erleben sexuellen Mißbrauchs ist, muß eine genaue Schilderung der Ereignisse durch das Kind hinzukommen, um aus dem Spiel mit den Puppen Rückschlüsse auf einen Mißbrauch ziehen zu können. Da dieser Junge keinerlei Bezug zu eigenen Erfahrungen herstellte, ging die Fachkraft nicht davon aus, daß Kevin Ähnliches mit seinen Eltern erlebt hat. Außerdem widersprachen die Lebenshintergründe des Kindes einer solchen Annahme. Zu Beginn der Kontakte lotet das Kind in der Testphase eher die Reaktionen der Beratungsperson aus und mischt erst nach und nach wahre Begebenheiten in sein Spiel, wie GRAF/ KÖRNER (1997) wiederholt beobachten konnten:

> „Desweiteren sind in dieser Phase die anatomisch korrekten Puppen interessant. Viele Kinder beschäftigen sich jetzt mit deren Geschlechtsteilen. Sie wollen Informationen, wie bestimmte Sexualorgane benannt werden, warum bestimmte Puppen Schamhaare haben und andere nicht, und sie erzählen in solchen Situationen auch von eigenen Beobachtungen."[1081]

LEVENTHAL (1989) nannte als sichere Zeichen für das Vorliegen eines sexuellen Mißbrauchs im Spiel mit den Anatomischen Puppen; aggressive Gefühle des Kindes, das Vorführen von Erwachsenensexualität und die Verdeutlichung seiner Schilderungen. Die folgende Arbeit mit einem vierjährigen Mädchen belegt, daß mit den Puppen genauere Details des Geschehens ermittelt werden können:

Die Fachkraft ermutigte Anika (4 J.), die anatomischen Puppen anzuschauen und zu überlegen, ob sie zeigen kann, was ihr passiert ist.
Anika trug die Puppen daraufhin unter den Schreibtisch, wählte eine Männerpuppe und eine Mädchenpuppe:

[1080] Fall 24, Protokoll der Fachkraft, S.6
[1081] H.Graf/ W.Körner 1997, S. 165

„Anika baut ein Schlafzimmer auf. Die Anika-Puppe befindet sich in dem großen Bett der Papa-Puppe. Beide Puppen sind nackt." Als die Fachkraft vorschlug, alles aufzuschreiben, diktierte Anika: *„ 'Der Papa darf der Anika nicht mehr wehtun. Er darf nicht mehr mit seinem Penis der Anika wehtun.'* Das Wort 'Penis' hatte Anika zuvor im Zusammenhang mit der Männer-Puppe benutzt." Im weiteren Verlauf des 'Spiels' wurde die Szene deutlicher: *„Anika zeigt anhand der männlichen Puppe, die nackt ist, wie der Papa sie auf seinen Bauch legt. Der Papa liegt im Bett nackt auf dem Rücken. Sie, Anika, liegt ebenfalls nackt mit dem Rücken auf seinem Bauch. Auf meine Frage, ob sie das gerne habe, verneint Anika. Ich darf das dem Papa aber nicht sagen, weil er sonst schimpft."*[1082]

Nach diesem ersten Kontakt beschloß die Fachkraft, Anika zu weiteren Treffen einzuladen, *„ um in Bezug auf den Mißbrauch mehr Deutlichkeit zu erhalten"*[1083].

Auch beim zweiten Treffen wollte Anika der Fachkraft wieder von dem „dummen"[1084] Geheimnis erzählen. Wieder trug sie die Anatomischen Puppen – diesmal auch ihre von zu Hause mitgebrachten Kuscheltiere – unter den schützenden Schreibtisch. Dort teilte Anika ihren Stofftieren mit, daß der Papa ihr nicht mehr weh tun soll. Die Fachkraft griff das Selbstgespräch des Kindes auf und begann die Papa-Puppe zu beschimpfen: *„Anika holt den Zauberstock dazu und beginnt auf die Puppe einzuschlagen. Dazu sagt sie: 'Der Papa soll der Anika nicht mehr seinen Penis in die Scheide tun, weil das tut weh.'"*[1085]

Nun erfuhr die Fachkraft von Anika, daß sie geweint hatte, daß der Papa aber trotzdem weitergemacht hat.

Die Fachkraft beobachtete, wie gut es dem Mädchen tat, ihre Wut gegen die Papa-Puppe zu richten:

„Anika schlägt mit großer Kraft mit dem Zauberstab auf die Puppe ein, trampelt darauf herum, setzt sich drauf und zieht ganz fest am Geschlecht der Puppe, um es abzureißen. Ich unterstütze sie durch das Schimpfen, was ihr offensichtlich gefällt. Sie schlägt und tritt die Puppe und wirft sie in eine Ecke."[1086]

Als Anika danach erschöpft in der Kuschelecke des Zimmers ausruhte und die Fachkraft die Aufräumarbeit übernahm und dem Ende der Stunde entgegensah, teilte Anika ein weiteres Geheimnis mit, mit dem die Fachkraft nicht gerechnet hatte:

„Die weibliche Puppe lag in unmittelbarer Nähe von Anika. Ich meinte: 'So, die Mama-Puppe ziehe ich an.' Anika: 'Mit der müssen wir auch schimpfen.' 'Warum?' 'Die Mama hat mir den Finger in die Scheide gemacht.' 'Welchen Finger?' 'Den Daumen.'"[1087]

Nachdem Anika dann auch noch die Mama-Puppe ausgiebig angeschrien hatte, verließ sie völlig ausgelaugt, aber auch sehr erlöst das Spielzimmer.

In diesem Beispiel wird die Bedeutung des Einsatzes der Anatomischen Puppen vor allem mit kleineren Kindern ersichtlich. Es wäre diesem kleinen Mädchen sicherlich kaum in dieser Deutlichkeit möglich gewesen, die genauen Umstände der Mißbrauchshandlungen zu benennen. Hier zeigt sich

---

[1082] Fall 2, Protokoll der Fachkraft, S.17
[1083] Fall 2, Protokoll der Fachkraft, S.19
[1084] Fall 2, Protokoll der Fachkraft, S.23
[1085] Fall 2, Protokoll der Fachkraft, S.23
[1086] Fall 2, Protokoll der Fachkraft, S.23
[1087] Fall 2, Protokoll der Fachkraft, S.24

auch, wie die Fachkraft die Wahrnehmung des Kindes verstehend aufnahm und eigene Interpretationen vorerst zurückstellte. Bei der Erfassung der Gefühle hat die Fachkraft dem Kind allerdings vorgegriffen und somit den Anspruch der Kinderschutzdienste, stets einen Schritt hinter dem Kind zu bleiben, verletzt. Wie richtig die Fachkraft dennoch die Empfindungen Anikas eingeschätzt hat, wird an der Heftigkeit der Reaktion des Mädchens deutlich. Das Hervorbrechen verdrängter, heftiger Wutgefühle beschreiben GRAF/ KÖRNER (1997) als typische Reaktion sexuell mißbrauchter Kinder:

> „Die Figuren (...) werden getreten, an Körperstellen verletzt, gefesselt, einge-
> sperrt, weggeworfen, gestochen, Körperteile werden abgeschnitten, etc. (...) Bei
> gespielten Verletzungssituationen läßt das Kind Fragen zu, wo die Puppe verletzt
> wurde und ob es ihr wehgetan hat. Oft bezieht das Kind auch Personen in das
> Spiel ein, die der Protagonistenpuppe nicht helfen, etwa die Mutter oder eine
> andere Bezugsperson. Diese Figuren werden ähnlich bestraft wie die des
> Täters."[1088]

Ausgehend von diesen Überlegungen könnte Anika das Schimpfen der Fachkraft als Anerkennung ihrer Gefühle empfunden haben und dadurch ermutigt worden sein, ihre Wut auch gegen die mißbrauchende Mutter zu richten. Das Spiel mit den Puppen deckte somit weitere Ereignisse auf, die vorher nicht vermutet wurden und nun eine andere Art der Hilfeplanung erforderlich machen, da der Schutz des Kindes durch die Mutter nicht mehr angenommen werden konnte.
Zwei weitere Arbeiten mit einem gerade fünfjährigen und einem vierjährigen Mädchen lassen die ungeheure Belastung der Kinder durch die Benennung der Geschehnisse plastisch werden. Zur verbalen Nennung des Erlebten wird die Bestätigung durch die Puppen hinzugefügt. Es werden nicht, wie von Kritikern häufig moniert, Schlußfolgerungen allein aus dem nichtkommentierten Spiel gezogen.[1089]

Nachdem Stefanie (5 J.) beschlossen hatte, von ihrem Geheimnis mit dem Stiefvater zu erzählen, brach sie in Tränen aus. Erst als sie sich versichert hatte, daß die Fachkraft niemandem davon erzählen würde, konnte sie sich beruhigen. Aber erst in der übernächsten Stunde, brachte das Mädchen den Mut auf, vom sexuellen Mißbrauch durch ihre Mutter und den Stiefvater zu berichten:
„Ihre Mutter habe sie an der Hand festgehalten. Die Mama habe auf den Stiefvater und auch auf Stefanie aufgepaßt. Der Stiefvater habe aus seinem Schniedel gepinkelt. Als wir die Szene mit den Puppen nachspielen, bestätigt sich, daß er seinen Schniedel in ihren Popo getan hat."[1090]

[1088] H.Graf/ W.Körner 1997, S.165
[1089] vgl. hierzu die Untersuchungen von Gabriel 1985, Grams/ Herbert 1987, Sivian et.al. 1988, Eversen/ Boat 1990, Goodman/ Aman 1990 und Saywitz et.al. 1991 in Kapitel 4.3.4
[1090] Fall 14, Protokoll der Fachkraft, S.18

Als die Fachkraft den Bruder Stefanies, der ihren Angaben zufolge zuschauen mußte, in einem späteren Treffen fragt, ob Stefanie recht hat, nickt der Junge nur. Die beiden Geschwister verprügelten dann voller Inbrunst die Stiefvaterpuppe.

Schon des öfteren hatte Miriam (4 J.) mit den anatomischen Puppen „Mama und Papa" gespielt: Nachdem die Puppenkinder zu Bett gebracht worden waren, erschienen die Puppeneltern, holten ihre Kinder wieder aus dem Bett und schlugen sie auf den nackten Po. Beim vierten Kontakt verändert Miriam diese Sequenz, die von der Fachkraft festgehalten wurde:

„Miriam zeigt, wie die Papapuppe den Penis in den Mund der Miriampuppe tut. Kurz darauf beginnt Miriam zu weinen. Das Kind steht unter großer Angst, weint wiederholt in der Stunde. Sie sagt dann, sie will nicht, daß die Mama sie abholen kommt. Ich soll der Mama nichts verraten."[1091]

Die ausgedrückte Trauer und Angst, wiederum ein geläufiges Anzeichen für die Verletzung des Kindes, sucht die gefühlsmäßige Anteilnahme der Beratungsperson. In dieser Phase öffnet sich das Kind für neue Perspektiven und läßt konkrete Nachfragen zu. Dadurch wird seine Bereitschaft für die nachfolgende Planung von Hilfen geebnet. In der Trauerphase sind die Kinder in der Lage, die Begleitung der Fachkraft anzunehmen und weitere Einzelheiten zu offenbaren.

„Manche Kinder weinen, wenn sie bestimmte Handlungen spielen oder bestimmte Körperteile der anatomisch korrekten Puppen sehen. (...) Nachdem dem Kind in den vorherigen Phasen konkrete Nachfragen unangenehm waren, drückt es nun aus, daß die Kinderpuppe zu den Spielhandlungen gefragt werden möchte. In dieser Phase zeigen die Kinder im Spiel, welche Erwachsenenpuppe der Kinderpuppe etwas aufzwingt und wie sie versucht, sich in bestimmten Situationen zu wehren."[1092]

Obwohl die anatomisch korrekten Puppen in den Kinderschutzdiensten zur Klärung des sexuellen Mißbrauchs herangezogen werden, geht es vor allem auch um den Ausdruck der Gefühle. Erkenntnisse gewinnen die Fachkräfte aus der Beobachtung des Spiels, Fragen werden vorsichtig eingesetzt und dienen in erster Linie dem Ziel, die Bedeutung der Geschehnisse aus der Sicht des Kindes zu erfassen. Die Abklärung, wer dem Kind in welcher Weise weh getan hat, wird dann vorgenommen, wenn ein Mädchen oder ein Junge von sich heraus das Thema anschneidet und dadurch seine Bereitschaft signalisiert. Bei den 21 3-6Jährigen gab es neben dem beobachteten Spiel mit Puppen oder anderen Spielmaterialien zur Hälfte auch diagnostische Gespräche. Daran zeigt sich der zentrale Stellenwert des verbalen Austauschs nicht nur mit älteren Kindern. Wie die diagnostischen Gespräche in den Kinderschutzdiensten geführt werden, ist Inhalt des nächsten Abschnitts.

[1091] Fall 15, Protokoll der Fachkraft, S.8
[1092] H.Graf/ W.Körner 1997, S.165

7.2.4 Das diagnostische Gespräch

Da die Fachkräfte in den Kinderschutzdiensten einen dem personzentrierten Vorgehen sehr ähnlichen Ansatz vertreten, werden keine vorher festgelegten Fragekriterien oder standardisierten Befragungsmethoden eingesetzt, die z.B. WOOD et.al. (1996) für das diagnostische Gespräch mit sexuell mißbrauchten Kindern empfehlen. Die Fragekategorien, die von FEGERT (1993) in Anlehnung an SHAPIRO (1991) für die Befragung sexuell mißbrauchter Kinder erarbeitet wurden[1093], fallen wegen der hierdurch intendierten Glaubwürdigkeitsbeurteilung des Kindes nicht in den definierten Aufgabenbereich der Kinderschutzdienste[1094]. Im Mittelpunkt steht vielmehr die Person des Kindes, sein Erleben, seine Einschätzung der Geschehnisse und seine Einstellung zum Täter[1095]. Der Zeitpunkt der Aufdeckung wird durch die Bereitschaft des Kindes, auf Fragen einzugehen, signalisiert. Sein Schweigen, sein Rückzug, sein Zögern und seine Widerstände werden wie nach dem personzentrierten Grundprinzip des Gewährens und Akzeptierens berücksichtigt und ernst genommen[1096]. Die von JONES (1996) vorgeschlagene Gesprächsführung mit einem betroffenen Kind, eine seinen freien Redefluß anregende Frageform zu wählen, verbindet den personzentrierten Ansatz mit dem diagnostischen Vorgehen bei einem Verdacht auf sexuellen Mißbrauch. Da der personzentrierte Ansatz eher eine Therapieform darstellt und die Befragung sexuell mißbrauchter Kinder auf gerichtsverwertbare Beweise abzielt, wird demgegenüber in der kindzentrierten Hilfeplanentwicklung eine pädagogische Beratungssituation hergestellt[1097]. Der Balanceakt, den die Fachkräfte in den Kinderschutzdiensten vollbringen – zwischen nicht-direktivem Vorgehen und der Notwendigkeit, das Problem des Kindes zu erkennen und von ihm auch benennen zu lassen – wird in nahezu jedem der untersuchten Fälle deutlich. Die folgenden Fallbeispiele dokumentieren die Art der Problemerfassung und Problembenennung, die für die beratende Begleitung der Kinder in den Kinderschutzdiensten steht.

38 von 50 Kindern machten genauere Angaben über die näheren Umstände der sexuellen Übergriffe, die mißbrauchenden Personen und die Art der Handlungen. Die 12 hier nicht erfaßten Kinder weigerten sich entweder gegenüber der Fachkraft, von den Geschehnissen zu erzählen oder sie teilten sich nur im Spiel mit. Anderenfalls wurden die Angaben der Kontaktpersonen herangezogen, um zu verstehen, was das Kind erlebte. Die 21 3-6jährigen machten ca. zur Hälfte (52 %), die 12 7-10jährigen Kinder zu 87 % verbale Aussagen. Alle der 17 11-17jährigen Kinder und Jugendlichen erzählten während des Gespräches von ihren Erlebnissen.

[1093] vgl. Kapitel 4.4.2
[1094] vgl. Abschnitt 5.1.3
[1095] vgl. hierzu auch B.James 1989, die Kommunikation mit traumatisierten Kindern, S.51f
[1096] vgl. Kapitel 3.3.3
[1097] wie in Kapitel 1.2 und 1.3 pädagogisch begründet

Erfahrungsgemäß führt die Benennung der Geschehnisse auch zu einer Erfassung der Problematik im Inneren des Kindes. Hat das Kind im Verlauf der positiven Beziehungsgestaltung verstanden, daß die Fachkraft ihm helfen möchte und nichts gegen seinen Willen weitererzählt oder unternimmt[1098], wird es eher auf das Angebot eingehen, Hinweise auf die Taten und die Tatpersonen zu geben. Die Überleitung vom beobachteten Spiel zu realen Erlebnissen geschieht sehr vorsichtig und wird nur dann weiterverfolgt, wenn das Kind sich auf die Fragen einläßt. Dann wählen die Fachkräfte ähnliche Formulierungen wie die von FALLER (1993) und GRÜNDER/ KLEINER/ NAGEL (1994) vorgeschlagenen, indem sie fragen, wer dem Kind wo weh getan habe und ob es von jemandem an den Genitalien angefaßt wurde oder jemanden dort berühren sollte[1099]. Wie dies kindzentriert aus einer Spielsituation heraus entwickelt werden kann, zeigt die Arbeit mit einem kleinen Mädchen:

Die Fachkraft rief Jana (4 J.) mit der Figur des Zauberers aus ihrem intensiven Spiel. Sie hatte die Hexe, eine Papa- und eine Tante-Puppe inbrünstig verhauen, in eine Kiste gesperrt und diese in das angrenzende Gäste-WC getragen.
Der Zauberer fragte: „Jana, gibt es denn in Wirklichkeit auch jemanden, der dir wehtut und vor dem ich dir helfen muß."
„Ja."
„Wer ist denn das?"
„Die Oma."
„Hat sie dir denn auch am Popo wehgemacht." (Diese Bemerkung bezieht sich auf das vorausgegangene Spiel mit den Puppen und Tieren)
„Ja, das war der Papa."
Der Zauberer schlägt vor, alle zu verzaubern, die der Jana wehgetan haben und erkundigt sich: „Wer sind denn die bösen Leute?"
„Die Oma, der Papa und die Tante (Schwester des Vaters). "[1100]

Wie diese Sequenz zeigt, wird das Gespräch mit kleineren Kindern aus der Situation heraus entwickelt, spielerisch gestaltet oder mit Hilfsmitteln begleitet. Wie GELDARD/ GELDARD (1997) das Gespräch mit kleineren Kinder gern in Verbindung mit anderen Vorgehensweisen sehen, werden auch in den Kinderschutzdiensten Geschichten, Zeichnungen, Puppen oder Bilderbücher als Einstieg in eine Befragung verwendet. Das Lieblingskuscheltier half einem sechsjährigen Jungen, trotz der großen Angst vor den Folgen der Aufdeckung, den Mißbrauch durch die Mutter zu benennen:

Peter (6 J.) hatte große Angst mitzuteilen, was ihm angetan wurde. Er erklärte: *„Es soll geheim bleiben. Ich darf nichts sagen, sonst gibt es einen Knall. Daß die Mama sagt, ich soll nichts sagen, das versteh ich nicht. Die haben gesagt, ich komm in's Heim."*[1101]

[1098] vgl. Kapitel 3.3.3
[1099] vgl. Kapitel 4.4.2
[1100] Fall 27, Protokoll der Fachkraft, S.22

Peter versteckte sich unter dem Schreibtisch des Spielzimmers mit seinem Stoffhasen, der für ihn aussprach, was er nicht mitzuteilen wagte. *„Die Mama hat Peter am Täubchen (Penis) und am Popo weh getan, und wenn er was sagt, dann schneidet sie ihm das Täubchen ab."* [1102] Daraufhin begann Peter haltlos zu weinen und verlangte, seine Mama zu sehen.

Positive Erfahrungen machen die Kinderschutzdienste auch mit den Spiel-telefonen, die für die Kinder eine Brücke zwischen ihnen, der Fachkraft und den unangenehmen Themen schlagen und wo sich das Reden – womöglich mit dem Gesicht zur Wand – leichter gestaltet als von Angesicht zu Angesicht:

Die fünfjährige Lena windet sich stets vor Scham, wenn die Fachkraft herausfinden will, wer dem Mädchen die deutlichen Verletzungen im Genitalbereich, die der Kinderarzt diagnostizierte, beigebracht hat. Um dem Kind ein Gespräch zu erleichtern, wird ein Telefon als Schutzmechanismus zwischengeschaltet.
Die Fachkraft telefonierte mit Lena:
„Hat dir denn jemand wehgetan?"
„Nein!"
„Wenn dir jemand am Popo oder an der Scheide wehgetan hätte, würdest du dich dann schämen?"
Lena windet sich: „Ja."
„Hat dir denn früher niemals jemand wehgetan oder nur manchmal?"
„Nur manchmal."
„Und heute, tut dir heute noch manchmal jemand weh?"
„Heute tut gar niemand mehr weh."
„Da bin ich ja erstmal beruhigt. Ich mache mich noch Sorgen, daß du Angst hast, daß dieser jemand vielleicht wieder damit anfängt."
„Nein, da habe ich keine Angst." [1103]

Von der Mutter hatte die Fachkraft erfahren, daß ein sexuell mißbrauchtes Mädchen ihrer Tochter sehr wehgetan hat. Seither habe Yvonne (5 J.) panische Angst vor dem Alleinsein. Während des zweiten Treffens spielten Yvonne und die Fachkraft mit den Telefonen:
Yvonne ruft mich an, und ich erzähle ihr, daß zu mir Kinder kommen, denen jemand wehgetan hat und denen ich dann helfe, daß das nicht mehr passiert, und daß man Kindern nicht wehtun darf.
„Hat dir auch jemand wehgetan?"
„Ja."
„Wer war das denn?"
„Die Denise." (Ihre Freundin aus dem Kindergarten)
„Was hat die denn gemacht?"

[1101] Fall 17, Protokoll der Fachkraft, S.3
[1102] Fall 17, Protokoll der Fachkraft, S.5
[1103] Fall 31, Protokoll der Fachkraft, S.12/13

„Die hat gespielt und mir am Popo aua weh gemacht."
„Und was hast du dann gemacht?"
„Ich hab geweint."[1104]

Hier erkannten die beiden Fachkräfte die große Scham der jeweiligen Mädchen und boten mit der Art der Fragen Hilfestellung an, die Ereignisse zu umschreiben. Die Gefühle der Kinder werden ernst genommen und die Befragung eher abgebrochen, als auf detaillierten Angaben zu bestehen. Manchmal kann ein Kind sich auch nur durch nonverbale Verständigung, wie Nicken oder Kopfschütteln, auf ein Gespräch einlassen. Dann haben auch gezielte Fragen ihre Berechtigung[1105], die dem Kind wiederum den Weg ins freie Erzählen ebnen.

Laura (7 J.) bestätigte nickend, daß sie schon mal einen Penis gesehen habe. Sie berichtet von einem kleinen Jungen aus dem Kindergarten und dann beim Papa, der sei so groß gewesen. Sie deutete ganz unmißverständlich das erigierte Glied eines erwachsenen Mannes an. *„Und, kam da was raus aus dem Glied?" „Ja, Kacke"*, lachte Laura wie verrückt. Nachdem sie sich beruhigt hatte, meinte sie:*„Das sieht aus wie Honig und das läuft am Bett runter, und dann bin ich reingetreten."*[1106]

Einige Fachkräfte erzählen auch gerne eine Geschichte, in der es einem anderen Kind ganz ähnlich geht. Diese Variante der Aufdeckung eröffnet dem Kind die Möglichkeit, die Konsequenzen seiner Offenbarung einschätzen zu können, ohne konkret werden zu müssen. Beim Kind vermutete Befürchtungen können auf diesem Wege abgeklärt und eventuell ausgeräumt werden. Dieses Angebot machte die Fachkraft einem achtjährigen Mädchen, das sich nicht traute, den Mißbrauch durch den Vater zu benennen:

„Ich erzählte ihr, daß einmal ein Mädchen bei mir gewesen ist, dem von seinen eigenen Eltern weh getan wurde. Diese Eltern brachten das Mädchen zu mir, waren ganz freundlich zu mir – zuhause waren sie aber ganz böse und sagten immer wieder zu dem Mädchen, daß sie überhaupt gar nichts der Fachkraft im Kinderschutzdienst erzählen dürfte, denn wenn sie erzählen würde, dann würde das Mädchen sofort von ihren Eltern getrennt und ins Heim gebracht. Je länger das Mädchen zu mir kam, um so mehr setzten die Eltern ihm zu, ja nichts zu erzählen, denn sie wurden sich immer unsicherer, ob das Mädchen nicht doch was erzählt. Das Mädchen erzählte mir tatsächlich, was ihm passiert – und auch, daß sie Angst davor hätte, ins Heim zu kommen. Zuerst passierte gar nichts, weil ich mit dem Mädchen überlegte, wie es weiter gehen sollte. Da nur einer der Eltern ihm wehgetan hatte, sprach ich mit dem anderen, der dann für das Mädchen so sorgte, daß der andere ihm nicht mehr weh tun konnte. Das Mädchen hatte die ganze Zeit ganz umsonst Angst davor gehabt, ins Heim zu kommen."[1107]

[1104] Fall 28, Protokoll der Fachkraft, S.4
[1105] vgl. hierzu K.Faller 1993, S.45 dargestellt in Kapitel 4.4.2
[1106] Fall 3, Interview mit der Fachkraft, S.9
[1107] Fall 8, Protokoll der Fachkraft, S.12/13

Dieses Mädchen hüllte sich weiterhin in Schweigen; für Tim dagegen war die Beschäftigung mit einem anderen „fiktiven" Jungen ausschlaggebend, um wichtige Einzelheiten seiner eigenen Geschichte preiszugeben, die ihn zwar sehr beschäftigte, die er jedoch nicht zu erzählen wagte.

Einige Andeutungen des neunjährigen Jungen ließen die Vermutung aufkommen, daß Tim womöglich von der Mutter mißbraucht wird. Um diesen Verdacht zu überprüfen, bat die Fachkraft Tim um Rat für einen „anderen" Jungen. Tims Empfehlungen finden sich im Protokoll:

FK: *Seine Mutter macht Dinge, die unangenehm für den Jungen sind.*

Tim: *Findet der das genauso bescheuert? Sie soll doch damit aufhören. Der Junge kann sagen: 'Mama, hör jetzt bitte damit auf.'*

FK: *Wenn der jetzt große Wut auf die Mutter hat?*

Tim: *Ruhig ins Zimmer legen und mich beruhigen.*

FK: *Wenn die Mutter dann reinkommt und anfängt zu fummeln?*

Tim: *So am Penis lecken oder so?*[1108]

In der weiteren Begleitung verlor dieser „andere" Junge nicht an Bedeutung. Unvermittelt stellte Tim immer wieder Fragen, ob der auch am Penis des Vaters lutschen mußte[1109], ob er die Pisse auflecken mußte, ob er erst die Schularbeiten und dann Sex machen mußte[1110]. Nach und nach berichtete Tim von schlimmen Schlägen des Vaters, den er infolge der Trennung der Eltern nun nicht mehr sieht. Der Vater hatte ihm früher immer Pornofilme gezeigt[1111]. Daß Tim sexuell mißbraucht wurde, konnte durch eine ärztliche Untersuchung bestätigt werden, aber wer dies getan hat, ob die Mutter, der Vater oder wer sonst, blieb unklar. Der Junge erzählte zwar immer wieder ganz aufgeregt vom Penislutschen oder hoch und runter bewegen, knüpfte jedoch nie eine Verbindung zu eigenen Erlebnissen[1112]. Nun teilte die Fachkraft ihm ihre Sorgen mit.

Tim: *Nein, ich bin nicht mißhandelt.*

FK: *Von deiner Mama weiß ich, daß du sexuell mißbraucht wurdest.*

Tim: *Meinen Sie das mit dem Penis anfassen?*

FK: *Ja.*

Tim: *Ach so, ja, dann bin ich mißhandelt.*

FK: *Du hast mir ja eben was vom Penislutschen gesagt. Das kennen Kinder in deinem Alter noch nicht, es sei denn, man hat es ihnen gezeigt.*

Tim: *Ich sage ihnen jetzt etwas, das dürfen Sie aber nicht weiterverraten. Ich habe das in Filmen   gesehen.*

FK: *Gut, daß ich das weiß. Jetzt verstehe ich besser, was du mir erzählt hast.*[1113]

Bei konkreteren Fragen in den nächsten Stunden erfuhr die Fachkraft schließlich, daß der Vater die große Schwester mißbraucht hatte, daß Tim dabei zusehen mußte, daß

[1108] Fall 20, Protokoll der Fachkraft, S.51

[1109] Fall 20, Protokoll der Fachkraft, S.81

[1110] Fall 20, Protokoll der Fachkraft, S.91

[1111] vgl. Fall 20, Protokoll der Fachkraft, S.144

[1112] vgl. Fall 20, Protokoll der Fachkraft, S.147

[1113] Fall 20, Protokoll der Fachkraft, S.148

Pornofilme angeschaut wurden und daß Tims Schwester ihn dann am Penis anfaßte.[1114] Seine Mutter wußte davon, hatte ihn aber nicht geschützt.

Am Beispiel dieses Jungen zeigt sich, wie lange manche Kinder brauchen, bis sie – wenn überhaupt – auf den Grund ihrer Probleme zu sprechen kommen. Dies mag abhängig sein von der Lebenssituation, der Schwere des Mißbrauchs, dem Geheimhaltungsdruck, der Unterstützung durch eine Bezugsperson oder der völligen Isolation in der eigenen Familie. Die Beziehung zum mißbrauchenden Erwachsenen wird von manchen Kindern sehr ambivalent erlebt und diese Gefühlsverwirrung kann dazu führen, daß ein Kind eine einmal gemachte Aussage wieder zurückzieht, weil es Angst vor einem Gegenschlag des Täters hat oder die Reaktion der Bezugspersonen fürchtet, wenn es weiterhin Kontakt zur mißbrauchenden Person haben möchte. Wie SORENSON/ SNOW (1991) nachwiesen, kommt es bei Kindern nicht so häufig zu Sekundärverleugnungen, wie z.B. SUMMIT (1983) annahm. Bei den hier vorgestellten Fällen zogen nur zwei kleine Mädchen im Kindergartenalter ihre Offenlegung zurück, um später diese Version zu widerrufen. Hier das Beispiel von Rebecca (der andere Fall wird in der nächsten Phase der Hilfeplanung vorgestellt).

Im Verlauf des vierten Kontaktes ließ Rebecca (5 J.) sich zu ersten Mal widerstrebend auf ein Gespräch mit der Fachkraft ein. Nachdem sie erst meinte, *„ich habe kein schlechtes Geheimnis"*, erzählte sie, wie sie dem Vater in der Badewanne die Vorhaut zurückschob.[1115] Doch der Mißbrauch fand bei ihrer leiblichen Mutter statt, bei der das Mädchen alle vierzehn Tage ein Besuchswochenende verbringt. Rebecca berichtete zwei Sitzungen später, daß sie Mamas „Pipi" und den Penis des Opas (Vater der Mutter) küssen mußte. Als der Opa kniend seinen Penis in Rebeccas Scheide tat, stand die Mutter dahinter und stützte ihn. Nach dieser Schilderung ging das Kind abrupt zu erfreulicheren Themen über.[1116]
Zu Hause offenbarte Rebecca weitere Einzelheiten zu den Vorkommnissen. Als es schließlich zu einem Zivilverfahren kam, da der Mutter das Besuchsrecht entzogen werden sollte, nahm Rebecca ihre Aussagen zurück und verkündete lautstark: „Das mit der Mama, das alles stimmt nicht, die Mama hat nichts gemacht!"[1117] Als die Fachkraft irritiert weitere Fragen stellte, verbarrikadierte die Fünfjährige sich hinter mehreren Sitzkissen und machte laute Geräusche. Rebecca kehrte später wieder zur ersten Fassung ihrer Aufdeckung zurück.

Älteren Kindern mögen die verbalen Ausführungen zu den Ereignissen leichter fallen, in der Regel stellt der Mißbrauch jedoch ein schambesetztes Erlebnis dar, dessen Schilderung mit Ängsten, Schmerzen und unangenehmen Gefühlen behaftet ist. Aus diesem Grund bleibt es den Kindern oder

---

[1114] vgl. Fall 20, Protokoll der Fachkraft, S.148

[1115] Fall22, Protokoll der Fachkraft, S.25

[1116] Fall 22, Protokoll der Fachkraft, S.32

[1117] Fall 22, Protokoll der Fachkraft, S.79

Jugendlichen überlassen, wann und in welcher Deutlichkeit sie die näheren Umstände der Übergriffe benennen. Für das folgende Mädchen war jedes Gespräch über den Mißbrauch von zahlreichen körperlichen Symptomen begleitet, die sie manches Mal sogar ins Krankenhaus führten:

Unter großen Qualen berichtete Tanja (12 J.) der Fachkraft, was der Onkel ihr über all die Jahre angetan hatte:

„Sie konnte sich erinnern, daß er mehrmals versucht hat, in sie einzudringen. Sie wußte aber nicht mehr, ob es ihm gelungen ist. Sie konnte sich erinnern, daß er sie ausgezogen hat. Sie hatte ganz viele Details in Erinnerung, wußte aber die Zusamenhänge nicht mehr. Mein Eindruck ist, daß sie ganz viel verdrängt hat oder es nicht aussprechen kann. Er hat sie an der Brust und der Scheide angefaßt, am Po, hat sie ausgezogen, hat sich vor ihr selbstbefriedigt, hat ihre Hand geführt, daß sie ihn befriedigt hat, hat mir ihr Pornos angeguckt.“[1118]

Die großen Schwierigkeiten, die das Gespräch über den Mißbrauch für betroffene Mädchen mit sich bringen kann, konnte THÜRMER-ROHR (1993) auch in der autonomen Beratungsstelle Wildwasser beobachten. Im Abschlußbericht des Modellprojektes findet sich eine Erklärung für die möglichen Widerstände jugendlicher Mädchen gegen eine detaillierte Aufdeckung:

„Die Angst der Mädchen hat ihren Ursprung zum Teil darin, daß sie immer wieder – auch wenn sie den sexuellen Mißbrauch bereits aufgedeckt haben – das Redeverbot des Mißbrauchers durchbrechen müssen. Sie sind immer wieder mit seiner Drohung konfrontiert, es werde etwas Schlimmes passieren, wenn sie es jemandem erzählen. Der Drohung zu widerstehen ist eine große psychische Anstrengung. Dazu kommt die Angst, abgelehnt oder beschuldigt zu werden, keinen Glauben zu finden.“[1119]

Erst im Verlauf der weiteren Beratung wird nach den anfänglich eher vagen Hinweisen das gesamte Ausmaß des Mißbrauchs deutlich. Die bis dahin verdrängten Gefühle bedrohen das ohnehin instabile Selbstwertgefühl. Es gibt aber auch Kinder, die völlig emotionslos, als sprächen sie über eine andere Person, ihre Geschichte mitteilen, wie z.B. diese Achtjährige:

Die Fachkraft fragte Sabrina (8 J.), was denn der Papa genau gemacht habe.
„Ich glaube, den Finger in den Popo. Ich habe mit dem Gesicht zur Wand gelegen und glaube, daß der Papa seinen Penis in meinen Po getan hat. Bei meinem Bruder hat der Papa seinen Penis in den Mund und in den Popo getan.“[1120]

[1118] Fall 4, Interview mit der Fachkraft, S.4
[1119] Ch. Thürmer-Rohr 1993, S.194
[1120] Fall 23, Protokoll der Fachkraft, S.6

An diesen exemplarischen Fallbeschreibungen wird die Vorgehensweise der Kinderschutzdienste bei Gesprächen deutlich, die ein personzentriertes Vorgehen favorisieren, das Spiel oder andere Medien als Hilfsmittel einsetzen und hauptsächlich das spontane und freiwillige Erzählen der Kinder fördern. Die Gefühle der Kinder, ihre Widerstände oder Ambivalenzen sind den Fachkräften wichtiger als eine detaillierte Erfassung der Mißbrauchssituation. Den Annahmen der Bezugspersonen wird die Sichtweise des Kindes entgegengestellt; naheliegende Hypothesen werden überprüft. Auch wenn die Zeit drängt, Verfahren anstehen, die Ereignisse sich zu überschlagen drohen, wird dem Kind Geduld entgegengebracht und sein Tempo des Voranschreitens akzeptiert; notwendige Zusammenhänge werden ihm erläutert, damit es diese in die anstehende Hilfeplanung einbeziehen kann.

7.3   Vier Konstellationen der Hilfeplanung mit dem Kind

In der Realisierungsphase der Kinderschutzdienste sind drei Abschnitte pädagogischer Handlungsplanung zusammengefaßt: Die Planung zur Lösung des Problems, die Berücksichtigung der Wünsche des Kindes für eine Lösungsalternative und die Durchführung der notwendigen Schritte. Nach der Klärung und Weiterentwicklung der Bedürfnisse des Kindes und der Bewußtmachung von Interessensgegensätzen der Fallbetroffenen werden unrealistischen Erwartungen realisierbare Bewältigungsmöglichkeiten entgegengestellt. Damit entspricht die Vorgehensweise der Kinderschutzdienste sozialpädagogischer Intervention, wonach sich die Auflösung der kritischen Situation entlang der Vorentwürfe und des Abwägens zwischen Realität und Realisierbarkeit vollzieht[1121]. Das Nachempfinden des geäußerten Willens des Kindes im Hinblick auf die zu erwartende Veränderung seines Lebensumfeldes birgt zugleich das Risiko nichtvorhersehbarer Fehlentscheidungen. Aus diesem Grunde müssen die Auswirkungen auf des Leben des Kindes berücksichtigt, seine wichtigsten Bezugspersonen einbezogen und im Falle rechtlicher Maßnahmen regelmäßige Absprachen mit den Trägern der öffentlichen Jugendhilfe getroffen werden.

Zuvor wird mit dem Kind geprüft, welche Hilfe es braucht und zulassen kann, zu wem und in welcher Form es weitere Kontakte wünscht, von welcher Person es sich bedroht und von welcher geschützt fühlt. Im weiteren Verlauf der Umsetzung der geplanten Lösungsmöglichkeiten wird auch die Tatperson mit den Aussagen des Kindes konfrontiert. Sie erhält Informationen über die Hilfe- und Schutzmaßnahmen. In einer schriftlichen Vereinbarung kann sie ihre Kooperation bekunden, die Taten zugeben und die Notwendigkeit rechtlicher Konsequenzen im Falle der Nichteinhaltung des Vertrages einräumen. Für eine eigene Beratung werden dem Täter oder der Täterin Hilfen außerhalb des Kinderschutzdienstes vermittelt (vgl. hierzu auch Kapitel 5.2.2).

[1121] vgl. H.Roth 1966, S.375ff

Je nach Schwere der Mißbrauchshandlungen, der Beziehung des Kindes zum Täter, seiner Begleitung durch eine Bezugsperson oder seinem Alter gestaltet sich die Arbeit mit den entsprechenden Kindern in den Kinderschutzdiensten. Um die Unterschiede für die Hilfeplanentwicklung je nach Mißbrauchs- oder Lebenssituation der Kinder zu verdeutlichen, wurde eine Kategorisierung zur Ausprägung der Mißbrauchserfahrungen gewählt, die ähnlich der üblichen Dreiteilung nach FINKELHOR (1979), BAKER/ DUNCAN (1985) RUSSEL (1986), DRAIJER (1990), BANGE (1992) etc. den Schweregrad der Übergriffe reflektiert.

In der Gruppe der 17 sehr schwer mißbrauchten Kinder wurden 12 vom Vater und/ oder der Mutter, drei vom Partner der Mutter und zwei von einem Verwandten mißbraucht. Zwei Drittel wurden also von sehr nahestehenden Personen verletzt. In 14 Fällen (82 %) gab es zwei oder drei Arten sexueller Übergriffe, was auf eine lange Dauer und hohe Intensität des Mißbrauchs schließen läßt. Der in hohem Maße anzutreffende Geheimhaltungsdruck führte dazu, daß 9 dieser Kinder große Widerstände gegen die Aufdeckungsarbeit mit den Fachkräften der Kinderschutzdienste zeigten. Sechs von ihnen machten detaillierte Angaben, zeigten aber sehr ambivalente Reaktionen in Bezug auf die Täter. Diese Umstände trugen dazu bei, daß es diesen Kindern außerordentlich schwer fiel, ihren Hilfebedarf und den genauen Modus der Unterstützung zu bestimmen, zumal nur vier von ihnen mit dem Beistand einer Bezugsperson rechnen konnten.

Die 23 schwer mißbrauchten Kinder wurden etwas weniger als zur Hälfte (n=10) vom Vater und/ oder der Mutter mißbraucht. Vier erlitten sexuelle Übergriffe vom Partner der Mutter, vier von Verwandten und fünf von Personen außerhalb der Familie. Acht Kinder (35 %) erlebten zwei oder drei Arten der Übergriffe und 15 Kinder nur eine Art des Mißbrauchs, wobei die Berührung der Genitalgegend durch den Täter mit 14 von 33 Nennungen überwog. Diese Kinder hatten auch nicht in gleichem Maße Schwierigkeiten bei der Benennung dessen, was ihnen angetan wurde, wie die sehr schwer mißbrauchten Kinder. Ihre psychischen Verletzungen waren wohl auch wegen der kürzeren Zeitspanne des Mißbrauchs nicht so tief und erlaubten ihre konzentrierte Mitwirkung bei der Erstellung eines Hilfeplanes – in 15 Fällen unterstützt durch eine solidarische Bezugsperson.

Als weniger schwer mißbraucht wurden 10 Kinder eingestuft. Keines wurde von einer engen Bezugsperson mißbraucht. Sechs wurden von Personen außerhalb der Familie sexuell belästigt, vier von einem Verwandten. Alle 10 Kinder erlebten nur eine Art des Übergriffs. Sieben wurden an den Genitalien berührt, bei zweien wurden Gegenstände in den After geschoben und bei einem Kind wurde ohne Erfolg eine vaginale Penetration versucht. Fast alle Kinder konnten die Umstände des Mißbrauchs umfassend beschreiben. Die Arbeit mit diesen Mädchen und Jungen gestaltete sich oft unkompliziert, da sie wegen der geringen Anzahl der Geschehnisse nicht in gleicher Weise geschädigt waren, wie die Kinder der beiden anderen Kategorien. Acht wurden außerdem von einer nahen Bezugsperson begleitet.

Die nachstehende Tabelle gibt die wichtigsten Daten wieder, die den gebildeten Kategorien zugrundeliegen:

Tabelle 16: Ausprägung der Mißbrauchserfahrungen:

Schwere des Mißbrauchs	sehr schwer (n=17)	schwer (n=23)	weniger schwer (n=10)	insgesamt (n=50)
Vaginaler Mißbrauch	9	6	1	16
Analer Mißbrauch	7	7	2	16
Oraler Mißbrauch	7	2	-	9
Digitaler Mißbrauch	11	14	7	32
Ohne Berührung	9	4	-	13
Insgesamt	**43**	**33**	**10**	**86**
Eine Art des Übergriffs	3	15	10	27
Zwei Arten des Übergriffs	6	6	-	8
Drei Arten des Übergriffs	8	2	-	10

Die zweite Untergliederung zur Darstellung der Intervention bezieht sich auf den Schutz des Kindes durch eine Bezugsperson – mit und ohne zivilrechtliche Maßnahmen – und den innerfamilialen Mißbrauch des Kindes ohne die Unterstützung einer Bezugsperson. Die Unterteilung der 50 Fälle in sehr schweren, schweren und weniger schweren Mißbrauch findet sich in der Kategorisierung dieser drei Konstellationen der Hilfeplanung wieder.
So befanden sich unter den 17 Herausnahmen aus der Familie 12 sehr schwer mißbrauchte Kinder, also 70,6 %. Von 12 Kindern, deren Schutz nur mit zivilrechtlichen Maßnahmen sichergestellt werden konnte, obwohl sie von einer Bezugsperson unterstützt wurden, konnten 8 (66,6 %) als schwer mißbraucht bezeichnet werden. Die 16 Kinder, bei denen allein mithilfe einer Bezugsperson der Mißbrauch beendet werden konnte, waren 8 Mädchen und Jungen schwer und 7 weniger schwer mißbraucht worden.
Die folgende Darstellung der vorgefundenen drei Hauptformen kinderschutzspezifischer Hilfeplanung bezieht jeweils andere Personengruppen in die Arbeit der Fachkraft mit dem Kind ein, und zwar: Die Zusammenarbeit

• mit dem Jugendamt und dem Vormundschaftsgericht (Herausnahme aus der Familie);
• mit der Bezugsperson des Kindes, dem Jugendamt und dem Familiengericht;
• mit der Bezugsperson des Kindes.

Gegenüber diesen drei Konstellationen muß eine vierte Form der Hilfeplanung bezogen auf die untersuchten 50 Fälle abgegrenzt werden. Wegen des geringen Vorkommens und der Tragik der Beispiele wird der Verbleib des Kindes in der Familie bei innerfamilialem Mißbrauch hoffentlich nur ein Teilaspekt der Arbeit der Kinderschutzdienste bleiben. Vier Mädchen entschieden sich, nach der Aufdeckung der sexuellen Übergriffe durch den Vater weiterhin bei den Eltern zu wohnen. Die vorgestellte Untergliederung wurde für die Darstellung des Interventionshandeln der Kinderschutzdienste ausgewählt, wobei es weniger um alle möglichen Varianten der Hilfe mit und ohne Unterstützung von Bezugspersonen, mit und ohne zivilrechtliche Maßnahmen gehen soll, als vielmehr um die Berücksichtigung der Entscheidungen des Kindes in der Planung und Durchführung von Hilfen.

7.3.1 Die Herausnahme aus der Familie

In 17 von 50 Fällen sind die sexuell mißbrauchten Kinder gemäß §§ 42[1122] und 43 SGB VIII/ SGB VIII (Inobhutnahme mit dem Einverständnis der sorge-berechtigten Eltern[1123] oder Herausnahme ohne Zustimmung der Personen-sorgeberechtigten[1124]) aus der Familie gegangen. Diese Kinder waren in 12 Fällen sehr schwer, 4 mal schwer und in einem Fall weniger schwer miß-braucht. In 34 % der hier untersuchten Fälle wurden die Kinder in Heimen, seltener in Pflegefamilien oder bei Verwandten untergebracht; eine Zahl, die höher liegt, als dies für Untersuchungen aus den USA zutrifft, bei denen nach WEBER/ ROHLEDER (1995) „15-20 % der bekannt gewordenen Opfer sexueller Gewalt fremdplaziert wurden"[1125]. Die §§ 42, 43 SGB VIII sichern dem Jugendamt die Möglichkeit, wie RÜTH (1995) ausführt, „kurzfristig die Rolle der Sorgeberechtigten zu übernehmen, ohne daß gerichtliche Maß-nahmen von vornherein notwendig werden"[1126]. Langfristige Eingriffe in das Elternrecht sind letztendlich jedoch nur durch die §§ 1666 (Gefährdung des Kindeswohls) und 1666a (Trennung des Kindes von der elterlichen Familie; Entziehung der Personensorge insgesamt) BGB[1127] möglich[1128]. Ein Sorge-rechtsentzug kommt bei Vernachlässigung des Kindes oder mißbräuchlicher Ausübung der elterlichen Sorge, „z.B. bei Mißhandlung oder sexuellem Mißbrauch"[1129] in Frage, ist aber nicht immer erforderlich. Dies bestätigt die Vormundschaftsrichterin GERSDORF-WESSSING (1993): „Öffentliche Jugend-hilfe und Vormundschaftsgerichte

---

[1122] „Nach §42 SGB VIII muß das Jugendamt Angebote der *Inobhutnahme* bereithalten, um bei Gefahr im Verzug Kinder und Jugendliche schützen zu können. Die Mädchen und Jungen können in einer Schutzstelle, in einer sonstigen betreuten Wohnform oder bei einer geeigneten Person untergebracht werden." M.Weber/ Ch.Rohleder 1995, S.89

[1123] Auszug aus dem § 42: „...; der mutmaßliche Wille des Personsorgeberechtigten oder des Erziehungsberechtigten ist dabei angemessen zu berücksichtigen ...

[1124] U.Rüth 1995, S.168

[1125] M.Weber/ Ch.Rohleder 1995, S.92

[1126] U.Rüth 1995, S.169

[1127] vgl. hierzu Kapitel 5.1.1

[1128] vgl. U.Rüth 1995, S.168

[1129] U.Rüth 1995, S.170, vgl. hierzu auch M.Busch 1993, S.131

sind berufen, zum Wohl des Kindes tätig zu werden, wenn erheblicher Verdacht von sexuellem Mißbrauch in der Familie entstanden ist."[1130]

In 10 der 17 in diesem Abschnitt dargestellten Fälle wurde im Einvernehmen mit den Kindern eine Entscheidung des Vormundschaftsgerichts erwirkt, das beiden Eltern das Sorgerecht entzog, da die von MARQUARDT (1993) beschriebenen Umstände gegeben waren:

> „Maßnahmen gegen beide Eltern sind notwendig, wenn die Mutter weiterhin mit dem Partner zusammenleben will, wenn sie ihrem Kind nicht glauben kann oder will oder wenn sie den Mißbrauch verharmlost. Gelegentlich kommt es aber auch vor, daß die Mutter ihr Kind mißbraucht hat, am Mißbrauch beteiligt war oder ihn auf die eine oder andere Weise fördert oder unterstützt."[1131]

In drei Fällen wurde der alleinsorgeberechtigten Mutter nach § 1680 BGB das Sorgerecht entzogen[1132]. Bei 11 Fremdunterbringungen hatten pädagogische Fachkräfte (Erzieher/innen bzw. Lehrer/innen, n=7) oder Personen aus Institutionen (Jugendamt, Kinderheim, Internat, n=3) mit dem Kinderschutzdienst Kontakt aufgenommen. Die Hintergründe dieser 11 Kinder sahen so aus, daß 9 vom Vater und/ oder der Mutter sowie zwei Kinder vom Partner der Mutter[1133] mißbraucht worden waren und alle mit den mißbrauchenden Personen zusammenwohnten. Die nichtmißbrauchende erwachsene Person, in der Regel die Mutter, war entweder in den Mißbrauch involviert oder nicht in der Lage, ihr Kind zu schützen.

Tabelle 17: Kontaktherstellung durch pädagogische oder institutionelle Vertrauenspersonen (n=11)

Anzahl	Wohnsituation	Täter	Herausnahme
7	bei den Eltern	Väter	§§ 1666, 1666a BGB
1	bei den Eltern	beide Eltern	§§ 1666, 1666a BGB
2	bei Mutter und ihrem Partner	Partner der Mutter	§ 1680 BGB
1	bei den Eltern	Mutter	§§ 1666, 1666a BGB

In den verbliebenen 6 Fällen hatten eine Mutter (n=2), beide Eltern (n=2) oder Verwandte (n=2) den Kinderschutzdienst kontaktiert, ohne jedoch die Lebenssituation des betroffenen Kindes langanhaltend stabilisieren zu können, so daß auch hier das Kind – hauptsächlich mit dem Einverständnis der Eltern (n=5) – in ein Kinderheim oder eine Pflegefamilie gegeben werden mußte. Von diesen 6 Kindern wurden 3 von Tätern außerhalb der Familie

---

[1130] M.Gersdorf-Wessing 1993, S.582

[1131] C.Marquardt 1993, S.46

[1132] § 1680 BGB gilt, „wenn nach Scheidungen oder bei Getrenntleben der Eltern die elterliche Sorge dem einen Elternteil zugesprochen war, sie aber nun diesem Elternteil entzogen werden muß". U.Rühr 1995, S.170

[1133] hier trat der § 1680 des BGB in Kraft: Sorgerechtsentzug der allein sorgeberechtigten Mutter

mißbraucht und zwei vom Partner der Mutter[1134]. Ein Kind wurde von beiden Eltern mißbraucht und von einer Verwandten vorgestellt.

In der Regel wird nach der Kontaktaufnahme durch die Bezugs- oder Vertrauenspersonen der Zugang zum Kind erschlossen. Besonders bei innerfamilialem Mißbrauch erheben die Eltern Einwände gegen eine Beratung ihrer Tochter oder ihres Sohnes. Aus diesem Grund wird vorab mit dem Kind geklärt, ob es die Hilfe durch den Kinderschutzdienst wünscht, wo ein Treffen stattfinden soll, und wer davon erfahren darf. Steht das Kind unter Geheimhaltungsdruck, wird es vielleicht nicht wollen, daß seine Eltern von der Hilfeplanung wissen. Dann kann eine Beratung auch ohne Einverständnis der Eltern in der Institution stattfinden, die auf das Kind aufmerksam wurde (z.B. Kindergarten, Schule, Kinderklinik, etc.). Rechtlich ist diese Vorgehensweise durch den § 8 Abs. 3 SGB VIII abgesichert, nach dem ein Kind in einer Konflikt- oder Notlage auch ohne Kenntnis der Personensorgeberechtigten beraten werden kann, wenn diese den Beratungszweck vereiteln würden[1135].

Typisch für ein solches Vorgehen ist die Kontakterschließung des KSD zum Kind, regelmäßige Treffen in der pädagogischen Einrichtung oder im Kinderschutzdienst, die Klärung des Problems mit dem betroffenen Mädchen oder Jungen und die Entwicklung eines Hilfeplanes. Gelangt die Fachkraft durch die Äußerungen des Kindes zu dem Schluß, daß dieses seinen Schutz durch die Herausnahme aus der Familie wünscht, wird diese Entscheidung mit dem Jugendamt abgeklärt, mit dem Kind nochmals überprüft und anschließend durchgeführt. Wenn das Kind nur über eingeschränkte Mitteilungsmöglichkeiten verfügt, weil genaues Benennen zu bedrohlich wäre oder seine Fähigkeiten nicht ausreichen, nehmen die Fachkräfte sein Verhalten als Hinweis. Die Hilfeplanung mit einem behinderten Mädchen verdeutlicht dies:

Die geistig behinderte Martha (8 J.) signalisierte der Fachkraft, daß sie große Angst vor dem Nachhausegehen hat. Da das Mädchen wegen seiner Behinderung nicht deutlicher werden konnte, wurde diese Reaktion als ihr Einverständnis zur Herausnahme aus der Familie angesehen. In Kooperation mit dem Jugendamt wurde für Martha ein Kinderheim gefunden.

„Dann kam dieser große Tag, an dem die Intervention gestartet wurde, wo wir auch sicher waren, daß Martha die Hilfe annehmen kann. Die Klassenlehrerin teilte ihr mit, daß sie heute nicht nach Hause muß, daß wir zu einer Gruppe mit Kindern fahren, wo sie dann leben kann. Die hat sich gefreut, die Martha.[1136] Die war so unbeschwert und hat gesagt: 'Ich muß nicht mehr nach Hause, ich muß nicht mehr nach Hause.'[1137] Über Mittag ist dann eine Vertreterin des Jugendamtes bei den Eltern vorbeigefahren. Diese haben erfahren, daß Martha vom Jugendamt abgeholt worden war und daß am nächsten

---

[1134] hier kam es noch zu einer weiteren Herausnahme nach § 1680 BGB

[1135] vgl. Kapitel 5.1.1.

[1136] Fall 6, Interview mit der Fachkraft, S.6

[1137] Fall 6, Interview mit der Fachkraft, S.14

Tag ein gemeinsames Gespräch mit ihnen und der Tochter in der Einrichtung stattfinden sollte.[1138] *Als wir mit den Eltern dort waren, hat Martha sehr abwartend reagiert. Man hat gemerkt, daß sie schon auch Angst hatte. Aber auch später wollte sie nicht nach Hause zurück.*[1139]

Wie in den §§ 42, 43 SGB VIII angeordnet, sind die Eltern „unverzüglich" nach der Fremdunterbringung ihres Kindes durch das Jugendamt zu informieren, wobei der Ort der Unterbringung nicht genannt werden *muß*. Das Kind erhält die Erlaubnis, eine Person seines Vertrauens zu benachrichtigen, und die Eltern dürfen unter Aufsicht ihr Kind besuchen. Bei Martha geschah die Zusammenführung mit der Mutter und dem Vater, um ihre Reaktion zu testen. Ihr Bruder war ebenfalls in Obhut genommen worden und entschied sich, mit den Eltern nach Hause zurückzukehren.

Dem überlegten und auf lange Sicht geplanten Verlassen aus der Familie steht der plötzliche, unerwartete Entschluß des Kindes entgegen, evtl. unmittelbar nach der Aufdeckung nicht mehr nach Hause zu wollen. Dann muß eine Eilentscheidung getroffen werden, die mit dem Jugendamt abzustimmen ist. Dies war bei einem vierjährigen Mädchen der Fall. Ihre heftige Gefühlsreaktion und ihre Weigerung, mit der Mutter zu gehen, nahm die Fachkraft zum Anlaß, das Kind die Fremdunterbringung zu organisieren.

Miriam war nach der Darstellung des sexuellen Mißbrauchs durch ihren Vater mit Hilfe der Anatomischen Puppen in Tränen aufgelöst. Sie hockte in einer Ecke des Spielzimmers und bat inständig, nicht von der Mutter abgeholt zu werden. Die Fachkraft war von der plötzlichen Wende des Geschehens völlig überrumpelt. Die Ereignisse überschlugen sich und wurden später protokolliert:

„*Hast du Angst?"*
„*Ja!"*
„*Wovor hast du Angst?"*
„*Der Papa schlägt mich."*
„*Willst du nicht nach Hause?"*
„*Ich habe Angst."*
„*Willst du woanders wohnen, schlafen?"*
„*Ja."*
„*Soll ich den Mann vom Jugendamt anrufen und wir überlegen, ob wir eine Kindergruppe finden, wo du schlafen, essen und spielen kannst?"*
„*Ja.*[1140]

Als die Mutter ihre Tochter abholen wollte, bat die Fachkraft sie in ein Nebenzimmer und konfrontierte sie mit den Widerständen Miriams gegen das Abholen. Das Jugendamt wäre bereits eingeschaltet und würde Miriam vorübergehend in Obhut nehmen. Die Mutter weinte, flehte und drohte, mußte aber ohne ihre kleine Tochter den Kinderschutzdienst verlassen.

[1138] Fall 6, Interview mit der Fachkraft, S.8
[1139] Fall 6, Interview mit der Fachkraft, S.14
[1140] Fall 15, Protokoll der Fachkraft, S.8

Nachdem Miriam gegenüber der Person vom Jugendamt, die zwischenzeitlich eingetroffen war, die Aussagen wiederholt hatte, fuhr die Fachkraft mit Miriam in ein Kinderheim. Auf der Fahrt beruhigte sich das Mädchen und schilderte weitere Details, durch die das Ausmaß des Mißbrauchs deutlicher wurde.

Bei der sofortigen Inobhutnahme des Kindes muß „Gefahr im Verzug" bestehen, um die Anweisungen später beim Vormundschaftsgericht zu begründen. Diese Umstände sind nach LAKIES (1992) insbesondere bei sexuellem Mißbrauch gegeben und eine Eilmaßnahme deswegen begründet, wenn das Kind sich auf das Verlassen der Familie einlassen kann Dieser Richter empfiehlt außerdem, im Zweifelsfall eher den Aussagen des Kindes als den Beteuerungen der Eltern zu glauben[1141]. Die Befragung des Kindes durch eine Person des Jugendamtes ist nach § 36 SGB VIII vorgeschrieben, um die jugendhilfespezifische Planung hinsichtlich ihrer weitreichenden Konsequenzen gründlich zu evaluieren, wie auch LAKIES (1992) empfiehlt:

> „Wegen des Herausreißens aus einem bestehenden Sozialisationsfeld und den damit möglicherweise zusammenhängenden Folgen für das Kindeswohl hat das Jugendamt die Voraussetzungen für ein sofortiges Einschreiten besonders sorgfältig zu prüfen."[1142]

Dann ist allein der Wunsch des Kindes, nicht mehr zurück nach Hause zu wollen, ausreichend, ihm Schutz und Unterbringung zu gewähren. Der Fall eines fünfjährigen Mädchens steht für diese Bestimmung:

Gemeinsam mit der Fachkraft fuhr Stefanie (5 J.) ihre Stiefschwester in einem Kinderheim besuchen. Beide Mädchen wurden vom Partner der Mutter mißbraucht, für Stefanie war es der Stiefvater, für ihre Schwester der leibliche Vater. Da Stefanie nicht mehr bei der Mutter wohnte, bestand keinerlei Veranlassung, an einer Beendigung des Mißbrauchs zu zweifeln. Doch die Ereignisse nahmen einen höchst ungewöhnlichen Verlauf, wie die Fachkraft beschreibt:
„Wir sind kaum eine halbe Stunde im Kinderheim, da fragt Stefanie, ob sie auch hierbleiben kann. Nachdem ich mit ihr und ihrer Schwester über den Mißbrauch gesprochen habe, beginnt Stefanie zu weinen. Nach mehrmaligem Nachfragen sagt Stefanie, daß ihre Oma, bei der sie wohnt, sie nicht beschützt. Sie möchte bei ihrer Schwester bleiben. Ich telefoniere mit dem Jugendamt und frage, ob der Mitarbeiter einer Inobhutnahme zustimmt. Danach telefoniert Stefanie mit ihrem Bruder. Sie sagt, er solle auch kommen, denn 'hier ist es wunder- wunderschön'. Als ich die Einrichtung verlasse, springt Stefanie sehr selbstverständlich herum und winkt mir zum Abschied."[1143]
Wegen dieses spontanen Entschlusses wurde die Fachkraft später angegriffen. „Jeder war hochentsetzt, wie konnte ich nur so was tun, das Kind im Kinderheim zu lassen, ungefähr

---

[1141] Th.Lakies 1992, S.53
[1142] Th.Lakies 1992, s.54
[1143] Fall 14, Protokoll der Fachkraft, S.53

wie eine Entführung."[1144] Das Jugendamt schaltete sich ein und überprüfte, ob sich das Mädchen in dem Heim wohlfühle und keine falsche Entscheidung getroffen worden war. Es zeigte sich, daß Stefanie dort sehr aufgeblüht war. *„Sie hat den verbissenen Blick und die zusammengezogenen Mundwinkel verloren,"* stellte die Mitarbeiterin vom Jugendamt fest.“[1145]

Muß die Fachkraft den geäußerten Wunsch des Kindes später verantworten, kann sie öffentlicher Kritik ausgesetzt sein, die jedoch durch den Rückhalt im Jugendamt und im Referat für Kinder- und Jugendschutz des Ministeriums aufgefangen werden kann. Auf einer Fachtagung der Gesellschaft gegen Kindesmißhandlung und -vernachlässigung sagten zwei Vertreterinnen des Jugendamtes, es sei für sie entscheidend, daß ihre Entscheidungen und Vorgehensweisen in Rücksprache mit den Verantwortlichen ihrer Institution erfolgen und von diesen mitgetragen werden: „Nur wenn wir selbst geschützt sind, können wir selber schützen.“[1146] BUSCH (1993) betont zudem, für die Fremdplazierung sei „es unerheblich, mit welcher Begründung das Kind oder der Jugendliche um Obhut, also Unterbringung bittet oder ob diese Begründung überzeugend ist. Denn für § 42 Satz 1 SGB VIII genügt ein für das Kind oder den Jugendlichen bestehendes Schutzbedürfnis“.[1147] Demnach rechtfertigt der geäußerte Wille des Kindes, der im Nachhinein zu überprüfen ist, die getroffene Entscheidung. Mit WEBER/ ROHLEDER (1993) kann davon ausgegangen werden, daß Kinder sich der Tragweite ihres Entschlusses auch in sehr jungem Alter bewußt sind:

> „Bei jeder Unterbringung außerhalb der eigenen Familie ist zu bedenken, daß Kinder und Jugendliche sich niemals leichtfertig gegen ihre Eltern entscheiden. Treffen sie diese schwerwiegende Entscheidung, so sollten sie den Lebensort, der ihnen sicher und angemessen erscheint, selber wählen können.“[1148]

Das Gespräch mit dem Kind vor der Durchführung einschneidender Maßnahmen ist die in der Dokumentation (1997) mehrfach betonte Aufgabe der Kinderschutzdienste. Der kindzentrierte Ansatz sieht vor, daß „alle Hilfen und Entscheidungen in diesem Prozeß von der Fachkraft gemeinsam mit dem Kind oder Jugendlichen besprochen und entwickelt werden müssen“[1149]. Wurde das Jugendamt eingeschaltet, kam es gerade in den Anfängen des Kooperationsbündnisses vor, daß einer Fachkraft dieser Auftrag abgenommen wurde, wie im Falle von Lisa:

Die Leiterin eines Kindergartens rief im Kinderschutzdienst an und bat um Hilfe für ein sechsjähriges Mädchen, daß der Erzieherin aufgefallen war. Das Kind hatte ihr seine

---

[1144] Fall 14, Interview mit der Fachkraft, S.18
[1145] Fall 14, Bericht des Jugendamtes im Protokoll der Fachkraft, S.75
[1146] S.Goldhammer-Loges/ G.Oldenburg 1997, S.51
[1147] M.Busch 1993, S.131
[1148] M.Weber/ Ch. Rohleder 1995, S.92
[1149] Dokumentation der KSD 1997, S.36

Verletzungen im Genitalbereich, die stark gerötete Scheide und die bläulich verfärbten Oberschenkel gezeigt. Lisa hatte schon öfter über Schmerzen geklagt, daß sie nicht richtig sitzen könne, daß der Papa ihr weh tue und sie nachts nicht in Ruhe ließe.

Am Telefon kamen die Kindergartenleiterin und die Fachkraft des KSD überein, daß das Jugendamt informiert werden müsse. Mit der Mitarbeiterin des Jugendamtes, der Leiterin des Kindergartens und der Fachkraft des KSD fand kurzfristig eine Helferkonferenz statt, um die nächsten Handlungsschritte zu besprechen. Im Jugendamt erfuhr die KSD-Fachkraft, daß Lisas Familie dort bereits bekannt war. Nun riet die Fachkraft des Jugendamtes zu sofortigem Handeln. Lisa sollte vom Arzt untersucht werden, um mit diesem konkreten Beweis beim Vormundschaftsgericht eine Herausnahme aus der Familie zu erwirken.

In einer von der Fachkraft des KSD so bezeichneten *„Nacht- und Nebelaktion"* wurde das Kind nach der kinderärztlichen Untersuchung in ein Kinderheim überwiesen. Die Eltern wurden vom Jugendamt vorgeladen. Als die Mutter Partei für ihren Mann ergriff und beide die Tochter als Lügnerin mit schillernder Phantasie abtaten, blieb es bei der Heimunterbringung.

Die Fachkraft, die zu Lisa keinen Kontakt hatte, sie auch später nicht im Kinderheim besuchte, beurteilt die Entscheidung als richtig: *„Im Prinzip ist das Kind nicht gefragt worden. Es war eine eindeutige Abwägung von außen: Wie weit dient es dem Wohle des Kindes, wenn es in der Familie bleibt oder wenn es rauskommt."*[1150]

Wie die Fachkraft moniert, bestand kein Kontakt des KSD zum Kind, bei dem sein Wille ermittelt oder ihm Gelegenheit zur Stellungnahme gegeben wurde. Hier wurde ganz offensichtlich gegen die Handlungsprinzipien der Kinderschutzdienste gehandelt[1151], die vom § 8 Abs. 1 SGB VIII abgeleitet sind. Den hierin festgelegten Grundsatz der persönlichen Anhörung und des Beschwerderechtes des Kindes unabhängig von seinem Alter kommentiert BUSCH (1993): „Der Wille des jungen Menschen als Träger von Grundrechten ist zu beachten, und deshalb ist er bei allen ihn betreffenden Entscheidungsprozessen persönlich einzubeziehen."[1152] Zu beachten ist außerdem nach LAKIES (1992) „die sozialpädagogische Leitnorm, wonach das Jugendamt für das Wohl des Minderjährigen zu sorgen, diesen zu beraten und die Möglichkeiten der Hilfe und Unterstützung aufzuzeigen hat (§42 I Satz 4 SGB VIII). Auch ist dem zugeführten Minderjährigen unverzüglich Gelegenheit zu geben, eine Person seines Vertrauens zu benachrichtigen".[1153] Dennoch mag es Situationen geben, die eine von seinen Interessen und Vorstellungen abweichende Entscheidung für das Kind notwendig machen und die Verantwortung für das Handeln von der Fachkraft übernommen wird. Aber auch dann wird das Kind über die notwendigen Schritte informiert.

[1150] Fall 3, Interview mit der Fachkraft, S.2
[1151] vgl. Kapitel 5.1.4
[1152] M.Busch 1993, S.130
[1153] Th.Lakies 1992, S.52

Um dem Kind die Möglichkeit zu geben, in einer geschützten Umgebung in aller Ruhe über seinen Bedarf nach Hilfe nachzudenken und um zugleich den mißbrauchenden Erwachsenen den Zugang zu verwehren, wird häufig die vorübergehende Unterbringung des Kindes in einer spezialisierten Klinik herbeigeführt. In einer sicheren Umgebung wäre es gewiß auch Tim leichter gefallen, sein Schutzbedürfnis gegen die Bindung an die Mutter abzuwägen. Die ambivalenten Gefühle erschweren dem Kind, eine richtige Wahl zu treffen, vorübergehend außerhalb der Familie zu leben (Kur, Klinik, Tante) gibt dem Kind Zeit, seine Gefühle zu verstehen und einzuordnen[1154]. So wohnte Anika etwa wohnte während der Hilfeplanentwicklung bei ihrer Tante.

Seitdem Anika (4 J.) mit den anatomisch korrekten Puppen auf den sexuellen Mißbrauch durch den Vater und die Mutter hingewiesen hatte, lebte sie bei ihrer Tante, die wegen der Suchtprobleme von Anikas Eltern häufig für ihre Nichte sorgte. Da die Eltern nun ungeduldig wurden und ihre Tochter sehen wollten, fand ein Gespräch mit Anika statt. Die Tante hatte ihr mitgeteilt, daß sie nicht wolle, daß Anika zu ihren Eltern zurückginge, da diese ihr wieder weh tun würden. Die Fachkraft sprach mit dem Mädchen:
„Der Papa hat mir nicht weh getan."
„Du hast erzählt, daß der Papa dir mit dem Penis an der Scheide weh getan hat."
„Nein, geh weg."
„Warum soll ich weggehen? Ich will dir doch helfen."
Anika fängt an zu weinen. „Ich geh weit weg und komm überhaupt nicht mehr. Ich seid alle böse und lügt. Der Papa hat mir nicht wehgetan."[1155]
Später beim Malen fragte die Fachkraft, ob der Papa sie besuchen kommen kann, und ob sie dann beschützt werden muß. Anika nickte.
„Dann stimmt das doch, daß der Papa dir weh getan hat?"
Anika nickt. „Aber nichts dem Papa sagen."[1156]
Da die Eltern ihre Tochter wieder zu sich nach Hause holen wollten, kam es zu einem vormundschaftlichen Verfahren, in dem Anikas Interessen ermittelt werden sollten. Das Mädchen wollte weder den Vater besuchen, noch von ihm besucht werden. Als Anika erfuhr, daß der Vater alles abgestritten hatte, meinte sie kurz entschlossen, sie werde dem Papa selber sagen, daß er lügt[1157].

Die Anhörung dieses Mädchens durch den Vormundschaftsrichter konnte nur deshalb zum Schutz vor weiterem sexuellen Mißbrauch durch Herausnahme aus der Familie führen, da Anika mit der Maßnahme einverstanden war. Würde das Einverständnis des Kindes vorher nicht ermittelt, könnte dieses ein Vorgehen gegen seinen Willen boykottieren, indem es die Aussage verweigert. Der Zugang zu ihm ist dann womöglich auf immer verschlossen,

---

[1154] „Der § 42 SGB VIII kann für die Krisenintervention in der Kinderschutzarbeit hilfreich sein. Er verhilft zu einer Atempause, die der Kinderschutzdienst zur Entwicklung des Hilfeplanes nutzen kann." Dokumentation der Kinderschutzdienste, Mainz 1997, S.69
[1155] Fall 2, Protokol 1 der Fachkraft, S.27
[1156] Fall 2, Protokoll der Fachkraft, S.28
[1157] Fall 2, Protokoll der Fachkraft, S.53

da sein Vertrauen erschüttert, der Täter informiert und ein vormundschaftliches Verfahren gescheitert ist. Die Anhörung des Kindes ist in den Fällen notwendig, in denen der Täter leugnet, die Beweise nicht stichhaltig genug sind oder das Wohl des Kindes durch eine Herausnahme gefährdet erscheint. Bei sehr kleinen Kindern ist es äußerst schwierig, den Umfang und das Ausmaß des Mißbrauchs zu erfassen sowie ihre Interessen abzuklären. Aus diesem Grunde muß die Anhörung besonders behutsam erfolgen, wie GERSDORF-WESSING (1993) vorschlägt:

> „Gerade bei dieser Ausgangsposition ist es wichtig, daß der/ die Richter/in sich viel Zeit bei der Anhörung des Kindes nimmt. Es muß spüren, daß ihm geglaubt wird! Es muß spüren, daß ihm geholfen und nicht der Vater bestraft werden soll. Wenn das Kind schon im Heim oder bei einer Pflegeperson ist, sollte es unbedingt dort gehört werden. Die Atmosphäre ist vertraut für das Kind, es öffnet sich eher. Dem Kind muß Mut dazu gemacht werden. Die Sprache der Richterin/ des Richters sollte einfach und kindgemäß sein. Es darf nicht um den heißen Brei herumgeredet werden! Häufig öffnen sich die Kinder dann – unter Schmerzen und Tränen."[1158]

Die Belastungen eines Vormundschaftverfahrens können dem Kind erspart werden, wenn das Einverständnis der Eltern für die Fremdplazierung des Kindes erwirkt werden kann. Aus diesem Grunde sind die Kinderschutzdienste bemüht, das Gespräch mit den Eltern zu suchen, eventuell den Schutz durch den nichtmißbrauchenden Elternteil zu erreichen und den Täter und/ oder die Täterin zu einem schriftlichen Geständnis zu bewegen.[1159]

Die hier vorgestellten Fälle behandeln in der Mehrzahl die Hilfeplanentwicklung mit dem Kind, während sich dieses noch ungeschützt in der Familie befand, in der es mißbraucht wurde. Die betreffenden Mädchen oder Jungen erhielten kaum Unterstützung von einer Bezugsperson und ihr Schutz konnte ohne eine Veränderung ihrer Wohnsituation nicht garantiert werden. Bei diesen Umständen folgte nach der Aufdeckung und der Aussage des Kindes, von seinen Eltern fort zu wollen, häufig die unmittelbare Durchführung der geplanten Hilfen. Das Einverständnis des Kindes zum Verlassen der Familie erwies sich als Vorbedingung zur Absicherung der Entscheidung. Eine Anordnung ohne Abstimmung mit dem Kind würde seine weitere Sicherheit gefährden, da bei einem Widerspruch der Eltern seine Bereitschaft zur gerichtlichen Aussage nicht vorausgesetzt werden kann.

[1158] M.Gersdorf-Wessing 1993, S.583
[1159] Einen solchen Verlauf der Hilfeplanung beschreibt der in Kapitel 7.5.2 ausführlich dargestellte Fall von Cornelia.

7.3.2 Die zivilrechtlich begleitete Hilfeplanung mit Unterstützung der Bezugspersonen

Die Bereitschaft eines Kindes zur Teilnahme an der Planung geeigneter Lösungen hängt von vielfältigen Faktoren ab. Kann es sich z.B. auf die Solidarität eines Elternteils verlassen, wird dies ihm erleichtern, das Schweigegebot zu überwinden. Eine enge Kooperation zwischen der Bezugsperson und dem Kinderschutzdienst ermöglicht die Beschäftigung auch mit anderen Interessen des Kindes, da sein Schutz nicht gleichermaßen dringlich ist, wie oben beschrieben. Der Kontakt zu den in diesem Abschnitt erfaßten Kindern, die nicht mehr dem Mißbrauch ausgesetzt waren, konnte daher auch andere Bereiche ihres Erlebens einbeziehen: Die Auseinandersetzung mit der zuvor nicht schützenden Mutter, die Bewältigung der Auswirkungen des Mißbrauchs, die Gestaltung der aktuellen Lebenssituation, das Planen der Zukunft, die Freude am Kontakt mit der Fachkraft. Auch hier wurde die Entscheidung des Kindes akzeptiert, wenn es lieber spielen und malen wollte, als immer wieder lästige Fragen über sein Schutzbedürfnis zu beantworten. Erst wenn der mißbrauchende Elternteil den Kontakt zum Kind einklagte, geriet das Kind unter Druck und wandte seine Aufmerksamkeit den unangenehmen Themen zu.

Von den 12 Fällen, bei denen die Eltern entweder schon vor der Aufdeckung des Mißbrauchs getrennt lebten (6 Mütter und 4 Väter) oder ein Elternteil nach der Offenlegung der Geschehnisse spontan durch eine Trennung das betroffene Kind schützte (2 Mütter), wurden 9 Mädchen und 5 Jungen in fünf Fällen vom leiblichen Vater und in einem Fall von der leiblichen Mutter mißbraucht. In weiteren vier Fällen setzte der nichtsorgeberechtigte Elternteil das Kind ungeschützt dem Mißbrauch durch verwandte oder bekannte Personen aus. Von den Kindern konnten 8 der Kategorie schwerer, 2 sehr schwerer und 2 weniger schwerer Mißbrauch zugeordnet werden. Die Unterstützung durch eine Bezugsperson konnte demnach bewirken, daß die sexuellen Übergriffe gestoppt wurden, bevor sie intensiviert werden konnten. Acht Mütter dieser Kategorie nahmen Kontakt zum Kinderschutzdienst auf, da sie entweder mit dem betroffenen Kind zusammenwohnten und der Mißbrauch nach der Trennung offensichtlich wurde (n=2) oder während der vierzehntägigen Besuchskontakte stattfand (n=3) oder ein spontaner Abbruch der Beziehung zum mißbrauchenden Partner erfolgte (n=2). Ein Täter war nicht mit dem Kind verwandt.

Fünfmal wurde im Laufe der Hilfeplandurchführung dem mißbrauchenden Vater vom Familiengericht[1160] nach § 1634 BGB ein Umgangs- und Kontaktverbot auferlegt und nach den §§ 1672 und 1671 BGB der Mutter das alleinige Sorgerecht übertragen. In zwei Fällen sollte der Schutz des Kindes vor dem Mißbrauch durch eine mit dem Vater verwandte oder bekannte Person ebenfalls durch das Umgangs- und Kontaktverbot erwirkt werden.

[1160] „Für die Regelung des Umgangs von Müttern oder Vätern mit ihren ehelichen Kindern ist immer das Familiengericht zuständig (§ 1634 Abs. 2 BGB).“ C.Marquardt 1993, S.37

Dem nichtverwandten Täter wurde auf Antrag der Mutter nach § 1711 BGB der Umgang und Kontakt mit dem Kind untersagt. In den drei Fällen, in denen das Kind bei seinem sorgeberechtigten Vater lebte, wobei nicht die Väter den Kontakt zum KSD herstellten, wurde einmal der mißbrauchenden Mutter und dreimal der nichtschützenden Mutter das Umgangs- und Kontaktrecht entzogen und der Vater erhielt das alleinige Sorgerecht. Die nachstehende Tabelle ordnet die 12 oben ausgeführten zivilrechtlichen Anweisungen der Wohnsituation der betroffenen Mädchen und Jungen zu:

Tabelle 18: Zivilrechtliche oder jugendhilferechtliche Maßnahmen

Kind wohnt bei der Mutter, Antrag auf Umgangs- und Kontaktverbot für den mißbrauchenden Vater	5
Kind wohnt bei der Mutter, Antrag auf Umgangs- und Kontaktverbot für den nichtschützenden Vater	2
Kind wohnt bei der Mutter, Umgangs- und Kontaktverbot für einen nichtverwandten Mißbrauchstäter.	1
Kind wohnt beim Vater, Antrag auf Umgangs- und Kontaktverbot für die mißbrauchende Mutter	1
Kind wohnt beim Vater, Antrag auf Umgangs- und Kontaktverbot für die nichtschützende Mutter	3
Insgesamt	**12**

Die Auslegung dieser Daten bezogen auf die Hilfeplanentwicklung mit den jeweiligen Kindern wird nachfolgend in zwei Hauptbereiche untergliedert und jeweils mit Falldarstellungen konkretisiert. Die zivilrechtlich begleitete Hilfeplanung mit Unterstützung einer Bezugsperson kann eingeteilt werden in:

• Schutz vor einem getrennt lebenden, mißbrauchenden Elternteil
• Schutz vor einem getrennt lebenden, nichtschützenden Elternteil

Die Kinder, die von ihrem leiblichen Vater mißbraucht und von ihrer Mutter geschützt wurden, lehnten in vier Fällen (1 Junge, 1 Mädchen und 2 Geschwisterpaare[1161]) jeglichen Kontakt zum Vater ab. Ein Mädchen wollte den Vater, der sie nur wenige Male sexuell belästigt hatte, in Anwesenheit einer dritten Person besuchen. Wenn die Kinder getrennt lebender Eltern bei der Mutter wohnen, spricht das Familiengericht im Falle der Scheidung dem Vater ein Besuchsrecht zu. Unterbindet die Mutter den Kontakt zum Vater, kann dieser gerichtlich gegen seine Ehefrau oder geschiedene Frau vorgehen und das Umgangsrecht einklagen. Dies bedeutete für die mißbrauchten Kinder, ungeschützt den Übergriffen ihres Vaters ausgesetzt zu sein. Wenn ein Kind im Laufe der Hilfeplanung also äußert, daß es den Vater nicht mehr

---

[1161] Der Fall eines Geschwisterpaares aus dieser Kategorie der Hilfeplanung wird in Kapitel 7.5.3 ausführlich dargestellt.

besuchen möchte, wie dies z.B. die achtjährige Sabrina tat, denn bleibt der Mutter nur der zivilrechtliche Weg des Umgangsrechtsentzugs, um den Mißbrauch zu beenden. Um die Mitwirkung des Vaters zu erreichen und ein familiengerichtliches Verfahren zu umgehen, kommt es im Verlauf der Hilfeplanentwicklung häufig zur Konfrontation des Täters, vor allem, wenn dieser einen rechtlichen Anspruch auf das Kind hat. Als Regeln eines solchen Tätergespräches benennen DÖRSCH/ ALIOCHIN (1997) eine Vorgehensweise, die auch von den Kinderschutzdiensten angewandt wird[1162]. Die Konfrontation wird gut geplant, mit Wissen und möglichst dem Einverständnis des betroffenen Kindes durchgeführt. Die Anwesenheit einer weiteren Person sichert die spätere Bezeugung des häufig spontanen Geständnisses des Täters infolge des Überraschungseffekts. Die parteiliche Haltung gegenüber dem Kind sollte durch die Verunsicherungsversuche des Täters nicht zu erschüttern sein. Auf jeden Fall darf der Täter grundsätzlich nur dann mit den Aussagen des Kindes konfrontiert werden, wenn das Kind bereits geschützt ist. Dies traf für Sabrina zu.

Da der Vater jederzeit Kontaktwünsche bezüglich seiner Tochter äußern könnte, überlegte die Fachkraft mit Sabrina, ob sie den Vater in den KSD einladen und was sie ihm sagen darf.

Sabrina: *„Das hast du doch aufgeschrieben."*

FK: *„Ja, aber da steht, daß du 'glaubst', daß der Papa seinen Penis in deinen Popo gemacht hat. Vielleicht sagt dann der Papa, ich und deine Mama lügen."*

Sabrina: *„Nein, es stimmt, Der Papa hat seinen Penis in den Popo gemacht, und er hat mir mit seinem Finger an der Scheide gefummelt."*

             Ich verabschiede Sabrina und sage ihr, daß ich sie benachrichtigen werde, sobald das Gespräch mit ihrem Papa war.[1163]

Doch der Vater, Herr H., kam der Fachkraft zuvor. Er rief im Kinderschutzdienst an, da er den „Blödsinn", den seine Frau über ihn verbreite, richtigstellen wolle. Ein Vertreter des Jugendamtes war bei dem Konfrontationsgespräch im KSD zugegen.

Die Fachkraft betonte zu Beginn der Besprechung, ihr ginge es um eine konstruktive Lösung zum Wohle des Kindes und nicht um eine gerichtsverwertbare Beweisführung. Herr H. wies alle Vorwürfe des sexuellen Mißbrauchs als Machwerk seiner Frau von sich. Er sei ein besorgter, sorgender und liebender Vater, seine Frau sei eine kaltherzige, egoistische Person. Die Fachkraft las Sabrinas Beschuldigung gegen ihren Vater vor und bat diesen, eine Antwort für seine Tochter zu finden, woraufhin er in Tränen ausbrach. Im weiteren Verlauf des Gespräches gab er nichts zu, leugnete aber auch nicht mehr.[1164]

Am nächsten Tag teilte die Fachkraft Sabrina mit, daß der Papa geweint habe, aber nicht sagen konnte, was er gemacht hat. Dann lud sie Herrn H. zu einem weiteren Kontakt ein, um ihn einen Vertrag unterzeichnen zu lassen. Darin sollten die Aussagen Sabrinas aufgelistet sein, die er mit seiner Unterschrift anerkennen sollte. Im Falle wiederholter

---

[1162] vgl. M.Dörsch/ K.Aliochin 1997, S.69ff

[1163] Fall 23, Protokoll der Fachkraf, S.37

[1164] Fall 23, aus dem Protokoll der Fachkraft zum Konfrontationsgespräch mit Herrn H., S.40/41

354

Leugnung könnte mit diesem Schriftstück der Kontakt zu seiner Tochter unterbunden werden. Herr H. schaltete jedoch einen Anwalt ein.

Sabrina wurde etwa ein ¾ Jahr von der Fachkraft begleitet. Der meiste Druck fiel von dem Mädchen ab, als sie die sexuellen Übergriffe durch ihren Vater benannt hatte. Da sie bei der Mutter wohnte und der Vater erst recht spät rechtliche Maßnahmen gegen das Kontaktverbot der getrennt lebenden Ehefrau einleitete, drehten sich die Treffen im Kinderschutzdienst nicht hauptsächlich um den Mißbrauch. Dies ist für die Kinder, die von einem Elternteil geschützt werden, ein üblicher Verlauf der Hilfeplanung. Nicht allen Kindern dieser Unterkategorie fiel es hingegen so leicht, den Mißbrauch aufzudecken und bei der Hilfeplanung mitzuwirken.
Lebt das Kind bei seinem Vater und wird es von der getrennt lebenden Mutter mißbraucht, mag es sich wegen der üblicherweise innigen Bindung an die Mutter in größere Loyalitätskonflikte gestürzt fühlen, wenn es zu seinem Schutz die Bindung unterbrechen muß. Die bis dahin vermutlich intensive Beziehung wird es einem Kind schwieriger machen, sich zu distanzieren, als wenn es von einem Vater mißbraucht wird, der sich kaum um die Erziehung kümmerte. Der Schmerz über den Verlust kann auch dann kaum erträglich sein, wenn die trotz allem geliebte Mutter ihre Tochter schwer verletzte, wie dies Rebecca erleben mußte.

Nachdem Rebecca (5 J.) aufgedeckt hatte, daß die Mutter und deren Vater sie sexuell mißbrauchten, geriet das kleine Mädchen unter großen Druck. Zuhause war sie sehr nervös und aggressiv und weinte in der Nacht. Nun mußte die Frage geklärt werden, ob Rebecca an den vierzehntägigen Wochenenden ihre Mutter weiterhin besuchen konnte, bzw. wollte. Rebeccas Vater war sehr erschüttert wegen des vom Arzt bestätigten Mißbrauchs, den seine geschiedene Frau an seiner Tochter begangen hatte und wollte den Besuchskontakt unterbinden. Die Fachkraft schlug dagegen vor, Rebeccas Wünsche einzubeziehen und sie zu fragen, ob ihre Mutter zu einem Gespräch in den Kinderschutzdienst eingeladen werden solle, um über einen betreuten Kontakt zu verhandeln.
Rebecca war heftig dagegen, daß ihre Mutter von den Aussagen zum Mißbrauch erfahren sollte. In ihrem Protokoll hielt die Fachkraft fest: „In diesem Fall müssen wir es tun, auch wenn Rebecca noch nicht 'ja' dazu sagen kann."[1165] Im Gespräch mit der Mutter, das kurze Zeit später im KSD stattfand, vertrat die Fachkraft Rebeccas Wunsch, die Mutter sehen zu wollen. Ein Kontakt könne aber nur in Gegenwart einer schützenden Person stattfinden.
Als die Mutter mit anwaltlicher Unterstützung darauf bestand, die bisherige Besuchsregelung beizubehalten, sprach die Fachkraft mit Rebecca. Hier ein Auszug aus dem Protokoll:
Ich teile dem Kind mit, daß die Mutter nicht will, daß jemand bei den Besuchskontakten dabei sein soll. Rebeccas Reaktion: Sie verkriecht sich unter einer Decke und führt 'geschützt' das Gespräch weiter.
„Was meinst du jetzt dazu?"

[1165] Fall 22, Protokoll der Fachkraf, S.33

„Mist!"

„Was meinst du denn dazu, wenn wir es wie bisher machen, und du würdest allein zu deiner Mutter gehen?"

„Dann würde die Mama weitermachen."

Ich bin erschüttert über diese klare Einsicht des Kindes.[1166]

Während des einsetzenden zivilrechtlichen Verfahrens war das Kind hin- und hergerissen zwischen dem Wunsch, die Mutter zu sehen oder sie ins Gefängnis bringen zu lassen. Gerichtlich wurde dem Antrag der Mutter nicht stattgegeben, die Tochter wie bisher zu sehen, sondern der betreute Kontakt verfügt. Rebecca wollte inzwischen die Mutter aber gar nicht mehr sehen und bat ihren Vater, zur Polizei zu gehen, der daraufhin Anzeige gegen Rebeccas Mutter erstattete. Während der richterlichen Vernehmung sprach Rebecca ruhig und gefaßt von den sexuellen Übergriffen und deckte bei der nachfolgenden Glaubwürdigkeitsbegutachtung neue Einzelheiten auf.[1167]

Die Fachkraft schätzte die Angst des Mädchens vor den Drohungen der Mutter größer ein als seine Fähigkeit, einer Maßnahme zu seinem Schutz zuzustimmen. Da die Erwachsenen die Verantwortung nicht dem verunsicherten Kind überlassen wollten, rechneten sie womöglich damit, daß der ärztliche Befund ausreichen würde, um die mißbrauchende Mutter zu belasten und Rebecca zu entlasten. Die Hoffnung des Mädchens, die Mutter möge zu ihren Taten stehen, den Mißbrauch beenden und ihre Tochter sehen wollen, kann auf das Verdrängen während des Mißbrauchs zurückgeführt werden. Diese übliche Reaktion mißbrauchter Kinder zeugt weniger von wirklicher Liebe als vielmehr von ängstlicher Abhängigkeit, wie NIENSTEDT/ WESTERMANN (1989) herausstellten:

> „Diese Verarbeitungs- und Reaktionsformen des Kindes, die Verdrängung und Verleugnung, die Identifikation mit dem Angreifer, die Idealisierung der Eltern und Überanpasssung an die Erwartungen der Eltern, führen zu der oft betonten ´engen Bindung´ mißhandelter Kinder an ihre Eltern. Sie verführen allzu leicht zu der irrigen Meinung, daß Kinder trotz aller schrecklichen Erfahrungen ja doch auch von den Eltern geliebt würden und selbst die Eltern liebten. Insofern bestünde eine erhaltenswerte Beziehung zu ihnen. Hier wird in unzulässiger und falscher Weise aus dem Bindungs- und Anpassungsverhalten der Kinder, das nur mittels des weitreichenden Einsatzes von Angstabwehrmechanismen möglich ist, auf die Qualität der Beziehung geschlossen, die sich bei näherer Betrachtung als reine Angstbindung (Ferenci, Freud) erweisen würde."[1168]

Erst als der Einfluß der Mutter unterbunden wurde, fühlte Rebecca sich frei genug, eine Entscheidung zu treffen, die ihren Interessen verläßlich entsprach. Die Konsequenzen dieses Entschlusses hielt sie standhaft durch, wie die Fachkraft bewundernd feststellte.

[1166] Fall 22, Protokoll der Fachkraft, S.49

[1167] Fall 22, Protokoll der Fachkraft, S.68

[1168] M.Nienstedt/ A.Westermann1989, S.223

Die Beratung dieses Mädchens erstreckte sich über 1 ½ Jahre, mit vielen Einzelkontakten, zahllosen Telefonate mit den Bezugspersonen des Kindes und einem regen Schriftwechsel mit kooperierenden Institutionen (JA, Kinderarzt, Vormundschaftsgericht, Glaubwürdigkeitbegutachtung, Kindergarten, Ministerium, Supervision). Demgegenüber nahmen die direkten Kontakte mit dem Mädchen nur einen Teil der umfangreichen Fallarbeit der Fachkraft ein. Die Inhalte der Gespräche mit den Bezugspersonen und Institutionen wurden dem Kind erklärt und „übersetzt", seine Reaktion hierauf ermittelt und seine darauf artikulierten Interessen weitergetragen und erneut abgeklärt. Dieses Vorgehen in zivilrechtlichen Kinderschutzverfahren dient nach SALGO (1996) dazu, eine Anwaltfunktion für das Kind zu übernehmen, es zu beraten und zu unterstützen sowie zwischen Kindeswille und Eltern, Behörden und Gerichten zu vermitteln[1169].

Anders stellt sich die Hilfeplanung für Kinder dar, wenn sie nicht von einem leiblichen Elternteil mißbraucht wurden, ein zivilrechtliches Verfahren aber dennoch zur Sicherung des Schutzes angestrengt werden muß. Dies geschieht, z. B. wenn das Kind an den vierzehntägigen Besuchswochenenden vom getrennt lebenden Vater oder der Mutter nicht geschützt wird. Die vom Vater oder der Mutter schwer mißbrauchten Kinder haben äußerst selten das Bedürfnis, die Beziehung zum mißbrauchenden Elternteil aufrechtzuerhalten, wenn sie durch eine sorgeberechtigte Bezugsperson geschützt werden.[1170] Wenn dagegen eine nichtschützende erwachsene Bezugsperson ihre Verantwortung anerkennt und in Zukunft besser für das Kind zu sorgen gedenkt, wünscht das Kind mit großer Wahrscheinlichkeit, die Beziehung fortzusetzen.

Einen weiteren Kontakt zu seinem Vater, der ihn bisher ungeschützt den sexuellen Übergriffen durch eine dritte Person ausgesetzt hatte, wünschte sich z.B. der fünfjährige Kevin.

Während des Besuchskontaktes beim Vater wurde Kevin (5 J.) von einem Bekannten des Vaters mißbraucht. Die Mutter wollte ihren Sohn unter keinen Umständen mehr dem geschiedenen Mann überlassen. Da Kevin aber den Vater sehen wollte, versuchte die Fachkraft, im Sinne des Kindes zu handeln und seinen Wunsch zu überprüfen:
Ich frage ihn, ob er auch weiterhin den Papa besuchen möchte.
„Ja, das will ich. "
Ich sage ihm, daß ich ihm helfen werde, daß er den Papa besuchen kann.
„Darf ich wieder zu ihm? "
„Ja, das darfst du. " Ich erkläre ihm nochmal die Entscheidung des Richters und sage ihm, daß der Papa das Recht hat, ihn am kommenden Sonntag abzuholen. Ich sage ihm, daß ich jetzt die Mama herein holen möchte, um den nächsten Besuch mit ihr zu besprechen.[1171]

[1169] L.Salgo 1996, S.462, vgl. auch Kapitel 5.1.3

[1170] Keines der Kinder in dieser Untersuchung – bezogen auf alle 50 Fälle – wollte bei unterstützendem Schutz durch einen Elternteil längerfristigen Kontakt zum mißbrauchen-den Vater oder zur mißbrauchenden Mutter halten.

[1171] Fall 24, Protokoll der Fachkraft, S.19

Es fiel der Fachkraft nicht leicht, die Mutter zu überzeugen. Als diese schließlich den Willen ihres Sohnes akzeptierte, ließ Kevins anfänglich sehr großes Interesse an den Kontakten im KSD nach. Sein Problem hatte sich zu seiner Zufriedenheit gelöst.

Dieses wichtige Gespräch mit dem fünfjährigen Jungen kennzeichnet das Ergebnis einer langen Begleitung, in der es nicht nur um Kevins Wunsch ging, den Vater entgegen der Überzeugung der Mutter sehen zu wollen. Da der Junge seine Mutter nicht verletzen wollte, wagte er es nicht, sein wahres Bedürfnis zu artikulieren. Dabei half ihm die Fachkraft, indem sie seinen Willen stärkte, ihn zu selbständigen Entscheidungen ermutigte und ihm zeigte, daß sie seine Interessen auch gegen die wichtigen Erwachsenen vertreten wird.

Während der Einzelkontakte mit dem betroffenen Kind wird demnach geklärt, wie es die Situation erlebt, ob es sich bei dem getrennt lebenden Elternteil nach der Benennung der Mißbrauchsereignisse in Sicherheit fühlt. Will es nicht mehr bei dem nichtschützenden Elternteil übernachten, wird diese Entscheidung des Kindes beiden Eltern im Kinderschutzdienst mitgeteilt und eine gütliche Einigung angestrebt. Hierzu ein Beispiel:

Obwohl die Mutter von ihrem Vater mißbraucht worden war, konnte sie ihrer Tochter Melanie (13 J.) nicht glauben, daß der Opa sie nachts an der Scheide und am Busen berührt. Während der Treffen im KSD machte Melanie deutlich, daß sie den Opa nie mehr sehen möchte. Die Mutter würde ihr nicht glauben, sie nicht schützen und ablehnen. Nach einem Aufdeckungsgespräch mit der Familie im KSD konnte die Mutter zustimmen, daß ihrem getrennt lebenden Ehemann das alleinige Sorgerecht für die Tochter zugesprochen wird.[1172]

Bei einem Konflikt zwischen dem Willen des Kindes und den Interessen der Eltern sind die Kinderschutzdienste bemüht, auszugleichen und eine Einigung herbeizuführen. Die Wünsche und Vorstellungen der Kinder werden deswegen wie beschrieben in kindzentrierter Weise ermittelt. Dies bedeutet, daß die Hilfeplanung mit dem Kind dann erfolgt, wenn es sich dazu bereit zeigt. Die dokumentierten Gespräche mit den betroffenen Kindern sind stets eingebettet in andere Themen, die je nach Alter spielerisch, zeichnerisch oder verbal von den Kindern eingebracht werden. Entweder lenkt das Kind selbst die Sprache auf die Lösung seines Problems, was in Einzelfällen sehr lange dauern kann, oder die Fachkräfte machen Vorschläge und stellen behutsam Fragen. Da sexueller Mißbrauch ein einschneidendes Erlebnis für ein Kind darstellt, mag es zuweilen wichtig sein, dem Kind den Gesprächseinstieg in die Planung von Hilfen zu erleichtern. Von einem ausschließlich non-direktiven Verhalten rät JAMES (1989) gerade für sexuell mißbrauchte Kinder ab[1173]. Dies deckt sich mit den Erfahrungen der Kinderschutzdienste. Der sexuelle Mißbrauch ist insbesondere für weniger schwer mißbrauchte Kinder, die zudem dem Miß-

---

[1172] Fall 36, Ausführungen der Fachkraft im Fallraster, S.1
[1173] B.James 1989, S.11

brauchstäter auch ohne zivilrechtliche Schritte nicht mehr ausgesetzt sind, kaum wichtigstes Anliegen. Die Hilfeplanung mit diesen Kinder dreht sich um ihren Schutz und ihre lebenspraktische Begleitung.

7.3.3 Die Hilfeplanung mit Unterstützung der Bezugs- und Vertrauenspersonen

In den nun darzustellenden 17 Fällen wurden keine zivilrechtlichen Schritte unternommen, da die Täter keinerlei rechtliche Ansprüche auf die mißbrauchten Kinder erheben konnten und sich an das Kontaktverbot der Bezugspersonen hielten. Keines der Kinder dieser Untergruppe bat um den Schutz vor einem leiblichen Elternteil. 8 Beispiele konnten trotzdem schwerem Mißbrauch zugeordnet werden; 7 Kinder galten als weniger schwer, zwei Kinder als sehr schwer mißbraucht. Die 11 Mütter dieser Gruppe, die den Kinderschutzdienst kontaktierten, schützten ihre Kinder 4 mal vor dem Mißbrauch durch einen nahen Verwandten und 4 mal vor ihrem mißbrauchenden Partner. Eine der Mütter erfuhr erst nach der Trennung von den jahrelangen Übergriffen ihres Ehemannes, der jedoch nicht der leibliche Vater ihrer Tocher war. 3 mal war der Täter eine nichtverwandte Person. Des weiteren begleiteten 2 mal beide Eltern die mißbrauchte Tochter während der Hilfeplanung und bewahrten sie vor dem Mißbrauch eines Nachbarn. In 3 Fällen übermittelten pädagogische oder institutionelle Vertrauenspersonen die betroffenen Kinder an den KSD. Die Täter waren hier ein Stiefopa (der 2. Ehemann der Oma) des Kindes, ein Grundschullehrer und ein Erzieher. Alle Kinder konnten durch die Unterstützung einer Bezugsperson vor weiteren Übergriffen bewahrt werden.

Tabelle 19: 17 Fälle ohne zivilrechtliche Maßnahmen

Kontaktperson	Täter	Anzahl
11 Mütter	Verwandter des Kindes	4
	Partner der Mutter	4
	Andere Person	3
3 päd./ inst. Vertrauensp.	Andere Personen	3
2 Elternpaare	Andere Person	2
1 Verwandte	Verwandter des Kindes	1

Die Hilfeplanung mit diesen Kindern gestaltete sich in der Regel einfach. In nahezu allen Fällen wurde in nur wenigen Kontakten mit dem Kind und seinen Bezugspersonen ausgehandelt, wie mit dem Täter vorzugehen sei und welche weitere Unterstützung das Kind benötigt.
Die recht unkomplizierte Planung von Hilfen ohne zivilrechtliche Maßnahmen verdeutlicht der Fall eines Mädchens, das von seinen Eltern in den Kinderschutzdienst begleitet wurde:

Nach einem Ausflug mit ihrem Onkel teilte Bettina (10 J.) ihrer Mutter folgendes mit: *„Der Onkel hat mich die ganze Nacht nicht in Ruhe gelassen." Auf die Frage der Mutter, was er denn getan habe, sagte das Mädchen, daß er ihr unter das T-Shirt und den Slip gefaßt habe. Dabei sei er auch mit seinen Fingern in ihre Scheide eingedrungen.* [1174]

Im KSD wollte Bettina ihre Eltern in die Planung einbeziehen. Eine Strafverfolgung des Onkels lehnte Bettina ab, fand aber den Vorschlag der Fachkraft gut, den Onkel zu einem Gespräch in den KSD zu bitten und eine schriftliche Vereinbarung zu treffen.

Die Fachkraft lud also den Onkel zu einem gemeinsamen Treffen mit Bettina und ihren Eltern ein. Im Protokoll ist zu lesen:

Wir fragten den Onkel, ob er wisse, warum wir ihn bestellt hätten, worauf dieser mit dem Kopf nickte. Wir erklärten ihm, daß wir es für wichtig hielten, daß er selbst über den Vorfall berichtet, da er die Verantwortung dafür trage. Außerdem sei es für seine Nichte entlastend, dies aus seinem Mund zu hören. Nach längerem Schweigen berichtete er auch, was er in besagter Nacht mit der Nichte getan hatte. [1175]

Der Onkel und alle Anwesenden unterschrieben die dokumentierten Ergebnisse der Hilfeplanung. Bettina besuchte danach nur noch manchmal den KSD, da sie eine längerfristige Begleitung nicht wünschte.

Wie in diesem Beispiel reichten oft wenige Gespräche mit dem Kind und seinen Bezugspersonen, das Problem zu benennen. Die Unterstützung der Mutter oder beider Eltern ermöglichte den betroffenen Mädchen oder Jungen, die Folgen des Mißbrauchs auch ohne regelmäßige Begleitung des Kinderschutzdienstes aufzuarbeiten.

Trotzdem gab es in dieser Gruppe auch Kinder, die zwar in ihren Familien vor erneuten Übergriffen geschützt wurden, aber keinerlei Beistand erhielten, mit ihren Gefühlen zurechtzukommen. Für sie stellten die Gespräche im Kinderschutzdienst die einzige Möglichkeit dar, die Erlebnisse einzuordnen, die Folgen zu bewältigen und den Täter mit seinen Handlungen zu konfrontieren. Jan etwa fand sich mit seinen Erlebnissen alleingelassen.

Jan (14 J.) wurde während der gesamten Grundschulzeit von seinem Lehrer sexuell mißbraucht. Als in der weiterführenden Schule die Lehrerin ihre Offenheit gegenüber sexueller Ausbeutung von Kindern gezeigt hatte, erzählte der Junge von seinen eigenen Erfahrungen. Die Lehrerin vermittelte ihm schließlich den Kontakt zum Kinderschutzdienst. Jan wünschte die Konfrontation des Lehrers mit seinen Taten, wollte aber keine Anzeige. Der Lehrer sollte vielmehr den Schuldienst verlassen, damit andere Kinder vor möglichen Übergriffen geschützt seien. Als die Fachkraft den Lehrer in den KSD einlud, gab dieser sofort alles zu, war den Tränen nahe, saß zusammengesunken im Sessel und wirkte sehr depressiv. Als Reaktion auf dieses Gespräch meldete sich der Lehrer krank, begab sich in eine Psychotherapie und ließ sich schließlich vom Dienst suspendieren. Die Fachkraft erfuhr später, daß der Lehrer als kleiner Junge Zeuge des sexuellen Mißbrauchs seiner Schwester war. [1176]

[1174] Fall 43, Protokoll der Fachkraft, S.1
[1175] Fall 43, Protokoll der Fachkraft, S.2
[1176] Fall 11, Interview mit der Fachkraft

Jans Verhaltensauffälligkeiten ließen im Verlauf der regelmäßigen Kontakte im KSD deutlich nach.

Leider ließen sich nicht alle in diesem Abschnitt zusammengefaßten Fälle so zügig lösen. Wie auch in den anderen Konstellationen der Hilfeplanung waren einige Lebens- und Mißbrauchs-umstände nicht eindeutig zuzuordnen. Bei zwei sehr komplexen Fallanalysen kam es zwar im Verlauf der Hilfeplanung nicht zu zivilrechtlichen Maßnahmen, eine eindeutige Kategorisierung konnte jedoch nicht vorgenommen werden. Da die Fachkräfte der Kinderschutzdienste den betroffenen Mädchen und Jungen zusichern, keine vertrauliche Mitteilungen ohne ihr Einverständnis weiterzugeben, werden möglichst auch nur vom Kind genehmigte Hilfepläne umgesetzt. Das zugesicherte Schweigen ist nicht immer leicht einzuhalten, wie eine Fachkraft feststellen mußte:

Tanja (12 J.) war von ihrem Onkel mißbraucht worden und kam deshalb zum Kinderschutzdienst. Im Laufe der Gespräche vertraute Tanja der Fachkraft an, daß sie seit ihrem vierten Lebensjahr auch von ihrem Vater mißbraucht wurde. Das Mädchen wollte ihre Mutter nicht auch noch mit dieser Sorge belasten und bat die Fachkraft, dieses Geheimnis für sich zu behalten, zumal keinerlei Kontakt mehr zum Vater bestand. Als es nun zur Gerichtsverhandlung wegen des Onkels kam, wurde die Fachkraft gefragt, ob Tanja nicht viel eher von ihrem Vater mißbraucht worden sei. Der Richter wies darauf hin, daß die Fachkraft kein Zeugnisverweigerungsrecht habe. Mußte sie nun ihr Versprechen gegenüber Tanja, niemandem vom Mißbrauch des Vaters zu erzählen, brechen? „Ich saß da und habe gesagt, 'wenn Sie darauf bestehen, daß ich Ihnen diese Frage beantworte, dann können wir morgen unsere Arbeit einstellen'. Ich habe dann erzählt, wie wir arbeiten, daß wir nur sagen, was die Kinder uns erlauben. Der Richter hat dann die Verhandlung unterbrochen und ist nicht mehr drauf eingegangen. Heute weiß ich, daß es einen Paragraphen zum Schutz der Sozialdaten gibt. "[1177]

Damals wußte die Fachkraft nicht, daß nach § 61 f SGB VIII personenbezogene Daten „nur zu dem Zweck verwendet werden (dürfen), zu dem sie erhoben worden sind". Ebenso unterstützt der § 203 StGB die Absicht der Kinderschutzdienste, die Angaben der Kinder vertraulich zu behandeln, wie in der Dokumentation (1997) ausgeführt wird:

„Kommt die Fachkraft bei ihrer Entscheidung zum Ergebnis, daß der erstellte Hilfeplan für betroffenen Mädchen und Jungen eine Zeugenaussage nicht zuläßt und irreparable oder nur schwer wiedergutzumachende Schäden für deren Entwicklung zu befürchten sind, so kann die für den Hilfeplan verantwortliche Fachkraft in einem Strafverfahren ihre Zeugnispflicht verweigern und die richterliche Anordnung mit der Beschwerde angreifen. Dies hat zur Folge, daß selbst beim Vorliegen einer Aussagegenehmigung durch den Antragsteller die anvertrauten, besonders empfindlichen Daten nicht preisgegeben werden dürfen.

[1177] Fall 4, Interview mit der Fachkraft, S.6

Hierbei handelt es sich nicht um ein gesetzliches Zeugnisverweigerungsrecht, sondern um ein fallbezogenes, gesetzliches Aussageverbot."[1178]

Diese Bestimmungen bewahren die Fachkräfte vor Eingriffen in ihre Arbeit und machen es möglich, Informationen nicht gegen den Willen des Kindes weiterzugeben.
Bei einem Konflikt zwischen Kindeswille und Kindeswohl neigen die Kinderschutzdienste dazu, den Wünschen des Kindes den Vorrang zu geben. Wenn z.B. die Beratung eines Kindes keine weiteren Aufschlüsse ergibt, kann nur nach seinen Angaben vorgegangen werden. So kann die Weigerung der sechsjährigen Jenny, Einzelheiten der sexuellen Übergriffe aufzudecken, als Wunsch gedeutet werden, sich fortan gegen unabgesprochene Eingriffe in ihr Leben zu schützen. Der nachfolgend dokumentierte Fall zeigt auf, wie wichtig es ist, den Willen des Kindes zu berücksichtigen, um es nachhaltig vor weiterem sexuellen Mißbrauch zu schützen.

Die Fachkraft hatte Jenny (6 J.) versprochen, daß der Arzt das Mädchen nur untersuchen werde, wenn sie es auch wirklich zuließe. Als der vom KSD empfohlene Kinderarzt das unwillige Mädchen unverrichteter Dinge ziehen ließ, suchte die Mutter Unterstützung beim Jugendamt. Die „zweite" Untersuchung ergab, daß Jennys After weit auseinander klaffte. Der Mitarbeiter des Jugendamtes zeigte den Mißbraucher – einen Freund der Familie – an, ohne Jennys Einverständnis eingeholt oder mit dem Kinderschutzdienst Rücksprache gehalten zu haben. Der Mitarbeiter des Jugendamtes meldete sich bald darauf, um Jenny von der Fachkraft durch das bevorstehende Verfahren geleiten zu lassen. Die verärgerte Fachkraft lehnte jede weitere Mitwirkung mit folgender Begründung ab:
„Grundlage meiner Arbeit ist, den Kindern zu vermitteln, daß im Gegensatz zu dem, was in der Mißbrauchssituation geschehen ist, hier nichts passiert, was ich nicht mit ihnen abgesprochen habe. Mit Jenny hatten sowohl der Kinderarzt als auch ich abgesprochen, daß sie sich nur untersuchen lassen muß, wenn sie das selber möchte. Die Vertrauensbasis zwischen dem Kind und mir ist somit gestört. "[1179]
Letztendlich wurde deutlich, daß die Mutter in ihrer Unsicherheit diesen Konflikt herbeigeführt hatte. Da der Verdacht bestand, daß Jenny nicht nur vom Freund des Stiefvaters sondern auch von ihm selbst mißbraucht wurde, übernahm eine andere Fachkraft die Begleitung des Mädchens, nachdem das Strafverfahren gegen den Täter abgeschlossen war. Sie begleitete Jenny über drei Monate. Es gelang ihr nicht, die Mutter, trotz mehrmaliger Aufforderung und eindeutiger Willensbekundung des Kindes, aus den Spielstunden herauszuhalten. Hier ein Ausschnitt aus dem Protokoll:
Jenny:	(mit kleinlauter, bittender Stimme) Die Mama soll noch fortgehen.
FK.:	Nach vorne gehen?
Jenny:	(laut) Nein, fort.
Mutter:	Ich hab gesagt, ich bring dich her und dann geh ich fort.
Jenny:	Doch, du sollst doch fortgehen. Hock dich naus. Geh, geh, geh, geh!!!
Sie schob die Mutter entschieden den Gang entlang nach vorne in den Wartebereich.

[1178] Domumentation der KSD, Mainz 1997, S.74
[1179] Fall 34, Protokoll der Fachkraft, S.33

Jenny: *So, und jetzt hock dich auf deinen Poppes.*
Sie wirkte sehr bestimmt und vergnügt.[1180] In der nächsten Stunde kam die Mutter wie selbstverständlich wieder mit in das Spielzimmer.
Als Jenny Vertrauen gefaßt hatte, die Stunden sehr genoß und erste Hinweise auf sexuelle Übergriffe gab, kam es zum Abbruch der Kontakte. Womöglich war die entstehende Beziehung eine zu große Bedrohung für die konflikthafte Mutter-Tochter-Beziehung. Ob Jenny auch von ihrem Stiefvater mißbraucht wurde, konnte nicht geklärt werden.

Hieran wird deutlich, daß bei ungeklärten Verhältnissen ein vorgeblich schützender Elternteil das Kind, wie JONES (1996) es ausdrückt, „sehr geschickt nonverbal am Reden" hindern[1181] und damit die Hilfeplanung regelrecht boykottieren kann. Jenny fühlte sich offensichtlich zwischen dem Beziehungsangebot der Fachkraft und der kontrollierenden Mutter hin- und hergerissen. Ihr Wunsch, ärztlich nicht untersucht zu werden, wurde von der Mutter ebenso ignoriert wie Jennys Begehren, die Mutter möge das Spielzimmer verlassen. Bricht eine Mutter den Kontakt zum Kinderschutzdienst ab – wie im Fall von Jenny – , ohne daß ein Kind Hinweise auf einen Schutzbedarf vor innerfamilialem Mißbrauch gab, wird dies akzeptiert. Die Bindung des Kindes an seine Familie mag dann zentraler für seine Entwicklung sein als ein Eingriff in seine Privatsphäre.
Bis auf diese beiden Grenzfälle, die wegen nicht eingeleiteter zivilrechtlicher Maßnahmen diesem Abschnitt hinzugezählt wurden, waren die Täter in dieser Gruppe nicht Verwandte ersten Grades. Die Entscheidungen der Mädchen und Jungen über ihren Bedarf an Hilfe wurden durch diesen Umstand sehr erleichtert. Die verläßliche Unterstützung einer Bezugsperson und die räumliche sowie emotionale Distanz zum Täter ermöglichte ihnen eine relativ „unbefangene" Auseinandersetzung mit den Geschehnissen. So verwundert es auch nicht, daß von 16 Strafanzeigen allein 7 (43,8 %) in diese Gruppe fielen, obwohl 2 davon gegen den Willen des Kindes vorgenommen wurden[1182].

7.3.4 Der Verbleib in der Familie

Wird ein Kind innerhalb der eigenen Familie sexuell mißbraucht und will es trotz der bestehenden Gefahr, weiterhin sexuell ausgebeutet zu werden, nicht von zu Hause fort, bedeutet dieser Entschluß des Kindes eine besondere Belastung für die Fachkraft. Da die Kinderschutzdienste die Wünsche und Bedürfnisse des Kindes in die Entscheidung einbeziehen, wird ein Kind in der Regel nicht gegen seinen Willen aus der Familie herausgenommen.
Unter den untersuchten 50 Fällen befanden sich vier vom Vater mißbrauchte Mädchen, die in der Familie blieben. Drei von ihnen wurden lange Zeit im

---

[1180] Fall 34, Protokoll der Autorin, S.18
[1181] D.P.H.Jones 1996, S.28
[1182] Diese Anzeigen wurden nicht vom Kinderschutzdienst vorgenommen.

Kinderschutzdienst betreut, zwei von ihnen ohne Wissen der Eltern. Bei den letzteren handelte es sich um eine 14Jährige und eine 9Jährige, die beide über viele Jahre mißbraucht wurden. Beide Mädchen kamen zu regelmäßigen Gesprächen, gaben aber wiederholt an, nicht fremdplaziert werden zu wollen. Eines dieser Mädchen hatte sich ihrer Mutter anvertraut, die ihr nicht glaubte. Das andere Mädchen wollte gegenüber ihrer Familie die Treffen geheim halten, da sie nicht mit der Unterstützung der Mutter rechnen konnte. Die bewußte Entscheidung eines Kindes gegen die Herausnahme aus der Familie verdeutlicht der Fall von Caroline:

Die Sozialpädagogin einer Sonderschule bat für Caroline (9 J.) um Hilfe beim Kinderschutzdienst. Die Fachkraft sah das Mädchen regelmäßig zu Einzelkontakten in der Schule. Die Eltern wußten lediglich von einer psychologischen Betreuung ihrer Tochter. Nach acht Monaten wagte das Mädchen den Mißbrauch aufzudecken. Der schwarze Mann, dessen spritzende Schlange sie in den Mund nehmen mußte, verwandelte sich in ihren Vater. *„Der Papa hat gesagt, sie dürfe niemandem davon erzählen.“*[1183] Die Fachkraft bot Caroline die Möglichkeit an, woanders zu wohnen, aber das Mädchen wollte bei ihren Eltern bleiben. Schweren Herzens akzeptierte die Fachkraft den Wunsch Carolines und hielt weiterhin regelmäßigen Kontakt. Da das Mädchen sich in der Schule verbessert hatte und auch sonst keine Auffälligkeiten mehr zeigte, konnte vermutet werden, daß die Übergriffe aufgehört hatten. Jedenfalls wurden sie von Caroline nicht mehr erwähnt.

Zwei andere Mädchen nahmen das Angebot der Beratung mit Kenntnis ihrer Eltern wahr. Der eine Vater hatte die einmalige Vergewaltigung seiner Tochter zugegeben und war von seiner Frau angezeigt worden. Im Kinderschutzdienst fanden eher familienorientierte Gespräche statt. Eine umfassende Begleitung dieses 13jährigen Mädchens wurde wegen des Geständnisses des Vaters nicht für nötig befunden. Auch wenn die Intuition der Fachkraft in diesem Fall stimmen mag, ist dennoch zu bedenken, daß viele Täter den Mißbrauch auch nach überzeugenden Beteuerungen ihrer Schuld und Reue fortsetzen[1184]. Vor Leichtgläubigkeit warnen DÖRSCH und ALIOCHIN (1997):

„Es kommt vor, daß die Konfrontierenden ihre eigene Beziehung zum Täter und ihre Macht fehlinterpretieren. So wird beispielsweise angenommen, daß ein sexueller Mißbrauch nie wieder stattfindet, wenn er erst einmal aufgedeckt ist. Dies kann ein fataler Trugschluß sein.“[1185]

Ein anderer Vater brachte seine Tochter selbst in den Kinderschutzdienst, ohne zu wissen, daß die Fachkraft bereits von der Lehrerin ins Vertrauen gezogen worden war. Eine fehlgeschlagene Intervention war diesem Treffen vorausgegangen. Das Beispiel Linda steht für die stillschweigende Botschaft

---

[1183] Fall 48, Ausführungen der Fachkraft im Fallraster, S.1
[1184] vgl. hierzu auch die Ausführungen von R.Bullens 1997
[1185] M.Dörsch/K.Aliochin 1997, S.70

des Kindes, bei dem mißbrauchenden Vater und der nichtschützenden Mutter bleiben zu wollen.

Linda (8 J.) wurde seit ihrem 3.Lebensjahr von ihrem Vater mißbraucht und konnte nicht mit der Unterstützung der Mutter rechnen. Dies hatte sie ihrer Lehrerin erzählt. Eine vorübergehende Trennung vom Elternhaus, um ihr durch den Abstand eine genauere Benennung des Mißbrauchs zu ermöglichen, lehnte das Mädchen zunächst rigoros ab. Die Fachkraft erlebte Linda so, *„daß sie sich nicht entscheiden wollte und konnte. Manchmal ist es einfach so, daß das Kind das nicht packt, sich zu entscheiden, und wir müssen Verantwortung übernehmen.* "[1186] Nun wurde also den Eltern mitgeteilt, daß Linda wegen ihrer massiven Auffälligkeiten eine ambulante, therapeutische Heilbehandlung benötige, um nicht in die Sonderschule abgestuft zu werden. *„Wenn man mit schulischen Leistungen argumentiert, dann kriegt man im Grunde alle Eltern weich.* "[1187] Als die Eltern Linda in der empfohlenen Klinik vorstellten, wollte das Mädchen entgegen ihrer anfänglichen Vorbehalte nicht mehr nach Hause.

Die vorinformierte Therapeutin konnte sich nun überhaupt nicht vorstellen, daß dieser *„goldige und kooperative"* Vater ein Mißbrauchstäter sein solle. Außerdem sei diesem *„frechen"* Mädchen nicht zu trauen. Die Fachkraft war nach einem Telefonat mit dieser Therapeutin sehr *„konfus"*: *„Sie sagte, 'die Linda ist ein Kind, das lügt ständig'. Das Kind würde im Elternschlafzimmer übernachten und da hätte es vielleicht Dinge gesehen, die es dann für sich zusammenphantasiert hätte. Sie hat ganz klar gesagt, 'das Kind lügt', und das mehrmals.* "[1188] Nun konnte die Fachkraft nur abwarten.

Als Linda nach der Entlassung aus der Klinik in eine neue Klasse kam, im Unterricht extrem auffällig reagierte, sprach die Lehrerin den Vater an. Sie habe den Verdacht, Linda würde sexuell mißbraucht, und sie empfehle deswegen den Kinderschutzdienst. Der Vater lieferte seine Tochter daraufhin zu regelmäßigen Treffen im Kinderschutzdienst ab. Nach einem Jahr intensiver Begleitung war Linda nicht bereit, den Mißbrauch aufzudecken und somit Hilfe für sich in Anspruch zu nehmen. Die gescheiterte Intervention und vermutlich auch die Drohungen des Vaters ließen das Kind schweigen.

Die weitere regelmäßige Begleitung dieses ungeschützten Mädchens gibt der Fachkraft die notwendige Sicherheit, den in diesem Beispiel eher unausgesprochenen Wunsch zu respektieren. Erst wenn Linda Hilfe annehmen kann, wird der Kinderschutzdienst entsprechende Schritte unternehmen.

Die geschilderten Fälle verdeutlichen in besonderer Weise, wie ernst die Wünsche der Kinder in den Kinderschutzdiensten genommen werden. Die Herausnahme eines Kindes aus seiner Familie gegen seinen Willen kann zudem zu seiner Aussageverweigerung vor dem Vormundschaftsgericht führen, ohne dessen Mitwirkung es dann auch nicht geschützt werden kann. Wegen seines erschütterten Vertrauens in die Loyalität einer eigenmächtig handelnden Person würde es sicherlich keine weitere Hilfe suchen. Der Zugang zum Kind könnte dadurch für immer verschlossen sein. Ein personzentriertes Vor-

---

[1186] Fall 8, Interview mit der Fachkraf, S.10

[1187] Fall 8, Interview mit der Fachkraft, S.11

[1188] Fall 8, Interview mit der Fachkraft, S.15

gehen hingegen vertraut darauf, wie GRAF/ KÖRNER (1998) ausführen, „daß das betroffenen Kind am besten weiß, wann es so stabil ist, daß es zu einer Aussage über die erlittene Verletzung bereit ist". Es werde „häufig nicht genug beachtet, daß alles zur rechten Zeit geschehen sollte".[1189] Gerade der Fall von Lisa zeigt, wie wichtig die Beteiligung des Kindes an der Hilfeplanung ist. Solange eine Fachkraft die Hintergründe des sexuellen Mißbrauchs nicht aus der Sicht des Kindes erfaßt hat, könnte sie fälschlicherweise davon ausgehen, daß ein kooperierender Elternteil auch eine schützende Bezugsperson ist. Die Entscheidungen des Kindes zu berücksichtigen, erweist sich auch in allen Fällen zivilrechtlicher Maßnahmen zur Unterstützung der Hilfeplanung als notwendig. Ohne seine Einwilligung wird das Kind eine Aussage vor dem Familien- oder Vormundschaftsgericht verweigern. Eine in dieser Weise gescheiterte Intervention kann die Sicherheit des Kindes auf lange Sicht gefährden.

7.4   Reflexion der kindzentrierten Entscheidungsfindung

Die Überprüfung und Bewertung des Hilfeprozesses mit dem Kind, seinen Bezugspersonen und anderen Fachdiensten, die Besprechungen im Team oder in der Supervision sollten in jede sozialpädagogische Fallevaluation einfließen. Hierzu zählt die umfangreiche schriftliche Dokumentation des Fallverlaufs und die Supervision[1190]. Obwohl die Fachkräfte der Kinderschutzdienste dazu angehalten sind, jedes Fallbeispiel in das oben vorgestellte Hilfeplanraster[1191] einzutragen, liegen nur sehr wenige fallbezogene Aussagen zur Überprüfung des Hilfeprozesses vor. Wie zu Beginn des Kapitels 7 verdeutlicht wurde, müßte nach der Vorbereitungs-, der Aufdeckungs- und der Realsierungsphase eine Reflexionsphase das Hilfeplanraster der Kinderschutzdienste ergänzen und erweitern. Wegen der immensen Arbeitsüberlastung sind die Fachkräfte jedoch nicht in der Lage, diese Überprüfungsarbeit im Sinne professioneller Fallevaluation zu erfüllen. Der in regelmäßigen Abständen ausgesprochenen Aufforderung des Referats für Kinder- und Jugendschutz im Ministerium, die schriftliche Dokumentation und Systematisierung der Arbeit anhand des Hilfeplanrasters zu gewährleisten, konnten die Kinderschutzdienste bisher nicht entsprechen. Ein Kinderschutzdienst begründet, warum immer mehr Anfragen abgewiesen werden müssen und erst recht keine Zeit für umfangreiche schriftliche Ausführungen bleibt:

> *„Aufgrund der Vielzahl der Meldungen ist unsere Kapazität mehr als ausgelastet. Es wurden viele Anfragen und Meldungen an uns herangetragen, die wir nicht übernehmen konnten. Von unserem Konzept ausgehend betreuenwir Kinder und*

[1189] H.Graf/ W.Körner 1998, S.33
[1190] vgl. hierzu die Gütekriterien der jugendhilfespezifischen Hilfeplanung in Kapitel 5.1.2
[1191] vgl. Kapitel 5.2.2: Raster der kindzentrierten, kinderschutzspezifischen Hilfeplanentwicklung der Kinderschutzdienste

Jugendliche intensiv und umfassend, das heißt aber auch, daß wir aufgrund der umfangreichen und z.T. sehr intensiven Arbeit mit den Kindern und Jugendlichen nur wenige Fälle übernehmen können. "[1192]

Da die Fachkräfte auch in den Interviews nur wenige Aussagen zur Reflexion der erfragten Beispiele machten und keine Einsicht in die Hilfeplanraster gewährten, wurden zur Einschätzung des Konzeptes der Kinderschutzdienste zusätzlich 7 Expert/inn/en befragt. Diese zur Überprüfung der im vorausgegangenen Kapitel dargestellten Hilfeplanungen mit den Kindern und ihren Bezugs- und/ oder Vertrauenspersonen interviewten Fachpersonen trugen aus politischer (Ministerium), zivilrechtlicher (Jugendamt), trägerorganisatorischer (Vorstände) oder fachinterner Perspektive (Fortbildung, Supervision, Staatsanwaltschaft) zur Entstehung und Fortschreibung der kindzentrierten Hilfeplanung bei, bzw. entwickelten das Konzept der Kinderschutzdienste und prägen es weiterhin. Es wurden folgende Expert/inn/en befragt:

- Die Referentin für Kinder- und Jugendschutz im Ministerium (Fr.Christmann)
- Der Dezernent des Jugendamtes der Stadt Ludwigshafen (Hr.May)
- Die Vorstandsvorsitzende des freien Trägers eines Kinderschutzdienstes (Fr.Schlieter)
- Die Leiterin der Fortbildung für die Kinderschutzdienste (Fr.Conrad)
- Die Supervisorin der Kinderschutzdienste (Fr.Liepke-Fischer)
- Eine ehemalige Fachkraft und personzentrierte Kinder- und Jugendlichenpsychotherapeutin (Fr.Follenius)
- Der Staatsanwalt des Dezernats für Sexualstraftaten (Hr.Denger)

Außerdem fließen in diesen Abschnitt die Bemerkungen einiger Mitarbeiter/ innen der Kinderschutzdienste ein.

Die Aufgabenbereiche und speziellen Aufträge, die die einzelnen Interviewpartner/innen zur Konzeptualisierung der kindzentrierten Hilfeplanentwicklung wahrnehmen, werden vorab kurz skizziert, um die Aussagen zur Evaluation nach fachbezogenen Standards den jeweiligen Ressorts zuordnen zu können.

Die Referentin für Kinderschutz, Jugendschutz und neue Medien im Ministerium für „Kultur, Jugend, Familie und Frauen" (MKJFF) des Landes Rheinland-Pfalz entwickelte in Zusammenarbeit mit der zentralen Beratungsstelle „Kinderschutz" im Landesamt für Soziales, Jugend und Versorgung die spezialisierte Kinderschutzarbeit der Kinderschutzdienste seit 1985. Die Förderkriterien der KSD und die Gründe für die Einrichtung eines neuen Hilfeangebots der Jugendhilfe in freier Trägerschaft wurden bereits eingehend in Kapitel 5.2.2 behandelt. Zwischen den Kinderschutzdiensten, den verschiedenen Trägern, dem Land, der Kommune und der öffentlichen Jugendhilfe besteht nach den Aussagen des Leiters des Allgemeinen Sozialen

---

[1192] Jahresbericht des KSD „C" 1991, S.10

Dienstes im Jugendamt *„eine sehr positive, sehr offensive Partnerschaft"*[1193]. Die Arbeit in den Vorständen der freien Träger der Kinderschutzdienste, in der auch der interviewte Leiter des Jugendamtes der Stadt Ludwigshafen mitwirkt, wird ehrenamtlich ausgeführt. Im Jugendhilfeausschuß des Stadtrats wird über die ausgeschriebene Trägerschaft der Kinderschutzdienste entschieden. Nach der Satzung der KSD und den Kriterien des Landes Rheinland-Pfalz obliegt dem Vorstand die Dienst- und Fachaufsicht über die Fachkräfte. Der Vorstand ist z.B. bei den Bewerbungsverfahren beteiligt und fungiert demnach als Arbeitgeber. Er teilt außerdem die Fortbildungs- sowie Supervisionsmittel zu und hat das Recht zur Einsicht in die Protokolle der Teamsitzungen.

Während die konzeptionelle Entwicklung vom Ministerium ausgeht, die jugendhilferechtliche Begleitung von den Jugendämtern übernommen und die verbandsorganisatorischen Rahmenbedingungen von den Trägern bereitgestellt werden, wird die inhaltliche, fallbezogene Arbeit von den Fachkräften in den einzelnen Kinderschutzdiensten getragen. Als ehemalige Fachkraft eines der ersten Kinderschutzdienste, gleichzeitig Glaubwürdigkeitsgutachterin und ausgebildete personzentrierte Kinder- und Jugendlichenpsychotherapeutin, kann die oben genannte Psychologin eine kritische Reflexion zur Konzeption kindzentrierter Hilfeplanentwicklung im Vergleich zum personzentrierten Ansatz liefern. Die Weiterbildung der Fachkräfte und regelmäßige Supervision ist nach ihrer Auffassung nach besonders wichtig. Die Sozialpädagogin, die vom Ministerium und dem Landesamt für Soziales, Jugend und Versorgung mit der Entwicklung und Durchführung eines Fortbildungsvorhabens betraut wurde, entwickelte ein mittlerweile erprobtes Curriculum zur Schulung der fachlichen und persönlichen Kompetenz der Fachkräfte und kann deswegen insbesondere zum Qualifikationsbedarf in den Kinderschutzdiensten Auskunft geben. Über die praktische Umsetzung des kindzentrierten Ansatzes und die Probleme der Fachkräfte weiß die Supervisorin, die zugleich als Psychotherapeutin, Glaubwürdigkeitsgutachterin und Ausbilderin für verschiedene andere Institutionen arbeitet, detailliert zu berichten. Sie beschäftigt sich intensiv mit den *„Schwierigkeiten, Herausforderungen und Neudefinitionen, die bei dem Stichwort 'kindzentrierter Ansatz'"* von den Fachkräften an sie herangetragen werden[1194].

Da die Strafverfolgung des Täters nicht zwangsläufig eine Kinderschutzmaßnahme darstellt, ein Staatsanwalt dennoch einiges zum Ansatz der Kinderschutzdienste zu berichten hat, wurde auch mit ihm ein Interview geführt. Insgesamt liegen also die Stellungnahmen von sieben Personen vor, die die Entwicklung der Kinderschutzdienste seit Bestehen begleiten und wichtige Informationen beisteuern können.

Die befragten Expert/innen gaben Auskunft zum Konzept der Kinderschutzdienste, als dessen Hauptaspekt die Mitwirkung des Kindes bei der Hilfe-

---

[1193] Interview mit dem Leiter des Jugendamtes der Stadt Ludwigshafen, S.71
[1194] Interview mit der Supervisorin der Kinderschutzdienste, S.88

planung bezeichnet werden kann. Unter welchen Bedingungen ein Kind in die Lage versetzt wird, Entscheidungen über seinen Bedarf an Hilfe zu treffen, und wie die Fachkraft die Entscheidungsfindung des Kindes fördern, unterstützen, verstehen und umsetzen kann, geht aus den nachfolgenden Ausführungen hervor.

Die Kinderschutzdienste sehen ihren Auftrag darin, als Interessensvertreter sexuell mißbrauchter, mißhandelter oder vernachlässigter Kinder im Konfliktfall auch gegen die Interessen betroffener Eltern zu handeln. Planung und Durchführung der Hilfen werden mit dem Kind gemeinsam angegangen und mit seinem Wissen bzw. seinem Einverständnis durchgeführt. Wie die Ergebnisse aus der Befragung der Fachkräfte und der Auswertung umfangreicher Stundenprotokolle zeigten, wurden die Kinder in verschiedenen Stadien der Hilfeplanung beteiligt. Die Ausgestaltung der Stunden, die Einschätzung der Mißbrauchsproblematik und die Mitwirkung bei der Planung von Lösungen ist ebenso Ziel der Beratung wie die weiterführende Begleitung nach der Durchführung der Hilfen. Eine Auflistung der in der Auswertung vorgefundenen Bereiche, in denen eine Mitwirkung der Kinder stattfand, verdeutlicht die Kindzentriertheit des Ansatzes:

Die Mitwirkung des Kindes:

- Gestaltung der Beratungssituation:
  - Hat das Kind einen eigenen Wunsch nach Beratung und Begleitung durch die Fachkraft?
  - Möchte es in An- oder Abwesenheit der Bezugsperson beraten werden?
  - Es bestimmt die Inhalte der Kontakte und des Spiels mit.

- Art und Weise der Aufdeckung:
  - Zeigt das Kind eine generelle Bereitschaft zur Aufdeckung?
  - Das Kind bestimmt den Zeitpunkt, den Umfang und die Detailliertheit der Aufdeckung des Mißbrauchs.
  - Das Kind entscheidet, wann und ob es auf Fragen der Fachkraft eingehen möchte.

- Hilfebedarf des Kindes:
  - Das Kind signalisiert seinen Wunsch bezüglich der Unterbringung nach der Aufdeckung.
  - Ob auf eine Unterstützung durch Bezugspersonen gerechnet werden kann, wird mit dem Kind abgesprochen.
  - Ob, wann und wie eine Konfrontation des Täters stattfindet oder Strafanzeige erstattet wird, wird mit dem Kind abgeklärt.

- Lebenspraktische Begleitung:
  - Welche wichtigen Beziehungen möchte das Kind aufrechterhalten?
  - Möchte das Kind an der Bewältigung des Mißbrauchs arbeiten oder braucht es vor allem Abstand?
  - Welche Entwicklungsförderungen wünscht das Kind?

Wird die Mitarbeit des Kindes auch als Grundlage der Hilfeplanung angesehen, obliegt der Fachkraft dennoch die Verantwortung für die Entscheidungen. Die Ermittlung der Wünsche und Ansichten des Kindes wird anhand des diagnostischen Spiels, der anatomischen Puppen und des Gesprächs mit dem Kind vorgenommen. Nach der Bestimmung seines Willens wird dieser mit ihm überprüft, ihm werden Informationen und Alternativen zur Verfügung gestellt und die Folgen seiner Willensentscheidung erklärt. Im Sinne TÖGERs (1974) geschieht zuerst eine begleitete Herausbildung der Entscheidungsfähigkeit des Kindes[1195], ausgehend von der Überzeugung LÜBBEs (1971), daß „nur die betroffene Person Einblick in ihre privaten Verhältnisse hat"[1196] und ihr deswegen die Entscheidung gerade in einer „existentiellen Ernstsituation"[1197] nicht abgenommen werden darf. Die Belange des Kindes werden folglich nach fachspezifischen Standards pädagogischer Beratung eruiert, und hierzu wird jede mögliche Unterstützung angeboten, wie die Kinderschutzdienste in ihrer Dokumentation (1998) ausführen:

> „Bei der Erstellung des Hilfeplanes ist der Wille des Kindes miteinzubeziehen. Dabei ist hier nicht das bloße Erfragen dessen gemeint, was das Kind will oder braucht, vielmehr muß der wirkliche Wille des Kindes erforscht werden. Es geht darum, in den Gesprächen mit dem Kind dessen Vorstellungen und Wünsche, unbeeinflußt durch die Eltern oder Geschwister, zu ermitteln. Hier spielen Beziehungsaufnahme, Botschaften und Hinweise der Fachkraft, Vertrauensentwicklung, Verschwiegenheit und Übernahme von Verantwortung eine große Rolle.
> In einem weiteren Schritt muß aber auch der Wille des Kindes analysiert werden. Weshalb äußert das Kind diesen Willen? Befindet sich das Kind in einem Loyalitäts- oder Interessenskonflikt? Ist sein Wille spontan und vorübergehend oder ernsthaft und dauerhaft."[1198]

Abgeleitet von den Überzeugungen namhafter Pädagogen, daß ein Kind „als Maß seiner selbst" (Gläser 1908), als „Anwalt in eigener Sache" (Zinnecker 1961), als „freies und sinnstiftendes Subjekt" (Gieseke 1985) angesehen wird und die Erziehung „von seinen Bedürfnissen ausgehen" (Gurlitt 1963) solle, nehmen die Kinderschutzdienste Bezug auf pädagogische Auffassungen. Die Kinderschutzreferentin des Ministeriums meint dazu:

> „Nach klassischer pädagogischer Entwicklung ist natürlich ein solcher Ansatz überhaupt nicht neu. Schon lange vor Pestalozzi, Fröbel und so weiter war die Idee entstanden, daß Kinder nicht nur kleine Erwachsene sind, sondern Persönlichkeiten mit einer ganz eigenständigen Dynamik, in der sie sich entwickeln und in der sie auch eine entsprechende Begleitung brauchen."[1199]

[1195] W.Tröger 1974, S.27
[1196] H.Lübbe 1971, S.18
[1197] M.J.Langeveld 1956, S.57
[1198] Dokumentation der Kindeschutzdienste, 2.Auflage 1998, S.45
[1199] Interview mit der Referentin für Kinder- und Jugendschutz im MfKJFF, S.7

Neuere pädagogische Theorien räumen einem Kind durchaus die Fähigkeit ein, „Selbstentscheidungen" zu treffen (Oelkers 1990), „eigenen Urteile zu bilden (...), sein Handeln und die Handlungsbedingungen selbst (bzw. mit-) zu gestalten"[1200]. Auch nach MOLLENHAUER (1995) ist das hilfesuchende Kind „zur selbständigen Entscheidung fähig"[1201], ebenso nach THOMPSON und RUDOLPH (1996). Diese pädagogischen Vorstellungen von der eigenständigen Persönlichkeit des Kindes finden ihren Niederschlag in der Gesetzgebung des § 1626 BGB, der Eltern anhält, Einvernehmen in Fragen der elterlichen Sorge mit dem Kind anzustreben. Hierzu die Kinderschutzreferentin:

> *„Wenn schon der Gesetzgeber in der normalen pädagogischen Arbeit und im Rahmen der regulären familiären Erziehung so weitgehend eine Kinderbeteiligung vorsieht, dann gilt dies in entscheidend deutlicherer Weise für Fachkräfte, die auf dem Gebiet des Kinderschutzes tätig sind und praktisch in einem abgeleiteten elternrechtlichen Handeln das Kind an dem beteiligen, was es auch selbst betrifft."[1202]*

Das Fehlen pädagogischer Beratungstheorien für Kinder erschwert indessen den Fachkräften in den Kinderschutzdiensten, die betroffenen Mädchen und Jungen an der Hilfeplanung zu beteiligen. Oftmals herrscht Ratlosigkeit unter den Mitarbeiter/innen, wie eine kindzentrierte Beratung auszugestalten und der Wille des Kindes einzubeziehen ist und wann die Verantwortung von der Fachkraft übernommen werden muß. Unklar ist auch häufig, wie das Kind befähig werden kann, seine Bedürfnisse zu äußern. Eine ehemalige Fachkraft stellt sich recht kritisch gegen das Konzept der Kinderschutzdienste:

> *„Da ist das große Problem dieses Diktums: Tun was das Kind will. Was will denn das Kind? Der kindzentrierte Ansatz verlangt dem Kind viel zu viel ab: Verantwortlichkeit für das eigene Leben. Kann ich einem 5-, 6jährigen Kind zumuten, Lebensentscheidungen zu besprechen? In einer Art und Weise: Du sagst mir das jetzt, und ich mache das. Das ist eine Belastung, die ich nicht für kindgemäß halte. Es ist einfach die Aufgabe dieser Erwachsenen, Verantwortung für die Entscheidung zu übernehmen und nicht zu sagen: Kind entscheide Du. Das ist für mich kein kindzentriertes, sondern ein erwachsenenentlastendes Vorgehen."[1203]*

Diese Aussage mag der Orientierungslosigkeit Ausdruck verleihen, mit der einige Fachkräfte kämpfen, denen die konkrete Anleitung nicht ausreicht und die eine fachdidaktische Begleitung vermissen lassen. Eine weitere Fachkraft hat große Probleme, die kindzentrierte Einstellung umzusetzen, auch wenn sie im Prinzip von der Wichtigkeit der Kindorientierung überzeugt ist:

[1200] A.Kossakowski 1991, S.35

[1201] K.Mollenhauer 1995, S.27

[1202] Interview mit der Referentin für Kinder- und Jugendschutz im MfKJFF, S.10

[1203] Interview mit einer ehemaligen Fachkraft der Kinderschutzdienste, S.57/ 58

„Der kindorientierte Ansatz heißt für mich, zu schauen, was nötig ist. Diese Haltung finde ich richtig. Aber das beinhaltet für mich noch kein Konzept. Die Idee des kindorientierten Ansatzes ist gut, aber ein Konzept müßte auf dieser Grundlage erst einmal entwickelt werden. Wir sind eigentlich eine Beratungsstelle, aber wir dürfen uns nicht so nennen, obwohl wir Beratungsarbeit machen."[1204]

Die kinderschutzdienstinterne Fortbildung bemüht sich um eine Klärung eben dieser Verwirrung. Wegen der mangelnden theoretischen Ausführungen zur Beratungskompetenz von Kindern, die zudem von einigen Autoren (Manstetten 1980, Dietrich 1983) überhaupt in Frage gestellt wird, sind die Kinderschutzdienste auf autodidaktische Ansätze angewiesen. Als die ersten Einrichtungen ihre Arbeit aufnahmen, gab es neben der Supervision regelmäßige Fallbesprechungen, die aber nicht immer als ausreichend angesehen werden. Eine Mitarbeiterin beklagte sich im Interview wegen der Überforderung, während eine andere vor allem neue Erkenntnisse gewann:

„Ich habe mit dem Kind ausprobiert, ob es die Hilfeplanung mitbestimmen kann. Wir haben da viel zusammen gelernt. Ich war über meine Bereitschaft, darauf einzugehen, überrascht. Wie schnell es bei dem Kind ausgelöst hat, zu sagen, was es will; daß ich es eigentlich nur noch in die Erwachsenensprache übersetzen mußte; das hat mich sehr begeistert. Wo ich dann in meiner professionellen Rolle ein Gefühl dafür gekriegt habe: Das geht, das kann man mit Kindern."[1205]

Die Fachkräfte vertreten ihre kindzentrierte Auffassung von der Entscheidungsfähigkeit des Kindes auch gegen fachinterne Widerstände, wie in den vorausgegangenen Kapiteln bereits belegt wurde. Die Verantwortung für die Durchführung der mit dem Kind ermittelten Handlungsschritte liegt bei der Fachkraft. Dies führt bisweilen zu einer immensen emotionalen Beanspruchung, die verständlich macht, warum eine Entscheidung über den Kopf des Kindes hinweg als Entlastung erlebt würde. Hier hilft die kollegiale Supervision, wie eine Fachkraft erzählte:

„Ich war ja ein-, zweimal pro Woche bei dem Kind in der Schule und hatte einen sehr engen Kontakt zu ihm. Das hat mich schon sehr betroffen gemacht. Das war ein Fall, wo ich diese Betroffenheit am stärksten gespürt habe. Als ich in den Kinderschutzdienst zurückkam, habe ich gemerkt, wieviel Druck ich habe; jetzt müßte ich endlich was machen. Da war der Ausgleich ziemlich gut, nicht zu früh zu agieren, bis man wirklich genug Fakten und Informationen gesammelt hat, um das Kind zu schützen, falls die Eltern einer Fremdunterbringung nicht zustimmen. Da habe ich mich wirklich sehr belastet gefühlt. Da war die Zusammenarbeit im Team sehr wichtig. Der eine, der näher am Kind ist, verspürt den

---

[1204] Interview mit der Fachkraft zu Fall 23, S.220
[1205] Interview mit der Fachkraft zu Fall 13, S.30

stärksten Druck, und der andere, der mehr Distanz hat, kann ausgleichend wirken. "[1206]

Die Verwechslung der Beteiligung des Kindes an der Hilfeplanung mit der Verantwortungsübernahme für seine Entscheidungen wird von der Kinderschutzreferentin richtiggestellt, da besonders beteiligte Erwachsene, kooperierende Institutionen und immer wieder auch die Fachkräfte selbst mit dieser Unterscheidung Schwierigkeiten haben:

> *„Nur wer mit Kindern spricht und sie wirklich beteiligt, wird erkennen, daß Kinder sehr wohl in der Lage sind, mit zu überlegen, wie Schutz aussehen kann, wie Hilfe aussehen kann, wie Lebensbegleitung aussehen kann. Dies darf keineswegs verwechselt werden mit der Frage der Verantwortlichkeit. Die Frage der Verantwortung für Schutz und Hilfe obliegt immer der Fachkraft, sie kann nicht delegiert werden auf das Kind. Sie kann nicht übertragen werden. Aber die Beteiligung, die Mitwirkung, die Einschätzungen des Kindes müssen einfließen in die Überlegungen der Fachkraft. Es hat sich immer wieder gezeigt, daß der Zeitpunkt, den Kinder nennen, der richtigere ist.* "[1207]

Obwohl es in der Vergangenheit Kooperationsprobleme zwischen den Kinderschutzdiensten und den Jugendämtern gab, wenn z.B. der vom Kind bestimmte Zeitpunkt der Durchführung von Hilfen nicht abgewartet wurde[1208], steht insbesondere der Leiter eines Jugendamtes hinter dem kindzentrierten Ansatz, für den er eine sehr anschauliche Metapher gefunden hat:

> *„Bei der Hilfeplanung im Kinderschutzbereich muß man als Erwachsener auch auf die Knie gehen. Man muß das Problem genau auch aus der Sicht des Kindes sehen, aus der Haltung und auch aus dieser Blickhöhe des Kindes betrachten. Wir reklamieren für uns als Erwachsene, daß wir älter sind und daß wir mehr wissen und daß wir einen weiteren Blick haben. Wir sind ja auch größer, wir können ja auch weiter schauen als Kinder. Aber wenn man so weit schaut, verliert man manchmal den Blick für die kurzen Distanzen.*
> *Also ich vertrete die Auffassung, daß wir uns in unserem Profil öfter auf die Sichtweise von Kindern einlassen sollen und müssen, wenn wir fachlich ordentlich arbeiten wollen. Das bloße Erwachsensein und ein paar Jahre älter sein, das reicht nicht aus, um immer den Blick frei zu haben.* "[1209]

Die Stärken von Kindern werden häufig unterschätzt; dies zeigt der normale pädagogische Alltag, die immer noch stattfindende Entmündigung durch Eltern, Erzieher/innen und Lehrer/innen. Vom entwicklungsfördernden Potential der kindzentrierten Pädagogik sind längst nicht alle pädagogischen

---

[1206] Interview mit der Fachkraft zu Fall 6, S.96
[1207] Interview mit der Kinderschutzreferentin, S.11
[1208] vgl. hierzu den Fall 3 (Lisa), Kapitel 7.1.3.2
[1209] Interview mit einem Jugendamtsleiter, S.70/ 76/ 77

Fachkräfte durchdrungen, zumal ihre eigene Erziehung ihnen wenig Freiräume und Handlungsalternativen ließ. Die Berücksichtigung des kindlichen Willens bezüglich seiner persönlichen Belange wird zugunsten dessen vernachlässigt, was Erwachsene für das Beste erachten. Deshalb fällt es vielen Fachkräften auch schwer mit Kindern zu sprechen und sie an Entscheidungen zu beteiligen. Dies gilt auch und gerade für Kinder in schwierigen Lebenslagen, wie die ehemalige Fachkraft und Fortbildungsbeauftragte der Kinderschutzdienste moniert:

> *„Das ist die Falle, in die wir in dem Glauben gehen, wir wissen, was das Beste für das Kind ist. Das gilt es erst herauszufinden. Wenn ich das Gefühl habe, ich weiß jetzt das Beste für das Kind, ohne daß ich ausführlich mit dem Kind gearbeitet habe, dann ist es allenfalls für mich oder für das Kind, was ich mal war, das Beste gewesen.“*[1210]

Der Zugang vieler Erwachsener zu ihrem ursprünglichen „Fühlen und Wollen" und damit auch zu dem des Kindes, laut NENNIGER (1988) wichtiger Ausgangspunkt kindlicher Entfaltung, ist infolge einer Erziehungsvorstellung versperrt, die hauptsächlich kognitiv ausgerichtet ist[1211]. Bei einem Konzept der Beratung für Kinder kann es jedoch nicht um eine vorwiegend vernunftgeleitete Entscheidung gehen, die zahlreiche Beratungstheoretiker fordern (Manstetten 1980, Dietrich 1983, Kleber 1983, Huber 1990, Mutzek 1996). Die Gefühle, Empfindungen und Einstellungen des Kindes zu seinen Problemen, wichtigen Bezugspersonen oder schädigenden Erwachsenen, müssen in die Handlungsplanung einbezogen werden; sie geben der Entscheidung Richtung und Berechtigung. Darum sei Ehrfurcht vor der Weisheit des Kindes angebracht, welches diese Fähigkeiten noch nicht verloren hat, wie der Jugendamtsleiter in seinem Interview betont:

> *„Das macht den kindzentrierten Ansatz so erfolgversprechend, daß Dinge herauskommen, die, wenn wir aus der Erwachsensicht des Ganzen verfahren würden, nie auf den Tisch kämen, weil wir Erwachsene erwachsen denken, und das muß nicht immer das Richtige sein. Erwachsene können in der Regel kindliche Entscheidungen nur dann akzeptieren, wenn sie so sind, wie die Erwachsenen es gerne hätten. Und da scheiden sich die Geister, weil Kinder das oftmals anders erleben, vielleicht viel klarer sehen als Erwachsene.*
> *Es ist für Kinder erst mal ein ganz erstaunlich neues Erleben, ein ganz neues Staunen, daß sie plötzlich wer sind, daß man auf ihre Meinung hört und daß man ihnen nicht irgendeinen Willen verpaßt, sondern, daß ihr Wille das Maß der Dinge ist. Es ist für viele Kinder auch schwer damit umzugehen, weil sie etwas ganz anderes in ihrem Lebensalltag gewohnt sind: Daß sie keine Entscheidungsfreiheit haben, daß sie geführt werden, daß sie gelenkt werden, daß eben immer noch der Wille der Erwachsenen bestimmt, wo es lang geht. Dieses Erstaunen,*

[1210] Interview mit der Fortbildungsbeauftragten der Kinderschutzdienste, S.29
[1211] P.Nenniger 1988, S.12

diese großen Augen dann, daß man auch selbst wer ist und jetzt geht es plötzlich um mich, und ich darf auch sagen, wie weit es um mich geht. Ich kann auch mal sagen: Weiter will ich jetzt nicht, mehr kann ich für mich nicht zulassen. Das ist ein neues Erleben für Kinder. Wenn Kinder dieses Erleben positiv für sich wahrnehmen können, dann kommen ungeahnte Dinge zum Vorschein. [1212]

Da Kinder eben nicht gewohnt sind, gehört, verstanden oder einbezogen zu werden, müssen sie zur Entscheidungsfindung Unterstützung erhalten. Da ihre Entwicklung ganz maßgeblich von der Bindung an erwachsene Bezugspersonen abhängt, müssen sie erst einen Beratungsprozeß durchschreiten, dessen Verlauf in etwa den in Kapitel 2.2.1 vorgestellten 15 Thesen entsprechen könnte. Die Erfahrungen des Kindes, die nur es selbst kennt, sind seine Realität und bieten ihm Orientierung gleich einer inneren Landkarte. Die Erkundung dieses inneren Bezugssystems erschließt seine Empfindungen und verweist auf eine Lösung für seine Probleme. Sein Streben nach Reifung und Wachstum veranlaßt es, den Weg zu wählen, der eine optimale Entwicklung verspricht. Ziel der Beratung sollte sein, ihm verdrängte Sinneserfahrungen wieder zugänglich, es unabhängig von der Anerkennung oder Einschätzung anderer Personen zu machen und es damit von Beeinflussung zu befreien. Von der Prozeßhaftigkeit einer solchen Begleitung ist auch die Supervisorin der Kinderschutzdienste überzeugt, da nicht alle Kinder frei sind, richtige Entscheidungen zu treffen:

„Man kann das nicht generalisieren. Es gibt Kinder, die das können. Aber es gibt auch psychisch kranke oder verstörte Kinder, denen ich diese Verantwortung alleine nicht zumuten würde. Ich erlebe noch sehr kleine Kinder, die sehr klar und sicher spüren, was gut für sie ist. Man muß Kinder nicht irgendwo hinmanipulieren, die haben die Weisheit in sich. Nun sind aber die Kinder, die da kommen nicht alle in guten Bedingungen aufgewachsen. Obwohl ich auch manchmal Kinder erlebe, die in extremen Schwierigen aufgewachsen sind und trotzdem sehr viel Weisheit in sich haben. Aber ich kann nicht davon ausgehen, daß jedes Kind automatisch, wenn es nach innen spürt, sagt, was es möchte, daß es da automatisch auch das trifft, was wirklich gut für es ist. Im Grunde wäre mein Lieblingsweg der, das Kind stark zu machen, daß es seinen gesunden Weg gehen kann. [1213]

Wie die personzentrierte Begleitung von Kindern[1214] und die neueren Ergebnisse der Säuglingsforschung (Stern 1996) zeigen, sind auch sehr kleine Kinder in der Lage, ihre Empfindungen, ihre Ab- oder Zuneigungen auszudrücken. Selbst wenn sie die Auswirkungen ihrer Bedürfnisse nicht immer voraussehen können, bedeutet dies nicht, daß die Entscheidung, die eine erwachsene Person an ihrer Stelle trifft, als Entlastung oder korrekte Wahl

---

[1212] Interview mit dem Jugendamtsleiter, S.76/77
[1213] Interview mit einer Supervisorin der Kinderschutzdienste, S.93/94
[1214] vgl. Kapitel 3

erlebt wird. Selbst kleineren Kindern kann man altersentsprechend Informationen geben, die sie zu selbständigen Entschlüssen, zu Autonomie und Mündigkeit führen. Davon ist zumindest der befragte Staatsanwalt überzeugt, der auch kleine Kinder in Entscheidungen einbeziehen möchte:

> *„Natürlich wird man insbesondere von jüngeren Kindern nicht erwarten können, daß sie alle die Konsequenzen schon im Kopf haben und sich das alles überlegen, aber ich denke, da ist es Sache der Erwachsenen bei der Hilfeplanung, einem Kind in kindgerechter Weise klarzumachen, was alles sein kann und auf seine eigenen Methoden hinzuweisen und nach Möglichkeit einen Konsens herzustellen. Was nicht ausschließt, daß es mal Dinge geben kann, die ein Kind nicht beurteilen kann."* [1215]

Nach den Erfahrungen der Kinderschutzdienste zeigt sich, daß sexuell mißbrauchte Kinder schon in sehr jungen Jahren gezielt Auskunft über die Mißbrauchssituation und ihre Vorstellungen von Schutz geben können. Die Scheu Erwachsener, kleine Kinder nicht belasten zu wollen, indem ein Gespräch vermieden wird, beruht nach der Auffassung der Kinderschutzreferentin auf Vorurteilen:

> *„Viele Erwachsenen wären sehr überrascht, wenn sie sehr kleine Kinder hören würden, wie sie über das Problem sprechen. Es ist nicht die Unfähigkeit des Kindes, zu kommunizieren, sondern es ist deutlicher zu überwinden: die Blockade Erwachsener, über das Problem der sexuellen Ausbeutung mit dem Kind zu sprechen."* [1216].

Dabei darf es nicht zu einer Verlagerung der Verantwortung kommen, sie bleibt auch beim kindorientierten Ansatz bei der Fachkraft. Wichtig ist das Wissen des Kindes und das was an Hilfen denkbar und möglich ist. Die Gefühle des Kindes werden in der Mißbrauchssituation mißachtet. Während des Hilfeprozesses muß das Kind erleben, dass seine Gefühle und Bedürfnisse anerkannt und seine Wünsche respektiert werden. Dies setzt voraus, dass die Fachkraft das Kind hierzu befähigt.

Gerade kleineren Kindern wird häufig nicht zugetraut, wichtige Lebensentscheidungen mitbestimmen zu können. Ausgehend von pädagogischen Vorstellungen hinsichtlich der grundsätzlichen Entscheidungsfähigkeit von Kindern verweisen demgegenüber der § 1626 BGB, die Kinderrechtskonvention von 1989 und der § 36 SFB VIII darauf, daß das Kind ein Recht auf Meinungsbildung, auf Anhörung seiner Auffassungen und auf Unterstützung seiner Belange hat. Die Praxis der Kinderschutzdienste belegt die Beratungskompetenz von Kindern und stellt den Zweifeln, ob Erwachsene nicht im wesentlichen fähiger sind, *für* das Kind zu entscheiden, ganz im Sinne

---

[1215] Interview mit dem Staatsanwalt, S.37
[1216] Interview mit der Kinderschutzreferentin, S.12

TRÖGERs (1994), die Entscheidung „vom Kinde aus" entgegen. Das Erleben, die Einstellungen und Empfindungen des Kindes zur Mißbrauchssituation und zu wichtigen Bezugspersonen werden in die Hilfeplanung einbezogen bzw. ihr zugrunde gelegt. Um den Anspruch der Mitwirkung des Kindes bei der Planung und Umsetzung von Hilfen zu realisieren, muß allerdings ein spezialisiertes Beratungsangebot die Entscheidungsfindung des Kindes unterstützen, und die Fachkräfte müssen entsprechend ausgebildet werden, um den Willen des Kindes ermitteln, einzuschätzen, überprüfen und umsetzen zu können. Das Konzept der personzentrierten Beratung ist wegen seiner Nähe zum kindzentrierten Ansatz und der in den Interviews betonten Prozesshaftigkeit des Beratungsvorgehens besonders geeignet, die Hilfeplanung der Kinderschutzdienste zu bereichern. Wird als Ausgangspunkt der Entscheidung für die Art der Hilfen vor allem das Erleben des Kindes, seine Einschätzung der Situation und seine Einstellung zu Bezugspersonen genommen, zeigt sowohl die Praxis der Kinderschutzdienste wie die Erfahrung personzentrierter Kinder- und Jugendlichenpsychotherapeuten, daß auch sehr junge Kinder an der Lösung ihrer Probleme mitwirken können. Eine Verbindung von kindzentrierter Hilfeplanentwicklung im Falle sexuellen Mißbrauchs mit dem personzentrierten Konzept wäre also zur Etablierung einer personzentrierten Beratung für Kinder in Notsituationen sinnvoll.

Die Reflexion der kindzentrierten Hilfeplanung zeigt, daß Kinder durchaus in der Lage sind, Entscheidungen über ihren Bedarf an Hilfe zu treffen und sich an der Hilfeplanung zu beteiligen. Hierbei werden ihre Einstellungen, Wünsche und Ansichten insbesondere in der Diagnosephase ermittelt und in der Intervention, also der Durchführung des Hilfeplanes, berücksichtigt. Ausgehend vom Prozeßverlauf der pädagogische Beratung liegen gerade bei Kindern die Planung von Lösungsalternativen und die Entscheidung für einen bestimmten Weg der Intervention nah beieinander. Die Beteiligung des Kindes an der Hilfplanentwicklung gestaltet sich ausgehend von seinen Lebensumständen und der speziellen Mißbrauchssituation. Innerfamilialer Mißbrauch ohne Unterstützung einer Bezugsperson muß anders angegangen werden als die Hilfeplanung mit einem schützenden Elternteil. Daher muß gleichbedeutend mit dem pädagogisch-hermeneutischen „Sinn-Verstehen" DILTHEYs (1888) nach DANNER (1979) „eine ganze Analyse des Kindes und seiner häuslichen Verhältnisse, seiner Lebensgeschichte (...) im gesamten individuellen Lebenszusammenhanges" vorgenommen werden[1217].
Um die Identität der betroffenen Kinder zu schützen, die Daten zu anonymisieren und die engagierten Bemühungen der Fachkräfte nicht zu gefährden, wurden die Angaben zu den einzelnen Fällen auseinandergezogen. Die Komplexität, Dauer und Intensität der Begleitung der Kinder und ihrer Bezugspersonen in den Kinderschutzdiensten wird jedoch erst richtig deutlich, wenn eine Fallanalyse von der Kontaktaufnahme, über den Zugang zum Kind und

---

[1217] H.Danner 1979, S.42

die Durchführung der Hilfeplanung bis zur Reflexion des Beratungsverlaufs verfolgt werden kann. Aus diesem Grund wurden drei Fälle ausgewählt, die die drei häufigsten Konstellationen der Hilfeplanung repräsentieren.

7.5 Drei Hauptausprägungen der Hilfeplanung in Fallanalysen

Die Hilfeplanung in den Kinderschutzdiensten gestaltet sich abhängig von den Lebensumständen des Kindes und der jeweiligen Mißbrauchssituation. Die Trennung von der Familie bei innerfamilialem sexuellen Mißbrauch ohne Unterstützung einer Bezugsperson (Fall 1) setzt eine andere Arbeit mit dem Kind voraus, als wenn die Mutter bereit und in der Lage ist, ihr Kind zu schützen (Fall 2 und Fall 3). Die Begleitung des betroffenen Mädchen oder Jungen im Kinderschutzdienst hängt wiederum davon ab, ob der Mißbraucher sorgeberechtigter Elternteil ist und zivilrechtliche Maßnahmen zum Schutz des Kindes getroffen werden müssen (Fall 3), oder ob der Täter keinerlei Anspruch auf das Kind erheben kann (Fall 2). Wie anders sich die Begleitung mit und ohne Begleitung einer Bezugsperson, mit und ohne zivilrechtliche Maßnahmen entwickelt, sollen die drei exemplarischen Fälle belegen. Entsprechend der ersten drei Konstellationen der Hilfeplanung aus dem Kapitel zur Intervention wurden diese Beispiele wegen der besonderen Komplexität ausgewählt. Der Verbleib in der Familie bei innerfamilialem Mißbrauch wurde, zum Schutz der betroffenen Kinder, nicht in diese Fallbeispiele aufgenommen.

7.5.1 Petra (5 J.): Die Hilfeplanentwicklung bei innerfamilialem Mißbrauch ohne schützende Bezugsperson des Kindes

Die Erzieher/innen eines Kindergartens nahmen Kontakt zur Fachkraft des Kinderschutzdienstes auf, weil ein Mädchen durch ihr Verhalten sehr auffiel und über Schmerzen im Scheidenbereich klagte.

„Petra wohnte mit ihren Eltern und Großeltern gemeinsam in einem Haus. Sie hat erzählt, daß sie mißbraucht wird von der Großmutter und vom Vater, immer einge- packt in so ein Doktorspiel. Wo Gegenstände oder der Finger eingeführt wird von der Oma zum Fiebermessen. Mit dem Papa hat sie 'geturnt', dabei hat sie so Posi- tionen vorgemacht. Das ist schon klar, daß Kinder sowas nicht erfinden können. Sie hat sich auf die Turnmatte auf den Rücken gelegt, hat die Beine angewinkelt und gespreizt und hat den Popo hochgehoben, von der Matte weg. 'Der Papa zappelt dann auf mir rum.' Eine Übung war dann, daß sie auf dem Bauch lag und hat die Beine ganz eng zusammengepreßt, und der Vater hat da wohl den Penis zwischen die Beine gesteckt. Und sie hat von Szenen erzählt, bei denen die Eltern und Großeltern mütterlicherseits gemeinsam Geschlechtsverkehr hatten. "[1]

Die Fachkraft besuchte daraufhin den Kindergarten, um mit dem Erzieher zu sprechen, dem sich Petra anvertraut hatte, und um zu überlegen, wie sie selbst mit dem Mädchen in Kontakt kommen könne. Sie beschlossen, daß der Erzieher Petra fragen würde, ob sie mit der Fachkraft sprechen wolle.

---

[1] Interview mit der Fachkraft, S.2 und S.18

„Das sah dann so aus, daß er gesagt hat, du ich kenne jemand, der Kindern hilft, denen so etwas passiert ist wie dir, ob ich mal vorbeikommen soll. "[2] Erst nach dem Einverständnis des Kindes wurde die Fachkraft in die Kindergruppe eingeladen.

Das Mädchen wußte, daß die fremde Frau vom Kinderschutzdienst war und ihr helfen wollte. Die Fachkraft hielt ihre Eindrücke vom ersten Kontakt mit dem Kind fest:

> *"Petra spielte mit zwei Mädchen in der Puppenecke. Ich gesellte mich dazu und spielte dann mit. Nach einer Weile fragte ich Petra, ob sie mit mir weiterspielen will. Petra willigte ein. Sie bestimmte das Spiel; sie wollte Mutter und Kind spielen; sie gab sich einen anderen Namen, Laura, und bestand darauf, so genannt zu werden. "[3]*

Die Fachkraft teilte dem Kind nach einer Weile des gemeinsamen Spiels mit, daß sie die Frau sei, von der der Erzieher ihr erzählt hatte, daß sie gekommen sei, um Petra zu helfen. Das Mädchen reagierte nicht auf diese Aussage, sondern holte einen Doktorkoffer. Die Fachkraft schlug vor, in einen ruhigeren Raum zu wechseln.

Dort ließ Petra sich "verarzten". Die Fachkraft empfand das Spiel als beinahe zwanghaft, sie ging jedoch auf das Kind ein, da sie wußte, daß der *„Mißbrauch in diese Doktorspiele eingepackt war"[4]*. Folgende Szene dokumentiert den Einstieg in ein erstes Gespräch über die Notsituation des Mädchens.

> *"Dann wünschte sich Petra, daß ich sie operiere. Ich gab Petra eine Schlafspritze. Petra lag auf dem Bauch, hielt die Augen geschlossen, tat, als ob sie schlief. Ich spielte so, als ob ich mich mit der OP-Schwester unterhalten würde: 'Ich bin hier, um Petra zu helfen. Wenn Petra das Gefühl hat, daß sie es zu Hause nicht mehr aushält, dann kann sie in ein Kinderkrankenhaus gehen. Dort gibt es auch Kinder, denen es ähnlich geht wie ihr. Dort ist es schön.' Bei dieser Operation lag sie wirklich wie geschossen auf der Matratze.*
> *Bei dem Erzählen hatte ich sie Petra genannt. Petra öffnete die Augen und meinte, daß sie nicht Petra, sondern Laura heißt. Ich nannte sie fortan mit diesem Spielnamen.*
> *Mit einem kleinen Schnitt am Rücken wurde die Operation und das Spiel beendet. Ich fragte Petra, ob ich sie wieder besuchen darf. Petra bejahte. "[5]*

Den Wechsel der Vornamen während des Spiels erklärte sich die Fachkraft so, daß das Mädchen die Gespräche mit Laura zu Hause nicht erzählen müsse. Eine Schutzmaßnahme, die notwendig war, wie sich später zeigte.

---

[2] Interview mit der Fachkraft, S.3
[3] Protokoll der Fachkraft, S.2
[4] Interview mit der Fachkraft, S.9
[5] Protokoll der Fachkraft, S.2

Nach drei Tagen kam die Fachkraft wie verabredet wieder in den Kindergarten und Petra kam ganz spontan auf sie zu. In dem geschützten Raum spielten sie erst wieder das Doktorspiel, dann wollte Petra über das Spieltelefon angerufen werden. Die Fachkraft nahm dies als Möglichkeit, dem Kind eine Botschaft zu vermitteln.

Im Telefonspiel tat die Fachkraft so, als rufe sie den Erzieher an, und meinte, daß er ihr erzählt habe, *"was Laura alles passiert ist. Laura muß dies nicht nochmal erzählen. Jetzt ist es wichtig, daß Laura sich an mich wenden kann, wenn sie will, daß das, was zu Hause mit ihr passiert, aufhören soll"*[6]. Beim zweiten Telefonat wünschte Petra sich, daß die Fachkraft mit ihr telefonierte. Hier wiederholte die Fachkraft nochmal ihre Worte, die Petra auf einem Blatt "mitschrieb" und dieses dann, mit ihrem richtigen Namen unterschrieben, der Fachkraft mitgab.

Beim nächsten Kontakt wollte Petra wieder Telefonieren spielen.

> *"Petra knüpfte an das letzte Telefonspiel an und veränderte es dahingehend, daß ich Laura spiele mußte, und sie selbst spielte mich. In dieser Rolle erzählt Petra der Laura, daß und wie sie diese schützen kann. (Petra hatte sich alles gut gemerkt.) Sie sagte: 'Wenn du es nicht mehr aushältst, kannst du mir Bescheid sagen, dann helfe ich dir.' Sie steckte mich als Laura ins Kinderkrankenhaus und erklärte ihr: 'Wenn du im Krankenhaus wärst und hättest Angst vor dem Papa, dann müßtest du nur Bescheid sagen und du könntest so lange dort bleiben, bis du keine Angst mehr hättest.' Sie legte die Hand auf mich und sagte: 'Gell, das ist ganz schön blöd, was der Papa macht.'"*[7]

Durch die Umkehr der Rollen konnte herausgefunden werden, wie Petra die Worte der Fachkraft aufgenommen hatte. *„Wie eine Überprüfung hat sie das verstanden, was ich ihr erzählt habe."*[8] Bemerkenswert fand die Fachkraft auch die Aussage des Kindes über den Vater, da hier deutlich wurde, daß Petra schon eine gewisse Distanz zu den Mißbrauchsgeschehnissen entwickelt hatte. *„Mißbrauchte Kinder können ja nicht zugeben, daß die Eltern wirklich so schlimm sind, denn dann kommen sie ja um. Wenn sie realisieren, daß die Eltern etwas machen, was sie zerstört, dann würden sie ja sterben oder eingehen. Petra war da schon ein Stückchen weiter."*[9]

Neben diesen Treffen mit Petra überlegte die Fachkraft, ob das Mädchen vorübergehend in einem Kurheim untergebracht werden sollte, das sich u.a. auf die Aufnahme von sexuell mißbrauchten Kindern spezialisiert hatte, damit Petra erstmal aus der Familie herauskäme, *„daß man dann innerhalb so einer Kurmaßnahme doch mit mehr Ruhe mit ihr zusammen einen Hilfeplan entwickelt"*[10] Es kristallisierte sich sehr bald heraus, daß Petras einziger Schutz vor weiterem Mißbrauch darin bestehen würde, sie aus der

---

[6] Protokll der Fachkraft, S.3
[7] Protokoll der Fachkraft, S.3/4
[8] Interviewe mit der Fachkraft, S.9
[9] Interview mit der Fachkraft, S.10
[10] Interview mit der Fachkraft, S.5

Familie herauszunehmen, da von der Mutter nicht zu erwarten war, daß sie sich für die Tochter einsetzen würde.

> *„Die konnte das Kind überhaupt nicht schützen, weil die von dieser ganzen Familie unheimlich unter Druck gesetzt worden ist. Die durfte nirgendwo allein hin. Wenn irgendetwas war, durfte die noch nicht einmal die Petra in den Kindergarten bringen. Also es war schon von Anfang an klar, daß das vielleicht ein Fall ist, wo es vielleicht auch um die Herausnahme des Kindes aus der Familie geht."[11]*

Aus diesem Grunde hatte die Fachkraft mit den Erzieherinnen gesprochen - sie könnten den Eltern vielleicht eine Kur für Petra empfehlen. Also wurde der Kinderarzt des Mädchens ins Vertrauen gezogen, der die Kur genehmigen mußte. Dadurch kam es zu einer Eskalation des Falles. Der Arzt rief die Eltern an, er habe für Petra einen Kurplatz gefunden - in seiner Sorge um das Kind handelte er vorschnell. *„Als die Eltern das Wort 'Kur' gehört hatten, haben sie total zugemacht, sie waren gewarnt."[12]*
Später erfuhr die Fachkraft, daß die Eltern ihre Tochter daraufhin ausfragten.

> *„Petra wurde unter Druck gesetzt und hat erzählt, daß ich bei ihr im Kindergarten war. Die Situation hat sich so zugespitzt, daß klar war, wenn das Kind jetzt nicht weggeht, dann machen die Eltern so dicht, daß man das Kind mit der Polizei da rausholen muß."*

Bei dem nächsten Treffen wirkte Petra sehr verstört. Die Fachkraft beschrieb Petras Reaktion auf die neue Entwicklung:

> *"Petra ist sehr angespannt. Sie tobt und schreit, daß sie nicht in die Kur will. Sie wirkt fahrig, läßt sich auf nichts ein, knabbert an den Fingernnägeln. Sie hippelt von einem Bein aufs andere, so daß ich frage, ob sie auf die Toilette muß. Petra verneint, sagt jedoch, daß ihre Scheide juckt. Auf die Frage, ob ihr etwas wehr tut, antwortet Petra, daß ihr der Popo weh tut. (Petra unterscheidet nicht zwischen Popo und Scheide.) Aber sie will nicht, daß der Doktor nachguckt. Sie entzieht sich diesem Thema und geht auf Distanz."[13]*

Wegen der akuten Krisensituation schlug die Fachkraft vor, daß sie Petra in dieser Woche noch einmal im Kindergarten besuchen könne, womit Petra ausdrücklich einverstanden war. Während des nächsten Kontaktes beim Doktorspiel entspann sich folgender Dialog:

---

[11] Interview mit der Fachkraft, S.7
[12] Interview mit der Fachkraft, S.7
[13] Protokoll der Fachkraf, S.4

Fachkraft:	Wie geht es dir?
Petra:	*Ganz schlecht.*
Fachkraft:	*Im Spiel oder in Wirklichkeit?*
Petra:	*Ganz in Wirklichkeit.*
Fachkraft:	*Wie ist es zu Hause, gibt es immer noch Streit?*
Petra:	*Ja.*
Fachkraft:	*Tut die Scheide noch weh?*
Petra:	*Ja, aber ich will nicht zum Arzt.* (Bei dieser Aussage zeigte sie heftigen mimischen und gestischen Widerstand)[14]

Während des weiteren Zusammenseins war das Mädchen ausgesprochen unruhig. Sie sprang im Zimmer herum und meinte sogar mehrmals *"Pack schon mal meine Koffer für das Krankenhaus."*[15] Nach dem Treffen, das von Petras extremer innerer Zerrissenheit bestimmt war, lag sie völlig erschöpft auf einer Matratze und nahm mit Erleichterung auf, als die Fachkraft ihr mitteilte, es sei in Ordnung, wenn sie sich nicht vom Arzt untersuchen lassen wolle.

Nun spürte die Fachkraft die Verantwortung, eine Entscheidung zu treffen, ohne sicher zu sein, ob dies dem Wunsch des Kindes wirklich entspräche.

> *„Heute würde ich sagen, die Signale waren eindeutig. Das Kind hat mir gesagt, was richtig für sie ist, und ich mußte eigentlich nur das tun, was das Kind vorgegeben hat. Aber es war letztendlich doch meine Entscheidung. Also das war für mich so entsetzlich. Später hat sich herausgestellt, für die Petra war es gar nicht entsetzlich, aber für mich war das so ein massiver Eingriff in das Leben eines Menschen."*[16]

Obwohl die Fachkraft befürchtete, daß die Eltern Petra während des bevorstehenden Wochenendes *„extrem in die Mangel"* nehmen könnten *und „wirklich die Gefahr bestand, daß sie montags nicht mehr aufgetaucht wäre"*[17], war eine Bedenkzeit notwendig, um den nächsten schweren Schritt zu wagen. Die Fachkraft beschreibt ihre Reaktion auf die Entscheidung, Petra am Montag aus der Familie herauszunehmen: *„Ich habe in der Nacht, als ich wußte, jetzt geht es ums Abholen, überhaupt nicht geschlafen. Ich war die ganze Nacht wach."*[18]

Eine Person vom Jugendamt übernahm es, Petra am Montagmorgen aus dem Kindergarten zu abholen und in den KSD zu bringen. *„Also ich habe es einfach nicht gepackt, so aufzutreten, daß ich sie mitnehmen konnte, weil ich solche Schwierigkeiten hatte, dieses Kind da wirklich rauszuholen."*[19]

---

[14] Protokoll der Fachkraft, S.5
[15] Protikoll der Fachkraft, S.5
[16] Interview mit der Fachkraft, S.11
[17] Interview mit der Fachkraft, S.12
[18] Interview mit der Fachkraft, S.12
[19] Interview mit der Fachkraft, S.13

Auch die gemeinsame Fahrt zum Kinderkrankenhaus hat die Fachkraft in schrecklicher Erinnerung:

> *„Ich vergesse das in meinem Leben nicht, als dieses Kind in dem Auto gesessen hat. Es war ersichtlich, sie wußte genau, was diese Fahrt für sie bedeutet und sah also vollkommen fertig aus. Dieses Kind hat alles zurückgelassen, was es besessen hatte.“* [20]

Obwohl Petra im Krankenhaus entspannt und gelöst wirkte, zweifelte die Fachkraft an der Richtigkeit der Maßnahme. Am nächsten Tag, als die Fachkraft Petra besuchte, schienen sich die schlimmsten Vorahnungen zu bestätigen:

> *„Also ich bin innerlich wirklich schlotternd dahingegangen. Ich dachte, jetzt kommt deine Bewährungsstunde. Jetzt will das Kind nach Hause und ruft nach Mutter und Vater und jammert dir was vor. Ich habe richtig gemerkt, daß man Mut haben muß, mit den Kindern zu reden. In dem Krankenhaus gab es keinen Raum, wo wir hätten hingehen können. Auf einmal mußte Petra aufs Klo. Dann hat sie sich aufs Klo gesetzt und hat mich angeguckt und hat gesagt, 'der Papa kommt übermorgen'. Da habe ich Luft geholt und habe gesagt: 'Petra, möchtest du denn, daß der Papa kommt?' Da hat sie gesagt: 'Nein, das möchte ich nicht. Der soll nicht hierherkommen.' Im Grunde war das übersetzt ihre Aussage, ihre Angst, der Papa könnte kommen und mich hier wieder bedrohen.“* [21]

Dies bestätigte die Fachkraft darin, richtig gehandelt zu haben, befreite sie jedoch nicht von der Angst, dem Kind einen nichtgutzumachenden Schaden zugefügt zu haben.

> *„Ich war also fertig mit dem Rest der Welt. Nachdem ich Petra besucht hatte, habe ich extrem Magenschmerzen gekriegt. Es war so eine richtig psychosomatische Reaktion auf den Streß, den ich da mitgemacht habe. Ich habe in der Nacht ständig von entwurzelten Bäumen geträumt und habe Straßen gesehen, nach dem Krieg oder nach einem Erdbeben, und ich mit der Petra an der Hand und geguckt, wo ich sie gut unterbringen kann. Also es war entsetzlich.“* [22]

Nun sollte für das Mädchen ein neues Zuhause gesucht werden, was auch den Wünschen des Kindes entsprach. *„Die Petra erlebte die ersten drei Wochen wie in einem Glückszustand, die war nur happy. Sie sprach immer nur von 'neuen Eltern'.“* [23]
Doch die zuständige Jugendamtsmitarbeiterin unternahm nichts, um für Petra eine feste Unterbringung zu suchen; *„sie hat zeitlich verzögert und*

---

[20] Interview mit der Fachkraft, S.14
[21] Interview mit der Fachkraft, S.16
[22] Interview mit der Fachkraft, S.16
[23] Interview mit der Fachkraft, S.19

immer einen Weg gefunden, das in der Schublade zu lassen "[24], bis die Fachkraft Petras wachsende Unruhe nicht mehr aushielt: „*Sie wurde sehr aggressiv zu den anderen Kindern, ich denke, sie wollte da weg* "[25].
So besuchte sie mit dem Kind ein auf Mißbrauch spezialisiertes Heim, das Petra auf Anhieb gefiel.

> „*Auf der Rückfahrt im Zug hat die Petra zu mir gesagt, 'da hat es mir gefallen, wir müssen uns nichts mehr angucken, da möchte ich hin'. Sie hat in dem Zweibettzimmer gesagt: 'Da schläft meine kleine Schwester, und da schlafe ich'. Sie war also total erleichtert. Das war so schön zu erleben, das Kind atmet auf, es weiß jetzt, wie es weitergeht, und sie hat gemalt und gesungen.* "[26]

Als die Jugendamtsmitarbeiterin von dem Alleingang der Fachkraft erfuhr, wurde eine Konferenz einberufen und die Ansicht vertreten, ein Heim wäre nicht der richtige Ort für Petra und ihre kleine Schwester.

> „*Sowohl das Jugendamt als auch das Kinderkrankenhaus wollten mit aller Gewalt, daß das Kind in eine Pflegefamilie geht. Es wurde auch nicht mehr sachlich diskutiert, wohl auch verursacht durch meine Eigenmächtigkeit. Die Kollegin vom Jugendamt sagte, 'die Petra kann hingehen wo sie will, aber ihre Schwester kommt in eine Pflegefamilie'. Die kleine Schwester war doch der einzige Mensch, der übrig geblieben ist für Petra. Die Petra wollte ja, daß sie bei ihr bleibt.*
> *Es wurden da eher institutionelle Befindlichkeiten ausgefochten, als wirklich zu überlegen, was ist im Sinne des Kindes.* "[27]

Gegen die ausgesuchte Pflegefamilie sprach, daß die Pflegeeltern nicht zu beratenden Gesprächen bereit waren, über keine Erfahrung im Umgang mit sexuellem Mißbrauch verfügten und zudem mit zwei eigenen sehr auffälligen Kindern überlastet schienen. „*Die haben von Anfang an gesagt, sie brauchen keine Hilfe, es gibt keine Probleme. Ein vollkommenes Ausblenden von Problemen.* "[28]
Die Befürchtungen der Fachkraft bestätigten sich leider. Petra testete die Geduld der Pflegeeltern bis zu deren Grenzen aus. Die Pflegemutter war schon sehr bald hoffnungslos mit dem Bemühen des Kindes überfordert, sich mit den Folgen des Mißbrauchs auseinanderzusetzen, zumal die Frau der Auffassung war, man solle die Vergangenheit lieber totschweigen. „*Petra mußte ja über den Mißbrauch reden, das mußte ja raus, das durfte ja nicht wieder ein Geheimnis werden. Es war ja klar, sie würde ihren Mißbrauch aus agieren.* "[29]

---

[24] Interview mit der Fachkraft, S.19
[25] Interview mit der Fachkraft, S.19
[26] Interview mit der Fachkraft, S.21
[27] Interview mit der Fachkraft, S.21
[28] Interview mit der Fachkraft, S.22
[29] Interview mit der Fachkraft, S.22

Als während einer Vorsorgeuntersuchung vom Arzt diagnostiziert wurde, daß Petra erneut und die kleine Schwester zum erstenmal sexuell mißbraucht wurde, stand für die Fachkraft fest, daß eine falsche Entscheidung getroffen worden war.

> *„Das Kind in eine Pflegefamilie zu übermitteln, das ist eher ein Wunschdenken von uns Erwachsenen, weil wir es nicht aushalten können, das Kind jetzt wirklich in ein Heim zu geben, wo klar ist, dort ist Erzieherwechsel, ob es nun ständig gute Bezugspersonen hat? Aber Pflegefamilien sind da überfordert. Seit diesem Fall ist auch klar, daß ein Jugendamt kein mißbrauchtes Kind mehr in Pflegefamilien schickt. Wir haben ja die Ideologie hier, es ist immer am besten, wenn das Kind in der Familie bleibt. Und wenn es die Familie nicht sein kann, dann etwas familienähnliches. Da tut man den Heimen unrecht. "[30]*

Die Fachkraft des Kinderschutzdienstes hielt regelmäßigen Kontakt zu Petra und respektierte ihren Wunsch, in der Pflegefamilie zu bleiben. Nach jüngsten Informationen wurde das Mädchen zusammen mit ihrer kleinen Schwester nun doch in dem Kleinstheim untergebracht.
Die eher tragischen Erkenntnisse, die die Fachkraft aus der Arbeit mit Petra gewann, resultierten aus ihrer bis dahin geringen Erfahrung im Umgang mit sexuellem Mißbrauch an Kindern. Kurz nachdem der Kinderschutzdienst in diesem Ort seine Einrichtung eröffnet und die Fachkraft ihre Tätigkeit aufgenommen hatte, meldete sich der Kindergarten mit dem Fall „Petra".

> *"Iich war fachlich gesehen ganz am Anfang von meiner Laufbahn und hatte keine Sicherheiten auf die ich zurückgreifen konnte. Dann ist mir die Fachfrau vom Ministerium, vom Referat Kinderschutz eingefallen, dann habe ich bei der angerufen und habe halt um Hilfe gebeten. Aber ich hatte auch keine Kolleginnen hier, die mich hätten stützen können. Also ich war da ziemlich allein mit dem Fall. Und das hat mir schon Druck gemacht, muß ich sagen.*
> *Also diese Hilfeplanentwicklung, diese Leitlinien, dieses kindzentrierte Vorgehen, das habe ich natürlich gekannt, aber ich habe es doch ein Stück theoretisch gekannt. Also das war ja schon eine Geschichte, die dann ganz schnell ging und sich ganz schnell zugespitzt hat, und wo ich dann auch nicht so einen Erfahrungsschatz hatte, so zu wissen, einen Schritt zu planen. Ich mache das immer so, ich plane nur einen Schritt, das habe ich so über die Jahre gelernt, und erst wenn der nicht funktioniert, dann überlege ich mir den nächsten Schritt. Und sich auf dieses System einzulassen, das ist mir schwer gefallen. "[31]*

Doch gerade an diesem Fall kann das Konzept der kindorientierten Begleitung besonders exemplarisch veranschaulicht werden.
Die Fachkraft besuchte Petra ohne Wissen oder Einverständnis der Eltern im Kindergarten, um mit ihr gemeinsam zu überlegen, welche Hilfe die

---

[30] Interview mit der Fachkraft, S.23
[31] Interview mit der Fachkraft, S.4

beste für das Mädchen wäre. § 8 des Kinder- und Jugendhilfegesetzes rechtfertigt dieses Handeln, wonach die Eltern nicht unterrichtet werden müssen, wenn sie die Beratung des Kindes vereiteln könnten. Da sowohl der Vater als auch die Großmutter von Petra als mißbrauchende Personen benannt wurden, konnte mit einer Unterstützung der Familie nicht gerechnet werden. Die Fachkraft betont die Notwendigkeit eines behutsamen Vorgehens, *„daß sie (die Eltern) nichts wittern"*[32], da es schon vorgekommen ist, daß ein Kind vom Kindergarten abgemeldet wurde oder die Familie in eine andere Stadt zog.

Da die Mutter von Petra in das Mißbrauchsgeschehen einbezogen war - Petra hatte bei dem Geschlechtsverkehr zwischen den Eltern und Großeltern mütterlicherseits dabeisein müssen - kam für die Fachkraft nur eine Herausnahme des Kindes aus der Familie in Frage, eine Maßnahme, die auch vom Jugendamt gestützt wurde. Daß die Trennung von den Eltern und Großeltern von Petra als Hilfe erlebt wurde, zeigen ihre Reaktionen während der Treffen mit der Fachkraft und später im Kinderkrankenhaus: *„Sie wollte die Eltern weder sehen, noch von ihnen hören"*[33].

Die großen Zweifel, die die Fachkraft hinsichtlich der Richtigkeit dieser folgenschweren Entscheidung hegte, zeugen einmal von ihrem Verantwortungsbewußtsein, aber auch von der erwähnten Vorannahme, ein Kind sei am besten in einer Familie aufgehoben. Ob die Herausnahme aus dem gewohnten Umfeld einem Kind wirklich so großen Schaden zufügt, wie vermutet, wird von WEBER/ ROHLEDER (1995) relativiert, indem sie meinen:

> „Gerade für jüngere Kinder wird die *Pflegefamilie* häufig als die optimale Form der mittel- und langfristigen Unterbringung gesehen. Da sexuell mißbrauchte Mädchen und Jungen das System Familie als Ort der Ausbeutung und Unterdrückung erlebt haben, ist eine Unterbringung betroffener Mädchen und Jungen in Pflegefamilien jedoch nur dann zu befürworten, wenn die Familie sich zum Umgang mit dieser Problematik in der Lage sieht. (...) Es besteht die Gefahr, daß die betroffenen Mädchen und Jungen die eigenen Erfahrungen auf das neue Familiensystem übertragen und die Pflegefamilien mit der Betreuung der Kinder überfordert sind. Die Voraussetzungen für eine Unterbringung bei den Pflegeeltern sollten vor diesem Hintergrund in ihrer ausführlichen Information über das Erleben und die Folgen sexueller Gewalt für Betroffene sowie einer kontinuierlichen fachlichen Begleitung bestehen."[34]

Dies kann die Erfahrung mit Petra bestätigen, wie die Fachkraft lernen mußte: *„Dieses ganze Problem, daß es doch schlimm für ein Kind sein muß, wenn man es aus der Familie reißt, das war alles mein Problem, das war nicht das Problem von Petra. Sie hat sich so stark gegen die Eltern abgegrenzt, daß ich später ein Stück Sorgen hatte, wie sie das packt."*[35]

---

[32] Interview mit der Fachkraft, S.7
[33] Interview mit der Fachkraft, S.17
[34] M.Weber/Ch.Rohleder 1995, S.93
[35] Interview mit der Fachkraft, S.17

Die Vorstellung, in einer Familie oder einem familienähnlichen Verband sei ein Kind am besten aufgehoben, mußte dann auch die Mitarbeiterin des Jugendamtes revidieren, als die beiden Mädchen, Petra und ihre 1 ½ Jahre alte Schwester, in der Pflegefamilie sexuell mißbraucht wurden. Alle haben hieraus gelernt, wie die Fachkraft feststellt: *„Das Jugendamt macht Fehler, ich mache Fehler, wir machen unsere Fehler. Leider Gottes ist es so, daß erst ein paar tragische Erfahrungen gemacht werden müssen."*[36] Auch die Vorgehensweise, nachdem Petra von dem erneuten Mißbrauch erzählt hatte, richtete sich wieder nach dem kindorientierten Konzept der Kinderschutzdienste.

> *„Wir müssen, denke ich, lernen, damit zu leben, daß das Kind in keinem absolut geschützen Zustand ist. Es war einfach klar, Petra wollte lieber weiter mißbraucht werden, als noch einmal aus einer Familie rausgehen zu müssen. Wir lassen mittlerweile ein Kind auch lieber in einer Mißbrauchsfamilie drin, wenn es signalisiert, es will da nicht weg; und wir schauen, welche Schutzvorrichtungen man aufbauen kann."*[37]

An diesem Fall konnten einige wesentliche Merkmale der Kindorientiertheit veranschaulicht werden; zum Beipiel: das Kind ist Experte seiner Situation (Petra hat vermittelt, daß kein Familienmitglied auf ihrer Seite stehen würde); Reflexion mit dem Kind über den Hilfeplan (Petra meldete im Spiel zurück, daß sie die geplante Maßnahme verstanden hatte); die Sichtweisen und Entscheidungen des Kindes einbeziehen (Petra durfte bei der Wahl des Heimes mitreden, wenn ihr auch die Entscheidung vom Jugendamt abgenommen wurde; ihr Wunsch, trotz des Mißbrauchs in der Pflegefamilie zu bleiben, wurde respektiert); die Hilfe muß vom Kind als solche empfunden werden (dies zeigt sich an Petras Entspannung und Zufriedenheit während des Aufenthalts im Kinderkrankenhaus).

7.5.2 Cornelia (6 J.): Die Hilfeplanentwicklung mit Unterstützung der schützenden Mutter

Der Erstkontakt zum Kinderschutzdienst lief über die Mutter des Kindes, die völlig aufgelöst anrief, nachdem ihre Tochter ihr vom Mißbrauch durch den Stiefvater erzählt hatte. Die Fachkraft beschrieb den Eindruck, den das Telefonat in ihr hinterließ. *"Als Frau H. hier angerufen hat, da hat sie ewig gebraucht, bis sie überhaupt eine Stimme hatte. Sie hat nur am Telefon geweint."*[38] Es wurde ein erster Termin vereinbart, bei dem die Fachkraft Cornelia kennenlernen und ihre Sichtweise der Geschehnisse einschätzen konnte.

---

[36] Interview mit der Fachkraft, S.25
[37] Interview mit der Fachkraft, S.24/25
[38] Interview mit der Fachkraft, S.234

Im Spielzimmer des Kinderschutzdienstes wirkte das Mädchen zurückhaltend und distanziert, begeisterte sich jedoch gleich für die Spielsachen. Nach den Einführungsworten, daß die Fachkraft Kindern zu helfen versucht, denen Erwachsene wehgetan haben, kam Cornelia sehr schnell auf den Mißbrauch durch den Stiefvater zu sprechen, den sie Papa nannte. Die Fachkraft faßte die Informationen über die Mißbrauchssituation zusammen:

> *"Der Papa habe an ihr rumgefummelt, als sie geschlafen hat. Davon sei sie wahrscheinlich wach geworden, auch weil sie von Hexen und Geistern geträumt hat. Da hat der Papa gefragt, ob er sich neben sie legen kann. Er war in Hemd und Unterhose. Cornelia hat geantwortet: Nur, wenn du nicht an mir rumfummelst. Er habe dann aber doch weiter an ihr rumgemacht und seinen Daumen in ihre Scheide getan. Ich erfahre bei weiterem Nachfragen, daß der Papa es schon öfters gemacht hat. Es wird deutlich, daß der Mißbrauch wohl über einen langen Zeitraum gehen muß."*[39]

Beim nächsten Treffen wirkte Cornelia freudig und deutlich entspannter als beim ersten Kontakt. Nach einer Aufwärmphase und einigen Spielen erzählte sie unvermittelt von dem Geheimhaltungsdruck, unter dem sie stand:

> *"Der Papa hat das oft gemacht, auch wenn sie gesagt hat, er solle das nicht. Er hat gedroht, ihr den Popo blutig zu schlagen, wenn sie der Mama etwas sagt. Sie hat der Mama aber was gesagt. Die hat ihr wieder gesagt, sie solle dem Papa sagen, daß er aufhören soll, ihr wehzutun. Aber der Papa hat trotzdem weitergemacht."*[40]

Zwischen diesem und dem nächsten Treffen lagen die Sommerferien und Cornelias Einschulung. Aus den Erzählungen des Kindes nach der Sommerpause wurde der Fachkraft klar, daß noch Kontakt zwischen Kind und Stiefvater bestand, obwohl dieser die eheliche Wohnung verlassen hatte.

> *"Der Papa hat ihr gesagt, daß es ihm leid tue, was er gemacht hat. Er würde es nicht mehr tun. Ich erzähle ihr, daß Erwachsene Kindern zwar versprechen, ihnen nichts mehr anzutun, jedoch ihr Versprechen nicht halten. Ich erinnere Cornelia auch daran, daß der Papa ihr das schon früher versprochen hat und dann trotzdem weitergemacht hat."*[41]

Bei Cornelias viertem Besuch im KSD wurde der Fachkraft die starke Ambivalenz des Kindes gegenüber dem Stiefvater klar:

> *"Einerseits will Cornelia mit dem Papa wieder zusammensein, andererseits soll er eingesperrt werden, weil er ihr wehgetan hat. Cornelia sagt, sie wäre durcheinander geworden. Sie wiederholt, daß der Papa wieder bei ihr sein soll."*[42]

---

[39] Protokoll der Fachkraft, S.2
[40] Protokoll der Fachkraft, S.3
[41] Protokoll der Fachkraft, S.5
[42] Protokoll der Fachkraft, S.8

Erst nachdem die Fachkraft zu Cornelia eine Vertrauensbasis aufgebaut hatte, wagte das Mädchen, Szenen des Mißbrauchs im Spiel darzustellen: *"Cornelia spielt den Stiefvater, der sie unter der Dusche gezwungen hat, seinen Penis in den Mund zu nehmen. Dies läßt erkennen, daß er sie massiv unter Druck gesetzt hat."*[43]

Die Fachkraft versuchte mit dem Kind zu klären, unter welchen Bedingungen es sich vor weiterem Mißbrauch bewahrt fühlt, und stellte an Cornelia folgende Fragen:

KSD:	*Was brauchst du, um dich sicher und geschützt zu fühlen?*
Cornelia:	*Dich.*
KSD:	*Wen noch?*
Cornelia:	*Da, wo die Mama hingeht. (Sie meint die Psychologin der*
Mutter)	
KSD:	*Wo fühlst du dich sicher?*
Cornelia:	*Hier und bei der Mama, wenn sie nicht so schimpft.*
KSD:	*Wann schimpft denn die Mama vor allem?*
Cornelia:	*Bei den Hausaufgaben.*
KSD:	*Und was ist mit dem Papa?*
Cornelia:	*Ich will nicht, daß mein Papi ins Gefängnis kommt. Ich will, daß die Mama und der Papa hier zusammen sprechen.*
KSD:	*Worüber sollen wir denn sprechen?*
Cornelia:	*Daß der Papa wieder gesund werden soll. Daß er im Kopf wieder gesund wird und das nicht mehr tut.*[44]

Die Fachkraft schlug Cornelia vor, sie in der Tagesgruppe eines Kinderheims unterzubringen, zumal die Mutter sehr mit der Bewältigung der akuten Situation beschäftigt schien und einen labilen Eindruck machte. Dort erhalte Cornelia auch Unterstützung bei den Hausaufgaben. Erst war das Kind und schließlich auch die Mutter mit dieser Lösung einverstanden.

Für den Schutz des Kindes nahm die Mutter von Cornelia, Frau H., eine Schlüsselstellung ein. Sie handelte sehr konsequent, als ihre Tochter ihr vom Mißbrauch durch den Ehemann erzählte. Sie konfrontierte ihren Mann - der die Tat zugab -, sie zog mit der Tochter aus der Wohnung aus, reichte die Scheidung ein und wandte sich an den Kinderarzt, fand eine Beratung für sich und stellte Kontakt zum KSD her.

Frau H. arbeitete in einem Aushilfsjob, obwohl sie über zwei Berufsabschlüsse verfügt. Der Mißbrauch kann sich während ihrer Abwesenheit ereignet haben, wenn sie Nachtschicht hatte. Seit der Offenlegung des Mißbrauchs wirkte Frau H., nach Einschätzung der Fachkraft *"immer wie kurz vor dem Zusammenbruch"*[45]. Frau H. drückte *"ihre Fassungslosigkeit darüber aus, daß sie den jahrelangen Mißbrauch nicht bemerkt hat"*[46].

---

[43] Protokoll der Fachkraft, S.30
[44] Protokoll der Fachkraft, S.29
[45] Interview mit der Fachkraft, S.23
[46] Protokoll der Fachkraft, S.2

Wie es dazu kam, daß sie ihre Tochter nicht vor den Übergriffen des Ehemannes schützen konnte, hielt Frau H. für die Fachkraft schriftlich fest:

> *"Weil mein ganzes Unterbewußtsein sich geweigert hat zu glauben, daß meine Tochter das gleiche Schicksal wie ich hat, konnte ich viele Zeichen nicht erkennen, konnte und wollte sie nicht sehen. Durch die Aufarbeitung meiner Vergangenheit, meines eigenen Mißbrauchs bin ich hellhöriger geworden. Schon aus Angst, es könnte wieder etwas geschehen, würde ich z.Zt. meine Tochter mit keinem Mann allein lassen."[47]*

Als Frau H. alle Schritte zum Schutz ihrer Tochter und zur Bewältigung der Lebensumstellung eingeleitet hatte, erlitt sie einen Nervenzusammenbruch. Wegen akuter Suizidgefahr stimmte sie einer Einweisung in eine psychiatrische Klinik zu. Dort kam sie zur Ruhe, konnte sich fallenlassen und erholen. Cornelia wurde während des Klinikaufenthaltes der Mutter in eine Heimgruppe aufgenommen.
Vor diesen Ereignissen lag jedoch die Auseinandersetzung der Fachkraft mit dem Täter.
Auf Cornelias Wunsch fand zwei Monate nach der Offenlegung des Mißbrauchs ein Gespräch im KSD mit dem Stiefvater statt.

> *"Cornelia sagte, daß sie den Papa sehen will. Sie hat es auch selbst hier in die Maschine getippt: 'Ich, Cornelia, möchte meinen Papa wieder treffen, auch wenn die Mama das nicht will'. Die Mutter war kaum zur Tür raus, da war es das allererste. 'Ich will den Papa sehen.' Sie spürte das Verbot, daß sie das eigentlich nicht darf."[48]*

Der Stiefvater, Herr H., wurde also in den KSD eingeladen, damit man die Möglichkeit eines betreuten Kontakts überlegen und vorab Bedingungen stellen konnte. Die Fachkraft machte sich Notizen über die Konfrontierung des Stiefvaters mit seinen Taten:

> *"Ich sage Herrn H. ganz klar, daß es darum geht, Cornelia zu sagen, daß nicht sie daran schuld ist, sondern daß er Schuld hat; auch, daß er und die Mama jetzt nicht zusammenleben können. Er soll auch benennen, was er genau an sexuellen Manipulationen vorgenommen hat: Finger in die Scheide, Penis in den Mund."[49]*

Wegen Cornelias Wunsch, daß sich beide - Mutter und Stiefvater - im KSD treffen sollten, aber auch zur Klärung der Verantwortung für die sexuellen Übergriffe, lud die Fachkraft zu einem "Familiengespräch" ein. Cornelia hing am Hals des Stiefvaters, während dieser *"mehr rhetorisch"* ausdrückte,

---

[47] Protokoll der Fachkraft, S.44
[48] Protokoll der Fachkraft,S.2
[49] Protokoll der Fachkraft, S.23

daß *"es nicht in Ordnung war, was er gemacht hat, daß er allein die Verant-
wortung hat, daß Cornelia keine Schuld trägt"[50]* .
Cornelia bestand plötzlich darauf, daß die Mutter den Raum verließ, da sie
Herrn H. etwas mitteilen wollte:
*"Nach einigem Anlauf und Ausflüchten sagt Cornelia dem Stiefvater: 'Es
war gar nicht so schlimm.'"* Die Fachkraft fragte daraufhin:

> *"Glaubst du, dem Stiefvater helfen zu müssen? Cornelia meinte: 'Ja, der Papa
> braucht meine Hilfe.' Ich sage Cornelia, daß ihr Stiefvater ein Erwachsener ist, der
> genau weiß, daß er falsch gehandelt hat, indem er ihr z.B. den Finger in die
> Scheide oder den Penis in den Mund getan hat (worauf Cornelia den Mund
> verzieht). Zum Schluß wünscht Cornelia, daß wir beide zusammen schreien."[51]*

Da die Fachkraft nach dieser Zusammenkunft nicht sicher war, ob Herr H.
verantwortungsbewußt mit einem Kontakt zu seiner Stieftochter würde
umgehen können, telefonierte sie mit dem Therapeuten, bei dem Herr H.
Beratung für seine Schwierigkeiten suchte. Dieser vermittelte der Fachkraft
einen Eindruck von seinem Klienten: *"Herr H. könne das Schuldthema
kaum an sich heranlassen, weil es zu erdrückend sei. Der Therapeut hält ihn
jedoch nicht für den typischen Totalverleugner."[52]*
Dem Kontaktwunsch von Cornelia standen die Zweifel der Fachkraft gegenüber, ob das Mädchen wegen der teilweisen Leugnung Herrn H.s bei einem
betreuten Kontakt vor weiteren Übergriffen sicher sei. Es sollten betreuten
Treffen, aber auf Cornelias Vorschlag nicht zu Hause stattfinden, *"dazu ist
die Mama noch zu schwach, aber ich bin schon stark genug"[53]*, sondern in
dem Kinderheim, in dem Cornelia die Tagesgruppe besuchte.
Mit Cornelias Hilfe wurde ein Vertrag mit dem Stiefvater über Art und Umfang der gemeinsamen Treffen und über die Benennung der Taten verfaßt,
um bei erneuten Übergriffen ein Geständnis des Täters in der Hand zu
haben. Hier hielt auch das Mädchen seine Version des sexuellen Mißbrauchs fest: *"Der Papa hat mir seinen Finger in die Scheide gesteckt. Er ist
zu mir ins Bett gekommen, als die Mama arbeiten war. Ich mußte den Penis
vom Papa in den Mund nehmen. Das ist ganz oft gewesen."[54]*
Herr H. unterzeichnete diesen Vertrag und bestätigte damit die Aussagen
des Kindes. Als Erklärung der Vorfälle aus seiner Sicht, legte er ein
Schreiben bei, das hier ausführlich zitiert werden soll, da ein so umfangreiches Geständnis eines Mißbrauchstäters die Hintergründe der Situation
erhellen hilft:

> *"Ich möchte mit dieser Erklärung nicht um Milde bitten, sondern aufzeigen, warum
> Aussagen wie 'du darfst der Mama nichts sagen' oder ähnliches nicht von mir ge-*

---

[50] Protokoll der Fachkraft, S.21
[51] Protokoll der Fachkraft, S.24
[52] Protokoll der Fachkraft, S.27
[53] Protokoll der Fachkraft, S.37
[54] Protokoll der Fachkraft, S.59

kommen sein können. Ich war viel zu sehr mit mir selbst beschäftigt, um solche trivialen Äußerungen oder gar Drohungen auszusprechen.

Das ist nun die Wahrheit:

Begonnen hat alles damit, daß Cornelia unter der Dusche meinen Penis in den Mund nahm. Ich war völlig überrascht und hatte sofort eine Erektion. Die Gefühle, die ich dabei hatte, nahmen mich sofort in ihren Bann. Ich konnte mich in diesem Moment der Situation nicht mehr erwehren. Im nachhinein hätte ich liebend gerne darauf verzichtet. Die folgende Zeit zeichnete sich dadurch aus, daß ich einerseits den Wunsch hatte, nie wieder diese Gefühle kennenzulernen, andererseits aber nicht verhindern konnte, daß es wieder zum gemeinsamen Bad kam. Ich hatte nicht den Mut, der Mutter von dem Vorfall zu erzählen, und sie deklarierte das Baden mit Cornelia als Liebesbeweis und in der Weigerung sah sie das Gegenteil. So kam es nach einer Weile zum nächsten Vorfall. Ich hatte mich in der Wanne zurückgelehnt und die Augen geschlossen. Cornelia fragte mich, was ich denn tun würde. Ich antwortete, ich würde ausruhen. Daraufhin stieg sie auf meinen Bauch und meinte, sie müsse sich auch ausruhen.

Ich hatte sofort wieder eine Erektion und Cornelia nahm meinen Penis zwischen ihre Beine. Ich trug einen qualvollen inneren Kampf aus, bis sie wieder von mir stieg.

Bei den folgenden Malen, in denen wir gemeinsam badeten, schien wieder alles unter Kontrolle, bis zu dem Zeitpunkt, als Cornelia anfing, wieder mit meinem Penis zu spielen. Die Ehe mit meiner Frau hatte mir damals schon viel von meiner Persönlichkeit und Selbstachtung genommen, wodurch das folgende vielleicht leichter verständlich wird. Ich möchte aber betonen, daß ich das nicht als Entschuldigung gewertet sehen möchte, sondern als Darstellung meiner seelischen Situation.

Ich konnte mich zu diesem Zeitpunkt nicht mehr dem Reiz entziehen und versuchte, Cornelia klitoral zu stimulieren. Das geschah etwa fünf bis sechs mal. Ich war entweder in der Wanne oder badete Cornelia und befand mich davor. Einmal versuchte ich, Cornelia mit dem Finger vaginal zu penetrieren, hörte aber auf, als ich merkte, daß es ihr unangenehm wurde. Von da an hat für einige Zeit kein Mißbrauch stattgefunden. Erst diesen Sommer kam es dann zum Eklat, als ich eines Abends zu Hause anlangte. Es war kurz nach Mitternacht. Ich hatte eine chronische Halsentzündung, eine sehr anstrengende Arbeitswoche hinter mir und beim Treffen mit Freunden etwas getrunken. Ich zog mich aus, hörte Cornelia rufen, ging in ihr Zimmer und weckte sie. Cornelia nahm mich in den Arm, sagte, sie hätte eine Hexe gesehen, und ich legte mich zu ihr. Dann versuchte ich, sie klitoral zu stimulieren. Cornelia schaltete ihren Kassettenrecorder ein. Ich ging dann ins Ehebett. Mehr Erinnerung habe ich an diesen Vorfall nicht mehr.

Ich möchte nochmals erklären, wie leid mir das alles tut und daß ich bereit bin, alles für Cornelia zu tun, um den Schaden so gering wie möglich zu halten. Ich bin auch bereit, die Verantwortung für meine Taten zu übernehmen. Ich weiß, welche Schuld ich auf mich geladen habe."[55]

---

[55] Protokoll der Fachkraft, S.60-62

Es wurde Cornelia möglich, Mißbrauchsszenen mit starken Gefühlen nach-zuspielen, offen über die Erfahrung zu sprechen und auch gegenüber dem Stiefvater bei einem gemeinsamen Treffen im KSD die Geschehnisse zu benennen. *"Cornelia äußert sich sehr frei im Gespräch mit dem Stiefvater, daß er sie in der alten Wohnung sexuell mißbraucht habe. Ihm scheint es die Sprache zu verschlagen."*[56]

Die Schulprobleme hatte Cornelia im Griff, und sie wirkte auch recht zu-frieden mit der neuen Lebenssituation: Ihre Mutter hatte einen neuen Partner gefunden, der nun bei ihnen wohnte.

Als Cornelia 9 Jahre alt war und in die dritte Klasse der Grundschule ging, hatte ihre Lebenssituation sich soweit stabilisiert, daß die Mutter einem Interview mit ihrer Tochter zustimmte. Cornelia sei ganz begierig, von ihren Erfahrungen im Kinderschutzdienst zu sprechen, berichtete Frau H. am Telefon. Cornelia erzählt, wie sie die Kontakte mit der Fachkraft im KSD erlebt hat:

> *„Zum allerersten Mal habe ich mich hinter der Mama versteckt, weil ich noch ein bißchen Angst hatte. Aber dann habe ich mich selber getraut. Und es hat tierisch Spaß gemacht* (mit lauter, begeisterter Stimme)*, weil wir haben gespielt oder gemalt. Wir haben auch, wir haben auch ... so gespielt, was vorgefallen ist. So, wie mein Vater mich mißhandelt hat* (leicht verschämt)*.‘*[57]

Sie betont auch ausdrücklich, daß sie gerne erzählen möchte, was der Stief-vater mit ihr gemacht hat, *„damit ich es endlich loskrieg"*[58]. Trotzdem unterbricht sie das Interview einige Male, bevor sie wirklich bereit dazu ist.

> *„Also, so richtig sexuell mißhandelt, kann man zwar net sagen, weil er hat's näm-lich eher mit dem Daumen gemacht, also, hach, wie soll man sagen, mit dem Penis. Der ist mit dem Daumen an die Scheide und hat da so rum. Ich hatte so einen Traum von Knochenskeletten und Pferden, als er das gemacht hat. Dann bin ich wachgeworden und dann hat er gefragt, 'darf ich mich zu dir ins Bett legen?' Und ich Olberdolber hab auch noch 'ja' gesagt. Also, währendmal ist er unter die Decke und hat dann weitergemacht. Und dann, dann war ich die ganze Zeit noch wach, bis die Mama von der Spätarbeit kam.‘*[59]

Nachdem Cornelia den Mut gefunden hatte, ihrer Mutter von den sexuellen Übergriffen zu erzählen, hat die rasche Reaktion der Mutter ihr sehr ge-holfen. Daß diese den Partner auf die Tat ansprach, ihrer Tochter sofort glaubte und sich augenblicklich vom ihm trennte, half Cornelia, den großen Schrecken zu überwinden.

---

[56] Protokoll der Fachkraft, S.64
[57] Interview mit dem Kind, S.1
[58] Interview mit dem Kind, S.2
[59] Interview mit dem Kind, S.9

„Da war ich erstmal erleichtert, aber ich hatte noch Angst, daß er es nochmal macht. Aber ich war schon ein ganzes Stück erleichtert. Ich hab es ja für mich behalten müssen. Daß meine Mutter mir geholfen hat, daß er auszieht, das war noch mal eine Erleichterung. Ich hatte so das Gefühl gehabt, daß sie mir erst gar nicht glaubt."[60]

Trotz dieser spontanen Hilfe durch die Mutter litt Cornelia noch lange an den Folgen des Mißbrauchs. Sie beschreibt, mit welchen Gefühlen sie zu kämpfen hatte:

„Ich bin auch ganz schön glücklich. Wie bei nem Wunder. Ich hab es ja grad noch so überlebt. Eine Minute später und ich war tot gewesen.
Als ich zur Schule gegangen bin, war ich immer nervös und hatte Angst. In der Stadt habe ich mich immer irgendwie getarnt. Ich habe meine Kappe aufgesetzt, daß man kaum meine Augen sieht, und habe so eine schwarze Jacke angehabt. Ich bin bei jedem Mann, den ich gesehen hab, da hab ich so gemacht (sie zieht den Kopf ein, hebt die Schultern und tut so, als raffe sie die Jacke zusammen).*"[61]*

Während der Kontakte mit der Fachkraft im Kinderschutzdienst gelang es Cornelia, diese Angst zu benennen und sie zum Teil zu bewältigen. *„Jaaa, das hat mir geholfen, damit ich's vergesse und damit ich keine Angst mehr habe und damit ich wieder in Ruhe zur Schule gehen kann."[62]* Doch sehr schnell kommt sie auch darauf zu sprechen, daß die Fachkraft sie wohl nicht so richtig verstanden hat. Cornelia kritisiert vor allem, es sei für sie zu überraschend und unvorbereitet gewesen, als der Vater in den KSD eingeladen wurde. Dies muß für sie ein besonderer Konflikt gewesen sein, da sie immer wieder darüber spricht und dieses Thema sich wie ein roter Faden durch das Interview zieht.

„Zum Schluß hat mir's nimmer gefallen, weil ich meinen Papa wiedergesehen hab, der wo mich mißhandelt hat. Das hat mir nicht gefallen. Das hat ein bißchen Unstimmung in mich gebracht. So wie, als ob ich noch mal ... Ich hatte so richtig Angst. Die Angst war zwar ein paar Wochen weg, aber da ist sie, uuuuah, gleich wiedergekommen.
Das kam für mich irgendwie so überraschend. Ich hätte gewünscht, daß ich weiß, wenn mein Vater kommt. Ich glaube, daß es hat sein müssen, damit ich aufhör, diese Angst zu kriegen. Aber dann habe ich immer mehr Angst gekriegt."[63]

Im Laufe des Gesprächs kam heraus, daß Cornelia den Stiefvater schon sehen wollte, aber sehr ambivalent war *(„Es heißt eigendlich, jein. Es war so ja-nein"[64])*. In jedem Fall hat die Fachkraft wohl nicht intensiv genug mit

---

[60] Interview mit dem Kind, S.10
[61] Interview mit dem Kind, S.4 u. S.10
[62] Interview mit dem Kind, S.4
[63] Interview mit dem Kind, S.3, S.4 u. S.5
[64] Interview mit dem Kind, S.13

dem Kind geprüft, wann der richtige Zeitpunkt für ein Zusammentreffen war. Dem Mädchen ist in positiver Erinnerung geblieben, dem Vater sagen zu können, daß der Mißbrauch für sie *„net schön war"*.

> *„Da habe ich meinem Vater nochmal richtig klar gemacht* (mit wütender Stimme)*, bis er gesagt hat: 'Klar, ich hab es gemacht, aber ich war ja auch angetrunken, ich wußte ja gar nicht, was ich mach'. Das hab ich ihm net geglaubt. Weil, wenn man angetrunken ist, da weiß man ja noch, was man macht."*[65]

Die Wut auf den Stiefvater und nicht ihr Wunsch, mit ihm zusammen zu sein, muß im Vordergrund ihres Erlebens gestanden haben. An mehreren Stellen wird deutlich, wie empört Cornelia wegen des Mißbrauchs war. Nach dem Auszug des Stiefvaters vermißte sie lediglich seine Computerspiele. Sie hätte sich gewünscht, daß er ins Gefängnis kommt, denn dann hätte sie sich sicherer fühlen können.

> *„Ich fand das ganz schön gemein, daß die ihn wieder freigelassen haben, anstatt ihn ins Gefängnis zu werfen. Ich hätte ihn nämlich lieber ins Kittchen geworfen. Seitdem ist er jetzt ganz woanders. Da bin ich ja froooh.*
> *Als meine Mutter ihn gefragt hat, was er gemacht hat, da hat er gesagt, 'garnichts'. Und dann hat sie ihn ein bißchen gequält, bis er dann gesagt hat: 'Ich habe nur ein bißchen mit dem Daumen an ihrer Scheide rumgefummelt'. Ich hab gesagt: 'Was du gemacht hast, war ja wohl unerhört!. Der hat meiner Mama nicht alles erzählt."*[66]

Um die Angst vor dem Stiefvater loszuwerden, half ihr vor allem die Beschäftigung mit dem Bilderbuch „Das große und das kleine Nein"[67]. In einer Therapie, in der Cornelia nach den Treffen im KSD die Folgen des Mißbrauchs aufarbeiten sollte, gelang es ihr, wieder einigermaßen unbeschwert zu werden.

> *„Seit ich jetzt das große und das kleine Nein gelernt habe, habe ich vor gar keinem mehr Angst. Da hätte ich meinen Vater dann angebrüllt. Ich hab ja so eine kräftige und laute Stimme, wenn ich einen anbrülle, daß der zusammenkracht vor lauter Angst. Später hatte ich null Angst mehr. Es war ja voher noch so ein Pünktchen da* (zeigt mit dem Zeigefinger auf die Brust)*, das war, als ich das große und das kleine Nein gelernt hab. Das war die zweite Stelle, wo mir geholfen hat. Die erste war der Kinderschutzdienst."*[68]

Am Kontakt zum Kinderschutzdienst erlebte Cornelia als hilfreich, daß sie dort den Mißbrauch ausdrücken konnte. Ihre Einstellung zum Stiefvater muß die Fachkraft jedoch falsch interpretiert haben. Es ging dem Kind

---

[65] Interviews mit dem Kind, S.9
[66] Interview mit dem Kind, S.9
[67] D.Wolters: „Das große und das kleine Nein". Köln 1992
[68] Interview mit dem Kind, S.9

weniger um den Verlust einer ansonsten geliebten Person, als vielmehr darum, das erlittene Unrecht dem Stiefvater klarzumachen. In Cornelias Erleben herrschten Empörung und Angst vor. Die Stiefvater-Tochter-Beziehung wurde nicht genügend mit Cornelia reflektiert.

Es ist durchaus nicht üblich, daß eine Mutter so konsequent wie Frau H. handelt, den Aussagen des Kindes glaubt, den Ehemann konfrontiert, den sofortigen Schutz einleitet und sich Hilfe für sich und ihre Tochter holt. Viele Mütter mit eigenen Mißbrauchserfahrungen befinden sich in Abhängigkeit vom Ehemann, die nicht selten geprägt ist von Gewalt, Isolation oder aber Sucht nach Harmonie. Wie die Erfahrungen der Kinderschutzdienste zeigen, kann es auch vorkommen, daß eine Mutter selbst in das Mißbrauchsgeschehen involviert ist, den Mißbrauch duldet oder sogar unterstützt.
Da Frau H. jedoch ihre Tochter schützen wollte, war der Kinderschutzdienst bemüht, die Mutter zu stärken, damit sie die Krise verarbeiten und die eigenen traumatischen Erfahrungen bewältigen kann. Die Begleitung der Mutter wurde jedoch an eine andere Beratungsstelle übergeben.
Im konkreten Fall war zu klären, ob Cornelia sich wirklich von der Mutter geschützt fühlte und wie sie selbst die Mißbrauchssituation erlebte. Die Aussage der Mutter über die Aufdeckung des Mißbrauchs sagt noch nichts über die Tragweite und Bedeutung der Geschehnisse aus der Sicht des Kindes. Bei den regelmäßigen Terminen im Kinderschutzdienst fand die Fachkraft heraus, daß die Sechsjährige vermutlich über einen langen Zeitraum vom Stiefvater vaginal und klitoral berührt wurde, daß sie seinen Penis anfassen und in den Mund nehmen mußte. Die Gefühlsäußerungen des Kindes (Schreien während des Nachspielens von Mißbrauchsszenen und Schütteln bei der Erinnerung an den oralen Mißbrauch) weisen auf die seelisch Verletzung durch die sexuellen Übergriffe hin.
Die Fachkraft überlegte mit dem Kind, wie es vor weiterem sexuellen Mißbrauch geschützt werden könnte, da nicht sicher war, ob die labile Frau H. wirklich in der Lage war, eine erneute Gefährdung von ihrer Tochter abzuwenden. Die Labilität der Mutter wurde von Cornelia gesehen und benannt, ... *"dazu ist die Mama noch zu schwach"*[69]. Die Fachkraft schlug deshalb die Unterbringung in einer Tagesheimgruppe vor, und Cornelia stimmte dem zu.
Des weiteren war herauszufinden, wie Cornelia sich ihre zukünftige Lebensgestaltung vorstellt. Im Mittelpunkt der nächsten Treffen stand ihr Wunsch, Kontakt zum Stiefvater zu behalten. Die Fachkraft ging auf Cornelia ein, indem sie einen betreuten Kontakt initiierte, das Gespräch mit dem Stiefvater suchte - wie von Cornelia vorgeschlagen - und Herrn H. einen Vertrag unterzeichnen ließ, in dem das Kind die Mißbrauchsvorfälle benannte.
Die Erklärungen des Stiefvaters zu den Umständen des Mißbrauchs und seine Reaktionen darauf sind geprägt von einer typischen "Verantwortungs-

---

[69] Protokoll der Fachkraft, S.37

abwehrhaltung", der Schuldverschiebung, der Verharmlosung, der Verleugnung und Rechtfertigung[70].

Für ihn trägt das Kind die Verantwortung, das angeblich aktiv zum Mißbrauch einlud; die Ehe, die ihm angeblich so viel von seiner Persönlichkeit und Selbstachtung genommen hat; und die Ehefrau, die sein gemeinsames Bad mit der Tochter als Liebesbeweis geradezu erwartete. Er verharmlost den Mißbrauch, indem er insistiert, er habe keinerlei Druck ausgeübt; indirekt bezichtigt er das Kind, in diesem Punkt gelogen zu haben. Seine wiederholt beteuerte Reue wird durch diese Abwehrhaltung desavoniert.

7.5.3   Eva (4 J.) und Dirk (6 J.): Die Hilfeplanung mit unterstützenden Bezugspersonen und zivilrechtlichen Maßnahmen

Eine Pädagogin aus einer Kindertagesstätte rief im Kinderschutzdienst an, weil sie sich die massiven Auffälligkeiten eines Geschwisterpaares nicht erklären konnte. *„Die zeigen ein Verhalten, das so eigenartig ist, daß sie vielleicht in ein Heim müssen"*, meinte sie[71]. Sie teilte außerdem mit, daß das Mädchen nie mitspiele und große Angst vor Männern habe. Und beide Kinder, das sei besonders schlimm, würden einnässen und einkoten - es sei nicht mehr auszuhalten. Die Fachkraft bat die Erzieherin, mit der Mutter zu sprechen, damit diese Kontakt zum Kinderschutzdienst aufnehme.

Als die Mutter schon kurze Zeit später zu einem Erstgespräch erschien, erzählte sie, daß die Kinder nicht nur jeden Tag mehrmals einnässen und einkoten, sondern daß vor allem der Junge seinen Kot in der ganzen Wohnung verteilt. Es sei vor Gestank nicht mehr auszuhalten. Seit drei, vier Monaten würden ihre Kinder diese unerklärlichen Dinge tun, genau seit der Zeit, als ihr schwer alkoholabhängiger Ehemann, der sie jahrelang mißhandelt und vergewaltigt habe, endlich von der Polizei aus der Wohnung gewiesen wurde.

Als die Kinder zu ihrem ersten Treffen in den Kinderschutzdienst kamen, wirkten sie sehr verstört und trauten sich kaum ins Spielzimmer. Die Geschwister hatten eine eigene Sprache mit Stotter- und Lallworten entwickelt, die kaum zu verstehen war. Sie spielten mit Bausteinen, ohne mit der Fachkraft Kontakt aufzunehmen. Die anwesende Mutter war sehr erstaunt, daß die Fachkraft keine Befragung der Kinder vornahm, sondern bei ihnen am Boden saß und ihren eigenen Turm baute. Nach anderthalb Stunden bedeutete Eva der Fachkraft, sie solle ihr einen Baustein reichen. Die Fachkraft fragte beide Kinder zum Abschluß, ob sie nochmal kommen wollten, was beide klar bejahten. Sie wünschten einen eigenen Zettel mit der Terminbestätigung und prägten sich sehr ernsthaft den Namen der Fachkraft ein.

---

[70] G.Deegener: Die Täter. Weinheim/ Basel 1995
[71] Fall 33, Interview mit der Fachkraft, S.1

Die Fachkraft beschreibt die nächsten Kontakte:

„Die Kinder kamen wieder zögerlich, aber das Spielen ging anders. Zunächst spielten sie eine kurze Zeit wieder allein und dann haben sie Bausteine von mir gebraucht; auch ich brauchte Bausteine von ihnen. Das ist so langsam ein Austausch, ein Geben und Nehmen, in diesem Spiel geworden. Das waren so die ersten Sitzungen, wo wir nur gespielt haben, primär mit Bauklötzen. Im Spiel mit den Handpuppen haben die Kinder dann begonnen zu erzählen, was sie in der Kindertagesstätte machen.
Nach diesem ersten Part, wo immer noch die Mutter anwesend war, sind die Kinder dann allein gekommen. So nach und nach haben sie auch die anderen Spielsachen entdeckt und ein normaleres, für diese Altersstufe adäquateres Spielverhalten kristallisierte sich heraus."[72]

Die Mutter fragte die Fachkraft, was sie denn mit den Kindern mache, sie würde nur spielen und trotzdem sei das Einnässen und Einkoten fast verschwunden. Kurze Zeit später rief die Mutter in heller Aufregung im Kinderschutzdienst an und berichtete folgendes:

„Sie hätte abends die Kinder ins Bett bringen wollen. Eva wollte ihr noch einen Kuß geben. Dann hat Eva der Mutter die Beine auseinander gemacht, hat versucht der Mutter die Unterhosen runterzuziehen und sie zu küssen und zu schlecken. Die Mutter fragte entsetzt, 'was machst du da?'. Da meinte Eva, 'das macht der Müller'. Die Kinder haben nie, weder vorher noch danach, ihren Vater mit dem Vornahmen benannt. Sie haben ihn immer nur den 'Müller' genannt und es sehr distanziert ausgesprochen. Am nächsten Tag erzählte Eva der Mutter, der Müller habe sie und Dirk geküßt.[73] *Dann berichtete Frau Müller noch etwas: Wenn die Kinder mal allein seien, passiere immer das Gleiche. Die Kinder holen alles an Eßwaren aus dem Kühlschrank und den Schränken und verteilen es auf dem Boden. Wenn sie die Wohnungstür aufmacht, dann erwartet sie ein Geschmiere von Nutella und Gries und Reis mit Butter verschmiert und Hering und was weiß ich. Da könne sie mit kaum jemandem drüber reden."*[74]

Um das merkwürdige Verhalten der Kinder zu verstehen, lud die Fachkraft die Mutter und ihren neuen Partner, der inzwischen in die Wohnung eingezogen war und den die Kinder sehr mochten, zu einem gemeinsamen Gespräch in den Kinderschutzdienst ein. Herr W. hatte eine weitere Information:

„Als er neulich ins Bad kam - er hätte noch nicht mit Frau Müller darüber geredet - waren dort Eva und Dirk. Er hat gesehen, daß Eva den Penis von Dirk im Mund hatte. Daraufhin war er so erschrocken, daß er aus dem Bad rannte und die Tür

---

[72] Fall 33, Interview mit der Fachkraft, S.2
[73] Fall 33, Interview mit der Fachkraft, S.3/4
[74] Fall 33, Interview mit der Fachkraft, S.4

hinter sich zuschlug. Als er sich etwas gefaßt hatte, ging er wieder rein und fand die Kinder ganz normal in der Badewanne sitzend vor. Er fragte: 'Was habt ihr da gemacht?' 'Nix.'

Er fragte mich, 'können Sie sich erklären, warum sich der Dirk immer in die Hosen scheißt?' Ich fragte ihn: 'Denken Sie, daß er das bewußt macht?' Da sagte er ganz spontan: 'Wissen Sie, waren Sie schon mal im Knast? Wissen Sie, was da manchmal unter der Dusche passiert? Und wenn das passiert, dann scheißen Sie ins Bett, ob Sie wollen oder nicht.' Und dann mußte er weinen. Dann konnte er berichten, daß er selber Vergewaltigungen im Knast erfahren hat, danach haben seine Schließmuskeln nicht mehr funktioniert. Beide mußten weinen und haben plötzlich einiges über die Kinder verstanden. Und wir hatten darüber gesprochen, wie Kinder Symbole setzen, was uns Kinder zeigen. Dieses Paar hat dann eine Erklärung gefunden, daß die Kinder sich und alles verschmutzen, um sich zu schützen, oder weil der Schließmuskel nicht mehr funktioniert. Das ist ihre Methode, die Tür zu schließen, wenn man in die Wohnung kommt und kriegt das Kotzen, wo sie mit sagen, hier kann man nicht rein. Die Kinder hätten auch viele Haustiere 'zerschlissen'. Die Tiere sind immer eingegangen. Herr W. konnte einmal beobachten, wie Eva einen Hamster solange würgte, bis er gestorben ist.[75]

Vorerst sollte also die Fachkraft mit den Kindern weiterarbeiten. Eine Woche später legten die Kinder in der Wohnung einen Brand. *„Das war ein gigantischer Hilferuf dieser Kinder."*[76] Die Kinder klammerten sich bei der Untersuchung der Brandursache durch die Polizei an die Mutter und fragten immer wieder: *„Kommt jetzt der Müller auch nimmer? Kommt der Müller nimmer?"*[77] Kurz danach kam die Mutter mit ihrer Tochter in den KSD und meinte: *„Heute will ihnen die Eva ein Geheimnis verraten."*[78] Während des Spiels verkündete die Vierjährige dann: *„ 'Der Müller hat mir am Pfläumchen gespielt.' Sie sagte nicht mehr und nicht weniger und hat mir in ihrer Sprache vom Mißbrauch durch den Vater berichtet.* "[79]

Nach regelmäßigen Kontakten, die über einige Monate wöchentlich stattfanden, stabilisierten sich die Kinder, die Familie bekam eine neue Wohnung, erhielt Spenden für eine neue Einrichtung, und Dirk absolvierte eine spezielle Sprachheilförderung.

Plötzlich erlitten die Kinder einen Rückschlag. Die Mutter rief an, die Kinder hätten wieder eingekotet und die Wohnung verschmiert. Die Fachkraft erfuhr, daß Herr Müller beim Familiengericht das Umgangsrecht für seine Kinder erwirken wollte. Davon hatten Eva und Dirk erfahren und waren wohl deswegen wieder in alte Verhaltensweisen zurückgefallen.

Die Fachkraft lenkte also während der Spielkontakte die Sprache auf den Vater.

[75] Fall 33, Interview mit der Fachkraft, S.6/7
[76] Fall 33, Interview mit der Fachkraft, S.7
[77] Fall 33, Interview mit der Fachkraft, S.12
[78] Fall 33, Interview mit der Fachkraft, S.8
[79] Fall 33, Interview mit der Fachkraft, S.8

„*Die Kinder fragten, ob der Müller wiederkommt. Ich habe die Frage zurück-*
gegeben: 'Glaubt ihr, daß der Müller wiederkommt?' Und sie haben gesagt, sie
wissen es nicht. 'Wenn der Müller wiederkommt, was soll ich dann tun?' Dann
haben sie gesagt, ich soll's ihm verbieten. 'Wenn wir jetzt fertig sind mit spielen,
soll ich dann einen Brief schreiben.' Da haben sie gebeten, ich soll schreiben, daß
der Müller 'nie, nie, nie, nie, nie mehr' wiederkommt. Das habe ich gemacht.
Ich habe dem Gericht eine Stellungnahme zum Umgangsrecht geschrieben. Hier
ein Auszug nach der Auflistung der Symptome der Kinder.
'Zu der Fragestellung, ob im vorliegenden Fall ein sexueller Mißbrauch vorliegt,
kann ich nicht Stellung beziehen, da keine gerichtsverwertbaren Indizien vorliegen.
Ich weise darauf hin, daß ein psychologisches Gutachten sehr wahrscheinlich auch
keine Klarheit bringen wird, da Eva aus Altersgründen und Dirk aufgrund seiner
nicht altersadäquaten Entwicklung dazu keine Aussagen treffen kann. Seither
wurden mir die Kinder mehr als 30 mal vorgestellt. In Spielen und Gesprächen
war der Vater (Herr Müller) von beiden Kindern durchgehend negativ besetzt.. Es
wurde in keiner der Sitzungen der Wunsch geäußert, mit dem Vater Kontakt
aufzunehmen. (...) Zusammenfassend empfehle ich dringend, das Umgangsrecht
mit Herrn Müller vorläufig auszusetzen. Würden die Kinder gegen ihren Willen
Kontakt zum Vater halten müssen, befürchte ich eine Regression'."[80]

Der Richter setzte bis auf weiteres das Umgangsrecht aus. Die Kinder waren
sehr erleichtert. Sie erklärten Herrn W. zu ihrem Papa. „*Und es gibt keinen*
anderen Papa für sie"[81].
Die neue Familie etablierte sich, Herr W. übernahm einen großen Teil der
Verantwortung für das Wohlergehen der Kinder. Dirk besuchte nun die
Grundschule, und Eva entwickelte ein normales Spielverhalten in der
Kindertagesstätte. Die Fachkraft schätzt die Fortschritte der Geschwister so
ein: „*Es sind eigentlich nicht mehr die gleichen Kinder. Die Mitarbeiterin*
vom Jugendamt hatte dem Familienrichter geschrieben: 'Ich kann die
Kinder nicht mehr wiedererkennen'." Ihre eigenen Annahmen über die
Geschehnisse faßt die Fachkraft am Ende des Interviews zusammen.

> „*Ich gehe davon aus, daß der Dirk vom Vater anal vergewaltigt wurde, daß es*
> *auch zu Oralverkehr kam. Aber das bleibt im Bereich des Nichtfeststellbaren. Für*
> *mich reicht es zu sagen, hier sind Übergriffe passiert, massive Übergriffe im*
> *sexuellen Bereich. Zu den Sprachstörungen hat die Sprachheiltherapeutin von Dirk*
> *gemeint, 'ja, dann verschlägt es dem Kind die Sprache, wenn ihm sowas passiert'.*
> *Meine These war auch, daß diese Sprachstörung durch den Mißbrauch zustande*
> *kam, weil bei der Untersuchung keine Ursachen gefunden wurden.*"[82]

Zu Beginn der Kontakte im Kinderschutzdienst gaben die vielfältigen
Symptome der beiden Geschwister lediglich einen Hinweis auf ihre Not.

---

[80] Fall 33, Interview mit der Fachkraft, S.10
[81] Fall 33, Interview mit der Fachkraft, S.11
[82] Fall 33, Interview mit der Fachkraft, S.14

Daß ihre Probleme wahrscheinlich durch sexuellen Mißbrauch des Vaters verursacht wurden, vermutet die Fachkraft wegen Evas Satz: *„Der Müller hat mir am Pfläumchen gespielt"*. Eine umfassendere verbale Aufdeckung wird von den Kindern nicht erwartet. Die sexualisierten Verhaltensweisen der Kinder geben weitere Hinweise. Ihre große Angst vor dem Vater verdeutlicht zudem ihr *„gigantischer Hilferuf"*: Die Wohnung, in der höchstwahrscheinlich der Mißbrauch stattfand, wird verunreinigt und schließlich im Feuer vernichtet. Die ausdrucksstarken Signale lassen zudem Schlüsse auf die Gewalttätigkeit des Vaters zu, der als Vergewaltiger und Mißhandler der Mutter die Wohnung räumen mußte.

Da beide Kinder in ihrer Entwicklung gestört, extrem verschüchtert und nicht in der Lage waren, über den Mißbrauch zu sprechen, wählte die Fachkraft ein personzentriertes Vorgehen. Allein über das Spiel wird eine Beziehung aufgebaut; keinerlei Fragen werden gestellt, Fragen der Kinder werden an sie zurückgegeben und die Kinder werden nicht bedrängt. Der personzentrierte Kinder- und Jugendlichenpsychotherapeut RIEDEL (1997) beschreibt den Prozeß des Beziehungsaufbaus, der Vertrauen herstellt, das Kind seinen Weg finden und traumatische Erlebnisse im Spiel verarbeiten läßt:

> „Er (der Berater) versucht, die Welt durch die Augen des Kindes zu sehen und ihm behilflich zu sein, die eigenen Gefühle zu klären und Zugang zu verschütteten Persönlichkeitsanteilen zu bekommen. Mit dieser Empathie ist nicht nur das Verbalisieren emotionaler Erlebnisanteile gemeint, vielmehr muß (der Berater) (...) spüren, was das Kind im Moment braucht, und was es ablehnt. Das kann in einer Sequenz Freiheit sein, in einer anderen direkte Unterstützung, oder klare Grenzen, oder aber einfach Spaß. Somit begleitet er das Kind, ohne es zu bedrängen."[83]

Die stärksten Verhaltensauffälligkeiten der Kinder verschwanden, obwohl, wie die Mutter erstaunt feststellte, während der Kontakte „nur" gespielt wurde. Nach der Klärungs- und Orientierungsphase, in der die Verlässlichkeit der Beratungsperson getestet wird, wie GRAF/ KÖRNER (1997) ausführten, folgt laut RIEDEL (1997) die Konfliktphase, in der die inneren Erlebnisse des Kindes in das Spiel einfließen. Eva und Dirk eröffneten der Mutter, was *„der Müller"*, ihr Vater, ihnen angetan hatte.

Aufgrund des entstandenen Vertrauens waren die Kinder fähig, ihren Bedarf an Hilfe zu artikulieren: Sie wollten keinen Kontakt mehr zum Vater haben. Sie wußten, daß die Fachkraft diesen Entschluß ebenso akzeptieren würde, wie diese den Kindern die Entscheidung überlassen hatte, was sie wann und wie von sich mitteilen und zeigen[84].

---

[83] K.Riedel 1997, S.164
[84] vgl. K.Riedel 1997, S.168

8. Konsequenzen aus der Praxis der Kinderschutzdienste für eine personzentrierte pädagogischen Beratung sexuell mißbrauchter Kinder

Ausgehend von der theoretischen Bestimmung der Kindzentriertheit (Kapitel 3), des professionellen Vorgehens bei sexuellem Mißbrauch (Kapitel 4) und der sozial-/ pädagogischen Hilfeplanung wurde das Praxisfeld der Kinderschutzdienste im vorausgehenden Kapitel erfaßt und anhand hermeneutisch aufbereiteter Fallanalysen in den einzelnen Phasen der Handlungsplanung vorgestellt. Die in Kapitel 6 aufgeführten erkenntnisleitenden Fragestellungen weisen auf die Notwendigkeit einer wissenschaftlichen Fundierung der Praxis der Kinderschutzdienste durch den personzentrierten Beratungsansatz nach ROGERS hin. Da das nicht-direktive Vorgehen vor allem für verhaltensgestörte Kinder entwickelt wurde, mag der Aspekt der Krisenintervention mit sexuell mißbrauchten Kindern in den Kinderschutzdiensten der Gesellschaft für wissenschaftliche Gesprächspsychotherapie und Personzentrierte Beratung (GwG) neue Anregungen für ein Traumatisierungskonzept geben. Ebenso profitieren die Fachkräfte in den Jugendämtern von der Beteiligung des Kindes an der Hilfeplanung durch die dokumentierten Handlungsschritte der Mitarbeiter/innen in den Kinderschutzdiensten. Die konsequente Einbeziehung des Kindes in wichtige seine Zukunft betreffende Entscheidungen gibt auch der kindorientierten Pädagogik bedeutsame Impulse. Mitspracherechte des Kindes bezüglich seiner Entwicklung, seiner Erziehung und Bildung, seiner Beziehung zu wichtigen Erwachsenen, seiner Wünsche, Bedürfnisse und Interessen sind die Grundlagen einer emanzipativen Pädagogik und bereits in der UN-Kinderrechtskonvention verankert.

Die Hilfeplanentwicklung der Kinderschutzdienste enthält zentrale Auffassungen der kindorientierten Pädagogik, der personzentrierten Beratung, des professionellen Vorgehens bei sexuellem Mißbrauch und der sozial-/pädagogischen Hilfeplanung. Verglichen mit den aus der Theorie entwickelten Kriterien lassen sich jedoch nicht nur Übereinstimmungen oder gar innovative Entwicklungen ausmachen; es finden sich auch Mängel, Defizite und Unvollkommenheiten, die den Ansatz schwächen, die Fachkräfte verunsichern und die Professionalität einschränken. Aus diesem Grund wird nachfolgend das Handeln der Kinderschutzdienste mit den theoretisch gewonnenen Kriterien verglichen und nach einer Gegenüberstellung von Stärken und Schwächen eine Weiterbildung zur Qualifizierung in personzentrierter pädagogischer Beratung für sexuell mißbrauchte Kinder/ Jugendliche und ihre Bezugspersonen konzipiert, die den Ansatz der Kinderschutzdienste in verbesserter Form auch anderen psychosozialen Einrichtungen, Beratungsstellen und spezialisierten Fachdiensten nahebringen kann.

8.1 Vergleich des Konzeptes der Kinderschutzdienste mit den theoretischen Kriterien

Ansatzpunkte zur Beratung von Kindern finden sich, wie im theoretischen Teil erarbeitet und im praktischen Teil vertieft, im personzentrierten Verfahren, in der pädagogischen Handlungsplanung und den Konzepten aus den USA und Großbritannien. Wie in der Hilfeplanung der Kinderschutzdienste wird dort von erfahrenen Berater/innen ein kindzentriertes Vorgehen favorisiert und vor allem für die Befragung sexuell mißbrauchter Kinder empfohlen, da die nicht-direktive Gesprächsführung eine beeinflussungsarme Verdachtsabklärung ermöglicht. Erst die konsequente Problemerfassung aus der Sicht der Fallbetroffenen schafft die Voraussetzung für eine effektive Hilfeplanung, die wiederum Ausgangspunkt sozialpädagogischer Interventionen ist.

Zur Verbesserung des Ansatzes der Kinderschutzdienste werden die drei Merkmale der kindzentrierten, kinderschutzspezifischen Hilfeplanentwicklung an den theoretisch hergeleiteten Kriterien zur Kindzentriertheit, des Vorgehens bei sexuellem Mißbrauch und der sozial-/ pädagogischen Hilfeplanung gemessen. Die Ergebnisse dieser Einschätzung bilden wiederum die Grundlagen zur Weiterqualifikation spezialisierter Fachkräfte.

8.1.1 Zur Einschätzung der Kindzentriertheit

Gemessen an den abgeleiteten Kriterien zur Einschätzung der „Kindzentriertheit" aus Kapitel 3.3.3 erfüllen die Kinderschutzdienste von sieben vorgestellten Prizipien vor allem die der positiven Beziehungsgestaltung, des Nicht-Lenkens, des Gewährens und Akzeptierens, des Begrenzens und der Förderung von Problemlösekompetenzen. Die Fachkräfte bringen den Kindern positive Wertschätzung entgegen, sichern ihnen Verschwiegenheit zu, drängen sie nicht, akzeptieren ihr Schweigen und ihren Widerstand und folgen den kindlichen Wegen. Veränderungen der Lebensbedingungen werden nach Absprache mit dem Kind und möglichst nicht gegen seinen Willen vorgenommen. Ihm werden Informationen zur Verfügung gestellt und die Konsequenzen verschiedener Problemlösungen aufgezeigt. Insbesondere gehen die Kinderschutzdienste von der Annahme aus, daß ein Kind in der Lage ist, Entscheidungen über seinen Bedarf an Hilfe zu finden, und treffen sich darin mit den Überzeugungen der pädagogischen Anthropologie, der subjektorientierten Pädagogik und der personzentrierten Beratung. Das zentrale Prinzip des Erkennens und Reflektierens der Gefühle wird zwar von den Kinderschutzdiensten mit dem Anliegen, das Problem durch die Augen des Kindes zu betrachten, anvisiert, aber nicht im Sinne personzentrierten Vorgehens realisiert. Um die Lebenshintergründe des

Kindes, seine Notsituation, seine Beziehung zu wichtigen Bezugspersonen und seinen Bedarf an Hilfe nachzuvollziehen, sind jedoch die drei Elemente des Verstehens nach ROGERS (1987b) besonders geeignet (vgl. Kapitel 2.2.2). Zwar gestatten die Fachkräfte den betroffenen Kindern den freien Ausdruck ihrer Gefühle, aber sie verbalisieren die nachempfundenen Erlebnisinhalte nicht und nehmen auch keine systematische Überprüfung des Verstandenen mit dem Kind vor. Dies ist zumindest den Interviews und Protokollen der Fachkräfte zu entnehmen. Die Supervisorin der Kinderschutzdienste hebt eben dieses Manko der kindzentrierten Hilfeplanung hervor:

> *„Die Mitarbeiter und Mitarbeiterinnen müßten sehr viel mehr Sicherheit finden in der Kommunikation mit Kleinkindern, wenn es jetzt speziell um sexuellen Mißbrauch geht. Daß sie lernen, nur inhaltsfreie Fragen zu stellen, daß sie nicht unbewußt suggerieren. Das erfordert eine Menge Training und auch eine ganze Menge fachspezifisches Wissen, was die Kinderschutzdienstleute erst mal nicht haben. (...)*
> *Daß man nicht manipuliert, sondern Raum läßt, daß die Kinder von sich aus kommen können mit dem, was sie ausdrücken wollen, und auch sehr vorsichtig in der Deutung ist."* [1306]

BEHR (1996) ist der Auffassung, daß der wirksamste Weg des Zugangs zum Kind im empathischen Verbalisieren oder der non-verbalen Interaktionsresonanz der Gefühle des Kindes liegt[1307]. Die Effektivität der personenzentrierten Beratung infolge der Mitteilung emotionaler Erlebnisinhalte wurde in wissenschaftlichen Studien belegt[1308]. Vor allem die Befähigung des Kindes zu exakter Wahrnehmung von Ereignissen, zur geringen Verzerrung von Erfahrungen oder Informationen, zu innerer Bewertung einer Situation unabhängig von Fremdmaßstäben und der daraus resultierenden Verringerung der Suggestibilität ist ein wichtiges Ziel bei der Verdachtsabklärung.
Eine personzentrierte Aufdeckung sexuellen Mißbrauchs mit Hilfe der Spiegelung der Gefühle des Kindes wird von GRAF/ KÖRNER (1998) aus der Praxis einer Erziehungsberatungsstelle vorgestellt:

> Ein kleines Mädchen erblickt auf dem Gang zum Spielzimmer einen dunkelhäutigen Mann:
> Anette: „Der war in mein Zimmer."
> Therapeutin: „Der Mann?"
> Anette: „Nein, so ein Mann, der war auch so schwarz!"
> Therapeutin: „Du hast Angst, wenn jemand so braun ist im Gesicht!"
> Anette: „Dann seh ich den immer nicht, wenn das so dunkel ist."

[1306] Interview mit der Supervisorin der Kinderschutzdienste S.95/96
[1307] vgl. Kapitel 3.4.3: Zum Prinzip des Erkennens und Reflektierens der Gefühle
[1308] vgl. Kapitel 3.4.6

In einer anderen Stunde soll die Therapeutin eine Männerpuppe spielen, die sich auf den Körper des Mädchens legt. Anette überlegt sich das wieder anders und sagt: „Du spielst die (Mädchenpuppe)!" Sie legt die Männerpuppe auf das schlafende Mädchen.

Therapeutin: „Was macht die?"
Anette anwortet nicht.
Therapeutin: „Ich will das nicht."
Anette: „Ich mag das auch nicht, ich denk' dann immer, ich geh' tot!"
Therapeutin: „Ich würde mich auch so fühlen."
Anette sitzt einige Zeit nachdenklich neben den Puppen und sagt: „Aber jetzt macht der das nicht mehr, der geht jetzt zur Ute (ihrer Schwester, K.K.). Dann hab' ich nicht mehr so viel Angst!"
Therapeutin: „Du bist froh, daß er nicht mehr zu dir kommt!"
Anette: „Ja."[1309]

Die verbale oder nonverbale Symbolisierung des kindlichen Erlebens und seiner inneren Prozesse kann als verläßlicher Wegweiser zum Bezugssystem des Kindes und somit zum inneren Ort der Bewertung einer Situation angesehen werden. Erst das korrekte Verstehen seiner Empfindungen, durch die Rückmeldung und Überprüfung des durch Einfühlung Verstandenen, ermöglicht ihm, auch abgewehrte Gefühle zuzulassen und Wahrnehmungsverzerrungen zu klären, seine Selbst- und Fremdwahrnehmung zu steigern und letztendlich seine Entscheidungsfähigkeit zu gewährleisten.

Mit dieser personzentrierten Vorgehensweise kann dem Vorwurf, Kinderschützer/innen würden durch wiederholt suggestive Befragung vermutlich sexuell mißbrauchter Kinder Einfluß auf das Ergebnis der Beratung nehmen, eine wissenschaftlich fundierte Methode entgegengesetzt werden, da offene Fragen, die ENDRES (1997) empfiehlt, „nur das Spektrum möglicher Antworten thematisch festlegen", während durch suggestive Prozeduren „einem Befragten inhaltliche Informationen mitgegeben werden"[1310]. Fragen wie: „Kam da was raus aus dem Glied?"[1311], „Wenn die Mutter dann reinkommt und fängt an zu fummeln?"[1312] und „Willst du nicht nach Hause?"[1313] verfolgen die Bestätigung einer bereits getroffenen Erklärung, die den wirksamen Schutz des Kindes im Falle strafrechtlicher Verfolgung des mutmaßlichen Täters gefährden kann, wie ENDRES (1997) zu bedenken gibt:

„Nur ein Interviewer, der von alternativen Hypothesen ausgeht und unterschiedliche Möglichkeiten in Betracht zieht, ist offenbar imstande, in ausreichendem Maße offene Fragen einzusetzen, die die Aussage des Kindes nicht lenken und

---

[1309] H.Graf/ W.Körner 1998, S.97
[1310] J.Endres 1997, S.494
[1311] Fall 3, S.9
[1312] Fall 20, S.51
[1313] Fall 15, S.8

irreführen können. (...) Es ist vorstellbar, daß die Überführung und Verurteilung des Täters gerade durch das unsachgemäße Vorgehen bei Aufdeckungsversuchen verhindert wird."[1314]

Die personzentrierten Maßstäbe der begleitenden Beratung erfüllen diesen Anspruch, da Fragen, wenn überhaupt, nur sehr behutsam eingesetzt werden. In Amerika, England und Australien wurden sehr positive Erfahrungen mit dieser Art der kindzentrierten Begleitung sexuell mißbrauchter Kinder gemacht, wie LANDRETH (1991), SWEENY (1996), JONES (1996), GELDARD/ GELDARD (1997) und TOMPSON/ RUDOLPH (1996) herausstellten. So ist auch für das Handlungsfeld der Kinderschutzdienste anzunehmen, daß der konsequent angewandte personzentrierte Ansatz und hier vor allem die Verbalisierung emotionaler Erlebnisinhalte eine entscheidende Verbesserung bewirken wird, zumal die Fachkräfte die übrigen Prinzipien bereits anwenden: Die personzentrierten Thesen und selbst die Terminologie des personzentrierten Konzeptes werden in der Dokumentation und der Fortbildungsankündigung der KSD verwendet, ohne daß explizit auf die Erkenntnisse ROGERS', AXLINEs, SCHMIDTCHENs, BEHRs, KEMPERs oder weiterer Vertreter/innen zurückgegriffen würde. Wie schon in Kapitel 3.3.5 betont, könnte die korrekte Anwendung der personzentrierten Grundhaltungen, Prinzipien und Handlungsweisen ein wissenschaftlich abgesichertes Vorgehen zur Beratung sexuell mißbrauchter Kinder bieten, das erwiesenermaßen die Autonomie der betroffenen Kinder stützt, ihre Absichten und Ziele in den Mittelpunkt stellt und Beeinflussung vermeidet[1315].

8.1.2 Zur Einschätzung professionellen Vorgehens bei der Aufdeckung sexuellen Mißbrauchs

In den vier ausgewählten amerikanischen Studien[1316], in denen Daten sexuell mißbrauchter Kinder aus Kinderkliniken oder Kinderschutzambulanzen ausgewertet wurden[1317], fand sexueller Mißbrauch häufig innerhalb der Familie statt. Bezogen auf die 50 Fälle der Kinderschutzdienste, bei denen insgesamt ca. 60 % der Kinder von Familienmitgliedern sexuell ausgebeutet wurden, wurden bei MIAN et al. (1986) 37 % der untersuchten Kinder, bei CUPOLI/ SEWELL (1988) 14,3 % und in den Kinderschutzdiensten 29 % von ihren Vätern mißbraucht. Anale, orale oder vaginale Penetration erlitten die Kinder bei MIAN et al. (1986) zu 16 %, bei CONTE/ SCHUERMAN (1987) zu 26 %, bei CUPOLI/ SEWELL (1988) zu 71 %, bei MIAN/ MERTON/ LEBARON (1996) zu 28 % und in den Kinderschutz-

---

[1314] J.Endres 1997, S.496
[1315] vgl. St.Schmidtchen 1996, S.110
[1316] Mian et al. 1986; Conte/Schuerman 1987; Cupoli/ Sewell 1988; Mian/ Merton/ LeBaron 1996
[1317] vgl. hierzu Kapitel 4.2.1

diensten zu 47,7 %[1318]. Die erfaßten Kinder in den genannten Studien waren zum Großteil Kindergarten- oder Schulkinder. Auch unter den 50 Fällen waren kleinere Kinder bis zu 5 Jahren mit 24 % und 6-10Jährige mit 40 % am häufigsten vertreten.

Die in Kapitel 4.3.4 aufgelisteten professionellen Merkmale zur Bestimmung eines vermuteten sexuellen Mißbrauchs konnten in nahezu allen Punkten auch bei den betroffenen Kindern der vorliegenden Untersuchung festgestellt werden. Körperliche Hinweise fanden sich bei 14 Kindern, Verhaltensauffälligkeiten bei 34 Kindern, psychosomatische Symptome bei 10 Kindern, sexualisierts Verhalten zeigten 10 und Traumatisierungssymptome 8 Kinder.

Die Diagnosekriterien bei der professionellen Aufdeckung sexuellen Mißbrauchs – zusammengefaßt im Anschluß an das Kapitel 4.4.5 – beziehen sich jedoch nicht nur auf die Symptome und Folgen des Mißbrauchs sondern auch auf die Erfassung der Daten des Kindes, seines Lebensumfeldes und der Mißbrauchssituation durch diagnostisches Spiel, den Einsatz anatomisch korrekter Puppen, das diagnostische Gespräch und die Verwendung projektiver Tests.

Ähnlich wie im personzentrierten Ansatz werden auch in den Kinderschutzdiensten selten Testverfahren angewandt, die z.B. für die Glaubwürdigkeitsbegutachtung der Kinder von FEGERT (1992) dringend empfohlen werden. Auch wenn die Kinderschutzdienste keinen Auftrag haben, die Glaubwürdigkeit der Aussagen des Kindes zu überprüfen, können einige der unter Punkt 4.4.1 aufgelisteten projektiven Tests wertvolle Hinweise zur Lebens- und Mißbrauchssituation des Kindes erbringen.

Die aufdeckenden Gespräche mit den betroffenen Kindern werden in den Kinderschutzdiensten analog zu den Empfehlungen in Kapitel 4.4.2 vorgenommen. Die Fachkräfte wählen eher offene Fragen oder lassen die Kinder von sich heraus erzählen. Leider ließ sich die Beratung der begleiteten Kinder nicht näher untersuchen, da in den Kinderschutzdiensten keine durchgehenden Aufzeichnungen von den Kontakten angefertigt werden. Dies erschwert zum einen die wissenschaftliche Erforschung des konkreten Vorgehens während der Hilfeplanung mit dem Kind, zum anderen gehört der schriftliche oder technisch erfaßte Nachweis der Beratung zum professionellen Standard der Diagnostik bei sexuellem Mißbrauch. Die Einwände der Kritiker/innen der Kinderschutzbewegung – unter ihnen namhafte Glaubwürdigkeitsgutachter/innen (vgl. Kapitel 4.4.3) – können nur durch eine umfassende „Dokumentation des gesamten Vorgehens von Anfang an" entkräftet werden, die für ENDRES (1997) von „grundlegender Bedeutung ist"[1319].

Die Jugendschutzreferentin im Ministerium spricht sich nicht grundsätzlich gegen den Einsatz von Cassetten- oder Videorecordern in den Kinderschutzdiensten aus; sie ist jedoch der Meinung, daß „es nicht zum Regelfall

---

[1318] vgl. dazu Tabelle zu den Ausprägungen der Mißbrauchserfahrungen in Kapitel 7.2.3
[1319] J.Endres 1997, S.498

werden sollte", da „ein kindorientierter Ansatz dem Kind ermöglicht, sich auch gegen ein solches technisches Mittel auszusprechen"[1320]. Die person-zentrierten Spieltherapeut/inn/en, die ebenfalls kindorientiert vorgehen, treffen die Entscheidung über die Aufzeichnung der Spielstunden ohne das Kind, da es zum Grundsatz dieser Richtung gehört, die Beratung der Kinder einer anschließenden Überprüfung unterziehen zu können. Dennoch ist zu bedenken, daß sexueller Mißbrauch ein Straftatbestand ist und Ton- oder Videobänder als Beweismaterial beschlagnahmt werden können, wie die Jugendschutzreferentin zu bedenken gibt: „Es ist nicht Aufgabe der Kinder-schutzdienste, Beweismaterial für die Strafverfolgung des Täters zu sichern."[1321]

Ließe sich die Herausgabe der Aufzeichnungen verhindern, könnte – ange-sichts der Höhe der erfolgten Strafanzeigen bei den untersuchten 50 Fällen (32 %) – die Video- oder Cassettendokumentation der Beratungen den Schutz der Kinder ganz wesentlich verbessern, da als entscheidendstes „Kriterium für die Abklärung suggestiver Beeinflussungen (...) die Be-trachtung der Genese einer Aussage" gilt[1322]. „Die genannten Empfeh-lungen dienen nicht nur der Verbesserung der Beweislage, sondern ebenso dem Schutz des Opfers vor unnötigen und belastenden Mehrfachverneh-mungen."[1323] Hierdurch könnten die Kinderschutzdienste den Vorwurf suggestiver Befragungen entkräften, der am Ende der drei Mainzer Prozesse dazu führte, daß erwiesenermaßen sexuell mißbrauchte Kinder nicht vor den mutmaßlichen Tätern geschützt werden konnten.

Abgesehen von der fehlenden technischen Erfassung der Kontakte mit dem Kind und des nicht nachzuweisenden Einsatzes projektiver Tests, erfüllen die Kinderschutzdienste die aus der Theorie abgeleiteten Kriterien des professionellen Vorgehens bei der Aufdeckung sexuellen Mißbrauchs. Ent-sprechend der Kritik an den anatomisch korrekten Puppen wird auch dieses diagnostische Hilfsmittel sachgerecht gehandhabt und nur in Verbindung mit verbalen Aussagen und bei kleineren Kindern eingesetzt. Die Kinder-schutzdienste favorisieren eine eher personzentrierte Art der Befragung und können sich in diesem Punkt durchaus mit den amerikanischen Kinder-schutzambulanzen messen, die länger existieren, besser ausgestattet sind und umfassender wissenschaftlich begleitet werden.

[1320] Interview mit der Referentin für Kinder- und Jugendschutz im MfKJFF, S.16
[1321] Interview mit der Referentin für Kinder- und Jugendschutz im MfKJFF, S.16
[1322] J.Endres 1998, S.16/17
[1323] J.Endres 1997, S.498

8.1.3 Zur Einschätzung sozial-/ pädagogischer Hilfeplanung

Die Befragung der Frachkräfte verdeutlicht, daß sich die Hilfeplanung in den Kinderschutzdiensten von der Hilfeplanung nach § 36 SGB VIII in den Jugendämtern unterscheidet. Zwar „überträgt der örtliche Träger der öffentlichen Jugendhilfe einen Teil der Kinderschutzaufgaben auf einen freien Träger der Jugendhilfe, soweit es sich um die in den Förderkriterien des Landes festgelegten Aufgaben handelt"[1324], und die Kinderschutzdienste belegen auch ihre Kooperation mit den Jugendämtern zur Entwicklung eines jugendhilfespezifischen Hilfeplanes in ihrer Dokumentation (1998), sie sind jedoch zur Erstellung eines Hilfeplanes nach § 36 SGB VIII nicht verpflichtet.

An den 50 untersuchten Fällen hat sich gezeigt, daß nur in einem Beispiel (vgl. Kapitel 7.5.2) Hilfen zur Erziehung nach §§ 27 f SGB VIII beantragt wurden. Wie in Kapitel 5.1.2 ausgeführt, definiert der § 36 SGB VIII die Anforderungen an die Verfahrensweise, wie über einen erzieherischen Bedarf im Sinne des § 27 SGB VIII entschieden wird. Bei der Hilfeplanung in einer Krisen- oder Notsituation sind demgegenüber andere „pädagogische Settings"[1325] erforderlich. Die §§ 42 (Inobhutnahme) und 43 (Herausnahme) des SGB VIII werden in Eil- und Notfällen eher zur vorläufigen Krisenintervention eingesetzt und können wegen der Dringlichkeit und der Gefährdung des Kindeswohles durch die Eltern einen festgeschriebenen Hilfeplan nicht gewährleisten.

Da in einem Drittel der untersuchten Fälle (17 von 50 Beispielen) die Kinder keinerlei Unterstützung von ihren Familien erhielten, kamen hier die genannten §§ 42 und 43 SGB VIII zur Anwendung. Das entsprechende Zusammenwirken der Kinderschutzdienste mit den Jugendämtern vor Ort wurde in Kapitel 7.3.1 dokumentiert. In weiteren 12 Beispielen wurden die Kinder von einer Bezugsperson (8 Müttern und 4 Vätern) geschützt und Maßnahmen zum Sorgerechtsentzug oder zum Umgangs- und Kontaktverbot eingeleitet. In 17 Fällen wurden Hilfepläne allein mit den Eltern und den Kindern ausgehandelt, ohne Einschaltung des Jugendamtes, des Vormundschafts- oder Familiengerichts. Dies galt ebenfalls für die 4 Mädchen, die trotz innerfamilialem Mißbrauch bei ihren Eltern bleiben wollten.

Da von den Kinderschutzdiensten eine Hilfeplanung nach § 36 SGB VIII nicht verlangt wird, weil die Hilfen zur Erziehung sich vom Schutz des Kindes in einer Krisensituation unterscheiden, müßten auch die von vielen Autoren (Wiesner et. al. 1995, Merchel 1998, Ministerium für Kultur, Jugend, Fami-lie und Frauen 1998) geforderten Gütekriterien der Hilfeplanung nicht ein-gehalten werden. Sobald die freien Träger jedoch auf die Mitwirkung der öffentlichen Träger der Jugendhilfe angewiesen sind – dies geschieht bei der Inobhutnahme oder Herausnahme sexuell mißbrauchter Kinder aus ihren Familien –, sollten sie die Standards im

---

[1324] Ministerium für Kultur, Jugend, Familie und Frauen in Rheinland-Pfalz 1998, S. 50
[1325] Bundesministerium für Familie, Frauen und Jugend 1998, S.271

Hilfeplanungsprozeß einhalten (vgl. H.H. Werner 1996), die sich auf die Betroffenenbeteiligung, das Zusammenwirken mehrerer Fachkräfte und die regelmäßige Überprüfung der Hilfen beziehen.

Die Beteiligung der betroffenen Kinder wird in den Kinderschutzdiensten sehr viel konsequenter verfolgt als dies nachgewiesenermaßen in den Jugendämtern geschieht (vgl. Kapitel 5.1.3). Die Personensorgeberechtigten gelten im SGB VIII als Leistungsempfänger; an ihre Mitwirkung wird deswegen vornehmlich appelliert. Soweit die Eltern nicht als Verursacher der Notsituation des Kindes gelten, werden sie in den Kinderschutzdiensten in die Hilfeplanung einbezogen. Da die Fachkräfte sich jedoch als Anwälte der Kinder verstehen, leiten sie die Mütter und Väter bei eigenen Belangen an andere Beratungsstellen weiter und verweisen auch auf eine mögliche Unterstützung durch das Jugendamt.

Das Zusammenwirken mehrer Fachkräfte und die Reflexion der Entscheidung über die notwendigen Hilfemaßnahmen im Team – wesentlicher Bestandteil der Hilfeplanung nach § 36 SGB VIII – wird von den Kinderschutzdiensten nicht, wie z.B. von SCHRAPPER (1994), WIESNER et.al. (1996), MERCHEL (1998) und weiteren Autor/inn/en (vgl. Kapitel 5.1.2) gefordert, umgesetzt.

Die Jugendschutzreferentin im Ministerium weiß um dieses Manko der Hilfeplanung, sieht in der Etablierung von Teamkonferenzen einen wichtigen Bereich der Weiterentwicklung, begründet aber auch, warum die kollegiale Beratung bislang nicht zum Programm der Kinderschutzdienste gehörte:

> *„Dahin müssen wir sicher irgendwann mal kommen. Im Moment habe ich noch ein bißchen Sorge, diese multiprofessionellen Fallkonferenzen zu initiieren, weil die Gefahr besteht, daß die Professionellen dann über das Kind sprechen und das Kind nicht mehr genügend beteiligt ist. Der größte Schwachpunkt und das größte Hindernis ist ja die mangelnde Bereitschaft, sich bei der Problemerfassung und – erkennung auf die Situation des Kindes einzulassen. Aber langfristig und auch schon in nächster Zeit wird es nötig sein, spezifisch zusammengesetze Fallkonferenzen einzurichten, wo Schutz- und Hilfemaßnahmen nicht ohne rechtliche Interventionen laufen."*[1326]

Fallbesprechungen werden durchaus in den einzelnen Kinderschutzdiensten in der kollegialen Supervision vorgenommen. Im Team werden einzelne Fälle vorgestellt und die Hilfeplanung mit den Kolleg/inn/en überprüft. Diese Vorgehensweise gehört jedoch nicht explizit zum Konzept der Kinderschutzdienste und wird auch nicht im Hilfeplanraster festgehalten.

Die regelmäßige Überprüfung der Hilfeplanung mit dem Kind und seinen Eltern wird dagegen in der Realisierungsphase festgehalten und auch eine schriftliche Festlegung der Schutz- und Hilfemaßnahmen vorgeschlagen (vgl. Kapitel 5.2.2). Die Befragung der Fachkräfte aus den Kinderschutz-

---

[1326] Interview mit der Jugendschutzreferentin im Ministerium, S.18

diensten ergab jedoch, daß eine spezielle Fallevaluation nicht vorgenommen wird. Auf schriftliche Aktenprotokolle konnte z.B. nicht jede/r der interviewten Mitabeiter/innen zurückgreifen, und ausgefüllte Hilfeplanraster entsprechend der Vorgabe des Ministeriums lagen für keinen der 50 Fälle vor. Gemessen an den Gütekriterien der Hilfeplanung gemäß § 36 SGB VIII, wonach das schriftliche Festhalten aller Gespräche mit den Fallbetroffenen und den kooperierenden Institutionen als professionelle Voraussetzung angesehen wird, die Dokumentation der Beschlüsse in einem Hilfeplan vorgeschrieben ist und die ständige Reflexion der getroffenen Entscheidungen verlangt wird, kann die Praxis der Kinderschutzdienste den aufgeführten berufsmäßigen Standards der Hilfeplanung kaum standhalten.

Da die Aufzeichnung der Kontakte mit den Kindern und ihren Bezugspersonen für die Einschätzung professionellen Vorgehens von personzentrierten Berater/inne/n, Glaubwürdigkeitsgutachter/inne/n und auch in den Kommentaren zum SGB VIII empfohlen wird, kann die fehlende Dokumentation der kinderschutzspezifischen Hilfeplanung in den Kinderschutzdiensten als hervorstechendstes Defizit herausgefiltert werden.

Bezüglich der Umsetzung der Regelungen des § 8 Abs. 3 SGB VIII, nach dem Kinder auch ohne Kenntnis der Personensorgeberechtigten beraten werden dürfen, des partnerschaftlichen Zusammenwirkens der Träger der freien und der öffentlichen Jugendhilfe und vor allem wegen der „Beteiligungs- und Interessensvertretungschancen von Kindern"[1327] beschreiten die Kinderschutzdienste – abgesehen von den genannten Mängeln – die vom 10. Jugendbericht (1998) als unerforscht beschriebenen Wege.

Gerade im Fall sexuellen Mißbrauchs muß ein betroffenes Kind erst durch eine kindzentrierte Begleitung befähigt werden, Entscheidungen über die Inanspruchnahme geeigneter Hilfen treffen zu können. Die personzentrierte Beratung im Vorfeld der jugendhilfespezifischen Hilfeplanung befähigt das Kind erst, Loyalitätskonflikte zu bewältigen, das Geheimhaltungsgebot zu durchbrechen, unabhängig von Suggestionen zu werden und Fremdbewertungen zu erkennen. Ein durch sexuellen Mißbrauch traumatisiertes Kind bedarf der Unterstützung speziell geschulter Fachkräfte, bevor es in der Lage ist, an der Ausarbeitung eines verwaltungsrechtlichen Hilfeplanes im Jugendamt mitzuwirken. Die Qualifizierung der Fachkräfte psychosozialer Einrichtungen, Erziehungsberatungsstellen, in den Jugendämter und den auf Mißbrauch spezialisierten Fachdiensten muß diesen Erkenntnissen angeglichen werden.

[1327] Bundesministerium für Familie, Frauen und Jugend 1998, S.180

8.2 Zur Qualifikation in personzentrierter pädagogischer Beratung für sexuell mißbrauchte Kinder und Jugendliche – Vorstellung eines Curriculums

Wie mehrfach in den einzelnen Kapiteln betont, weist die kinderschutz-spezifische, kindzentrierte Hilfeplanung der Kinderschutzdiensten umfassende Parallelen zum personzentrierten Verfahren nach ROGERS, AXLINE, SCHMIDTEN, GOETE, JAEDE, KEMPER u.a. auf. Die Gesellschaft für wissenschaftliche Gesprächspsychotherapie (GwG) bietet ein „Weiterbildungskonzept in Personzentrierter Pädagogischer und Psychotherapeutischer Arbeit mit Kindern und Jungendlichen" an (vgl. Kapitel 3.3.4). Obwohl sich diese pädagogisch ausgerichtete Ausbildung auf die Behandlung von Verhaltensstörungen im Kindesalter bezieht, sind die Weiterbildungsrichtlinien geeignet, um hieran angelehnt ein Curriculum zur Begleitung sexuell mißbrauchter Kinder und ihrer Bezugspersonen zu entwickeln.

Ein Vorschlag zur „Weiterbildung in Personzentrierter Pädagogischer Beratung für sexuell mißbrauchte Kindern und Jugendliche" wurde deswegen von der Verfasserin auf der Grundlage der Ausbildungsrichtlinien und Durchführungsbestimmungen der GwG entwickelt[1328]. Die Teilnehmer/innen sollen auf der Grundlage des personzentrierten Konzeptes in ihrem Arbeitsfeld befähigt werden, effektiver mit sexuell mißbrauchten Kindern und Jugendlichen sowie ihren Bezugspersonen zu arbeiten. Die Weiterbildung wendet sich an Fachkräfte von Beratungsstellen, psychosozialen Einrichtungen und Jugendämtern und könnte analog zur Weiterbildung in „Personzentrierter Beratung" 450 Ausbildungsstunden in ca. 2 Jahren umfassen. Sie findet idealerweise an Wochenenden und in Workshops in einer Gruppe von etwa 10-12 Teilnehmer/innen statt. Die Ausbildung umfaßt

- Theorie
- Praxis
- Selbsterfahrung und
- Supervision

in einer *Grundstufe* und einer *Aufbaustufe*. Die Lernziele umfassen folgende Inhalte:

- Förderung der personzentrierten Haltung in bezug auf die Entwicklungsbedingungen und -beeinträchtigungen von sexuell mißbrauchten Kindern und Jugendlichen
- Aktivierung von spielerischen und kreativen Möglichkeiten
- Sensibilisierung für kindliches Erleben, Entwicklungspsychologie

---

[1328] Dieses Curriculum wird für die vorliegende Arbeit in gekürzter Fassung wiedergegeben.

- Diagnostik und Intervention bei sexuellem Mißbrauch (auch rechtliche Aspekte)
- Kooperation mit anderen Berufsgruppen

Die *Grundstufe* der Weiterbildung beinhaltet die theoretischen und praktischen Grundlagen personzentrierter pädagogischer Arbeit mit Kindern und Jugendlichen unter besonderer Berücksichtigung der Problematik des sexuellen Mißbrauchs und des sozialen Umfeldes der betroffenen Kinder und Jugendlichen. Sie soll die Befähigung vermitteln, natürliche Entwicklungs- und Integrationsprozesse der Kinder und Jugendlichen zu ermöglichen und zu fördern. Sie soll die Kompetenz schulen, Grundhaltungen, Methoden und Beziehungsformen des personzentrierten Ansatzes in der Arbeit mit sexuell mißbrauchten Kindern und Jugendlichen umzusetzen, sowohl hinsichtlich gesunder Entwicklung als auch bei unterschiedlichen Graden von Verhaltensauffälligkeit und Traumatisierung.

Die theoretischen Inhalte umfassen Kenntnisse über:

- die Grundlagen des personzentrierten Konzeptes
- Theorien und Grundkenntnisse zum sexuellen Mißbrauch an Kindern und Jugendlichen
- ausgewählte Bereiche aus der Psychologie, der Entwicklung, Erziehung und Sozialisation unter besonderer Berücksichtigung des sexuellen Mißbrauchs
- theoretische Modelle zur Entstehung psychischer Störungen und Traumatisierung bei Kindern und Jugendlichen
- Hilfeplanentwicklung und rechtliche Aspekte bei sexuellem Mißbrauch an Kindern

In der praxisbezogenen Weiterbildung werden folgende Ziele angestrebt:

- Erlernen der personzentrierten Haltung für den Umgang mit sexuell mißbrauchten Kindern und Jugendlichen und ihren Bezugspersonen, in der Familie, im Kindergarten, in der Schule und psychosozialen Einrichtungen
- Hilfreiches und klärendes Eingehen auf sexuell mißbrauchte Kinder und Jugendliche und deren Bezugspersonen bei der Entwicklung von Hilfen und Unterstützung
- Übertragung der personzentrierten Haltung auf die alltägliche Berufssituation (Möglichkeiten, Grenzen, Rolle der Institutionen, etc.)
- Aktivieren der spielerischen und kreativen Fähigkeiten
- Sensibilisieren der Wahrnehmung kindlichen Erlebens

Während der etwa zwei Jahre umfassenden Weiterbildung wird die Selbsterfahrung in der Gruppe ebenso gewichtet wie die professionelle Erarbeitung der vorgestellten Inhalte. Die Selbsterfahrung fördert die persönliche Entwicklung und das Zusammenwachsen der Gruppe. Grundlage ist das personzentrierte Konzept.

Die thematische Schwerpunkte sind:

- eigene Kindheit
- Arbeit mit sexuell mißbrauchten Kindern, Jugendlichen und deren Bezugspersonen (z.B. Motivation, Konfliktbereiche, etc.)
- eigene Wirkung auf Kinder und Jugendliche
- Selbsterfahrung im Spiel

Wichtiger Bestandteil der Weiterbildung ist die Supervision. Sie dient der Kontrolle und Förderung der pädagogischen Arbeit mit sexuell mißbrauchten Kindern, Jugendlichen und deren Bezugspersonen. Sie dient ferner der Reflexion des eigenen Verhaltens und der Basis des personzentrierten Ansatzes.

Folgende Schwerpunkte sind in der Supervision zu setzen:

- Beispiele aus der praktischen Tätigkeit
- Gemeinsame Reflexion und Rückmeldung
- Erarbeiten alternativer Vorgehensweisen
- Planungs- und Entscheidungshilfen

Die *Aufbaustufe* hat das Ziel, die personzentrierte pädagogische Arbeit mit sexuell mißbrauchten Kindern und Jugendlichen sowie mit den Bezugspersonen zu vertiefen. Sie ermöglicht den Teilnehmer/innen, im Rahmen eines Gesamtbehandlungsplanes außerdem auf der Grundlage des personzentrierten Ansatzes auch spezifisch therapeutische Leistungen zu erbringen. Sie dient der Förderung und Integration verschiedener Berufsgruppen in der psychosozialen Arbeit im Teamverbund und beinhaltet nachstehende Lernziele:

- Theoretische und praktische Kenntnisse zur Diagnostik und Verdachtsabklärung bei sexuellem Mißbrauch an Kindern und Jugendlichen
- Möglichkeiten und Grenzen personzentrierter pädagogischer und psychotherapeutischer Arbeit mit sexuell mißbrauchten Kindern und Jugendlichen
- Möglichkeiten und Grenzen personzentrierter Arbeit mit dem sozialen Umfeld von sexuell mißbrauchten Kindern und Jugendlichen.

Die Auseinandersetzung mit der Theorie soll sich auf die nachstehenden Inhalte beziehen, wobei Erweiterungen nach dem aktuellen Stand der Forschung vorgenommen werden:

- Theoretische Prinzipien personzentrierter Pädagogik und Psychotherapie bei sexuell mißbrauchten Kindern und Jugendlichen
- Probleme der Verdachtsabklärung und Aufdeckung sexuellen Mißbrauchs
- Rahmenbedingungen personzentrierter pädagogischer und psychotherapeutischer Arbeit mit sexuell mißbrauchten Kindern und Jugendlichen
- Analyse des sozialen Umfeldes sexuell mißbrauchter Kinder und Jugendlicher
- Theoretische Prinzipien personzentrierten Arbeitens mit den Bezugspersonen von sexuell mißbrauchten Kindern und Jugendlichen
- Prozesse und Effekte personzentrierter pädagogisch-therapeutischer Arbeit und Psychotherapie mit sexuell mißbrauchten Kindern und Jugendlichen sowie der Arbeit mit deren Bezugspersonen
- Verhaltensauffälligkeiten, Symptome und Signale sexuell mißbrauchter Kinder und Jugendlicher
- Spiel als therapeutisches Medium
- Spezifische Merkmale der pädagogischen und psychotherapeutischen Arbeit mit sexuell mißbrauchten Kindern und Jugendlichen
- Rechtliche und politische Rahmenbedingungen pädagogisch-therapeutischen Arbeitens mit sexuell mißbrauchten Kindern und Jugendlichen
- Spezifika personzentrierter pädagogischer Arbeit bei sexuellem Mißbrauch

Die Erprobung der erworbenen Kenntnisse in der Berufspraxis soll anhand folgender Lernziele vorgenommen werden:

- Einüben personzentrierter Vorgehensweisen in der pädagogischen und psychotherapeutischen Arbeit mit sexuell mißbrauchten Kindern und Jugendlichen sowie mit deren Bezugspersonen
- Verbesserung der Beobachtungsfähigkeit hinsichtlich des Erfassens von Problemen bei sexuell mißbrauchten Kindern und Jugendlichen in ihren sozialen Bezügen
- Erhöhung der Sensibilität für das Selbstkonzept sexuell mißbrauchter Kinder, Jugendlicher und deren Bezugspersonen
- Einführung in die Praxis der personzentrierten pädagogischen Gruppenarbeit und Gruppentherapie mit sexuell mißbrauchten Kindern und Jugendlichen
- Einführung in die Praxis der personzentrierten Gruppenspieltherapie
- Übertragung des eigenen „Wissens" in das jeweils spezifische Berufsfeld

Die Selbsterfahrung während der Aufbaustufe hat das Ziel, die in der Grundstufe begonnene Auseinandersetzung mit der eigenen Person zu vertiefen.

Thematische Schwerpunkte beziehen sich auf:

- eigene Kindheit und Jugend

- Arbeit mit sexuell mißbrauchten Kindern, Jugendlichen und deren Bezugspersonen
- eigene Wirkung auf Kinder und Jugendliche
- Selbsterfahrung im Spiel
- Selbst- und Fremdwahrnehmung im eigenen Entwicklungsprozeß

Die Supervision dient der Reflexion der angewandten personzentrierten pädagogischen und psychotherapeutischen Arbeit mit sexuell mißbrauchten Kindern, Jugendlichen und deren Bezugspersonen. Sie begleitet und vertieft den Prozeß der Anwendung und Übertragung der erworbenen Kompetenzen in das je eigene Berufsfeld. Sie dient ferner der Überprüfung der Begegnungshaltung der einzelnen Teilnehmer/innen und der Interaktion in der Gruppe.
Schwerpunkte:
- Personzentrierte Haltung im pädagogischen und therapeutischen Prozeß mit sexuell mißbrauchten Kindern und Jugendlichen
- Das Selbstkonzept und der pädagogische/therapeutische Prozeß
- Therapeut/in-Kind-Beziehung: wechselseitige Erwartungen und Beziehungsangebote
- Prozeßanalyse: Verlaufsformen personzentrierter pädagogischer Arbeit und Psychotherapie mit sexuell mißbrauchten Kindern und Jugendlichen (Einzelstunde, Gesamtverlauf)
- Vielfalt, Verschiedenartigkeit und Angemessenheit des Therapeut/inn/enverhaltens in spezifischen Situationen (Spielbeteiligung, Selbsteinbringung, Grenzen) und therapeutische Anregungen
- Probleme personzentrierter Arbeit mit den Familien der sexuell mißbrauchten Kinder und Jugendlichen
- Auswirkungen und Determinanten der eigenen Wahrnehmungskorrektur
- Einüben kollegialer Supervision

Teilnehmer/innen des Weiterbildungsganges „Personzentrierte Pädagogische Beratung mit sexuell mißbrauchten Kindern und Jugendlichen" sollten zusätzlich eine eigene Einzeltherapie im Umfang von mindestens 25 Stunden bei einem(r) dafür von der GwG anerkannten Therapeuten(in) absolvieren.
Zum Ende der Aufbaustufe erfolgt eine Beurteilung. Gegenstand einer mündlichen und schriftlichen Prüfung sind die in der Weiterbildung erworbenen theoretischen und praktischen Kenntnisse und Fähigkeiten. Grundlage dafür bietet zum Ende der Aufbaustufe eine umfassend dokumentierte Projektarbeit mit einem sexuell mißbrauchten Kind oder Jugendlichen oder einer Gruppe, in welcher die Anwendung personzentrierter Prinzipien bei der Wahrnehmung pädagogischer oder psychotherapeutischer Aufgaben bei sexuell mißbrauchten Kindern bzw. Jugendlichen belegt wird. Bei der Beurteilung ist wichtigstes Kriterium, ob der Kandidat/ die Kandidatin in der Lage ist, die Prinzipien des personzentrierten Ansatzes angemessen anzuwenden und die pädagogische und therapeutische Arbeit mit

sexuell mißbrauchten Kindern bzw. Jugendlichen sowie die begleitende Arbeit mit Bezugspersonen auf der Grundlage des personzentrierten Ansatzes durchzuführen und theoretisch zu begründen.

Die Beurteilung des pädagogischen- bzw. therapeutischen Verhaltens geschieht auf der Grundlage der zur Beurteilungssitzung vorzulegenden Dokumentation und der Demonstration von Ton- oder Videoaufnahmen der jeweiligen Arbeit. Der zusammenfassende Abschlußbericht (Falldokumentation/ Projektdokumentation) unter Würdigung der eigenen Entwicklung und der Perspektive der Anwendung personzentrierter Prinzipien bei der Wahrnehmung pädagogischer und psychotherapeutischer Aufgaben ist schriftlich vorzulegen.

In der Beurteilungssitzung werden von den Ton- oder Videoaufnahmen der vorgelegten Dokumentation ein Kontakt aus der Anfangs- (zweiter oder dritter) und ein Kontakt aus der Endphase gewählt, sowie ein für den Fall/ das Projekt typischer Kontakt aus der Mitte – ebenso die Bezugspersonenarbeit. Wenn die Durchführung der Bezugspersonenarbeit durch die Ausbildungskandidat/inne/n bei der vorgestellten Arbeit nicht möglich war, sollte zusätzlich eine selbst durchgeführte Bezugspersonenarbeit vorgelegt werden.

Die Inhalte der Weiterbildung sollten nicht abgehoben von der beruflichen Position der Teilnehmer/innen nach festgelegten Lehrplänen vermittelt werden, sondern gemäß eines situations- und teilnehmerorientierten Lernkonzeptes, das die konkreten Arbeitsbedingungen in den Mittelpunkt rückt, da sich nach erwachsenenpädagogischen Erkenntnissen Handlungen von Menschen nur unter Berücksichtigung ihrer Umweltbezüge bearbeiten lassen. Ausgehend von der Situations- und Kompetenzorientierung nach ARNOLD (1981) und HABERMAS (1971) ist das Ziel einer Weiterbildung, die Teilnehmer/innen zu befähigen, berufliche Anforderungen hier bezogen auf schwierige Beratungssituationen konstruktiv zu bewältigen.

Somit ist ein flexibles Konzept durch prozeßorientierte Planung, die die vorhandenen Kompetenzen und Erfahrungen berücksichtigt und einen unmittelbarer Bezug zur Berufspraxis herstellt, zu entwickeln, da dies ein wichtiger Ausgangspunkt zur Veränderungsbereitschaft ist. Das Grundkonzept sollte klar und nachvollziehbar, Sinn und Zweck der Weiterbildung sollten genau umschrieben sein; die Beteiligung der Teilnehmer/innen an den Entwicklungs- und Entscheidungsprozessen des Curriculums sollte anvisiert werden. [1329]

Dem situationsorientierten Lernen ist die Arbeit an Fällen, die unmittelbar aus dem Berufs-alltag kommen, besonders adäquat. Unterschiedliche inhaltliche Gesichtspunkte können anhand exemplarischer Einzelfälle situationsgerecht erarbeitet werden. Die oben angeführten Themen können so an speziellen auf den Beratungskontakt bezogenen Situationen von den Teilnehmer/innen erarbeitet und gleichzeitig durch zusätzliche

---

[1329] vgl. H.Ruddat/ A.J.Cropley 1995, S.37

Informationen ergänzt werden. Wie eine solche Vorgehensweise aussehen kann, beschreibt WITTWER (1985) in einem Aufsatz zu einem situationsorientierten Lehr/Lernkonzept in der betrieblichen Weiterbildung:

> "Die ausgewählten Situationen werden als Fallsituationen dargestellt, d.h. die sie konstituierenden Kommunikations- und Interaktionsprozesse werden aus der Sicht der handelnden Personen beschrieben und durch ergänzende bzw. erklärende Fakten und wissenschaftliche Aussagen und Erkenntnisse erläutert. Jede Fallsituation besteht aus zwei Teilen, der Beschreibung einer Situation und ihrer Erläuterung."[1330]

Die Arbeit an den Einzelfällen richtet sich nach der Identifikation mit dem Fall, der Interpretation des dort gezeigten Verhaltens der handelnden Personen, der Vermittlung von ergänzenden und erklärenden Fakten durch wissenschaftliche Erkenntnisse und Aussagen. Zur Bearbeitung eines Falles gehört eine Beschreibung des dargestellten Probleminhaltes, die Definition des Problems, die Bestimmung der handelnden Personen, die Erfassung ihrer Aufgaben und Aufträge und die dem Handeln zugrundeliegenden Regeln, Normen und Gesetze.

Der Vergleich der theoretisch gewonnenen Kriterien zur Kindzentriertheit, zur Intervention bei sexuellem Mißbrauch und der sozialpädagogischen Hilfeplanung legt eine Verbesserung der kindzentrierten, kinderschutzspezifischen Hilfeplanentwicklung in den Kinderschutzdiensten durch eine personzentrierte, pädagogische Weiterbildung für die Beratung sexuell mißbrauchter Kinder nahe. Die umfangreichen, fallbezogenen Erfahrungen der befragten Fachkräfte bezüglich der Beteiligung der Kinder an der Hilfeplanung und der Umsetzung der §§ 5, 8 und 36 SGB VIII fließen in ein solches Weiterbildungskonzept ein und vermitteln die Erkenntnisse der Kinder-schutzdienste auch anderen psychosozialen Beratungseinrichtungen. Erst die wissenschaftliche Begleitung einer solchen Weiterbildung kann die fach-lichen Standards einer Professionalisierung personzentrierter, pädagogischer Beratung für Kinder in Notsituation erbringen, die sich an europäischen und internationalen Qualifizierungskonzepten messen lassen kann[1331].

[1330] W.Wittwer 1985, S.14

[1331] E.Jönsson 1997, S.171:
„Die größte Vielfalt von landesweit verbreiteten Hilfeeinrichtungen findet sich in den Niederlanden, wo es als Besonderheit sogenannte Diagnostik-Zentren gibt, die sich auf die Untersuchung von (potentiell) sexuell mißbrauchten Kindern spezialisiert haben. Derartige Einrichtungen wurden in den anderen Ländern nicht gefunden. Der große Vorteil, den diese Diagnostik-Zentren bieten können, ist, daß die Mitarbeiterinnen und Mitarbeiter aufgrund ihrer besonderen Ausbildung und Erfahrung die negativen Folgen, die durch derartige Untersuchungen entstehen können, gering halten können. Der Ruf der Einrichtungen ist über die Grenzen hinweg gut."

Literaturliste:

Abegg, W.: Der Familientest. Ein Hilfsmittel zur Behandlung psychosomatischer Erscheinungen bei Kindern und Verhaltensstörungen bei Jugendlichen. Zürich 1973

Aguilera, D.C.: Grundlagen der Krisenintervention. Freiburg i. Br. 1977

Alcoff, A./ Haug, F.: Sexueller Mißbrauch. Widersprüche eines öffentlichen Skandals.

Allen, F.H.: Psychotherapie with Children. New York 1946

Alterhoff, G.: Grundlagen klientenzentrierter Beratung. Stuttgart 1983

Amendt, G.: Untersuchung über sexuell mißbrauchende Mütter. Bericht in der „Badischen Zeitung" vom 11.6.1992

Amend, G.: Wie Mütter ihre Söhne sehen. Bremen 1993

Amstrong, L.: Kiss Daddy Goodnight. Aussprache über Inzest. Mit einem Nach-wort von Alice Miller. Frankfurt 1985

Anderson, D.: Touching: When is it Caring and Nurturing or When is it Exploitative and Damaging. In: Child Abuse & Neglect, Vol. 3, 1979, pp 793-794

Araji, Sh./ Finkelhor, D.: Abusers. A Review of Research. In: Finkelhor, D. u.a.: A Sourcebook on Child Sexual Abuse. Beverly Hills/ London/ New Dehli 1986, pp 89-118

Ariés, Ph.: Geschichte der Kindheit. München 1975

Arntzen, F.: Vernehmungspsychologie - Psychologie der Zeugenvernehmung. München 1978

Asperger, H.: Das ärztliche Gespräch. In: Asperger, H./ Wurst, F.: Psychotherapie und Heilpädagogik bei Kindern. München/ Wien/ Baltimore 1982, S. 31-42

Aurin, K. (Hrsg.): Beratung als pädagogische Aufgabe. Bad Heilbrunn 1984

Aurin, K./ Gaude, P./ Zimmermann, K.: Bildungsberatung. Frankfurt/ M. 1973

Axline, V.: Play therapy and race conflict in young children. In: J. abnorm. Soc. Psychol. 43, 1948, pp 300-310

Axline, V.: Kinder-Spieltherapie im nicht-direktiven Verfahren. München/Basel 1972

Axline, V.: Play Therapy. The Inner Dynamics of Childhod. Boston 1947

Baacke, D.: Ausschnitt und Ganzes - Theoretische und methodologische Probleme bei der Erschließung von Geschichten. In: Baacke,D./ Schulze, Th. (Hrsg.): Aus Geschichten lernen. Zur Einübung pädagogischen Verstehens. München 1984. S.11-50

Bacal, H.A./ Newman, K.M.: Objektbeziehungstheorien - Brücken zur Selbstpsycho-logie. Stuttgart/ Bad Cannstadt 1994

Backe, L. / Leick, N. / Merrick, J. / Michelson, N.: Sexueller Mißbrauch von Kindern in Familien. Köln 1986

Baker, A.W./ Duncan, S.P.: Child sexual abuse: A studie of prevalence in Great Britain. Child Abuse & Neglect, Vol. 9, 1985. pp 457-467

Bang, R.: Psychologische und methodische Grundlagen der Einzelfallhilfe (Casework). München/ Basel 1968

Bange, D.: Die dunkle Seite der Kindheit. Köln 1992

Bange, D./ Deegener, G.: Sexueller Mißbrauch an Kindern. Ausmaß, Hintergründe, Folgen. Weinheim 1996

Bange, D./ Geisel, K.: Kinderpornographie. Eine der Ursachen sexueller Ausbeutung von Kindern. In: Pädextra und demokratischer Erziehung. 3.Jahrg. 1990. Heft 6. S. 20-24

Bartels, K.: Pädagogischer Bezug. In: Kluge, N. (Hrsg.): Das pädagogische Verhältnis. Darmstadt 1973, S.437-466

Barth, M. / Markus, U.: Zärtliche Eltern. Gelebte Sexualerziehung durch Zärtlichkeit, Sinnesnahrung, Körpergefühl, Bewegung. Verlag pro juventute, Zürich 1987

Baumgardt, U.: Das Schweigen brechen - Ein Kampf ums Überleben. In: Kazis, C. (Hrsg): Dem Schweigen ein Ende. Sexuelle Ausbeutung von Kindern in der Familie. Basel 1988

Baumgardt, U.: Kinderzeichnungen - Spiegel der Seele. Kinder zeichnen Konflikte ihrer Familien. Zürich 1985

Baurmann, M.C.: Angezeigte und verurteilte Sexualkontakte aus viktimologischer Sicht. In: Albrecht-Desirat,K./ Parcharzina,K. (Hrsg.): Sexualität und Gewalt. Bensheim1979. S.87-114

Baurmann, M.C.: Sexualität, Gewalt und die Folgen für die Opfer: Zusammengefaßte Ergebnisse aus einer Längsschnittuntersuchung bei Opfern von angezeigten Sexualkontak-ten. Bundeskriminalamt. Wiesbaden 1985

Baurmann, M.C.: Sexualität, Gewalt und psychische Folgen. Eine Längsschnittunter-suchung bei Opfern sexueller Gewalt und sexueller Normverletzungen anhand von angezeigten Sexualkontakten. BKA, Wiesbaden 1983, neueste Auflage 1996

Bays,J./ Chadwick: Medical Diagnosis of the Sexual Abused Child. Child Abuse & Neglect, Vol. 17, 1993, pp 91-110

Beckman-Herfurth, E.: Zur Person des Therapeuten - Ihre Bedeutung in der person-zentrierten Kinderpsychotherapie. In: Boeck-Singelmann, C. u.a.: Personzentrierte Psychotherapie mit Kindern und Jugendlichen. Bd. 1, Göttingen 1996, S. 195-215

Beekmann, T./ Bleeker, H./ Mulderij, K.: Kinder wohnen auch. Eine Orientierung in der niederländischen Kinderlandschaft. In: Hengst, H. (Hrsg.): Kindheit in Europa. Zwischen Spielplatz und Computer. Frankfurt 1985

Behler, W.: Das Kind. Freiburg 1971

Behme, U./ Schmude, M.: Der geschützte Raum. Diagnose und Therapie mißhandelter Kinder. 3. Aufl., Berlin 1991

Behr, M./ Kudling, Ch./ Reiter, J.: Evaluation zur Kindertherapieausbildung in der GwG. In: GwG-Zeitschrift, Köln Jg. 9, 1995, S. 24-92

Behr, M./ u.a.(Hrsg.): Jahrbuch für personzentrierte Psychologie und Psychotherapie. Bd. 1. Salzburg 1989

Behr, M.: Rogers und die Pädagogik. Theorieanspruch und Anwendungsmöglichkeiten des personzentrierten Ansatzes in der Pädagogik. Weinheim 1987

Behr, M.: Therapie als Erleben von Beziehung. Die Bedeutung der interaktionellen Theorie des Selbst für die Praxis einer personzentrierten Kinder- und Jugendlichen-psychotherapie. In: Behr, M. (Hrsg.): Jahrbuch für personenzentrierte Psycholgie und Psychotherapie. Bd. 1, Salzburg 1989, S.41-68

Behr, M.: Wissensgrundlage einer an der Person des Kindes und der Person des Päda-gogen orientierten Erziehung. In: Behr, M./ Petermann, F./ Pfeiffer, W.M./ Seewald, C.: Jahrbuch der personzentrierten Psychologie und Psychotherapie, Band 1, Salzburg 1989, S.152-181

Beichtman, J.H. et al.: A Review of the Long-term Effects of Child Sexual Abuse. Child Abuse & Neglect, Vol 16, 1992, pp 101-118

Belardi, N. u.a.: Beratung. Eine sozialpädagogische Einführung. Weinheim/ Basel 1996

Bellak, L./ Bellak, S.S.: Handlungsanweisungen für den Kinder-Apperceptions-Test (The Children's Apperception-Test, C.A.T.) Göttingen 1955

Bender, H.U.: Merkmalskombinationen in Aussagen. Tübingen 1987

Bender, R./ Nack, A.: Tatsachenfeststellung vor Gericht. München 1981

Benecken, J.: Kindertherapie. Fallstudien. Stuttgart 1982

Bentovim, A.: Traumaorganisierte Systeme. Systemische Therapie bei Gewalt und sexuel-lem Mißbrauch in der Familie. Mainz 1995

Bentovim, A./ Bentovim, M./ Vizard, E./ Wiseman, M.: Facilitating Interviews with Children who may have been sexually abused. In: Child Abuse Review, Vol. 4, 1995, pp 246-262

Benz, E./ Caroli, W.: Beratung im Kontext der Schule. Berlin 1977

Berg, J.H. van den: Metabletica. Über die Wandlungen des Menschen. Göttingen 1960

Berliner,L.: Anatomical Dolls Commentary. Journal of Interpersonal Violence. Vol.3, 1988, pp 468-470

Besems, Thijs / Vugt, G. von: Wo Worte nicht reichen - Therapie mit Inzestbetroffenen

Bessel, A./ van der Kolk, M.D.: Psychische Folgen traumatischer Erlebnisse: Psycholo-gische, biologische und soziale Aspekte von PTSD. In: Informationsdienst Kindesmiß-handlung und Vernachlässigung. 2.Jg. Nr.7, 1995, S.19-25

Bevollmächtigte der Hessischen Landesregierung für Frauenangelegenheiten (Hrsg.): Sexueller Mißbrauch von Mädchen. Wiesbaden 1987

Biermann-Ratjen, E.M.: Entwicklungspsychologie und Störungslehre. In: Boeck-Singelmann, C. u.a. (Hrsg.): Personzentrierte Psychotherapie mit Kindern und Jugend-lichen. Band 1. Göttingen 1996. S.9-28

Biermann-Ratjen, E.M.: Persönlichkeitstheoretische und entwicklungspsychologische Aspekte in der klientzentrierten Psychotherapie. In: GwG-Info 59, 1985, S.109-114

Biller,K.: Pädagogische Kasuistik. Baltmannsweiler 1988

Bills, R. E.: Nondirective play therapy with retarded readers. In: J. Consult. Psychol. Vol. 14, 1950, pp 140-149

Binder, U./ Binder, H.-J.: Klientzentrierte Psychotherapie bei schweren psychischen Störungen. Frankfurt/M. 1979

Binneberg, K.: Grundlagen der pädagogische Kasuistik. Überlegungen zur Logik der kasuistischen Forschung. In: Zeitschrift für Pädagogik. 1985, S. 773-788

Binneberg, K.: Pädagogische Fallstudien. In: Zeitschrift für Pädagogik. 25. Jg., Nr.3, 1979, S.773 f

Blochmann, E./ Geissler, G./ Nohl, H./ Weniger, E.: Kleine pädagogische Texte. Die Pädagogik vom Kinde aus. Heft 26, Weinheim 1961

Boat, B.W./ Eversen, M.D.: Use of Anatomical Dolls Among Professionals in Sexual Abuse Evaluations. Child Abuse & Neglect, Vol. 12, 1988, pp 171-179

Boat, B.W./ Everson, M.D.: Exploration of Anatomical Dolls by Nonreferred Preschoolaged Children: Comparisons by Age, Gender, Race, and Socioeconomic Status. Child Abuse & Neglect, Vol. 18, 1994, pp 139-154

Boeck-Singelmann, C./ Ehlers, B./ Hensel, Th./ Kemper, F./ Monden-Engelhardt, Ch. (Hrsg.): Personzentrierte Psychotherapie mit Kindern und Jugendlichen. Band 1. Göttingen 1996

Böhm, H.: Kinderzeichnungen in der Diagnostik. In: Rutschky,K./ Wolff,R. (Hrsg.): Handbuch sexueller Mißbrauch. Hamburg 1994

Bowlby, J.: Bindung. München 1975

Bollnow, O.F.: Anthropologische Pädagogik. 3. durchges. Aufl. Darmstadt 1983

Bommert, C.: Körperorientierte Psychotherapie nach sexueller Gewalt. Weinheim 1993

Bommert, H.: Grundlagen der Gesprächspsychotherapie. Stuttgart/ Berlin/ Köln/ Mainz 1977

Bommert, H./ Plessen, U.: Psychologische Erziehungsberatung. Stuttgart/ Berlin/ Köln/ Mainz 1978

Borneman, E.: Das Geschlechtsleben des Kindes. Beiträge zur Kinderanalyse und Sexual-pädologie. München 1988

Borneman, E.: Mißbrauch des Mißbrauchs - Kinder und ihre Helfer. In: Linsler, J./ Rittinger.R. (Hrsg.): Dokumentation: Mißbrauch mit dem Mißbrauch bei Verfahren um das Sorge- und Umgangsrecht.ISUV/ VDU Schriftenreihe Bd. 2. Nürnberg 1993. S.17-25

Bornmann, E./ Hähner, R. / Kochan, T./ Kunert, S./ Witte, K. (Hrsg.): Wir sind längst laut geworden. Donna Vita Verlag 1991

Boshowitsch, L.L.: Die Persönlichkeit und Entwicklung im Schulalter. Berlin 1970

Botens, V./ Stanzel, G.: Das Schweigen brechen. Sexueller Mißbrauch an Mädchen. In: Frauen verändern Lernen. Dokumentation der 6.Fachtagung der AG Frauen und Schule. Griesche, S./ Sachse, D. (Hrsg.). Kiel 1988

Botens, V.: Richtlinien für die Arbeit mit Mädchen und Frauen. In: Sexueller Mißbrauch von Mädchen ist Gewalt. Dokumentation eines Öffentlichkeitsprojektes. Wildwasser Wiesbaden e.V. (Hrsg.). 1989

Bradford, R.: Developing an Objective Approach to Assessing Allegations of Sexual Abuse. In: Child Abuse Review, Vol. 3, 1994, pp 93-101

Bradley, A.R./ Wood, J.M.: How Do Children Tell? The Disclosure Process in Child Sexual Abuse. Child Abuse & Neglect, Vol 20, 1996, pp 881-891

Braecker, S./ Wirtz-Weinrich, W.: Sexueller Mißbrauch von Mädchen und Jungen. Handbuch für Interventions- und Präventionsmöglichkeiten. Weinheim/ Basel 1991

Braun, G.: Das große und das kleine NEIN ! Mühlheim an der Ruhr 1991

Brauns, H.-P.: Persönlichkeitstheorie von Rogers. In: Grunwald,W. (Hrsg.): Gesprächspsychotherapie. Kritische Stichwörter. München 1979, S. 196-213

Breitenbach, E.: Mütter mißbrauchter Mädchen. Eine Studie über sexuelle Verletzung und weibliche Identität. Pfaffenweiler 1992

Brem-Gräser, L.: Familie in Tieren: Eine Familiensituation im Spiegel der Kinder-zeichnung. (5. Aufl.) München 1986

Brem-Gräser, L.: Handbuch der Beratung für helfende Berufe.
Band 1: Allgemeine Grundlagen psycho-sozialer-pädagogischer Beratung
Band 2: Allgemeiner Vergleich zwischen Beratung und Therapie
Band 3: Die Klienten- bzw. Personenzentrierte Beratung/Psychotherapie. München 1993

Brezinka, W.: Grundbegriffe der Erziehungswissenschaft. 5. neubearbeitete Auflage, München 1990

Brezinka, W.: Von der Pädagogik zur Erziehungswissenschaft. Weinheim/ Berlin/ Basel 1971

Brinkhoff, K.-P.: Kindheit ist kein Kinderspiel. Über die veränderten Bedingungen des Aufwachsens und notwendige Perspektivenerweiterung in der modernen Kindheitsforschung. In: Mansel, J. (Hrsg.): Glückliche Kindheit - Schwierige Zeit? Über die veränderten Bedingungen des Aufwachsens. Opladen 1996, S.25-39

Brinkmann,W./ Honig, M.S.: Kinderschutz als sozialpolitische Praxis. München 1984

Brockhaus,U./ Kolshorn, M.: Sexuelle Gewalt gegen Mädchen und Jungen. Mythen, Fakten, Theorien. Frankfurt/M. 1993

Broek, J. van der: Verschwiegene Not. Sexueller Mißbrauch an Jungen. Zürich 1993

Bromme, R.: Der Lehrer als Experte. Zur Psychologie professionellen Wissens. Bern/ Göttingen/ Toronto 1992

Browne, A.: Das Schweinebuch - zum Abgewöhnen. Frankfurt 1986

Brozio, P.: Vom pädagogischen Bezug zur pädagogischen Beziehung. Soziologische Grundlagen einer Erziehungstheorie. Würzburg 1995

Bruder, K.-J./ Richter-Unger, S.: Monster oder liebe Eltern? Sexueller Mißbrauch in der Familie. Berlin, Weimar 1993

Brügelmann, H.: Fallstudien in der Pädagogik. In: Zeitschrift für Pädagogik, 28. Jg., 1982, S. 609-623

Bründel, H./ Hurrelmann, K.: Einführung in die Kindheitsforschung. Weinheim/ Basel 1996

Buber, M.: Das dialogische Prinzip. Heidelberg 1962

Buber, M.: Reden über Erziehung. Heidelberg 1965

Buber, M.: Pointing the Way. New York 1957

Buck, H./ Dinter, G./ Vogiatzi, L.: Analyse des Störungsverhaltens, des Störungs-bewältigungsverhaltens und des motivationalen Verhaltens anhand von Fallbeispielen erfolgreich abgeschlossener Kinderspieltherapien. Diplomarbeit, Univ. Hamburg: Fachbereich Psychologie 1989

Bühler, Ch./ Allen, M.: Einführung in die humanistische Psychologie. Stuttgart 1974

Bühler, Ch.: Kindheit und Jugend. Leipzig 1928

Bühler, K.: Abriß der geistigen Entwicklung des Kindes. Heidelberg 1949

Bühler, K.: Die geistige Entwicklung des Kindes. Jena 1924

Bullens, R.: Aufgaben und Möglichkeiten multiprofessioneller Kooperation aus der Sicht der Mißhandlertherapie. In: Deutsche Gesellschaft gegen Kindesmißhandlung und - ver-nachlässigung (DGgKV): Multiprofessionelle Kooperation im Kontext aller Formen von Kindesmißhandlung und – vernächlässigung. Köln 1997, S.105-113

Bundeskonferenz für Erziehungsberatung e.V.: Kommission Erhebungsbogen für Er-ziehungsberatungsstellen: Abschlußbericht über das Projekt „Statistischer Erhebungs-bogen für Erziehungsberatungsstellen in der BRD". 2. Aufl., Fürth/ Bayern 1978

Bundesminister für Jugend und Frauen: Das neue Kinder und Jugendhilfegesetz. 3. Auflage. Bonn 1991

Bundesministerium für Familie, Senioren, Frauen und Jugend: Zehnter Kinder- und Jugendbericht. Bericht über die Lebenssituation von Kindern und die Leistungen der Kinderhilfen in Deutschland. Bonn 1998

Burger, E./ Reiter, K.: Sexueller Mißbrauch von Kindern und Jugendlichen. Intervention und Prävention. Bundesministerium für Famlie und Senioren. Bd. 19, Stuttgart/Berlin/ Köln 1993

Burks, H.M./ Stefflre, B. (Eds.): Theories of Counseling. New York 1979

Burt, M.R.: Cultural Myths and Supports for Rape. In: Journal of Personality and Social Psychology. Vol. 38, 1980, pp 217-230

Busch, M.: Begriff, Inhalt und Umfang der Inobhutnahme nach § 42 KJHG. In: Zentral-blatt für Jugendrecht, 80. Jg. Nr. 3/ 1993, S. 129-135

Caemmerer, D.v.: Die Methode der Einzelfallhilfe. Begriffe und Grundlagen. Sonder-druck aus: „Neue Auswahl" aus den Schwäbischen Blättern. Beiträge zur Gruppen-pädagogik. Wiesbaden 1965

Carkhuf, R.R.: Beyond Counseling and Therapy. New York 1967

Charta des Kindes: Broschüre des Deutschen Kinderschutzbundes. Köln 1975 (erhältlich beim DKSB in Köln)

Chasdan, Sh.: „Sie sind ein Teil von mir" - Objektbeziehungstheorie in der Psycho-therapie. Köln 1990

Cole, B.: Prinz Pfifferling. Reinbek 1988

Cole, B.: Prinzessin Pfiffigunde. Reinbek 1987

Conrad, C.: Durch die Augen des Kindes. Fortbildungskonzept für die Kinderschutz-dienste. Mannheim 1998

Conte, J.: The Effects of Sexual Abuse on Children: Results of a Research Project. Annals of the New York Academy of Science, Vol. 528, 1988, pp 310-326

Conte, J.R./ Schuerman, J.R.: Factors Associated with an Increased Impact of Child Sexual Abuse. Child Abuse & Neglect, Vo. 11, 1987, pp 201-212

Corman, L.: Der Schwarzfuss-Test. Grundlagen, Durchführung, Deutung und Auswer-tung. (2. neugestaltete Auflage) München 1992

Corwin, D.L.: Early Diagnosis of Child Sexual Abuse: Diminishing the Lasting Effects. In: Wyatt, G./ Powell, G. (Eds.): The Lasting Effects of Child Sexual Abuse. Newbury Park, Calif., 1995, pp 251-270

Coulborn-Faller, K./ Corwin, D.L.: Children's Interview Statements and Behaviors: Role in Identifying Sexually Abused Children. Child Abuse & Neglect, 1995, Vol. 19, pp 71-82

Cox, F. N.: Sociometric status and individual adjustment before and after play therapy. In: J. abnorm. Soc. Psychol. 48, 1953, pp 354-356

Cupoli, J.M./ Sewell, P.M.: One Thousand Fifty-nine Children with a Chief complaint of Sexual Abuse. Child Abuse & Neglect, Vol. 12, 1988, pp 151-162

Dane, E./ Schmidt, R.: Frauen & Männer und Pornographie. Frankfurt/ M. 1990

Danner, H.: Methoden geisteswissenschaftlicher Pädagogik. Einführung in die Herme-neutik, Phänomenologie und Dialektik. München/ Basel 1979

Dauner, H.: Grundlagen Humanistischer Pädagogik. Intergrative Ansätze zwischen Therapie und Politik. Bad Heilbrunn 1997

Daunert, Ch/ Fröhlich-Gildhoff, K.: „Max" - Beschreibung einer personzentrierten Kinderpsychotherapie. In: GwG-Zeitschrift 97/ Köln 3, 1995, S. 34-43

Deinert, S.: Das Familienalbum. Lappan 1993

DeKraai, M.B.: Liability in Child Therapy and Research. In: Journal of Consulting and Clinical Psychology. 1991, Vol. 59, No. 6, pp 853-860

DeMause, L.: Hört ihr die Kinder weinen ... Eine psychogenetische Geschichte der Kindheit. Frankfurt/M. 1980

Derichs, G.: Satzergänzungverfahren als Instrument des Intake. Praxis der Kinderpsycho-logie und Jugendpsychiatrie. 1977, Heft 26, S.142-149

Deutscher Kinderschutzbund (Hrsg.): Materialien. Nur die Wahrheit hilft. Berichte über das Kieler Modellprojekt "Sexueller Mißbrauch von Kindern und Jugendlichen durch Angehörige und Bekannte der Familie - Strategien zur Prävention und Behandlung". von: M.Dahm/ K.P.David/ I.Johns/ M.L. Schröder. Hannover 1990

Deutscher Kinderschutzbund (Hrsg.): Sexuelle Gewalt gegen Kinder. Ursachen, Vorur-teile, Sichtweisen, Hilfsangebote. Hannover 1987

Deutscher Kinderschutzbund: Broschüre. Köln 1993. (erhältlich beim DKSB in Köln)

Deutscher Verein für öffentliche und private Fürsorge: Empfehlungen zur Hilfepla-nung nach § 36 KJHG – Vorbereitungen und Erstellung eines Hilfeplans -. In: Nachrich-tendienst des deutschen Vereins 9/ 1994, S.317- 326. Ergänzungstext zu § 28 KJHG (Erziehungsberatung). In: Nachrichtendienst des Deutschen Vereins 3/ 1996, S.74

Dibbern, A.: Intervention bei sexuellem Mißbrauch von Mädchen und Jungen im fami-liären Bereich. In: Stadt Karlsruhe: Sozial- und Jugenddezernat (Hrsg.): Beiträge zur Sozial- und Jugendhilfe in Karlsruhe. Nr.28. Dokumentation zur Fachtagung 1987, S.2-26

Dietrich, G.: Allgemeine Beratungspsychologie. Eine Einführung in die psychologische Theorie und Praxis der Beratung. Göttingen/Toronto/Zürich 1983

Dietrich, G.: Spezielle Beratungspsychologie. Göttingen/Toronto/Zürich 1987

Dietrich, R./ Rietz, I.: Psychologisches Grundwissen für Schule und Beruf. Donauwörth 1996

Dietrich, Th.: Die pädagogische Bewegung "Vom Kinde aus". Regensburg 1982

Dietrich, Th.: Zeit- und Grundfragen der Pädagogik. 2. erg. Auflage, Bad Heilbrunn 1984

Dileo, J.H.: Die Deutung von Kinderzeichnungen. Karlsruhe 1992

Dilthey, W.: Deskription des Erziehers in seinem Verhältnis zum Zögling. In: Kluge, N. (Hrsg.): Das pädagogische Verhältnis. Darmstadt 1973, S.1-18

Dimenstein, G.: Mädchen der Nacht. Prostitution und Mädchensklaverei in Brasilien. München 1993

Dirks, L.: Die liebe Angst. Hamburg 1986

Dokumentation eines Öffentlichkeitsprojektes. Wildwasser Wiesbaden e.V. (Hrsg.) 1989

Dörsch, M./ Alochin, K.: Gegen sexuellen Mißbrauch. Das Handuch zur Verdachtsab-klärung und Intervention. Nürnberg 1997

Dörschel, A.: Einführung in die Wirtschaftspädagogik. 4.Aufl. Berlin 1975

Dokumentation: Die Kinderschutzdienste in Rheinland-Pfalz. Eine Dokumentation. Unveröffentlichte Ausgabe des Ministeriums für Kultur, Jugend, Familie und Frauen des Landes Rheinland-Pfalz. Von L. Ginciauscas. Mainz 1993

Donna Vita Schriftreihe:
Band 1: Anatomisch korrekte Puppen als Hilfsmittel für Therapie und Diagnostik. Mebes, Marion / Fegert, Jörg. Berlin 1988
Band 2: Sucht und sexueller Mißbrauch. Mebes, M. / Jeuck, G., Berlin 1989
Band 3: Mädchenhäuser. Berlin 1990

Donna Vita: Hauptkatalog. Mebes, M.: Fachhandel für Materialien gegen sexuellen Mißbrauch. Berlin 1990

Dorfman, E.: Personality Outcomes of Client-Centered Child Therapy. In: Psychol. Monographs, 72, 1958, p 456

Dorfman, E.: Spieltherapie. In: Rogers, C.R.: Die Klientzentrierte Gesprächspsycho-therapie. München 1972

Doris, J.: The Suggestibility of Children's Recollections. In: American Psychological Association, Washington DC 1989

Dorpat, Ch.: Welche Frau wird so geliebt wie Du? Berlin 1982

Doyle, C.: Child Sexual Abuse. A Guide for Health Professionals. London 1994

Draijer, N.: Die Rolle sexuellen Mißbrauchs und körperlicher Mißhandlung in der Ätio-logie psychischer Störungen bei Frauen. In: Martnius, J./ Frank, R. (Hrsg.): Vernach-lässigung und Mißhandlung von Kindern. Bern 1990. S. 128-142

Drechsler, J.: Das Wesen des Erziehungsaktes. In: Kluge, N. (Hrsg.): Das pädagogische Verhältnis. Darmstadt 1973, S. 73-102

Dubowitz, H./ Black, M./ Harrington, D./ Verschoore, A.: A Follow-Up Study of Behavior Problems Associated with Child Sexual Abuse. Child Abuse & Neglect. Vol. 17, 1993, pp 743-745

Duhm, E./ Hansen, J.: Der Rosenzweig P-F Test, Form für Kinder. Göttingen 1957

Duhn, E.: Die Erstbekundung jugendlicher Zeugen bei Sexualdelikten. In: Blau, G./ Müller-Luckmann, E.: Gerichtliche Psychologie. Aufgabe und Stellung des Psychologen in der Rechtsfrage. Neuwied/ Berlin 1992, S.120-147

Eckert, J./ Höger, D./ Linster, H. (Hrsg.): Die Entwicklung der Person und ihre Stö-rung. Band 1: Entwurf einer ätiologisch orientierten Krankheitslehre im Rahmen des klientzentrierten Konzeptes. Köln 1993

Ehlers, B.: Störungskonzept und Behandlung des elektiven Mutismus. In: Boeck-Singelmann, C. u.a.: Personzentrierte Psychotherapie mit Kindern und Jugendlichen. Bd. 1, Göttingen 1996, S. 247-266

Ehlers, Th.: Das Konzept einer globalen emotional bedingten Entwicklungsstörung und der personzentrierte Ansatz in der Spieltherapie. In: Boeck-Singelmann, C. u.a.: Personzentrierte Psychotherapie mit Kindern und Jugendlichen. Bd. 1, Göttingen 1996, S. 29-40

Ehlers, B.: Kinderspieltherapie. Ein kritischer Rückblick. In: Goetze,H. (Hrsg.): Personenzentrierte Spieltherapie. Göttingen 1981. S. 149-168

Ehrmert, C./ Fuhrmann, U./ Sander, E.: Schlußbilanzanalyse des Scenotestaufbaus. Empirische Pädagogik 7, 1991, S. 377-387

Einsiedler, B.: Die Bedeutung des Spiels für die kindliche Entwicklung im Vorschulalter. In: Fthenakis, W.E. (Hrsg.): Tendenzen der Frühpädagogik. Düsseldorf 1984

Einsiedler. W.: Das Spiel der Kinder. 1990

Eisenga, R.: Das Menschenbild Rogers': Zwischen Einzahl und Mehrzahl. In: Sachse, R./ Howe, J. (Hrsg.): Zur Zukunft der klientzentrierten Psychotherapie. Heidelberg 1989, S.21-36

Elder, G.H.: Historical chance in the life patterns and personality. In: Baltes, P.B. (Ed.): Life-span development and behavior. Bd. 2, New York 1989, pp 298-312

Elliger, T.J.: Sexueller Kindesmißbrauch. Definition, Häufigkeit, Diagnostikprobleme. In: Münchener Medizinische Wochenschrift, Jg. 135, H. 42/ 1993, S.562-566

Elliot, M. (Hrsg.): Frauen als Täterinnen. Sexueller Mißbrauch an Mädchen und Jungen. Ruhnmark 1993

Enders, U. (Hrsg).: Zart war ich, bitter war's. Sexueller Mißbrauch an Mädchen und Jungen. Erkennen - Schützen - Beraten. Köln 1990; 2. Überarb. Aufl., Köln 1995

Enders, U. / Stumpf, J.: Mütter melden sich zu Wort. Sexueller Mißbrauch an Mädchen und Jungen. Köln 1992

Enders, U./ Wolters, D.: Schön blöd. Ein Bilderbuch über schöne und blöde Gefühle. Köln 1991

Enders, U./ Wolters, D.: Lilole Eigensinn und ihre Freunde. Köln 1993

Enders, U.: Die Therapie gibt es nicht. Ein Interview zur Therapie und Selbsthilfe betroffener Frauen. In: Psychologie heute 10/87, S.68/69

Enders, U.: Sexueller Kindesmißbrauch: Zart war ich - bitter war's. Bericht über eine Kontakt- und Selbsthilfeinitiative. In: Stadtblatt Münster April 1986

Enders, U.: Sexueller Mißbrauch und Jugendhilfe. Expertise zum 5.Jugendbericht der Landesregierung Nordrhein-Westfalen im Auftrage des Ministers für Arbeit, Gesundheit und Soziales des Landes Nordrhein-Westfalen. Düsseldorf 1989

Enders, U.: Sozialpädagogische Familienhilfe: Fortschritt oder Rückschritt der Jugend-hilfe?! In: Karsten, O. (Hrsg.). Die sozialpädagogische Ordnung der Familie. Weinheim/ München 1987

Endres, J.: Sexueller Kindesmißbrauch. Psychologischer Sachverstand als Beweismittel bei Verdachtsfällen sexuellen Kindesmißbrauchs. In: Kriminalistik 7/1997, S.490-499

Endres, J.: Wie suggestibel ist dieses Kind? Überblick über bisherige experimentelle Arbeiten mit dem „Bonner Test für Aussagesuggestibilität. Aufsatz vom Autor in einem Brief vom 30.1.1998 zur Verfügung gestellt. 24 Seiten. Wird in „Report Psychologie" erscheinen.

Engelfried, C.: Vergewaltigung - Was tun mit den Männern? Braunschweig 1990

Engfer, A.: Kindesmißhandlung. Stuttgart 1986

Epstein, L.M.: Dokumentation eines Öffentlichkeitsprojekts. Wiesbaden 1989

Erdmann, J.W./ Rückriem, G./ Wolf, E. (Hrsg.): Kindheit heute. Differenzen und Gemeinsamkeiten. Bad Heilbrunn 1996

Erikson, E.H.: Kindheit und Gesellschaft. Stuttgart 1971

Ernst, A./ Stampfel, S.: Kinderreport - Wie Kinder in Deutschland leben. Köln 1991

Eversen, M.D./ Boat, B.W.: Putting the Anatomical Doll Controversy in Perspective: An Examination of the Major Uses and Criticism of the Dolls in Child Abuse Evaluation. Child Abuse & Neglect, Vol. 18, 1994, pp 113-130

Eversen, M.D./ Boat, B.W.: Sexualized Play Among Young Children: Implications for the Use of Anatomical Dolls in Sexual Abuse Evaluation. Journal of the American Academy of Child and Adolescent Psychiatry, 29/5, 1990, pp 736-742

Faber, W.: Das dialogische Prinzip Martin Bubers und das erzieherische Verhältnis. Ratingen 1962

Faller, K.: Child Sexual Abuse: An Interdisciplinary Manual for Diagnosis, Case Management, and Treatment. New York 1988

Faller, K.: Child Sexual Abuse: Intervention and Treatment Issues. National Center on Child Abuse and Neglect. Washington 1993

Faller, K.: Is the Child Victim of Sexual Abuse Telling the Truth? Child Abuse & Neglect.Vol 8, 1988, pp 773-781

Faltblattinformation für Mütter und Väter sowie ErzieherInnen, LehrerInnen: Verein zur Prävention von sexuellem Mißbrauch an Mädchen und Jungen. Oberntorwall 14, 4800 Bielefeld 1. Vertrieb: Donna Vita.

Faltermeier, J./ Fuchs, P.: Hilfeplanung konkret. Praktische und fachpolitische Handlungsstrategien zur Qualitätssicherung in der Jugendhilfe. Schriften allgemeinen Inhalts (SAI). Band 34. Frankfurt/ M. 1996

Fastie, F.: Zeuginnen der Anklage. Die Situation sexuell mißbrauchter Mändchen und junger Frauen vor Gericht. Berlin 1994

Fatke, R.: Fallstudien in der Pädagogik. und: Das Allgemeine und das Besondere in pädagogischen Fallgeschichten. In: Zeitschrift für Pädagogik. Jg. 41, Heft 5, 10. 1995. S.675-696

Feger, B.: Hochbegabung. Bern 1988

Fegert, J.: Ärztliche Diagnosemöglichkeiten und Gefahr einer Verschiebung der Proble-matik. In: Gegenfurtner, M.: Sexueller Mißbrauch von Kindern und Jugendlchen. Diagnostik, Krisenintervention und Therapie. Magdeburg 1992, S.33-56

Fegert, J.: Ärztliche Diagnosemöglichkeiten und Gefahr einer Verschiebung der Proble-matik. In: Gegenfurtner, M.: Sexueller Mißbrauch von Kindern und Jugendlchen. Diagno-stik, Krisenintervention und Therapie. Magdeburg 1992, S.33-56

Fegert, J.: Diagnostik und klinisches Vorgehen bei Verdacht auf sexuellen Mißbrauch bei Mädchen und Jungen. In: Walter, J.: Sexueller Mißbrauch im Kindesalter. Heidelberg 1989

Fegert, J.: Riesenerwartungen und Enttäuschungen - Die Rolle der Ärztin bzw. des Arztes im Spannungsfeld der Aufdeckung des sexuellen Mißbrauchs bei Mädchen und Jungen. Dokumentation einer Fachtagung in Pforzheim. Amt für Jugend und Familie. Pforzheim 1993

Fegert, J.: Diagnostik bei Verdacht auf sexuellen Mißbrauch bei Mädchen und Jungen. In Walter, J. (Hrsg.): Sexueller Mißbrauch im Kindesalter. Schindele, Heidelberg 1989

Fegert, J.: Sexuell mißbrauchte Kinder und das Recht. Band 2. Ein Handbuch zu Fragen der kinder- und jugendpsychiatrischen und psychologischen Untersuchung und Begut-achtung. Köln 1993

Fegert, J.: Sexueller Mißbrauch von Mädchen und Jungen. In: Arbeitskreis "Sexuelle Gewalt", Köln 1987

Fegert, J./Mebes, M. (Hrsg.): Anatomische Puppen. Hilfsmittel für Diagnostik, Begut-achtung und Therapie bei sexuellem Mißbrauch. Ruhnmark 1994

Fend-Engelmann, E.: Spieldiagnostik. In: Kreuzer, K.J.: Handbuch der Spielpädagogik. Band 4: Spiel im therapeutischen und sonderpädagogischen Bereich. Düsseldorf 1984, S.21-38

Fillip, S.H. (Hrsg.): Selbstkonzeptforschung. Stuttgart 1979

Fink, E.: Erziehungswissenschaft und Lebenslehre. Freiburg 1970

Finke, H.: Changes in the expression of emotionalized attidudes in six cases of play therapy. Unpublished master's thesis, University of Chicago 1947

Finkelhor, D.: Child Sexual Abuse. New Theory and Research. New York/ London 1984

Finkelhor, D./ Browne, A.: Initial and Long-Term Effects. A Conceptual Framework. In: Finkelhor, D. (Ed.): A Sourcebook on Child Sexual Abuse. Beverly Hills 1986, pp 180-198

Finkelhor, D./ Hotaling, G./ Lewis, I.A./ Smith, Ch.: Sexual Abuse in a National Survey of Adult Men and Women. Prevalence, Characteristics and Risk Factors. In: Child Abuse & Neglect 1990 Vol 14., pp 19-28

Finkelhor, D./ Meyer Williams, L.: The Characteristics of Incestuous Fathers. Family Research Laboratory University of New Hampshire. Durham 1992

Finkelhor, D./ Berliner, L.: Research on the Treatment of Sexually Abused Children. A Review and Recommendations. In: Journal of the American Academy of Child and Adolescent Psychchiatriy. Vol. 34, 1995, pp 1408-1423

Fischer, D. (Hrsg.): Fallstudien in der Pädagogik. Aufgaben, Methoden, Wirkungen. Konstanz 1982

Fleming, L./ Snyder, E. U.: Social and personal changes following non-directive group play therapy. In. Amer. J. Ortopsychiat., 17, 1947, pp 101-116

Flitner, A. (Hrsg.): Das Kinderspiel. München 1973

Flitner, W.: Allgemeine Pädagogik. Frankfurt/ M. 1980, Stuttgart 1950

Focus: Tatort Familie. 11/ München 1994, S.248-258

Fortbildungsberatung Jugendberatung: Jugendberatung konkret. Berlin 1993 Leitfaden Jugendberatung. Berlin 1992

Forward, S.: Vergiftete Kindheit - Vom Mißbrauch elterlicher Macht und seinen Folgen. München 1990

Foy, D.W./ Osato, Sh.S./ Houskamp, B.M./ Neumann, D.A.: Ätiologie der Posttrauma-tischen Belastungsstörung. In: Saigh, Ph. A. (Hrsg.): Posttraumatische Belastungsstörung. Freiburg i. Br. 1995, S. 39-63

Frank, R.: Kindesmißhandlung. In: Martinius, J.(Hrsg.): Kinder- und Jugendpsychia-trische Notfälle. München 1991, S.39-45

Franke, A.: Klienten-zentrierte Psychotherapie - Verändern durch Beziehung. In: Zimmer, D. (Hrsg.): Die therapeutische Beziehung. Konzepte, empirische Befunden und Prinzipien ihrer Gestaltung. Weinheim/ Basel 1983

Fraser, S.: Meines Vaters Haus. Düsseldorf 1988

Frauenministerium des Landes Schleswig-Holstein (Hrsg.): Sexuelle Mißhandlung von Kindern. Dokumentation der Fachtagung. Kiel 1989

Frazier, D./ Levine, E.: Reattachment Therapy: Intervention with Very Young Physically Abused Children. In: Psychotherapy: Theory, Research and Practice. Vol. 20, 1, 1986, pp 90-100

Frei, K.: Sexueller Mißbrauch. Schutz durch Aufklärung. Ravensburg 1993

Freinet, E.: Erziehung ohne Zwang. Stuttgart 1981

Frenken, J.: Treatment of Incest Perpetrators: A Five-Phase Model. Child Abuse & Neglect, Vol. 18, 1994, pp 357-366

Freud, A.: Einführung in die Technik der Kinderanalyse. München/ Basel 1966

Freud, A.: The psychoanalytic treatment of childdren. London 1926.

Freud, S.: Hemmung, Symptom und Angst. Ges. Schr. Bd. XI, München/ Basel 1924

Freud, S.: Jenseits des Lustprinzips. Ges. Schr. Bd. VI, München/ Basel 1920

Freud, S.: Zur Ätiologie der Hysterie. In: Masson, Jeffrey M.: Was hat man dir, du armes Kind, getan? Reinbek 1986. S.284-316

Friebertshäuser, B./ Prengel, A. (Hrsg.): Handbuch Qualitative Forschungsmethoden in der Pädagogik. Weinheim/ München 1997

Friedrich, W.N.: Sexual Victimization and Sexual Behavior in Children: A Review of Recent Literature. Child Abuse & Neglect, Vol.17, 1993, pp 59-66

Frischeisen-Köhler, M.: Meister und Schüler. Ideen zu einer Philosopie der Erziehung. In: Kluge, N. (Hrsg.): Das pädagogische Verhältnis. Darmstadt 1973, S.19-34

Fröhlich-Gildhoff, K./ Hufnagel, G.: Personzentrierte Störungslehre unter besonderer Berücksichtigung moderner entwicklungspsychologischer Erkenntnisse. In: Gesprächs-psychotherapie und Personzentrierte Beratung. Heft 1/ 97, S.37-50

Fuchs, W.: Biographische Forschung. Eine Einführung in Praxis und Methoden. Opladen 1984

Furch-Krafft, E.: Familienerziehung und Beratung. In: Aurin, K.: Beratung als pädago-gische Aufgabe. Bad Heilbrunn 1984, S.183-200

Fürniss, T. et al.: Diagnostik und Folgen von Kindesmißhandlung. Monatsschrift Kinder-heilkunde, 134, 1986, S. 335-340

Fürniss, T. et al.: Therapeutische Intervention bei sexueller Kindesmißhandlung. Monats-schrift Kinderheilkunde, 134, 1986, S. 340-344

Fürniss, T.: Krisenintervention und Therapie bei sexueller Kindesmißhandlung in der Familie - Erfahrungen aus Großbritanien. In: Olbing, H. et al.: Kindesmißhandlung, Köln 1989, S. 77-89

Fürniss, T.: Diagnostik und Folgen sexueller Kindesmißhandlung. In: Gewalt gegen Kinder - Mißhandlung und sexueller Mißbrauch Minderjähriger. Retzlaff, Ingeborg (Hrsg.). Neckarsulm 1989

Furth, G.M.: Heilen durch Malen. Olten 1991

Jüttemann, G.: Komparative Kasuistik. Heidelberg 1990

Galey, I.: Ich weinte nicht als Vater starb. Bern 1988

Gamm, H.J.: Allgemeine Pädagogik. Reinbek 1967

Garbarino, J./ Stott, F.: What children can tell us. San Francisco 1989

Garbe, E.: Martha. Psychotherapie eines Mädchens nach sexuellem Mißbrauch. Münster 1993

Gardiner-Sirtl, A. (Hrsg.): Als Kind mißbraucht. Frauen brechen das Schweigen. München 1983

Gaude, P.: Beobachten, Beurteilen und Beraten von Schülern. Frankfurt/ M. 1989

Gaude, P.: Beratungsdienst an Berliner Gesamtschulen. In: Aurin, K./ Gaude, P./ Zimmermann, K.: Bildungsberatung. Frankfurt/ M. 1973, S.57-66

Gegenfurtner, M. (Hrsg.): Sexueller Mißbrauch von Kindern und Jugendlichen. Diagno-stik, Krisenintervention, Therapie. Magdeburg 1992

Gegenfurtner, M.: Sexueller Mißbrauch von Kindern und Jugendlichen. Beiträge zu Ursachen und Prävention. Magdeburg 1993

Gehlen, A.: Der Mensch. Bonn 1950

Gehlen, A.: Anthropologische Forschung. Zur Selbstbegegnung und Selbstentdeckung des Menschen. Reinbek 1991

Geiger, K.F.: Probleme des Lebenslaufs. Darmstadt 1978

Gelhard, K./ Gelhard, D.: Counseling Children. A Practical Introduction. London/Thousand Oaks/New Dehli 1997

Gerbis, E.: Das klientzentrierte Konzept und seine Integration in die soziale Einzelhilfe. In: Hoffmann, N. (Hrsg.): Therapeutische Methoden in der Sozialarbeit. Salzburg 1977, S. 15-73

Gerlicher, K. (Hrsg.): Schule - Elternhaus - Beratungsdienste. Göttingen 1982

Gernert, W.: Aggression und Gewalt im Kindesalter. In: Sozialmagazin. Jg. 6, 1993, S.48-52

Gersdorf-Wessing, M.: Vormundschaftsgerichtliche Aspekte bei sexuellem Mißbrauch. In: Zentralblatt für Jugendrecht. 80.Jg. Heft 12/ 1993, S.582-583

Gesellschaft für wissenschaftliche Gesprächspsychotherapie: Orientierung an der Person. Jenseits von Psychotherapie. Band 2. Köln 1988

Gibas, H.: Spieldiagnostik und Spieltherapie als Möglichkeiten der Verhaltensänderung und Kommunikationsförderung. In: Kreuzer, K.J.: Handbuch der Spielpädagogik. Band 4: Spiel im therapeutischen und sonderpädagogischen Bereich. Düsseldorf 1984, S.57-101

Giesecke, H.: Das Ende der Erziehung. Stuttgart 1985

Giesecke, H.: Einführung in die Pädagogik. 2. Aufl. Weinheim/ München 1990

Gil, E.: Die heilende Kraft des Spiels. Spieltherapie mit mißbrauchten Kindern. Mainz 1993

Gilgun, J.F./ Connor, T.M.: Isolation and the Adult Male Perpetrator of Child Sexual Abuse. Clinical Concerns. In: Horton, A.L. et. al. (Ed.): The Incest Perpetrator. A Family Member No One Wants to Treat. New York 1990, pp 74-87

Gillis, J.R.: Geschichte der Jugend. Weinheim 1980

Ginciauscas, L.: Die Kinderschutzdienste in Rheinland-Pfalz. Eine Dokumentation. Un-veröffentlichte Ausgabe des Ministeriums für Kultur, Jugend, Familie und Frauen des Landes Rheinland-Pfalz. Mainz 1993

Glade-Hassenmüller, H.: Gute Nacht Zuckerpüppchen. Recklinghausen 1989

Gläser, J.: Vom Kinde aus. Hamburg 1920

Gläser, J.: Vom Kinde aus. In: E.Blochmann/G.Geissler/H.Nohl: Die Pädagogik vom Kinde aus. Weinheim 1960

Glöer, N./ Schmiedeskamp-Böhler, I.: Die verlorene Kindheit - Sexuelle Gewalt gegen Jungen. München 1990

Goble, F.: Die dritte Kraft. Olten 1979

Godenzi, A.: Bieder, brutal - Frauen und Männer sprechen über sexuelle Gewalt. Unionsverlag 1989

Goetze, H./ Jaede, W.: Die nicht-direktive Spieltherapie. Eine wirksame Methode zur Behandlung kindlicher Verhaltensstörungen. 2. Aufl. München 1975

Goetze, H.: Personenzentrierte Spieltherapie. Göttingen 1981

Goetze, J.: Personzentrierte Spieltherapie. In: . In: Kreuzer, K.J.: Handbuch der Spiel-pädagogik. Bd. 4. Spiel im therapeutischen und sonderpädagogischen Bereich. Düsseldorf 1984, S. 115-130

Goldenburg-Loges, S./ Oldenburg, G.: Aufgaben und Möglichkeiten multiprofessionel-ler Kooperation aus der Sicht der Sozialarbeit und Sozialpädagogik des Jugendamtes. In: Informationsdienst, Kindesmißhandlung und –Vernachlässigung: Multiprofessionelle Kooperation im Kontext aller Formen von Kindesmißhandlung und –Vernachlässigung. 4. Jg., Sonderband 1.1, Köln 1997

Gomes-Schwartz, B./ Horowitz, J.M./ Cardarelli, A.P. (Ed.): Child Sexual Abuse. The Initial Effects. Newbury Park 1999

Gonzalez, L.S./ Waterman, J./ Kelly, R.J./ McCord, J./ Oliveri, M.K.: Children's Patterns of Disclosure and Recantations of Sexual and Ritualistic Abuse Allegations in Psychotherapy. Child Abues & Neglect, Vol. 17, 1993, pp 281-290

Goodman, G.S./ Aman, C.: Children's Use of Anatomically Detailed Dolls. Child Development, Vol. 61, 1990, pp 1859-1871

Goodman, G.S./ Taub, E.P./ Jones, D.P.H./ England, P./ Port, L.K./ Rudy, L./ Prade, L.: Testifying in Criminal Court: Emotional Effects on Child Sexual Assault Victims. In: Monographs of the Society for Research in Child Development. Serial No. 229, Vol. 57, No. 5, 1992

Grady, R.O.: Gebrochene Rosen. Kinderprostitution und Tourismus in Asien. Bad Honnef 1992

Graf, H./ Körner, W.: Sexueller Mißbrauch – Skizze einer personzentrierten Klärung. In: Gesprächspsychotherapie und personzentrierte Beratung. 3/ 1997, S. 159-170

Graf, H./ Körner, W.: Sexueller Mißbrauch: Die personzentrierte Klärung in der Praxis. Teil 1. In: Gesprächspsychotherapie und personzentrierte Beratung. Jg.1, 1998, S.19-33

Graumann, C.F. (Hrsg.): Handbuch der Psychologie. Bd.7, Göttingen 1977

Graupner, H.: Sexualität, Jugendschutz und Menschenrechte. Über das Recht von Kindern und Jugendlichen auf sexuelle Selbstbestimmung. Bd. 1, Dissertation, Universität Wien 1996

Groeben, N.: Die Handlungsperspektive als Theorierahmen für Forschung im pädagogi-schen Feld. In: Hofer, M. (Hrsg.): Informationsverarbeitung und Entscheidungsverhalten von Lehrern. München 1981, S.17-48

Grönig, K.: Sexualität bei Kindern. Vom Wandel einer Diskussion. In: Neue Praxis. Jg.19, 1989, S.195-204

Groos, K.: Die Spiele des Menschen. Jena 1899

Grossmann, F.: Entwicklung der Lernfähigkeit in der sozialen Umwelt. München 1990

Groth, N.: Leitfaden zur Behandlung von Sexualtätern. In: Heinrichs 1986

Grotloh-Amberg, H.: Verhaltenstherapie mit Kindern. In: Petzold, H./ Ramin,G. (Hrsg.): Schulen der Kinderpsychotherapie. Paderborn 1987, S. 171-204

Gründer, M./ Kleiner, R./ Nagel, N.: Wie man mit Kindern darüber reden kann. Ein Leitfaden zur Aufdeckung sexueller Mißhandlung. Freiburg 1994

Grunwald, W. (Hrsg.): Gesprächspsychotherapie. Kritische Stichwörter. München 1979

Gudjons, H.: Pädagogisches Grundwissen. 4.Aufl. Bad Heilbrunn 1995

Gurlitt, L.: Natürliche Erziehung. In: Th.Dietrich: Die pädagogische Bewegung vom Kinde aus. Regensburg 1963, S.36-51

Gurris, N.: Wie kann es gelingen, den Mißbrauch zu beenden? Wege der Konfrontation. In: Bruder, K.-J./ Richter-Unger, S.: Monster oder liebe Eltern? Sexueller Mißbrauch in der Familie. Berlin, Weimar 1993, S.162-187

Gutjahr, K./ Schrader, A.: Sexueller Mißbrauch - Ursachen, Erscheinungen, Folge-wirkungen und Interventionsmöglichkeiten. Köln 1988

Haeggli, J.: Kinder- und Jungendsexualität in der Krise. Zürich 1976

Harbeck, V./ Schade, G.: Institutioneller Umgang mit sexueller Kindesmißhandlung. Forschungsprojekt des Kinderschutz-Zentrums Kiel. Kiel 1994

Harding, G.: Spieldiagnostik. Weinheim/ Basel 1972

Harnach-Beck, V.: Psychosoziale Diagnostik in der Jugendhilfe. Grundlagen und Methoden für den Hilfeplan, Bericht und Stellungnahme. Weinheim/ München 1995

Hartwig, L./ Kuhlmann, C.: Sexueller Mißbrauch an Töchtern - der verschwiegene Aspekt der Gewalt in der Familie. In: Neue Praxis 5/87, S.436-447

Hartwig, L.: Sexuelle Gewalterfahrungen von Mädchen - Konfliktlagen und Konzepte mädchenorientierter Heimerziehung. München 1990

Hartwig, L./ Weber, M.: Sexuelle Gewalt und Jugendhilfe. Bedarfssituation und Ange-bote der Jugendhilfe für Mädchen und Jungen mit sexueller Gewalterfahrung. Institut für soziale Arbeit e.V. (Hg.) Soziale Praxis. Heft 12. Münster 1991

Haselbacher, L.: Nondirektive Spieltherapie. In: Asperger,H./ Wurst, F.: Psychotherapie und Heilpädagogik bei Kindern. München/ Wien/ Baltimore 1982

Hassenstein, B.: Was Kindern zusteht. München 1978

Hastenteufel, P.: Fallstudien aus dem Erziehungsalltag. Bad Heilbrunn 1980

Hauke, H. (Hrsg.): Aktuelle Erziehungsprobleme. Heidenheim an der Brenz 1971

Heckhausen, H.: Entwurf einer Psychologie des Spielens. In: Flitner, A: Das Kinderspiel. München 1973, S.133-149

Hedderman, C.: Children's Evidence: The Need for Corroboration. In: Research and Plannning Unit Paper 41, London 1987

Heekerenz, H.-P.: Wirksamkeit der personzentrierten Kinder- und Jugendlichen-psychotherapie. In: Boeck-Singelmann, C. u.a.: Personzentrierte Psychotherapie mit Kindern und Jugendlichen. Bd. 1, Göttingen 1996, S. 141-152

Heerkerenz, H.P.: Effektivität von Kinder- und Jugendlichenpsychotherapie im Spiegel von Meta-Analysen. In: Zeitschrift für Kinder und Jugendpsychiatrie, Jg. 17, Bern 1989

Heinrichs, J.: Vergewaltigung. Die Opfer und die Täter. Braunschweig 1986

Helanko, R.: Theoretical Aspects of Play Socialisation. Turku 1958

Heller, K./ Nickel, H.: Beurteilen und Beraten. Psychologie in der Erziehungswissen-schaft. Band IV. Stuttgart 1978

Hensel, Th.: Verbalisieren als empathisches Verstehen in der personzentrierten Kinder-psychotherapie. In: Boeck-Singelmann, C. u.a.: Personzentrierte Psychotherapie mit Kindern und Jugendlichen. Bd. 1, Göttingen 1996, S. 217-244

Herman, J.L.: Father-Daughter Incest. Cambridge, Maas. 1981

Herzka, H.St.: Autoritäre Erziehung - dialogische Entwicklung. In: Schröder, M. (Hrsg.): Kindheit - ein Begriff wird mündig. Wolfratshausen 1992, S.28-52

Herzka, H.St.: Die Untersuchung von Kindern. Ganzheitliche Erfassung und psycholo-gischer Befund. Ein Leitfaden für den Untersuchenden. Göttingen 1986

Herzog, J.: Sleep disturbance and father hunger in 18- to 20-month-old boys.: The Erlkoenig Syndrom. In: A.Solnit et al. (Hrsg.): The Psychoanalytic Study of the Child, Vol. 35, New Haven, Conn. 1980, pp. 219-236

Heyne, C.: Täterinnen. Offene und versteckte Aggressionen von Frauen. Stuttgart 1993

Hibbard, R.A./ Hartman, G.L.: Components of Child and Parent Interviews in Cases of Alleged Sexual Abuse. Child Abuse & Neglect, Vol. 17, 1993, pp 495-500

Hinte, W.: Non-direktive Pädagogik. Eine Einführung in Grundlagen und Praxis des selbstbestimmten Lernens. Opladen 1980

Hirsch, M.: Realer Inzest. Psychodynamik des sexuellen Mißbrauchs in der Familie. Berlin 1987

Hite, Sh.: Hite-Report. Das sexuelle Erleben des Mannes. München 1982

Hockel, C.-M.: Virtuelle Realität - das Spielerleben als Entwicklungsraum. In: Boeck-Singelmann, C. u.a.: Personzentrierte Psychotherapie mit Kindern und Jugendlichen. Bd. 1, Göttingen 1996, S. 155-178

Hofer, M./ Wild, E./ Pikowsky, B.: Pädagogisch-psychologische Berufsfelder. Beratung zwischen Theorie und Praxis. Bern 1996

Höger, D.: Organismus, Aktualisierungstendenz, Beziehung - die zentralen Grundbegriffe der Klientzentrierten Gesprächspsychotherapie. In: Eckert, J./ Höger, D./ Linster, H. (Hrsg.): Die Entwicklung der Person und ihre Störung. Band 1: Entwurf einer ätiologisch orientierten Krankheitslehre im Rahmen des klientzentrierten Konzeptes. Köln 1993, S. 17-41

Holder, A.: Psychoanalytische Kindertherapie. In: Petzold, H./ Ramin,G. (Hrsg.): Schulen der Kinderpsychotherapie. Paderborn 1987, S.11-30

Hollis, F.: Soziale Einzelhilfe als psychosoziale Behandlung. Freiburg i. Br. 1971

Honig, M.S.: Kindesmißhandlung. München 1982

Honig, M.S.: Verhäuslichte Gewalt. Frankfurt/M. 1992

Horn, W.: Umgang mit familialer Gewalt. Reaktionen zwischen Kontrolle und Unter-stützung. In: Mansel, J. (Hrsg.): Glückliche Kindheit - Schwierige Zeit? Über die veränderten Bedingungen des Aufwachsens. Opladen 1996, S.113-127

Hornstein, W./ Bastine, R./ Junker, H./ Wulf, Ch.: Beratung in der Erziehung. 2 Bände (Funkkolleg) Frankfurt/ M. 1977

Howe, J.: Störungsspezifisches Handeln in der Gesprächspsychotherapie. In: Sachse, R./ Howe, J. (Hrsg.): Zur Zukunft der klientzentrierten Psychotherapie. Heidelberg 1989, S. 9-20

Hug-Hellmuth, H.: Zur Technik der Kinderanalyse. In: Internationale Zeitschrift für Psychoanalyse, 7. 1920, S.179-197

Hunziger, A./ Lowy, L.: Geschichte der Sozialarbeit II. Heft 2. Reihe: Sozialarbeit in der dynamischen Gesellschaft: Eine Orientierungshilfe für Unterricht und Praxis. Luzern 1979

Huschke-Rhein, R.: Qualitative Forschungsmethoden. Köln 1987

Hutt, C.: Exploration and play in children. Symp. Zool. Soc. London 1966

Institut für soziale Arbeit e.v. (Hrsg.): Hilfeplanung und Betroffenenbeteiligung. Soziale Praxis, Heft 15, Münster 1994

International Catholic Child Bureau: The Sexual Exploitation of Children. Field Responses. Geneva 1991

Jäckel, K.: Komm mein liebes Rotkäppchen ...Kindesmißbrauch - Wer sind die Täter? Würzburg 1994

Jäckel, K.: Du bist doch mein Vater... Inzest - ein Tabu in unserer aufgeklärten Gesell-schaft. München 1988

Jäckel, K.: Inzest. Tatort Familie. Rastatt 1988

Jäckel, K.: Monika B. Ich bin nicht mehr eure Tochter. Bern/ München/ Wien 1993

Jaede, W.: Der entwicklungsökologische Ansatz in der personzentrierten Kinder- und Jugendlichenpsychotherapie. In: Boeck-Singelmann, C. u.a.: Personzentrierte Psycho-therapie mit Kindern und Jugendlichen. Bd. 1, Göttingen 1996, S. 69-96

Jaede, W.: Möglichkeiten und Grenzen des Spiels als therapeutisches Medium. In: Schmidtchen, St./ Baumgärtel, F.(Hrsg.): Methoden der Kinderpsychotherapie. Stuttgart 1980

James, B.: Treating Traumatized Children. New Insights and Creative Interventions. New York 1989

Jampole, L./ Weber, M.K.: An Assessment of the Behavior of Sexually Abused and Nonsexually Abused Children with Anatomically Correct Dolls. Child Abuse & Neglect, Vol. 11, 1987, pp 187-192

Jankowski, P./ Tscheulin, D./ Fietkau, H.-J./ Mann, F.: Klientzentrierte Psychotherapie heute. Bericht über den I. Europäischen Kongress für Gesprächspsychotherapie in Würz-burg 28.9 - 4.10.1974. Göttingen/ Toronto/ Zürich 1976

Jönsson, E.: Intervention bei sexuellem Mißbrauch. Ein europäischer Vergleich am Bei-spiel ausgewählter Literatur. Frankfurt/ M. 1997

Johns, I.: Nicht länger Opfer sein. Folgen von sexueller Kindesmißhandlung und thera-peutische Hilfen - aus der Arbeit des Kinderschutzzentrums Kiel. Neumünster 1993

Johns, I.: Zeit alleine heilt nicht. Sexuelle Kindesmißhandlung - wie wir schützen und helfen kön-nen. Freiburg,/Basel/ Wien 1993

Jones, D.P.H./ McQuiston, M.: Interviewing the Sexually Abused Child. Denver, Colorado: The C. Henry Kempe National Center for the Prevention and Treatment of Child Abuse and Neglect. 1991

Jones, D.P.H.: Individual Psychotherapy for the Sexually Abused Child. Child Abuse & Negelect, Vol. 10, 1986, pp 377-386

Jones, D.P.H.: Sexueller Mißbrauch von Kindern. Gersprächsführung und körperliche Untersuchung. Frankfurt/ M. 1996

Joppien, H.J.: Pädagogische Interaktion. Bad Heilbrunn 1981

Jordan, E./ Schrapper, Ch.: Einleitung. In: Institut für soziale Arbeit e.v. (Hrsg.): Hilfeplanung und Betroffenenbeteiligung. Soziale Praxis, Heft 15, Münster 1994, S.5-9

Jordan, E.: Entscheidungsfindung und Hilfeplanung im Kontext des KJHG. In: Institut für soziale Arbeit e.v. (Hrsg.): Hilfeplanung und Betroffenenbeteiligung. Soziale Praxis, Heft 15, Münster 1994, S.11-25

Junge, H./ Lendermann, H.B.: Das Kinder- und Jugendhilfegesetz (KJHG). Einführende Erläuterungen. Freiburg i. Br. 1990

Jungjohann, E.E.: Symptom als Botschaft - Psychosomatische Reaktion als Signal bei sexueller Ausbeutung des Kindes. Acta Paedopsychiatrica Vol. 53, 1990, S. 54-61

Julius, H./ Boehme, U.: Sexuelle Gewalt gegen Jungen. Göttingen 1997

Junker, H.: Das Beratungsgespräch. München 1973

Junker, H.: Theorien der Beratung. In: Hornstein, W. u.a.: Beratung in der Erziehung. 2 Bände (Funkkolleg) Frankfurt/ M. 1977, S.286-309

Kainz, F.: Über die Sprachführung des Denkens. Berlin 1972

Kaiser, F.J.: Die Fallstudie. Theorie und Praxis der Fallstudiendidaktik. Bad Heilbrunn 1983

Kalscheuer, M.: Kooperation freier und öffentlicher Träger beim Hilfeplanungsprozeß – ein Praxisbeispiel. In: Institut für soziale Arbeit e.v. (Hrsg.): Hilfeplanung und Betrof-fenenbeteiligung. Heft 15, Münster 1994, S.138-155

Kamphius, M.: Die persönliche Hilfe in der Sozialarbeit unserer Zeit. Eine Einführung in die Methode der Einzelhilfe für Praxis und Ausbildung. 3. Aufl. Stuttgart 1968

434

Kant, I.: Über Pädagogik. Bad Heilbrunn 1981

Karmann, G.: Humanistische Psychologie und Pädagogik. Psychotherapeutische und therapieverwandte Ansätze. Perspektiven für eine Integrative Agogik. Bad Heilbrunn 1987

Kavemann, B./ Lohstöter, I. u.a.: Sexualität - Unterdrückung statt Entfaltung. Alltag und Biographie von Mädchen, Bd.9, herausgegeben von der Sachverständigenkom-mission Sechster Jugendbericht. Opladen 1985

Kavemann, B./ Lohstöter, I.: Väter als Täter. Sexuelle Gewalt gegen Mädchen. Reinbek 1984

Kavemann, B.: Das Opfer muß die Folgen tragen. Sexueller Mißbrauch an kleinen Mädchen. In: Sexualpädagogik und Familienplanung 2/83: 6-8

Kazis, C. (Hrsg): Dem Schweigen ein Ende. Sexuelle Ausbeutung von Kindern in der Familie. Basel 1988

Keary,K./ Fitzpatrick, R.: Children's Disclosure of Sexual Abuse During Formal Investigation. Child Abuse & Neglect, Vol. 15, 1991, pp 543-548

Kehoe, P. / Deach, C.: Wenn ich darüber reden könnte... Eine Geschichte um sexuellen Mißbrauch. Donna Vita. Berlin 1991

Keller, K./ Rosemann, B. (Hrsg.): Handbuch der Bildungsberatung. 3. Bde. Stuttgart 1975/76

Keller, R.A./Cicchinelli, L.F./ Garnder, D.M.: Characteristics of Child Sexual Abuse Treatment Programs. In: Child Abuse & Neglect. Vol. 13, 1989, pp 361-368

Kempe, R.S./ Kempe, C.H.: Kindesmißhandlung. Stuttgart 1980

Kemper, F.: Kindertherapie in der GwG. In: GwG-Zeitschrift. 26. Jg.. Dez. 1995, S.22-25

Kemper, F.: Klientzentrierte Grundhaltungen in anderen Beziehungsformen als Psycho-therapie. In: GwG-Info 59, Köln 1985, S.132-150

Kemper, F.: Personzentrierte Psychotherapie bei aggressiven Kindern. In: Aggressive und hyperaktive Kinder in der Therapie. Berlin/ Heidelberg/ New York 1988, S.125-148

Kemper, F.: Wie ich mir eine Ausbildung in klienten/- personenzentrierter Kinder-psychotherapie vorstelle. In: GwG-Info 56, Köln 1984, S.30-58

Kemper, F.: Zum Selbstverständnis des personzentrierten Kinderpsychotherapeuten. In: Das Selbstverständnis des Therapeuten im Kommunikationsprozeß. Stuttgart/ New-York 1988a, S.211-228

Kendall-Tackett, K.A./ Watson, M.w.: Use of Anatomical Dolls by Boston-area Professionals. Child Abuse & Neglect, Vol. 16, 1992, pp 423-428

Kendall-Tackett, K.A./ Williams, L.M./ Finkelhor, D.: Impact of Sexual Abuse on Children: A Review and Synthesis of Recent Empirical Studies. In: Psychological Bulletin, Vol. 113, 1993, pp 164-180

Kercher, G.A./ McShane, M.: The prevalence of child sexual abuse victimization in an adult sample of Texas residents. Child Abuse & Neglect. Vol 8, 1984 S.495-501

Key, E.: Das Jahrhundert des Kindes. Berlin 1902

Kinzl, J./ Biebl,W.: Long-term Effects of Incest: Life Events Triggering Mental Disorders in Female Patients with Sexual Abuse in Childhood. Child Abuse & Neglect, Vol. 16, 1992, pp 567-583

Kiper, H.: Sexueller Mißbrauch im Diskurs. Eine Reflexion literarischer und pädago-gischer Traditionen. Weinheim 1994

Kiper, H.: Sexueller Mißbrauch von Kindern - Eine Herausforderung an die Schule? In: Grundschule 1/1991

Kirchhoff, S.: Sexueller Mißbrauch vor Gericht. 2 Bände. Opladen 1994

Klafki, W. u.a.: Erziehungswissenschaft. 13. Aufl., Frankfurt/ M. 1977

Klafki, W.: Geisteswissenschaftliche Pädagogik. Kurseinheit 1: Zur historischen Orts-bestimmung der geisteswissenschaftlichen Pädagogik. Fernuniversität Hagen 1978

Klafki, W.: Geisteswissenschaftliche Pädagogik. Kurseinheit 2: Wissenschaftstheoretische Grundlagen und Prinzipien geisteswissenschaftlicher Päda-gogik. Fernuniversität Hagen 1978

Klafki, W.: Geisteswissenschaftliche Pädagogik. Kurseinheit 3: Wissenschaftstheoretische Prinzipien der GP (Fortsetzung) und inhaltliche Grund-probleme der Erziehung in der Sicht der GP (erster Teil). Fernuniversität Hagen 1978

Klafki, W.: Handlungsforschung. In: Wulf, Ch. (Hrsg.): Wörterbuch der Erziehung. München 1974, S. 267-272

Klafki, W.: Geisteswissenschaftliche Pädagogik. Kurseinheit 4: Inhaltliche Grund-probleme der Erziehung in der Sicht der GP (zweiter Teil). Fernuniversität Hagen 1978

Kleber, E.W.: Pädagogische Beratung. Weinheim/ Basel 1983

Klees, K.: Partnerschaftliche Familien. Arbeitsteilung, Macht und Sexualität in modernen Partnerschaften. Weinheim/ Basel 1992

Klees, K.: Sexuelle Gewalt gegen Kinder - (k)ein Thema in der Schule? In: Zeitschrift: Grundschule 11 und 12/ 1992, Frankfurt/ M.

Klees, K.: Die Mädchen-Mut-mach-AG In: G.Pfister/ R.Valtin (Hrsg.): Mädchenstärken - Probleme der Koedukation. Frankfurt/ M. 1993, S.174-185

Klees, K.: Mädchenförderung und antisexistische Jungenpädagogik. Prävention sexueller Gewalt gegen Kinder in der Schule In: E.Glumpler (Hrsg.): Erträge der Frauenforschung für die LehrerInnenbildung. Bad Heilbrunn 1993, S.348-357

Klees, K.: Die Mädchen-Mut-mach-AG. In: Bundesministerium für Frauen und Jugend: Gewalt gegen Frauen, Bonn/ Berlin 1994

Klees, K.: Sexuelle Gewalt gegen Kinder - (k)ein Thema für die Lehramtsausbildung? In: H.R.Becher/ J.Bennack (Hrsg.): Taschenbuch Grundschule. Baltmannsweiler 1993, S. 85-98

Klees, K.: Prävention gegen sexuelle Gewalt an Kindern als Thema in der Weiterbildung für Grundschullehrer/innen. In: K.Lappe (Hrsg.): Prävention in der Praxis. Ruhnmark 1993

Klees, K.: Zur Mutter-Tochter-Beziehung. In: Unterschiede. Berlin 9/93

Klees, K.: Frauen fordern Partnerschaft. In: Dokumentation der Tagung der SPD-Bundes-tagsfraktion, Bonn 1994

Klees, K.: Paare im Konflikt. Düsseldorf 1996

Klees, K.: Umgang mit dem Verdacht auf sexuellen Mißbrauch. In: Dokumentation der VBE-Tagung in Karlsruhe vom Mai 1995. Düsseldorf 1996

Klees, K.: Wider die geschlechtsspezifische Diskriminierung in der Schule. Forschungs-bericht des Projektes im Auftrag des Ministeriums für Bildung, Wissenschaft und Weiter-bildung des Landes Rheinland-Pfalz, Mainz 1996

Klees, K.: Interkulturelle Kompetenz in der Verwaltung - Entwicklung eines Weiterbil-dungsprojektes. Reich/ Klees/ Seifert, Mainz 1996

Klees, K.: Partnerschaftliche Beziehungsstrukturen und Familienleitbilder im Spannungs-feld zwischen Individuum und Gesellschaft. In: Landesinstitut für Schule und Weiter-bildung: Handreichungen für die Partnerschaftsberatung, Soest 1997

Klees, K./ Friedebach, W. (Hrsg.): Hilfen für mißbrauchte Kinder - Interventionsansätze im Überblick. Weinheim/ Basel 1997

Klees, K.: Methoden der Beratung für Kinder. In: Lade, E./ Kowalczyk, W.: Beratungs-arbeit heute - Konkrete Handlungsanleitungen für die erfolgreiche Beratungsarbeit mit Schüler/innen, Eltern und Lehrer/innen. Kissing 1998, 6/ 4.1, S.1-15

Klees, K.: Personzentrierte Beratung. In: Beratungsarbeit heute - Konkrete Handlungs-anleitungen für die erfolgreiche Beratungsarbeit mit Schüler/innen, Eltern und Lehrer/ innen. Weka, Kissing 1998, 6/ 3.1, S. 1-17

Klees, K.: Beratung bei einem Verdacht auf sexuellen Mißbrauch. In: Beratungsarbeit heute - Konkrete Handlungsanleitungen für die erfolgreiche Beratungsarbeit mit Schüler/ innen, Eltern und Lehrer/innen. Kissing 1998, 6/ 4.1 S. 1-15 Seiten

Klein, J.: Inzest: Kulturelles Verbot und natürliche Scheu. Opladen 1991

Klein, M.: Die psychoanalytische Spieltechnik: Ihre Geschichte und Bedeutung. Stuttgart 1962

Klein, M.: The psychoanalysis of children. London 1937

Klein, M.: The Psycho-Analytic Play Technique. In: Tavistock Clinic: New Directions in Psycho-Analysis. London 1955

Kluge, N. (Hrsg.): Das pädagogische Verhältnis. Darmstadt 1973

Kluge, N.: Spielpädagogik. Darmstadt 1981

Knehr, E.: Konflikt-Gestaltung im Scenotest. (3. ergänzte Aufl.). München 1985

Koch, S.: Psychologie - als Wissenschaft ein Flop. In: Psychologie heute, Nr. 8, 1977, S.48-52

Köhler, K.: Gewalt ver-rückt die Seele. Zur Rekonstruktion der Lebensgeschichte von psychisch Kranken. Deutscher Uni-Verlag 1991

Köhnken, G.: Glaubwürdigkeit. Untersuchungen zu einem psychologischen Konstrukt. In: Fortschritte der psychologischen Forschung. München 1990

Kolb, C.: Vorwort. In: Saigh, Ph.A.: Posttraumatische Belastungsstörung. Freiburg i. Br. 1995, S. 7-9

Konferenz der Jugendminister und -senatoren der Länder: Schutz von Kindern vor Vernachlässigung, Mißhandlung und sexueller Gewalt. In: Zeitschrift für Jugendrecht, 79. Jg., Nr. 1/ 1992, S.32-35

Kossakowski, A.: Der Heranwachsende als Subjekt seiner Entwicklung. In: Schmitt, H.D./ Schaarmschmidt, U./ Peter, V. (Hrsg.): Dem Kinde zugewandt. Überlegungen und Vorschläge zur Erneuerung des Bildungswesens. Baltmannsweiler 1991, S.35-46

Kovac, D.: Überlegungen zur allgemeinen Psychologie. Berlin 1990

Kraak, B.: Nichtdirektive Gruppentherapie mit Heimkindern. In: Zeitschrift für experi-mentelle und angewandte Psychologie, Jg. 8, 1961, S.565-622

Kraepelin, E.: Psychiatrie, Bd. 2 (6. Auflage). Leipzig 1899

Kramer, E.: Kunst als Therapie mit Kindern. München 1975

Krappmann, L.: Kinderkultur als institutionalisierte Entwicklungsaufgabe. In: Markefka, M. / Nauck, B. (Hrsg.): Handbuch der Kindheitsforschung. Neuwied/ Kriftel/ Berlin 1993, S.365-376

Krappmann, L.: Kommunikation und Interaktion im Spiel. In: Deutscher Bildungsrat (Hrsg.): Gutachten und Studien der Bildungskommission. Vol. 48/I: Die Eingangsstufe des Primarbereiches, Nr. 2/1: Spielen und Gestalten. Stuttgart 1975, S.45-75

Krappmann, L.: Soziologische Dimensionen der Identität. Stuttgart 1969

Krause J.M.: Erfahrungen mit Beratung und Therapie. Veränderungsprozesse aus der Sicht von KlientInnen. Freiburg i.Br. 1992

Kreuzer, K.J.: Handbuch der Spielpädagogik. Frankfurt/ M. 1983

Kreuzer, K.J.: Handbuch der Spielpädagogik. Band 4: Spiel im therapeutischen und sonderpädagogischen Bereich. Düsseldorf 1984

Kriz, J.: Grundkonzepte der Psychotherapie. München/ Wien/ Baltimore 1985

Kron, F.K.: Grundwissen Pädagogik. 5. verbesserte Auflage. München/ Basel 1996

Kron, F.K.: Theorie des erzieherischen Verhältnisses. Bad Heilbrunn 1971

Kropf, D.: Grundprobleme der Gesprächspsychotherapie. 2. Aufl. Göttingen/ Toronto/ Zürich 1978

Krück, U.: Psychische Schädigungen minderjähriger Opfer von gewaltlosen Sexual-delikten auf verschiedenen Altersstufen. In: Monatszeitschrift für Kriminologie und Straf-rechtsreform, Vol. 72, 1989, S. 313-325

Krüll, M.: Freud und sein Vater. München 1979

Kuhlen, V.: Verhaltenstherapie im Kindesalter. München 1972

Kühnen, I.: Das Formale im Scenotest. Unveröffentlichte Dissertation. Unversität München 1973

Kwiatkowski, E.: Gender and Development. Berkeley 1980

Lackner, P./ Nolte, F./ Schütte, U./ Stosshof, P. (Hrsg.): Handbuch sexueller Kindes-mißbrauch. Ratgeber und Handbuch für die Praxis. Institut für medizinisch-psycholo-gische Forensik. München 1994

Lakies, Th.: Vorläufige Maßnahmen zum Schutz von Kindern und Jugendlichen nach den §§ 42, 43 des Kinder- und Jugendhilfegesetzes (KJHG). In: Zentralblatt für Jugend-recht. 79.Jg., Heft 2/1992, S.49-116

Lamers-Winkelmann, F.: Psychomotorische Merkmale sexuell mißbrauchter Kinder und Möglichkeiten der Kindertherapie. In: Gegenfurtner, M.: Sexueller Mißbrauch von Kindern und Jugendlichen. Diagnostik, Krisenintervention, Therapie. Magdeburg 1992, S. 89-109

Lamb, Sh./ Edgar-Smith, S.: Aspects of Disclosure. Mediators of Outcome of Childhood Sexual Abuse. In: Journal of Interpersonal Violence, Vol. 9, No. 3, Vol. 9, 1994, pp 307-326

Landisberg, s./ Snyder, w. U.: Non-directive play therapy. In: J. Clin. Psychol. Vol. 2, 1946, pp 203-214

Landreth, G.: Play Therapy: The Art of the Relationship. Northvale 1991

Landreth, G.: Play Therapy Interventions with Children's Problems. Northvale 1996

Landsberg, W.: Ratlose Helfer - Erst ist der Verdacht und was nun? Helferreaktionen und erste Interventionen bei Gewalt an Kindern. In: Gegenfurtner, M.: Sexueller Mißbrauch von Kindern und Jugendlichen. Diagnostik, Krisenintervention, Therapie. Magdeburg 1992, S.57-88

Langeveld, M.J.: Studien zur Anthropologie des Kindes. Tübingen 1964

Langevin, R. (Ed.): Erotic Preference, Gender Identity, and Agression in Men: New Research Studies. London 1985

Lapouse, R./ Monk, M.A.: Behavior deviations in a representative sample of children: Variations by sex, age, race, social class, and family size. American Jorurnal of Orthopsychiatry, 1964, S. 436-446

Lapouse, R./ Monk, M.A.: Fears and worries in a representative sample of chrildren. American Journal of Orthopsychiatry, 1959, S. 223-248

Lappe, K.: Prävention gegen sexuellen Mißbrauch in der Praxis. Ruhnmark 1993

Lappessen, K.: Was ist mit Anna? Berlin 1991

Lasse, U.: Erziehungsberatung als Hilfe zur Erziehung. In: Cremer, H./ Hundsalz, A./ Menne, K. (Hrsg.): Jahrbuch für Erziehungsberatung. Bd. 1, Weinheim/ München 1994, S.97-103

Lauth, G.: Verhaltensstörungen im Kindesalter. Stuttgart 1983

Lautmann, R.: Die Lust am Kind. Portrait des Pädophilen. Hamburg 1994

Lazebnik, R. et al.: How Children Perceive the Medical Evaluation for Suspected Sexual Abuse. Child Abuse & Neglect, Vol. 18, 1994, pp 739-746

Lebo, D.: Age and suitability for nondirective play therapy. In: J. Gent. Psychol. Vol. 89, 1956, pp 231-236

Lebo, D.: The relationship of response categories in play therapy to chronological age. In: Child Psychol. Vol. 2, 1952, pp 330-336

Lee, W.: Psychologische Entscheidungstheorie. Weinheim/ Basel 1977

Lempp, R.: Gerichtliche Kinder- und Jugendpsychiatrie. Bern/ Stuttgart/ Wien 1983

Lenzen, D.: Mythologie der Kindheit. Reinbek 1985

Lenzen, D. (Hrsg.): Pädagogische Grundbegriffe. 2 Bände. Reinbek 1989

Leventhal, J.M./ Hamilton, J./ Rekedal, S./ Tebano-Micci, A./ Eyster, C.: Anatomically Correct Dolls Uses in Interviews of Young Children Suspected of Having Been Sexually Abused. Pediatrics, 84/5, 1989, pp 900-906

Levy, H.B./ Marcovic, J./ Kalinowski, N.M./ Ahart, S./ Torres, H.: Child Sexual Abuse Interviews. The Use of Anatomic Dolls and the Reliability of Information. In: Journal of Interpersonal Violence. 10/3, 1995, pp 334-353

Lew, M.: Als Junge mißbraucht. Wie Männer sexuelle Ausbeutung in der Kindheit verarbeiten können. München 1993

Lewin, K.: Tatforschung und Minderheitenprobleme. In: Lewin, K.: Die Lösung sozialer Konflikte. Bad Nauheim 1853, S. 278-298

Lewis, J.: Die Narben der Gewalt. Traumatische Erfahrungen verstehen und überwinden. München 1994

Liebermann, J.N.: Playfulness and divergent thinking: An investigation of their relation-ship at the kindergarten level. J. Gen. Psychol. Vol. 107, 1965, pp 219-224

Linda, L.: Töchter und Chancen einer verletzten Beziehung. Heilung und Chancen einer verletzten Beziehung. München 1986

Lindsay, B./ Elsegood, J.: Working with Children in Grief and Loss. London 1996

Linke, W.: Die Problematik der Konfliktfähigkeit des Erziehers. In: Kluge, N. (Hrsg.): Das pädagogische Verhältnis. Darmstadt 1973, S.103-117

Litt, Th.: Die Bedeutung der pädagogischen Theorie für die Ausbildung des Lehrers. In: Kluge, N. (Hrsg.): Das pädagogische Verhältnis. Darmstadt 1973, S.55-72

Litt, Th.: Geschichte der Pädagogik. Stuttgart 1955

Litt, Th.: Mensch und Welt. Grundlinie einer Philosophie des Geistes. Heidelberg 1961

Lohmeier, Ch.: Weghören, Anzeigen oder Beraten – zur therapieorientierten Einschätzung von sexuellem Mißbrauch. In: GwG-Info 65, 12/ 1986, S.153-157

Lorenzen, H.: Das Erzieherische Verhältnis. In: Kluge, N. (Hrsg.): Das pädagogische Verhältnis. Darmstadt 1973, S.330-343

Lovett, B.B.: Child Sexual Abuse: The Female Victim's Relationship with her Nonoffending Mother. Child Abuse & Neglect, Vol. 19, 1995, pp 729-738

Lübbe, H.: Theorie und Entscheidung. Studien zum Primat der praktischen Vernunft. Freiburg 1971

Lukesch, H./ Nölder, W./ Peez, H. (Hrsg.): Beratungsaufgaben in der Schule. Psycholo-gisch-pädagogische Hilfen aus Theorie und Praxis für erzieherische und unterrichtliche Beratungsanlässe. München/ Basel 1989

Lutter, H.: Sexueller Mißbrauch von Mädchen und Jungen. Landesstelle Jugendschutz Niedersachsen (Hrsg.). Hannover 1990

Maas, U.: Leistungen der Jugendhilfe als Sozialleistungen. In: Nachrichtendienst des Deutschen Vereins für öffentliche und private Fürsorge, (NDV) 1993, Heft 12, S.465 ff.

Maas, U.: Probleme der Konkretisierung der Hilfe zur Erziehung als jugendhilferechtliche Individualleistung. In: Beiträge zum Recht der sozialen Dienste und Einrichtungen. Heft 25, S.1ff

Maaz, H.-J.: Eltern und Kinder im Spannungfeld individueller, familiärer und gesell-schaftlicher Entwicklung. In: Schröder, M. (Hrsg.): Kindheit - ein Begriff wird mündig. Wolfratshausen 1992, S.63-78

März, F.: Problemgeschichte der Pädagogik. (Pädagogische Anthropologie in 2 Teilen)
Bd. 1: Die Lern- und Erziehungsbedürftigkeit des Menschen. Bad Heilbrunn 1978
Bd. 2: Die Lernfähigkeit und Erziehbarkeit des Menschen. Bad Heilbrunn 1980

Maisch, H.: Inzest. Hamburg 1968

Malmuth, N./ Haber, S./ Feshbach, S.: Testing Hypotheses Regarding Rape. Exposure to Sexual Violence, Sex Differences, and the „Normality" of Rape. In: Journal of Research in Personality 1989 Vol. 14, pp 121-137

Maltz, W.: Sexual Healing. Ein sexuelles Trauma überwinden. Reinbek 1993

Mann, E./ McDermott, J.F. Jr.: Play Therapy for Victims of Child Abuse and Neglect. In: Schaeffer, Ch.E./ O'Connor, K.J.: Handbook of Play Therapy. Volume I. New York 1982, pp 283-307

Mannarino, A.P./ Cohen, J.A.: A Clinical-Demographic Study of Sexually Abused Children. Child Abuse & Neglect, Vol. 10, 1986, pp 17-23

Mansel, J. (Hrsg.): Glückliche Kindheit - Schwierige Zeit? Über die veränderten Bedingungen des Aufwachsens. Opladen 1996

Manstetten, R.: Pädagogische Beratung. Darmstadt 1980

Markefka, M./ Nauck, B. (Hrsg.): Handbuch der Kindheitsforschung. Neuwied/ Kriftel/ Berlin 1993

Marquardt, C.: Sexuell mißbraucht Kinder und das Recht. Band 1. Juristische Möglich-keiten zum Schutz sexuell mißbrauchter Mädchen und Jungen. Köln 1993

Marquit, C.: Die Täter, Persönlichkeitsstruktur und Behandlung. In: Backe, L. / Leick, N. / Merrick, J. / Michelson, N.: Sexueller Mißbrauch von Kindern in Familien. Köln 1986

Martin, L.R.: Bildungsberatung in der Schule. Bad Heilbrunn 1974

Martin, L.R.: Beraten und Beurteilen in der Schule. München 1975

Marvasti, J.A.: Play Diagnosis and Play Therapy with Child Victims of Incest. In: O'Connor, K.J/ Schaefer, Ch. E. (Ed.): Handbook of Play Therapy. Volume 2: Advances and Innovations. New York 1983, pp. 319-348

Maslow, A.H.: Die Psychologie der Wissenschaft. Neue Wege der Wahrnehmung und des Denkens. München 1977

Maslow, A.H.: Motivation und Persönlichkeit. Reinbek 1983

Maslow, A.H.: Psychologie des Seins. Ein Entwurf. München 1973

Maslow, A.H.: Motivation und Persönlichkeit. Reinbek 1981

Masson, J.M.: Was hat man Dir, Du armes Kind, getan? Sigmund Freuds Unterdrückung der Verführungstheorie. Reinbek 1984

Mayring, Ph.: Qualitative Inhaltsanalyse. Weinheim 1978

McGuire, Th.L./ Grant, F.E.: Understanding Child Sexual Abuse. Therapeutic Guidelines for Professionals Working with Children. (Canada) ohne Ortsangabe 1991

McGoldrick, M. u.a. (Hrsg.): Feministische Familientherapie in Theorie und Praxis. Münster 1992

McLeer, S.V./ Deblinger, E./ Atkins, M.S./ Foa, E.B./ Ralphe, D.L.: Post-traumatic Stress Disorder in Sexually Abused Children. Journal of the American Academy of Child and Adolescent Psychiatry. Vol 27, 1988, pp 650-654

McLeer, S.V./ Deblinger, E./ Henry, D./ Orvaschel, H.: Sexually Abused Children at High Risk for Post-traumatic Stress Disorder. Journal of the American Academy of Child and Adolescent Psychiatry, Vol. 31, 1992, pp 875-879

McMahon, L.: The Handbook of Play Therapy. New York 1992

Mead, G.H.: Mind, Self, and Society. Chicago 1934

Mebes, M. / Sandrock, L.: Kein Anfassen auf Kommando. Berlin 1990

Mebes, M. / Sandrock, L.: Kein Küßchen auf Kommando. Berlin 1988

Mebes, M.: Wenn ich darüber reden könnte... Eine Geschichte um sexuellen Mißbrauch. Berlin 1991

Menzen, K.-H.: Kid's Problems. Ein Studienbuch zur kindlichen und jugendlichen Ent-wicklung. Neuwied/ Kriftel/ Berlin 1996

Merchel, J.: Hilfeplanung bei den Hilfen zur Erziehung. § 36 SGB VIII. Stuttgart/ München/ Hannover 1998

Merkens, H.: Wissenschaftstheorie. In: Roth, L. (Hrsg.): Pädagogik. Handbuch für Studium und Praxis. München 1991, S.19-31

Merry, S.N./ Franzcp, Ch.B./ Andrews, M.B.: Psychiatric Status of Sexually Abused Children 12 Months after Disclosure of Abuse. Journal of the American Academy of Child and Adolescent Psychiatry. Vol 33, 1994, pp 939-944

Merton, R.K./ Kendall, P.L.: Das fokussierte Interview. In: Hopf/ Weingarten. 1979 S. 171-204

Merz, H.: Die verborgene Wirklichkeit. Geschichte einer Verstörung. Fischer 1989

Metz-Göckel, S./ Müller, U.: Der Mann. Die Brigitte-Studie. Weinheim/ Basel 1986

Meyer, K.: Das doppelte Geheimnis. Das Tagebuch einer sexuell mißbrauchten Tochter von ihrer Heilung durch eine Therapie. Freiburg i.Br. 1994

Mian, M./ Marton, P./ LeBaron, D.: The Effects of Sexual Abuse on 3-to 5-year-old Girls. Child Abuse & Negect, Vol. 20, 1996, pp 731-746

Mian, M./ Wehrspann, W./ Klajner-Diamond, H./ LeBaron, D./ Winder, C.: Review of 125 Children 6-years of Age and Under Who Were Sexually Abused. Child Abuse & Neglect, Vol. 10, pp 223-230

Miller, A.: Du sollst nicht merken. Frankfurt/ M. 1981

Miller, A.: Das verbannte Wissen. Frankfurt/M. 1988

Minister für Arbeit, Gesundheit und Soziales des Landes NRW (Hrsg.): Sexueller Mißbrauch von Kindern. Expertise zum 5.Jugendbericht der Landesregierung NRW. Bonn 1989

Ministerium für Kultur, Jugend, Familie und Frauen des Landes Rheinland-Pfalz: Die Kinderschutzdienste in Rheinland-Pfalz. Eine Dokumentation. 2.Auflage, Mainz 1998

Ministerium für Kultur, Jugend, Familie und Frauen des Landes Rheinland-Pfalz: Innovation und Steuerung aus der Praxis. Bericht über ein Modellprojekt zur Weiterentwicklung der Hilfen zur Erziehung in Rheinland-Pfalz. Mainz 1998

Minsel, W.-R.: Praxis der Gesprächspsychotherapie. Grundlagen, Forschung, Auswer-tung. 3. Aufl, Wien/ Köln/ Graz 1975

Mogel, H.: Spiel - ein fundamentales Lebenssystem des Kindes. In: Boeck-Singelmann, C. u.a.: Personzentrierte Psychotherapie mit Kindern und Jugendlichen. Bd. 1, Göttingen 1996, S. 179-192

Mollenhauer, K.: Das pädagogische Phänomen „Beratung". In: Mollenhauer, K./ Müller, C.W.: „Führung" und „Beratung" in pädagogischer Sicht. Heidelberg 1965, S.25-50

Mollenhauer, K.: Einführung in die Sozialpädagogik. 3. Aufl. München 1976

Mönks, F.J./ Knoers, A.M.: Lehrbuch der Entwicklungspsychologie. München/ Basel 1996

Montessori, M.: Die Rechte des Kindes. In: Th.Dietrich: Die pädagogische Bewegung vom Kinde aus. Regensburg 1963

Morgan, M.: How to Interview Sexual Abuse Victims. Including the Use of Anatomical Dolls. In: Interpersonal Violence. The Practice Series. London 1995

Morris, Michel: Diesmal überlebe ich. Berlin 1988

Moustakas, C./ Schalock, M. D.: An analysis of therapy-child interaction in play therapy. In: Child Developm. Vol. 26, 1955, pp 143-157

Moustakas, C.: The frequency and intensity of negative attitudes expressed in play therapy. A comparison of well-adjusted and disturbed children. In: J. Gen. Psychol. Vol. 86, 1955, pp 309-325

Mrazek, P.B.: Definition and Recognition of Child Sexual Abuse: Historical and Cultural Perspectives. In: Mrazek, P.B./ Kempe, C.H. (Ed.): Sexually Abused Children and Their Families. Oxford 1983, pp 5-17

Mrotzek, E.: Psychoanalytische Therapie mit einem sexuell mißbrauchten Mädchen. In: Klees, K./ Friedebach, W.: Hilfen für mißbrauchte Kinder. Interventionsansätze im Über-blick. Weinheim/ Basel 1997

Mrozynsiki, P.: Kinder- und Jugendhilfegesetz (SGB VIII). 2.Aufl. München 1994

Müller, B.: Sozialpädagogisches Können. Ein Lehrbuch zur multiperspektivischen Fall-arbeit. Freiburg i. Br. 1994

Münder, J.: Von der Fürsorge zur Dienstleistung. Jugendhilfe im gesellschaftlichen Wandel. In: Faltermeier, J./ Fuchs, P.: Hilfeplanung konkret. Praktische und fachpoli-tische Handlungsstrategien zur Qualitätssicherung in der Jugendhilfe. Schriften allge-meinen Inhalts (SAI). Band 34. Frankfurt/ M. 1996. S.7-18

Murray, H.A.: Thematic Apperception Test. Manual. Cambridge/ Mass 1971

Murray, K./ Gough, D.A.: Intervening in Child Sexual Abuse. Edinburgh 1991

Mussen, P.H./ Conger, J.J./ Kagan, J./ Huston, A.C.: Lehrbuch der Kinderpsychologie. Bd. 1., 4. vollst. überarb. und neu übersetzte Auflage. Frankfurt/ M. 1993

Mutzek, W.: Kooperative Beratung. Grundlagen und Methoden der Beratung und Super-vision im Berufsalltag. Weinheim 1996

Nacke, B./ Dohmen, G. (Hrsg.): Lebenslanges Lernen. Erfahrungen und Anregeungen aus Wissenschaft und Praxis. Würzburg 1996

National Center on Child Abuse and Neglect: Child Sexual Abuse: Intervention and Treatment Issues. Washington 1993

Neef, R.: Interventionsmaßnahmen – Hilfen mit aller Gewalt? In: Klees, K./ Friedebach, W. (Hrsg.): Hilfen für mißbrauchte Kinder. Interventionsansätze im Überblick. Weinheim/ Basel 1997

Nelki, J.S./ Watters, J.: A Group of Sexually abused Young Children: Unravelling the Web. Child Abuse & Neglect, Vol. 13, 1989, pp 369-378

Nelthaus, G.: Das erzieherische Verhältnis - der erzieherische Bezug. In: Kluge, N. (Hrsg.): Das pädagogische Verhältnis. Darmstadt 1973, S.268-283

Nenniger, P.: Das Pädagogische Verhältnis als motivationales Konstrukt. Ein Beitrag zur lehr-lern-theoretischen Analyse eines pädagogischen Paradigmas. Weinheim 1988

Neubauer, W.: Identitätsentwicklung. In: Markefka, M./ Nauck, B. /Hrsg.): Handbuch der Kindheitsforschung. Neuwied/ Kriftel/ Berlin 1993, S.303-315

Neuffer, M.: Die Kunst des Helfens. Geschichte der sozialen Einzelhilfe in Deutschland. Weinheim/ Basel 1990

Nicholds, E.: Praxis sozialer Einzelhilfe. Berufsbegleitende Schulung durch die Dienst-stelle. Freiburg i. Br. 1970

Nienstedt, M./ Westermann, A.: Pflegekinder. Psychologische Beiträge zur Sozialisation von Kindern in Ersatzfamilien. Münster 1989

Nitschke, S.: "Wildwasser" - das erste Selbsthilfeprojekt in Berlin. In: Wannseeheim für Jugendarbeit (Hrsg.): Sexueller Mißbrauch von Mädchen. Strategien zur Befreiung. Berlin 1985, S. 7-10

Nohl, H.: Der Pädagogische Bezug und die Bildungsgemeinschaft. In: Kluge, N. (Hrsg.): Das pädagogische Verhältnis. Darmstadt 1973

Nohl, H.: Die pädagogische Bewegung in Deutschlan und ihre Theorie. Frankfurt/M. 1961

Nohl, H.: Die pädagogische Bewegung in Deutschland und ihre Theorie. 1.Aufl. 1933, 10.Aufl. Frankfurt/ M. 1988

Notruf für vergewaltigte Frauen e.V.: Sexuelle Gewalt gegen Mädchen. Arbeitsansätze und Erfahrungen. Texte, Zeichnungen, Gedichte, Literaturhinweise. München 1989

Oaklander, V.: Gestalttherapie mit Kindern und Jugendlichen. Stuttgart 1994

O´Connor, K.J/ Schaefer, Ch. E. (Ed.): Handbook of Play Therapy. Volume 2: Advances and Innovations. New York 1983

Oelkers, J./ Lehmann, Th.: Antipädagogik: Herausforderung und Kritik. 2. erweiterte Auflage, Weinheim/ Basel 1990

Oelkers, J.: Die Vermittlung zwischen Theorie und Praxis in der Pädagogik. München 1976

Oelkers, J.: Reformpädagogik. Eine kritische Dogmengeschichte. Weinheim/ München 1989

Oerter, R./ Montada, L. (Hrsg.): Entwicklungspsychologie. Ein Lehrbuch. 3. vollständig überarbeitete Auflage, Weinheim 1995

Outsem, R. van: Sexueller Mißbrauch an Jungen. Forschung, Praxis, Perspektiven. Donna Vita 1993

Paradise, J.E.: The Medical Evaluation of the Sexually Abused Child. Pediatric Clinic of North America, No. 4, 1990

Parker, H./ Parker. S.: Father-Daughter Sexual Abuse: An Emerging Perspective. In: American Journal of Ortopsychiatry Vol 56, 1986, pp 531-549

Patschke, W.: Der Pädagogische Bezug unter besonderer Berücksichtigung der Fürsorge-erziehung. In: Kluge, N. (Hrsg.): Das pädagogische Verhältnis. Darmstadt 1973, S. 46-54

Pauls, H.: Was ist das, Kinderpsychotherapie? In: GwG Zeitschrift 77, 12/ 1989, S.449-454

Pavel, F.G.: Die klientzentrierte Psychotherapie. München 1983

Paveza, G.J.: Risk Factors in Father-Daughter Child Sexual Abuse. A Case-Control Study. In: Journal of Interpersonal Violence, Vol. 3 , 1988, pp 290-306

Perez, B.: L'enfant de trois á sept ans. Paris 1886

Perlman, H.H.: Soziale Einzelhilfe als problemlösender Prozeß. Freiburg i.Br. 1969

Perls, F.S.: Gestalttherapie in Aktion. Stuttgart 1974

Perrez, M./ Büchel, F./ Ischi, N./ Patry, J.-L./ Thommen, B.: Erziehungspsychologische Beratung und Intervention als Hilfe zur Selbsthilfe in Familie und Schule. Bern/ Stuttgart/ Toronto 1985

Petermann, F.: Vertrauensaufbau in der Kinderpsychotherapie. In: GwG-Info 57, 12/ 1984, S.14-21

Petri, H.: Stell dich nicht so an. Weiheim, Basel 1991

Pettillon, H.: Der Schüler. Rekonstruktion der Schule aus der Perspektive von Kindern und Jugendlichen. Darmstadt 1987

Petzold, H./ Ramin, G.: Integrative Therapie mit Kindern. In: Petzold, H./ Ramin,G. (Hrsg.): Schulen der Kinderpsychotherapie. Paderborn 1987, S.359-426

Petzold, H./ Ramin,G. (Hrsg.): Schulen der Kinderpsychotherapie. Paderborn 1987

Pfeiffer, W.M.: Die Beziehung - der zentrale Wirkfaktor in der Gesprächspsychotherapie. In: GWG-Zeitschrift 97/ März 1995, S.27-32

Piaget, J.: Jean Piaget über Jean Piaget. Sein Werk aus seiner Sicht Hrsg. v. R. Fatke, München 1981

Piaget, J.: Das moralische Urteil beim Kinde. Zürich 1954

Piaget, J.: Nachahmung, Spiel und Traum. Weinsberg 1969

Piaget, J.: Sprechen und Denken des Kindes. Düsseldorf 1972

Pikowsky, B./ Wild, E.: Schulpsychologische Beratung. In: Hofer, M./ Wild, E./ Pikowsky, B.: Pädagogisch-psychologische Berufsfelder. Beratung zwischen Theorie und Praxis. Bern 1996, S. 87-113

Piontek, M.: Mißbraucht - Meine verratene Kindheit. Frankfurt 1990

Polizeiliche Kriminalstatistik: Straftaten gegen die sexuelle Selbstbestimmung. Berichts-jahre 1994 und 1997

Popper, K.R.: Logik der Forschung. Tübingen 1971

Presting, G. (Hrsg.): Erziehungs- und Familienberatung. Untersuchungen zu Entwick-lung, Inanspruchnahme und Perspektiven. Weinheim/ München 1991

Pross, H.: Die Wirklichkeit der Hausfrau. Reinbek 1978

Quitmann, H.: Humanistische Psychologie. Göttingen/ Bern/ Toronto 1. Auflage 1985, 3. Überarbeitete und erweiterte Auflage 1996

Qvortrup, J.: Die soziale Definition von Kindheit. In: Markefka, M./ Nauck,B. (Hrsg.): Handbuch der Kindheitsforschung. Neuwied/ Kriftel/ Berlin 1993, S.109-124

Ramin, G.: Inzest und sexueller Mißbrauch. Beratung und Therapie. Paderborn 1993

Rank, O.: Will Therapy; and Truth and Reality. New York 1945

Reichelt, St.: Kindertherapie nach sexueller Mißhandlung. Malen als Heilmethode. Zürich 1994

Reinhold, M.: Unverheilte Wunden. Sexueller Mißbrauch in der Kindheit. München 1994

Remus, Ch.: Therapeutische Arbeit mit sexuell mißbrauchten Kindern und Jugendlichen. In: profamilia magazin, Sexualpädagogik und Familienplanung. 2/ 1989, S.11- 13

Rennefeld, B.: Institutionelle Hilfen für Opfer von sexuellem Mißbrauch. Ansätze und Arbeitsformen in den USA. Bielefeld 1993

Rensen, B.: Für's Leben geschädigt. Sexueller Mißbrauch und seelische Verwahrlosung von Kindern. Stuttgart 1992

Retzlaff, I. (Hrsg.): Gewalt gegen Kinder - Mißhandlung und sexueller Mißbrauch Minderjähriger. Neckarsulm 1989

Revenstorf, D.: Psychotherapeutische Verfahren. Bd. 1: Tiefenpsychologische Therapie. Bd. 2: Verhaltenstherapie. Bd. 3: Humanistische Therapien. Bd. 4: Gruppen-, Paar- und Familientherapie. Stuttgart 1982/ 1983/ 1985

Revers, W.J./ Allesch, C.G.: Handbuch zum Thematischen Gestaltungstest. Weinheim 1985

Richmond, M.: Social Diagnosis. Russel Sage Foundation. New York 1917

Richter, H.G.: Die Kinderzeichnung. Düsseldorf 1987

Rijnaarts, U.: Lots Töchter. Über den Vater-Tochter-Inzest. Düsseldorf 1988

Roberts, R.W. / Nee, R.H. (Hrsg.): Konzepte der Sozialen Einzelhilfe. Stand der Entwicklung. Neue Anwendungsformen. Freiburg i. Br. 1974

Röhrs, H.: Allgemeine Erziehungswissenschaft. 3. Ergänzte und überarb. Auflage. Weinheim/ Basel 1973

Rogers, C.R.: Die Kraft des Guten. München 1978

Rogers, C.R.: Die nicht-direktive Beratung. München 1951/ 1972

Rogers, C.R./ Bommert, H./ Eckert, J./ Fietkau, H.J. u.a.: Die klientzentrierte Gesprächspsychotherapie. 2. Aufl., München1977

Rogers, C.R./ Rosenberg, R.L.: Die Person als Mittelpunkt der Wirklichkeit. Stuttgart 1980

Rogers, C.R.: Der neue Mensch.Stuttgart 1981

Rogers, C.R.: Die klientzentrierte Gesprächspsychotherapie. 3. Aufl., München 1972

Rogers, C.R.: Die nicht-direktive Beratung. 4. Aufl., Müchen 1972

Rogers, C.R.: Eine Theorie der Psychotherapie, der Persönlichkeit und der zwischen-menschlichen Beziehungen. Entwickelt im Rahmen des klientzentrierten Ansatzes. Köln 1987b

Rogers, C.R.: Klientzentrierte Psychotherapie. In: Corsini, R.J.: Handbuch der Psycho-therapie. Weinheim/ Basel 1987a

Rogers, C.R: The Clinical Treatment of the Problem Child. Boston/ New York/ Chicago 1939

Rohrbach, I./ G.Martini: Diskussionspapier zur Beratungsarbeit mit sexuell mißbrauch-ten Kindern und Jugendlichen. In: GwG-Info 63, 6/ 1986, S.174-178

Rosen, B. Graf von: Das Märchen von der ungehorsamen Adeli-Sofi und ihre furchtbare Begegnung mit dem Wassermann. Zürich 1987

Rotalsky, I. / Bandowski, H.: Die alltägliche Wut. Gewalt - Pornographie - Feminismus. Berlin 1987

Roth; H.: Pädagogische Anthropologie. Bd. 1: Bildsamkeit und Bestimmung. Hannover 1966

Roth, H.: Pädagogische Anthropologie. Bd. 2: Entwicklung und Erziehung. Grundlagen einer Entwicklungspädagogik. Berlin/ Darmstadt/ Dortmund 1971

Roth, L. (Hrsg.): Pädagogik. Handbuch für Studium und Praxis. München 1991

Rubin, J.A.: Kunsttherapie als Kindertherapie - Kinderbilder zeigen Wege zu Verständi-gung und Wachstum. Karlsruhe 1993

Ruddat, H./ Cropley, A.J.: Weiterbildung von Beratern und Betreuern für Aussiedler und Asylsuchende. Ein Weiterbildungskonzept. Weinheim/ Basel 1995

Rüth, U.: Die Sorgerechtseinschränkung nach §§ 1666, 1666a BGB aus kinder- und jugendpychiatrischer Sicht – juristische und praktische Grundlagen. In: Praxis der Kinder-psychologie und Kinderpsychiatrie. Jg.44, 1995, S.167-173

Rush, F.: Das bestgehütete Geheimnis: Sexueller Kindesmißbrauch. Berlin, 3.Aufl. 1985

Russel, D.: The secret trauma. Incest in the lives of girls and women. New York: Basic Books

Russel, D.: The incidence and prevalence of intrafamilial and extravamilial sexuell abuse of female children. In: Child Abuse & Neglect. Vol.19, 1993, pp 133-146

Rust, G.: Hilfe im Dilemma zwischen Kompetenzüberschreitung und Handlungsun-fähigkeit. In: Lutter 1990

Rust, G.: Sexueller Mißbrauch - Ein Dunkelfeld in der Bundesrepublik Deutschland. Aufklärung, Beratung und Forschung tut not. In: Backe, L. / Leick, N. / Merrick, J. / Michelson, N.: Sexueller Mißbrauch von Kindern in Familien. Köln 1986

Rutgers, J.: Der sexuelle Mißbrauch von Kindern. Informationen und Prävention. Zürich 1989

Rutschky, K.: Schwarze Pädagogik. Quellen zur Naturgeschichte der bürgerlichen Erziehung. Berlin 1977

Rutschky, K./ Wolff, R.: Handbuch Sexueller Mißbrauch. Hamburg 1994

Rutschky, K.: Erregte Aufklärung. Fakten und Fiktionen. Hamburg 1992

Ryan, T./ Walker, R.: Wo gehöre ich hin? Biographiearbeit mit Kindern und Jugend-lichen. Weinheim/Basel 1997

Ryan, V./ Wilson, K.: Case Studies in Non-directive Play Therapy. London 1996

Sachs, R./ Maus, C.: Zielorientierts Handeln in der Gesprächspsychotherapie. Stuttgart/ Berlin/ Köln 1991

Sachse, R./ Howe, J. (Hrsg.): Die Zukunft der klientzentrierten Psychotherapie. Heidelberg 1989

Sachse, R./ Lietaer, G./ Stiles, W.B. (Hrsg.): Neue Handlungskonzepte der Klient-zentrierten Psychotherapie. Eine grundlegende Neuorientierung. Heidelberg 1992

Sachverständigenkommission Sechster Jugendbericht (Hrsg.): Sexualität - Unterdrückung statt Entfaltung. Opladen 1985

Saigh, P.A. (Hrsg.): Posttraumatische Belastungsstörung. Bern 1995

Saigh, P.A.: The Development and Validation of the Children's Posttraumatic Stress Disorder Inventory. International Journal of Special Education. 4, 1989, pp 75-84

Salgo, L.: Der Anwalt des Kindes. Frankfurt/ M. 1995

Salis, T.v.: Eine formale Analyse des Scenotestschlußbildes. Schweizerische Zeitschrift für Psychologie. 34, 1975, S.68-89

Saller, H.: Therapeutische Arbeit mit sexuell ausgebeuteten Kindern und Jugendlichen. In: Klees, K./ Friedebach, W.(Hrsg.): Hilfen für mißbrauchte Kinder. Interventionsansätze im Überblick. Weinheim/ Basel 1997

Sauter, R.: Hilfeplanung: Kritik und Anregung. In: Faltermeier, J./ Fuchs, P.: Hilfepla-nung konkret. Praktische und fachpolitische Handlungsstrategien zur Qualitätssicherung in der Jugendhilfe. Schriften allgemeinen Inhalts (SAI). Band 34. Frankfurt/ M. 1996, S.30-43

Saywitz, K.F./ Goodman, G.S./ Nicholas, E./ Moan, S.: Children's Memories of Physical Examinations Involving Genital Touch: Implications for Reports of Children Sexual Abuse. Journal of Consulting and Clinical Psychology, Vol 59, 1991, pp 682-691

Schaeffer, Ch. E.: Play Therapy for Psychic Trauma in Children. In: O'Connor, K.J/ Schaefer, Ch. E. (Ed.): Handbook of Play Therapy. Volume 2: Advances and Innovations. New York 1983, pp 297-318

Schaeffer, Ch. E./ O'Connor, K.J.: Handbook of Play Therapy. Volume I. New York 1982

Scheibe, W.: Die Reformpädagogische Bewegung 1900-1932. Weinheim 1969

Scheuch, E.K.: Das Interview in der Sozialforschung. In: Handbuch der empirischen Sozialforschung. König, R. (Hrsg.). Bd. 2, Stuttgart 1973, S. 66-190

Scheler, M.: Die Stellung des Menschen im Kosmos. 6.Aufl. München 1962

Scheuerl, H.: Das Spiel. 4.-5. Aufl. Weinheim 1965

Schiffer, Ch./ Przybilla, K.: Väter sind (auch) Täter! Qualitative Analyse über die Ur-sachen von sexuellem Mißbrauch in der Familie und Fallstudien anhand von struktu-rierten Interviews zu sexuellem Mißbrauch in der Familie. Unveröffentlichte Diplom-arbeit, Köln 1993

Schmidtchen, St./ Baumgärtel, T.: Rahmenrichtlinien zur Kinderpsychotherapie. In: Schmidtchen, St./ Baumgärtl, F.: Methoden der Kinderpsychotherapie. Stuttgart 1980

Schmidtchen, St./ Erb, A.: Analyse des Kinderspiels - Ein Überblick über neuere Unter-suchungen. Köln 1996

Schmidtchen, St./ Speierer, G.-W./ Linster, H. (Hrsg.): Die Entwicklung der Person und ihre Störung. Band 2: Theorien und Ergebnisse zur Grundlegung einer klientzentrier-ten Krankheitslehre. Köln 1993

Schmidtchen, St.: Handeln in der Kinderpsychotherapie.Stuttgart 1978

Schmidtchen, St.: Klientzentrierte Kindertherapie. In: Petzold, H./ Ramin,G. (Hrsg.): Schulen der Kinderpsychotherapie. Paderborn 1987, S.205-226

Schmidtchen, St.: Klientzentrierte Spiel- und Familientherapie. 3. vollst. überarb. und erweiterte Aufl. Weinheim 1991

Schmidtchen, St.: Klientzentrierte Spieltherapie. Beschreibung und Kontrolle ihrer Wirk-weise. Weinheim 1974

Schmidtchen, St.: Neue Forschungsergebnisse zu Prozessen und Effekten der Kinder-spieltherapie. In: Boeck-Singelmann, C. u.a.: Personzentrierte Psychotherapie mit Kindern und Jugendlichen. Bd. 1, Göttingen 1996, S. 99-140

Schmidtchen, St.: Personzentrierte Kinderpsychotherapie. In: Behr, M./ Petermann, F./ Pfeiffer, W.M./ Seewald, C.: Jahrbuch der personzentrierten Psychologie und Psycho-therapie, Band 1, Salzburg 1989, S. 206-228

Schmidtchen, St.: Therapie durch Spielen. In: In: Kreuzer, K.J.: Handbuch der Spielpä-dagogik. Bd. 4. Spiel im therapeutischen und sonderpädagogischen Bereich. Düsseldorf 1984, S.39-55

Schmidtchen, St./ Acke, H./ Hennies, St.: Heilende Kräfte im kindlichen Spiel. Prozess-analyse des Klientenverhaltens in der Kinderspieltherapie. In: GwG-Zeitschrift 99. Köln 1995, S.15-23

Schmidtchen, St.: Kinderpsychotherapie. Stuttgart 1989

Schmidtchen, St.: Klientzentrierte Spieltherapie. Weinheim 1978

Schmitt, H.D./ Schaarschmidt, U./ Peter, V. (Hrsg.): Dem Kinde zugewandt. Baltmannsweiler 1991

Schmitt, H.D: Das Bild des Kindes und seine pädagogischen Konsequenzen. In: Schmitt, H.D./ Schaarschmidt, U./ Peter, V. (Hrsg.): Dem Kinde zugewandt. Baltmannsweiler 1991, S.1-12

Schmitz-Hambrecht, A.: Der Einsatz von Spielen im klinischen Bereich. In: Kreuzer, K.J.: Handbuch der Spielpädagogik. Bd. 4. Spiel im therapeutischen und sonderpädago-gischen Bereich. Düsseldorf 1984, S.209-224

Schnack, D./ Neutzling, R.: Kleine Helden in Not - Jungen auf der Suche nach Männ-lichkeit. Reinbek 1990

Scholz, G: Die Konstruktion des Kindes. Über Kinder und Kindheit. Darmstadt 1994

Schönig, W. (Hrsg.): Organisationen beraten. Impulse für Theorie und Praxis. Freiburg i. Br. 1993

Schorsch, E.: Kurzer Prozeß? Ein Sexualstraftäter vor Gericht. Hamburg 1991

Schrietz, H.: Das Kind als klassischer Zeuge bei Sexualdelikten. Nürnberg/ Düsseldorf/ Berlin 1961

Schrapper, Ch.: Grundsätze und Arbeitsformen der Hilfeplanung nach §§ 36/ 37 KJHG. In: AFET-Rund-Brief Nr. 1/ 1993, S.4-9

Schrapper, Ch.: Der Hilfeplanungsprozeß – Grundsätze, Arbeitsformen und methodische Umsetzung. In: Institut für soziale Arbeit e.v. (Hrsg.): Hilfeplanung und Betroffenen-beteiligung. Soziale Praxis, Heft 15, Münster 1994, S.64- 77

Schriftenreihe des Bundesministeriums für Frauen und Jugend: Modellprojekt Be-ratungsstelle und Zufluchtswohnung für sexuell mißbrauchte Mädchen von „Wildwasser - Arbeitsgemeinschaft gegen sexuellen Mißbrauch an Mädchen e.V." Berlin. Band 10. Stuttgart/ Berlin/ Köln 1993

Schröder, G.: Verhaltenstherapie mit Kindern und Jugendlichen. München 1977

Schröder, M. (Hrsg.): Kindheit - ein Begriff wird mündig. Wolfratshausen 1992

Schubbe, O.: Therapeutische Hilfen gegen sexuellen Mißbrauch an Kindern. Zürich 1994

Schube, W.: Die Reformpädagogische Bewegung. 1.Aufl. 1969, 5.Aufl. Weinheim/ Basel 1976

Schwarz, B.: Forschung im Dunkelfeld. In: Emp. Päd. 11. Jg. 1997, S.519-540

Schwarzer, Ch./ Posse, N.: Beratung. In: Weidenmann, B./ Krapp, A. et.al.: Pädago-gische Psychologie. 2. neu ausgestattete Auflage. Weinheim/ Basel 1993, S. 631-656

Schwarzer, R.: Berater-Lexikon. München 1977

Schwarzer, R.: Lernumweltbedingungen der Selbstkonzeptentwicklung. In: Schwarzer, R. (Hrsg.): Selbstbezogene Kognition. Berlin: Freie Universität für Psychologie 1984

Senn, Y. Ch.: Gegen jedes Recht. Sexueller Mißbrauch und geistige Behinderung. Berlin 1992

Seringer, W.: Zeichnen und Spielen als Instrumente psychologischer Diagnostik. Heidelberg 1983

Sgroi, S./ Porter, F./ Blick, L.: Validation of Child Sexual Abuse. In: Sgroi, S. (Ed.): Handbook of Clinical Intervention in Child Sexual Abuse. Lexington, MA, 1982, pp 39-80

Siebenthal, A. von: Kleinsche Kinderpsychoanalyse. In: Petzold, H./ Ramin,G. (Hrsg.): Schulen der Kinderpsychotherapie. Paderborn 1987, S.31-58

Siebenthal, A. von: Kleinsche Kinderpsychoanalyse. In: Petzold, H./ Ramin,G. (Hrsg.): Schulen der Kinderpsychotherapie. Paderborn 1987, S.31-58

Siegfried, K.: Erziehungsberatung und Schulpsychologie. Bern/Stuttgart/Wien 1969

Sink, F.: A Hierachical Model for Evaluation of Child Sexual Abuse. American Journal of Ortopsychiatry. Vol.58, 1988, pp 129-135

Skinner, B.F.: Erziehung als Verhaltensformung. München-Neubiberg 1971

Shlien, J.M./ Levant, R.T.: Client-centered Therapy and the person-centered Approach. New York 1970

Smalley, R.: Praxisorientierte Theorie der Sozialarbeit. Weinheim/ Basel 1974

Smith, M.: Gewalt und sexueller Mißbrauch in Sekten. Zürich 1993

Snunit, M.: Der Seelenvogel. Hamburg 1991

Sozialwissenschaftliche Forschung und Praxis für Frauen: Gewalt-tätig. Bd.37. Köln 1994

Spangler, G. (Hrsg.): Die Bindungstheorie: Grundlagen, Forschung und Anwendung. Stuttgart 1991

Speck, J./ Wehle, G. (Hrsg.): Handbuch pädagogischer Grundbegriffe. Studienausgabe, Bd. II, München 1970

Speck, O./ Peterander, E. (Hrsg.): Kindertherapie. Interdisziplinäre Beiträge aus For-schung und Praxis. München 1986

Spitzel, M./ Yüksel, S.: Mädchen aus der Türkei. Ruhnmark 1992

Spranger, E.: Eros. In: E.Spranger: Kulturt und Erziehung. Leipzig 1928

Sprey, Th.: Beraten und Ratgeben in der Erziehung. Zur Differenzierung einer pädago-gischen Handlungsform. Köln 1968

Spring, J.: Zu der Angst kommt die Scham. Die Geschichte einer sexuell mißbrauchten Tochter. München 1988

Staabs, G.v.: Der Scenotest. Beitrag zur Erfassung unbewußter Problematik und Charak-terologischer Struktur in Diagnostik und Therapie. (4.Aufl.) Bern 1964

Stadler, A.-E./ Witte, K.-H.: Analytische Kinder- und Jugendlichenpsychotherapie in der Individualpsychologie Alfred Adlers. In: Petzold, H./ Ramin,G. (Hrsg.): Schulen der Kinderpsychotherapie. Paderborn 1987, S.83-158

Stark, G./ Aurin, K./ Reichenbecher, H./ Todt, E. (Hrsg.): Beraten in der Schule? Analysen - Methoden - Strategien. Braunschweig 1977

Steffens, U.: "Michaela" - Wie Schüler mit Lernproblemen ihre Gesamtschule erleben. In: Die Deutsche Schule. Jg.2, 1984, S.134-157

Steinhage, R.: Sexuelle Gewalt - Kinderzeichnungen als Signal. Reinbek 1992

Steinhage, R.: Sexueller Mißbrauch an Mädchen. Reinbek 1989

Steller, M./ Wellershaus, P./ Wolf, Th.: Realkennzeichen in Kinderaussagen: Empi-rische Grundlagen der Kriterienorientierten Aussageanalyse. In: Zeitschrift für experi-mentelle und angewandte Psychologie 39, Jg. 13, 1992, S.151-170

Stern, D.N.: Die Lebenserfahrung des Säuglings. 5.Aufl., Stuttgart 1996

Stoffer, H.: Die Bedeutung der Kindlichkeit in der modernen Welt. München/ Basel 1964

Straub, J.: Historisch-psychologische Biographieforschung. Heidelberg 1989

Stumpf, J. / Enders, U.: Und die Mütter?! In: Stadt-Revue Köln, Dez. 1989

Stumpf, J.: Gewaltverhältnisse: Zur Ursachenanalyse sexueller Gewalt. In: Enders 1990

Summit, S.R.: The Child Sexual Abuse Accomodation Syndrom. In: Rennefeld, B.: Institutionelle Hilfen für Opfer von sexuellem Mißbrauch. Bielefeld 1993, S.13-28

Summit, S.R.: The Child Sexual Abuse Accomodation Syndrom. In: Child Abuse & Neglect, Vol. 7, 1983, pp 177-193, 1983

Süssmuth, R.: Zur Anthropologie des Kindes. München 1968

Sweeny, L.: Counseling Children through the World of Play. Tinlay , ohne Ortsangabe 1997

Taft, J.: The Dynamics of Therapy in a Controlled Relationship. New York 1933

Tausch, R./ Tausch, A.-M.: Gesprächspsychotherapie. Hilfreiche Gruppen- und Einzel-gespräche in Psychotherapie und alltäglichem Leben. 9., ergänzte Aufl., Göttingen/ Toronto/ Zürich 1990

Tausch, R./ Tausch, A.M.: Kindertherapie in nicht-directivem Verfahren. Göttingen 1956

Tedesco, J.F./ Schnell, St.v.: Children's Reactions to Sex Abuse Investigation and Litigation. Child Abuse & Neglect, Vol. 13, 1987, pp 267-272

Teegen, F. u.a.: Sexueller Mißbrauch von Mädchen und Jungen: Psychodynamik und Bewältigungsstrategien. In: Gegenfurtner, M. (Hrsg.): Sexueller Mißbrauch von Kindern und Jugendlichen. Diagnostik, Krisenintervention, Therapie. Magdeburg 1992, S.11-32

Terhart; E.: Entwicklung und Situation des qualitativen Forschungsansatzes in der Er-ziehungswissenchaft. In: Friebertshäuser, B./ Prengel, A. (Hrsg.): Handbuch Qualitative Forschungsmethoden in der Pädagogik. Weinheim/ München 1997, S.27-42

Terr, L.: Play Therapy and Psychic Trauma: A Preliminary Report. In: Schaeffer, Ch.E./ O'Connor, K.J.: Handbook of Play Therapy. Volume I. New York 1982, pp, 308-319

Terr, L.: Schreckliches Vergessen, heilsames Erinnern. Traumatische Erfahrungen drängen ans Licht. München 1995

Thiersch, H.: Erziehungsberatung und Jugendhilfe. In: Klug, H.P./ Specht, F. (Hrsg.): Erziehungs-und Familienberatung. Aufgaben und Ziele. Göttingen 1985

Thiersch, H.: Pädagogik, Geisteswissenschaftliche (historisch). In: Lenzen, D. (Hrsg.): Pädagogische Grundbegriffe. Reinbek 1989, S.1117-1140

Thomae, H.: Der Mensch in der Entscheidung. München 1960

Thomas, W.I./ Znanicki, F.: The Politish Person in Europe and America. New York 1928

Thompsen, A.J.M.: An Investigation into the Work Performed by Some Trained Counsellors in Englisch Secondary Schools. Unpublished Report to the Social Science Research Council. University of Keele 1970

Thompson, Ch.L./ Rudolph, L.B.: Counseling Children. Washington 1996

Thompson, J.G.: The Psychobiology of Emotions. New York 1988

Thönnissen A./ Meyer-Andersen, K.: Dunkelziffer. Das geheime Geschäft mit der schmutzigen Pornographie. München 1990

Thorne, B.: Gender Play. Girls and Boys in School. New Brunswick 1994

Trankell, A.: Der Realitätsgehalt von Aussagen. Methodik der Aussagenpsychologie. Göttingen 1971

Treml, A.K.: Einführung in die allgemeine Pädagogik. Stuttgart 1987

Trepper, S.T./ Barrett, M.I.: Inzest und Therapie. Dortmund 1991

Treu, H.-E.: Wie die Angst Eltern zu Verfolgern ihrer Kinder werden läßt. In: Schröder, M. (Hrsg.): Kindheit - ein Begriff wird mündig. Wolfratshausen 1992, S.14-27

Tröger, W.: Erziehungsziele. München 1974

Trosch, A.: Beratung in der Schule. Erfahrungsbericht aus dem Beratungszentrum einer Gesamtschule. In: Aurin, K.: Beratung als pädagogische Aufgabe. Bad Heilbrunn 1984, S.129-149

Trube-Becker, E.: Gewalt gegen das Kind. Heidelberg 1982

Trube-Becker, E.: Kindesmißhandlung als soziales Problem. In: Retzlaff, Ingeborg (Hrsg.): Gewalt gegen Kinder. Neckarsulm 1989. S. 26-35

Trube-Becker, E.: Sexueller Mißbrauch von Kindern und seine Folgen aus recht-medizinischer Sicht. Sozialpädiatrie in Praxis und Klinik, 6: 542-551, 1984

Tymister, H.J. (Hrsg.): Individualpsychologisch-pädagogische Beratung. Grundlagen und Praxis. München/Basel 1990

Tymister, H.J.: Pädagogische Beratung mit Kindern und Jugendlichen. Fallbeispiele und Konsequenzen für Familie und Schule. Hamburg 1996

Ulich, D.: Emotionale Entwicklung. In: Markefka, M./ Nauck,B. (Hrsg.): Handbuch der Kindheitsforschung. Neuwied/ Kriftel/ Berlin 1993, S.263-273

Undeutsch, U.: Die Entwicklung der gerichtspsychologischen Gutachtertätigkeit. Göttingen 1955

Unnewehr, S./ Schneider, S./ Margraf, J. (Hrsg.): KinderDIPS. Diagnostisches Interview bei psychischen Störungen im Kindes- und Jugendalter. Berlin/ Heidelberg 1995

U.S. Department of Health and Human Services: Child Sexual Abuse. Intervention and Treatment Issues. Washington D.C. 1993

Uslar, G. von: Zur Rolle der freien Träger im Hilfeplanverfahren. In: Faltermeier, J./ Fuchs, P.: Hilfeplanung konkret. Praktische und fachpolitische Handlungsstrategien zur Qualitätssicherung in der Jugendhilfe. Schriften allgemeinen Inhalts (SAI). Band 34. Frankfurt/ M. 1996, S.44-48

Van den Dungen, M.: Entgleiste Puppen: Berufsordnung und Psychodiagnostik. In: Report Psychologie 19/ 1994, S. 28-33

Van de Putte, S.J.: A Structured Activities Group for Sexually Abused Children. In: O'Connor, K.J/ Schaefer, Ch. E. (Ed.): Handbook of Play Therapy. Volume Two: Advances and Innovations. New York 1983, pp 409-428

Veith, St.: Sexueller Mißbrauch als Diagnose des Kinderarztes. In: Klees, K./ Friedebach, W.: Hilfen für mißbrauchte Kinder. Interventionsansätze im Überblick. Weinheim/ Basel 1997

Veltkamp, L.J./ Miller, Th. W.: Clinical Handbook of Child Abuse and Neglect. Second printing. New York 1994

Vicini, S.: Subjektive Beratungstheorien. Bernische ErziehungsberaterInnen reflektieren ihre Praxis. Bern 1993

Völker, U. (Hrsg.): Humanistische Psychologie. Weinheim 1980

von der Haar, E./ von der Haar, H./ Lehmann, G.: Leitfaden Jugendberatung. Ein Handbuch für die Praxis der Sozialarbeit, Sozialpädagogik, Schule und Ausbildung. Berlin 1992

Wachter, O.: Heimlich ist mir unheimlich. Berlin 1991

Waelder, R.: Die psychoanalytische Theorie des Spielens. In: Flitner, A.: Das Kinder-spiel. München 1973. S. 50-61

Waelder, R.: Die psychoanalytische Theorie des Spielens. In: Flitner, A.: Das Kinder-spiel. München 1973. S. 50-61

Walter, J. (Hrsg.): Sexueller Mißbrauch im Kindesalter. Heidelberg 1989

Waterman, J./ Lusk, R.: Psychological Testing in Evaluation of Child Sexual Abuse. Child Abuse & Neglect, Vol 17, 1993, pp 145-160

Watson, J.B.: Behaviorismus. Köln 1968

Weber, M./ Rohleder, Ch.: Sexueller Mißbrauch. Jugendhilfe zwischen Aufbruch und Rückschritt. Münster 1995

Weber, E.: Pädagogik. Eine Einführung. Bd. 1, Teil 1: Grundfragen und Grundbegriffe. Phylogentische (bio- und kulturrevolutionäre) Voraussetzungen der Erziehung. Neu-ausgabe, 8. völlig neu bearbeitete und stark erweiterte Auflage. Donauwörth 1995

Weber, E.: Pädagogik. Grundfragen und Grundbegriffe. Ontogenetische Voraussetzungen der Erziehung. Notwendigkeit und Möglichkeit der Erziehung. Bd. 1, Teil 2, 8. völlig neu bearbeitete und stark erweiterte Auflage. Donauwörth 1996

Weinberger, S.: Klientzentrierte Gesprächsführung. Eine Lern- und Praxisanleitung für helfende Berufe. 6. Aufl., Weinheim/ Basel 1994

Weissmann, S.: Überlebenskünstlerinnen. Lebenswege sexuell mißbrauchter Frauen.

Wellershaus, P.: Glaubhaftigkeit kindlicher Zeugenaussagen. Zur Begutachtung in Fällen sexuellen Mißbrauchs. In: Psychomedizin 4/ 1992, S.20-24

Werner, H.H.: Hilfeplanung nach § 36 KJHG: Erläuterung und Kommentierung der Empfehlungen des Deutschen Vereins. In: Faltermeier, J./ Fuchs, P.: Hilfeplanung konkret. Praktische und fachpolitische Handlungsstrategien zur Qualitätssicherung in der Jugendhilfe. Schriften allgemeinen Inhalts (SAI). Band 34. Frankfurt/ M. 1996, S.21-29

Wetzels, P.: Anatomisch ausgebildete Puppen: Ein diagnostisches Mittel für die forensische Praxis? In: Praxis der Rechtspsychologie. Jg. 10, 1993, S.88-107

White, S./ Strom, G.A./ Santilli, G./ Halpin, B.M.: Interviewing Young Sexual Abuse Victims with Anatomically Correct Dolls. Child Abuse & Neglect, 10/4, 1986, pp 519-530

Widlöcher, D.: Was eine Kinderzeichnung verrät. München 1974

Wiesner, R./ Kaufmann, F./ Mörsberger, Th./ Oberloskamp, H./ Struck, J.: SGB VIII – Kinder und Jugendhilfe. München 1995

Wildwasser Berlin: Selbsthilfe Leitfaden. Selbsthilfegruppen für Frauen. Eigenverlag 1993

Wildwasser Berlin: Sexueller Mißbrauch von Mädchen, Strategien zur Befreiung. Berlin 1985

Wildwasser Wiesbaden e.V. (Hrsg.): Sexueller Mißbrauch an Mädchen ist Gewalt. Dokumentation eines Öffentlichkeitsprojektes. 1989

Wilmer, Th.: Sexueller Mißbrauch von Kindern. Empirische Grundlagen und kriminal-politische Überlegungen. Berlin/ Bern 1995

Wilson, K./ Kendrick, P./ Ryan, V.: Play Therapy. A Non-directive Approach for Children and Adolescents. London 1992

Winnefeld, F.: Zum Problem der Kern-Oberflächen-Beziehung im pädagogischen Kontaktgeschehen. In: Kluge, N. (Hrsg.): Das pädagogische Verhältnis. Darmstadt 1973, S.136-187

Winnicott, D.H.: Vom Spiel zur Kreativität. Stuttgart 1979

Wirtz, U.: Seelenmord - Inzest und Therapie. Zürich 1989

Wittwer, W.: Modellversuch zur pädagogischen Qualifiaktion betrieblicher Ausbilder. Bericht über die wissenschaftliche Begleitung der Modellseminare XXVI und XXVII. Bayrisches Staatsministerium für Arbeit und Sozialordnung 1985

Wolfe, D.A./ Sas, L./ Wekerle, Ch.: Factors Associated with the Development of Post-traumatik Stress Disorder Among Victims of Sexual Abuse. Child Abuse & Neglect, 18/1, 1994, pp 37-50

Wölfel-Schramm, H.: Das Schattenreich der Anti-Pädagogik. Frankfurt/ M. 1992

Wolff, R./ Bernecker-Wolff, A.: Sexuelle Mißhandlung und Sexualpolitik. In: Sozial Extra 12/1990, S. 7-8

Woltereck, B.: Ungelebtes lebbar machen. Sexuelle Gewalt an Mädchen im Zentrum von Therapie und Supervision. Berlin 1994

Wood, B./ Orsak, Ch./ Murphy, M./ Cross, H.J.: Semistructured Child Sexual Abuse Interviews: Interview and Child Characteristics Related to Credibility of Disclosure. In: Child Abuse & Neglect. Vol. 20, pp 81-92, 1996

Wozencraft, T./ Wagner, W./ Pellegrin, A.: Depression and Suicidal Ideation in Sexually Abused Children. In: Child Abuse & Neglect, Vol. 15, 1991, pp 505-511

Wuchner, M./ Eckert, J.: Frequenz-Dauer-Setting in der Gesprächspsychotherapie heute. Teil 2: Klientzentrierte Einzelpsychotherapie bei Kindern und Jugendlichen. In: GwG-Zeitschrift 97, März 1995. S.17-20

Wulf, Ch.: Theorien und Konzepte der Erziehungswissenschaft. München 1977

Wyatt, G.E./ Peters, S.D.: Issues in the Definition of Child Sexual Abuse in Prevalence research. Child Abuse & Neglect, Vol.10, 1986, pp 231-240

Wyatt, G.E.: The sexual abuse of Afro-American and White-American women in childhood. Child Abuse & Neglect. Vol. 9, 1985, pp507-519

Xochellis, P.: Erziehung am Wendepunkt? Grundstrukturen des „pädagogischen Bezuges" in heutiger Sicht. München 1974

Zeltin, H.: Untersuchung des sexuell mißbrauchten Kindes. In: The Lancet – Deutsche Ausgabe – 2. Jg, Nr. 1, 19988, S.57-62

Zenz, G.: Kindesmißhandlung und Kindesrechte. Erfahrungswissen, Normstruktur, Entscheidungsrationalität. Frankfurt/ M. 1978

Zinnecker, J.: Schule gehen Tag für Tag. München 1961

ZPID: Projektive Verfahren. Nr. T3, Trier 1993

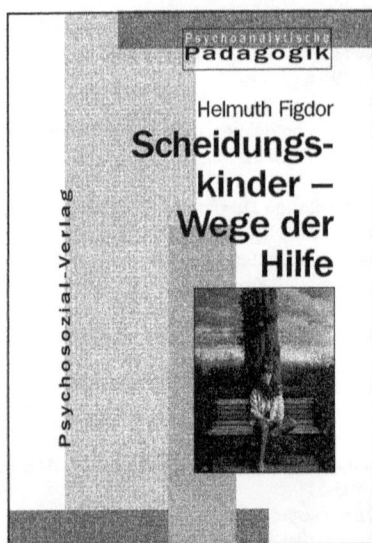

Psychoanalytische Pädagogik

Helmuth Figdor

Scheidungs-
kinder –
Wege der
Hilfe

Psychosozial-Verlag

3. Aufl. 2000 · 270 Seiten
DM 38,– · öS 277,–
SFr 35,– · Euro 19,43
ISBN 3-932133-09-9

D as Buch ist mehr als ein marktgängiger Ratgeber. Es bietet „wichtige, in die Tiefe der Gefühle gehende Einsichten, die der Verfasser aus professioneller Praxis selbst gewonnen und die er im Fundus des modernen psychoanalytischen Wissens verankert hat.

Die Lektüre ist ein Gewinn, nicht bloß für Scheidungseltern und für Fachpädagogen, sondern für alle, die über die emotionale Welt der Eltern-Kind-Beziehungen belehrt sein wollen. Wissenswertes erfährt man auch über die Arbeitsweisen der Institutionen, die an Scheidungen beteiligt sind."

Rainer Fellmeth, Saarländischer Rundfunk

P🗒V
Psychosozial-Verlag

psychosozial

23. Jahrgang · Nr. 79 · 2000 · Heft I

DER SPIEGEL

DIE KLEINEN MONSTER **79**

Schwerpunktthema:
**Gewalt
an Schulen**

Herausgegeben von Wolfgang Melzer

Psychosozial-Verlag

Erscheinungsweise: vierteljährlich
144 Seiten · Broschur
Einzelheft   DM 32,– · öS 234,–
             SFr 29,50 · EUR 16,36
Jahrgang   DM 98,– · öS 715,–
             SFr 89,– · EUR 50,11
ISSN 0171-3434

Wenn man an heutige Auswüchse von Jugendgewalt denkt, könnte man meinen, daß der Rohrstock eine Metamorphose zum Baseballschläger durchgemacht hätte, der von Jugendlichen gegen Andersdenkende eingesetzt wird, und die Rolle des Gewaltakteurs vom Lehrer auf die Schüler übergegangen sei. Dabei wird übersehen, daß die Art und Weise, wie Schule bis heute stattfindet, dazu führt, daß – so unsere aktuellen Daten aus Sachsen – Schüler zu etwa 40 % unter Schulangst und zu ca. 50 % unter Leistungsdruck in der Schule leiden; nur 16-18 % von ihnen gehen gern zur Schule. Trotzdem ist der Theorieansatz der „strukturellen Gewalt" nahezu in Vergessenheit geraten. Herausgeber und Autoren beleuchten wissenschaftlich verschiedene Facetten des Themas „Gewalt in der Schule". Dabei werden unterschiedliche disziplinäre (z. B. sozialisationstheoretische, schulpädagogische, psychoanalytische) Zugänge gewählt und auch verschiedene Methoden (z. B. quantitative Schülerbefragungen, Fallanalysen, qualitative Verfahren) verwendet.

Mit Beiträgen von:

Wolfgang Melzer, Parviz Rostampour, Sabine Al-Diban, Gabriele Klewin und Ulrike Popp, Volker Krumm und Susanne Weiß, Wilfried Gottschalch, Franziska Börner und Wilfried Schubarth

P V
Psychosozial-Verlag

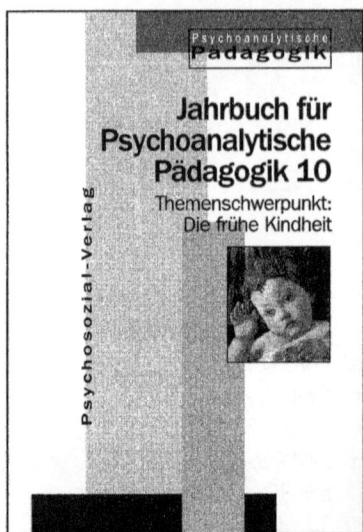

Jahrbuch für Psychoanalytische Pädagogik 10

Themenschwerpunkt:
Die frühe Kindheit

2000
216 Seiten · Broschur
DM 39,90 · öS 291,–
SFr 37,– · Euro 20,40
ISBN 3-89806-010-1

D er Themenschwerpunkt des Jahrbuchs ist den Entwicklungs-
prozessen der ersten Lebensjahre gewidmet. In mehreren
Beiträgen werden Ergebnisse der aktuellen Säuglings- und Klein-
kindforschung und der Bindungstheorie diskutiert. Dabei werden
auch Beratungs- und Förderkonzepte vorgestellt, die u. a. von
englischen Psychoanalytikern entwickelt wurden und erst seit kurz-
em im deutschsprachigen Raum rezipiert werden. Weitere Beiträge
handeln von psychoanalytischen Konzepten des Lernens und der
Lernbehinderung und informieren über aktuelle psychoanalytisch-
pädagogische Neuerscheinungen. Ein Literaturumschauartikel
greift das selten behandelte Thema der Geschwisterbeziehung auf.

Mit Beiträgen von:
Wilfried Datler, Christian Büttner, Urte Finger-Trescher, Rolf Göppel,
Gerd E. Schäfer, Martin Dornes, Karin Messerer,
Isca Salzberger-Wittenberg, Gertraud Diem-Wille, Ludwig Janus,
Dieter Katzenbach, Ulrike Kinast-Scheiner.

P🔲V
Psychosozial-Verlag

Peter Geißler (Hg.)
**Mediation –
die neue
Streitkultur**
Kooperatives
Konfliktmanagement
in der Praxis

edition ■psychosozial

2000
284 Seiten · Broschur
DM 49,90 · öS 364,–
SFr 46,– · Euro 25,51
ISBN 3-89806-009-8

Mediation ist eine wirkungsvolle und in vielen Ländern bereits institutionell etablierte Methode zur Konfliktregelung in privaten und öffentlichen Streitfällen. Die praxisorientierten Beiträge führender Vertreter dieses Ansatzes verdeutlichen die Grundideen der Mediation: Problemlösung im Konsens mittels Verhandlung, Konfliktbewußtsein auf der Basis von Fairneß und Verantwortung, Förderung von menschlichem und sozialem Wachstum.

Mit Beiträgen von:

John Haynes, Thomas Usdin, Noa Davenport,
Duss-von Werdt, Günter Kienast, Tilman Metzger,
Angela Mickley, Reinhard Sellnow, Horst Zilleßen u. a.

P🮲V
Psychosozial-Verlag

Friedhelm Nyssen,
Ludwig Janus (Hg.)

Psychogenetische Geschichte der Kindheit

Beiträge zur Psychohistorie
der Eltern-Kind-Beziehung

edition psychosozial

459 Seiten
DM 48,– · öS 350,–
SFr 44,50 · Euro 24,54
ISBN 3-930096-98-6

In den 70er Jahren begann die Diskussion um die Geschichte der Kindheit als einer neuen Dimension historischer Forschung. Es eröffneten sich Möglichkeiten zu einem vertieften Verständnis unseres individuellen Gewordenseins. Nun geben neue Befunde zur vorsprachlichen Entwicklung des Kindes, zur Psychobiologie der Anfänge der Menschheitsentwicklung und zur Kindheit in verschiedenen Kulturen der wissenschaftlichen Untersuchung der Geschichte der Kindheit weiterführend Impulse.

Die Diskussion um Möglichkeiten und Grenzen der psychogenetischen Theorie der Geschichte der Kindheit von Lloyd deMause und der „Geschichte der Kindheit" von Philippe Ariès, die in den 70er Jahren Schlüsselthesen zur Geschichte der Kindheit formulierten, wird hier in klärender Weise weitergeführt.

P德V
Psychosozial-Verlag

www.ingramcontent.com/pod-product-compliance
Lightning Source LLC
Chambersburg PA
CBHW030633270326
41929CB00007B/60